Abkürzungen: *Dän.* = Dänemark    *G.-B.* = Großbritannien
*Li.* = Liechtenstein    Lux. = Luxemburg
*Norw.* = Norwegen

● Hauptstadt   —— Staatsgrenze
            - - - - Teilungsgrenze auf Zypern

**Map labels:**

50°   60°   70°   60°

Ob

Petschora

Nördl. Dwina

R u s s l a n d

Wolga   Kama

● Moskau

Ural

50°

Don   Wolga

Kaspisc...

chwarzes Meer

Georgien
Tiflis ●

Aserbaidschan
● Baku

Jerewan ●
Armenien

Ankara ●

T ü r k e i

Euphrat   Tigris

● Bagdad

Syrien

Lefkosia ●

I r a k

Zypern   Libanon
Beirut ●   ● Damaskus

Israel   Westjordan-
land   Jordanien

Jerusalem ●   ● Amman

30°   40°

# Europa – politische Übersicht

# Handbuch
# für Bürokaufleute

Margit Bentin
Jürgen Böker
Hartwig Brunn
Marlies Hemmer-Hiltenkamp
Thomas Kreye
Thomas Meyer
Klaus Richter
Siegfried Rothe
Dr. Dirk Scharf
Markus Schultheis
Katrin Thies
Horst Volke
Karin Weber
Dieter Zimmer-Bentin

winklers
verlag

35251

1. Auflage, 2002
© Winklers Verlag
im Westermann Schulbuchverlag GmbH
Postfach 11 15 52, 64230 Darmstadt
http://www.winklers.de
Druck: westermann druck GmbH, Braunschweig
ISBN 3-8045-3525-9

# Vorwort

Das **Handbuch für Bürokaufleute** ermöglicht selbstständiges Arbeiten im Unterricht und im Betrieb. Neben den Inhalten zur allgemeinen und speziellen Wirtschaftslehre sowie dem Rechnungswesen enthält das Handbuch Basisinformationen zur Datenverarbeitung und zur Textverarbeitung. Der Lernabschnitt „Fachliches Englisch" fördert gezielt die Sprachkompetenz in der mündlichen und schriftlichen Kommunikation in der Fremdsprache.

Wenn auch der KMK-Rahmenlehrplan für Bürokaufleute von 1991 noch nicht die *Prozessorientierung* bei wirtschaftlichen Inhalten vorsieht, so hat sich das Autorenteam jedoch bewusst für die Aufnahme von Basisinformationen zur Prozessorientierung in betriebswirtschaftlichen Abläufen entschieden (siehe Lernabschnitt „Betriebliche Organisation").

Damit komplexe Zusammenhänge in Schule und Betrieb selbstständig erarbeitet werden können, reicht das Beherrschen der *Fachkompetenz* nicht aus. Hinzu treten *Sozial-* und *Methodenkompetenz*, ohne die eine zeitgemäße Berufsausbildung nicht erfolgreich durchgeführt werden kann. Zu diesem Zweck enthält das Handbuch grundlegende Informationen zu einzelnen *Arbeitsmethoden*, z. B. zum Erstellen eines Protokolls, eines Referates oder zur Durchführung einer Betriebserkundung, eines Projektes oder einer Zukunftswerkstatt. Im Rahmen einer kaufmännischen Berufsausbildung ist sicherlich auch der Umgang mit *Originalgesetzestexten* unumgänglich. Daher enthält das Handbuch eine breite Auswahl von entsprechenden Gesetzestexten, z. B. Auszüge aus dem BGB oder dem HGB.

Das Handbuch für Bürokaufleute stellt die ideale Ergänzung zu handlungsorientierten Lehr-/Lernmaterialien dar, von denen eine Auswahl auf der hinteren Innenumschlagsseite abgedruckt ist. Handlungsorientierte Arbeitsmaterialien und ein zentrales Nachschlagewerk zur Fach- und Methodenkompetenz sind somit eine unverzichtbare Einheit für eine moderne Berufsausbildung. Damit bietet das Handbuch für Bürokaufleute die Möglichkeit, sowohl lernfeldorientiert als auch fächerübergreifend zu lernen.

Darüber hinaus kann das Handbuch für Bürokaufleute zur Prüfungsvorbereitung und Weiterbildung genutzt werden.

Für Hinweise und Verbesserungsvorschläge sind Autoren und Verlag jederzeit aufgeschlossen und dankbar. Falls der Benutzer/die Benutzerin des Handbuches entscheidende Informationen vermisst, bittet das Autorenteam um eine entsprechende Nachricht per E-Mail: verlagsleitung@winklers.de

Notwendige Ergänzungen und Aktualisierungen (z. B. aufgrund von Gesetzesänderungen) findet der Benutzer/die Benutzerin des Handbuches unter der Internetadresse www.winklers.de direkt über die Bestellnummernsuche beim Handbuch (Bestellnummerneingabe: 3525).

Autoren und Verlag
Darmstadt 2002

35254

## 7 Zahlungsverkehr

## 8 Rechtsformen der Unternehmen

## 9 Finanzierung und Investition

## 10 Wirtschaftsordnung

## 11 Grundzüge der Wirtschaftspolitik

35256

## 12 Steuern und Versicherungen

## 13 Gestaltung von Arbeitsraum, Arbeitsplatz und Arbeitszeit

## 14 Betriebliche Organisation

## 15 Personalwirtschaft

## 16 Auftragsbearbeitung

## 17 Organisation der Lagerhaltung

## 18 Textverarbeitung

## 19 Kommunikationssysteme

## 20 Datenverarbeitung

## 21 Rechnungswesen/ Controlling

35258

## 22 Fachliches Englisch

## 23 Arbeitsmethoden im Unterricht/Gesetzestexte (Auszüge)

# 1 Berufsausbildung

# Duales Ausbildungssystem in Deutschland
### *Dual system of education in Germany*

Die berufliche **Erstausbildung** der staatlich anerkannten Ausbildungsberufe im Sinne des **Berufsbildungsgesetzes (BBiG)** von 1969 findet in Form des **dualen Ausbildungssystems** statt. Die Ausbildung erfolgt dabei an **zwei Lernorten**:

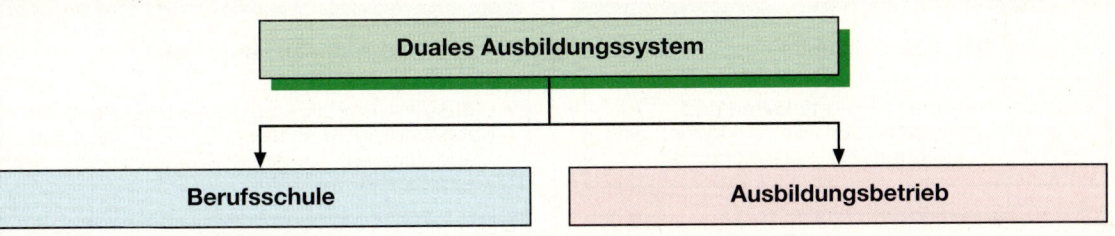

Das **BBiG** benennt Rechte und Pflichten der an der Ausbildung beteiligten Personen und Institutionen und beschreibt die Ordnung/Organisation der Berufsbildung.

§ 25 des BBiG definiert als Grundlage einer ordnungsgemäßen Berufsausbildung die so genannte Ausbildungsordnung:

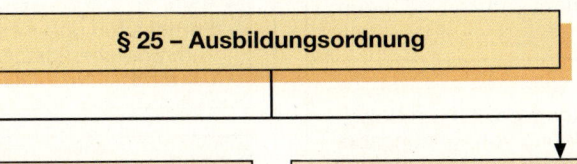

(1) Als Grundlage für eine geordnete und einheitliche Berufsausbildung sowie zu ihrer Anpassung an die technischen, wirtschaftlichen und gesellschaftlichen Erfordernisse und deren Entwicklung kann das Bundesministerium für Wirtschaft oder das sonst zuständige Fachministerium im Einvernehmen mit dem Bundesministerium für Bildung, Wissenschaft, Forschung und Technologie durch Rechtsverordnung, die nicht der Zustimmung des Bundesrates bedarf, Ausbildungsberufe staatlich anerkennen, die Anerkennung aufheben und für die Ausbildungsberufe Ausbildungsordnungen erlassen.

(2) Die Ausbildungsordnung hat mindestens festzulegen
1. die Bezeichnung des Ausbildungsberufes,
2. die Ausbildungsdauer; sie soll nicht mehr als drei und nicht weniger als zwei Jahre betragen,
3. die Fertigkeiten und Kenntnisse, die Gegenstand der Berufsausbildung sind (Ausbildungsberufsbild),
4. eine Anleitung zur sachlichen und zeitlichen Gliederung der Fertigkeiten und Kenntnisse (Ausbildungsrahmenplan),
5. die Prüfungsanforderungen.

Die „Verordnung über die Berufsausbildung zum Bürokaufmann/zur Bürokauffrau" vom 13. Februar 1991 (Bundesgesetzblatt Teil I, S. 425) bzw. die „Verordnung über die Berufsausbildung zum Kaufmann/zur Kauffrau für Bürokommunikation" vom 13. Februar 1991 (Bundesgesetzblatt Teil I, Seite 436) regelt die Ausbildung der beiden so genannten „Büroberufe":

**Bürokaufmann/ Bürokauffrau**

**Kaufmann/Kauffrau für Bürokommunikation**

Am 22. Oktober 1999 wurde die oben genannte Verordnung mit der „1. Verordnung zur Änderung der Verordnung über die Berufsausbildung zum Kaufmann/zur Kauffrau für Bürokommunikation" (Bundesgesetzblatt Teil I, Seite 2067) korrigiert.

Während der **Ausbildungsrahmenplan** verbindlich festlegt, was im Ausbildungsbetrieb zu vermitteln ist, wird im von der Kultusministerkonferenz (KMK) beschlossenen **Rahmenlehrplan** für den berufsbezogenen Unterricht der Berufsschule definiert, was der Lernort Berufsschule im berufsbezogenen Bereich zu vermitteln hat. Rahmenlehrplan und Ausbildungsordnung des Bundes sind aufeinander abgestimmt (Rechtsgrundlage: „Gemeinsames Ergebnisprotokoll vom 30. Mai 1972"). Aufgrund von landesspezifischen Schulgesetzen erlassen die zuständigen Kultusministerien zusätzlich **Lehrpläne** für die so genannten allgemein bildenden Fächer (z. B. Deutsch).

vgl. Hübscher, Heinrich u. a.: IT-Handbuch (Tabellenbuch) IT-Systemkaufmann/-frau, Informatikkaufmann/-frau, 2. Aufl., Braunschweig 2001, S. 6

# Rechte und Pflichten laut Berufsbildungsgesetz (BBiG)
*Rights and duties of vocational training act*

## Pflichten des Auszubildenden
### (= Rechte des Ausbildenden)

**Der Auszubildende hat …**

- sich zu bemühen die Fertigkeiten und Kenntnisse zu erwerben, die erforderlich sind, um das Ausbildungsziel zu erreichen;

- die ihm im Rahmen seiner Berufsausbildung aufgetragenen Verrichtungen sorgfältig auszuführen;

- am Berufsschulunterricht und an Prüfungen teilzunehmen;

- den Weisungen zu folgen, die ihm im Rahmen der Berufsausbildung von weisungsberechtigten Personen erteilt werden;

- die für die Ausbildungsstätte geltende Ordnung zu beachten;

- Werkzeuge, Maschinen und sonstige Einrichtungen pfleglich zu behandeln;

- über Betriebs- und Geschäftsgeheimnisse Stillschweigen zu wahren;

- ein Berichtsheft zu führen.

Zusätzliche Rechte und Pflichten, wie z.B. Urlaubsansprüche, besondere Schutzrechte Jugendlicher, Genehmigung von Nebentätigkeiten, werden in weiteren Gesetzen geregelt.

## Pflichten des Ausbildenden
### (= Rechte des Auszubildenden)

**Der Ausbildende hat …**

- mit dem Auszubildenden einen Berufsausbildungsvertrag zu schließen und ihn schriftlich niederzulegen;

- mit dem Auszubildenden eine Probezeit zu vereinbaren (mindestens einen Monat, höchstens drei Monate);

- dafür zu sorgen, dem Auszubildenden die Fertigkeiten und Kenntnisse zu vermitteln, die zum Erreichen des Ausbildungszieles notwendig sind;

- die Ausbildung planmäßig durchzuführen;

- dem Auszubildenden kostenlos die notwendigen Ausbildungsmittel zur Verfügung zu stellen;

- den Auszubildenden zum Besuch der Berufsschule sowie zum Führen von Berichtsheften anzuhalten;

- dafür zu sorgen, dass der Auszubildende charakterlich gefördert sowie sittlich und körperlich nicht gefährdet wird;

- sicherzustellen, dass dem Auszubildenden nur Verrichtungen übertragen werden, die dem Ausbildungszweck dienen und seinen körperlichen Kräften angemessen sind;

- den Auszubildenden für die Teilnahme am Berufsschulunterricht und an Prüfungen freizustellen;

- dem Auszubildenden eine angemessene Vergütung zu gewähren;

- dem Auszubildenden bei Beendigung des Ausbildungsverhältnisses ein Zeugnis auszustellen.

aus: Hübscher, Heinrich u. a.: IT-Handbuch (Tabellenbuch) IT-Systemkaufmann/-frau, Informatikkaufmann/-frau, 2. Aufl., Braunschweig 2001, S. 7

352512

## Kündigungsrecht laut BBiG
*Right to give notice in accordance of vocational training act*

- Voraussetzungen, unter denen der Berufsausbildungsvertrag gekündigt werden kann, sind in die Vertragsniederschrift aufzunehmen (**§ 4**);

- Während der Probezeit kann das Berufsausbildungsverhältnis jederzeit ohne Einhalten einer Kündigungsfrist gekündigt werden (**§ 15 Abs. 1**);

- Nach der Probezeit kann nur gekündigt werden
  1. aus einem wichtigen Grund ohne Einhalten einer Kündigungsfrist,
  2. vom Auszubildenden mit einer Kündigungsfrist von vier Wochen, wenn er die Berufsausbildung aufgeben oder sich für eine andere Berufstätigkeit ausbilden lassen will (**§ 15 Abs. 2**);

- Die Kündigung muss schriftlich erfolgen (**§ 15 Abs. 3**);

- Wird das Berufsausbildungsverhältnis nach der Probezeit vorzeitig gelöst, kann der Auszubildende oder der Ausbildende unter Umständen schadensersatzpflichtig werden. Dies gilt nicht im Falle des **§ 15 Abs. 2 Nr. 2**.

## Wichtige Gesetze zum Arbeits- und Tarifrecht
*Important laws of labour and tarif right*

| Gesetz | Abkürzung |
|---|---|
| Gesetz zum Schutze der arbeitenden Jugend (Jugendarbeitsschutzgesetz) | JArbSchG |
| Mindesturlaubsgesetz für Arbeitnehmer (Bundesurlaubsgesetz) | BundUrlG |
| Kündigungsschutzgesetz | KSchG |
| Gesetz zum Schutze der erwerbstätigen Mutter (Mutterschutzgesetz) | MuSchG |
| Bundeserziehungsgeldgesetz | BErzGG |
| Tarifvertragsgesetz | TVG |
| Arbeitszeitordnung | AZO |
| Gesetz über die Mitbestimmung der Arbeitnehmer in den Aufsichtsräten und Vorständen der Unternehmen des Bergbaus und der Eisen und Stahl erzeugenden Industrie (Montanmitbestimmungsgesetz) | Montan-MG |
| Betriebsverfassungsgesetz | BetrVerfG |
| Gesetz zur Ordnung des Handwerks (Handwerksordnung) | HandwO |
| Gesetz über die Mitbestimmung der Arbeitnehmer (Mitbestimmungsgesetz) | MitbestG |
| Gesetz zum Schutz vor Missbrauch personenbezogener Daten (Bundesdatenschutzgesetz) | BDSG |
| Bürgerliches Gesetzbuch | BGB |

vgl. Hübscher, Heinrich u. a.: IT-Handbuch (Tabellenbuch) IT-Systemkaufmann/-frau, Informatikkaufmann/-frau, 2. Aufl., Braunschweig 2001, S. 8

# Jugendarbeitsschutzgesetz (JArbSchG)

## Geltungsbereich des Gesetzes

- Das Gesetz schützt **Kinder** (Personen unter 15 Jahren) und **Jugendliche** (Personen ab 15 Jahren, aber noch unter 18 Jahren), die sich in der Berufsausbildung befinden oder in einem Beschäftigungsverhältnis als Arbeitnehmer oder Heimarbeiter tätig sind (§ 1).
- Auf Jugendliche, die der Vollzeitschulpflicht unterliegen, finden die für Kinder geltenden Vorschriften Anwendung (§ 2).

## Arbeitszeit/Pausen/Schichtzeit

- Jugendliche dürfen nicht mehr als 8 Stunden täglich und nicht mehr als 40 Stunden wöchentlich beschäftigt werden.
- Wird die Arbeitszeit an einzelnen Werktagen verkürzt, kann die Arbeitszeit an anderen Tagen auf maximal 8,5 Std. verlängert werden (§ 8).
- Die Pausenzeiten gelten nicht als Arbeitszeit (Ausnahme: Schichtzeit). Als Arbeitspause gilt nur eine Arbeitsunterbrechung von mindestens 15 Minuten (§ 11).
- Jugendliche dürfen nach Beendigung der täglichen Arbeitszeit nicht vor Ablauf einer ununterbrochenen Freizeit von mindestens 12 Std. beschäftigt werden (§ 13).
- Bei Jugendlichen darf die Schichtzeit prinzipiell 10 Stunden nicht überschreiten.
- Ausnahmen: im Bergbau unter Tage: max. 8 Std., im Gaststättengewerbe, in der Landwirtschaft, in der Tierhaltung, auf Bau- u. Montagestellen: max. 11 Std. (§ 12).
- Schichtzeit ist die tägliche Arbeitszeit unter Hinzurechnung der Ruhepausen (§ 4).

## Nachtruhe

- Jugendliche dürfen prinzipiell nur zwischen 6 und 20 Uhr beschäftigt werden (§ 14).
- Ausnahmen bei Jugendlichen über 16 Jahren:
  - im Gaststätten- u. Schaustellergewerbe bis 22 Uhr
  - in der Landwirtschaft ab 5 Uhr oder bis 21 Uhr
  - in mehrschichtigen Betrieben bis 23 Uhr
  - in Bäckereien und Konditoreien ab 5 Uhr

## Fünftagewoche/Wochenendarbeit/Feiertagsruhe

- Jugendliche dürfen nur an 5 Tagen in der Woche beschäftigt werden. Die beiden wöchentlichen Ruhetage sollen nach Möglichkeit aufeinander folgen (§ 15).
- An Samstagen und Sonntagen dürfen Jugendliche prinzipiell nicht beschäftigt werden (§§ 16, 17).
- Zulässige Ausnahmen sind zum Beispiel:
  - in offenen Verkaufsstellen (Sa.)
  - in Bäckereien u. Konditoreien (Sa.)
  - in Krankenanstalten (Sa., So.)
  - in der Landwirtschaft (Sa., So.)
- Am 24. und 31. Dezember nach 14 Uhr und an gesetzlichen Feiertagen dürfen Jugendliche prinzipiell nicht beschäftigt werden (§ 18); Ausnahmen sind in § 18 Abs. 2 geregelt.

## Urlaub

- Der bezahlte Erholungsurlaub beträgt laut § 19 jährlich ...
  1. mindestens 30 Werktage, wenn der Jugendliche zu Beginn des Kalenderjahres noch nicht 16 Jahre alt ist,
  2. mindestens 27 Werktage, wenn der Jugendliche zu Beginn des Kalenderjahres noch nicht 17 Jahre alt ist,
  3. mindestens 25 Werktage, wenn der Jugendliche zu Beginn des Kalenderjahres noch nicht 18 Jahre alt ist.
- Der Urlaub soll Berufsschülern in der Zeit der Schulferien gegeben werden. Soweit er nicht in den Schulferien gegeben wird, ist für jeden Berufsschultag, an dem die Berufsschule während des Urlaubs besucht wird, ein weiterer Urlaubstag zu gewähren.

## Berufsschulunterricht

- Der Arbeitgeber muss den Jugendlichen für die Teilnahme am Berufsschulunterricht, an Prüfungen und außerbetrieblichen Ausbildungsmaßnahmen freistellen. Am Arbeitstag vor der schriftlichen Abschlussprüfung ist der Jugendliche außerdem freizustellen (§§ 9 – 10).

## Gefährliche Arbeiten

- Jugendliche dürfen keine Arbeiten ausführen, die ihre physische oder psychische Leistungsfähigkeit übersteigen, die ihre Gesundheit gefährden oder bei denen sie sittlich gefährdet werden (§ 22).

352514

# Jugend- und Auszubildendenvertretung (JAV)

| Rechtsgrundlage | Wahlen |
|---|---|
| Betriebsverfassungsgesetz §§ 60 – 71 | Alle **zwei** Jahre in der Zeit vom 1. Okt. bis 30. Nov. (§ 64) |

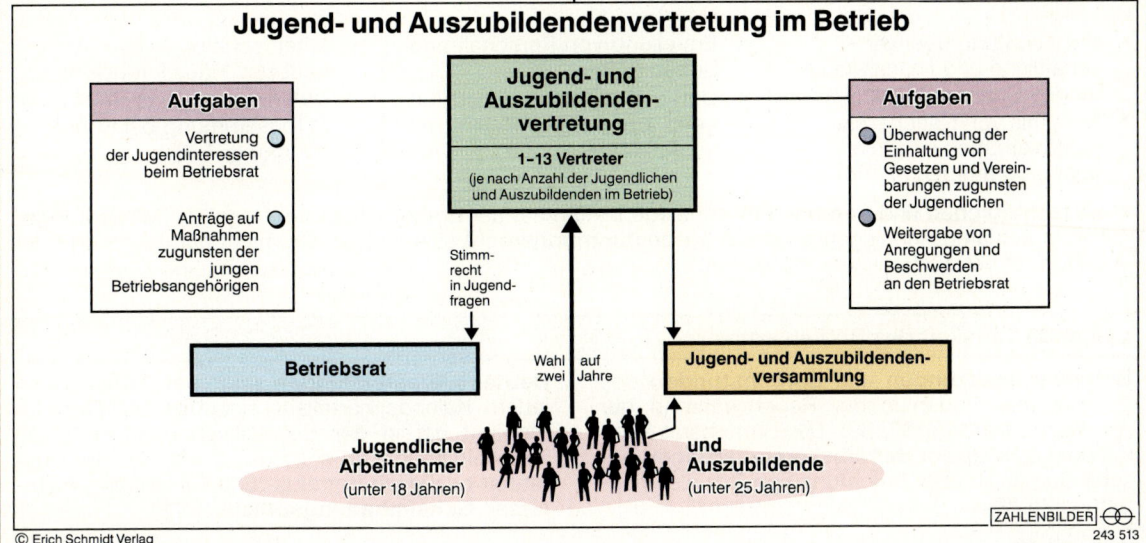

**Jugend- und Auszubildendenvertretung im Betrieb**

**Aufgaben**

Vertretung der Jugendinteressen beim Betriebsrat

Anträge auf Maßnahmen zugunsten der jungen Betriebsangehörigen

**Jugend- und Auszubildendenvertretung**

**1–13 Vertreter**
(je nach Anzahl der Jugendlichen und Auszubildenden im Betrieb)

**Aufgaben**

Überwachung der Einhaltung von Gesetzen und Vereinbarungen zugunsten der Jugendlichen

Weitergabe von Anregungen und Beschwerden an den Betriebsrat

Stimmrecht in Jugendfragen

**Betriebsrat**

Wahl auf zwei Jahre

**Jugend- und Auszubildendenversammlung**

**Jugendliche Arbeitnehmer** (unter 18 Jahren)

**und Auszubildende** (unter 25 Jahren)

ZAHLENBILDER

243 513

© Erich Schmidt Verlag

# Betriebsrat – *works committee*

### Rechtsgrundlage

§ 1 ff. Betriebsverfassungsgesetz (BetrVerfG)

### Wahlen

| Amtszeit | Wahlberechtigte | Wählbarkeit |
|---|---|---|
| Alle **vier** Jahre in der Zeit vom 1. März bis 31. Mai (§ 13) | Alle Arbeitnehmer, die das 18. Lebensjahr vollendet haben (§ 7) | Alle Wahlberechtigten, die 6 Monate dem Betrieb angehören (§ 8) |

### Errichtung von Betriebsräten

In Betrieben mit i. d. R. mindestens 5 ständigen wahlberechtigten Arbeitnehmern, von denen 3 wählbar sind, werden Betriebsräte gewählt (§ 1).

### Allgemeine Aufgaben des Betriebsrates

- Überwachung der Einhaltung von Gesetzen, Unfallverhütungsvorschriften, Tarifverträgen und Betriebsvereinbarungen
- Beantragung von Maßnahmen, die dem Betrieb und der Belegschaft dienen, beim Arbeitgeber
- Förderung der Durchsetzung der tatsächlichen Gleichstellung von Frauen und Männern
- Förderung der Vereinbarung von Familie und Erwerbstätigkeit
- Weiterleitung und Unterstützung der Anregungen von Arbeitnehmern und Jugendvertretern

- Förderung der Eingliederung Schwerbehinderter
- Vorbereitung und Durchführung der Wahl einer Jugend- und Auszubildendenvertretung
- Förderung der Beschäftigung älterer Arbeitnehmer
- Förderung der Integration ausländischer Arbeitnehmer im Betrieb (§ 80)
- Förderung und Sicherung der Beschäftigung im Betrieb
- Förderung von Maßnahmen des Arbeitsschutzes u. des betriebl. Umweltschutzes (§ 80)

### Stellung des Betriebsrates

Der Betriebsrat arbeitet unter Beachtung der geltenden Tarifverträge vertrauensvoll zum Wohl der Arbeitnehmer und des Betriebes mit dem Arbeitgeber zusammen (§ 2).

## Betriebsrat – *works committee*

### Rechte des Betriebsrates

| ... in wirtschaftlichen Angelegenheiten | ... in personellen Angelegenheiten | ... in sozialen Angelegenheiten |
|---|---|---|
| **Beispiele:**<br>• Unterrichtung über wirtschaftliche und finanzielle Lage des Unternehmens (§ 106)<br>• Kenntnis von Rationalisierungsvorhaben und Investitionsprogrammen (§ 106) | **Beispiele:**<br>• Erstellung von Personalfragebogen (§ 94)<br>• Unterrichtung bei Einstellungen, Umgruppierungen und Versetzungen (§ 99) | **Beispiele:**<br>• Mitentscheidung über Arbeitszeit, Pausenregelung u. Urlaubsplanung (§ 87)<br>• Mitbestimmung bei Kündigungen (§ 102) |

In **wirtschaftlichen** und **personellen** Angelegenheiten hat der Betriebsrat in der Regel ein **Mitwirkungsrecht,** in **sozialen** Angelegenheiten ein **Mitbestimmungsrecht** (Betriebsrat wird nicht nur informiert oder angehört, er hat auch mitzuentscheiden).

### Laufende Tätigkeit des Betriebsrates

**Betriebsratssitzungen** und **Sprechstunden** des Betriebsrates finden in der Regel während der Arbeitszeit statt (§§ 30, 39). Der Betriebsrat kann mit dem Arbeitgeber **Betriebsvereinbarungen** beschließen (z. B. über Errichtung von Sozialeinrichtungen) (§ 88).

**Betriebsversammlungen** sind vom Betriebsrat in jedem Kalendervierteljahr einzuberufen. Der Betriebsrat hat in der Betriebsversammlung einen Tätigkeitsbericht zu erstatten (§ 43). Der Betriebsrat hat bezüglich Betriebs- und Geschäftsgeheimnissen **Geheimhaltungspflicht** (§ 79).

### Zahl der Betriebsratsmitglieder

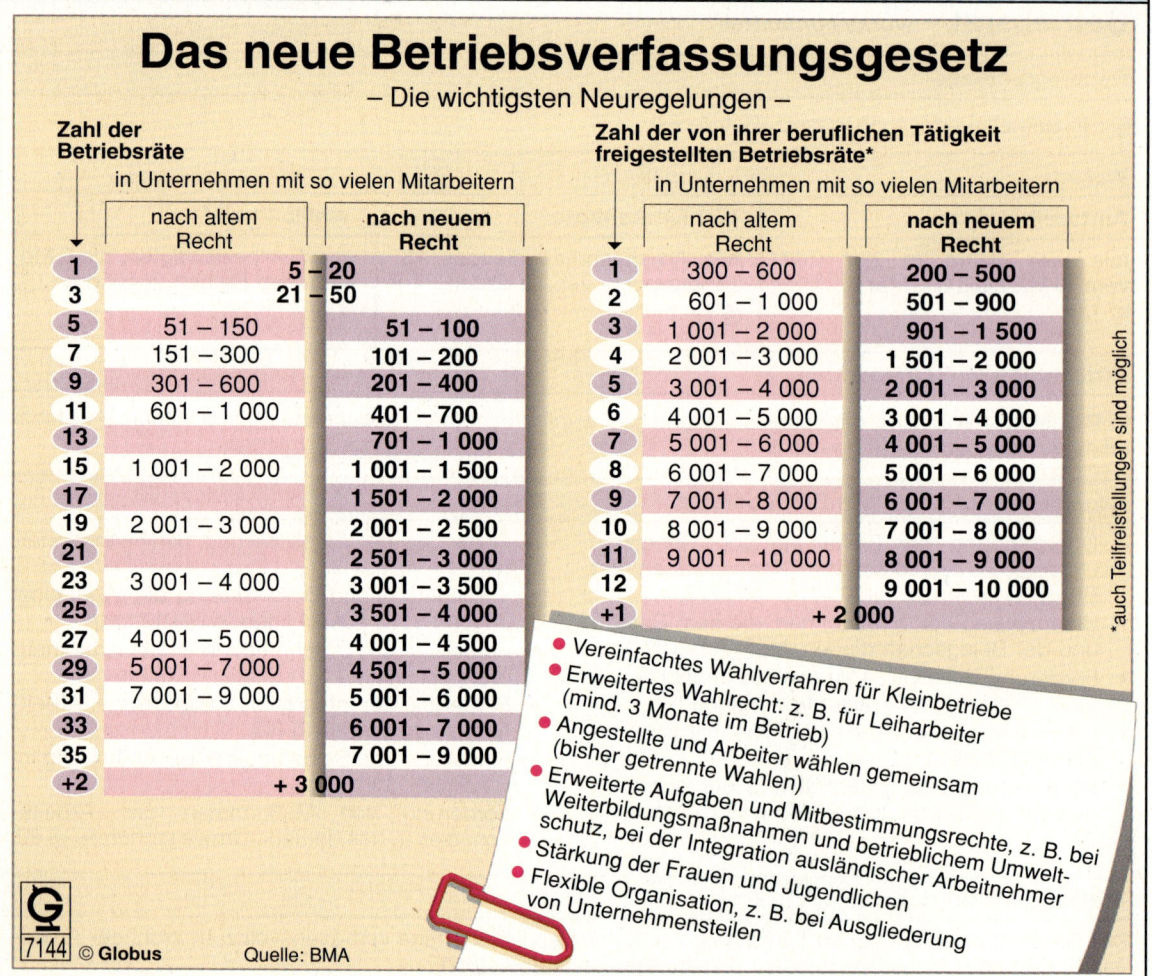

# Das neue Betriebsverfassungsgesetz
– Die wichtigsten Neuregelungen –

**Zahl der Betriebsräte**
in Unternehmen mit so vielen Mitarbeitern

| | nach altem Recht | nach neuem Recht |
|---|---|---|
| 1 | 5 – 20 | |
| 3 | 21 – 50 | |
| 5 | 51 – 150 | 51 – 100 |
| 7 | 151 – 300 | 101 – 200 |
| 9 | 301 – 600 | 201 – 400 |
| 11 | 601 – 1 000 | 401 – 700 |
| 13 | | 701 – 1 000 |
| 15 | 1 001 – 2 000 | 1 001 – 1 500 |
| 17 | | 1 501 – 2 000 |
| 19 | 2 001 – 3 000 | 2 001 – 2 500 |
| 21 | | 2 501 – 3 000 |
| 23 | 3 001 – 4 000 | 3 001 – 3 500 |
| 25 | | 3 501 – 4 000 |
| 27 | 4 001 – 5 000 | 4 001 – 4 500 |
| 29 | 5 001 – 7 000 | 4 501 – 5 000 |
| 31 | 7 001 – 9 000 | 5 001 – 6 000 |
| 33 | | 6 001 – 7 000 |
| 35 | | 7 001 – 9 000 |
| +2 | | + 3 000 |

**Zahl der von ihrer beruflichen Tätigkeit freigestellten Betriebsräte***
in Unternehmen mit so vielen Mitarbeitern

| | nach altem Recht | nach neuem Recht |
|---|---|---|
| 1 | 300 – 600 | 200 – 500 |
| 2 | 601 – 1 000 | 501 – 900 |
| 3 | 1 001 – 2 000 | 901 – 1 500 |
| 4 | 2 001 – 3 000 | 1 501 – 2 000 |
| 5 | 3 001 – 4 000 | 2 001 – 3 000 |
| 6 | 4 001 – 5 000 | 3 001 – 4 000 |
| 7 | 5 001 – 6 000 | 4 001 – 5 000 |
| 8 | 6 001 – 7 000 | 5 001 – 6 000 |
| 9 | 7 001 – 8 000 | 6 001 – 7 000 |
| 10 | 8 001 – 9 000 | 7 001 – 8 000 |
| 11 | 9 001 – 10 000 | 8 001 – 9 000 |
| 12 | | 9 001 – 10 000 |
| +1 | | + 2 000 |

*auch Teilfreistellungen sind möglich

- Vereinfachtes Wahlverfahren für Kleinbetriebe
- Erweitertes Wahlrecht: z. B. für Leiharbeiter (mind. 3 Monate im Betrieb)
- Angestellte und Arbeiter wählen gemeinsam (bisher getrennte Wahlen)
- Erweiterte Aufgaben und Mitbestimmungsrechte, z. B. bei Weiterbildungsmaßnahmen und betrieblichem Umweltschutz, bei der Integration ausländischer Arbeitnehmer
- Stärkung der Frauen und Jugendlichen
- Flexible Organisation, z. B. bei Ausgliederung von Unternehmensteilen

7144  © Globus    Quelle: BMA

352516

# Tarifvertragsrecht – *Law of collective bargaining*

## Tarifautonomie

Das Recht der Tarifvertragsparteien, Tarifverträge ohne Einflussnahme des Staates frei aushandeln zu dürfen **(Tarifautonomie),** ist im Artikel 9 Absatz 3 **Grundgesetz** abgesichert: „Das Recht, zur Wahrung und Förderung der Arbeits- und Wirtschaftsbedingungen Vereinigungen zu bilden, ist für jeder-

mann und für alle Berufe gewährleistet. Abreden, die dieses Recht einschränken oder zu behindern suchen, sind nichtig, hierauf gerichtete Maßnahmen sind rechtswidrig." Näheres regelt das **Tarifvertragsgesetz.**

## Tarifvertragsparteien

*1. Möglichkeit:*

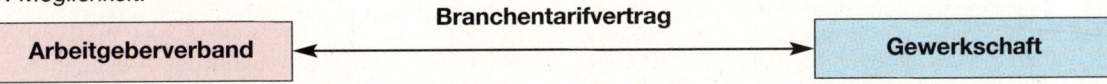

Die Interessenvertretungen von Arbeitgebern und Arbeitnehmern handeln **Branchentarifverträge** (z. B. für die Metall verarbeitende Industrie) für einen bestimmten Tarifbezirk (z. B. ein Bundesland) in Form von **Flächentarifverträgen** aus.

*2. Möglichkeit:*

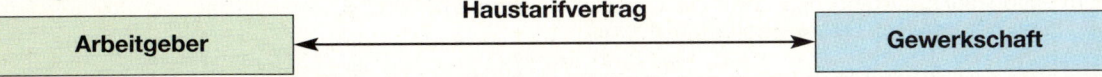

Die Gewerkschaft handelt mit einem großen Arbeitgeber (z. B. einem Konzern) einen **Haustarifvertrag** aus. Er gilt nur für dieses Unternehmen.

## Gründe für das Bestehen von Tarifverträgen

- Beide Vertragsparteien erhoffen sich mehr Macht, um die eigenen Interessen durchzusetzen.
- Ökonomisch sinnvoll, da Einzelverhandlungen zwischen einzelnen Arbeitgebern und -nehmern unnötig Zeit und Geld kosten würden.
- Arbeitgeber und -nehmer können langfristig planen, da während der Dauer eines Tarifvertrages „Friedenspflicht" (Verbot von Arbeitskampfmaßnahmen) besteht.
- Die Aushandlung und der Abschluss von Tarifverträgen führt zur politischen Stabilisierung des Staates.

## Ablauf von Tarifvertragsverhandlungen

Jede Gewerkschaft ist rechtlich frei, die genauen Bestimmungen zur Durchführung einer Urabstimmung festzulegen (z. B. den Mindestzustimmungsprozentsatz von zzt. 75 %) oder ein Schlichtungsverfahren vorzusehen.

# Tarifvertragsrecht – *Law of collective bargaining*

## Schlichtungsverfahren

Wird zwischen Gewerkschaft und Arbeitgeberverband ein so genanntes **Schlichtungsverfahren** vereinbart, um harte Tarifauseinandersetzungen zu verhindern, schlägt ein neutraler Schlichter, der von beiden Tarifvertragsparteien akzeptiert wird (z. B. ein ehemaliger Bundesminister), eine Tariflösung vor. Gewerkschaft wie auch Arbeitgeberverband sind allerdings nicht an diesen **Schlichterspruch** gebunden, sie können trotzdem ihre „Kampfmittel" einsetzen. Der politische Druck der Öffentlichkeit (z. B. über Massenmedien) und der Regierung führen aber in der Regel zu einer Übernahme des Schlichterspruchs.

## Streik und Aussperrung

Die Gewerkschaft ruft einen Streik aus, um ihre Tarifforderungen durchzusetzen. Die Gewerkschaftsmitglieder erhalten für diese Zeit des Verdienstausfalls ein so genanntes Streikgeld von ihrer Gewerkschaft, das sie vorher durch ihre Beitragszahlungen angespart haben. Umfangreiche Streiks reduzieren die angesammelten Beiträge, die Streikkasse droht leer zu werden. Bei den Arbeitgebern führen die Streiks unter Umständen zum Produktionsstillstand und damit zu Umsatz- und Gewinnausfällen. Dieser enorme wirtschaftliche Druck auf beide Tarifvertragsparteien ist aber gewollt – nur dadurch kommt eine Tarifeinigung zustande. Damit die Antwort des Arbeitgeberbandes auf den Streik – die **Aussperrung** – nicht zu einem sofortigen Zusammenbruch der Streikkasse der Gewerkschaft führt, sind Aussperrungen im Umfang rechtlich begrenzt – es geht darum, dass keine der beiden Seiten ein Übergewicht erhält. Man spricht vom **Grundsatz der Verhältnismäßigkeit** (Übermaßverbot).

## Streikarten

- **Warnstreik:** Diese Streikart dient in der Regel in der ersten Verhandlungsphase zur Untermauerung der Gewerkschaftsforderungen; er umfasst nur relativ wenige Arbeitnehmer und wird nur für kurze Zeit durchgeführt.

- **Flächenstreik:** Unternehmen werden „in der Fläche" bestreikt, z. B. im gesamten Tarifbezirk.

- **Schwerpunktstreik:** Nur ausgewählte Unternehmen (z. B. Zulieferbetriebe) oder sogar nur bestimmte Abteilungen werden bestreikt. Diese Streikart ist für die Gewerkschaft kostengünstig, verspricht aber hohen Erfolg.

- **Politischer Streik:** Diese Streikart verfolgt rein politische Zwecke und ist durch Art. 9, Abs. 3 des Grundgesetzes nicht geschützt. Er kann allenfalls als letztes Mittel dienen, um die verfassungsmäßige Ordnung zu erhalten im Sinne des Widerstandsrechts laut Art. 20 Abs. 4 des Grundgesetzes: „Gegen jeden, der es unternimmt, diese Ordnung zu beseitigen, haben alle Deutschen das Recht zum Widerstand, wenn andere Abhilfe nicht möglich ist."

## Arten von Tarifverträgen

- **Lohn- bzw. Gehaltstarifvertrag:** Regelt die Höhe des Arbeitsentgelts in der Regel für ein oder zwei Jahre.

- **Mantel- bzw. Rahmentarifvertrag:** „Ummantelt" den Lohn- bzw. Gehaltstarifvertrag durch die Festlegung bestimmter Rahmenbedingungen, wie z. B. Arbeitszeit, Urlaubsregelung, Lohngruppeneinteilung. Er hat in der Regel eine mehrjährige Laufzeit.

## Geltung von Tarifverträgen

Tarifverträge gelten prinzipiell nur für die Arbeitnehmer, die Mitglied der Gewerkschaft sind und für Arbeitgeber, die Mitglied des Arbeitgeberverbandes sind. Ist zwar der Arbeitnehmer Mitglied der Gewerkschaft, der Arbeitgeber aber nicht Mitglied des Arbeitgeberverbandes, muss der Arbeitgeber nicht das Tarifentgelt zahlen. Arbeitnehmer, die kein Gewerkschaftsmitglied sind, erhalten von ihrem im Arbeitgeberverband organisierten Arbeitgeber trotzdem das zwischen den Tarifvertragsparteien vereinbarte Tarifentgelt. Im anderen Falle würden die nicht organisierten Arbeitnehmer in die Gewerkschaft eintreten und deren Verhandlungsposition verbessern, was nicht im Interesse des Arbeitgebers sein kann. Unter besonderen Umständen (z. B. bei Wettbewerbsverzerrungen) kann der Bundesminister für Arbeit und Sozialordnung einen Tarifvertrag für **allgemein verbindlich** erklären, das heißt, er gilt für alle Arbeitnehmer und Arbeitgeber eines Tarifbezirks – unabhängig von ihrer Zugehörigkeit zu einem Interessenverband.

352518

# Mitbestimmung – *Joint management*

## Individual- und Kollektivrechte

Neben **individuellen** Rechten des Arbeitnehmers, die sich aus seinem Arbeitsvertrag und seinen individuellen Rechten laut §§ 81– 84 des Betriebsverfassungsgesetzes (z. B. Recht auf Einsicht in die Personalakte) ergeben, kann der Arbeitnehmer **Kollektivrechte** durch besondere Organe (z. B. Betriebsrat handelt Betriebsvereinbarung aus) ausüben.

## Betriebliche Mitbestimmung (Überblick)

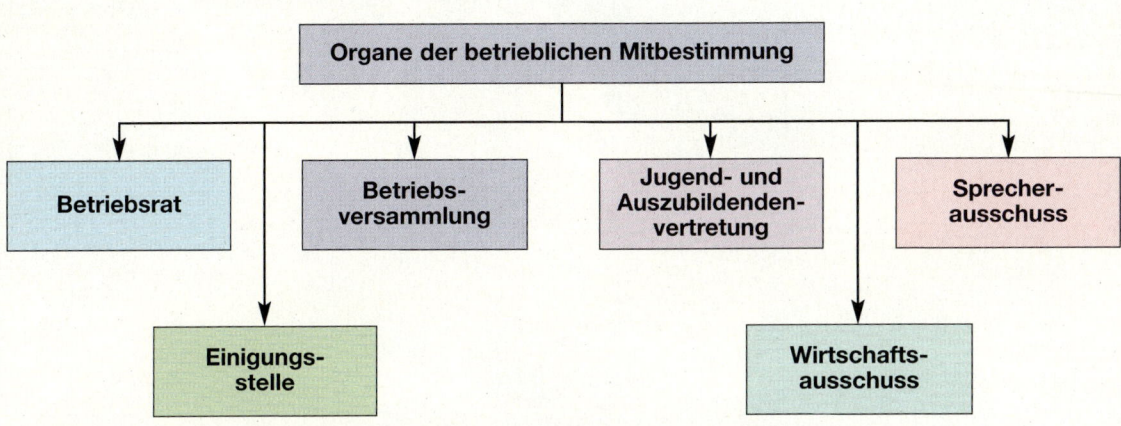

**Betriebsrat** und **Jugend- und Auszubildendenvertretung** siehe S. 15 f.

## Betriebsversammlung (§ 42 ff. BetrVerfG)

Betriebsversammlungen sind vom Betriebsrat in jedem Kalendervierteljahr einzuberufen. Vor den versammelten Arbeitnehmern erstattet der Betriebsrat seinen Tätigkeitsbericht. Der Arbeitgeber ist einzuladen, da er vierteljährlich über die wirtschaftliche Lage und über das Personal- und Sozialwesen zu berichten hat.

## Betriebsausschuss (§ 27 BetrVerfG)

Besteht ein Betriebsrat aus mindestens neun Mitgliedern, wird ein Betriebsausschuss gebildet, der die laufenden Geschäfte des Betriebsrates führt.

## Einigungsstelle (§ 76 BetrVerfG)

Sie dient zur Beilegung von Meinungsverschiedenheiten zwischen Arbeitgeber und Betriebsrat. Die Einigungsstelle besteht aus einer gleichen Anzahl von Beisitzern, die vom Arbeitgeber und dem Betriebsrat bestellt werden, sowie einem unparteiischen Vorsitzenden, der von beiden Seiten bestimmt wird. Beschlüsse werden mit einfacher Mehrheit gefasst.

## Wirtschaftsausschuss (§ 106 ff. BetrVerfG)

In Unternehmen mit mehr als 100 ständig beschäftigten Arbeitnehmern ist ein Wirtschaftsausschuss zu bilden. Er hat die Aufgabe, wirtschaftliche Angelegenheiten mit dem Arbeitgeber zu beraten und den Betriebsrat zu informieren. Der Wirtschaftsausschuss besteht aus mindestens drei und höchstens sieben Mitgliedern, die vom Betriebsrat bestimmt werden. Dieses Organ soll monatlich einmal zusammentreten.

## Sprecherausschuss (§ 1 ff. SprAuG)

In Unternehmen mit in der Regel mindestens zehn leitenden Angestellten werden Sprecherausschüsse der leitenden Angestellten gewählt. Der Sprecherausschuss soll mit dem Arbeitgeber vertrauensvoll zusammenarbeiten und vertritt die besonderen Interessen der leitenden Angestellten.
Zur **Mitbestimmung auf Unternehmensebene** siehe S. 107

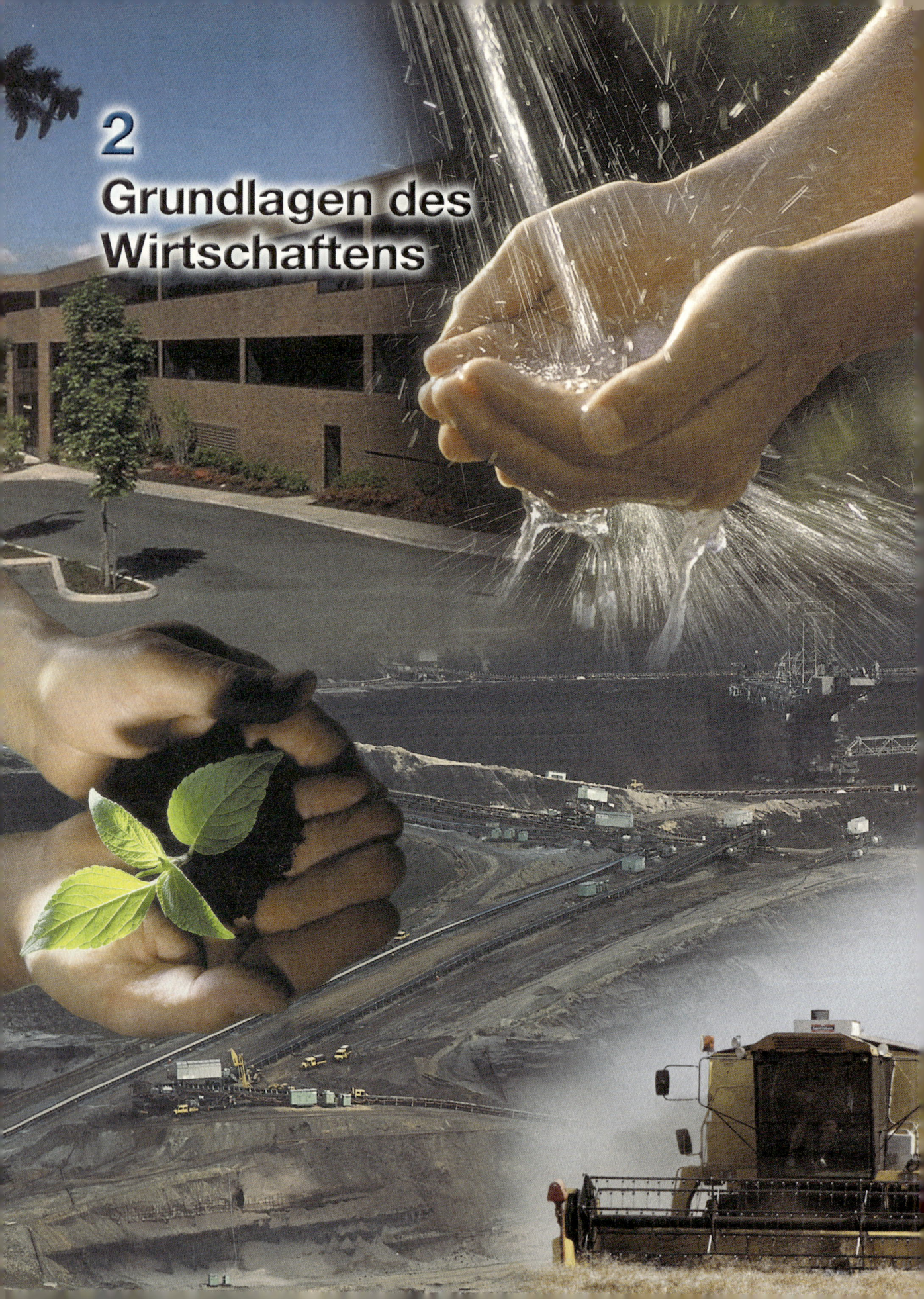

# 2
# Grundlagen des Wirtschaftens

# Grundlagen des Wirtschaftens – *Basics of economic behaviour*

## Gesellschaftliche Einbindung des Betriebes

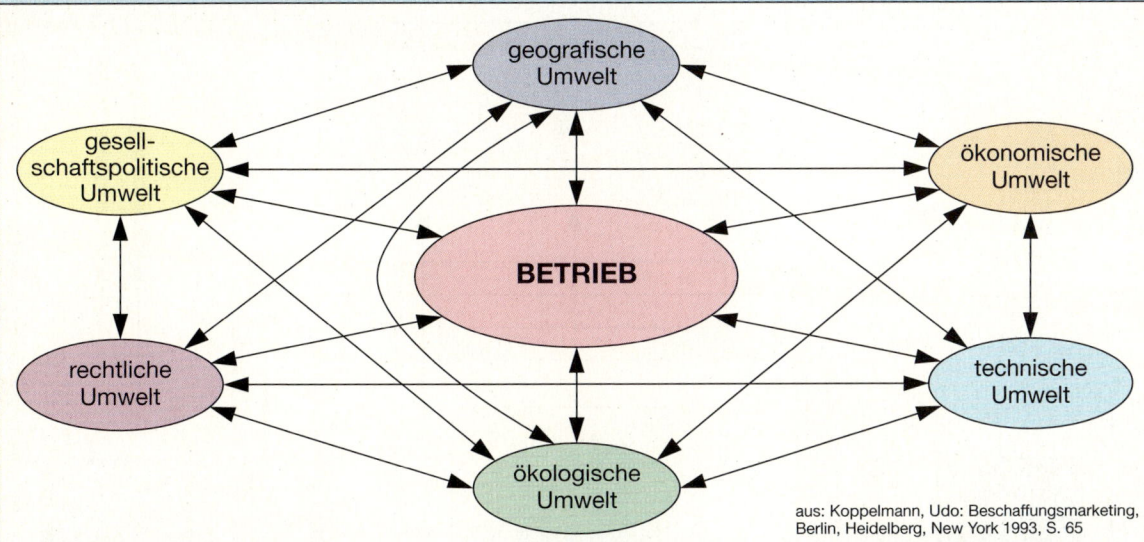

aus: Koppelmann, Udo: Beschaffungsmarketing, Berlin, Heidelberg, New York 1993, S. 65

## Unternehmen als Adressaten unterschiedlicher Ansprüche

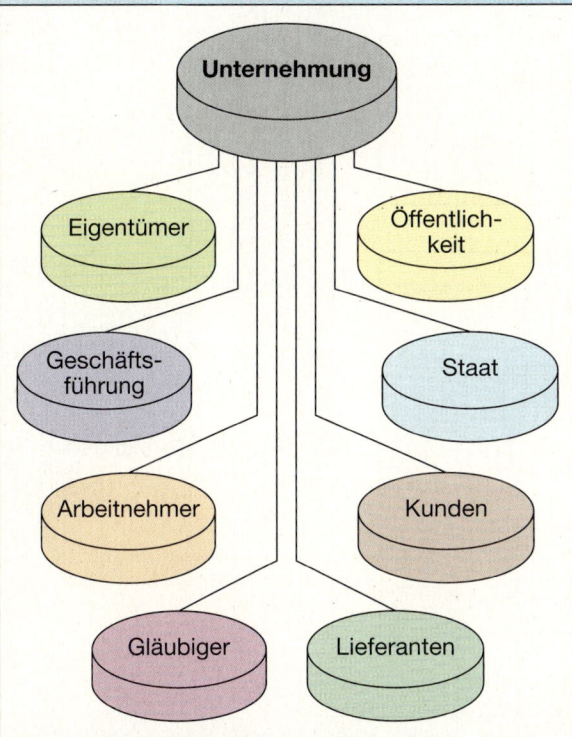

| Interessenten | Anspruch |
|---|---|
| Eigentümer | Vermögenssicherung<br>Vermögensmehrung<br>Einkommensmaximierung<br>Macht und Prestige |
| Geschäftsführung | Einkommenserzielung<br>Arbeitsplatzsicherung<br>Macht und Prestige |
| Arbeitnehmer | Arbeitsplatzsicherheit<br>Einkommenserzielung<br>humane Arbeitsbedingungen |
| Gläubiger | Verzinsung des Fremdkapitals<br>Absicherung der Kapitaltilgung<br>künftige Geschäftssicherung |
| Lieferanten | rentable Absatzmöglichkeiten<br>Ausweitung des Geschäfts |
| Kunden | bedarfsgerechte Angebote |
| Staat | Sicherung der Abgaben<br>Beachtung staatlicher Ziele |
| Öffentlichkeit | Anpassung an das Umfeld<br>Schonung der Umwelt<br>positiver Wertschöpfungsbeitrag |

aus:
Struwe, Jochen: Kursbuch Betriebswirtschaftslehre, Frankfurt a. M. 1994, S. 30

## Betrieb und Unternehmung

**Betrieb**:
Der Betrieb kann als planvoll organisierte Wirtschaftseinheit bezeichnet werden, in der Sachgüter und Dienstleistungen durch Kombination der Produktionsfaktoren unter Beachtung des Wirtschaftlichkeitsprinzips erstellt und abgesetzt werden, **unabhängig** vom Wirtschaftssystem.

Anm.: In der Fachliteratur werden die Begriffe „Betrieb" und „Unternehmung" z.T. unterschiedlich definiert.

**Unternehmung**:
= Betrieb des marktwirtschaftlichen Wirtschaftssystems, der gekennzeichnet ist durch
 – selbstständige, autonome Bestimmung seines Wirtschaftsplanes,
 – Verfolgung des erwerbswirtschaftlichen Prinzips (Gewinnmaximierung).

Der Begriff Betrieb ist hier weiter gefasst als der Begriff Unternehmung.

aus: Hübscher, Heinrich u. a.: IT-Kompendium, 1. Aufl., Braunschweig 2001, S. 11

# Geld- und Güterströme eines Betriebes
*The flow of goods and money in a business enterprise*

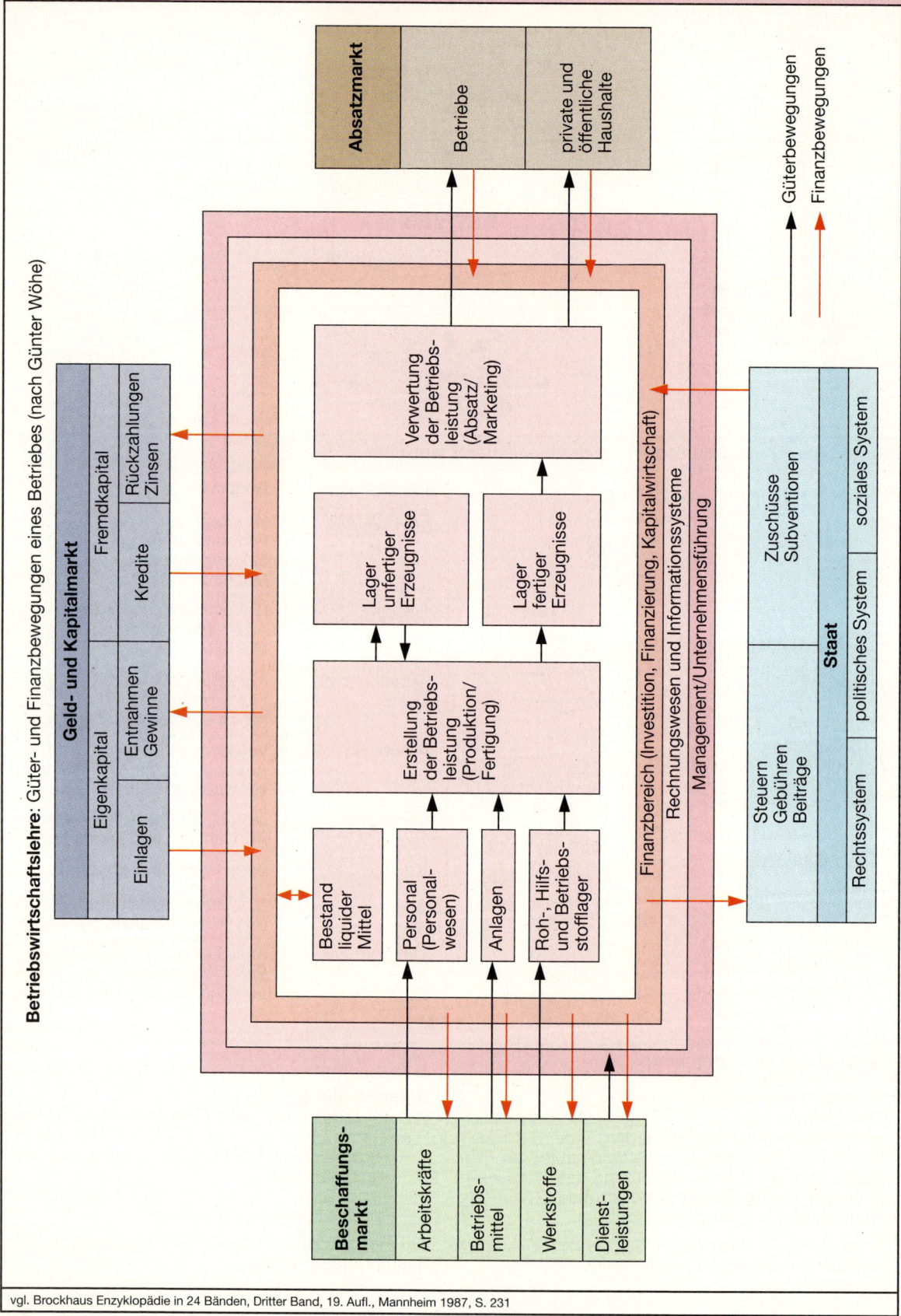

**Betriebswirtschaftslehre:** Güter- und Finanzbewegungen eines Betriebes (nach Günter Wöhe)

**Absatzmarkt**
- Betriebe
- private und öffentliche Haushalte

**Geld- und Kapitalmarkt**

| Eigenkapital | | Fremdkapital | |
|---|---|---|---|
| Einlagen | Entnahmen Gewinne | Kredite | Rückzahlungen Zinsen |

Verwertung der Betriebsleistung (Absatz/Marketing)

Lager unfertiger Erzeugnisse

Lager fertiger Erzeugnisse

Erstellung der Betriebsleistung (Produktion/Fertigung)

- Bestand liquider Mittel
- Personal (Personalwesen)
- Anlagen
- Roh-, Hilfs- und Betriebsstofflager

Finanzbereich (Investition, Finanzierung, Kapitalwirtschaft)
Rechnungswesen und Informationssysteme
Management/Unternehmensführung

**Staat**
- Zuschüsse Subventionen
- Steuern Gebühren Beiträge
- Rechtssystem
- politisches System
- soziales System

**Beschaffungsmarkt**
- Arbeitskräfte
- Betriebsmittel
- Werkstoffe
- Dienstleistungen

Güterbewegungen
Finanzbewegungen

vgl. Brockhaus Enzyklopädie in 24 Bänden, Dritter Band, 19. Aufl., Mannheim 1987, S. 231

## Aufgaben und Ziele von Betrieben – *Roles and objectives of business enterprises*

### Aufgaben

Die volkswirtschaftliche Aufgabe von Betrieben sollte sein, durch den Einsatz von Produktionsfaktoren solche Sachgüter und Dienstleistungen zu erzeugen, die der Befriedigung menschlicher Bedürfnisse dienen. Diese Güter und Dienstleistungen werden den anderen Wirtschaftseinheiten (Betriebe und Haushalte) über den Absatzmarkt zur Verfügung gestellt.

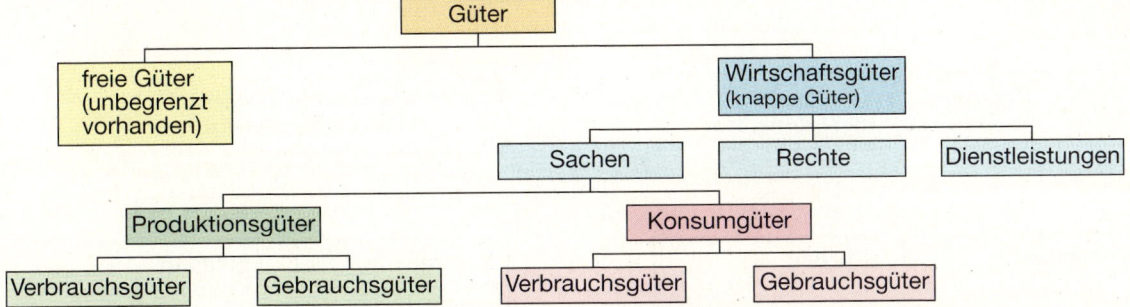

Da die Güter i. d. R. knapp sind, muss mit ihnen gewirtschaftet werden. Für wirtschaftliches Handeln (Handeln nach dem **ökonomischen Prinzip**) gelten die folgenden Grundsätze:

**Minimalprinzip**: Eine vorbestimmte Leistung mit möglichst geringen Mitteln erzielen.
**Maximalprinzip**: Mit gegebenen Mitteln die größtmögliche Leistung erzielen.

### Ziele

- **Verfolgung wirtschaftlicher Ziele**
  - **Wachstumsziele**: Steigerung von Absatz, Marktanteil, Umsatz, Produktqualität; Erschließung neuer Märkte
  - **Erfolgsziele**: Gewinn, Rentabilität des Eigenkapitals – des Gesamtkapitals – des Umsatzes
  - **Finanzziele**: Sicherung der Liquidität – der Kreditwürdigkeit – der Kapitalstruktur

- **Verfolgung sozialer Ziele**
  Sicherung des Arbeitsplatzes – der Arbeitszufriedenheit, Ausbau der sozialen Leistungen
- **Verfolgung ökologischer Ziele**
  Umweltverträgliche Produkte – Produktionsverfahren – Entsorgung (Recycling)
- **Verfolgung gesellschaftlicher Ziele**
  Image, Corporate Identity, Macht

## Arten von Betrieben – *Types of business enterprises*

- **nach Art der Leistung**
  - Sachleistungsbetriebe, z.B. Computerhersteller
  - Dienstleistungsbetriebe, z.B. Betriebe, die Netzwerke installieren
- **nach Wirtschaftszweigen**
  - Industriebetriebe
  - Handwerksbetriebe
  - Handelsbetriebe
  - Kreditinstitute
  - Versicherungsbetriebe
  - Verkehrsbetriebe

- **nach dem vorherrschenden Einsatz eines Produktionsfaktors**
  - arbeitsintensive Betriebe (hoher Lohnkostenanteil), z.B. Handwerksbetriebe
  - anlage- oder kapitalintensive Betriebe (hoher Maschinenkostenanteil), z.B. Betriebe der chemischen Industrie
  - materialintensive Betriebe (hoher Materialkostenanteil), z.B. Stahlwerke
  - energieintensive Betriebe (hoher Energiekostenanteil), z.B. Betriebe der Aluminiumherstellung

- **nach der rechtlichen Stellung in Verbindung mit den verfolgten Zielen**

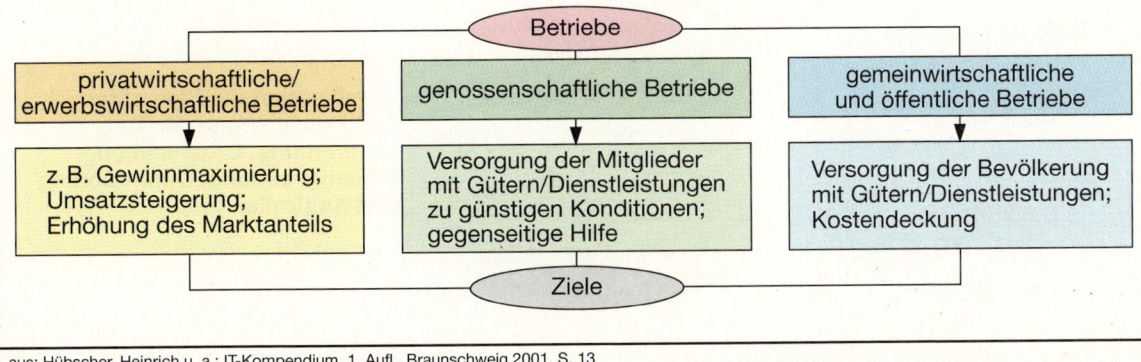

aus: Hübscher, Heinrich u. a.: IT-Kompendium, 1. Aufl., Braunschweig 2001, S. 13

# 2 Produktionsfaktoren und Faktorkombination
*Factors of production and factor combination*

## Volkswirtschaftliche Produktionsfaktoren

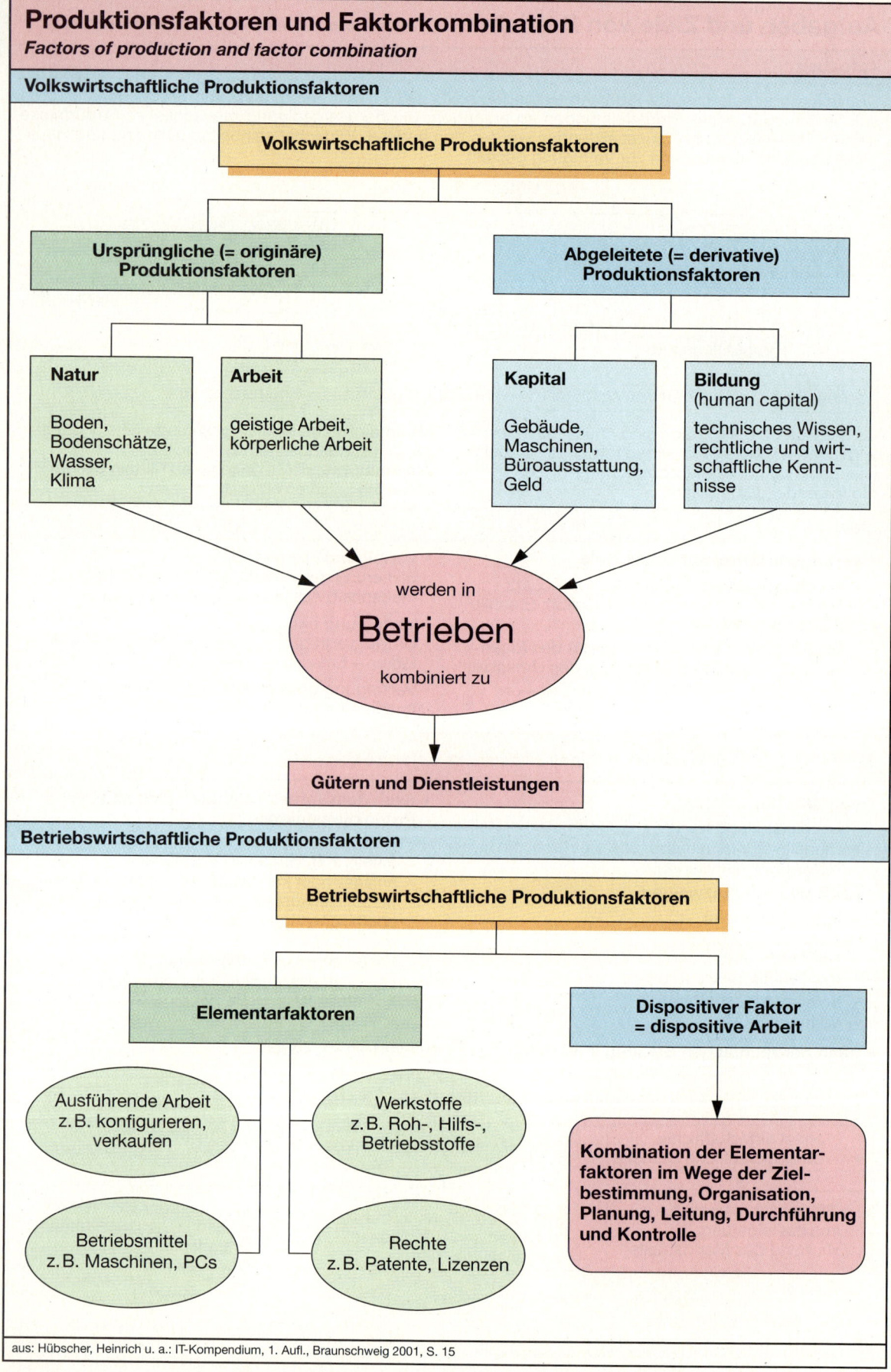

**Volkswirtschaftliche Produktionsfaktoren**

**Ursprüngliche (= originäre) Produktionsfaktoren**

**Abgeleitete (= derivative) Produktionsfaktoren**

**Natur**

Boden, Bodenschätze, Wasser, Klima

**Arbeit**

geistige Arbeit, körperliche Arbeit

**Kapital**

Gebäude, Maschinen, Büroausstattung, Geld

**Bildung** (human capital)

technisches Wissen, rechtliche und wirtschaftliche Kenntnisse

werden in **Betrieben** kombiniert zu

**Gütern und Dienstleistungen**

## Betriebswirtschaftliche Produktionsfaktoren

**Betriebswirtschaftliche Produktionsfaktoren**

**Elementarfaktoren**

**Dispositiver Faktor = dispositive Arbeit**

Ausführende Arbeit z.B. konfigurieren, verkaufen

Werkstoffe z.B. Roh-, Hilfs-, Betriebsstoffe

Betriebsmittel z.B. Maschinen, PCs

Rechte z.B. Patente, Lizenzen

**Kombination der Elementarfaktoren im Wege der Zielbestimmung, Organisation, Planung, Leitung, Durchführung und Kontrolle**

aus: Hübscher, Heinrich u. a.: IT-Kompendium, 1. Aufl., Braunschweig 2001, S. 15

352524

# Arbeitsteilung in der Wirtschaft – *Division of labour in the economy*

## Formen der Arbeitsteilung

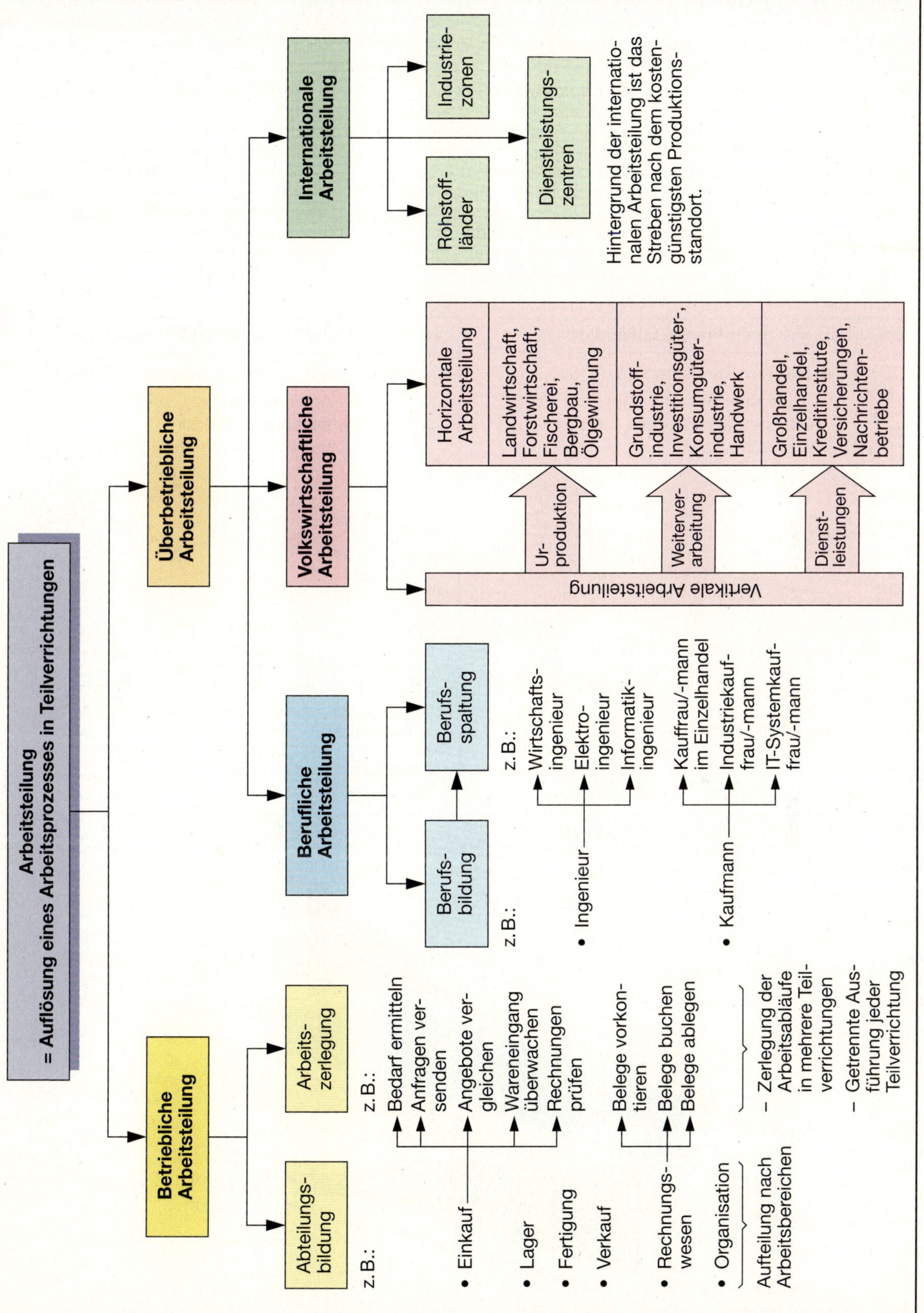

Arbeitsteilung
= Auflösung eines Arbeitsprozesses in Teilverrichtungen
Betriebliche Arbeitsteilung
Überbetriebliche Arbeitsteilung
Abteilungsbildung
z. B.:
• Einkauf
• Lager
• Fertigung
• Verkauf
• Rechnungswesen
• Organisation
Aufteilung nach Arbeitsbereichen
Arbeitszerlegung
z. B.:
Bedarf ermitteln
Anfragen versenden
Angebote vergleichen
Wareneingang überwachen
Rechnungen prüfen
Belege vorkontieren
Belege buchen
Belege ablegen
– Zerlegung der Arbeitsabläufe in mehrere Teilverrichtungen
– Getrennte Ausführung jeder Teilverrichtung
Berufliche Arbeitsteilung
Berufsbildung
z. B.:
• Ingenieur
• Kaufmann
Berufsspaltung
z. B.:
Wirtschaftsingenieur
Elektroingenieur
Informatikingenieur
Kauffrau/-mann im Einzelhandel
Industriekauffrau/-mann
IT-Systemkauffrau/-mann
Volkswirtschaftliche Arbeitsteilung
Vertikale Arbeitsteilung
Urproduktion
Weiterverarbeitung
Dienstleistungen
Horizontale Arbeitsteilung
Landwirtschaft, Forstwirtschaft, Fischerei, Bergbau, Ölgewinnung
Grundstoffindustrie, Investitionsgüter-, Konsumgüterindustrie, Handwerk
Großhandel, Einzelhandel, Kreditinstitute, Versicherungen, Nachrichtenbetriebe
Internationale Arbeitsteilung
Rohstoffländer
Industriezonen
Dienstleistungszentren
Hintergrund der internationalen Arbeitsteilung ist das Streben nach dem kostengünstigsten Produktionsstandort.

vgl. Heinemeier/Limpke/Jecht: Wirtschaftslehre für Kaufleute im Einzelhandel, 2. Aufl., Darmstadt 1991, S. 31

# Strukturveränderungen der deutschen Wirtschaft
*Structural changes in the German economy*

## Wirtschaftssektoren

Die Struktur einer Volkswirtschaft lässt sich am Anteil der einzelnen Wirtschaftssektoren an der Gesamtleistung dieser Volkswirtschaft messen. In der Regel werden drei Wirtschaftssektoren unterschieden:

- Der **primäre Sektor** bezeichnet die Urproduktion. Darunter werden alle Betriebe der Rohstoffgewinnung (Gewinnungsbetriebe) zusammengefasst. Hierzu gehören die Land-, Forst- und Fischwirtschaft, der Bergbau und die Öl- und Gasgewinnung.

- Der **sekundäre Sektor** beinhaltet die Be- und Verarbeitung von Rohstoffen in Handwerks- und Industriebetrieben (Weiterverarbeitungsbetriebe). Bedeutende Industriebranchen in Deutschland sind z. B. die Automobil-, die Maschinenbau- und die Chemieindustrie.

- Der **tertiäre Sektor** (Dienstleistungssektor) umfasst die „verteilende Wirtschaft" (Handelsbetriebe) mit den Groß- und Einzelhandelsbetrieben sowie weitere Dienstleistungsbetriebe, wie z. B. Banken. Zunehmend werden Unternehmen des Informations- und Telekommunikationsbereichs gesondert zum **quartären Sektor** zusammengefasst.

vgl. Böker, Jürgen u. a.: Wirtschaftspolitik/Wirtschaftsordnung, 2. Aufl., Darmstadt 2002, S. 15

### Erwerbstätige nach Produktionssektoren

Deutsches Reich u. Bundesrepublik[1] 1800 – 1994 in %

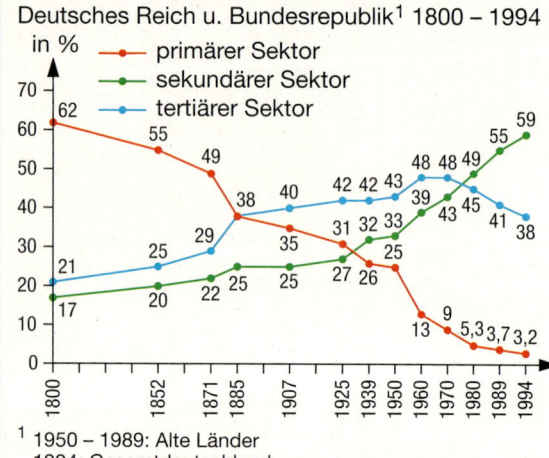

[1] 1950 – 1989: Alte Länder
1994: Gesamtdeutschland

vgl. Geißler, R.: Die Sozialstruktur Deutschlands, Opladen 1996

### Wertschöpfung[1] nach Produktionssektoren

Deutsches Reich u. Bundesrepublik[2] 1850 – 1994 in %

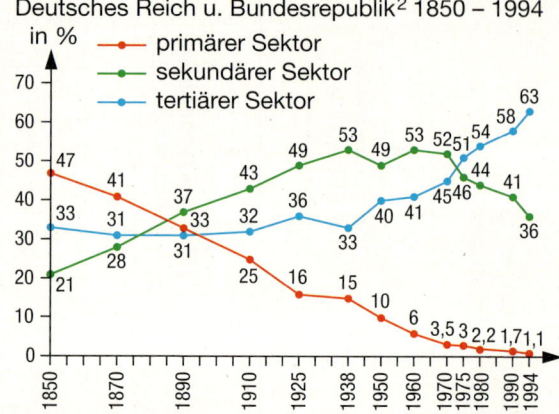

[1] Gesamtsumme der wirtschaftl. Leistungen (Güter, Dienste) – heutzutage in der Regel das Bruttoinlandsprodukt
[2] 1950 – 1990: Alte Länder
1994: Gesamtdeutschland

vgl. Geißler, R.: Die Sozialstruktur Deutschlands, Opladen 1996

### Das 4-„Sektoren"-Modell (1882 – 2010)

Anteil der „Sektoren" an der Gesamtzahl der Erwerbstätigen (in Prozent)

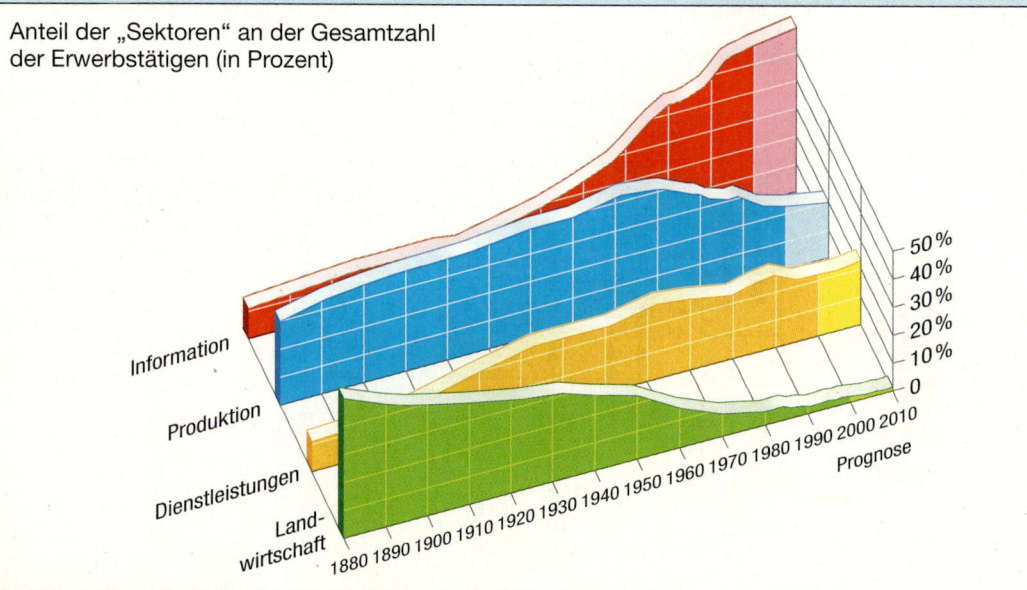

aus: Bundesministerium für Wirtschaft (Hrsg.): BMWi Report. Die Informationsgesellschaft. Fakten, Analysen, Trends, Bonn 1995

352526

# Auswirkungen der Arbeitsteilung – *The effects of the division of labour*

## Positive und negative Auswirkungen

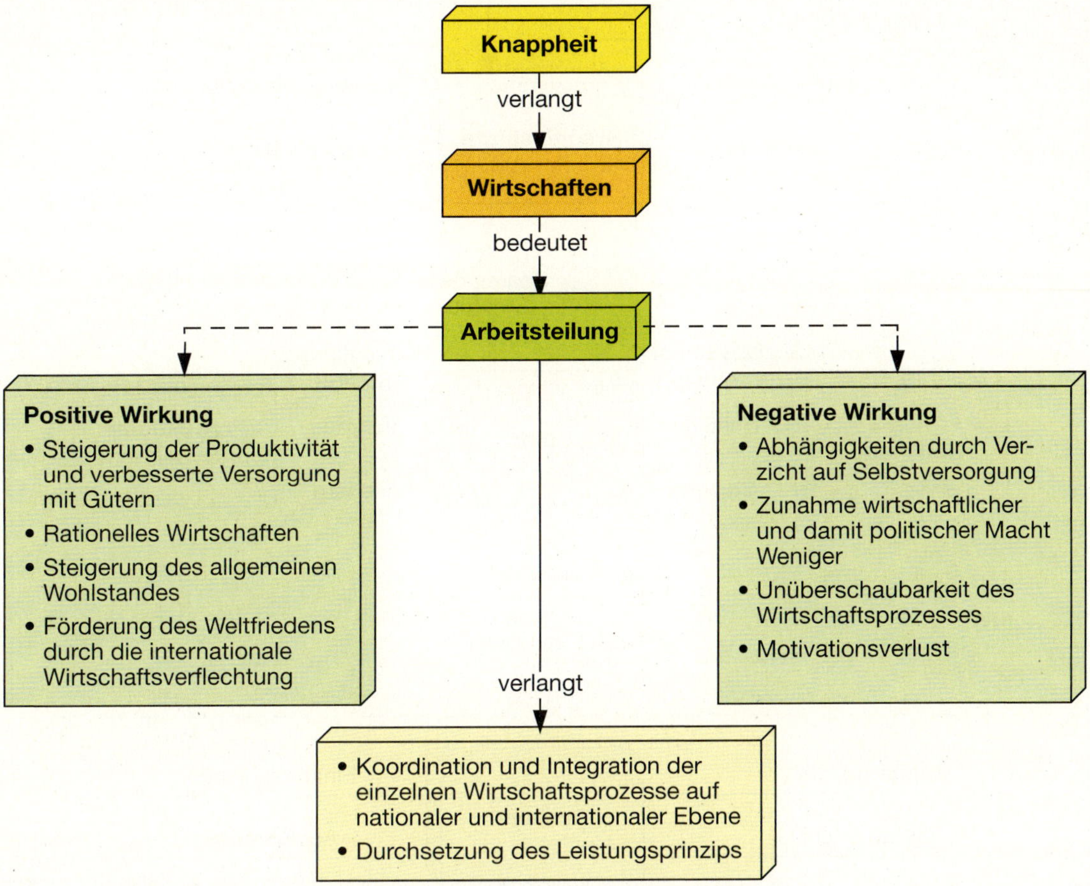

**Knappheit**

verlangt

**Wirtschaften**

bedeutet

**Arbeitsteilung**

**Positive Wirkung**
- Steigerung der Produktivität und verbesserte Versorgung mit Gütern
- Rationelles Wirtschaften
- Steigerung des allgemeinen Wohlstandes
- Förderung des Weltfriedens durch die internationale Wirtschaftsverflechtung

**Negative Wirkung**
- Abhängigkeiten durch Verzicht auf Selbstversorgung
- Zunahme wirtschaftlicher und damit politischer Macht Weniger
- Unüberschaubarkeit des Wirtschaftsprozesses
- Motivationsverlust

verlangt

- Koordination und Integration der einzelnen Wirtschaftsprozesse auf nationaler und internationaler Ebene
- Durchsetzung des Leistungsprinzips

aus: Bundesverband Deutscher Banken (Hrsg.): Schul/Bank. Wirtschaft. Materialien für den Unterricht, Köln 1994

## Datenmaterial

**Die größten deutschen Unternehmen Jahresumsätze 2000 in Mrd. €**

**Beispiel:** Siemens-Standorte

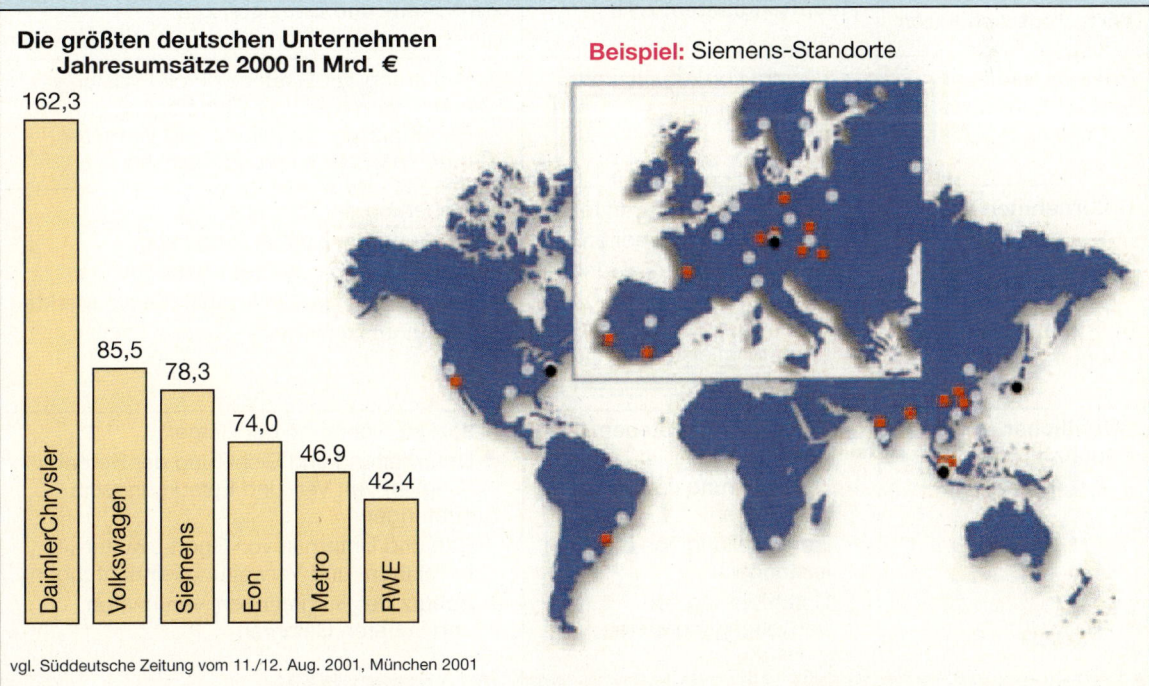

| Unternehmen | Mrd. € |
|---|---|
| DaimlerChrysler | 162,3 |
| Volkswagen | 85,5 |
| Siemens | 78,3 |
| Eon | 74,0 |
| Metro | 46,9 |
| RWE | 42,4 |

vgl. Süddeutsche Zeitung vom 11./12. Aug. 2001, München 2001

# Wirtschaftskreislauf – *Circular flow*

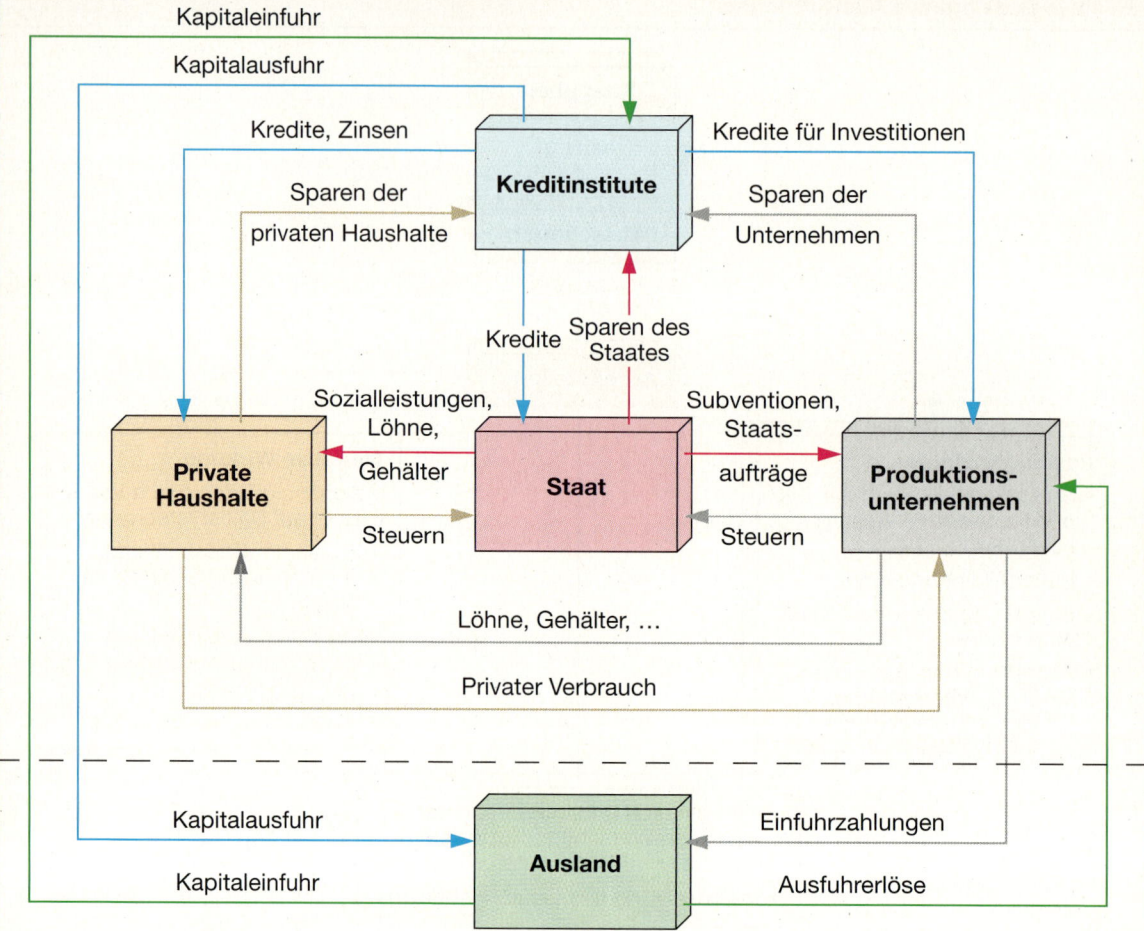

Kapitaleinfuhr

Kapitalausfuhr

Kredite, Zinsen

**Kreditinstitute**

Kredite für Investitionen

Sparen der privaten Haushalte

Sparen der Unternehmen

Kredite    Sparen des Staates

Sozialleistungen, Löhne, Gehälter

Subventionen, Staats- aufträge

**Private Haushalte**

**Staat**

**Produktions- unternehmen**

Steuern

Steuern

Löhne, Gehälter, …

Privater Verbrauch

Kapitalausfuhr

**Ausland**

Einfuhrzahlungen

Kapitaleinfuhr

Ausfuhrerlöse

aus: Bundesverband deutscher Banken (Hrsg.): Schul/Bank. Wirtschaft. Materialien für den Unterricht, Köln 1994, 2.1/4

| Art des Wirtschaftssubjektes | Haupttätigkeiten, z. B. | Zwischen- und Endziele, z. B. |
|---|---|---|
| **Privater Haushalt** | – Verkauf von Arbeitskraft<br>– Konsumieren<br>– Sparen | – Sicherung der Existenz durch Erzielung von Einkommen zur Befriedigung von Bedürfnissen, Schaffung und Vermeh- rung von Eigentum und Ansehen |
| **Unternehmen**<br>a) Kreditinstitut<br><br><br><br>b) Produktions- unternehmen | – Gewährung von Krediten<br>– Aufnahme von Krediten<br>– Abwicklung des Zahlungs- verkehrs<br>– Produktion von Sachgütern und Dienstleistungen<br>– Investitionen | – Sicherung der Existenz<br>– Deckung der Kosten (langfristig)<br>– Erzielung von positivem Nettogewinn<br>– Erweiterung der Einflussnahme auf Märkte<br>– Gewinnmaximierung |
| **Öffentlicher Haushalt**, z. B. Gemeinde | – Einnahme von Steuern und Gebühren<br>– Durchführung von Haus- haltsplänen<br>– Bereitstellung von Dienst- leistungen<br>– Durchführung von Verwaltungsaufgaben | – soziale Sicherung der Bürger<br>– Unterhaltung und Sicherung der Betriebs- fähigkeit von Ver- und Entsorgungsein- richtungen<br>– Bau und Unterhalt von Sport-, Kultur-, Erholungs- und Verwaltungseinrichtungen<br>– Schutz der Bürger(innen) vor inneren und äußeren Gefahren |

aus: Herber, Hans/Engel, Bernd: Volkswirtschaftslehre für Bankkaufleute, 6. neu bearbeitete Aufl., Wiesbaden 1994, S. 3 f.

352528

# Marktstrukturen und ihre Auswirkungen – *Market structures and their effects*

## Begriff Markt

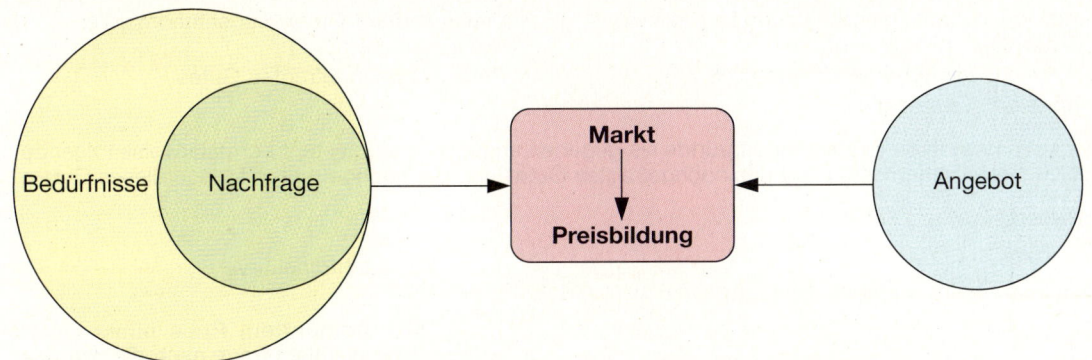

In der Fachliteratur wird zwischen dem abstrakten und dem konkreten Markt unterschieden:

- Der **abstrakte Markt** ist eine Zusammenfassung von Angebots- und Nachfragebeziehungen. Er ist der theoretische Ort, an dem sich Angebot und Nachfrage treffen und an dem die Preisbildung stattfindet.

- Der **konkrete Markt** ist sachlich, zeitlich und örtlich bestimmt, z.B. die Cebit-Messe im Jahr 20.. in Hannover.

## Marktarten

- **Unterscheidung nach Umfang der staatlichen Marktbeeinflussung:**
  Freie Märkte (ohne Staatseingriff; Modell der freien Marktwirtschaft),
  regulierte Märkte.

- **Unterscheidung nach Umfang der Marktzutrittsmöglichkeit:**
  Offene Märkte (jedermann kann als Anbieter oder Nachfrager auftreten),
  geschlossene Märkte.

- **Unterscheidung nach Stellung des Betriebes im Markt:**
  Beschaffungsmärkte,
  Absatzmärkte.

- **Unterscheidung nach Art der gehandelten Sachgüter und Leistungen:**
  Werkstoffmärkte für Roh-, Hilfs- und Betriebsstoffe,
  Betriebsmittelmärkte,
  Arbeitsmärkte,
  Geld- und Kapitalmärkte,
  Informationsmärkte.

- **Unterscheidung nach Art der Verwendung der Sachgüter und Leistungen:**
  Investitionsgütermärkte,
  Konsumgütermärkte.

- **Unterscheidung nach geografischen Gesichtspunkten:**
  Inlandsmarkt (örtlich, regional, national),
  Auslandsmarkt (EU-Markt, Weltmarkt).

- **Unterscheidung nach räumlich-zeitlichen Gesichtspunkten:**
  Zentralisierte Märkte (Punktmärkte; zugleich organisierte Märkte),
  dezentralisierte Märkte (zugleich unorganisierte Märkte).

- **Unterscheidung nach Marktposition:**
  Verkäufermärkte (Nachfrage > Angebot; Verkäufer haben starke Marktposition),
  Käufermärkte (Angebot > Nachfrage; Käufer haben starke Marktposition).

- **Unterscheidung nach Vollkommenheit der Märkte:**
  Vollkommene Märkte,
  unvollkommene Märkte.

## Marktformen

| Anbieter / Nachfrager | einer | wenige | viele |
|---|---|---|---|
| **einer** | bilaterales Monopol | beschränktes Nachfragemonopol | Nachfragemonopol |
| **wenige** | beschränktes Angebotsmonopol | bilaterales Oligopol | Nachfrageoligopol |
| **viele** | Angebotsmonopol | Angebotsoligopol | Polypol |

Erklärung: mono = ein; olig = wenig; poly = viel

aus: Hübscher, Heinrich u. a.: IT-Kompendium, 1. Aufl., Braunschweig 2001, S. 20

# Anbieter- und Nachfrageverhalten – *Supply and demand behaviour*

## Bestimmungsgründe der Nachfrage privater Haushalte

- Individuelle Nutzeneinschätzung bezüglich des Gutes (Bedürfnisstruktur)
- Höhe des verfügbaren Einkommens
- Höhe des Vermögens
- Preise anderer Güter (Substitutionsgüter, Komplementärgüter)
- Preis des nachgefragten Gutes

Werden alle anderen Bestimmungsgründe als gegeben angenommen, besteht normalerweise folgende Beziehung zwischen dem Preis des nachgefragten Gutes und der nachgefragten Menge dieses Gutes:

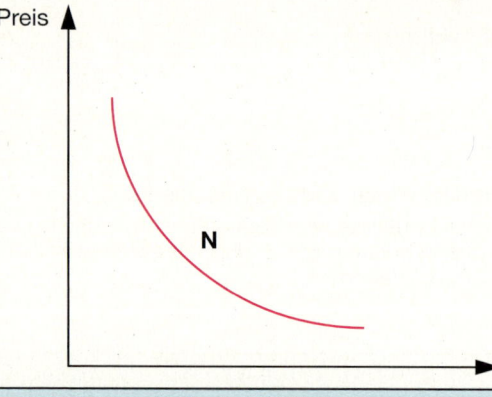

**N**: Nachfragekurve

Mit steigendem Preis eines Gutes sinkt die Nachfrage nach diesem Gut.

Mit sinkendem Preis eines Gutes steigt die Nachfrage nach diesem Gut.

## Bestimmungsgründe des Angebots privater Betriebe

- Zielsetzung des Anbieters (Gewinnmaximierung, Kostendeckung, Ausweitung des Marktanteils, …)
- Marktposition des Anbieters (Monopol, Oligopol, Polypol)
- tatsächliche bzw. erwartete Marktlage (Konjunktur, Preise der Konkurrenz, Nachfrageentwicklung, …)
- Kostenstruktur des Anbieters (Faktorpreise, technischer Stand)
- Preis des angebotenen Gutes

Werden alle anderen Bestimmungsgründe als gegeben angenommen, besteht normalerweise folgende Beziehung zwischen dem Preis des angebotenen Gutes und der angebotenen Menge dieses Gutes:

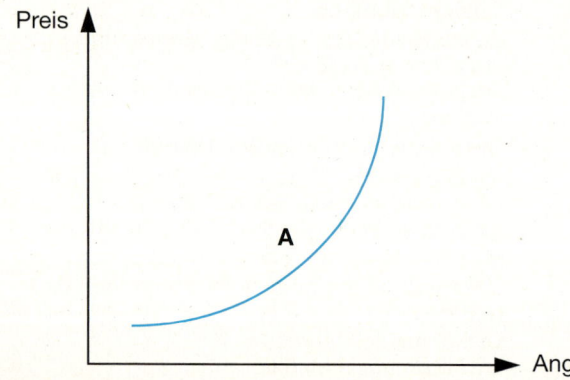

**A**: Angebotskurve

Mit steigendem Preis eines Gutes steigt die Angebotsmenge dieses Gutes, da weitere Anbieter, angelockt durch sich verbessernde Gewinnchancen, auf den Markt drängen.

Mit sinkendem Preis eines Gutes sinkt die Angebotsmenge dieses Gutes, da es sich für zunehmend mehr Anbieter aus Kostengründen nicht mehr lohnt, weiter zu produzieren.

# Preisbildung auf dem vollkommenen Markt – *Pricing in an ideal market*

## Bedingungen des vollkommenen Marktes

- Viele Anbieter und viele Nachfrager (Polypol)
- Anbieter und Nachfrager haben vollständige Marktübersicht (Markttransparenz).
- Anbieter und Nachfrager reagieren auf Marktänderungen ohne zeitliche Verzögerungen.
- Das von den Anbietern angebotene Gut ist homogen (Güter unterscheiden sich nicht).
- Angebot und Nachfrage treffen an einem bestimmten Ort aufeinander (Punktmarkt).
- Anbieter und Nachfrager haben keine sachlichen, zeitlichen, räumlichen oder persönlichen Präferenzen.
- Unter diesen Bedingungen ergibt sich für das angebotene Gut ein Einheitspreis, der von dem einzelnen Anbieter nicht verändert werden kann (Preis = Datum).

aus: Hübscher, Heinrich u. a.: IT-Kompendium, 1. Aufl., Braunschweig 2001, S. 21

352530

## Gleichgewichtspreis und -menge – *Price and quantity equilibrium*

### Marktgleichgewicht

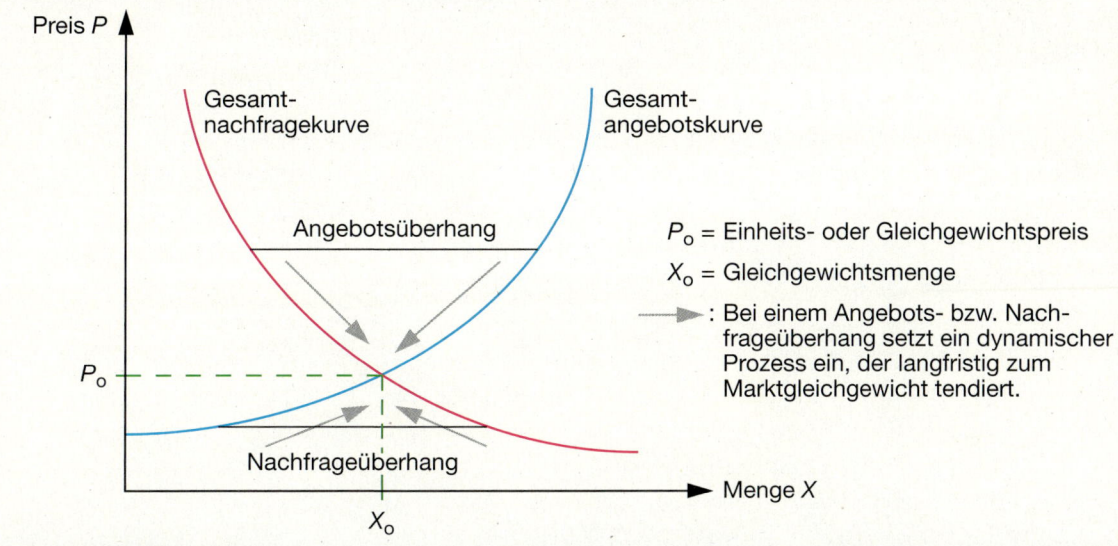

$P_\text{o}$ = Einheits- oder Gleichgewichtspreis

$X_\text{o}$ = Gleichgewichtsmenge

➤ : Bei einem Angebots- bzw. Nachfrageüberhang setzt ein dynamischer Prozess ein, der langfristig zum Marktgleichgewicht tendiert.

### Funktionen des Preises

Was leistet der Preis in der Marktwirtschaft?

- Der Preis gleicht Angebot und Nachfrage auf dem Markt aus: **Ausgleichsfunktion**.
- Der Preis lenkt das Angebot (die Produktion) auf die Märkte mit der größten Nachfrage: **Lenkungsfunktion**.

- Der Preis signalisiert, ob ein Gut besonders knapp (hoher Preis) oder besonders reichlich vorhanden (niedriger Preis) ist: **Signalfunktion**.
- Der Preis „erzieht" Produzenten und Konsumenten dazu, jeweils die wirtschaftlichste Entscheidung zu treffen: **Erziehungsfunktion**.

aus: Detjen, Joachim u. a.: Mensch und Politik für die Sekundarstufe I, Hannover 1997, S. 185

## Kooperation und Konzentration – *Cooperation and concentration*

### Gründe von Unternehmenszusammenschlüssen

- Verringerung hoher Forschungs- und Entwicklungskosten
- Verbreiterung der Kapitalbasis
- Streuung des unternehmerischen Risikos
- Ausnutzung von Rationalisierungsvorteilen

- Erhöhung des Auslastungsgrades der Produktionsanlagen
- Erschließung neuer Beschaffungs- oder Absatzmärkte
- Begrenzung des Wettbewerbs/Aufteilung von Märkten

### Formen von Unternehmenszusammenschlüssen

**Unternehmenszusammenschlüsse**

**nach der Richtung**

- Horizontal (Unternehmen gleicher Produktions- bzw. Handelsstufen)
- Vertikal (Angliederung vorgelagerter oder nachgelagerter Produktions- oder Handelsstufen)
- Diagonal oder anorganisch (Angliederung branchenfremder Produktions- oder Handelsstufen)

**nach dem Grad der Selbstständigkeit**

- Arbeitsgemeinschaft
- Konsortium
- Interessengemeinschaft
- Kartell
- Konzern
- Fusion

aus: Hübscher, Heinrich u. a.: IT-Kompendium. 1. Aufl., Braunschweig 2001, S. 22

# 3
# Betrieblicher Leistungsprozess

# Leistungs-, Geld- und Informationsflüsse
*Flow of performance, money and information*

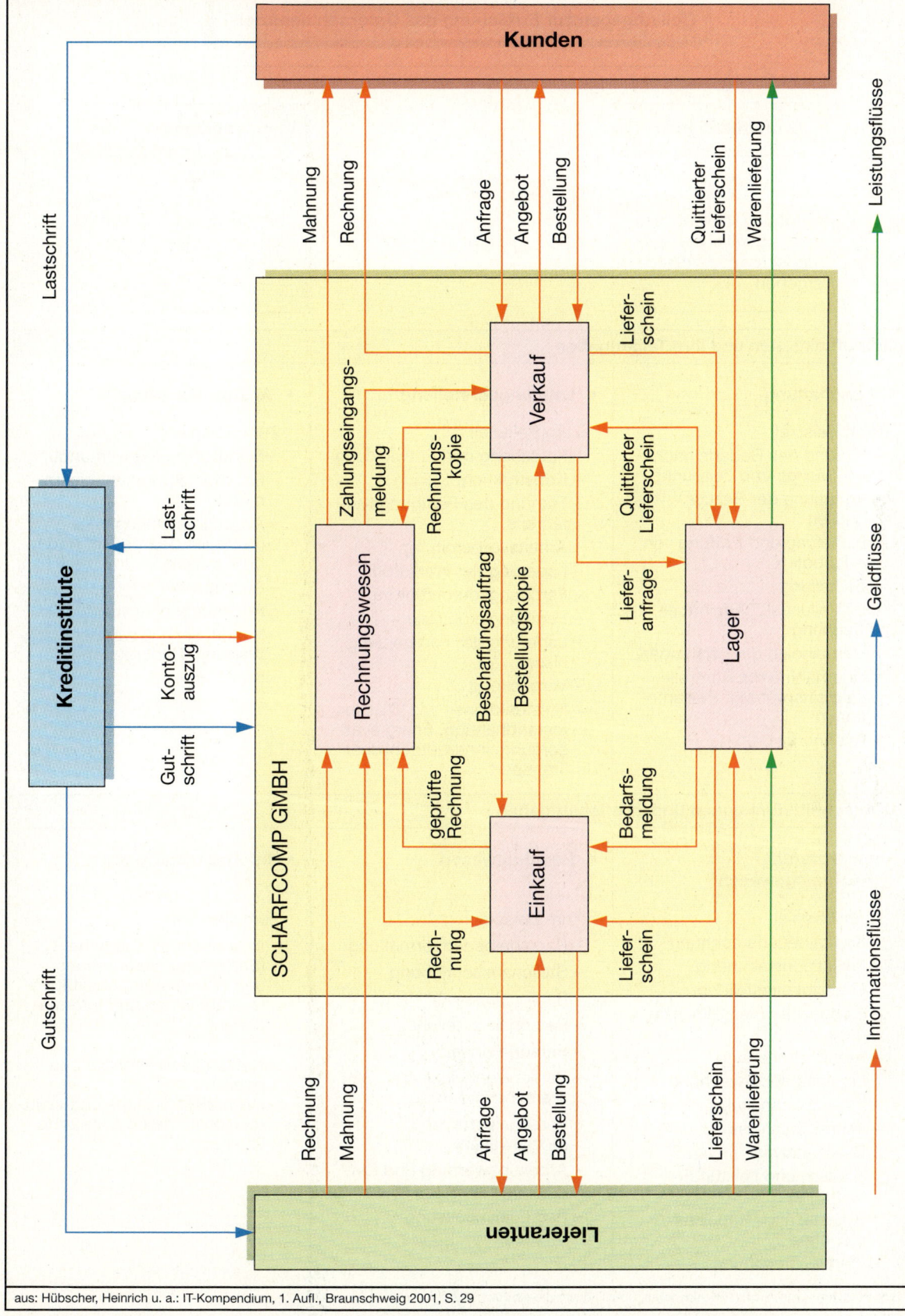

aus: Hübscher, Heinrich u. a.: IT-Kompendium, 1. Aufl., Braunschweig 2001, S. 29

# Funktionen des Betriebes – *The company functions*

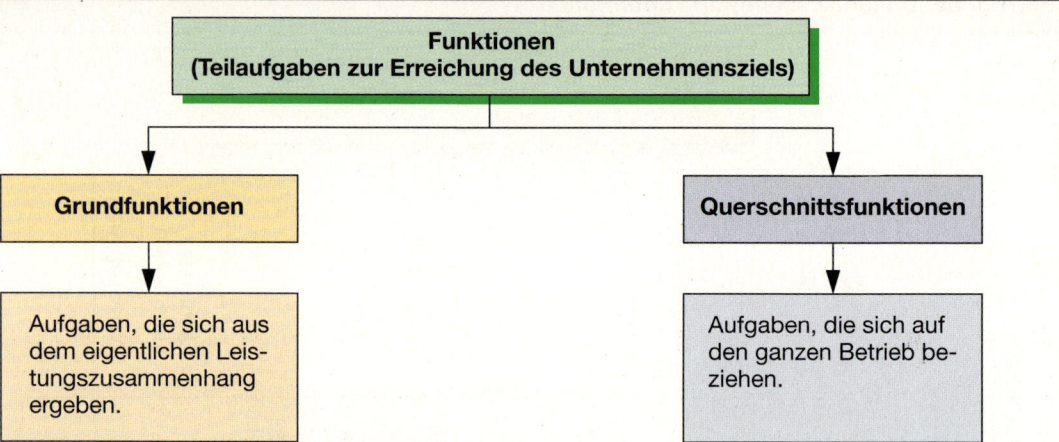

**Funktionen**
**(Teilaufgaben zur Erreichung des Unternehmensziels)**

**Grundfunktionen**

Aufgaben, die sich aus dem eigentlichen Leistungszusammenhang ergeben.

**Querschnittsfunktionen**

Aufgaben, die sich auf den ganzen Betrieb beziehen.

## Grundfunktionen und ihre Teilaufgaben

- **Beschaffung**

Zum Beispiel:
– Klärung des Bedarfs nach Art, Menge und Zeitpunkt
– Ermittlung der Bezugsquellen
– Einholung und Prüfung von Angeboten
– Bestellung
– Bestellungs-, Terminüberwachung
– Herbeiholen der Leistungen
– Übernahme mit Kontrolle, Qualitätsprüfung, Reklamationen
– Rechnungsprüfung

- **Leistungserstellung**

Zum Beispiel:
– Forschung und Entwicklung
– Konstruktion
– Planung des Fertigungsverfahrens
– Arbeitsvorbereitung
– Lagerung der Werkstoffe
– Fertigungsdurchführung
– Fertigungskontrolle
– Lagerung der Fertigerzeugnisse
– Verpackung
– Hilfsfunktionen wie Wartung, Instandhaltung, Energieversorgung, innerbetrieblicher Transport

- **Absatz/Marketing**

Zum Beispiel:
– Marktforschung, -erkundung
– Einsatz der Marketinginstrumente
– Absatzanbahnung (Anfragen bearbeiten, Angebote erstellen)
– Auftragsabwicklung
– Rechnungserstellung
– Kundenservice wie Beratung, Wartung, Reparaturen
– Kundenpflege

## Querschnittsfunktionen und ihre Teilaufgaben

- **Finanzierung/ Rechnungswesen**

Zum Beispiel:
– Kapitalbedarfsrechnung
– Investitionsrechnung
– Finanzplanerstellung
– Eigen- oder Fremdfinanzierung
– Kreditbeschaffung
– Liquiditätsüberwachung
– Finanzbuchhaltung
– Jahresabschluss
– Bilanzanalyse
– Kosten- und Leistungsrechnung
– Statistik und Vergleichsrechnung
– Planungsrechnung

- **Personalwesen**

Zum Beispiel:
– Personalbedarfsermittlung
– Stellenausschreibung
– Personalauswahl
– Personaleinstellung
– Personaleinsatz
– Personalentwicklung (Personalförderung)
– Personalbetreuung (Sozialwesen)
– Arbeitsbewertung und Entlohnung
– Personalentlassung

- **Informationswesen**

Zum Beispiel:
– Informationsmanagement (Sammlung, Verarbeitung und Speicherung qualitätsrelevanter Daten und Informationen)

– Nutzung von Informationsquellen (Nichtelektronische und elektronische, interne u. externe Quellen)

aus: Hübscher, Heinrich u. a.: IT-Kompendium, 1. Aufl., Braunschweig 2001, S. 36

352534

# Fertigungsverfahren – *Production method*

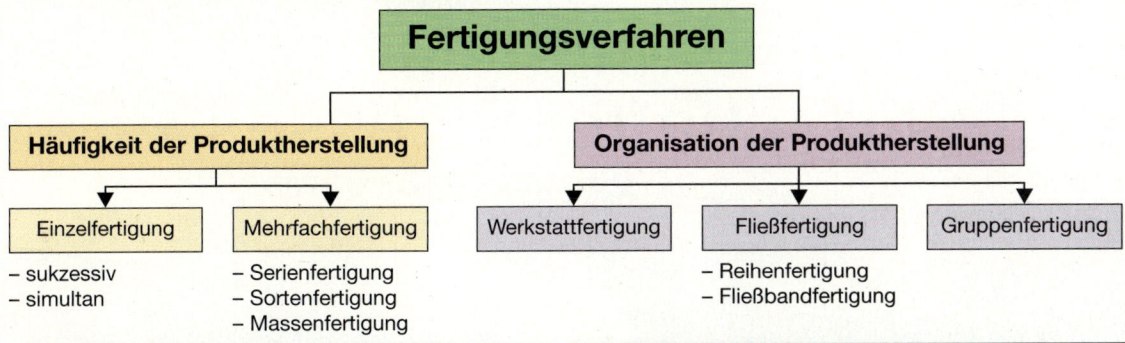

## Begriff

Fertigungsverfahren bezeichnen die Systematisierung von Herstellungsprozessen nach der Häufigkeit bzw. nach der Organisation der Produktherstellung.

**Fertigungsverfahren**

**Häufigkeit der Produktherstellung**

- Einzelfertigung
  - sukzessiv
  - simultan
- Mehrfachfertigung
  - Serienfertigung
  - Sortenfertigung
  - Massenfertigung

**Organisation der Produktherstellung**

- Werkstattfertigung
- Fließfertigung
  - Reihenfertigung
  - Fließbandfertigung
- Gruppenfertigung

| Fertigungsverfahren nach der Häufigkeit der Produktherstellung | Fertigungsverfahren nach der Organisation der Produktherstellung |
|---|---|
| **Einzelfertigung** | **Werkstattfertigung/Werkstättenfertigung** |
| Es wird jeweils nur eine Produkteinheit in bestimmter Art und Ausführung hergestellt. Häufig geschieht dies aufgrund von Einzelaufträgen.<br>• **sukzessive Einzelfertigung:**<br>  Die Fertigung erfolgt zeitlich nacheinander (z.B. Hoch- und Tiefbau, Schiffbau).<br>• **simultane Einzelfertigung:**<br>  Die Fertigung erfolgt gleichzeitig (z.B. bei spezifischen Anfertigungen wie im Spezialmaschinenbau, Hochofenbau, Liftanlagenbau). | Die Produkte werden als Werkstück in einer Werkstatt oder in mehreren Werkstätten mit jeweils speziellen Werkzeugen gefertigt (Verrichtungsprinzip). Dieses Prinzip eignet sich besonders für Einzel- und Kleinserienfertigung sowie für Reparaturbetriebe. In jeder Werkstatt sind also nur Arbeitsplätze mit vergleichbaren Arbeitsaufgaben vorhanden. Die Werkstattfertigung wird hauptsächlich in kleineren Handwerksbetrieben angewendet, die Werkstättenfertigung findet eher in kleineren Industriebetrieben Anwendung. |
| **Mehrfachfertigung** | **Fließfertigung** |
| Es werden verschiedene Produkte in größerer Stückzahl sukzessive oder simultan gefertigt.<br>• **Serienfertigung:**<br>  Fertigungsprogramm mit unterschiedlichen Verfahren, in denen mehrere unterschiedliche Teilprodukte aus unterschiedlichen Rohstoffen hergestellt werden. Die jeweiligen Produkte werden in größerer Stückzahl hergestellt. Die Aufträge werden gebündelt und spezielle Kundenwünsche können berücksichtigt werden. Dabei kann es sich um Kleinserienfertigung (z.B. Werkzeugmaschinenherstellung) oder Großserienfertigung (z.B. Automobilherstellung) handeln.<br>• **Sortenfertigung:**<br>  Fertigung verschiedener Produktsorten aus gleichem Ausgangsmaterial in vergleichbaren Fertigungsverfahren, die sich in Form, Farbe, Größe oder Qualität unterscheiden können (z.B. Papierherstellung, Schokoladenherstellung).<br>• **Massenfertigung:**<br>  Fertigung gleichartiger Produkte in großer Anzahl.<br>  – Bei einfacher Massenfertigung wird nur ein Produkt ohne Variationen in großer Menge hergestellt (z.B. Energieversorgung).<br>  – Bei mehrfacher Massenfertigung werden mehrere Produkte in verschiedenen Ausführungen simultan in großer Menge hergestellt (z.B. Glühbirnenherstellung, Bleistiftherstellung, Joghurtherstellung). | Die Arbeitsplätze und Produktionsmittel werden nach dem Ablauf der Produktherstellung angeordnet (Prozessfolgeprinzip), um einen reibungslosen und zügigen Produktionsablauf zu ermöglichen.<br>• **Reihenfertigung:**<br>  Der Produktionsablauf wird den produktionstechnischen Erfordernissen angepasst. Eine zeitliche Strukturierung muss sich eventuellen Entwicklungs- oder Reifeprozessen anpassen und ist daher nur schwer zu optimieren (z.B. chemische Industrie).<br>• **Fließbandfertigung:**<br>  Der Produktionsablauf wird in möglichst kleine Teilschritte gegliedert. Arbeitsplätze und Produktionsmittel werden nach diesen Teilschritten angeordnet und darüber hinaus zeitlich aufeinander abgestimmt, sodass die jeweiligen Teilprodukte in möglichst kurzen Taktzeiten und ohne Unterbrechung von einer Produktionsstufe zur nächsten weitergegeben werden können (z.B. Automobilindustrie, Computerindustrie). |
| | **Gruppenfertigung** |
| | Die Produktion von Teilprodukten oder Endprodukten geschieht in allen Produktionsstufen an einer Arbeitsstätte, an dem alle benötigten Arbeitsplätze und Produktionsmittel entsprechend angeordnet sind. Häufig werden einzelne Bauteile oder Baugruppen als Teilprodukte in Gruppenfertigung vorgefertigt, bevor sie beispielsweise im Rahmen einer Fließfertigung Bestandteil des Endproduktes werden. |

# 4
# Rechtliche Grundlagen des Wirtschaftsprozesses

# Rechtliche Grundlagen des Wirtschaftsprozesses
*Juristical basics of the economic process*

## Rechtsordnung

Die Funktionsfähigkeit des Güter- und Geldstromes im Wirtschaftsleben wird u. a. sowohl durch ungeschriebenes Recht oder Gewohnheitsrecht (z. B. Handelsbräuche) als auch durch geschriebenes Recht (z. B. Verfassungsrecht) beeinflusst.

Die Summe aller Rechtsvorschriften, die in einem Staatswesen zur Anwendung kommen, wird als **RECHTSORDNUNG** bezeichnet. In Deutschland wird diese Rechtsordnung durch das Grundgesetz (z. B. Artikel 14 Absatz 1: Eigentumsgarantie und Absatz 2: Sozialbindung) festgelegt. Im Rahmen der europäischen Integration (u. a. gemeinsame Währung) kommen weitere Gesetze dazu, die in den zuständigen EU-Institutionen beschlossen werden und in der Regel einen höheren Rang einnehmen.

## Hierarchie der Rechtsvorschriften

| Begriff | Bedeutung | Beispiele |
|---|---|---|
| Naturrecht (Gewohnheitsrecht) | Inbegriff der herrschenden Auffassungen | Menschenrechte |
| Geschriebenes (positives) Recht | | |
| **Völkerrecht** | Zwischenstaatliches Recht | Charta der UNO |
| **EU-Recht** | Vereinheitlichung von Rechtsvorschriften für EU-Mitgliedsstaaten | EU-Vertrag über … |
| **Verfassung (Grundgesetz)** | Normativer Rahmen für die Gesetzgebung Deutschlands | Grundgesetz |
| **Gesetz** | Spezielle Rechtsvorschriften | Gewerbesteuergesetz |
| **Verordnung** | Ergänzungs- und Durchführungsbestimmungen zu den Gesetzen | Gewerbesteuerdurchführungsverordnung |
| **Satzung** | Einzelne Rechtsvorschrift für einen besonderen Zweck | Bestimmung des Gewerbesteuerhebesatzes |
| **Gerichtsurteil** | Richterliche Entscheidung im Einzelfall | Korrektur eines Gewerbesteuerbescheids |

# Rechtliche Grundlagen des Wirtschaftsprozesses
*Juristical basics of the economic process*

## Rechtssubjekte – Rechtsfähigkeit

Die Rechtsordnung unterscheidet prinzipiell zwischen Personen (Rechtssubjekte) und Gegenständen (Rechtsobjekte). Nur **Rechtssubjekte** können Träger von Rechten und Pflichten sein (= Rechtsfähigkeit) und rechtswirksame Erklärungen abgeben.

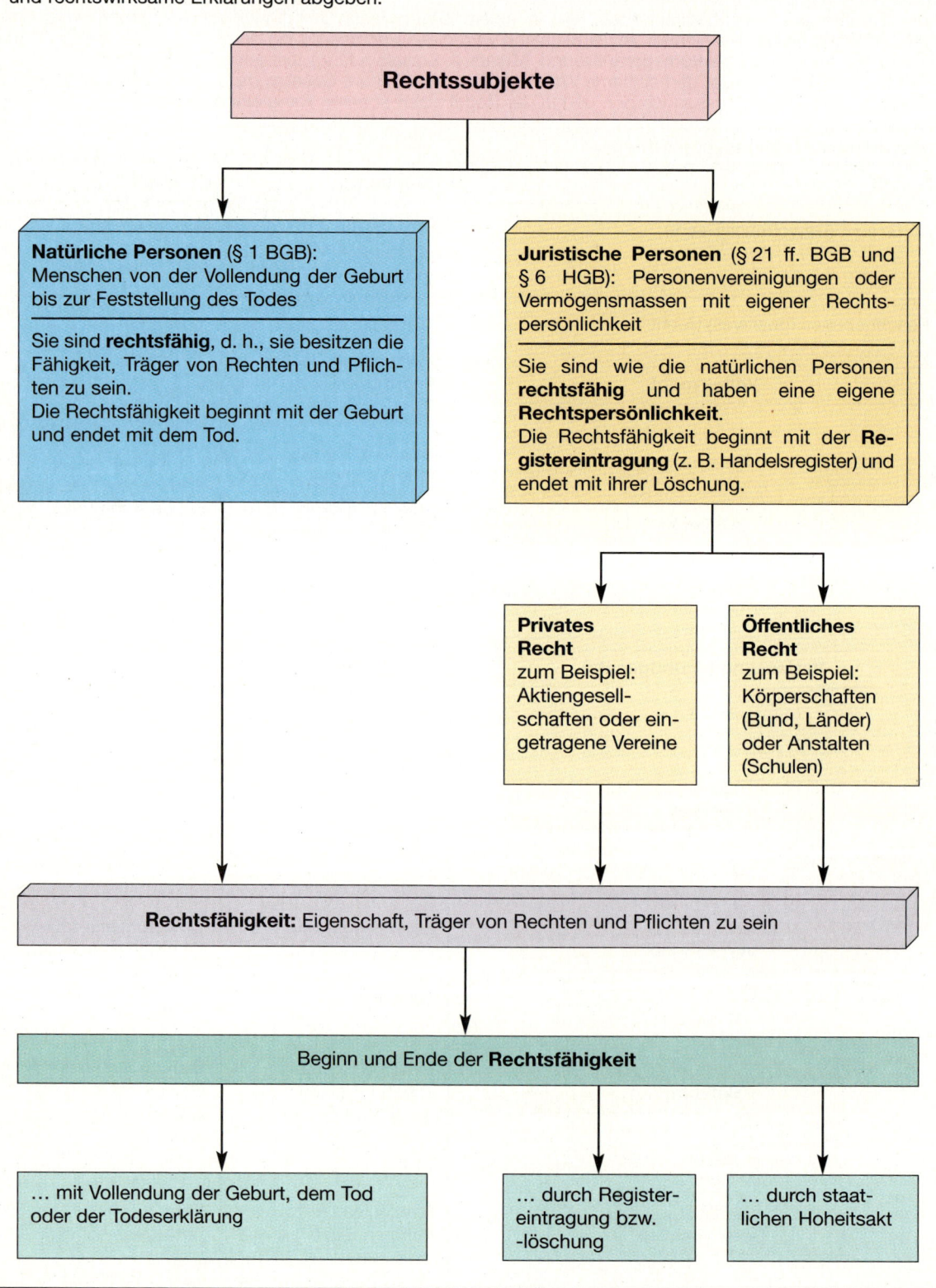

**Rechtssubjekte**

**Natürliche Personen** (§ 1 BGB): Menschen von der Vollendung der Geburt bis zur Feststellung des Todes

Sie sind **rechtsfähig**, d. h., sie besitzen die Fähigkeit, Träger von Rechten und Pflichten zu sein.
Die Rechtsfähigkeit beginnt mit der Geburt und endet mit dem Tod.

**Juristische Personen** (§ 21 ff. BGB und § 6 HGB): Personenvereinigungen oder Vermögensmassen mit eigener Rechtspersönlichkeit

Sie sind wie die natürlichen Personen **rechtsfähig** und haben eine eigene **Rechtspersönlichkeit**.
Die Rechtsfähigkeit beginnt mit der **Registereintragung** (z. B. Handelsregister) und endet mit ihrer Löschung.

**Privates Recht**
zum Beispiel: Aktiengesellschaften oder eingetragene Vereine

**Öffentliches Recht**
zum Beispiel: Körperschaften (Bund, Länder) oder Anstalten (Schulen)

**Rechtsfähigkeit:** Eigenschaft, Träger von Rechten und Pflichten zu sein

Beginn und Ende der **Rechtsfähigkeit**

… mit Vollendung der Geburt, dem Tod oder der Todeserklärung

… durch Registereintragung bzw. -löschung

… durch staatlichen Hoheitsakt

4

352538

# Rechtliche Grundlagen des Wirtschaftsprozesses
*Juristical basics of the economic process*

## Rechtssubjekte – Geschäftsfähigkeit

**Geschäftsfähigkeit:**
Fähigkeit, Rechtsgeschäfte wirksam abschließen zu können

**4**

### Geschäftsunfähigkeit

Personen

– Minderjährige bis zum vollendeten **7. Lebensjahr** (§ 104 BGB)
– dauernd Geisteskranke

### Beschränkte Geschäftsfähigkeit

Personen

Minderjährige zwischen dem vollendeten **7. Lebensjahr** und **18. Lebensjahr** (§§ 106, 114 BGB)

### Volle Geschäftsfähigkeit

Personen

– Volljährige (ab vollendetem 18. Lebensjahr) (§ 2 BGB)
– Minderjährige, die ein **Erwerbsgeschäft** betreiben oder in einem **Dienst-** oder **Arbeitsverhältnis** stehen (§ 112 f. BGB)

## Rechtssubjekte – Sachen und Rechte

**Rechtsobjekte**

### Sachen (körperlich)

#### Unbeweglich (Immobilien)

zum Beispiel: unbebaute Grundstücke

#### Beweglich (Mobilien)

zum Beispiel: ein Automobil

##### Vertretbare Sachen (Gattungsware)

zum Beispiel: ein Neuwagen

##### Nicht vertretbare Sachen (Stückware)

zum Beispiel: ein Rennwagen

### Rechte (nicht körperlich)

#### Schuldrechte

zum Beispiel: Verbindlichkeiten

#### Sachenrechte

zum Beispiel: Patente

# Rechtliche Grundlagen des Wirtschaftsprozesses
*Juristical basics of the economic process*

## Besitz und Eigentum

**Besitz**
= **tatsächliche** Herrschaft
über eine Sache

**Eigentum**
= **rechtliche** Herrschaft über eine Sache;
wird erworben an …

**rechtmäßig**

zum Beispiel:
Benutzung eines
geliehenen
Fahrrades

**unrechtmäßig**

zum Beispiel:
Benutzung eines
gestohlenen
Fahrrades

**unbeweglichen
Sachen** – durch
Auflassung und
Eintragung ins
Grundbuch

zum Beispiel:
Kauf einer Eigen-
tumswohnung

**beweglichen
Sachen** – durch
Einigung und
Übergabe

zum Beispiel:
Kaufvertrag für
ein Fahrrad

## Arten von Rechtsgeschäften

**Arten von Rechtsgeschäften**

**E i n s e i t i g e  Rechtsgeschäfte**

Für die Rechtswirksamkeit ist die Willenserklärung **einer** Person erforderlich.

**M e h r s e i t i g e  Rechtsgeschäfte**

Für die Rechtswirksamkeit sind **mindestens zwei** übereinstimmende Willenserklärungen erforderlich.

**Nicht**
empfangs-
bedürftige
Rechtsgeschäfte

zum Beispiel:
Testament

**Empfangs-
bedürftige**
Rechtsgeschäfte

zum Beispiel:
Kündigung

**Einseitig
verpflichtend** –

ein Vertrags-
partner verpflich-
tet sich zu einer
Leistung

zum Beispiel:
Schenkung

**Mehrseitig
verpflichtend** –

alle Vertrags-
partner verpflich-
ten sich zu einer
Leistung

zum Beispiel:
Kauf

352540

## Formen von Rechtsgeschäften – *Forms of legal acts*

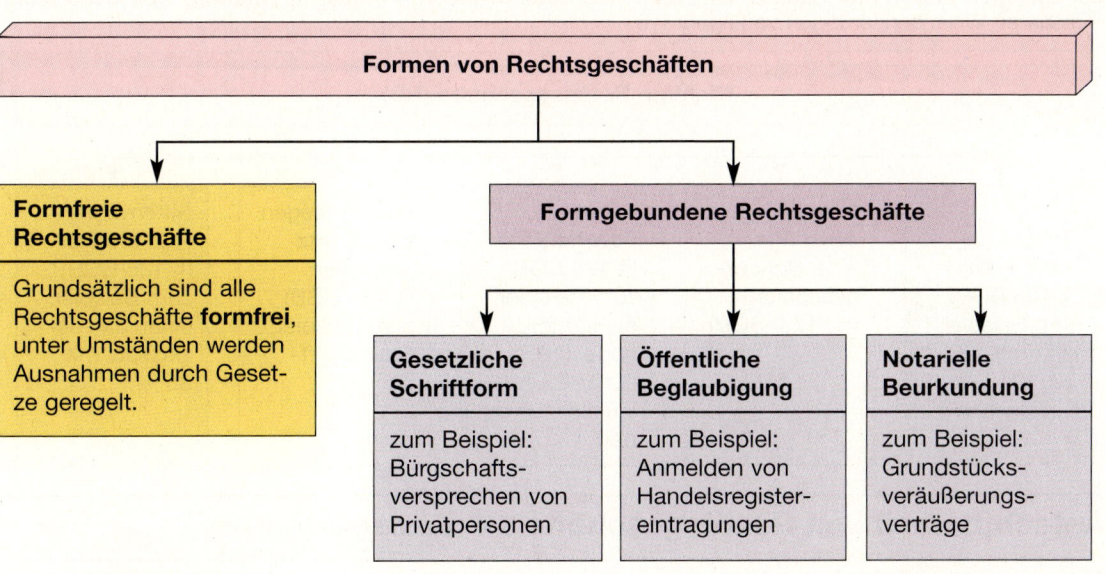

**Formen von Rechtsgeschäften**

**Formfreie Rechtsgeschäfte**

Grundsätzlich sind alle Rechtsgeschäfte **formfrei**, unter Umständen werden Ausnahmen durch Gesetze geregelt.

**Formgebundene Rechtsgeschäfte**

**Gesetzliche Schriftform**

zum Beispiel: Bürgschaftsversprechen von Privatpersonen

**Öffentliche Beglaubigung**

zum Beispiel: Anmelden von Handelsregistereintragungen

**Notarielle Beurkundung**

zum Beispiel: Grundstücksveräußerungsverträge

## Zustandekommen von mehrseitigen Rechtsgeschäften (Verträge)
*Multilateral legal acts*

Ein **mehrseitiges** Rechtsgeschäft kommt durch **Antrag** (vgl. § 145 BGB) und **Annahme** (vgl. § 147 BGB) zustande, wenn beide Willenserklärungen übereinstimmen. Hierbei ist der Antrag grundsätzlich bindend und die Annahme muss unter bestimmten Voraussetzungen erfolgen, damit das Rechtsgeschäft zustande kommt:

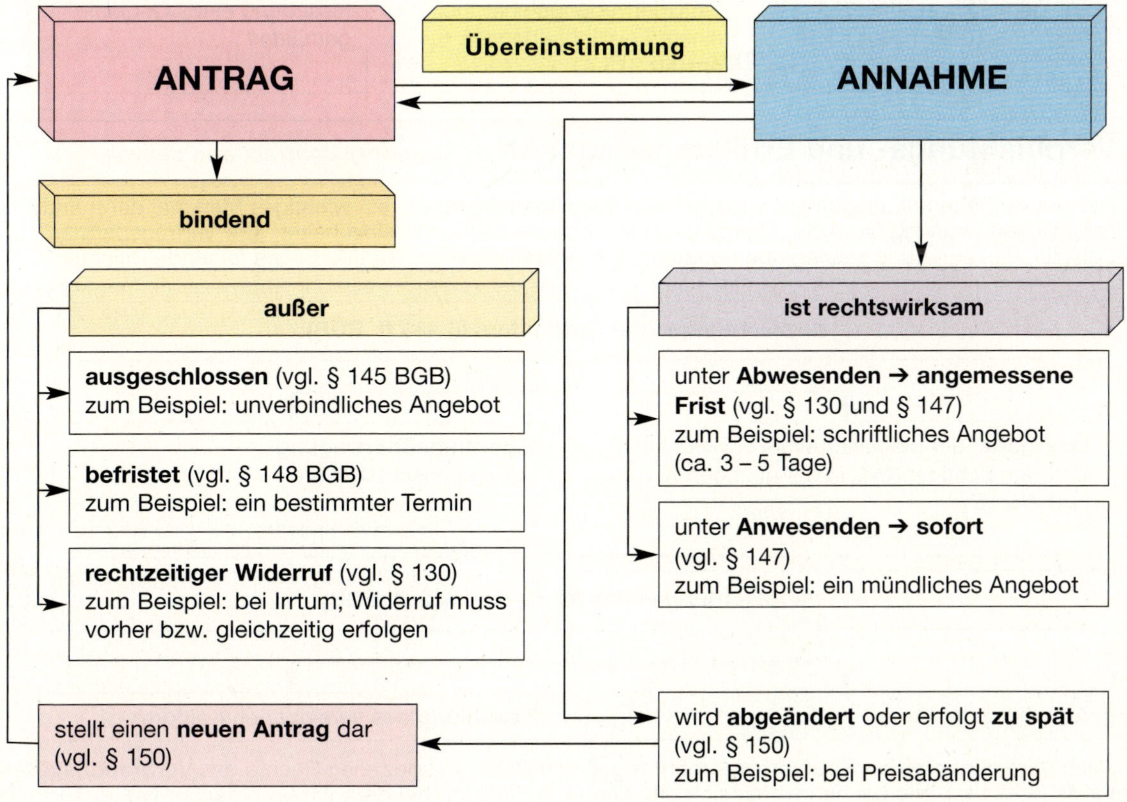

**ANTRAG**

**Übereinstimmung**

**ANNAHME**

**bindend**

**ist rechtswirksam**

**außer**

**ausgeschlossen** (vgl. § 145 BGB)
zum Beispiel: unverbindliches Angebot

**befristet** (vgl. § 148 BGB)
zum Beispiel: ein bestimmter Termin

**rechtzeitiger Widerruf** (vgl. § 130)
zum Beispiel: bei Irrtum; Widerruf muss vorher bzw. gleichzeitig erfolgen

unter **Abwesenden → angemessene Frist** (vgl. § 130 und § 147)
zum Beispiel: schriftliches Angebot (ca. 3 – 5 Tage)

unter **Anwesenden → sofort**
(vgl. § 147)
zum Beispiel: ein mündliches Angebot

stellt einen **neuen Antrag** dar
(vgl. § 150)

wird **abgeändert** oder erfolgt **zu spät**
(vgl. § 150)
zum Beispiel: bei Preisabänderung

**4**

## Nichtigkeit von Rechtsgeschäften – *Nullity of legal acts*

Bei Vorliegen bestimmter Sachverhalte sind Rechtsgeschäfte von Anfang an **nichtig,** weil keine rechtswirksamen Willenserklärungen vorliegen.

**Nichtige Rechtsgeschäfte (RG)**

| RG mit **Geschäftsunfähigen** (§ 105 BGB) zum Beispiel: ein fünfjähriges Kind kauft Süßigkeiten | **Schein**geschäfte oder **Scherz**geschäfte (§ 117 f. BGB) | RG mit **Formfehlern** (§ 125 BGB) zum Beispiel: ein mündlich abgeschlossener Grundstückskaufvertrag | RG, die gegen ein **Gesetz** verstoßen (§ 134 BGB) zum Beispiel: Rauschgifthandel | Sittenwidrige RG: **Wucher** (§ 138 BGB) zum Beispiel: einen Jahreszinssatz mit 35 % |

## Anfechtbarkeit von Rechtsgeschäften – *Voidability of legal acts*

**Anfechtbare** Rechtsgeschäfte sind solange gültig, wie sie nicht von einem der Vertragspartner angefochten werden.

**Anfechtbare Rechtsgeschäfte (RG)**

| **Erklärungsirrtum** (§ 119 BGB) zum Beispiel: ein Zahlendreher bei einem Angebot (15 € anstatt 51 €) | **Übermittlungsirrtum** (§ 120 BGB) zum Beispiel: ein Übertragungsfehler bei einem Fernschreiben (15 € anstatt 815 €) | **Drohung** oder **Täuschung** (§ 123 BGB) zum Beispiel: Fälschung eines Originalgemäldes |

## Verpflichtungs- und Erfüllungsgeschäft – *Executory contract and delivery*

Rechtsgeschäfte unterliegen grundsätzlich der **Vertragsfreiheit,** die ein wichtiges Merkmal der marktwirtschaftlichen Ordnung ist. Aber: Einmal geschlossene Verträge sind einzuhalten. Die Vertragspartner (zum Beispiel: Verkäufer und Käufer) übernehmen beim Abschluss eines Kaufvertrages folgende Pflichten:

**Verpflichtungen des Verkäufers (§ 433 ff. BGB)**

| **Übergabe** der bestellten Ware zur rechten **Zeit,** am richtigen **Ort,** in der richtigen **Art** und **Weise** | **Eigentumsübertragung** der gewünschten Ware |

**Verpflichtungen des Käufers (§ 433 ff. BGB)**

| **Abnahme** der Ware | **Bezahlung** des vereinbarten Kaufpreises |

Nach dem **allgemeinen Kaufvertragsrecht** regelt das BGB die speziellen Rechte des **Verbrauchsgüterkaufs** (§ 474 ff.). Hierbei handelt es sich um einen Kaufvertrag, bei dem ein Verbraucher (vgl. § 13 BGB) von einem Unternehmer (vgl. § 14 BGB) eine **bewegliche Sache** kauft.

## Vertragsarten – *Type of contracts*

| Vertragsart | Vertragspartner | Vertragsinhalt | Gesetzliche Regelung |
|---|---|---|---|
| Kaufvertrag | Käufer/Verkäufer | Entgeltliche Veräußerung von Sachen und Rechten | §§ 433 – 473 BGB |
| Verbrauchsgüterkauf | Verbraucher/ Unternehmer | Entgeltliche Veräußerung von beweglichen Sachen | §§ 474 – 479 BGB |
| Darlehensvertrag | Darlehensgeber/ Darlehensnehmer | Entgeltliche Überlassung eines Geldbetrages | §§ 488 – 498 BGB |
| Sachdarlehens-vertrag | Darlehensgeber/ Darlehensnehmer | Unentgeltliche oder entgelt-liche Überlassung von ver-tretbaren Sachen gegen spätere Rückerstattung gleicher Art, Güte und Menge | §§ 607 – 609 BGB |
| Darlehens-vermittlungsvertrag | Verbraucher/ Unternehmer/ Darlehensvermittler | Vermittlung oder Abschluss eines Darlehensvermittlungs-vertrages gegen Entgelt | § 655 a – e BGB |
| Ratenlieferungs-vertrag | Verbraucher/ Unternehmer | Lieferung mehrerer zusam-mengehörend gekaufter Sachen in Teilleistungen und entgeltliche Entrichtung in Teilzahlungen | § 505 BGB |
| Schenkungsvertrag | Schenker/Beschenkter | Unentgeltliche Zuwendung | §§ 516 – 534 BGB |
| Mietvertrag | Mieter/Vermieter | Entgeltliche Überlassung der vermieteten Sache zum Gebrauch | §§ 535 – 580 BGB |
| Pachtvertrag | Pächter/Verpächter | Entgeltliche Überlassung der verpachteten Sache zum Ge-brauch sowie Genuss der Erträge | §§ 581 – 597 BGB |
| Leihvertrag | Verleiher/Entleiher | Unentgeltliche Überlassung von Sachen zum Gebrauch | §§ 598 – 606 BGB |
| Dienstvertrag | Arbeitnehmer/ Arbeitgeber | Entgeltliche Leistung von Diensten | §§ 611 – 630 BGB |
| Werkvertrag | Unternehmer/ Besteller | Herstellung eines ver-sprochenen Werks gegen Entgelt | §§ 631 – 651 BGB |
| Reisevertrag | Reisender/ Reiseveranstalter | Entgeltliche Erbringung einer Gesamtheit von Reiseleis-tungen (Reise) | § 651 a – m BGB |
| Gesellschafts-vertrag | Gesellschafter/ Gesellschafter | Gegenseitige Verpflichtung der Gesellschafter, die Errei-chung eines gemeinsamen Zweckes in der durch den Vertrag bestimmten Weise zu fördern | §§ 705 – 740 BGB |

**4**

# 5
# Absatzwirtschaft

# Marketing

## Die Marktsituation und unternehmerisches Handeln

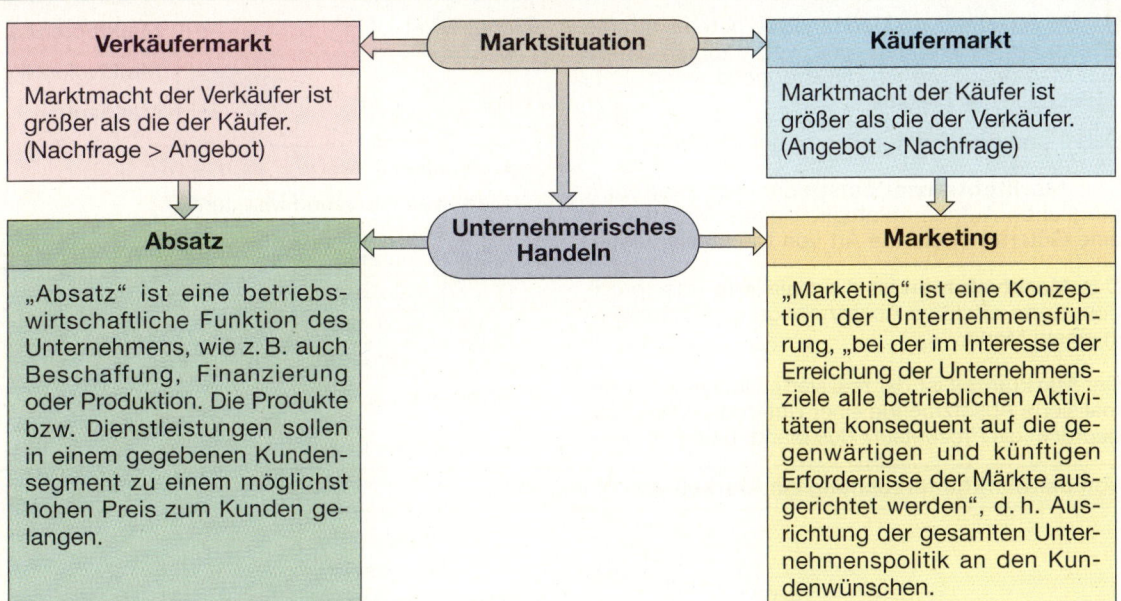

| Verkäufermarkt | Marktsituation | Käufermarkt |
|---|---|---|
| Marktmacht der Verkäufer ist größer als die der Käufer. (Nachfrage > Angebot) | | Marktmacht der Käufer ist größer als die der Verkäufer. (Angebot > Nachfrage) |

| Absatz | Unternehmerisches Handeln | Marketing |
|---|---|---|
| „Absatz" ist eine betriebswirtschaftliche Funktion des Unternehmens, wie z.B. auch Beschaffung, Finanzierung oder Produktion. Die Produkte bzw. Dienstleistungen sollen in einem gegebenen Kundensegment zu einem möglichst hohen Preis zum Kunden gelangen. | | „Marketing" ist eine Konzeption der Unternehmensführung, „bei der im Interesse der Erreichung der Unternehmensziele alle betrieblichen Aktivitäten konsequent auf die gegenwärtigen und künftigen Erfordernisse der Märkte ausgerichtet werden", d. h. Ausrichtung der gesamten Unternehmenspolitik an den Kundenwünschen. |

vgl. Bidlingmaier, Johannes: Marketing, Reinbek 1973, S. 15

## Das Marketing-Management-Konzept

Entscheide über Zielvorstellungen und Ressourceneinsatz

**Klärung der Marktsituation**
- Definition und Segmentierung des Marktes
- quantitative und qualitative Analyse des Marktes
- Beurteilung der Unternehmung und ihrer Konkurrenten

**Entscheide über die Kernstrategie**
- Zielmärkte und Leistungsprogramm
- Abgrenzung und Verhalten gegenüber der Konkurrenz
- Grundsatzentscheide zur Marktbearbeitung

**Entscheide über die Marktbearbeitung**
- Gestaltung des Leistungsprogramms
- Absatzwege
- Preispolitik
- Absatzwerbung, Verkaufsförderung und Publizität
- persönlicher Verkauf
- kombinierter Einsatz der Marktbearbeitungsinstrumente

**Entscheide über Systeme und Organisation des Marketing**
- System der Planung, Information und Kontrolle
- Marketingorganisation
- Marketingaudit

Koordination der Funktionsbereiche und ihrer Aktivitäten

aus: Hill, Wilhelm u. Rieser, Ignaz: Marketing-Management. 2. durchgesehene Aufl., Bern, Stuttgart, Wien 1993, S. 23

## Marktsegmentierung

Aufteilung des Marktes im Hinblick auf spezifische Kundenzielgruppen, um die Ziele der Marketingstrategie verwirklichen zu können.

### Segmentierungskriterien

| Bestimmung der Segmente | Segmentierungskriterien | |
|---|---|---|
| | allgemeine Attribute von Konsumenten | funktions-(produkt-)spezifische Unterschiede |
| direkte und objektive Erfassung | **Statistische Kriterien** geografische, demografische und sozioökonomische Kriterien | **Verhaltensorientierte Kriterien** Verbrauchsintensität, Informations- und Kaufverhalten, Reaktionen auf Marketingaktivitäten |
| indirekte Erfassung, plausibles Schließen | **Psychologische Kriterien** Persönlichkeit, Lebensstil | **Anforderungsorientierte Kriterien** Kaufmotive, Nutzenerwartungen, Präferenzen, Wahrnehmungen u. Einstellungen |

aus: Hill, Wilhelm u. Rieser, Ignaz: a. a. O., S. 99

5

# Marketing

## Quantitative Analyse des Marktes

Bei der quantitativen Marktanalyse geht es um die Erfassung der mengen- und wertmäßigen Größe des Marktes sowie um die Prognose seiner Entwicklung in der Zukunft.

Dabei sind drei Marktgrößen zu unterscheiden:

Das **Marktpotenzial** entspricht der überhaupt möglichen Aufnahmefähigkeit eines Marktes für eine Güterart oder eine Art von Dienstleistungen.

Das **Marktvolumen** ist die realisierte oder prognostizierte effektive Absatzmenge aller Hersteller in einem Markt.

Der **Marktanteil** ist der realisierte Umsatz oder die realisierte Absatzmenge einer Unternehmung, ausgedrückt als Prozentsatz des Marktvolumens.

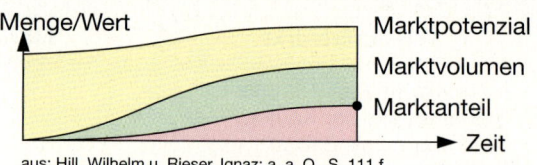

Menge/Wert
Marktpotenzial
Marktvolumen
Marktanteil
Zeit

aus: Hill, Wilhelm u. Rieser, Ignaz: a. a. O., S. 111 f.

Marktwachstum und Marktanteil

| Marktvolumen \ Marktanteil | steigern | halten |
|---|---|---|
| wächst | + | + |
| stagniert | + | = |
| schrumpft | ? | – |

Absatzmenge: + steigt = bleibt konstant
– sinkt ? Wirkung offen

aus: Hill, Wilhelm u. Rieser, Ignaz: a. a. O., S. 177

## Von der Marktuntersuchung zur Marketingkonzeption

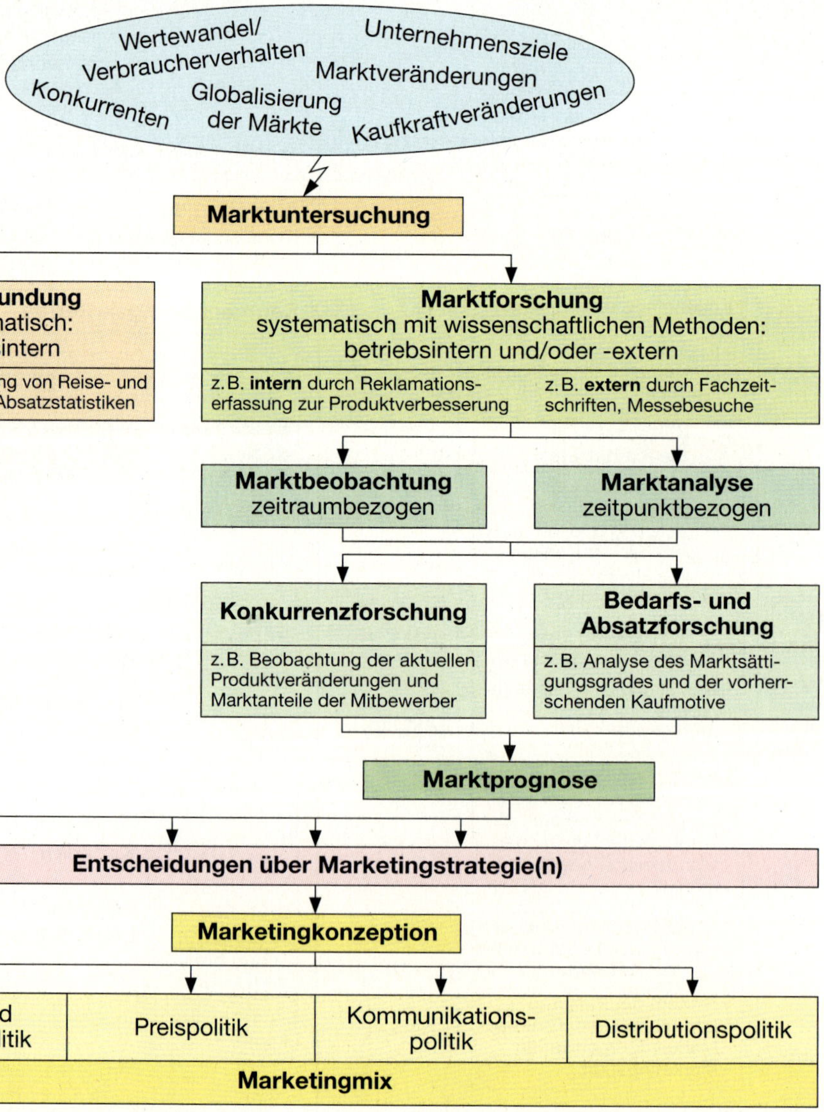

Wertewandel/ Verbraucherverhalten
Unternehmensziele
Marktveränderungen
Konkurrenten
Globalisierung der Märkte
Kaufkraftveränderungen
Marktuntersuchung
Markterkundung
unsystematisch: betriebsintern
z.B. durch Auswertung von Reise- und Marktberichten und Absatzstatistiken
Marktforschung
systematisch mit wissenschaftlichen Methoden: betriebsintern und/oder -extern
z.B. intern durch Reklamationserfassung zur Produktverbesserung
z.B. extern durch Fachzeitschriften, Messebesuche
Marktbeobachtung
zeitraumbezogen
Marktanalyse
zeitpunktbezogen
Konkurrenzforschung
z.B. Beobachtung der aktuellen Produktveränderungen und Marktanteile der Mitbewerber
Bedarfs- und Absatzforschung
z.B. Analyse des Marktsättigungsgrades und der vorherrschenden Kaufmotive
Marktprognose
Entscheidungen über Marketingstrategie(n)
Marketingkonzeption
Produkt- und Sortimentspolitik
Preispolitik
Kommunikationspolitik
Distributionspolitik
Marketingmix

aus: Bentin, Margit u. a.: Handlungsorientierte Materialien zur Allgemeinen Wirtschaftslehre. Absatz. Lehrerband, 1. Aufl., Braunschweig 1997, S. 122

# Markterkundung und Marktforschung
*Market reconnaissance and market research*

## Marktuntersuchung

### Formen

- Bei der **Markterkundung** handelt es sich um eine betriebsinterne, unsystematische Informationssammlung durch Einzelbeobachtungen und Gespräche, z. B. Auswerten von Reiseberichten und Marktberichten, Auswerten interner Absatzstatistiken, Gespräche mit Kunden usw.

- Bei der **Marktforschung** handelt es sich um das systematische Beschaffen und Verarbeiten von Informationen mithilfe wissenschaftlicher Methoden. Bei der Marktforschung werden unternehmensintern (Buchhaltung, Verkaufsberichte, Reklamationen usw.) und/oder unternehmensextern (Statistiken, Fachzeitschriften, Messebesuche usw.) Daten beschafft.

vgl. Bentin, Margit u. a.: Handlungsorientierte Materialien zur Allgemeinen Wirtschaftslehre. Absatz, 1. Aufl., Braunschweig 1995, S. 19

## Marktprognose

Bei der **Marktprognose** handelt es sich um eine Vorhersage zur Marktentwicklung auf der Grundlage gesammelter Daten der Markterkundung bzw. -forschung. Die Marktprognose unterstützt die Entscheidung über absatzpolitische Aktivitäten des Unternehmens.

vgl. Bentin, Margit u. a.: Handlungsorientierte Materialien zur Allgemeinen Wirtschaftslehre. Absatz, 1. Aufl., Braunschweig, 1995, S. 19

## Marktforschung

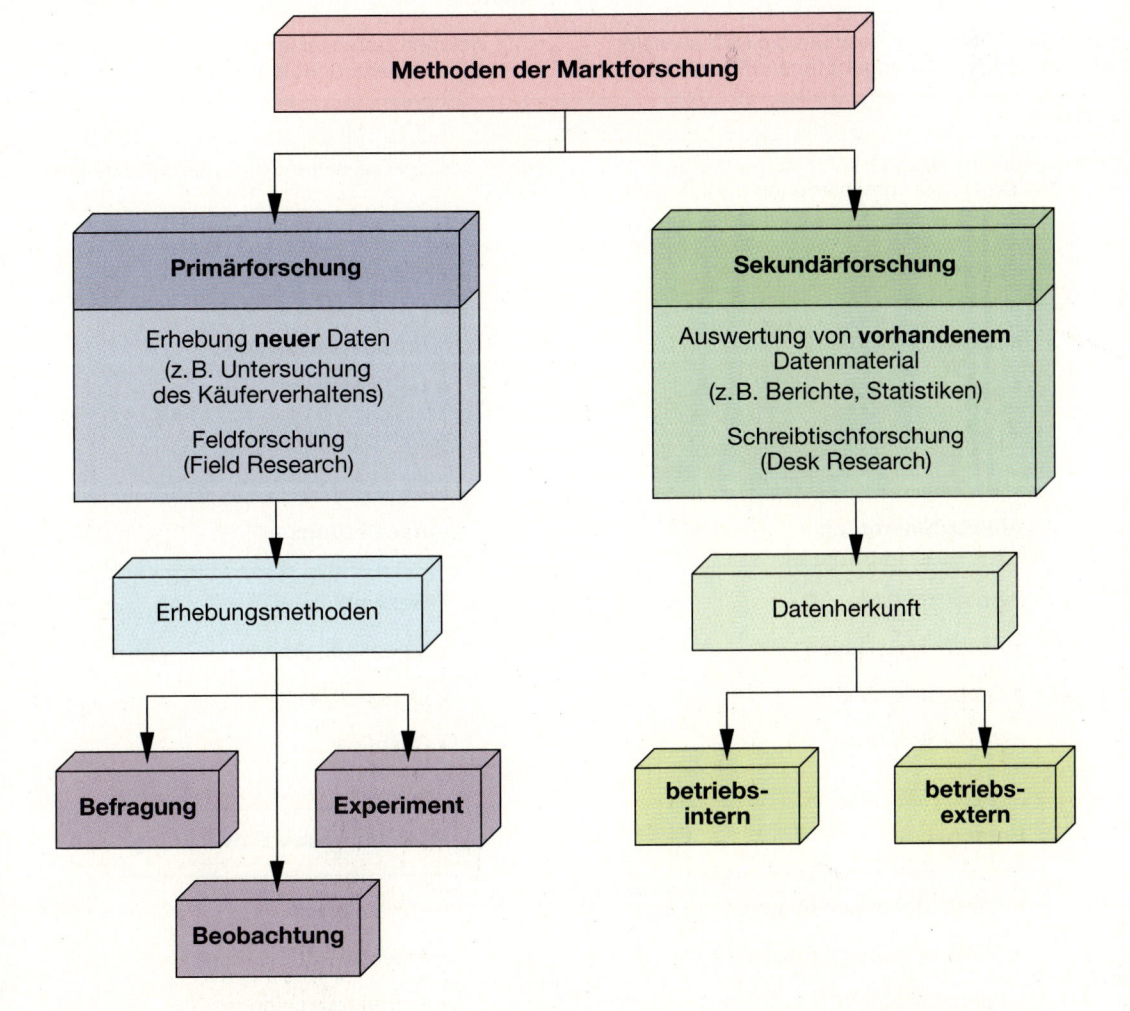

aus: Bentin, Margit u. a.: Handlungsorientierte Materialien zur Allgemeinen Wirtschaftslehre. Absatz, Lehrerband, 1. Aufl., Braunschweig 1997, S. 123

# Marktforschung: Zielgruppen – *Market research: target groups*

```
        ┌─────────────────────────────────┐
        │ Zielgruppen der Marktforschung  │
        └─────────────────────────────────┘
                      │
          ┌───────────┴───────────┐
          ▼                       ▼
   ┌──────────────┐    ┌────────────────────────┐
   │    Kunden    │    │ Konkurrenten (Mitbewerber) │
   └──────────────┘    └────────────────────────┘
```

# Konkurrenzanalyse – *Competitor analysis*

## Konkurrenzforschung

Unternehmen erheben im Rahmen der **Konkurrenzforschung** vor allem folgende Daten:

- Welche Konkurrenten (Mitbewerber) existieren regional, national und international?

- Welche Produkte bzw. Dienstleistungen bieten die Mitbewerber an?

- Welche Marktanteile besitzen die Mitbewerber im Hinblick auf die angebotenen Produkte bzw. Dienstleistungen im Gesamtmarkt bzw. in bestimmten Teilmärkten (z. B. Ausland)?

- Welche Marketingstrategie verfolgen die Mitbewerber?

- Mit welchen potenziellen Mitbewerbern muss demnächst gerechnet werden?

## Beispiele

Die **Konkurrenzanalyse** kann sich außerdem an einzelnen Daten der verschiedenen Funktionsbereiche der zu analysierenden Unternehmen orientieren:

### Beschaffung:

- Bezugsquellen
- Einkaufsorganisation
- Beschaffungswege

### Produktion:

- Produktionsstätten
- Produktionskapazität
- Technologien

### Absatz/Marketing:

- Absatzmärkte
- Absatzorganisation
- Werbestrategien
- Werbeaktivitäten

### Finanzierung:

- Gesamtkapital
- Eigenkapitalquote
- Umsatz/Gewinn
- Cashflow

### Personal:

- Anzahl der Beschäftigten
- Stuktur der Beschäftigten
- Personalkosten

### Forschung und Entwicklung:

- Investitionen
- Patente
- Produktinnovationen

aus: Hübscher, Heinrich u. a.: IT-Kompendium, 1. Aufl., Braunschweig 2001, S. 342

# Primärforschung: Auswahlverfahren und Erhebungsmethoden
*Initial research*

## Auswahlverfahren der Primärforschung

**Vollerhebung**: **Alle** Angehörigen einer Zielgruppe werden untersucht; nur bei kleiner, überschaubarer Zielgruppe praktikabel (z. B. Käufer von Spezialmaschinen).

**Teilerhebung**: Angehörige einer Zielgruppe werden stichprobenhaft (i. d. R. repräsentativ) untersucht.

Man unterscheidet insbesondere zwischen der **Zufallsauswahl** (Randomverfahren) und dem **Quotenverfahren**.

Bei der Zufallsauswahl wird aufgrund der Wahrscheinlichkeitstheorie zum Beispiel jeder hundertste Bürger aus einem Adressbuch ausgesucht.

Bei dem Quotenverfahren werden nach vorher festgelegten Merkmalen, wie z. B. Alter, Geschlecht, Einkommen, beliebige Bürger nach bestimmten prozentualen Anteilen (Quoten) ausgewählt.

Die Teilerhebung bietet sich bei sehr großen Zielgruppen (z. B. Käufer von Fernsehzeitschriften) an.

**Beispiel:** Quotenanweisung

| | | |
|---|---|---|
| Befragung Nr.: | 125 | |
| Fragebogen Nr.: | 851– 866 | |
| Interviewer/-in: | Claudia Buchholz | |
| Ausweis Nr.: | 86 | |
| Gesamtzahl der Interviews: | 16 | |
| Planquadrate des Erhebungsgebietes: | | |
| | B6 | 4 |
| | B7 | 7 |
| | B8 | 5 |
| Geschlecht: | männlich: | 7 |
| | weiblich: | 9 |
| Alter: | 18 – 25 | 3 |
| | 26 – 35 | 4 |
| | 36 – 45 | 3 |
| | 46 – 55 | 3 |
| | 56 – 65 | 2 |
| | 66 – 75 | 1 |
| Berufsgruppe: | Arbeiter | 5 |
| | Angestellte | 6 |
| | Beamte | 2 |
| | Selbstständige | 2 |
| | ohne Beruf | 1 |

aus: Bentin, Margit u. a.: Handlungsorientierte Materialien zur Allgemeinen Wirtschaftslehre. Absatz, 1. Aufl., Braunschweig 1995, S. 21 u. 25

## Erhebungsmethoden der Primärforschung

**Befragung:** Schriftliche, mündliche oder fernmündliche Datenerhebung zur Erstellung eines Meinungsbildes zu einem bestimmten Produkt bzw. zu einer bestimmten Produktgruppe.

**Interview:** Erhebung zu einer grundsätzlichen Meinung, die für ein bestimmtes Konsumverhalten ausschlaggebend sein kann, um wirkliche Kaufmotive offen zu legen.

**Paneltechnik:** Regelmäßige Befragung einer bestimmten Personengruppe über einen längeren Zeitraum anhand von speziellen Fragebögen (z. B. regelmäßige Aufzeichnung des Konsumverhaltens eines 4-Personen-Haushaltes).

**Test:** Meinungserhebung in einer Zielgruppe für ein bestimmtes Produkt anhand von neutral verpackten Warenproben.

**Experiment:** Spezielle Form der Beobachtung oder Erfragung von Reaktionen auf unterschiedliche Produktmerkmale (z. B. Gestaltung, Qualität und Preise).

**Beobachtung:** Erhebung von Sachverhalten und Verhaltensweisen ohne Befragung.

aus: Bentin, Margit u. a.: Handlungsorientierte Materialien zur Allgemeinen Wirtschaftslehre. Absatz, 1. Aufl., Braunschweig 1995, S. 24

# Sekundärforschung: Betriebsinterne und -externe Quellen
*Secondary research*

| Betriebsinterne Quellen | Betriebsexterne Quellen |
|---|---|
| • Berichte der Außendienstmitarbeiter | • Statistische Jahrbücher |
| • Daten der Lagerbuchhaltung | • Veröffentlichungen der Industrie- und Handelskammern bzw. Handwerkskammern |
| • Absatz- und Umsatzstatistiken | • Publikationen staatlicher Stellen, z. B. von Ministerien |
| • Kundendateien | • Veröffentlichungen der EZB und der Bundesbank |
| • Eigene Messeberichte | • Publikationen von Branchen- und anderen Wirtschaftsverbänden |
| • Daten des Rechnungswesens | • Geschäftsberichte, Kataloge |
| | • Daten von Unternehmensberatern und Marktforschungsinstituten |
| • Auswertung des Verhaltens der Mitbewerber | • Fachbücher und -zeitschriften |

aus: Hübscher, Heinrich u. a.: IT-Kompendium, 1. Aufl., Braunschweig 2001, S. 343

**5**

# Kundenanalyse und Käuferverhalten – *Customer analysis and buyer behaviour*

## Clusteranalyse

Die Clusteranalyse stellt eine Möglichkeit dar, durch die **Primärerhebung** gewonnene große **Datenmengen** mithilfe **mathematisch-statistischer Verfahren** auszuwerten.

Die Zielsetzung der Clusteranalyse ist es, große Datenmengen von Befragten **nach bestimmten Merkmalen** zu **aussagefähigen Größen** (Gruppen) **zusammenzufassen**.

aus: Bentin, Margit u. a.: Handlungsorientierte Materialien zur Allgemeinen Wirtschaftslehre. Absatz. 1. Aufl., Braunschweig 1995, S. 26

**Beispiel:**
Von vielen Konsumenten liegen aufgrund einer Befragung Merkmale, wie z. B. Haushaltseinkommen, Haushaltsgröße, Alter, Geschlecht, vor. Die befragten Konsumenten werden mithilfe der Clusteranalyse so zusammengefasst, dass verschiedene (heterogene) Konsumentengruppen (Cluster) mit möglichst ähnlichen (homogenen) Merkmalen entstehen. So können Konsumentengruppen, wie z. B. gut verdienende Singles, allein Erziehende mit geringem Einkommen, gebildet werden.

## Kundentypologie (Beispiel)

| vgl. Bentin, Margit u. a.: Handlungsorientierte Materialien zur Allgemeinen Wirtschaftslehre. Absatz. 1. Aufl., Braunschweig 1995, S. 26 | **Typ 1** **Umweltbewusster Konsument** | **Typ 2** **Fortschrittsbewusster Konsument** | **Typ 3** **Die neuen Alten** | **Typ 4** **Einkommensschwache Teens und Twens** |
|---|---|---|---|---|
| Einstellung | Persönlicher Beitrag zur Umwelt | Orientierung an technischem Stand/Zeitgeist | Persönlicher Beitrag zur Umwelt | nicht signifikant |
| Geschlecht (Prozentanteile) | weibl.: 62 % männl.: 38 % | weibl.: 42 % männl.: 58 % | weibl.: 59 % männl.: 41 % | weibl.: 47 % männl.: 53 % |
| durchschnittl. Alter | 29 Jahre | 38 Jahre | 64 Jahre | 20 Jahre |
| durchschnittliche Haushaltsgröße | 2,6 Personen | 1,5 Personen | 1,7 Personen | 1,2 Personen |
| durchschnittl. Haushaltsnettoeinkommen | 1.900 Euro | 2.100 Euro | 1.350 Euro | 750 Euro |
| durchschnittl. akzept. Mehraufwand | 70 Euro | 80 Euro | 90 Euro | 5 Euro |

## Typen von Käuferverhalten/Faktoren der Kaufentscheidung

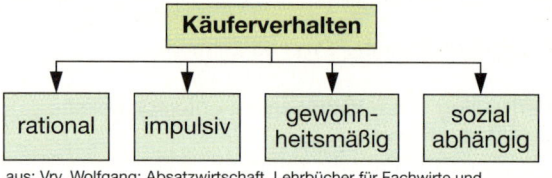

aus: Vry, Wolfgang: Absatzwirtschaft. Lehrbücher für Fachwirte und Fachkaufleute, 3., überarb. Aufl., Ludwigshafen (Rhein) 1987, S. 40

aus: Vry, Wolfgang: a. a. O., S. 44

## Erklärung konsumtiven Verhaltens

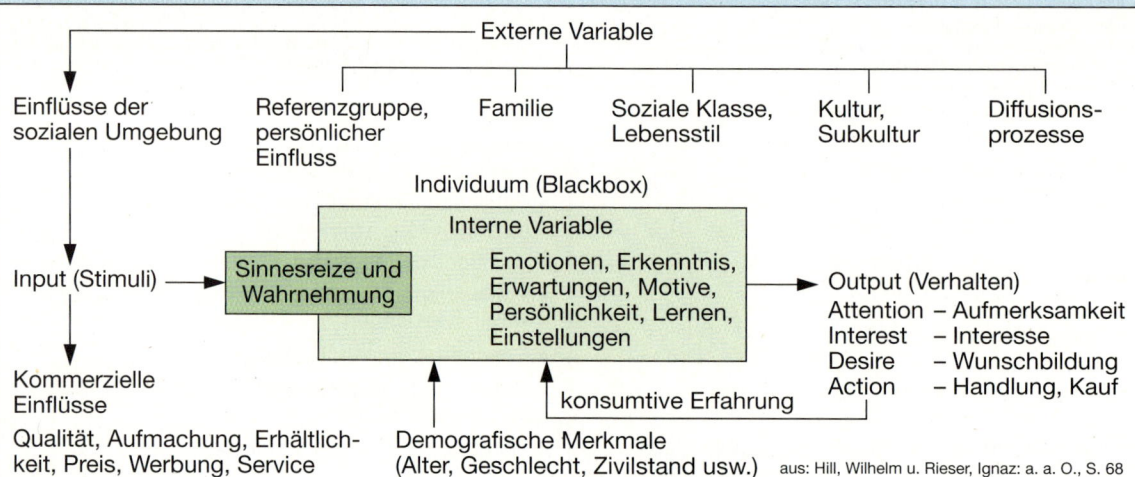

aus: Hill, Wilhelm u. Rieser, Ignaz: a. a. O., S. 68

# Marketingmaßnahmen – *Marketing measures*

## Produkt- und Sortimentspolitik

### Produkt- und Sortimentspolitik

In Industrie- und Handwerksbetrieben spricht man von Produkt-/Programmpolitik, in Handelsbetrieben von Sortimentspolitik

*Entscheidungsbereiche*

**Produkt-/Programmpolitik**
in Industrie- und Handwerksbetrieben

**Sortimentspolitik**
in Handelsbetrieben

| Produktgestaltung | Produktbegleitende Servicepolitik | Prozessorientierte Produktpolitik | Programm- und Sortimentspolitik |
|---|---|---|---|
| • **Qualität** (Langlebigkeit, Umweltverträglichkeit) | • **Kundendienst** | • **Innovation** (Einführung neuer Produkte) | • **Maßnahmen** – Sortimentserweiterung – Sortimentsbereinigung – Sortimentsveränderung |
| • **Aufmachung** (Form, Größe, Farbe) | • **Garantieleistungen** | • **Variation** (Änderung von Produkteigenschaften) | • **Zusammensetzung** – Kernsortiment (hauptsächliche Artikel) – Randsortiment (zusätzliche Artikel) |
| • **Verpackung** (werbewirksam, transportgerecht) | • **Verkäuferschulung** | • **Elimination** (Herausnahme von Produkten aus dem Programm) | • **Struktur** – Sortimentsbreite (Anzahl der Artikelgruppen) – Sortimentstiefe (Anzahl der Artikel pro Artikelgruppe) |
| • **Markierung** (Name, Schriftzug) | | | |

vgl. Bentin, Margit u. a.: Handlungsorientierte Materialien zur Allgemeinen Wirtschaftslehre. Absatz. Lehrerband, 1. Aufl., Braunschweig, 1997, S. 124

### Strategien der Produktinnovation

**Produktdifferenzierung**

Aufnahme programmnaher Produkte
Bsp.: Produktion von Laserdruckern neben Tintenstrahldruckern

**Produktdiversifikation**

Aufnahme programmferner Produkte
Bsp.: Erweiterung um neue Produktlinien

| horizontal | vertikal | lateral |
|---|---|---|
| Angebot von weiteren Produkten der gleichen Wirtschaftsstufe | Angebot von weiteren Produkten vor- oder nachgelagerter Produktionsstufen | Angebot von weiteren Produkten ohne jeden Zusammenhang mit bisherigem Produktionsprogramm |
| Bsp.: Druckerhersteller vertreibt PCs | Bsp.: Druckerhersteller kauft Großkunden auf | Bsp.: Druckerhersteller kauft Versicherungsunternehmen auf |

**Produktpolitische Entscheidungen im Verlauf des Produktlebenszyklus**

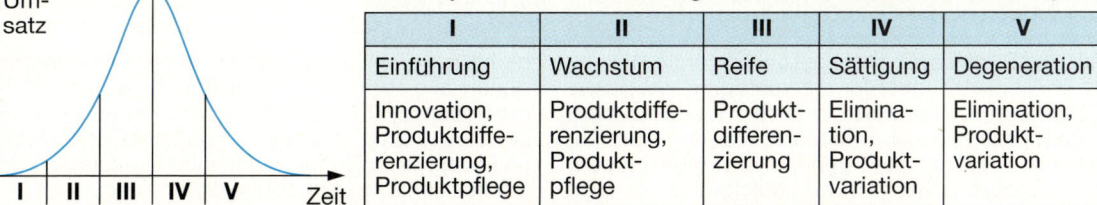

| I | II | III | IV | V |
|---|---|---|---|---|
| Einführung | Wachstum | Reife | Sättigung | Degeneration |
| Innovation, Produktdifferenzierung, Produktpflege | Produktdifferenzierung, Produktpflege | Produktdifferenzierung | Elimination, Produktvariation | Elimination, Produktvariation |

vgl. Bentin, Margit u. a.: Handlungsorientierte Materialien zur Allgemeinen Wirtschaftslehre. Absatz, 1. Aufl., Braunschweig, 1995, S. 40 f.

# Portfolio-Analyse – *Portfolio analysis*

| Begriff | Ziel |
|---|---|
| Die **Portfolio-Analyse** (portfolio (engl.) = Mappe, hier im übertragenen Sinn eine Mappe mit den Produkten eines Unternehmens) ist ein weit verbreitetes Instrument strategischer Unternehmens- und Marketingplanung, mit der Chancen und Risiken der Produkte im Absatzmarkt sichtbar gemacht werden. | Das Hauptziel der Portfolio-Analyse besteht darin, die Wachstumsmöglichkeiten des Unternehmens unter Berücksichtigung vorhandener Ressourcen zu erkennen und betriebswirtschaftliche Schlussfolgerungen zu ziehen. |

## Portfolio-Matrix

Ein Unternehmen muss sich laufend über die aktuelle Wettbewerbsposition seiner Produkte informieren. Hierfür wird häufig das Instrument der Portfolio-Matrix angewandt. Sie stellt in vier Feldern die beiden zentralen Einflussfaktoren „Marktanteil" und „Marktwachstum" gegenüber und unterscheidet auf jeder Achse die Intensitätsgrade „niedrig" und „hoch". In jedem der vier Matrixfelder treffen hohes und niedriges Marktwachstum mit hohen oder niedrigen Marktanteilen zusammen.

Mithilfe der Matrix werden die Produkte eines Unternehmens aufgeteilt in:

I   Fragezeichen/Hoffnungen („Question marks"), d.h. Nachwuchsprodukte

II   Sterne („Stars"), d.h. Zukunftsprodukte

III   Milchkühe („Cash cows"), d.h. Basisprodukte und

IV   Arme Hunde („Poor dogs"), d.h. Ergänzungsprodukte.

Diese vier Begriffe beschreiben die derzeitige Wettbewerbssituation der Produkte (Maßstab ist der prozentuale Marktanteil) sowie deren zu erwartendes Marktwachstum (gemessen in Prozent).

Marktwachstum

**I Fragezeichen/Hoffnungen** („Question marks")

**Nachwuchsprodukte** = Produkte mit (noch) kleinem Marktanteil, aber hohem Wachstumsanteil

Strategie:

Beobachten und ggf. fördern zwecks Erweiterung des Marktanteils oder bei aussichtsloser Marktsituation zurückziehen oder verkaufen

**II Sterne** („Stars")

**Zukunftsprodukte** = Produkte mit großem Marktanteil und weiter wachsendem Absatz

Strategie:

Marktanteil halten bzw. leicht ausbauen zur Sicherung des Unternehmenswachstums

hoch

**IV Arme Hunde** („Poor dogs")

**Ergänzungsprodukte** = Produkte mit kleinem Marktanteil und niedrigen Wachstumsraten

Strategie:

Produkte unauffällig aus dem Markt nehmen oder verkaufen

**III Milchkühe** („Cash cows")

**Basisprodukte** = Produkte mit großem Marktanteil, wobei das Wachstum schon stagniert

Strategie:

Marktanteil halten, Ertragsquellen melken

niedrig

niedrig                    hoch        (relativer) Marktanteil

## Betriebswirtschaftliche Bedeutung

Aus der Portfolio-Analyse lassen sich erste Hinweise und Ansatzpunkte für die künftige strategische Gestaltung von Produkt-Markt-Aktivitäten ableiten. Jedes Unternehmen muss also Vorsorge treffen, dass es jederzeit über genügend „Fragezeichen/Hoffnungen", „Sterne" und „Milchkühe" verfügt, damit es auch „arme Hunde" verkraften kann, zu denen alle Produkte in der Endphase ihres Produktlebenszyklus einmal werden. Dabei ist es besonders wichtig, ständig für genügend Nachwuchs an Produkten, d.h. für „Hoffnungen" zu sorgen, damit das Unternehmen fortbestehen kann.

aus: Hübner, Heinrich u. a.: IT-Kompendium, 1. Aufl., Braunschweig 2001, S. 346

352552

# Preis- und Konditionenpolitik – *Terms and pricing policy*

## Begriffliche Abgrenzung

Die Preis- und Konditionenpolitik, in der fachwissenschaftlichen Literatur häufig als Kontrahierungspolitik zusammengefasst, kennzeichnet die folgenden Entscheidungsbereiche eines Unternehmens bei der Berechnung des Verkaufspreises:

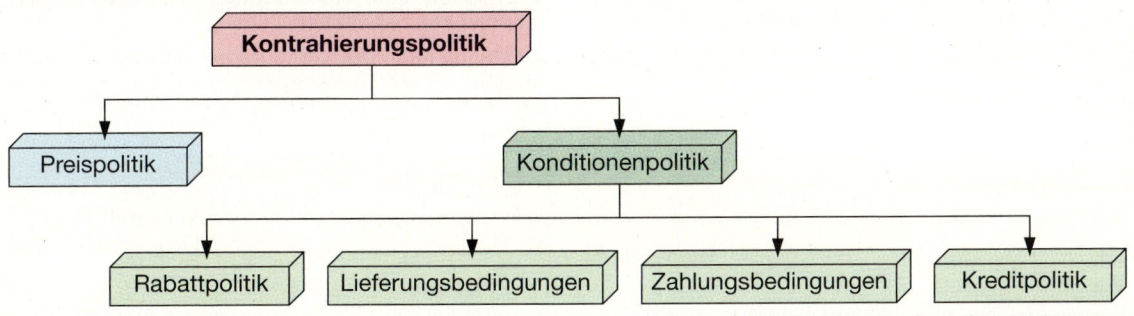

## Zielsetzung

Ziel des Einsatzes dieses absatzpolitischen Instrumentes ist es, unter Berücksichtigung der Kosten im Unternehmen und des preispolitischen Verhaltens der Mitbewerber (Konkurrenten) und der Konsumenten, langfristig den Unternehmensgewinn zu sichern und zu steigern. Die Kontrahierungspolitik muss in die Unternehmensphilosophie, die allgemeine Unternehmenszielsetzung, eingebettet sein.

## Entscheidungsbereiche der Preis- und Konditionenpolitik

### Einflussgrößen der Preispolitik

Der Preis eines Produktes wird betriebsintern durch die Kosten und betriebsextern durch die Marktbedingungen – das Verhalten der Mitbewerber und Kunden – beeinflusst. Ein Unternehmen muss versuchen zwischen der kosten- und der marktorientierten Preisbildung eine Verbindung herzustellen.

### Kostenorientierte Preisfindung

Jedes Unternehmen wird bei der kostenorientierten Preisfindung zunächst fragen, welche Kosten die Herstellung und der Vertrieb eines Produktes verursachen. Zu diesem Zweck ermitteln Industrieunternehmen den Verkaufspreis eines Produktes mithilfe des folgenden Kalkulationsschemas:

**Rechenbeispiel:**

| | | | | |
|---|---|---|---|---|
| Fertigungmaterial (Einzelkosten)[1] | | 300,00 € | | |
| + Materialgemeinkosten[2] | 5 % | 15,00 € | | |
| **= Materialkosten (I)** | | **315,00 €** | | |
| Fertigungslöhne (Einzelkosten)[1] | | 235,00 € | | |
| + Fertigungsgemeinkosten[2] | 150 % | 352,50 € | | |
| + Sondereinzelkosten der Fertigung[3] | | 7,50 € | | |
| **= Fertigungskosten (II)** | | **595,00 €** | | |
| **= Herstellkosten (I + II)** | | | **910,00 €** | |
| + Verwaltungsgemeinkosten[2] | 14 % | | 127,40 € | |
| + Vertriebsgemeinkosten[2] | 12 % | | 109,20 € | |
| + Sondereinzelkosten des Vertriebs[3] | | | 53,40 € | |
| **= Selbstkosten** | 100 % | | **1.200,00 €** | |
| + Gewinnzuschlag | 15 % | 15 % | 180,00 € | |
| **= Barverkaufspreis** | 115 % | 95 % | **1.380,00 €** | |
| + Kundenskonto (i. H.) | 3 % | 3 % | 43,58 € | |
| + Vertreterprovision (i. H.) | 2 % | 2 % | 29,05 € | |
| **= Zielverkaufspreis** | 95 % | 100 % | **1.452,63 €** | |
| + Kundenrabatt (i. H.) | 5 % | 5 % | 76,45 € | |
| **= Listenverkaufspreis** | 100 % | | **1.529,08 €** | |

Erläuterungen:

[1] **Einzelkosten**: Kosten, die dem Produkt direkt zugerechnet werden können (z. B. Kosten eines Elektromotors für eine Waschmaschine).

[2] **Gemeinkosten**: Kosten, die dem Produkt nicht direkt zugerechnet werden können (z. B. Gehalt für eine Chefsekretärin). Die Gemeinkosten werden den Einzelkosten prozentual zugeschlagen (z. B. über einen Verteilungsschlüssel).

[3] **Sondereinzelkosten**: Kosten, die aufgrund eines speziellen Kundenauftrages entstehen (z. B. Maschineneinstellkosten für die Herstellung von Sondermaßen oder Kosten für Sondertransporte).

vgl. Bentin, Margit u. a.: Handlungsorientierte Materialien zur Allgemeinen Wirtschaftslehre. Absatz, 1. Aufl., Braunschweig, 1995, S. 48

5

# Preis- und Konditionenpolitik – *Terms and pricing policy*

## Einflussgrößen der Preispolitik

### Kostenorientierte Preisfindung

Der Wettbewerbsdruck durch die Mitbewerber kann ein Unternehmen dazu zwingen, den kalkulierten Verkaufspreis zu unterschreiten. In dieser Situation stellt sich für ein Unternehmen die Frage, bis zu welcher Preisuntergrenze ein Produkt auf dem Markt angeboten werden kann.

Für einen längeren Zeitraum kann ein Unternehmen das Produkt zum Selbstkostenpreis anbieten (z. B. in konjunkturschwachen Zeiten).

Kurzfristig kann der Verkaufspreis bis zur Höhe der variablen Kosten gesenkt werden, da die fixen Kosten unabhängig von der Produktionsmenge gleich bleibend anfallen.

| langfristige Preisuntergrenze | = | Höhe der Selbstkosten |
|---|---|---|

| kurzfristige Preisuntergrenze | = | Höhe der variablen Kosten |
|---|---|---|

**Variable Kosten:**

Beschäftigungs-(umsatz-)abhängige Kosten, z. B. Materialkosten.

**Fixe Kosten:**

Beschäftigungs-(umsatz-)unabhängige Kosten, z. B. Leasing-Rate für EDV-Anlage.

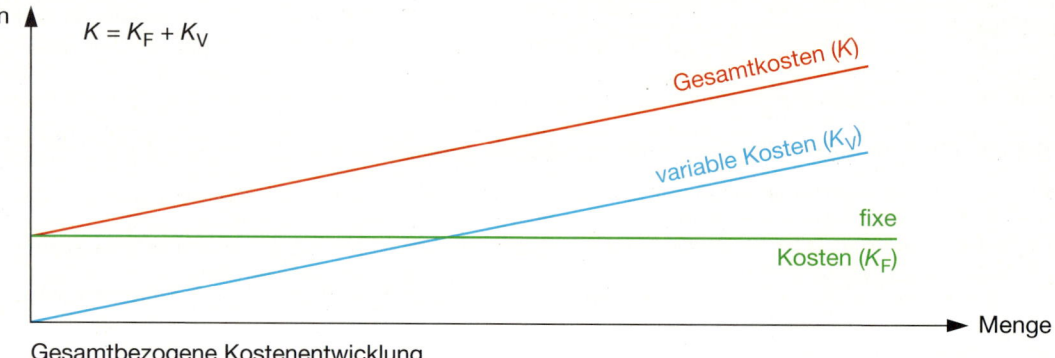

$K = K_F + K_V$

Gesamtbezogene Kostenentwicklung bei linearen Kostenverläufen

### Kundenorientierte Preisfindung

Jedes Unternehmen muss sich bei der Preisfindung an der Kaufkraft der Kunden orientieren. Deshalb wird sich die Preisgestaltung auch an den am Markt erzielbaren Preisen ausrichten. Liegt der bisher kalkulierte Preis über dem am Markt realisierbaren, muss das Unternehmen nach Möglichkeiten suchen Kosten zu senken, z. B. bei der Beschaffung oder Herstellung. Kosten können auch reduziert werden, indem die Absatzmenge gesteigert wird. In diesem Fall werden die Fixkosten auf eine größere Produktionsmenge verteilt; man spricht von der Fixkostendegression.

Den Zusammenhang zwischen der abgesetzten Menge und den erzielbaren Marktpreisen drückt die so genannte Preis-Absatz-Funktion aus. Sie zeigt auf, welche Mengen zu welchen Preisen absetzbar sind.

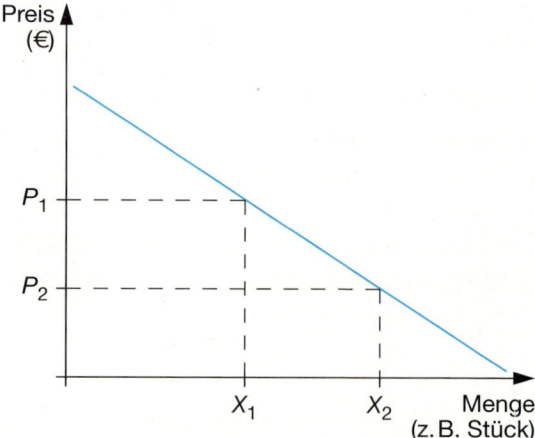

### Konkurrenzorientierte Preisfindung

Bei der konkurrenzorientierten Preisfindung beziehen die Unternehmen die preispolitischen Verhaltensweisen der Mitbewerber in ihre Preisgestaltung ein.

Die Unternehmen können einerseits aggressive Preispolitik betreiben, um so Marktanteile auf Kosten der Mitbewerber zu gewinnen. Sinnvoll ist diese Preispolitik nur, wenn durch den gesteigerten Gesamtumsatz der geringere Erlös pro Stück mindestens ausgeglichen werden kann.

Andererseits können sich die Unternehmen an die Preispolitik der Mitbewerber anpassen, die Preisführerschaft von mächtigen Konkurrenten wird dabei anerkannt.

aus: Bentin, Margit u. a.: Handlungsorientierte Materialien zur Allgemeinen Wirtschaftslehre. Absatz, 1. Aufl., Braunschweig 1995, S. 49

# Preis- und Konditionenpolitik – *Terms and pricing policy*

## Strategien der Preis- und Konditionenpolitik

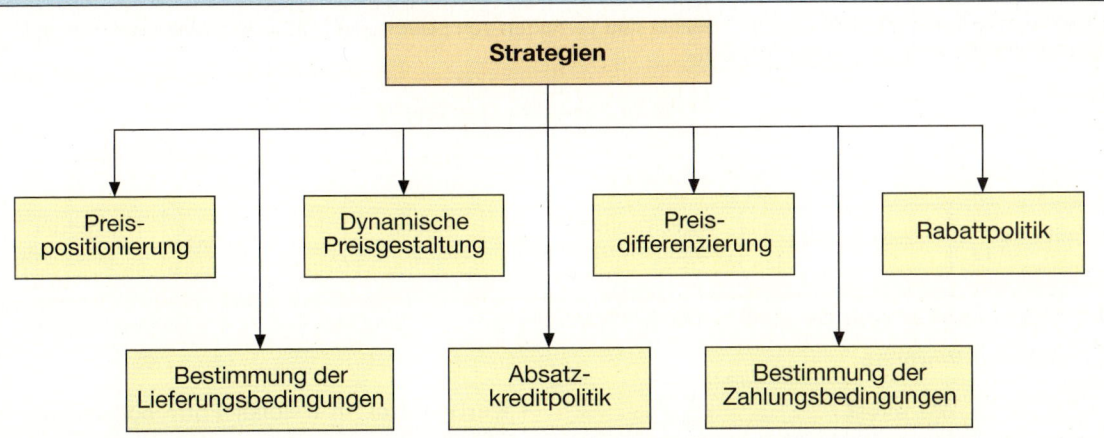

## Preispositionierung

Mit der Preispositionierung steuert ein Unternehmen mit seinem Produkt ganz bewusst einen bestimmten Preisbereich an. Dies erfolgt z. B. bei Markenwaren, die im oberen Preissegment angeboten werden. Ein hoher gleich bleibender Qualitätsstandard, verbunden mit einem entsprechenden Marken- bzw. Firmenimage, soll über empfohlene Verkaufspreise zu einer einheitlichen Preisgestaltung im Facheinzelhandel führen.

## Dynamische Preisgestaltung

Mit der dynamischen Preisgestaltung versucht ein Unternehmen Preise flexibel an die Marktsituation anzupassen. Dies kann z. B. durch einen niedrigen Einführungspreis für ein neues Produkt geschehen, um so schnell einen großen Umsatz zu erzielen.

Eine andere Möglichkeit wäre, zunächst einen hohen Preis zu verlangen, der von einer bestimmten Käuferschicht akzeptiert wird. Um danach neue Käuferschichten zu erschließen, wird der Preis schrittweise gesenkt.

## Preisdifferenzierung

Formen:*

- Räumliche Preisdifferenzierung (unterschiedliche Preise, z. B. in Großstädten und ländlichen Gebieten),

- mengenmäßige Preisdifferenzierung (z. B. Mengenrabatt),

- zeitliche Preisdifferenzierung (z. B. Saisonpreise),

- verwendungsbezogene Preisdifferenzierung (z. B. unterschiedliche Mietpreise für private und gewerbliche Nutzung),

- personenbezogene Preisdifferenzierung (z. B. Sondertarife für Schüler/-innen in öffentlichen Verkehrsmitteln).

*[Vgl. Hüttner, M. u. a.: Marketing-Management, München 1994]

## Rabattpolitik

Die Unternehmen nutzen z. B. folgende Preisnachlässe, um Preisdifferenzierungen (s. o.) vornehmen zu können:
- Mengenrabatt (z. B. für Großabnehmer),
- Wiederverkäuferrabatt (z. B. für Großhändler),
- Treuerabatt (z. B. für Stammkunden),
- Saisonrabatt (z. B. für Saisonschlussverkäufe),
- Sonderrabatt (z. B. bei Messen),
- Bonus (nachträglicher Preisnachlass bei Erreichen eines Mindestumsatzes),
- Skonto (Nachlass für vorzeitige Zahlung).

## Bestimmung der Lieferungsbedingungen

Kundenorientierte Lieferungsbedingungen können dazu beitragen, sich von Wettbewerbern abzuheben.
Zu den wichtigen Lieferungsbedingungen gehören:
- Gestaltung der Transport- und Versicherungskosten (besonders wichtig im Auslandsgeschäft),
- Verpflichtung des Herstellers zur Zahlung einer Konventionalstrafe (Vertragsstrafe) bei verspäteter Lieferung,
- Regelung des Umtauschrechtes (besonders wichtig bei Versandhäusern).

## Bestimmung der Zahlungsbedingungen

Zu den wichtigsten Zahlungsbedingungen gehören:
- Bestimmung von Zahlungsfristen (z. B. Skontofrist).
- Regelung der Zahlungsweise/Zahlungsabwicklung (z. B. Barzahlung, Ratenzahlung),
- Zahlungssicherung (z. B. Eigentumsvorbehalt).

## Absatzkreditpolitik

Wichtige absatzkreditpolitische Maßnahmen:
- Einräumen eines Kreditrahmens unter Gewährung eines günstigen Zinssatzes,
- Zahlungsaufschub,
- Leasing (Leistung einer geringen Anzahlung und laufender Ratenzahlungen während der vertraglichen Nutzungsdauer).

aus: Bentin, Margit u. a.: Handlungsorientierte Materialien zur Allgemeinen Wirtschaftslehre. Absatz, 1. Aufl., Braunschweig 1995, S. 50 f.

# Kommunikationspolitik – *Communication policy*

## Begriffliche Abgrenzung und Zielsetzung

Die Kommunikationspolitik versucht gezielt das Verhalten von potenziellen Kunden mithilfe besonderer Kommunikationsmittel zu beeinflussen:

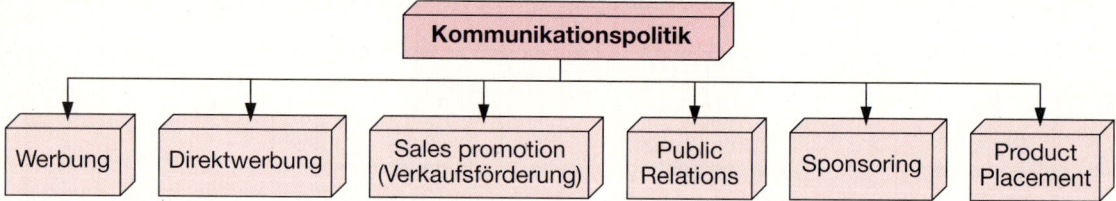

## Entscheidungsbereiche der Kommunikationspolitik

### (Klassische) Werbung

- **Werbende**: Wer wirbt?

Nach der Stellung der Werbenden im Absatzprozess unterscheidet man zwischen **Herstellerwerbung** und **Handelswerbung**.

Nach der Anzahl der Werbenden unterteilt man in **Einzelwerbung** und **Kollektivwerbung**, die sich wiederum in **Sammelwerbung** (mehrere Unternehmen werben unter Nennung der Einzelfirmen) und **Gemeinschaftswerbung** (mehrere Unternehmen werben ohne Nennung ihrer Firma, z. B. „Milch macht müde Männer munter") aufgliedert.

- **Werbeziel**: Welche Wirkung soll erzielt werden? *

In der Fachliteratur werden **ökonomische** (z. B. Umsatzsteigerung) und **außerökonomische Ziele** (z. B. Markenimage verbessern) unterschieden.

Eine weitere geläufige Unterteilung von Werbezielen lautet:

**Einführungswerbung** (z. B. für ein neues Produkt), **Expansionswerbung** (z. B. zur Erhöhung des Marktanteils) und **Erinnerungswerbung** (z. B. zum Erhalt des bisherigen Bekanntheitsgrades).

- **Werbezielgruppen**: Wer soll umworben werden? *

Die Werbezielgruppe muss genau bestimmt werden, um **Streuverluste** beim Einsatz der Werbeträger und Werbemittel so gering wie möglich zu halten.

- **Werbezielgebiet**: Wo soll geworben werden?

Das Unternehmen hat zu entscheiden, ob auf dem **Gesamtmarkt** oder auf bestimmten **Teilmärkten** geworben werden soll.

- **Werbeträger**: Welche Medien sollen genutzt werden? *

Werbeträger werden gewöhnlich in **Printmedien** (z. B. Zeitschriften), **elektronische Medien** (z. B. TV) und **Außenwerbung** (z. B. Plakate) unterteilt, deren Nutzung sich in sehr unterschiedlich hohen Werbekosten niederschlagen kann.

\* (Vgl. Hüttner, a. a. O., S. 220 ff.)

- **Werbemittel**: In welcher Form soll geworben werden? *

Die Auswahl der geeigneten Werbemittel muss Erkenntnisse der Wahrnehmungspsychologie berücksichtigen. Die Gestaltung des Werbemittels entscheidet meistens darüber, ob die Werbebotschaft den Umworbenen zielgerichtet erreicht und die beabsichtigte Wirkung erzielt.

| Beispiele | |
|---|---|
| Werbeträger | Werbemittel |
| Zeitung, Zeitschrift | Anzeige, Beilage |
| Fernsehen | Fernsehspot |
| Kino | Dia, Kinospot, Werbefilm |
| Fahrzeuge | Beschriftung von Firmenwagen, Straßenbahnen, Speditions-LKWs |

- **Werbebotschaft**: Wie soll geworben werden? *

Die Werbebotschaft sollte den **Nutzen**, **den Vorteil** des Produktes für den Umworbenen herausstellen.

- **Werbeetat**: Welche Geldmittel stehen zur Verfügung? *

Häufig wird ein **prozentualer Anteil der Werbeausgaben** am Umsatz festgelegt, obwohl ein antizyklisches Vorgehen sinnvoller wäre. Der Werbeetat soll vor allem an den Werbezielen ausgerichtet werden.

- **Werbetiming**: Wann soll (wie) geworben werden? *

Die Werbemaßnahmen sollten in einem **Werbeplan** festgehalten werden, auch wenn Werbeaktionen der Mitbewerber kurzfristige Änderungen hervorrufen können.

Das Werbetiming ist gerade bei der Einführung neuer Produkte besonders wichtig.

vgl. Bentin, Margit u. a.: Handlungsorientierte Materialien zur Allgemeinen Wirtschaftslehre. Absatz, 1. Aufl., Braunschweig 1995, S. 54 f.

352556

## Kommunikationspolitik – *Communication policy*

### Entscheidungsbereiche der Kommunikationspolitik

#### (Klassische) Werbung

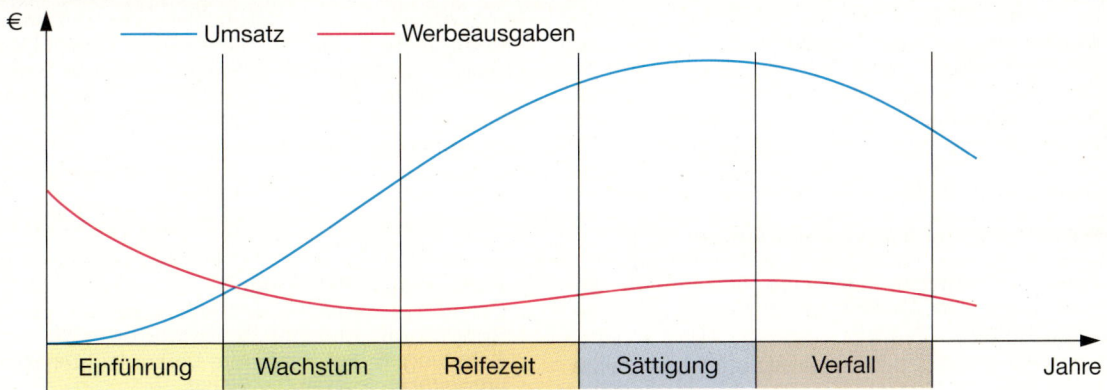

aus: Erfolgreich werben und verkaufen. Das Werbehandbuch für den Miele-Fachhändler, Gütersloh 1990

**Werbeerfolgskontrolle**: Wie soll der Werbeerfolg gemessen werden?

Man unterscheidet die **ökonomische** von der **außerökonomischen Werbeerfolgskontrolle**. Der ökonomische Werbeerfolg soll sich aufgrund der folgenden Formel berechnen lassen:

Gerade die genaue Ermittlung des werbebedingten Mehrumsatzes ist aber aufgrund von Zuordnungsproblemen kaum möglich.

Die **außerökonomische Werbeerfolgskontrolle** versucht z. B. über Befragungen Werbekontakte und Werbewirkungen zu messen.

> Werbegewinn = werbebedingter Mehrumsatz − Werbekosten

vgl. Bentin, Margit u. a.: Handlungsorientierte Materialien zur Allgemeinen Wirtschaftslehre. Absatz, 1. Aufl., Braunschweig 1995, S. 54 f.

#### Werbung im Internet

Werbung im Internet geschieht im Wesentlichen auf drei verschiedene **Arten**:

(1) Bereitstellung eines Imagewerbungs- und Serviceangebotes auf exklusiven WWW-Seiten (z. B. http://www.microsoft.com; http://www.bahlsen.de; http://www.lego.de).

(2) Banner-Werbung auf so genannten Portal-Seiten des Internet. Werbebanner sind – oft grafisch gestaltete – kleine Werbeflächen standardisierter Größe im Kopfbereich der Portal-Seiten. Portal-Seiten sind beliebte, speziell gestaltete Einstiegsadressen in das World Wide Web mit Such-, Nachrichten- und Verzeichnisdiensten. Einige Portale können die Einblendung der Werbebanner vom Suchverhalten der Nutzer thematisch abhängig machen. (Beispiele für Portal-Seiten mit Banner-Werbung: http://yahoo.de; http://web.de; http://www.aol.de)

(3) Sehr verbreitet ist besonders in den USA die Direktwerbung mittels Electronic Mail. Die Bezeichnung für diese unerwünscht im elektronischen Postfach deponierten Werbesendungen ist **SPAM**. SPAM-Versender erwerben käuflich Listen von Mail-Adressen von darauf spezialisierten Anbietern.

Die Werbeformen (1) und (2) sind für alle Branchen und Produkte sowie Dienstleistungen geeignet. Sie werden zunehmend mit anderen Medien (Radio-, TV-, Zeitschriftenwerbung) verknüpft. Zu Werbeportalen entwickeln sich auch die WWW-Seiten der

Radio- und TV-Sendeanstalten. Zu (2) findet man z. B. unter http://www.abseits.de/portale.htm eine Materialsammlung mit Querverweisen.

Der **Erfolg von Werbeangeboten** im Internet kann mithilfe von Berichtsprogrammen geprüft werden, die die Nutzungsprotokolle der WWW-Server im Internet auswerten. Ein in Deutschland verbreitetes Bewertungsverfahren für Internet-Werbung ist das IVW-ZMOD der Informationsgesellschaft zur Feststellung der Verbreitung von Werbeträgern e. V. (http://www.ivw.de). Ergebnisse solcher Bewertungsverfahren werden z. B. seitens der Portalbetreiber zum Nachweis der Werbe-Kontaktzahlen und zur Festlegung der Werbetarife benutzt.

Die Werbeformen (2) und (3) sind allgemein im Internet unbeliebt und werden kontrovers diskutiert. Es handelt sich um Werbung auf Kosten der Empfänger der unverlangten Werbebotschaften, denn die oft aufwendig gestalteten sog. „Ads" (von engl. advertising = Werbung) verbrauchen zur Übertragung auf den PC des Internet-Benutzers Übertragungszeit und verschwenden so die – oft teure – Onlinezeit. Dies gilt besonders für SPAM.

Zu Pro und Contra bzgl. SPAM vgl. z. B.:

http://win.bda.de/zeit/print/199836.bulk.html

http://www.cityweb.de/free/3.spam100499.inhalt-000.html

http://www.politik-digital.de/spam/de

http://www.westermann.de

aus: Hübscher, Heinrich u. a.: IT-Kompendium, 1. Aufl., Braunschweig 2001, S. 351

**5**

# Kommunikationspolitik – *Communication policy*

## Entscheidungsbereiche der Kommunikationspolitik

### Direktwerbung

Im Gegensatz zur anonymen Massenumwerbung werden bei der Direktwerbung die Zielpersonen direkt individuell angesprochen. Diese Form der Werbung hat an Bedeutung so stark zugenommen, dass zusammen mit dem Direktverkauf an Letztverwender und -verbraucher vom so genannten Direktmarketing gesprochen wird. Neben individuell adressierten Werbesendungen zählt zur Direktwerbung vor allem das Telefonmarketing. Die neuen elektronischen Medien bieten eine Vielzahl von Möglichkeiten für Direktwerbung. Um eine zielgenaue Direktwerbung durchführen zu können, wird eine umfangreiche Datei (Datenbank) über die anzusprechenden Zielgruppen geführt.

Bei dieser Form der Werbung lässt sich der Werbeerfolg in der Regel besser messen.

### Sales Promotion (Verkaufsförderung)

Sales Promotion umfasst eine Vielzahl von verkaufsfördernden Aktionen um den Absatz kurzfristig zu steigern.

Nach den Zielgruppen dieser Aktion unterscheidet man:

• **Verbraucher-Promotions**

Die Konsumenten werden auf ein Produkt aufmerksam gemacht oder zum Kauf angeregt. Beispiele: Gewinnspiele, Produktproben, Warengutscheine, Produktvorführung im Einzelhandelsgeschäft.

• **Außendienst-Promotions**

Der firmeneigene Außendienst wird z. B. durch Sonderprämien oder Wettbewerbe motiviert; Schulungen und geeignete Verkaufsunterlagen unterstützen den Außendienst.

• **Händler-Promotions**

Sonderrabatte, Verkaufsprämien u. Rücknahmegarantien motivieren die Handelspartner; das Zurverfügungstellen von Display-Material (z. B. Aufsteller, Schaufensterdekoration) u. die Durchführung von Schulungen unterstützen die Beratungs- und Verkaufstätigkeit des Handels.

### Public Relations (PR)

Im Mittelpunkt der Öffentlichkeitsarbeit (PR) steht nicht ein Produkt des Unternehmens, sondern das ganze Unternehmen. Ziel der PR-Maßnahmen ist vor allem die Imagepflege des Unternehmens in der Öffentlichkeit, daneben auch eine nach innen gerichtete Wirkung: Die Mitarbeiter/-innen des Unternehmens sollen ein Wir-Gefühl entwickeln, die Motivation gesteigert werden. Ein besonderes Interesse gilt bei den PR-Aktivitäten so genannten Meinungsführern oder Multiplikatoren (z.B. Medienvertreter). Gute Pressebeziehungen werden in der Regel durch eine Presseabteilung unterstützt.

Mögliche PR-Maßnahmen sind:
• Veröffentlichungen (Pressemitteilungen, Erstellung von Sozial- und Ökobilanzen),

• Vorträge und Diskussionsrunden,

• Veranstaltungen und Ausstellungen,

• Werksbesichtigungen.

Der PR-Gedanke wird bei der Gestaltung einer **Corporate Identity** (Unternehmensidentität) aufgegriffen. Ein einheitliches Bild des Unternehmens nach außen, eine Unternehmenskultur soll geschaffen werden. Dies geschieht z. B. durch Schaffung von einheitlichen Zeichen (Symbolen) des Unternehmens (z. B. auf Briefbögen, Visitenkarten, Firmen-PKWs und -LKWs) oder durch besondere Verhaltensregeln, die von den Mitarbeiterinnen und Mitarbeitern gegenüber Kunden, Lieferanten und der Öffentlichkeit einzuhalten sind.

### Sponsoring

Das Unternehmen (der Sponsor) unterstützt durch Finanz-, Sach- oder Dienstleistungen Personen, Organisationen oder Institutionen (Gesponsorte) und erwartet dafür bestimmte Gegenleistungen (z.B. besondere Werbemöglichkeiten), die vertraglich abgesichert sind.

Mithilfe des Sponsoring versucht das Unternehmen das positive Image des Gesponsorten auf sich zu übertragen. Die Sponsoring-Aktivitäten erreichen auch Zielgruppen, die sich mit herkömmlichen Mitteln der Kommunikationspolitik nicht oder kaum ansprechen lassen.

**Formen** des Sponsoring sind vor allem:
• Sportsponsoring,  • Kultursponsoring,
• Sozialsponsoring,  • Umweltsponsoring.

### Product Placement *

Durch Product Placement versucht ein Unternehmen Markenartikel z.B. in Kinofilmen, Fernsehsendungen, Videoclips oder Theateraufführungen so geschickt zu platzieren, dass sie vom Zuschauer nicht als Werbemaßnahme identifiziert werden. Produktinnovationen (z.B. neue Automodelle) werden gern in neue Filmproduktionen eingebaut (Innovation Placement).

Insbesondere das Zapping, d. h. das Umschalten des Fernsehprogramms mithilfe der Fernbedienung bei Werbeblöcken, führt zu einem sprunghaften Anstieg des Product Placement.

In Privatfernsehgesellschaften haben sich spezielle Dauerwerbesendungen etabliert (z. B. „Glücksrad"), bei denen Firmenprodukte geschickt als Gewinne platziert werden.  * [Vgl. Hüttner, a. a. O., S. 250 ff.]

aus: Bentin, Margit u. a.: Handlungsorientierte Materialien zur Allgemeinen Wirtschaftslehre. Absatz, 1. Aufl., Braunschweig 1995, S. 56 f.

352558

# Distributionspolitik – *Distribution policy*

## Begriffliche Abgrenzung und Zielsetzung

Die **Zielsetzung** der Distributionspolitik, die mit den übergeordneten Zielen der Unternehmenspolitik (Unternehmensphilosophie) abgestimmt sein muss, besteht darin, „… das richtige Produkt zur richtigen Zeit, im richtigen Zustand, in der richtigen Menge am richtigen Ort den Abnehmern zur Verfügung zu stellen".

(Vgl. Knoblich, H.: Absatzpolitik, Göttingen 1994, S. 158)

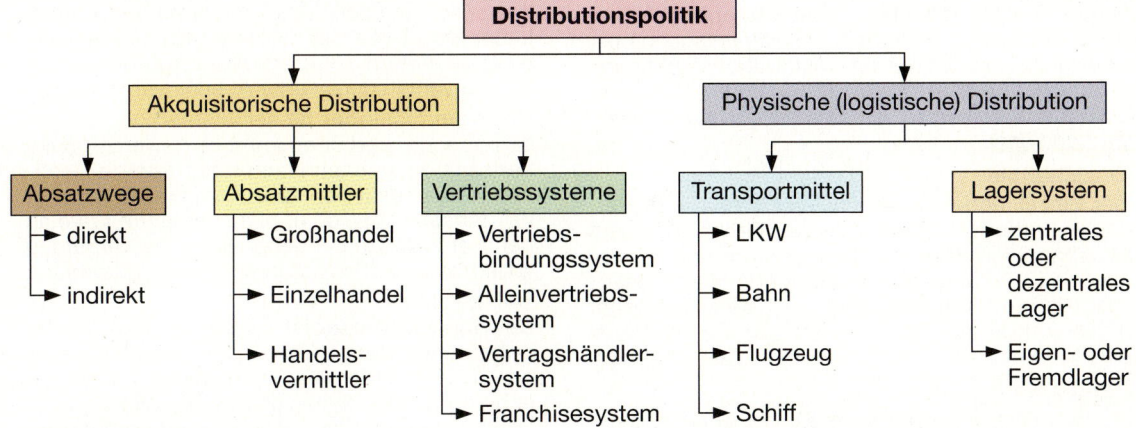

Die **akquisitorische Distribution** kann als das Management der Verteilungskanäle bezeichnet werden. Sie beschäftigt sich vor allem mit der Wahl des Distributionssystems.

(Vgl. Hüttner, a. a. O., S. 255)

Unter **physischer Distribution** (Marketinglogistik) versteht man alle Tätigkeiten, „… durch die Transport- und Lagervorgänge zur Auslieferung der Fertigprodukte eines Unternehmens gestaltet, gesteuert und überwacht werden".

(Vgl. Weis, H. C.: Marketing, Ludwigshafen 1993, S. 329)

## Entscheidungsbereiche der akquisitorischen Distribution

### 1. Entscheidung über den Absatzweg

#### Direkter Absatzweg

Beim direkten Absatzweg übernimmt der Hersteller alle Verteilerfunktionen seines Produktes bis zum Verwender bzw. Konsumenten unter Umgehung des institutionellen Handels. Der Hersteller kann sich dabei entweder direkt an den Kunden wenden (z. B. bei Großkunden) oder es werden betriebseigene Absatzorgane (u. a. Verkaufsniederlassungen und/oder **Reisende**) dazwischengeschaltet.

#### Indirekter Absatzweg

Beim indirekten Absatzweg verteilt der Hersteller sein Produkt mithilfe betriebsfremder Organe: Selbstständige Handelskettenglieder (Groß- und Einzelhandel) und/oder selbstständige Handelsvermittler (Handelsvertreter, Kommissionär, Handelsmakler).

#### Bestimmungsfaktoren für die Wahl des Absatzweges *

– Betriebsinterne Faktoren, wie u. a. Betriebsgröße (z. B. Groß- oder Kleinbetrieb) oder eigene Absatzorganisation (stark oder schwach ausgebaut).

– Die Eigenart der Ware, wie z. B. der Verwendungszweck (Produktionsmittel/Konsumgut) oder die Erklärungsbedürftigkeit (technische Komplexität).

– Betriebsexterne Faktoren, wie z. B. die Anzahl und Größe der Abnehmer, Entfernung zu den Absatzmärkten oder gesetzliche Bestimmungen.

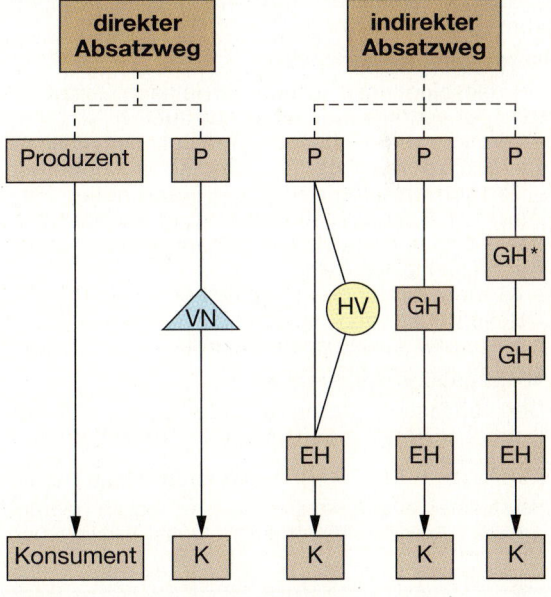

Eigenständige Handelskettenmitglieder (HK)
*auch: „Zentralgrossierer"; „Großhandel 1. Hand"

„eigene" HK (VN = Verkaufsniederlassung)

Handelsvermittler (HV = Handelsvertreter)

* (Vgl. Knoblich, H.: Absatzpolitik, a. a. O., S. 162 f.)

vgl. Bentin, Margit u. a.: Handlungsorientierte Materialien zur Allgemeinen Wirtschaftslehre. Absatz, 1. Aufl., Braunschweig 1995, S. 60 f.

# Distributionspolitik – *Distribution policy*

## Entscheidungsbereiche der akquisitorischen Distribution

### 2. Entscheidung über Absatzmittler

#### Großhandel

Der Großhandel kauft in der Regel von Produktionsunternehmen in eigenem Namen und für eigene oder fremde Rechnung Waren. Es ist u. a. abhängig von der jeweiligen Betriebsform (z. B. Sortiments- und/oder Spezialgroßhandel), welche Distributionsfunktionen (u. a. Lagerung, Transport, Sortimentsbildung, Qualitätskontrolle usw.) vom Großhandel übernommen werden können.

#### Einzelhandel

Der Einzelhandel kauft entweder direkt vom Hersteller und/oder über Handelsvermittler oder dem Großhandel im eigenen Namen u. für eigene oder fremde Rechnung Waren, um sie an den Konsumenten weiterzuverkaufen. Für den Hersteller ist es von Bedeutung, inwiefern der Einzelhändler das Marketing-Konzept des Herstellers mitträgt.

#### Handelsvermittler

Zu den Handelsvermittlern zählen der Handelsvertreter (§§ 84–92 HGB), Kommissionär (§§ 383–406 HGB) und Handelsmakler (§§ 93–104 HGB).

– Der **Handelsvertreter** ist selbstständiger Gewerbetreibender und ständig damit beauftragt, für andere Unternehmen (d. h. im fremden Namen) Geschäfte abzuschließen. Er kann im Wesentlichen seine Tätigkeit selbst bestimmen. In der Regel ist er für mehrere Unternehmen tätig (Mehrfirmenvertreter). Als Vergütung erhält er eine Vermittlungs- oder Abschlussprovision.

– Der **Kommissionär** ist selbstständiger Gewerbetreibender und übernimmt es gewerbsmäßig, Verträge im eigenen Namen auf fremde Rechnung abzuschließen. Der Kommissionär trägt kein Absatzrisiko, da er nicht verkaufte Ware an den Hersteller zurückgeben kann. Als Vergütung erhält er eine Provision (festen Prozentsatz) vom vereinbarten Preis.

– Der **Handelsmakler** ist selbstständiger Gewerbetreibender und wird nur im Bedarfsfall aufgrund seiner guten Marktkenntnisse mit der Anschaffung oder dem Verkauf von Waren oder Dienstleistungen beauftragt. Als Vergütung erhält er je zur Hälfte vom Verkäufer und Käufer (falls nicht anders vertraglich vereinbart) einen bestimmten Prozentsatz vom Auftragsvolumen.

### 3. Entscheidung über die Form des vertraglichen Vertriebssystems

Durch den Aufbau eines vertraglichen Vertriebssystems versucht der Hersteller bestimmte Abnehmer seiner Produkte von der Belieferung durch Vertragsregelungen auszuschließen. Der Hersteller verfolgt damit die Absicht, die ausgewählten selbstständigen Handelsunternehmen in seine Vertriebskonzeption einzubinden.

#### Vertriebsbindungssystem

Vertriebsbindungen können sich je nach Gestaltung der Verträge u. a. erstrecken auf:
– Vertriebswegebindungen in räumlicher Hinsicht, z. B. Exportverbot für inländische Abnehmer,
– Vertriebswegebindungen in personeller Hinsicht, z. B. Vertriebsbeschränkung auf bestimmte Abnehmerkreise (so genannte Kundenbeschränkungsklauseln),
– Vertriebsbindungen in zeitlicher Hinsicht, z. B. Beschränkungen hinsichtlich der Vertriebszeit neuer bzw. auslaufender Modelle.*

#### Vertragshändlersystem

Der Vertragshändler verpflichtet sich durch vertragliche Regelungen im eigenen Namen und auf eigene Rechnung Waren des Herstellers unter Einhaltung der Marketingkonzeption zu vertreiben (u. a. Bewahrung des Images und angemessener Kundendienst).

#### Alleinvertriebssystem

Der Hersteller verpflichtet sich in einem bestimmten Absatzgebiet nur den allein vertriebsberechtigten Händler zu beliefern (z. B. bei Neueinführung eines Produktes).

#### Franchisesystem

Der Franchisenehmer (z. B. Groß- oder Einzelhandelsbetrieb) schließt mit einem Franchisegeber (z. B. Hersteller) einen Vertrag. Der Franchisevertrag geht in der vertraglichen Bindung über den Vertrag mit dem Vertragshändler hinaus, da der Name bzw. die Firma des Franchisenehmers in den Hintergrund treten. Für die Übernahme eines ausgereiften Marketing- und Verkaufskonzepts (z. B. Fast-Food-Kette) hat der Franchisenehmer eine Gebühr an den Franchisegeber zu entrichten.

*(Vgl. Knoblich, a. a. O., S.189)

### Intensitätsskala der Bindungen in Absatzkanälen

herstellereigene Verkaufsorgane ("Anweisungsbetrieb")

vertraglich begründete Quasi-Filialisierung

lose Kooperationsformen mit schwacher Verbindlichkeit

Vertrieb über herstellungsgebundene Verkaufsorgane ("Absatzvermittler", z. B. Makler, Handelsvertreter)

vertragliche Vertriebssysteme wie z. B.

nur kaufvertragliche Bindung

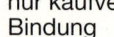

Franchise- u. Vertragshändler-System

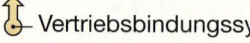

Alleinvertriebssystem

Vertriebsbindungssystem

vgl. Bentin, Margit u. a.: Handlungsorientierte Materialien zur Allgemeinen Wirtschaftslehre. Absatz, 1. Aufl., Braunschweig 1995, S. 62 f.

# Distributionspolitik – *Distribution policy*

## Entscheidungsbereiche der akquisitorischen Distribution

### 4. Festlegung eines vertikalen Marketings

Unter vertikalem Marketing versteht man die Einflussnahme auf die zwischen Hersteller und Handel auftretenden Zielkonflikte, die u. a. aus der Aufteilung der Vertriebsspanne resultieren. Zur Problemlösung werden deshalb zwischen Hersteller und Handel häufig vertragliche Vereinbarungen zur Durchsetzung eines einheitlichen Marketings eingesetzt.

(Vgl. Hüttner, a. a. O., S. 265)

**5**

## Entscheidungsbereiche der physischen Distribution

### 1. Entscheidung über die Transportmittel

Im Rahmen der physischen Distribution (Marketinglogistik) geht es um die Problemlösung, wie Güter durch Transportmittel und die entsprechenden Transportvorgänge über Lagersysteme in die Nähe des Verwenders/Kunden (gewerbliche Abnehmer, Händler, Verbraucher) gelangen.

Die wichtigsten Gründe für die Auswahl eines Transportmittels sind:

- Eigenart des Produkts (z. B. Verderblichkeit, Gewicht, Größe des Produkts),

- Kosten des Transportmittels,
- Transportgeschwindigkeit,
- Zuverlässigkeit des Transportträgers und Haftungsumfang,
- Umweltverträglichkeit des Transportmittels.

Diese Bestimmungsgründe entscheiden auch darüber, ob ein eigener oder fremder Fuhrpark genutzt werden soll.

### 2. Entscheidung über das Lagersystem

Bei der Festlegung des Lagersystems muss zunächst geklärt werden, ob nur ein Zentrallager oder auch regionale Auslieferungslager (dezentrale Lager) errichtet werden sollen.

- **Zentrallager oder Regionallager**

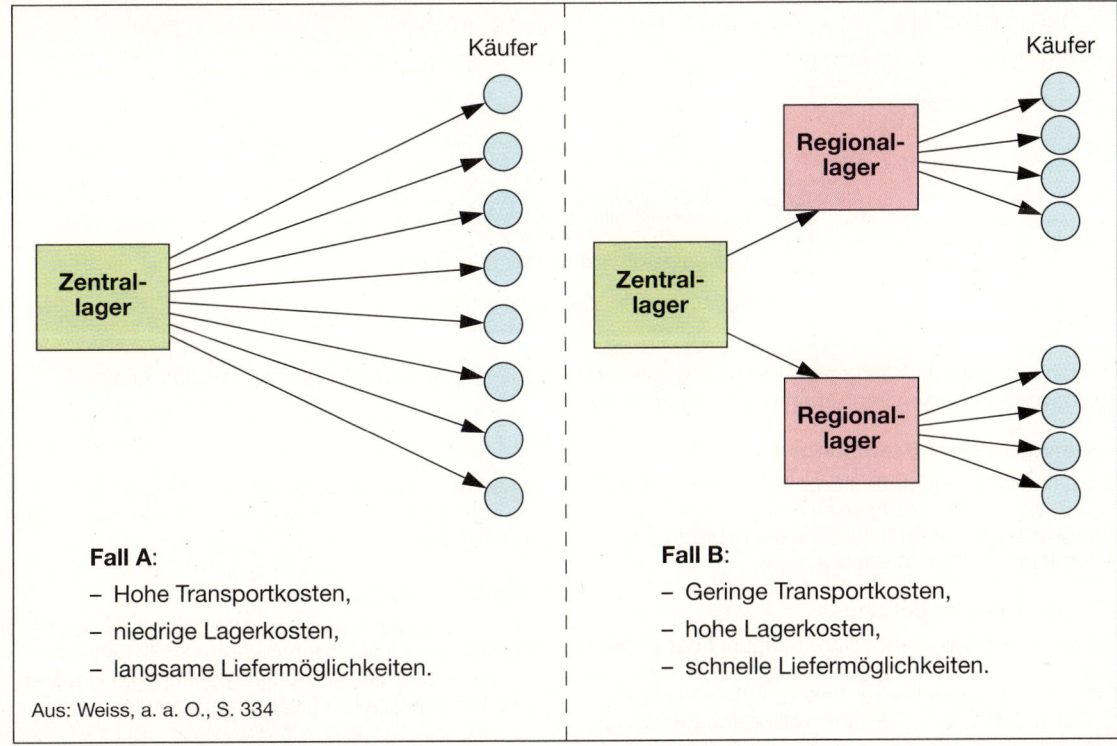

**Fall A:**
- Hohe Transportkosten,
- niedrige Lagerkosten,
- langsame Liefermöglichkeiten.

Aus: Weiss, a. a. O., S. 334

**Fall B:**
- Geringe Transportkosten,
- hohe Lagerkosten,
- schnelle Liefermöglichkeiten.

- **Eigen- und Fremdlager**

Für die Entscheidung, ob ein Lager in Eigen- oder Fremdregie geführt werden soll, sind vor allem die unterschiedlich hohen Kosten ausschlaggebend (z. B. hohe Fixkosten beim Eigenlager). Ein weiterer Grund für diese Entscheidung könnte z. B. die Einflussnahme auf die Kontrolle des Lagerpersonals sein.

aus: Bentin, Margit u. a.: Handlungsorientierte Materialien zur Allgemeinen Wirtschaftslehre. Absatz, 1. Aufl., Braunschweig 1995, S. 63 f.

# Marketingmix

Die absatzpolitischen Instrumente dürfen nicht isoliert voneinander eingesetzt werden, sie müssen aufeinander abgestimmt sein, um oberste Unternehmens- bzw. Marketingziele zu verfolgen.

**Marketing** ist als eine Konzeption der Unternehmensführung zu verstehen, „bei der im Interesse der Erreichung der Unternehmensziele alle betrieblichen Aktivitäten konsequent auf die gegenwärtigen und künftigen Erfordernisse der Märkte ausgerichtet werden".* Die zunehmende Marktmacht der Kunden zwingt die Unternehmen dazu, sich in ihrer gesamten Unternehmenspolitik an den Kundenwünschen auszurichten.

*(Vgl. Bidlingmaier, J.: Marketing, Reinbek 1973, S. 15)

Das so genannte **Marketingmix** ist eine möglichst optimale Kombination des Mitteleinsatzes, d. h. eine „zielgerichtete Auswahl und qualitative, quantitative sowie zeitliche Kombination der absatzpolitischen Instrumente".[1] Der qualitative Aspekt des Marketingmix betrifft die Art der einzelnen Instrumente, der quantitative Aspekt bezieht sich auf das Gewicht der einzelnen Instrumente innerhalb des Marketingmix, und der zeitliche Aspekt beinhaltet Dauer und Abfolge des Einsatzes der einzelnen Instrumente.[2] Das Marketingmix ist eingebettet in die vom Unternehmen festgelegten **Marketingstrategien**, also in unternehmenspolitische Richtlinien, die einen Handlungsrahmen für den Einsatz der absatzpolitischen Instrumente vorgeben.[3]

[1] (Vgl. Hüttner, a. a. O., S. 278)
[2] (Vgl. Knoblich, a. a. O., S. 300 f.)
[3] (Vgl. Hüttner, a. a. O., S. 81)

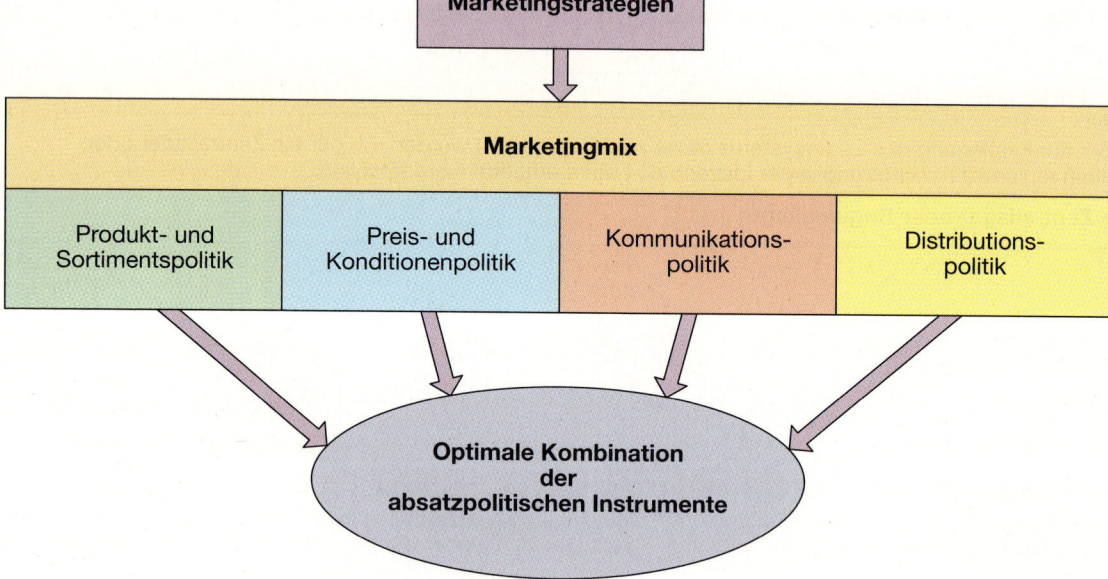

Im Rahmen des Marketingmix müssen die unterschiedlichen Beziehungen beachtet werden, die prinzipiell zwischen diesen Instrumenten bestehen können:

- **Konkurrierende Beziehungen**

  d. h., zwei Instrumente stören sich in ihrer Wirkung (z. B. stehen Premiumpreise im Widerspruch zum Vertrieb über Absatzkanäle, welche untere Einkommensschichten ansprechen).

- **Substitutive Beziehungen**

  d. h., zwei Instrumente sind austauschbar in Bezug auf eine bestimmte Wirkung (z. B. lassen sich durch den Vertrieb über den Fachhandel in gewissen Grenzen unternehmenseigene Beratungsleistungen – „begleitende" Servicepolitik – ersetzen).

- **Komplementäre Beziehungen**

  d. h., zwei Instrumente unterstützen sich in ihrer Wirkung (z. B. wird das Image hoher Qualität, welches durch entsprechende Werbung erzeugt werden soll, durch eine aufwendige Verpackung unterstützt).

- **Konditionale Beziehungen**

  d. h., der Einsatz des einen Instrumentes setzt den Einsatz des anderen voraus (z. B. setzt die Präsentation der Produktverpackung im Rahmen der Werbung deren Gestaltung voraus).

- **Indifferente Beziehungen***

  d. h., es bestehen keine erkennbaren gegenseitigen Beeinflussungen zwischen zwei Instrumenten (z. B. Werbung und Marketing-Logistik).

*(Vgl. Hüttner, a. a. O., S. 281)

vgl. Bentin, Margit u. a.: Handlungsorientierte Materialien zur Allgemeinen Wirtschaftslehre. Absatz, 1. Aufl., Braunschweig 1995, S. 67 f.

# Internationales Marketing – *International marketing*

Unter **internationalem Marketing** versteht man Marketingaktivitäten eines Unternehmens, das nennenswerte Umsätze im Auslandsgeschäft tätigt. Dabei müssen exportorientierte Unternehmen, die im Inland produzieren, aber einen wichtigen Teil ihres Umsatzes im Ausland erzielen, von multinationalen Unternehmen unterschieden werden, die in mehreren Ländern produzieren, ein- und verkaufen. Je stärker die Integration in internationale Märkte erfolgt, umso größer ist die Komplexität von Marketingentscheidungen.

Internationales Marketing muss die besonderen Risiken auf Auslandsmärkten berücksichtigen – sowohl wirtschaftliche (z. B. Wechselkursrisiko) als auch politische (z. B. Einfluss des Staates auf die Wirtschaftspolitik).

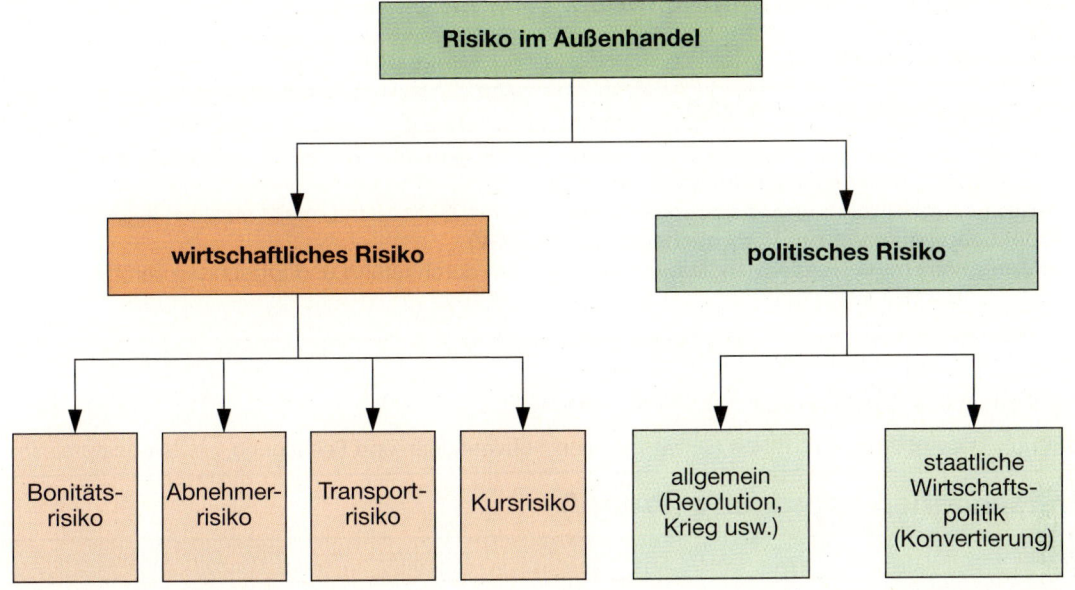

Aus: Hüttner, a. a. O., S. 506

Bevor die absatzpolitischen Instrumente zielgerichtet auf Auslandsmärkten eingesetzt werden können, muss die Strategie des internationalen Marketing festgelegt werden. Mindestens die folgenden internationalen Marketingstrategien können unterschieden werden:

- Erschließung ausgesuchter Auslandsmärkte (z. B. Nachbarländer, Wirtschaftsregionen, Kontinente).

- Reine Wachstumsstrategie, unabhängig von Eingrenzungen auf bestimmte Auslandsmärkte (z. B. Umsatzmaximierung).

- Erschließung ausgesuchter Marktsegmente in internationalen Märkten (z. B. Bearbeitung nur des oberen Preissegments in verschiedenen Ländern).

Bei der Umsetzung dieser Strategien ist weiterhin zu fragen, ob das Produktionsprogramm standardisiert, d. h. international einheitlich angeboten werden soll (Globales Marketing) oder ob die Produkte und die Marktbearbeitungsmethoden nach nationalen Märkten differenziert werden sollen (z. B. unterschiedliche Pkw-Modelle eines Automobilunternehmens in den jeweiligen nationalen Märkten).

(Vgl. Hüttner, a. a. O., S. 491 ff. und Hill, W. u. Rieser, J.: Marketing-Management; Bern, Stuttgart, Wien 1993)

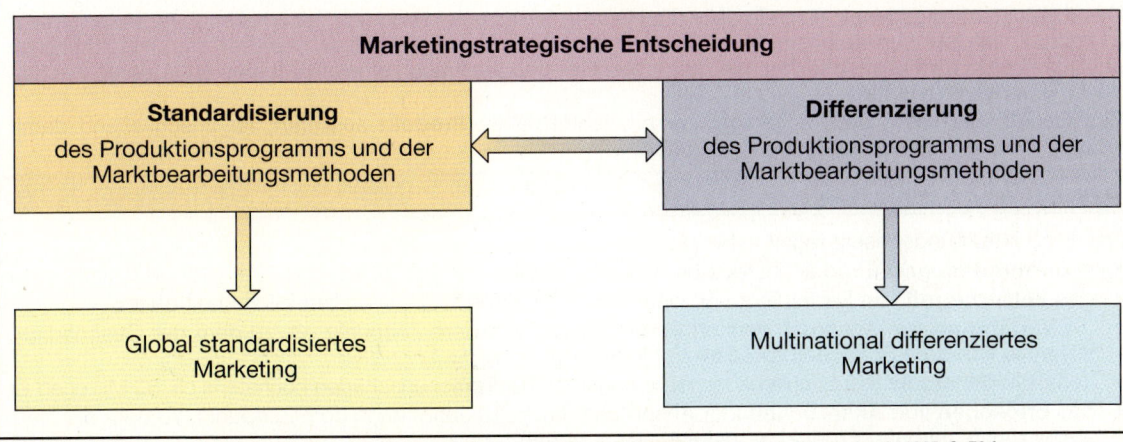

aus: Bentin, Margit u. a.: Handlungsorientierte Materialien zur Allgemeinen Wirtschaftslehre. Absatz, 1. Aufl., Braunschweig 1995, S. 70 f.

# Verbraucherschutz – *Consumer protection*

## Merkmale

Unter Verbraucherschutz versteht man die Summe der Maßnahmen zum Schutz des Endverbrauchers vor den Praktiken der Anbieter, die seine Interessen beeinträchtigen. Dies geschieht durch die Durchsetzung entsprechender Rechtsnormen zum Schutz des Verbrauchers.

## Gesetzliche Regelungen im Überblick (Beispiele)

- Kartellgesetz
- **Gesetz gegen den unlauteren Wettbewerb (UWG)**
- **Preisangabenverordnung**
- Abzahlungsgesetz
- Zugabeverordnung
- **Produkthaftungsgesetz**
- **Marken- und Musterschutz**

## Nichtgesetzlicher Verbraucherschutz

Ergänzend zum gesetzlich geregelten Verbraucherschutz existieren private Organisationen, die sich mit Fragen des Verbraucherschutzes befassen, wie z. B.
- **Verbraucherzentralen und -beratungsstellen** (in jedem Bundesland, meist staatlich finanziert)
- **Arbeitsgemeinschaft der Verbraucherverbände (AGV)**
- **Stiftung Warentest** (vergleichende Warentests werden durchgeführt und Ergebnisse veröffentlicht)

## Ziele

- Schutz der Verbraucher (Verbraucherschutz)
- Sicherung des Wettbewerbs in der sozialen Marktwirtschaft
- Schutz der Anbieter, z. B. durch Gewährung von Subventionen und Festlegung von Mindestpreisen

# Preisangabenverordnung (PAngV)

## Begriff

Die Preisangabenverordnung regelt die Auszeichnung von Waren, die für den **Endverbraucher** bestimmt sind. Hiernach müssen Waren, die Letztverbrauchern angeboten werden, ausgezeichnet sein.

## Inhalt

Die **Preisangabenverordnung** schreibt z. B. vor, dass …
- Waren, die in Schaufenstern und Schaukästen ausgestellt sind, mit einem gut lesbaren Preisschild bzw. mit einer entsprechenden Beschriftung zu versehen sind
- die Preise für den Endverbraucher einschließlich der Umsatzsteuer anzugeben sind (Bruttopreise)
- mit den Preisen die übliche Verkaufseinheit und die Gütebezeichnung angegeben werden
- Kreditinstitute die Jahreszinssätze für Kredite angeben müssen

# Produkthaftungsgesetz (ProHaftG)

## Begriff

Das Produkthaftungsgesetz (Gesetz über die Haftung fehlerhafter Produkte; gilt in allen EU-Ländern) dient in erster Linie dem Verbraucherschutz. Die Bestimmungen dieses Gesetzes beziehen sich ausschließlich auf den **Ersatz für Folgeschäden**, die durch den Ge- und Verbrauch eines Produktes an anderen Sachen oder Personen entstehen.

Das Gesetz bestimmt, dass derjenige, der ein **fehlerhaftes Produkt** ausliefert, für anschließend damit verursachte Personen- und Sachschäden haftet.

## Inhalt

Das Produkthaftungsgesetz regelt z. B.
- den **Produktbegriff** (Produkt ist jede bewegliche Sache)
- den **Fehlerbegriff** (ein Fehler liegt vor, wenn ein Produkt nicht die erwartete Sicherheit bietet)
- die **Verjährung** (ein Anspruch verjährt in drei Jahren von dem Zeitpunkt an, zu dem der Geschädigte Kenntnis von dem Schaden bzw. dem Fehler erlangt hat) *spätestens nach 10 Jahren*
- den **Schadenersatz** (bei Sachschäden nicht begrenzt, bei Personenschäden höchstens ca. 80 Millionen €)
- das **Erlöschen von Ansprüchen** (der Anspruch erlischt 10 Jahre nach dem Zeitpunkt, zu dem der Hersteller das fehlerhafte Produkt in Verkehr gebracht hat)

*• Selbstbeteiligung des Geschädigten in Höhe von 500,- €.*

352564

# Markengesetz (MarkenG)

## Begriff

Das **Markengesetz** dient dem Zweck, Waren und Dienstleistungen eines Unternehmens zu kennzeichnen und von denen anderer Anbieter abzugrenzen. Der **Markenschutz** entsteht durch die Eintragung beim Patentamt.

## Inhalt

- Als **Marke** geschützt werden können alle Zeichen, z. B. Abbildungen, Wörter, Formen von Waren, die geeignet sind Waren eines Unternehmens von Waren anderer Unternehmen zu unterscheiden.
- Geschützt werden können auch **geschäftliche Beziehungen**, z. B. durch Unternehmenskennzeichen, die der Unterscheidung des Geschäftsbetriebes von Mitbewerbern dienen, oder durch Werktitel (sind Namen oder besondere Bezeichnungen von Druckschriften, Film- und Bühnenwerken).
- Zudem können **geografische Herkunftsangaben** geschützt werden, z. B. Namen von Orten, Gegenden oder Ländern, die zur Kennzeichnung der geografischen Herkunft von Waren dienen.

# Geschmacksmustergesetz (GeschmMG)

## Begriff

Das Gesetz schützt die aus der individuellen Kreativität des Urhebers hervorgegangene Verkörperung einer **ästhetischen Leistung,** die in einem Modell (z. B. Porzellanwaren) oder Muster (z. B. bei Tapeten) Gestalt angenommen hat. Dabei sind z. B. solche beweglichen Sachen geschützt, die allein über das Auge auf den Farb- und Formensinn des Betrachters geschmackvoll wirken.

## Inhalt

§ 1 GeschmMG besagt, dass nur der Berechtigte die ausschließliche Befugnis hat, ein solches neues und individuelles Erzeugnis frei nachzubilden und erwerbsmäßig zu verbreiten. Die Dauer des Schutzes beträgt mindestens fünf Jahre nach § 9 I GeschmMG und maximal 20 Jahre (§ 9 II GeschmMG).

# Gebrauchsmustergesetz (GebrMG)

## Begriff

In Abgrenzung zum Geschmacksmustergesetz, das sich auf ein neues und individuelles Produkt bezieht, schützt das Gebrauchsmustergesetz eine **technische Leistung.**

## Inhalt

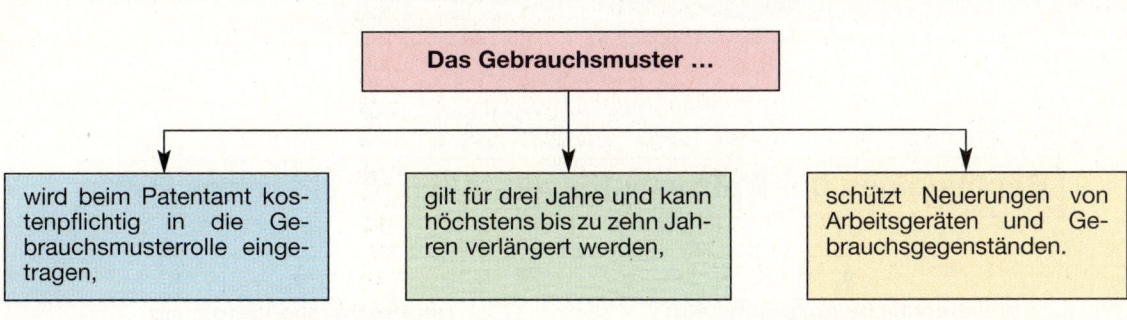

**Das Gebrauchsmuster …**

wird beim Patentamt kostenpflichtig in die Gebrauchsmusterrolle eingetragen,

gilt für drei Jahre und kann höchstens bis zu zehn Jahren verlängert werden,

schützt Neuerungen von Arbeitsgeräten und Gebrauchsgegenständen.

# Gesetz gegen den unlauteren Wettbewerb (UWG)

## Begriff

Das Gesetz will verhindern, dass zu Zwecken des Wettbewerbs Handlungen vorgenommen werden, die **wettbewerbswidrig** sind und somit einen fairen Wettstreit zwischen allen Unternehmungen behindern. Gleichzeitig sollen die Konsumenten vor irreführenden Angaben geschützt werden. Somit stellt das UWG eine **Rechtsnorm** dar, die indirekt über die Stärkung des Wettbewerbs den Schutz der Verbraucher bewirkt.

**5**

## Gesetz gegen den unlauteren Wettbewerb (UWG)

grundsätzlich verboten sind:

- Lockvogelwerbung
- unlauterer Kundenfang
- irreführende Angaben
- Irreführung über den Preis
- geschäftsschädigende Behauptungen
- Verrat von Geschäftsgeheimnissen
- irreführende Preisgegenüberstellungen

- Behinderung der Mitbewerber
- Irreführung über die Unternehmung
- Irreführung über Anlass und Zweck des Verkaufs
- Irreführung über Waren und Leistungen
- Bestechung von Angestellten anderer Unternehmen

geregelt u. a. in

### § 1 UWG (Generalklausel)

Die Generalklausel wendet sich umfassend gegen alle Formen des unlauteren Wettbewerbs. Das Wettbewerbsverhalten verstößt gegen die so genannten **guten Sitten**, wenn es dem Anstandsgefühl von Unternehmen oder Konsumenten widerspricht

oder

von der Allgemeinheit als nicht tragbar angesehen wird.

### § 3 UWG (kleine Generalklausel)

Der Paragraf enthält das Verbot, im geschäftlichen Verkehr zu Zwecken des Wettbewerbs **irreführende** Angaben zu machen. Beispiele:
- Werbeaussagen müssen wahr und klar sein
- Vorteilhaftigkeit darf hervorgehoben werden
- vollständige Angaben werden nicht verlangt

§ 3 UWG dient in erster Linie dazu, den Verbraucher vor unsachlicher Beeinflussung durch Täuschung zu schützen.

## Rechtsfolgen bei Wettbewerbsverstößen im Sinne des UWG

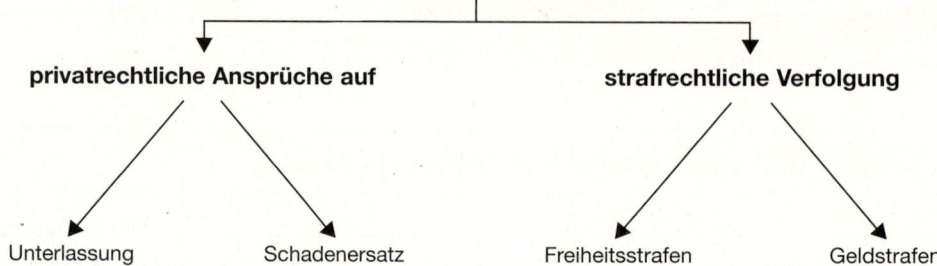

privatrechtliche Ansprüche auf

strafrechtliche Verfolgung

Unterlassung          Schadenersatz          Freiheitsstrafen          Geldstrafen

352566

# Güterbeförderung – *Transport of goods*

## Bestimmungsgründe

Für die Wahl der sinnvollsten Beförderungsart von Gütern sind folgende **Bestimmungsgründe** maßgeblich:

- Eigenart des Transportgutes
- Transportkosten
- Transportgeschwindigkeit
- Transportsicherheit
- Umweltverträglichkeit

### Externe Kosten im Güterverkehr*
Angaben in DM/1000 Tonnenkilometer

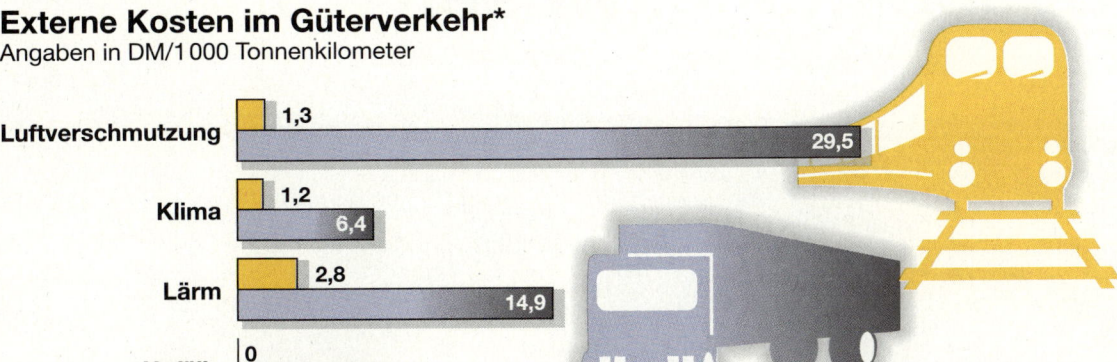

| | | |
|---|---|---|
| Luftverschmutzung | 1,3 | 29,5 |
| Klima | 1,2 | 6,4 |
| Lärm | 2,8 | 14,9 |
| Unfälle | 0 | 6,6 |

\* Betrachtet auf der Strecke Frankfurt-Mailand; Quelle: Zentrum für Europäische Wirtschaftsforschung (ZEW), Mannheim 1998

## Transportmöglichkeiten im Güterverkehr

| Transport per ... | Beispiele: |
|---|---|
| ➥ **Lkw:** | Werkseigener Güterverkehr (Werkverkehr) bzw. gewerblicher Straßengüterverkehr (Güterkraftverkehr) |
| ➥ **Pkw/Lkw:** | Kurier-, Express- und Paketdienste |
| ➥ **Bahn:** | Wagenladungsverkehr (z. B. Einzelwagenverkehr) bzw. kombinierter Verkehr |
| ➥ **Schiff:** | Binnenschifffahrts- oder Seeschifffahrtsverkehr |
| ➥ **Flugzeug:** | Luftpost (mit Gewichtsbeschränkung, z. B. 20 kg) bzw. Luftfracht (ohne Gewichtsbeschränkung) |

## Transportüberwachung aus dem All

DB Cargo wird bis Ende 2002 rund 13000 Güterwagen mit GPS (Global Positioning System) ausrüsten. Das Satellitennavigationssystem ermöglicht nicht nur die genaue Bestimmung des Standorts der sich im Umlauf befindlichen Wagen, es liefert auf Wunsch mithilfe besonderer Sensoren auch Daten über die Ladung oder den technischen Wagenzustand.

### Das GPS-System

Zwischen 24 und 28 Satelliten, die in zirka 20000 Kilometer Höhe rund um den Erdball kreisen, senden präzise Zeitsignale an die GPS-Empfänger. Mithilfe der empfangenen Daten kann die Position des Güterwagens weltweit zuverlässig, durchgehend und bis auf 25 Meter genau bestimmt werden. Moderne GPS-Geräte arbeiten mit 12 parallelen Kanälen, von denen drei für die Standortbestimmung erforderlich sind und ein vierter der Berechnung der Höhenlage dient. Die restlichen acht Kanäle können weitere Satellitensignale verwerten. Die Datenübertragung erfolgt im GSM-Netz (Global System for Mobile Communications) in Form einer SMS (Short Message Service) – ähnlich wie bei einem Handy – an einen Empfangsrechner, der die übersandten Daten auswertet.

Mit dieser zukunftsweisenden Technik schließt DG Cargo Informationslücken in der Überwachung von Einzelwagen und Ganzzügen – insbesondere in internationalen Verkehren. Dadurch kann dem Kunden ein verbesserter Informationsservice geboten werden.

Bereits mehr als 50 Prozent der Gütertransporte von DB Cargo sind heute im europäischen Ausland unterwegs, Tendenz steigend. Mit dem GPS-System kann DB Cargo in Zukunft diese Güterwageneinsätze effizienter gestalten.

# 6
# Beschaffungswesen

# Beschaffungswesen – *Purchasing*

## Bezugsquellenermittlung – interne und externe

Die Auswahl *bekannter* Lieferanten erfolgt durch die **interne Bezugsquellenermittlung,** z. B. durch:
– Lieferantendateien – Warendateien

Die Auswahl *neuer* Lieferanten erfolgt mithilfe der **externen Bezugsquellenermittlung,** z. B. durch:

– Internet
– Adressenverzeichnisse
  (z. B. „Gelbe Seiten", „Wer liefert was?")
– Fachzeitschriften

– Vertreterbesuche
– Kataloge, Prospekte, Preislisten von Firmen
– Fachmessen
– Ausstellungen

## Bezugsquellenermittlung mithilfe des Internets – Beispiel

**6**

**1. Schritt:** Lieferantensuche mithilfe des Branchen-informationsdienstes „Wer liefert was?" (www.wlw.de)

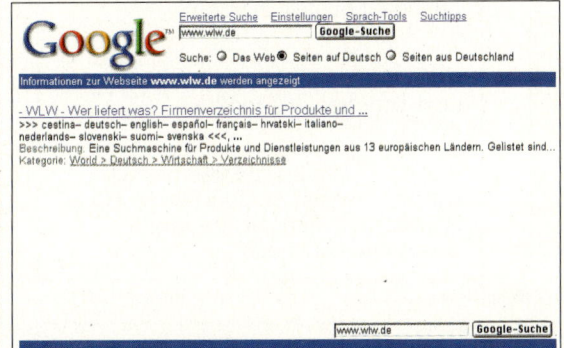

**2. Schritt:** Die im Bild aufgezeigten vier Schritte (Land, Suchfunktion, Suchbegriff, Start) durchführen

**3. Schritt:** Auswahl einer Rubrik (Beispiel: „INK-JET Folien")

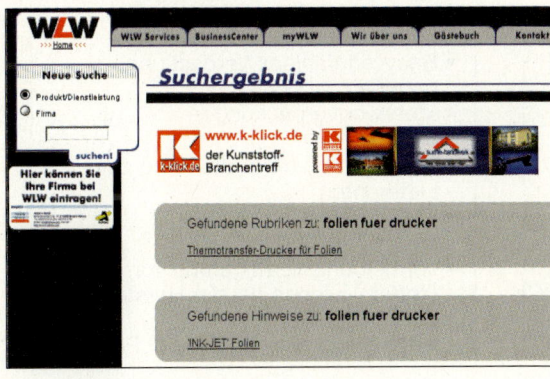

**4. Schritt:** Auswahl der Zielrubrik (Beispiel: Folien für Tintenstrahlendrucker)

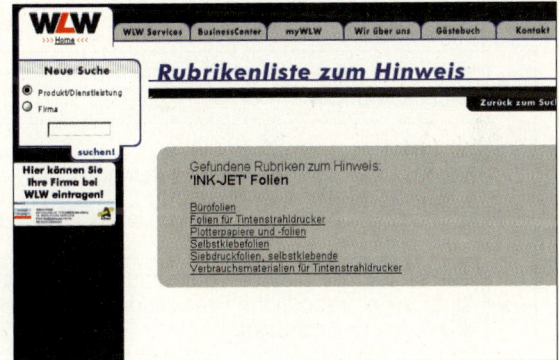

**5. Schritt:** Firmenauswahl

aus: Bentin, Margit u. a.: Handlungsorientierte Materialien in Wirtschaft und Verwaltung, Beschaffung, 3. Aufl., Darmstadt 2001, S. 78 u. S. 79

# Ökonomische und ökologische Aspekte der Beschaffungsplanung –
*Economical and ecological aspects of purchasing*

## Beschaffungsplanung

**Beschaffungsplanung**

| | |
|---|---|
| **Materialplanung** | **Beispiele:** |
| Was soll bestellt werden? | Welche Art von Kopierpapier soll beschafft werden? |
| **Mengenplanung** | |
| Wie viel soll bestellt werden? | Soll zunächst nur eine Probemenge bestellt werden? |
| **Zeitplanung** | |
| Wann soll bestellt werden? | Soll sofort oder zu einem späteren Zeitpunkt bestellt werden? |
| **Preisplanung** | |
| Wie hoch darf der maximal akzeptierbare Einkaufspreis sein? | Kann der Einkaufspreis von … € unterschritten werden? |
| **Bezugsquellenplanung** | |
| Wo soll bestellt werden? | Soll bei einem Lieferanten bestellt werden, dessen Standort in der Nähe ist, oder bei dem, der die größte Sortimentstiefe hat? |

vgl. Bentin, Margit u. a.: Handlungsorientierte Materialien in Wirtschaft und Verwaltung. Beschaffung, Lehrerband, 1. Aufl., Braunschweig 1994, S. 121

## Ökologie im Rahmen der Beschaffungsplanung

**Ökologische Gesichtspunkte der Beschaffungspolitik eines Unternehmens**

**Beispiele:**

Reduzierung des Verpackungsaufwandes bei einzukaufenden Produkten

- Recyclingfähiges Verpackungsmaterial
- Mehrwegverpackungen

Reduzierung des Transportaufwandes bei einzukaufenden Produkten

- Verringerung der Entfernung zum Lieferanten
- Einkauf von Großmengen

Beachtung von Kundenwünschen im Hinblick auf umweltfreundliche Produktionsweise und ökologische Materialien

- Vermeidung/Verringerung von Schadstoffemissionen bei der Herstellung der Produkte
- Herstellung recyclingfähiger Produkte

Beachtung staatlicher Auflagen bei Beschaffungstätigkeiten

- Klärung von Entsorgungsfragen bei Einkaufsverhandlungen
- Einhaltung gesetzlicher Bestimmungen

**Auswirkungen**

| **ökonomisch** | **ökologisch** |
|---|---|
| – Einsparung/Erhöhung betriebswirtschaftlicher Kosten<br>– Einsparung volkswirtschaftlicher Folgekosten | Verbesserung der Umweltqualität (z. B. durch Verringerung der Luft-, Wasser- und Bodenbelastung, Einsparung von Rohstoffen) |

aus: Bentin, Margit u. a.: Handlungsorientierte Materialien in Wirtschaft und Verwaltung. Beschaffung, Lehrerband, 1. Aufl., Braunschweig 1994, S. 122

## Optimale Bestellmenge – *Optimal order quanlity*

| Begriff | Zielkonflikt zwischen Lager- und Betellkosten |
|---|---|
| Bei der Planung der Bestellmengen muss die Einkaufsabteilung eines Betriebes die entstehenden Kosten grundsätzlich möglichst gering halten.<br><br>Die optimale Bestellmenge ist die Menge, bei der die Summe aus Lager- und Bestellkosten am geringsten ist. | – Die Beschaffung größerer Mengen in größeren Zeitabständen verursacht relativ hohe Lagerkosten.<br><br>– Die Beschaffung kleinerer Mengen in kleineren Zeitabständen verursacht relativ hohe Betellkosten. |

### Beispiel

Die OfficeCom AG ermittelt in der nachstehenden Tabelle die optimale Bestellmenge für den Laserdrucker LD 02, der vor einiger Zeit in das Sortiment aufgenommen wurde, aufgrund folgender Bedingungen:

– Pro Jahr werden aufgrund der Nachfrage 20 000 Laserdrucker benötigt. Eine Bestelleinheit umfasst eine Palette mit 50 Laserdruckern. Im Jahr werden somit 400 Paletten benötigt.

– Unser Lieferer berechnet bei jeder Bestellung unabhängig von der Menge 20,00 € für die Auftragsbearbeitung.

– Die OfficeCom AG kalkuliert – ebenfalls unabhängig von der Bestellmenge – 20,00 € für die Arbeitsvorgänge beim Wareneingang und bei der Rechnungsprüfung ein.

– Eine Palette mit 50 Laserdruckern verursacht während der Lagerdauer durchschnittliche Lagerkosten (anteilige Lagerverwaltungskosten und Zinskosten für das in der Ware gebundene Kapital) von 5,00 €.

– In einem Jahr besteht die Möglichkeit, bis zu sechzehnmal zu bestellen.

Bei der Ermittlung der optimalen Bestellmenge (siehe Tabelle) sind für die OfficeCom AG folgende Fragen zu klären:

a) Bei welcher Bestellhäufigkeit sind die Gesamtkosten am geringsten?
*(hier: bei **8 Bestellungen** pro Jahr = 570,00 € Gesamtkosten)*

b) Wie viel Paletten müssen jeweils bestellt werden, um die Summe aus Lager- und Bestellkosten zu minimieren (optimale Bestellmenge)?
*(hier: **50 Paletten**)*

**Ermittlung der optimalen Bestellmenge
– Laserdrucker LD 02 –**

| Mögliche Anzahl der Bestellungen bei unserem Lieferer pro Jahr | Bestellmenge Palette | Lagerkosten € | Bestellkosten € | Gesamtkosten € |
|---|---|---|---|---|
| 1 | 400 | 2.000 | 40 | 2.040 |
| 2 | 200 | 1.000 | 80 | 1.080 |
| 4 | 100 | 500 | 160 | 660 |
| 5 | 80 | 400 | 200 | 600 |
| 8 | 50 | 250 | 320 | 570 |
| 10 | 40 | 200 | 400 | 600 |
| 16 | 25 | 125 | 640 | 765 |

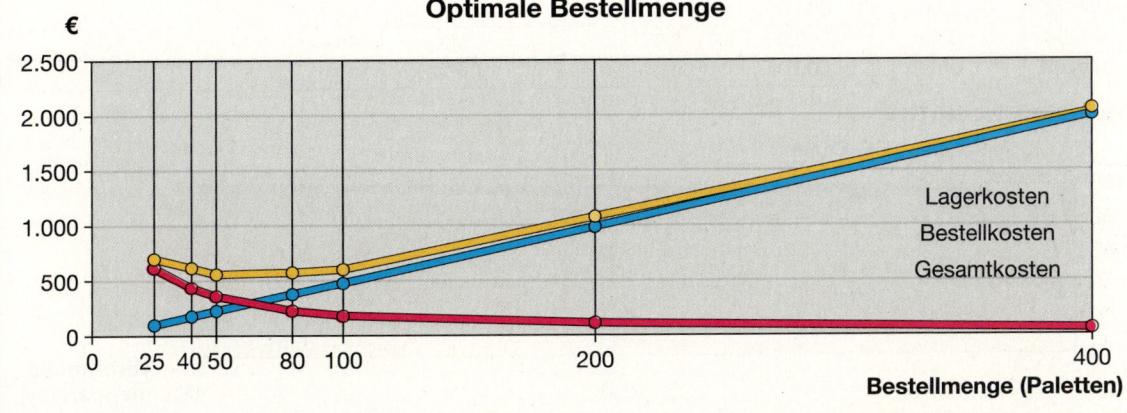

**Optimale Bestellmenge**

# ABC-Analyse – *ABC-Analysis*

## Betrieblicher Zusammenhang

Wie in allen betrieblichen Funktionsbereichen müssen Betriebe auch bei der Beschaffung und Bereitstellung (Lagerung) von Gütern (Produktionsmaterial/Handelswaren) grundsätzlich Kosten sparende Maßnahmen ergreifen, um möglichst optimal wirtschaften zu können. Da die wirtschaftlichen Bedingungen nicht bei allen benötigten Gütern gleich sind, müssen bei den unterschiedlichen Gütern auch entsprechend unterschiedliche Maßnahmen zur Kosteneinsparung vorgenommen werden.

## Begriff

Die ABC-Analyse ist ein Verfahren zur wirtschaftlichen Bewertung der zu beschaffenden und zu lagernden Güter und dient damit der Wirtschaftlichkeitskontrolle. Die benötigten Güter werden entsprechend des Verbrauchs nach ihrem Wert- bzw. Mengenanteil am gesamten Einkaufs- bzw. Warenvolumen des Betriebes in A-, B- und C-Güter klassifiziert.

- **A-Güter** haben einen hohen Wertanteil, jedoch nur einen geringen Mengenanteil am Gesamtvolumen.

- **B-Güter** haben einen mittleren Wert- und Mengenanteil am Gesamtvolumen.

- **C-Güter** haben einen geringen Wertanteil, jedoch nur einen hohen Mengenanteil am Gesamtvolumen.

## Vorgehensweise bei der Zuordnung der Güter

Von den einzelnen Gütern wird der jeweilige prozentuale Anteil am Gesamtverbrauchswert bzw. an der Gesamtverbrauchsmenge berechnet. Auf dieser Grundlage wird den Gütern eine Rangfolge der Verbrauchswerte und -mengen zugeordnet, nach denen sie in die Klassen A, B und C eingeteilt werden. Aufgrund der Einordnung in diese Klassen (vgl. „Einteilung der Güter...") sollen dann entsprechend angepasste wirtschaftliche Maßnahmen für die einzelnen Artikel angestrebt werden.

In die **Gruppe A** werden hochwertige Artikel mit meist hohem Umsatzanteil, aber geringem Mengenanteil eingeordnet. Hier ist aus wirtschaftlichen Gründen eine gründliche Marktanalyse und Lieferantensuche und -auswahl als Vorbereitung der Bestellung erforderlich, um Fehlinvestitionen zu vermeiden. Weiterhin sollte eine genaue Warendisposition und Bestandsführung und -überwachung angestrebt werden.

In die **Gruppe C** werden im Gegensatz dazu geringerwertige Artikel mit meist schwachem Umsatzanteil, aber hohem Mengenanteil eingeordnet. Hier sollte die Senkung der Beschaffungs- und Lagerkosten im Vordergrund stehen (z. B. durch Sammelbestellungen oder telefonische Bestellungen).

Die **Gruppe B** beinhaltet demnach alle Artikel, die aufgrund eines mittleren Wert- bzw. Mengenanteils weder der Gruppe A noch der Gruppe C zugeordnet werden können. Diese Artikel sollten entsprechend mit möglichst geringem wirtschaftlichen und organisatorischem Aufwand betreut werden.

## Beispiel

Die OfficeCom AG will das Lager für die Bauteilkomponenten einer umfangreichen Modellserie (Serie 501) wirtschaftlich optimieren. Zu diesem Zweck soll u. a. für flexible Verbindungselemente eine ABC-Analyse zur Wirtschaftlichkeitskontrolle durchgeführt werden. Dazu soll zunächst der Anteil der einzelnen Artikel an dem Gesamtverbrauchswert und an der Gesamtverbrauchsmenge ermittelt werden, um eine entsprechende Rangfolge für die Einordnung in die A-, B-, und C-Klasse festlegen zu können (siehe Tabelle).

### Artikel nach Verbrauchswerten und Verbrauchsmengen – Modellserie 501/flexible Verbindungselemente –

| Artikel-Nummer | Verbrauchswerte | | | | Verbrauchsmengen | | | Einteilung in Artikelgruppe |
|---|---|---|---|---|---|---|---|---|
| | Stückpreis € | Materialwert € | Anteil % | Rangfolge | Einheiten Stück | Anteil % | Rangfolge | |
| 501-01 | 250,00 | 4.500,00 | 30,8 | 2 | 18 | 1,7 | 4 | A |
| 501-05 | 500,00 | 8.000,00 | 54,8 | 1 | 16 | 1,5 | 5 | A |
| 501-03 | 12,00 | 900,00 | 6,5 | 3 | 75 | 7,3 | 3 | B |
| 501-02 | 2,00 | 850,00 | 5,8 | 4 | 425 | 41,1 | 2 | C |
| 501-04 | 0,70 | 350,00 | 2,4 | 5 | 500 | 48,4 | 1 | C |
| Gesamt | | 14.600,00 | 100,0 | | 1.034 | 100,0 | | |

**Verbrauchswerte (%)**

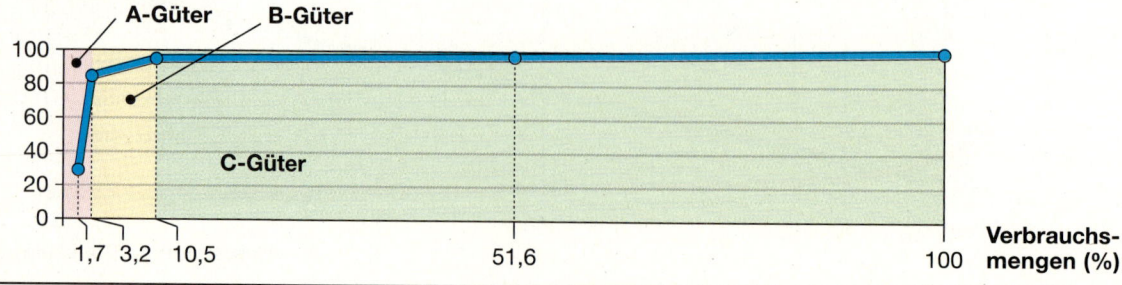

352572

# Bestellverfahren der Vorratsbeschaffung – *Different kinds of reordering goods*

## Begriff

Die systematische Beschaffung von Lagervorräten dient zur Sicherung des betrieblichen Leistungsprozesses (Fertigung bzw. Verkauf) und kann hinsichtlich der Bestellorganisation in „Bestellpunktverfahren" und „Bestellrhythmusverfahren" unterschieden werden.

| Bestellpunktverfahren | Bestellrhythmusverfahren |
|---|---|
| Die Bestellung erfolgt jeweils bei der Erreichung eines bestimmten Lagerbestandes (Bestellpunkt). Dieser Bestellpunkt wird auch als Meldebestand bezeichnet, da bei dem entsprechenden Lagerbestand die Meldung zur Nachbestellung vom Lager an den Einkauf ergeht. Dieses Verfahren wird daher auch als Meldebestandsverfahren bezeichnet. Bei der Festlegung dieses Bestandes müssen die Lieferzeit, der Tagesverbrauch sowie ein eventueller Mindestbestand (eiserne Reserve) des entsprechenden Artikels berücksichtigt werden. Das Bestellpunktverfahren ist besonders bei unregelmäßigem Verbrauch sinnvoll. Allerdings muss der Meldebestand fortlaufend angepasst werden, um zu niedrige bzw. zu hohe Lagerbestände zu vermeiden. Das erfordert einen relativ hohen Verwaltungsaufwand. | Die Bestellung erfolgt jeweils nach Ablauf einer bestimmten Zeitspanne, also mit <u>gleich bleibenden Zeitintervallen</u> zwischen den einzelnen Bestellungen bzw. in einem festen Rhythmus. Die Bestellmengen zur Erreichung des Höchstbestandes sind grundsätzlich variabel, da sie von dem zu den jeweiligen Zeitpunkten erreichten Lagerbestand abhängig sind. Das Bestellrhythmusverfahren ist nur bei relativ konstantem Verbrauch sinnvoll. Bei wechselnden Verbrauchsmengen – beispielsweise aufgrund von Nachfrageschwankungen – besteht schnell das Risiko einer Unter- bzw. einer Überversorgung, weil der verbleibende Zeitraum bis zur nächsten Bestellung zu kurz oder zu lang sein kann. Da keine fortlaufende Lagerbestandsüberprüfung stattfinden muss, verursacht das Bestellrhythmusverfahren relativ wenig Verwaltungskosten. |

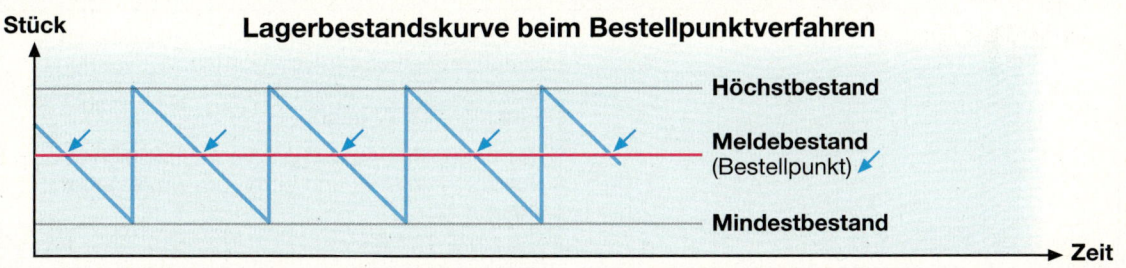

**Lagerbestandskurve beim Bestellpunktverfahren**

Stück — Höchstbestand — Meldebestand (Bestellpunkt) — Mindestbestand — Zeit

# Eigenfertigung oder Fremdbezug? – *Self-produced or purchased articels?*

Unternehmen überlegen prinzipiell, ob sie Güter und Dienstleistungen selbst erstellen oder von anderen Unternehmen beziehen. Entscheidet man sich dafür, bisher im eigenen Unternehmen erstellte Leistungen von anderen erstellen zu lassen, spricht man von **Outsourcing.**

Mögliche **Einflussgrößen** bei der Entscheidung über **„make or buy":**

- Kosten
- Sicherheit (Unabhängigkeit vom Lieferanten)

- betriebliche Einflussnahme auf Endleistung (z. B. Produktqualität und Kundenservice)
- ökologische Probleme (z. B. Entsorgung)

- organisatorischer Aufwand
- Qualifikation des Personals

Werden nur die Kosten als Entscheidungsgröße herangezogen, könnte sich ergeben, dass bei großen Mengen die Eigenfertigung günstiger ist (Auslastung der teuren Maschinen, sprich Senkung der Fixkosten pro Stück).

**Beispiel** für Kostenvergleich bei Eigenfertigung bzw. Fremdbezug:
Für die Entscheidung Eigenfertigung oder Fremdbezug spielt nicht nur der Kostenfaktor eine Rolle, sondern auch die Gewichtung der einzelnen Einflussgrößen.

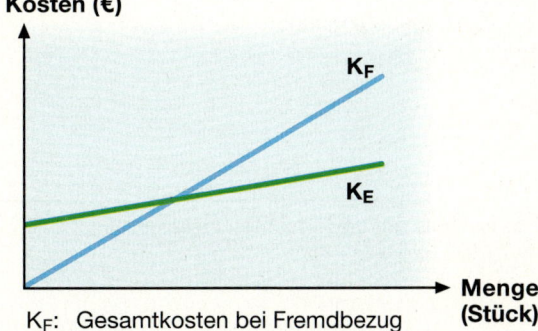

Kosten (€)

$K_F$

$K_E$

Menge (Stück)

$K_F$: Gesamtkosten bei Fremdbezug
$K_E$: Gesamtkosten bei Eigenfertigung

# Anfrage – *Enquiry/Inquiry*

## Anfrage

| Betriebswirtschaftliche und rechtliche Bedeutung der Anfrage | Aufbau und Inhalt einer Anfrage |
|---|---|
| Eine Anfrage dient der Geschäftsanbahnung und Information und ist **unverbindlich**.<br><br>**Allgemeine Anfrage**:<br>Bitte um Zusendung von allgemein. Informationsmaterial (z. B. Katalog), gegebenenfalls mit Mustern.<br><br>**Spezielle Anfrage**:<br>Bitte um spezielle Informationen über die Lieferung von bestimmten Artikeln, ggf. mit Mustern. | 1. Grund der Anfrage<br><br>2. Nennen der gewünschten Ware<br><br>3. Angabe der erforderlichen Menge<br><br>4. Erfragen der Preise, Lieferungs- und Zahlungsbedingungen<br><br>5. Hinweis auf gewünschten Liefertermin |

aus: Bentin, Margit u. a.: Handlungsorientierte Materialien in Wirtschaft und Verwaltung. Beschaffung, 3. Aufl., Darmstadt 2001, S. 18

## Textbausteine zur Anfrage

**Anfrage**

| Aufbau und Inhalt | Formulierungvorschläge |
|---|---|
| 1. Grund der Anfrage | Ihre Erzeugnisse sind uns von einem anderen Unternehmen empfohlen worden. Wir werden in nächster Zeit mehrfach Bedarf an …… haben und bitten um ein Angebot.<br><br>Wir haben Ihre Anzeige in der Fachzeitschrift …… vom …… gelesen und bitten um ein Angebot über: …… |
| 2. Nennen der gewünschten Ware | Wir erwarten ein ausführliches Angebot über: ……<br><br>Wir interessieren uns für ……<br><br>Für eine Sonderaktion benötigen wir …… |
| 3. Angabe der erforderlichen Menge | Wir benötigen …… Stück.<br><br>Beachten Sie bitte, dass für unser Unternehmen nur große Mengen infrage kommen. |
| 4. Erfragen der Preise, Lieferungs- und Zahlungsbedingungen | Bitte schreiben Sie uns, ob Sie die Artikel …… in der erforderlichen Menge binnen …… Tagen liefern können.<br><br>Informieren Sie uns auch über Ihre Lieferungs- und Zahlungsbedingungen. |
| 5. Hinweis auf gewünschten Liefertermin | Wir benötigen die Ware bis zum ……<br><br>Die Artikel müssen in der …… Kalenderwoche geliefert werden. |

aus: Bentin, Margit u. a.: Handlungsorientierte Materialien in Wirtschaft und Verwaltung. Beschaffung, Lehrerband, 1. Aufl., Braunschweig 1994, S. 116

352574

## Angebot – *Offer*

### Betriebswirtschaftliche und rechtliche Bedeutung des Angebotes

Ein **vollständiges** Angebot enthält Angaben über: Ware, Preis, evtl. Rabatt, Verpackungs- und Beförderungskosten, Lieferzeit und Zahlungsbedingungen. Außerdem enthält es den Erfüllungsort (Ort, an dem der Schuldner seine Leistungen zu erfüllen hat) und den Gerichtsstand (Sitz des Gerichtes, das im Streitfall zuständig ist).
Ein Angebot ist grundsätzlich **verbindlich**. Falls ein Lieferant sich **nicht binden** will, muss das Angebot entweder zeitlich befristet sein oder so genannte Freizeichnungsklauseln (z. B. „unverbindlich", „freibleibend") enthalten.

**Widerruf**

Ein Angebot kann widerrufen werden. Der Widerruf muss vor oder gleichzeitig mit dem Angebot eintreffen (z. B. Telegramm).

**Anpreisungen**

Bei Schaufensterauslagen und Anzeigen in Zeitungen oder Zeitschriften handelt es sich **nicht** um Angebote, sondern um so genannte Anpreisungen, die sich an die Allgemeinheit richten und daher unverbindlich sind.

### Aufbau und Inhalt eines Angebotes

- Eingehen auf Anfrage (verlangtes Angebot) oder Vorstellen des Unternehmens (unverlangtes Angebot).
- Beschreiben des Artikels bzw. des Sortiments.
- Nennen der Angebotsbedingungen (Preise, Lieferungs- und Zahlungsbedingungen, Lieferzeit, Erfüllungsort, Gerichtsstand).
- Freundl. Abschlusssatz (Hoffnung auf Bestellung)

### Allgemeine Geschäftsbedingungen (AGB)

Die Allgemeinen Geschäftsbedingungen regeln alles, was nicht im konkreten Angebot enthalten ist. Weichen einzelne Bestimmungen der AGB vom Angebot ab, gelten die Angebotsabsprachen. Grundsätzlich sollen die Kunden vor unlauteren AGB geschützt werden.

aus: Bentin, Margit u. a.: Handlungsorientierte Materialien in Wirtschaft und Verwaltung. Beschaffung, 3. Aufl., Darmstadt 2001, S. 28

## Angebotsvergleich – *Comparison of offers*

### Beurteilungskriterien

```
        Angebotsvergleich
               │
               ▼
             Ziel
   Ermittlung des Lieferanten,
   bei dem bestellt werden soll
               │
               ▼
      Entscheidungskriterien
         │            │
         ▼            ▼
```

| Quantitatives Kriterium | Qualitatives Kriterium |
|---|---|
| Einstandspreis bestimmt durch:<br>• Listenpreis<br>• Liefererrabatt<br>• Liefererskonto/ Zahlungsziel<br>• Bezugskosten<br>  – Verpackungskosten<br>  – Transportkosten | • Qualität der Ware<br>• Liefermenge<br>• Lieferzeit<br>• Zuverlässigkeit des Lieferers<br>• Verhalten des Lieferers bei Reklamationen<br>• Kulanz des Lieferers<br>• Kundendienst des Lieferers<br>• Gewährleistungsbedingungen |
| Es sollte ein möglichst günstiger Einstandspreis erzielt werden. | Qualitative Gesichtspunkte können das Kriterium des Einstandspreises relativieren. |

### Beispiel für einen Preisspiegel

| Artikel-Nr.: *x* | Artikel: *Laserdrucker* | | Datum: *x* | |
|---|---|---|---|---|
| Lieferer: | | *A* | | *B* |
| Angebot vom: | | *x* | | *x* |
| Bestellmenge: | | *15* | | *15* |

| **I. Quantitativer Vergleich:** | | € | | € |
|---|---|---|---|---|
| | pro Stück | Gesamt | pro Stück | Gesamt |
| Listeneinkaufspreis | *1.290,00* | *19.350,00* | *1.325,00* | *19.875,00* |
| ./. Rabatt | *15 %* | *2.902,50* | *12 %* | *2.385,00* |
| = Zieleinkaufspreis | | *16.447,50* | | *17.490,00* |
| ./. Liefererskonto | *2 %/ 10 Tage* | *328,95* | *3 %/ 14 Tage* | *524,70* |
| = Bareinkaufspreis | | *16.118,55* | | *16.965,30* |
| + Verpackungskosten | *–* | *–* | *–* | *–* |
| + Transportkosten | *frei Haus* | | *frei Haus* | |
| = Einstandspreis | *1.074,57* | *16.118,55* | *1.131,02* | *16.965,30* |

| **II. Qualitativer Vergleich:** | | |
|---|---|---|
| Mindestbestellmenge | *–* | *–* |
| Lieferzeit | *vier Wochen* | *drei Wochen* |
| Kundendienst | *unbekannt* | *gut* |
| weitere qualitative Kriterien | *neuer Anbieter* | *stellt zuverlässige und langlebige Geräte her* |
| Bestellung bei | *abhängig von der Gewichtung der Kriterien* | |

aus: Bentin, Margit u. a.: Handlungsorientierte Materialien in Wirtschaft und Verwaltung. Beschaffung, Lehrerband, 1. Aufl., Braunschweig 1994, S. 83 u. 118

6

# Bezugskalkulation – *Costing/Cost accounting/Purchase calculation*

## Rabattarten

**Angebotsvergleich: Rabattarten und ihre Funktion**

**Rabatt:** Gewährung eines Preisnachlasses aus unterschiedlichen Gründen, in unterschiedlichen Formen und zu unterschiedlichen Zeitpunkten

| Rabattart | Erklärung | Funktion (Aufgabe) |
|---|---|---|
| Mengenrabatt | Der Lieferant gewährt einen Preisnachlass auf die Abnahme größerer Warenmengen; oftmals gestaffelt nach Abnahmemengen. | Anreiz zur Bestellung größerer Warenmengen; Reduzierung von Bestellkosten; Erhöhung der Lagerumschlagshäufigkeit |
| Wiederverkäuferrabatt | Der Hersteller gewährt einen Preisnachlass an Abnehmer, die die Ware weiterverkaufen (z.B. an Einzelhändler). | Schaffung von einheitlichen und überschaubaren Kalkulationsgrundlagen für Abnehmer der unterschiedlichen Wirtschaftsstufen; möglichst Durchsetzung einer einheitlichen Preisgestaltung gegenüber Endverbrauchern |
| Treuerabatt | Der Lieferant gewährt Stammkunden einen Preisnachlass. | Dauerhafte Bindung von Kunden an das Unternehmen |
| Sonderrabatt | Der Verkäufer gewährt einen Preisnachlass bei bestimmten Anlässen (z.B. Geschäftsjubiläum, Messe). | Anlocken von Kunden aus einem besonderen Anlass |
| Naturalrabatt | Der Lieferant gewährt einen Preisnachlass in Form von Waren. Entweder liefert der Verkäufer zur bestellten Warenmenge noch Ware kostenlos hinzu (Draufgabe) oder er berechnet nicht die gesamte Lieferung (Dreingabe). | Anreiz zur Bestellung größerer Warenmengen; Reduzierung von Bestellkosten; Erhöhung der Lagerumschlagshäufigkeit |
| Bonus | Der Verkäufer gewährt nachträglich einen Preisnachlass, der meistens nach Abschluss des Geschäftsjahres eingeräumt wird, wenn der Abnehmer einen Mindestumsatz erreicht oder überschritten hat. | Anreiz zu höheren Abnahmemengen durch einen insgesamt günstigeren Einkaufspreis; langjährige Bindung von Kunden an das Unternehmen |
| Skonto* | Der Lieferant möchte Kunden zur möglichst schnellen Bezahlung von Rechnungen veranlassen. | Anreiz zur Zahlung vor Ablauf des Zahlungsziels; Erhöhung der Liquidität beim Verkäufer |

* Der Skonto wird häufig wegen seiner besonderen Funktion nicht als Rabattart definiert.

aus: Bentin, Margit u. a.: Handlungsorientierte Materialien in Wirtschaft und Verwaltung. Beschaffung, Lehrerband, 1. Aufl., Braunschweig 1994, S. 119

352576

## Bezugskalkulation – *Costing/Cost accounting/Purchase calculation*

### Skonto: Effektivzins

---

**Effektivzins bei Skontoausnutzung**

↓

**Skonto:** Gewährung eines Preisnachlasses für eine vorzeitige Bezahlung des Rechnungsbetrages

↓

**Beispiel für Effektivzinsberechnung**

Wir bekommen von unserem Lieferer eine Rechnung über 4.220,00 €. Die Zahlungsbedingungen lauten: zahlbar innerhalb 10 Tagen mit 2 % Skonto oder in 30 Tagen ohne Abzug.

Wir bezahlen innerhalb 10 Tagen und ziehen vom Rechnungsbetrag 2 % Skonto ab:

|  | Rechnungsbetrag | 4.220,00 € |
|---|---|---|
| – | Skonto 2 % | 84,40 € |
|  | Überweisungsbetrag | 4.135,60 € |

20 Tage

10. Tag                 30. Tag

| Rechnungs-datum | Zahlung mit Skontoabzug: 4.135,60 € | Zahlung ohne Skontoabzug: 4.220,00 € |
|---|---|---|

Welchem Jahreszins entspricht der Skontoabzug?

Lösung durch Dreisatz:
    20 Tage ≙ 2 % Skonto
    360 Tage ≙ x % Skonto
$$x = \frac{2 \cdot 360}{20} = 36$$

Erfolgt der Rechnungsausgleich 20 Tage vor Ablauf des Zahlungsziels, entspricht die Ersparnis durch den Skontoabzug einem Jahreszinssatz von 36 %.

Unsere Hausbank berechnet uns für die 20-tägige Überziehung unseres Kontokorrentkontos 12 % p. a. Welche Schlussfolgerung ist daraus zu ziehen?

Lösung durch Vergleichsrechnung:

|  | Effektivzins bei Skontoausnutzung: | 36 % |
|---|---|---|
| – | Überziehungszinssatz | : 12 % |
|  | Differenz in Prozentpunkten | : 24 % |

↓

**Folgerung**

Wenn der Effektivzins bei Skontoausnutzung den Überziehungszinssatz der Bank überschreitet, lohnt es sich, Skonto in Anspruch zu nehmen.

---

aus: Bentin, Margit u. a.: Handlungsorientierte Materialien in Wirtschaft und Verwaltung. Beschaffung, Lehrerband, 1. Aufl., Braunschweig 1994, S. 128

# Bezugskalkulation – *Costing*

## Zinsrechnung

Die Zinsrechnung erweitert die Prozentrechnung um eine weitere Größe, die Zeit.
In der Zinsrechnung geht man von drei gegebenen Größen aus, um die vierte zu ermitteln.

| Begriffe der Prozentrechnung: | Begriffe der Zinsrechnung: |
|---|---|
| Grundwert (G) | Kapital (K) |
| Prozentsatz (p) | Zinssatz (p) |
| Prozentwert (W) | Zinsen (Z) |
| | Zeit (t) |

$$W = \frac{G \cdot p}{100}$$

$$Z = \frac{K \cdot p \cdot t}{100 \cdot 360}$$

(Tageszinsformel)

aus: Bentin, Margit u. a.: Handlungsorientierte Materialien in Wirtschaft und Verwaltung. Beschaffung, 3. Aufl., Darmstadt 2001, S. 51

## Beförderungskosten

| Verkäufer | Anfuhr und Verladung | Versand-station | Trans-port | Empfangs-station | Zufuhr | Käufer |
|---|---|---|---|---|---|---|
| Beförderungs-kosten / Vertragsklauseln | Rollgeld bzw. Hausfracht (Versand) | Belade-kosten | Fracht | Entlade-kosten | Rollgeld bzw. Hausfracht (Empfang) | … über-nimmt |
| 1. „ab Werk" „ab Lager" | Käufer →→→→→→→→→→→→→→→→→→→→ | | | | | … alle Beförde-rungskosten |
| 2. „unfrei" (gesetzliche „ab hier" Regelung lt. BGB) | Verkäufer →┤ Käufer →→→→→→→→→→→→ | | | | | … Beförderungsk. ab Versandstelle einschl. Beladek. |
| 3. „frei Waggon" „frei Schiff" | Verkäufer →→→→┤ Käufer →→→→→→→ | | | | | … Beförderungsk. ab Versandstelle ohne Beladekost. |
| 4. „frei" „frachtfrei" „frei dort" | Verkäufer →→→→→→→→→→→→┤ Käufer → | | | | | … Beförderungs-kosten ab Empfangsstelle |
| 5. „frei Haus" „frei Lager" | Verkäufer →→→→→→→→→→→→→→→→→→→→ | | | | | … keine Beförde-rungskosten |

aus: Bentin, Margit u. a.: Handlungsorientierte Materialien in Wirtschaft und Verwaltung. Beschaffung, 3. Aufl., Darmstadt 2001, S. 29

6

352578

# Bezugskalkulation – *Costing/Cost accounting/Purchase calculation*

## Zahlungsbedingungen

**Zahlung**

| **vor** der Lieferung | **bei** der Lieferung | **nach** der Lieferung |
|---|---|---|
| **Beispiele:**<br>– „Vorauszahlung"<br>– „Anzahlung der Hälfte des Kaufpreises, bei Lieferung Zahlung des Restbetrages" | **Beispiele:**<br>– „gegen bar"<br>– „gegen Nachnahme"<br>– „sofort netto Kasse" | **Beispiele:**<br>– „3 Monate Ziel" (Zielkauf)<br>– „innerhalb 8 Tagen 3 % Skonto oder 30 Tage Ziel"<br>– Ratenzahlung |

**6**

**Gesetzliche Regelung:** Der Käufer ist verpflichtet die Ware unverzüglich bei Lieferung zu bezahlen.
Die Kosten der Zahlung (z. B. Überweisungsgebühren) muss der Käufer tragen, „Geldschulden sind Schickschulden".

## Verpackungskosten

**Gesetzliche Regelung:**
Die Kosten der **Schutz- und Versandverpackung** sind Kosten der Abnahme. Sie sind vom Käufer zu tragen. Da viele Waren sich nicht ohne Verpackung verkaufen lassen, sind die Kosten der **Verkaufsverpackung** schon im Kaufpreis enthalten. Ist der Kaufpreis nach dem Gewicht der Ware zu berechnen, ist das Verpackungsgewicht abzuziehen.

Wichtig:      Bruttogewicht (Ware und Verpackung = Rohgewicht oder Gesamtgewicht)
      –  Tara (Gewicht der Versandverpackung)
      =  Nettogewicht (Reingewicht der Ware)

**Vertragliche Regelung:**
- **Reingewicht einschließlich Verpackung**
  Die Verpackungskosten sind im Preis enthalten, Verpackung wird nicht berechnet. Der Verkäufer trägt die Verpackungskosten.

- **Reingewicht ausschließlich Verpackung**
  Die Verpackungskosten werden zusätzlich berechnet, der Käufer trägt die Verpackungskosten. Die Verpackung kann
  a) Eigentum des Käufers werden,
  b) vom Lieferer dem Käufer leihweise überlassen werden. Bei Rückgabe erfolgt eine Gutschrift der Verpackungskosten entweder ganz oder teilweise.
  **Beispiel:** Holzpaletten, faltbare Alubehälter, Getränkekästen

- **Rohgewicht einschließlich Verpackung**
  (brutto für netto = bfn = b/n)
  Die Verpackung wird wie Ware berechnet, die Verpackung wird Eigentum des Käufers, der Käufer zahlt die Verpackung.
  **Beispiel:** Obst und Gemüse in Kisten und Kartons

## Lieferzeit

**Gesetzliche Regelung:**
Ist im Angebot keine Regelung über den Zeitpunkt der Lieferung vereinbart worden, kann der Käufer sofortige Lieferung verlangen und der Verkäufer muss sofort liefern.

**Vertragliche Regelung:**
Es kann eine vertragliche Regelung über die Lieferzeit vereinbart werden. Dann hat der Käufer zwei Möglichkeiten:
- **Terminkauf: Lieferung innerhalb einer bestimmten Frist** (z. B. Lieferung innerhalb 90 Tagen) oder **zu einem bestimmten Zeitpunkt** (Termin)
- **Fixkauf:** **Lieferung zu einem genau festgelegten Zeitpunkt,** wobei die Klauseln *fest, fix, genau, exakt* mit angegeben werden müssen.

vgl. Gaik, Petra u. a.: Warenbeschaffung im Einzelhandel. 1. Aufl., Darmstadt 2001, S. 33–35

## Incoterms

start here

factory

EXW

freight charge

haulier/railway station

FCA

freight charge

harbour ship

FAS    FOB

CIP*
CPT*
DDU
DDP

freight charge

factory

haulier/railway station

freight charge

freight charge

DEQ    DES

CIF*
CFR*

harbour ship

\* These incoterms are only shown with regard to the costs.
No reference is made to the risks.

aus: Hemmer-Hiltenkamp, Marlies u. a.: Purchasing. Practical Business Studies, Braunschweig 1999, S. 80

**Die 13 Klauseln und die notwendigen Ortsangaben:**

**EXW**
**Ex W**orks
(… benannter Ort)

**FCA**
**Free C**arrier
(… benannter Ort)

**FAS**
**Free A**longside **S**hip
(… benannter Verschiffungshafen)

**FOB**
**Free O**n **B**oard
(… benannter Verschiffungshafen)

**CFR**
**C**ost and **Fr**eight
(… benannter Bestimmungshafen)

**CIF**
**C**ost, **I**nsurance and **F**reight
(… benannter Bestimmungshafen)

**CPT**
**C**arriage **P**aid **T**o
(… benannter Bestimmungsort)

**CIP**
**C**arriage and **In**surance **P**aid To
(… benannter Bestimmungsort)

**DAF**
**D**elivered **A**t **F**rontier
(… benannter Ort)

**DES**
**D**elivered **Ex S**hip
(… benannter Bestimmungshafen)

**DEQ**
**D**elivered **Ex Q**uay
(… benannter Bestimmungshafen)

**DDU**
**D**elivered **D**uty **U**npaid
(… benannter Bestimmungsort)

**DDP**
**D**elivered **D**uty **P**aid
(… benannter Bestimmungsort)

### Transfer of Costs and Risks

costs ⟶    risks ⟶

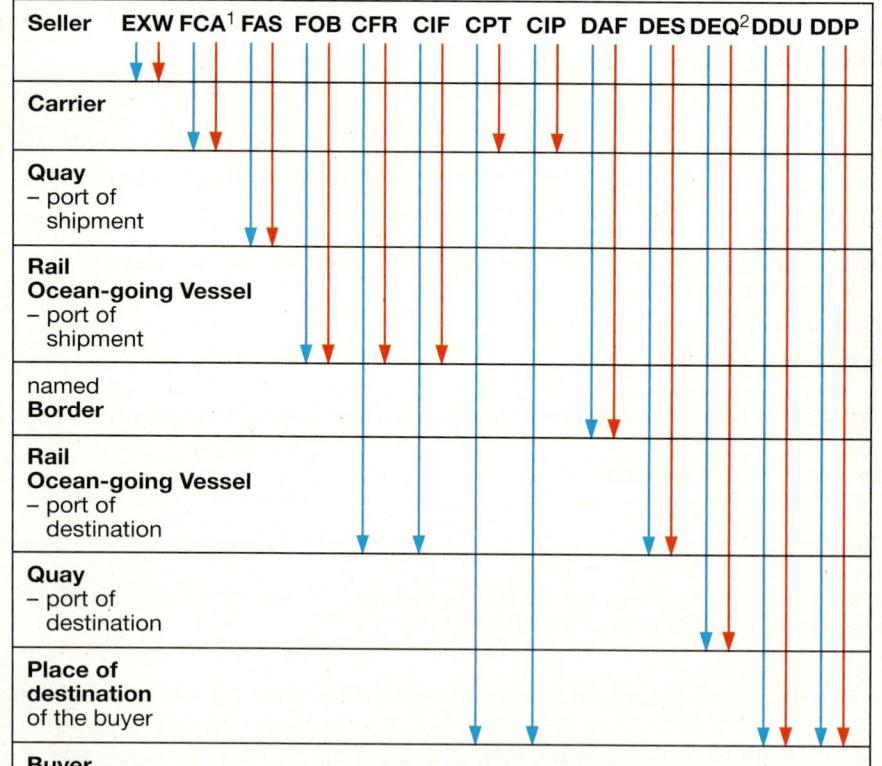

| Seller | EXW | FCA[1] | FAS | FOB | CFR | CIF | CPT | CIP | DAF | DES | DEQ[2] | DDU | DDP |
|---|---|---|---|---|---|---|---|---|---|---|---|---|---|
| **Carrier** | | | | | | | | | | | | | |
| **Quay** – port of shipment | | | | | | | | | | | | | |
| **Rail Ocean-going Vessel** – port of shipment | | | | | | | | | | | | | |
| named **Border** | | | | | | | | | | | | | |
| **Rail Ocean-going Vessel** – port of destination | | | | | | | | | | | | | |
| **Quay** – port of destination | | | | | | | | | | | | | |
| **Place of destination** of the buyer | | | | | | | | | | | | | |
| **Buyer** | | | | | | | | | | | | | |

[1] Der bestimmte Ort der Lieferung entscheidet über Pflichten bei der Be- u. Entladung der Ware.
[2] Einfuhrformalitäten sowie Zölle und Abgaben sind vom Käufer zu übernehmen.

aus: Hemmer-Hiltenkamp, Marlies u. a.: Purchasing. Practical Business Studies, Teachers Manual, Braunschweig 1999, S. 85

# Bezugskalkulation mithilfe der Verteilungsrechnung
## Distributional costing

### Zusammengesetzte Bezugskalkulation mithilfe der Verteilungsrechnung

Bei der Sendung mit verschiedenen Waren müssen die Bezugskosten der Gesamtlieferung anteilsmäßig auf die einzelnen Waren verteilt werden.

Die Verteilung kann sowohl nach dem Mengenverhältnis (Mengenspesen) als auch nach dem Wertverhältnis (Wertspesen) erfolgen.

#### Mengenspesen

Beispiele:
– Verpackung
– Fracht
– Rollgeld
nach Menge (Gewicht, Meter, Stück) verteilen

#### Wertspesen

Beispiele:
– Versicherungsprämie
– Provision
– Bankspesen
nach Wert der verschiedenen Waren verteilen

### Beispiel

Ein Großhändler erhält eine Warenlieferung: Ware A mit 350 kg (brutto) zu einem Listenpreis von 30,00 € je kg und Ware B mit 210 kg (brutto) zu 40,00 € je kg; Tara der Ware A: 30 kg, Tara der Ware B: 10 kg.

Die Frachtkosten betragen 93,00 €, das Rollgeld 21,00 €, die Provision für Absatzmittler 479,00 € und die Transportversicherung 49,00 €. Wie hoch sind jeweils die Bezugspreise je kg für die beiden gelieferten Artikel?

Lösung:

**Berechnung des Gesamtwertes**

| Ware | Bruttogewicht | Tara | Nettogewicht | Listenpreis/kg | Gesamtpreis |
|------|---------------|------|--------------|----------------|-------------|
| A | 350 kg | 30 kg | 320 kg | 30,00 € | 9.600,00 € |
| B | 210 kg | 10 kg | 200 kg | 40,00 € | 8.000,00 € |
| | | | | | |
| | 560 kg | 40 kg | 520 kg | | 17.600,00 € |

**Berechnung der Gewichts- und Wertspesen**

| Mengenspesen | | Wertspesen | | |
|--------------|--------|------------|----------|---|
| (hier: Gewichtsspesen) | | | | |
| | | | | |
| Fracht | 93,00 € | Provision | 479,00 € | |
| Rollgeld | 21,00 € | Versicherung | 49,00 € | |
| | | | | |
| | 114,00 € | | 528,00 € | |

**Verteilung der Mengenspesen**

| Ware A | 350 kg | 5 Teile | 71,25 € |
|--------|--------|---------|---------|
| Ware B | 210 kg | 3 Teile | 42,75 € |
| | | | |
| | 560 kg | 8 Teile = | 114,00 € |
| | | 1 Teil = | 14,25 € |

**Verteilung der Wertspesen**

| Ware A | 9.600,00 € | 6 Teile | 288,00 € |
|--------|------------|---------|----------|
| Ware B | 8.000,00 € | 5 Teile | 240,00 € |
| | | | |
| | 17.600,00 € | 11 Teile = | 528,00 € |
| | | 1 Teil = | 48,00 € |

**Berechnung der Bezugspreise**

| Ware | Listenpreis | Mengenspesen | Wertspesen | Gesamtbezugspreis | Bezugspreis/kg (netto) |
|------|-------------|--------------|------------|-------------------|------------------------|
| A | 9.600,00 € | 71,25 € | 288,00 € | 9.959,25 € | 31,12 € |
| B | 8.000,00 € | 42,75 € | 240,00 € | 8.282,75 € | 41,41 € |
| | 17.600,00 € | 114,00 € | 528,00 € | 18.242,00 € | |

aus: Bentin, Margit u. a.: Handlungsorientierte Materialien in Wirtschaft und Verwaltung. Beschaffung, Lehrerband, 1. Aufl., Braunschweig 1994, S. 120

# E-Commerce

## Begriff

Electronic-Commerce („E-Commerce" oder „E-Business") ermöglicht die umfassende, digitale Abwicklung von Geschäftsprozessen zwischen Unternehmen und deren Kunden über private und öffentliche Netze (Internet). Dabei beinhaltet das Electronic-Commerce auch die digitale Bezahlung und, was digitalisierbare Güter (z. B. Musik, Videoclips) und Dienstleistungen angeht, eine digitale Übertragung.

## Ziele

E-Commerce beschleunigt die Abwicklung von Geschäftsprozessen, gestaltet häufig Prozessabläufe effizienter und senkt damit die Kosten für die Beteiligten. Auf Marktveränderungen kann mithilfe von E-Commerce in der Regel schneller reagiert werden (z. B. über sofortigen Informationsaustausch).

## Formen des E-Commerce

**B-2-B** = Business-to-Business: Geschäftsbeziehungen zwischen Unternehmen sowie öffentlichen Institutionen

**B-2-C** = Business-to-Consumer oder Business-to-Customer: „Electronic Shopping" von Konsumenten, die über das Internet oder per Onlinedienst Waren kaufen

**Intra-Business**: Intra- und/oder Extranet unterstützen Geschäftsprozesse und Kommunikationsbeziehungen

## Elektronische Marktpätze im Beschaffungsprozess

Unternehmen vereinbaren mit Mitbewerbern für den kostengünstigen Einkauf von Produkten, einen gemeinsamen **Handelsplatz** im Internet einzurichten. Beispielsweise entstand über eine derartige Vereinbarung ein elektronischer Megamarktplatz für die Zuliefererbetriebe von Autokonzernen. Spezielle Softwarehäuser richten dazu geeignete **Portale** ein. Die entstandenen **Onlinemarktplätze** ermöglichen aufgrund der raschen elektronischen Reaktionsmöglichkeiten kurzfristige Dispositionen, die Preistransparenz erhöht sich. Viele Einzelarbeitsschritte des bisherigen Beschaffungsvorganges werden verzichtbar. Die Einkäufer können sofort vergleichen, wer das günstigste Angebot offeriert; sie können sich auch zusammenschließen, um höhere Rabattsätze zu erreichen oder sie führen Auktionen durch, bei denen die Lieferanten mit ihren Angeboten in Wettbewerb treten. Der Einkauf mittels der E-Commerce-**Plattform** führt in der Regel zu einer deutlichen Kostensenkung. Diese Preisvorteile beim Einkauf können kalkulatorisch dazu führen, dass die Unternehmen ihre Produkte und Dienstleistungen preiswerter im Absatzmarkt anbieten können. Betriebswirtschaftlich effizientere Lösungen führen somit volkswirtschaftlich zu einem verstärkten (internationalen) Wettbewerb und zu einer möglichen Erhöhung des Bruttoinlandsproduktes.

## Arten von Portalen

**Ziel:** Reduzierung der Informationsflut des Internets (Kosten- und Zeitersparnis) beim User, zielgruppenspezifisches Direktmarketing beim Anbieter (Vermeidung von Streuverlusten, Erhöhung der Kontaktrate)

⇩

**Lösung:** Zielgruppenspezifischer Einsatz des Internets durch Nutzung von **Portalen**

⇩

### Arten von Portalen

| B-2-B-Portale | B-2-C-Portale | Portal-Networks |
|---|---|---|
| für spezielle Produkte/ Leistungen eines informationssuchenden **Unternehmers** | für spezielle Produkte/ Leistungen eines informationssuchenden **Konsumenten** | „Eingangstore" für spezifische User, die Verknüpfungen zu **sämtlichen Bedürfnissen** des Users bieten |
| **Beispiel:** Ein Industriebetrieb sucht in einem Portal für Büroausstattung nach Schreibtischen. | **Beispiel:** Ein Endverbraucher sucht in einem Portal für Musik nach einer CD-Rarität. | **Beispiel:** Ein Autokäufer sucht in einem Portal für Autos nach einem neuen Auto, einer geeigneten Finanzierung und einer günstigen Versicherung. |

aus: Hübscher, Heinrich u. a.: IT-Kompendium, 1. Aufl., Braunschweig 2001, S. 371

352582

## Bestellung – *Order*

### Rechtliche Bedeutung

Eine Bestellung ist **verbindlich**, sie kann schriftlich oder mündlich erteilt werden. Bei einer mündlichen Bestellung ist eine sofortige schriftliche Bestätigung empfehlenswert, um Missverständnisse zu vermeiden.

**Bestellung aufgrund eines Angebotes**:

Ein Kaufvertrag wird abgeschlossen. In der Bestellung wird auf das Angebot Bezug genommen. Es liegen zwei übereinstimmende Willenserklärungen vor.

**Bestellung ohne vorheriges Angebot**:

Die Bestellung muss konkrete Angaben enthalten. Sie ist nur für den Auftraggeber/die Auftraggeberin verbindlich, der Lieferer kann ablehnen oder zustimmen. Es liegt nur eine Willenserklärung vor;

die zweite erfolgt durch Auftragsbestätigung oder Warenlieferung.

**Widerruf**:

Der Widerruf muss vor oder gleichzeitig mit der Bestellung eintreffen, z.B. per Telefon oder als Fax.

### Aufbau und Inhalt

1. Auf das Angebot, den Katalog, die Preisliste usw. eingehen

2. Art, Preis, Menge u. Qualität der Ware angeben

3. Liefertermin u. Lieferungsbedingungen nennen

4. Gewünschte Zahlungsweise angeben

vgl.: Bentin, Margit u. a.: Handlungsorientierte Materialien in Wirtschaft und Verwaltung. Beschaffung, 3. Aufl., Darmstadt, 2001, S. 39

### Kaufvertrag

- Bei einem Kaufvertrag handelt es sich um ein zwei- oder mehrseitiges Rechtsgeschäft.

- Willenserklärungen, die im Rahmen eines Kaufvertrages abgegeben werden, heißen ANTRAG und ANNAHME.

### I. Verpflichtungsgeschäft

#### a) Zustandekommen des Kaufvertrages

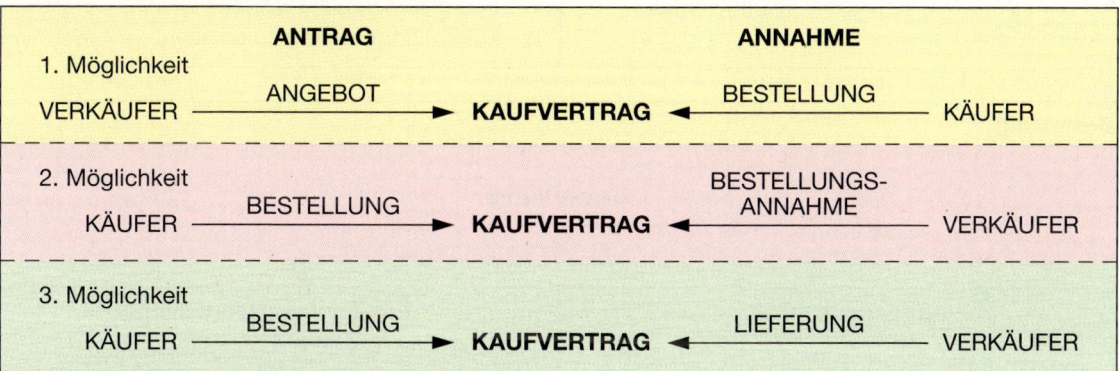

Das Verpflichtungsgeschäft ist abgeschlossen, wenn zwei übereinstimmende Willenserklärungen vorliegen.

#### b) Pflichten des Verkäufers und Käufers

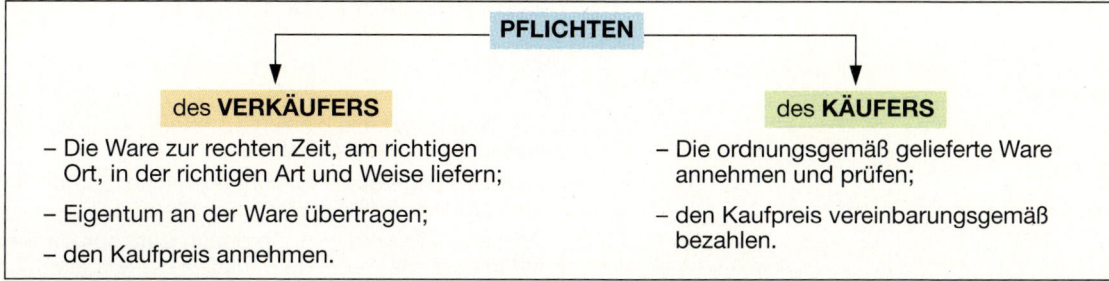

**des VERKÄUFERS**

- Die Ware zur rechten Zeit, am richtigen Ort, in der richtigen Art und Weise liefern;
- Eigentum an der Ware übertragen;
- den Kaufpreis annehmen.

**des KÄUFERS**

- Die ordnungsgemäß gelieferte Ware annehmen und prüfen;
- den Kaufpreis vereinbarungsgemäß bezahlen.

### II. Erfüllungsgeschäft

Das Erfüllungsgeschäft ist abgeschlossen, wenn Verkäufer und Käufer ihre Pflichten erfüllt haben.

Werden die Pflichten nicht erfüllt, spricht man von Störungen des Kaufvertrages.

vgl.: Bentin, Margit u. a.: Handlungsorientierte Materialien in Wirtschaft und Verwaltung. Beschaffung, 3. Aufl., Darmstadt, 2001, S. 41

# Textbausteine – *Terms and phrases*

## Angebot

**Angebot**

| Aufbau und Inhalt | Formulierungsvorschläge |
|---|---|
| 1. Eingehen auf Anfrage (verlangtes Angebot) oder Vorstellen des Unternehmens (unverlangtes Angebot) | Wir danken für Ihre Anfrage und bieten an: … Über Ihr Interesse an unserem Unternehmen freuen wir uns sehr. |
| 2. Beschreibung des Artikels bzw. des Sortiments | Wir haben den gewünschten Artikel in erforderlicher Menge vorrätig, Wir können die gewünschte Menge von … binnen … Tagen liefern. |
| 3. Nennen der Angebotsbedingungen (Preise, Lieferungs- und Zahlungsbedingungen, Lieferzeit, Erfüllungsort, Gerichtsstand) | Bei Abnahme von … Stück liefern wir frei Haus. Bei Aufträgen ab … € übernehmen wir die Verpackungskosten. Unsere Rechnung ist binnen 30 Tagen netto Kasse zahlbar. Bei Zahlung innerhalb 10 Tagen gewähren wir 3 % Skonto. Wir hoffen auf Ihr Verständnis, dass wir neue Kunden nur gegen Nachnahme beliefern. |
| 4. Freundlicher Abschlusssatz (Hoffnung auf Bestellung) | Wir freuen uns auf Ihre Bestellung. Wir hoffen Ihren Auftrag zu erhalten. |

aus: Bentin, Margit u. a.: Handlungsorientierte Materialien in Wirtschaft und Verwaltung. Beschaffung, Lehrerband, 1. Aufl., Braunschweig 1994, S. 117

## Bestellung

**Bestellung**

| Aufbau und Inhalt | Formulierungsvorschläge |
|---|---|
| 1. Auf das Angebot, den Katalog, die Preisliste usw. eingehen | Wir danken für Ihr Angebot und bestellen: … Die Preisliste haben wir erhalten und bestellen: … |
| 2. Art, Preis, Menge und Qualität der Ware angeben | … 50 Kugelschreiber „Venus", Nr. 112, schwarz, … €/St. 25 Bleistifte „Sonny", Nr. 13, … €/St. |
| 3. Liefertermin und Lieferungsbedingungen nennen | Wir bitten Sie spätestens in zwei Wochen frei Haus zu liefern. Die Lieferung muss bis zum … erfolgt sein, sonst verweigern wir die Annahme. Sollte Ihr Lagerbestand nicht ausreichen, bitten wir um sofortige Teillieferung. Unsere Filiale wird am … eröffnet. Bitte sorgen Sie dafür, dass die Sendung pünktlich bei uns eintrifft. |
| 4. Gewünschte Zahlungsweise angeben | Bitte gewähren Sie uns ein Zahlungsziel von … Monaten. Mit Ihren Zahlungsbedingungen sind wir einverstanden. |

aus: Bentin, Margit u. a.: Handlungsorientierte Materialien in Wirtschaft und Verwaltung. Beschaffung, Lehrerband, 1. Aufl., Braunschweig 1994, S. 123

**6**

352584

# Warenannahme – *Receiving of goods*

## Tätigkeiten

### Tätigkeiten beim Wareneingang

**BELLHEIM**

Waren werden angeliefert

sofort [1]

Begleitpapiere prüfen — gegebenenfalls —
- Unstimmigkeiten bescheinigen lassen
- oder
- Annahme verweigern

sofort [1]

Verpackung prüfen — gegebenenfalls —
- Beschädigungen bescheinigen lassen
- oder
- Annahme verweigern

Ware annehmen

Ware auspacken

unverzüglich [2]

Ware prüfen — beinhaltet — Warenmenge, -güte, -art und -beschaffenheit mit Angaben des Lieferscheins und der Bestellkopie vergleichen

Ware aufbewahren/lagern — gegebenenfalls — Mängel Lieferer mitteilen

Lagerdatei fortschreiben

[1] Überprüfung in Anwesenheit des Absenders/Zustellers
[2] Übrprüfung ohne schuldhaftes Zögern (§ 121 BGB)

aus: Bentin, Margit u. a.: Handlungsorientierte Materialien in Wirtschaft und Verwaltung. Beschaffung, Lehrerband, 1. Aufl., Braunschweig 1994, S. 124

## Prüfungs- und Rügepflicht

**Zweiseitiger Handelskauf** (beide Vertragspartner handeln als Kaufleute):

Die Ware muss **unverzüglich**, d. h. ohne schuldhafte Verzögerung, geprüft werden. Offene (sofort erkennbare) Mängel sind unverzüglich, versteckte Mängel unverzüglich nach Entdeckung, jedoch innerhalb zweier Jahre nach Lieferung zu rügen (§ 377 I–IV HGB und § 438 BGB).

**Einseitiger Handelskauf** (ein Vertragspartner handelt als Privatperson):

Die Ware muss innerhalb **zweier Jahre** nach Lieferung geprüft und gegebenenfalls gerügt werden (§ 438 BGB).

vgl.: Bentin, Margit u. a.: Handlungsorientierte Materialien in Wirtschaft und Verwaltung. Beschaffung, 3. Aufl., Darmstadt, 2001, S. 57

## Rechnungsprüfung – *Invoice auditing*

| Arten | Geldschulden |
|---|---|
| Ist die eingetroffene Ware mangelfrei, wird die Rechnung wegen Nutzung möglicher Skontofristen unverzüglich geprüft.<br><br>**Rechnerische Prüfung**:<br>Überprüfung der rechnerischen Daten (z. B. Listenpreis, Rabatt, Transportkosten)<br><br>**Sachliche Prüfung**:<br>Überprüfung von Art, Güte und Menge der aufgeführten Waren anhand des Bestelldurchschlages und des Lieferscheines<br><br>aus: Bentin, Margit u. a.: Handlungsorientierte Materialien in Wirtschaft und Verwaltung. Beschaffung, 3. Aufl., Darmstadt, 2001, S. 50 | Geldschulden sind **Schick**- oder **Bringschulden** (§ 270 ff. BGB). Daraus ergibt sich für den Käufer:<br><br>– Er muss die **Überweisungskosten** übernehmen;<br><br>– er muss das **Transportrisiko** für das Geld tragen;<br><br>– er muss darauf achten, dass das Geld rechtzeitig auf dem Konto des Zahlungsempfängers **eingeht**, wenn als vertraglicher Erfüllungsort d. Geschäftssitz des Verkäufers vereinbart ist (geschäftsüblich).<br><br>Gilt nur der **gesetzliche** Erfüllungsort, genügt die rechtzeitige **Absendung** des Geldbetrages.<br><br>aus: Bentin, Margit u. a.: Handlungsorientierte Materialien in Wirtschaft und Verwaltung. Beschaffung, 3. Aufl., Darmstadt, 2001, S. 53 |

## Kaufvertragsstörungen: Überblick – *Anomaly in sales contracts: overview*

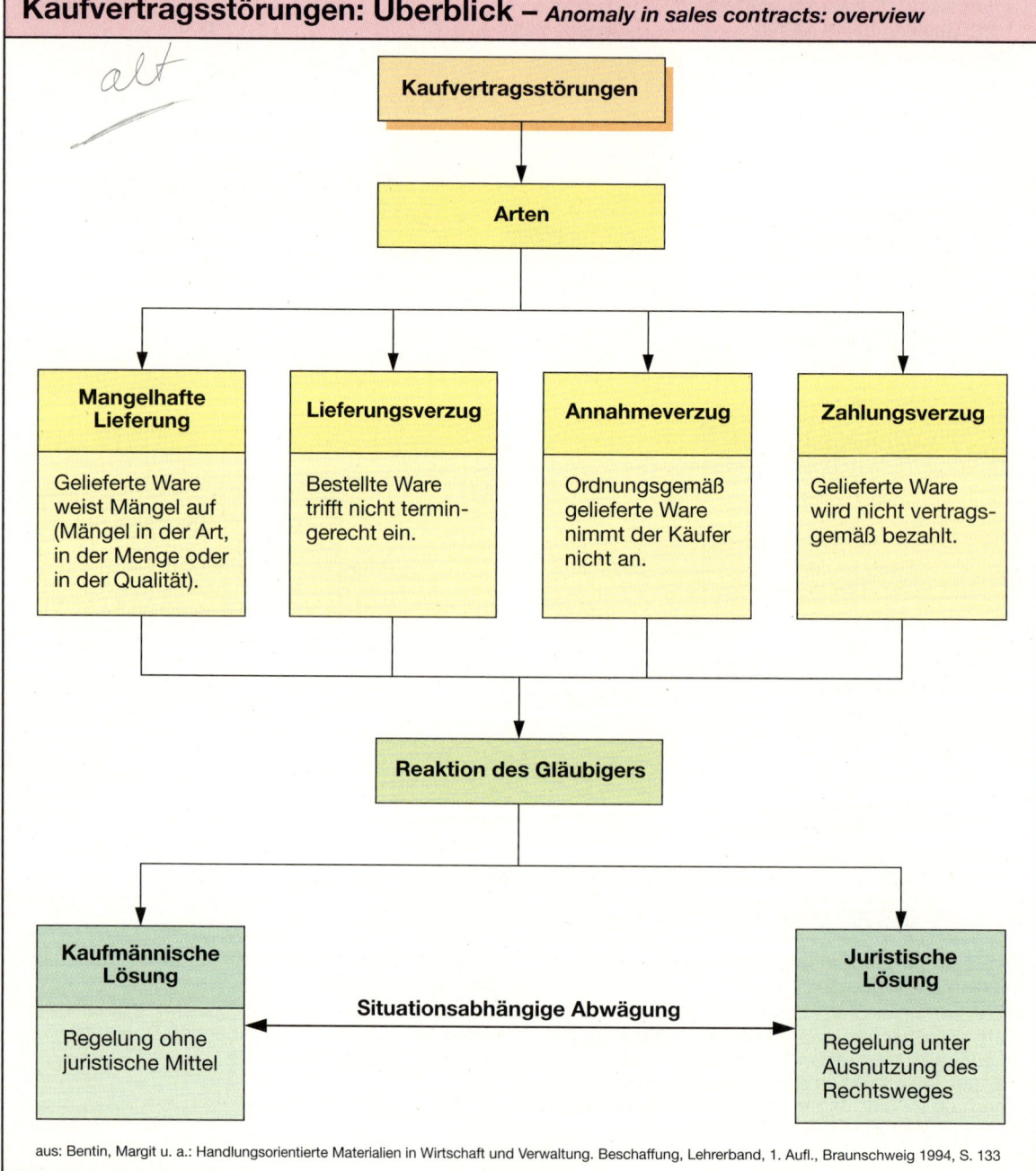

aus: Bentin, Margit u. a.: Handlungsorientierte Materialien in Wirtschaft und Verwaltung. Beschaffung, Lehrerband, 1. Aufl., Braunschweig 1994, S. 133

# Mangelhafte Lieferung – *Defective delivery*

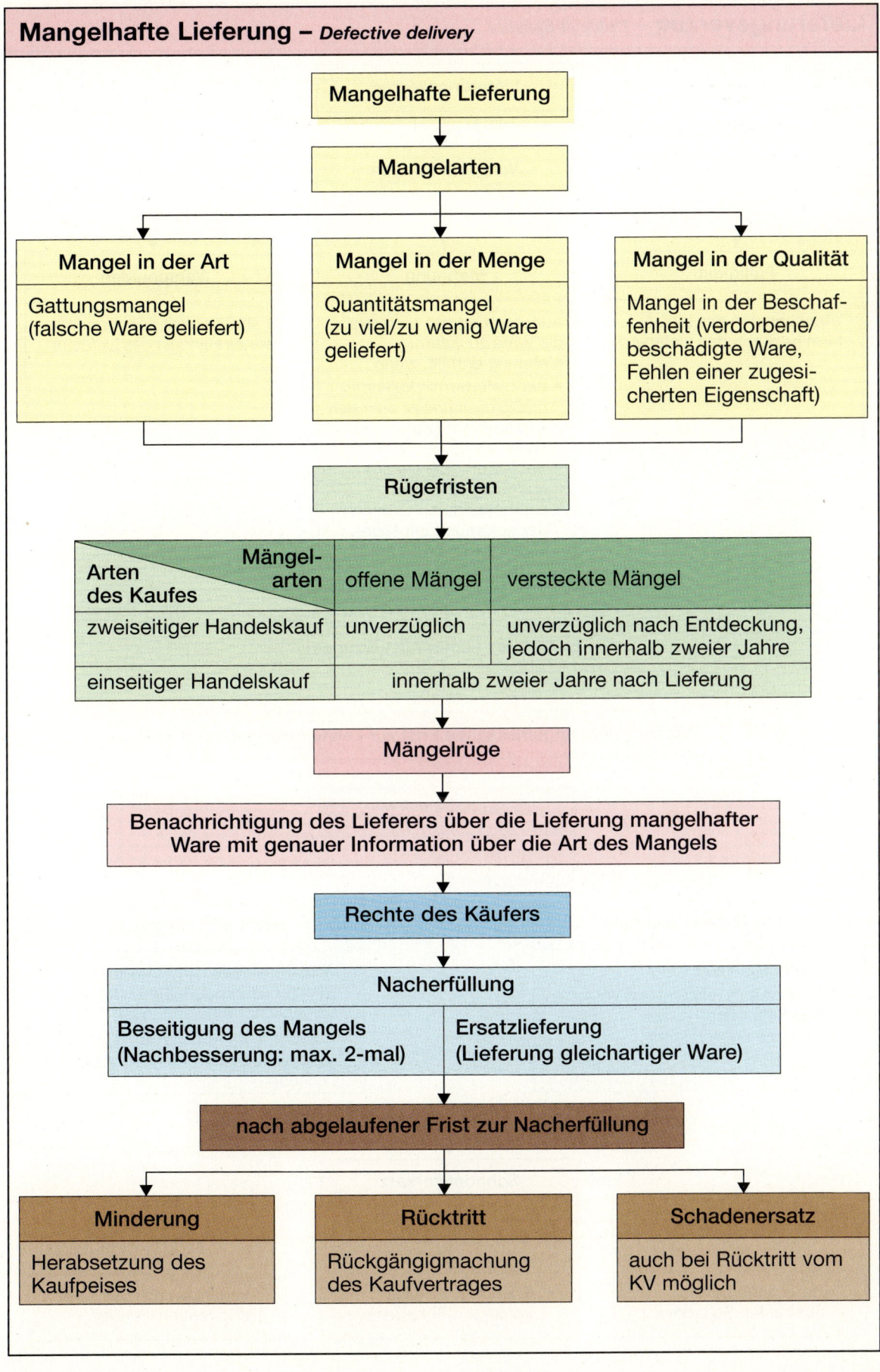

**Mangelhafte Lieferung**

**Mangelarten**

| Mangel in der Art | Mangel in der Menge | Mangel in der Qualität |
|---|---|---|
| Gattungsmangel (falsche Ware geliefert) | Quantitätsmangel (zu viel/zu wenig Ware geliefert) | Mangel in der Beschaffenheit (verdorbene/beschädigte Ware, Fehlen einer zugesicherten Eigenschaft) |

**Rügefristen**

| Arten des Kaufes \ Mängelarten | offene Mängel | versteckte Mängel |
|---|---|---|
| zweiseitiger Handelskauf | unverzüglich | unverzüglich nach Entdeckung, jedoch innerhalb zweier Jahre |
| einseitiger Handelskauf | innerhalb zweier Jahre nach Lieferung | |

**Mängelrüge**

Benachrichtigung des Lieferers über die Lieferung mangelhafter Ware mit genauer Information über die Art des Mangels

**Rechte des Käufers**

**Nacherfüllung**

| Beseitigung des Mangels (Nachbesserung: max. 2-mal) | Ersatzlieferung (Lieferung gleichartiger Ware) |
|---|---|

**nach abgelaufener Frist zur Nacherfüllung**

| Minderung | Rücktritt | Schadenersatz |
|---|---|---|
| Herabsetzung des Kaufpeises | Rückgängigmachung des Kaufvertrages | auch bei Rücktritt vom KV möglich |

**6**

# Lieferungsverzug – *Delay in delivery*

**Lieferungsverzug**

↓

**Voraussetzungen**

↓

| **Fälligkeit** | **Mahnung** | **Verschulden** |
|---|---|---|
| Überschreiten des Liefertermins durch den Lieferer | Aufforderung des Lieferers, die Ware zu liefern.<br>Mahnung entfällt, wenn …<br>• der Liefertermin kalendermäßig bestimmt ist oder sich kalendermäßig berechnen lässt.<br>• der Lieferer die Lieferung endgültig verweigert.<br>• aus besonderen Gründen der sofortige Eintritt des Verzugs gerechtfertigt ist. | Fahrlässigkeit oder vorsätzliches Handeln des Lieferers |

↓

**Eintritt des Lieferungsverzuges**

↓

**Setzen einer angemessenen Frist zur Leistungserfüllung**

↓

**Rechte des Käufers**

↓

| **ohne Nachfristsetzung** | **mit Nachfristsetzung** |
|---|---|
| – Bestehen auf Lieferung<br>– Bestehen auf Lieferung und Verlangen eines Schadensersatzes (Verzögerungsschaden) | – Schadensersatz statt Leistung (Nichterfüllungsschaden) oder Ersatz vergeblicher Aufwendungen<br>– Rücktritt vom Kaufvertrag (auch einschließlich Schadensersatz statt Leistung) |

↓

**Schadensersatz**

↓

| | | |
|---|---|---|
| Berechnung eines abstrakten Schadens | Berechnung eines konkreten Schadens | Vereinbarung über eine Konventionalstrafe |



352588

# Annahmeverzug – *Default in acceptance*

# Verkaufskalkulation – *Sales estimate*

## Zusammenhang zwischen Einkaufs- und Verkaufskalkulation

Die rechnerische Ermittlung des Einstandspreises wird als **Bezugskalkulation** bezeichnet. Ebenso wichtig ist die als **Verkaufskalkulation** bezeichnete Ermittlung des eigenen **Listenverkaufspreises**. Sie soll berücksichtigen, dass die Kosten des Unternehmens gedeckt werden und ein angemessener Gewinn erzielt wird. In der Praxis werden die Bezugs- und die Verkaufskalkulation in enger Abstimmung miteinander durchgeführt.

| Rechengrößen der **Verkaufskalkulation** | Schema und Rechenbeispiel **Verkaufskalkulation** | | | | |
| --- | --- | --- | --- | --- | --- |
| **Handlungskostenzuschlag (HKZ)**<br>Prozentualer Zuschlagssatz zur Deckung aller Kosten des Unternehmens. Der HKZ wird dem Einstandspreis vom Hundert zugeschlagen, sodass sich die Selbstkosten ergeben. | Einstandspreis | : | 200,00 € | ≙ | 100 % |
| | **+ HKZ** 20 % | : | 40,00 € | ≙ | 20 % |
| | Selbstkosten-Preis | : | 240,00 € | ≙ | 120 % |
| **Gewinnzuschlag**<br>Prozentualer Zuschlagssatz, der den Gewinn mit berücksichtigt. Er wird den Selbstkosten vom Hundert zugeschlagen und ergibt den Barverkaufspreis. | Selbstkosten-Preis | : | 240,00 € | ≙ | 100 % |
| | **+ Gewinnz. 10 %** | : | 24,00 € | ≙ | 10 % |
| | Bar-VKP | : | 264,00 € | ≙ | 110 % |
| **Kundenskonto und -rabatt**<br>Prozentuale Preisnachlässe, die die Kundschaft erwartet. Mittels Prozentrechnung wird – ausgehend vom Bar-VKP – der Kundenskonto im Hundert errechnet: Das ergibt den Ziel-VKP. Ebenso wird – ausgehend vom Ziel-VKP – der Rabatt im Hundert errechnet: Man erhält den Listen-VKP. | Bar-VKP | : | 264,00 € | ≙ | 97 % |
| | **+ Skonto** 3 % | : | 8,16 € | ≙ | 3 % |
| | Ziel-VKP | : | 272,16 € | ≙ | 100 % |
| | Ziel-VKP | : | 272,16 € | ≙ | 95 % |
| | **+ Rabatt** 5 % | : | 14,32 € | ≙ | 5 % |
| | Listen-VKP | : | 286,48 € | ≙ | 100 % |

| Prozentrechnung bei Kundenskonto | Prozentrechnung bei Kundenrabatt |
| --- | --- |
| 97 % ≙ 264,00 €<br>3 % ≙ x €<br><br>$x = \dfrac{264 \cdot 3}{97} = 8{,}16$<br><br>**Kundenskonto = 8,16 €** | 95 % ≙ 272,16 €<br>5 % ≙ x €<br><br>$x = \dfrac{272{,}16 \cdot 5}{95} = 14{,}32$<br><br>**Kundenrabatt = 14,32 €** |

aus: Bentin, Margit u. a.: Handlungsorientierte Materialien in Wirtschaft und Verwaltung. Beschaffung, 3. Aufl., Darmstadt, 2001, S. 34

# 7
# Zahlungsverkehr

# Zahlungsmöglichkeiten – *Terms of payment*

## Zahlungsmittel

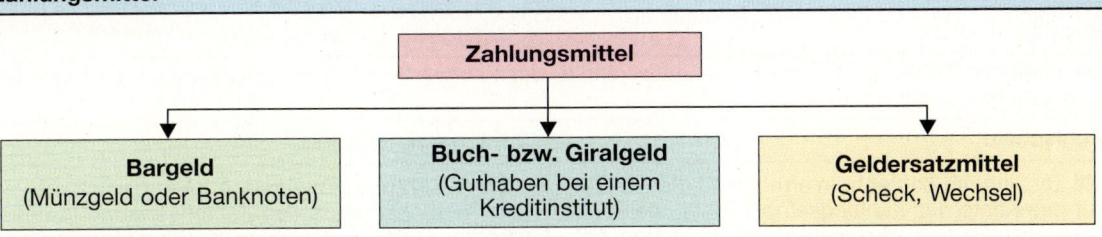

```
                    ┌─────────────────┐
                    │  Zahlungsmittel │
                    └─────────────────┘
         ┌──────────────────┼──────────────────┐
         ▼                  ▼                  ▼
┌─────────────────┐ ┌─────────────────┐ ┌─────────────────┐
│    Bargeld      │ │ Buch- bzw.      │ │ Geldersatzmittel│
│ (Münzgeld oder  │ │ Giralgeld       │ │ (Scheck, Wechsel)│
│  Banknoten)     │ │ (Guthaben bei   │ │                 │
│                 │ │  einem          │ │                 │
│                 │ │  Kreditinstitut)│ │                 │
└─────────────────┘ └─────────────────┘ └─────────────────┘
```

## Formen der Zahlung (Zahlungsarten)

Zahlungsarten werden danach unterschieden, ob der Zahlungspflichtige und/oder der Zahlungsempfänger beim Zahlungsvorgang Bargeld oder Buchgeld (unter Einschaltung eines Kreditinstituts) verwenden:

| Barzahlung | Halbbare Zahlung | | Bargeldlose Zahlung/ Zahlung mit Buchgeld |
|---|---|---|---|
| Zahlungspflichtiger *und* Zahlungsempfänger benötigen *kein* Konto.<br><br>Formen:<br>➥ Persönliche Übergabe<br>➥ Übergabe durch Boten<br>➥ Postalische Bargeldübermittlung[1] | **Formen:**<br>➥ Zahlschein<br>➥ Nachnahme<br><br><br><br>➥ Zahlungsanweisung[1]<br>➥ Barscheck | Zahlungspflichtiger *oder* Zahlungsempfänger benötigen *ein* Konto:<br><br>*Bareinzahlung:* Zahlungsempfänger benötigt ein Konto<br><br>*Barauszahlung:* Zahlungspflichtiger benötigt ein Konto | Zahlungspflichtiger *und* Zahlungsempfänger benötigen *je ein* Konto.<br><br>Formen:<br>➥ Verrechnungsscheck<br>➥ Überweisung<br>➥ Lastschrift<br>➥ Electronic Cash *POS* (ec-Karte mit PIN)<br>➥ POZ (ec-Karte mit Unterschrift)<br>➥ Geldkarte (aufladbare ec-Karte)<br>➥ Kreditkarte |

[1] Deutsche Post AG

## Barzahlung

### Übergabe

Die **Barzahlung** kann **persönlich** oder **durch einen Boten** erfolgen. Ein Bote, der die Barzahlung entgegennimmt, sollte die Vollmacht des Zahlungsempfängers nachweisen können. Der Zahlungspflichtige kann eine Quittung verlangen.

**Formen der Quittung:**
Quittungsvordruck, Inkassostempel auf der Rechnung, Kassenbon

**Bestandteile der Quittung:** *(siehe Abbildung rechts)*
Zahlungsbetrag ①, evtl. enthaltene Umsatzsteuer ②, Name des Zahlenden ③, Zahlungsgrund ④, Zahlungsort und -datum ⑤, Unterschrift des Zahlungsempfängers (ggf. Firmenstempel) ⑥.

**Verwendung der Quittung:**
Buchungsbeleg, Steuerbeleg, Beleg für Umtausch und Gewährleistungsansprüche

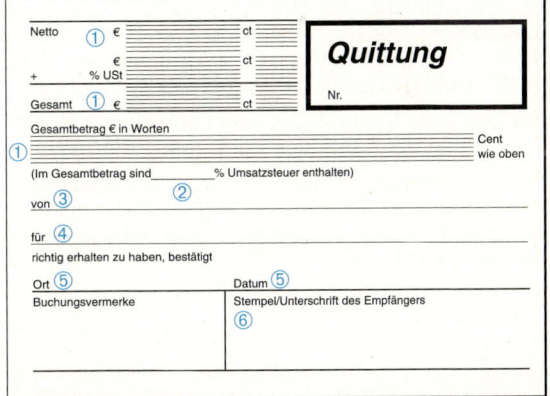

### Postalische Bargeldübermittlung

Die Versendung von Bargeld wird nur noch in Ausnahmefällen vorgenommen. Als versicherte Sendung ist dies mit dem Expressbrief der Deutschen Post Express, eines Tochterunternehmens der Deutschen Post AG, möglich.

Der Expressbrief wird am Tag nach der Einlieferung zugestellt. Er ist je nach Versendungswert mit einer gestaffelten Transportversicherung ausgestattet. Darüberhinaus ist persönliche Aushändigung, Rückschein sowie Zustellung gegen Unterschrift möglich.

Die Übermittlung von Bargeld kann auch über den „Postbank Minuten Service" erfolgen. Bargeld kann zur Übermittlung an den Empfänger im In- und Ausland an einem Postschalter bar eingezahlt werden. Nach Ausfüllen eines entsprechenden Auftragsvordrucks wird eine Auftragsnummer vergeben, die zusammen mit dem Namen des Auftraggebers dem Empfänger telefonisch mitgeteilt wird. Dieser kann dann den Bargeldbetrag bei einer Agentur der Western Union, einem Tochterunternehmen der Deutschen Post AG, mit Ausweis und Auftragsnummer abholen.

# Zahlungsmöglichkeiten – *Terms of payment*

## Halbbare Zahlung

### Begriff

Die **halbbare Zahlung** ist dadurch gekennzeichnet, dass *entweder* der Zahlungspflichtige *oder* der Zahlungsempfänger ein Konto nutzt.

### Zahlschein

Die Zahlung mit **Zahlschein** ermöglicht die Zahlung auf das Konto des Zahlungsempfängers, wenn der Zahlungspflichtige kein Konto zur Verfügung hat. Der Zahlungspflichtige füllt den Zahlschein beim Kreditinstitut aus und zahlt den Betrag (in beliebiger Höhe) bar ein.

Der Zahlungsempfänger bekommt den Betrag auf seinem Konto gutgeschrieben.

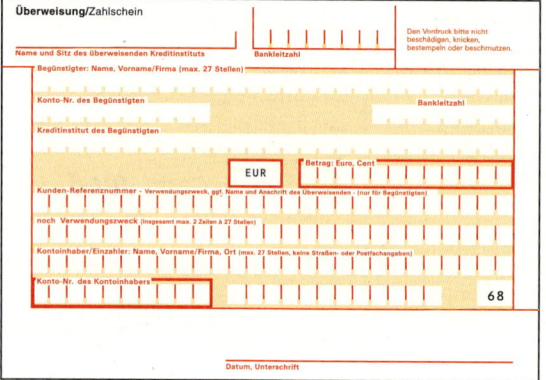

### Nachnahme

Bei der Zahlung per **Nachnahme** wird der Zahlungsbetrag bei der Zustellung von Briefen oder Waren durch die Deutsche Post AG direkt vom Zahlungspflichtigen an den Postzusteller entrichtet.

Die Deutsche Post AG überweist den eingezogenen Betrag auf das Konto des Zahlungsempfängers.

Für die Nachnahme muss der Absender (Zahlungsempfänger) der Brief- oder Warensendung einen entsprechenden Zahlschein beifügen, der auch als Beweisurkunde bei Nichtzahlung dienen kann.

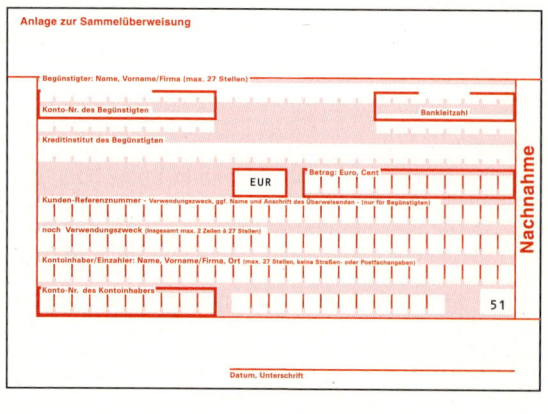

### Zahlungsanweisung

Mit der **Zahlungsanweisung** kann der Inhaber eines Postbankkontos den Zahlungsbetrag in unbegrenzter Höhe von seinem Konto abbuchen und dem Zahlungsempfänger durch den Postzusteller bar auszahlen lassen.

### Barscheck

Die Zahlung mit **Barscheck** erfordert ein Konto des Zahlungspflichtigen, für das sein Kreditinstitut ihm Scheckformulare ausgehändigt hat.

Der Barscheck ist wie alle anderen Schecks eine Anweisung des Zahlungspflichtigen (Scheckausstellers) an sein Kreditinstitut, den Scheck bei Vorlage durch den Zahlungsempfänger (Scheckinhaber) einzulösen.

Eine **halbbare** Zahlung kann erfolgen, wenn der Zahlungspflichtige ein Scheckformular als **Barscheck** ausstellt und dem Zahlungsempfänger übergibt. Der Zahlungsempfänger kann den Barscheck dann bei dem Kreditintitut des Zahlungspflichtigen vorlegen und sich den Betrag bar auszahlen lassen. Der Betrag wird vom Konto des Zahlungspflichtigen abgebucht.

Da der Barscheck ein Inhaberpapier ist, kann er von jedem Besitzer bar eingelöst werden und gilt daher als relativ unsicher.

➡ **Siehe auch S. 94: Scheck**

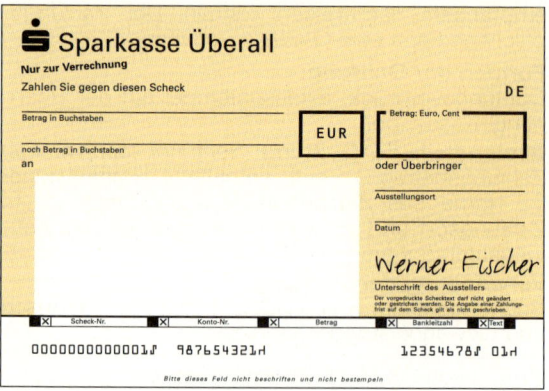

352592

# Zahlungsmöglichkeiten – *Terms of payment*

## Bargeldlose Zahlung

### Begriff

Die **bargeldlose Zahlung** erfordert die Nutzung von Konten sowohl des Zahlungsempfängers als auch des Zahlungspflichtigen. Der Zahlungsbetrag wird vom Konto des Zahlungspflichtigen auf das Konto des Zahlungsempfängers gebucht (Buchgeld).

Aufgrund der Digitalisierungs- und Automatisierungsmöglichkeiten im Zahlungsverkehr werden neben den herkömmlichen bargeldlosen Zahlungsformen (Verrechnungsscheck, Überweisung) zunehmend auch verschiedene Möglichkeiten der elektronischen Kartenzahlung angeboten.

### Verrechnungsscheck

Der **Verrechnungsscheck** ist wie der Barscheck eine Anweisung des Zahlungspflichtigen (Scheckausstellers) an sein Kreditinstitut, den Scheck bei Vorlage durch den Zahlungsempfänger (Scheckinhaber) einzulösen.

Diese Einlösung darf beim Verrechnungsscheck vom bezogenen Kreditinstitut jedoch *nur als Gutschrift* des Scheckbetrages auf einem Konto des Zahlungsempfängers eingelöst werden und gilt daher als sicher.

Der Kontoinhaber kann bei Bedarf als Zahlungsempfänger ermittelt werden.

Das Scheckformular wird für die Verwendung als Verrechnungsscheck durch Stempelaufdruck „Nur zur Verrechnung" oder durch zwei Schrägstriche kenntlich gemacht.

➡ **Siehe auch Seite 94: Scheck**

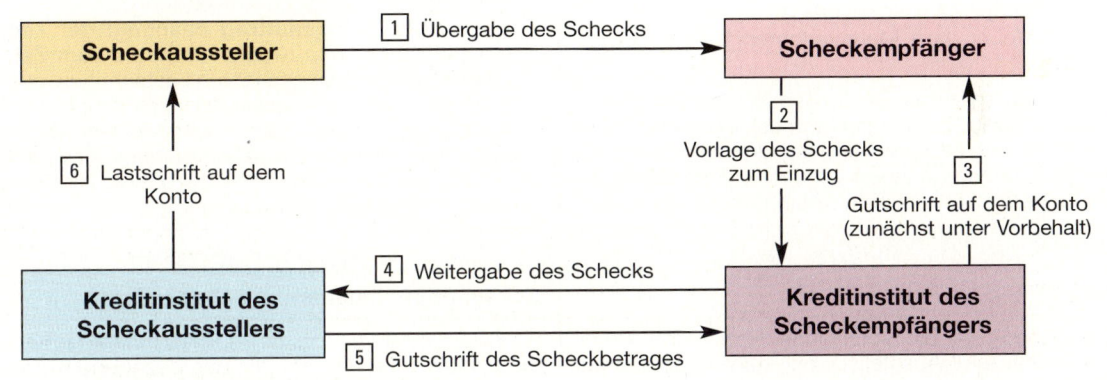

## Überweisung

Die **Überweisung** ist der Auftrag eines Kontoinhabers an sein Kreditinstitut, den angegebenen Geldbetrag von seinem Konto abbuchen und auf dem Konto des Empfängers gutschreiben zu lassen. Die normale Überweisung kann

- schriftlich auf einem Überweisungsformular (zweiteilig),
- durch Eingabe der Überweisungsdaten an einem Selbstbedienungsterminal des Kreditinstituts,
- fernmündlich durch Telefonbanking
- per Heimcomputer als Homebanking

erfolgen.

Bei allen Formen sind folgende **Übermittlungsdaten** notwendig:
- Name und Anschrift des Empfängers
- Bankverbindung (Kontonummer, Bankleitzahl, Kreditinstitut des Empfängers)
- Verwendungszweck
- Zahlungs- bzw. Überweisungsbetrag
- Kontonummer des Auftraggebers (Kontoinhabers)
- Name und Ort des Auftraggebers
- Auftragsdatum
- Unterschrift des Auftraggebers

Haben Zahlungspflichtiger und Zahlungsempfänger das Konto bei demselben Kreditinstitut, handelt es sich um eine **einstufige Überweisung,** die in einer einfachen Umbuchung des Zahlungsbetrages besteht.

Bei unterschiedlichen Kreditinstituten handelt es sich um eine **mehrstufige Überweisung,** weil zwei oder mehrere Verrechnungsstellen betroffen sind.

7

# Zahlungsmöglichkeiten – *Terms of payment*

## Bargeldlose Zahlung – Sonderformen der Überweisung

### Dauerauftrag

Der **Dauerauftrag** ist die Anweisung eines Konto-inhabers an sein Kreditinstitut, in bestimmten Zeit-abständen einen jeweils gleichen Betrag auf das Konto des Empfängers zu überweisen (z. B. bei Mietzahlungen oder Vereinsbeiträgen). Er wird bis zum Widerruf des Auftragers vom Kreditinstitut ausgeführt.

Der Dauerauftrag bietet sich unter folgenden **Voraussetzungen** an:
– regelmäßige Zahlung in festen Zeitabständen
– gleich bleibender Überweisungsbetrag und Verwendungszweck
– gleich bleibender Empfänger

Der Dauerauftrag bietet folgende **Vorteile:**
– Arbeitsersparnis
– kein Versäumnisrisiko für den Auftraggeber
– weniger Verwaltungsaufwand für das Kreditinstitut
– gesicherter Zahlungseingang
– Vermeidung von Mahnverfahren für den Empfänger

Bei Änderungen der Zahlungsbedingungen (Empfänger, Betrag, Zahlungsrhythmus) muss der Dauerauftrag mit entsprechendem Umstellungs- und Kostenaufwand geändert werden und ist daher nur bei längerfristig konstanten Bedingungen sinnvoll.

### Lastschriftverfahren

Beim **Lastschriftverfahren** wird der Zahlungsempfänger vom Zahlungspflichtigen ermächtigt, fällige Forderungsbeträge über die betroffenen Kreditinstitute von dessen Konto einziehen zu lassen. Der Zahlungsvorgang wird also vom Zahlungsempfänger eingeleitet. Dieses Verfahren eignet sich besonders für laufend entstehende Zahlungsverpflichtungen mit unterschiedlichen Überweisungsbeträgen (z. B. Telefonkosten). Für die Zustimmung des Zahlungspflichtigen zum Lastschriftverfahren gibt es zwei Möglichkeiten:
– Bei der **Einzugsermächtigung** bevollmächtigt der Zahlungspflichtige den Zahlungsempfänger zum Einzug fälliger Forderungen mittels Lastschrift von seinem Konto. Der Zahlungspflichtige kann der Kontobelastung binnen sechs Wochen widersprechen und den Zahlungsbetrag zurückbuchen lassen. Die Einzugsermächtigung findet häufig im Massenlastschriftverkehr mit kleinen und mittleren Beträgen Anwendung.
– Beim **Abbuchungsauftrag** beantragt der Zahlungspflichtige sein Kreditinstitut, die vom Zahlungsempfänger eingereichten Lastschriften auszuführen. Hier kann einer Kontolastschrift nicht nachträglich vom Zahlungspflichtigen widersprochen werden. Der Abbuchungsauftrag eignet sich eher zur Zahlung von größeren Beträgen beim zweiseitigen Handelskauf.

## Scheck

### Begriff

Der Scheck ist die schriftliche Anweisung eines Kontoinhabers (Aussteller) an sein Kreditinstitut (Bezogener), bei Vorlage des Schecks den angegebenen Geldbetrag von seinem Konto an den Scheckinhaber zu zahlen. Dies geschieht beim Barscheck durch Barauszahlung (**➡ siehe auch S. 92: Halbbare Zahlung**) und beim Verrechnungsscheck durch Überweisung auf ein vom Scheckinhaber angegebenes Konto (**➡ siehe auch S. 93: Bargeldlose Zahlung**).

### Gesetzliche Bestandteile

Die Scheckurkunde ist an rechtliche Formvorschriften gebunden. Ein Scheckformular ist nur gültig, wenn es folgende **gesetzliche Bestandteile** enthält:
– Bezeichnung „Scheck" im Text der Urkunde
– Anweisung, bei Vorlage den Scheckbetrag zu zahlen
– Name des Bezogenen
– Zahlungsort
– Ort und Tag der Ausstellung
– Unterschrift des Ausstellers

### Fälligkeit und Funktion

Die Forderung aus dem Scheck kann nur durch Vorlage geltend gemacht werden, sie ist also bei Sicht fällig. Die Zahlung mit Scheck erfolgt zahlungshalber, das zugrunde liegende Schuldverhältnis der Scheckausstellung erlischt also erst mit der Einlösung des Schecks.

### Scheckarten: Inhaber- und Orderscheck

Scheckformulare beinhalten i. d. R. als **Inhaberscheck** die „*Überbringerklausel*", die das bezogene Kreditinstitut dazu berechtigt, an jeden Scheckinhaber zu zahlen, weil die Scheckweitergabe und die damit verbundene Übertragung der Rechte aus dem Scheck formlos durch Einigung und Übergabe geschieht.

Im Gegensatz dazu werden für den Scheckverkehr mit dem Ausland häufig **Orderschecks** verwendet, die eine „*Orderklausel*" beinhalten. Sie sind durch einen roten Randstreifen gekennzeichnet.

Beim Orderscheck wird der Name des Zahlungsempfängers genannt. Für die Scheckweitergabe ist ein schriftlicher Übertragungsvermerk (Indossament) erforderlich. Das bezogene Kreditinstitut ist verpflichtet, bei der Scheckeinlösung die Legitimation des Zahlungsempfängers sowie eventuelle Indossamente zu prüfen.

### Einlösungsfristen

Die Scheckeinlösung ist an **gesetzliche Vorlegungsfristen** gebunden, die mit dem Ausstellungsdatum beginnen:
– 8 Tage für im Inland ausgestellte Schecks
– 20 Tage für Schecks aus dem europäischen Ausland und an das Mittelmeer angrenzende Länder
– 70 Tage für Schecks aus allen übrigen Ländern

**➡ Siehe auch S. 93: Bargeldlose Zahlung**

352594

# Zahlungsmöglichkeiten – *Terms of payment*

## Bargeldlose Zahlung – Elektronische Zahlungssysteme/Kartenzahlung

### Begriff

Der bargeldlose Zahlungsverkehr wird immer mehr vom Einsatz elektronischer Zahlungssysteme bestimmt.

Die Eurochequekarte, die zur Sicherung des Eurochequeverkehrs sowie zur Bargeldbeschaffung am Bargeldautomaten und zum Ausdrucken von Kontoauszügen am Kontoauszugsdrucker eingeführt wurde, ist mit der Verbreitung elektronischer Zahlungssysteme auch für die direkte bargeldlose Zahlung ausgelegt worden.

Mit zunehmenden Digitalisierungsmöglichkeiten bekam die ec-Karte als eigenständiges Zahlungsmittel eine weitaus größere Bedeutung im bargeldlosen Zahlungsverkehr.

Mit dem Wegfall der Einlösegarantie für Eurocheques wird die zunehmende Bedeutung der elektronischen Zahlungssysteme bestätigt. Die Kreditinstitute haben ihren Service in Bezug auf die ec-Karte im Rahmen des „Electronic-Cash-Systems" entsprechend erweitert. Durch Kartenlesegeräte und unterschiedliche Übermittlungssysteme kann die ec-Karte bzw. die so genannte Geldkarte direkt für die bargeldlose Zahlung eingesetzt werden. Besonders im Einzelhandel hat die Kartenzahlung eine entsprechende Verbreitung gefunden.

Die wesentlichen Merkmale der einzelnen elektronischen Zahlungssysteme zeigt folgende Tabelle im Überblick.

**7**

## Elektronische Zahlungssysteme (ohne Kreditkarte)

| ZAHLUNGS-SYSTEME / MERKMALE | Electronic Cash (ec) / Electronic Cash mit chip (ecc) POS | Elektronisches Lastschriftverfahren (ELV) / Point of Sale ohne Zahlungsgarantie (POZ) | Geldkarte |
|---|---|---|---|
| **Funktion** | Zahlungsvorgang mit Karte und PIN | Zahlungsvorgang mit Karte und Unterschrift | Zahlungsvorgang durch vorher geladene Geldkarte |
| **Zahlungsvorgang** | – Einlesen der Kartendaten und der PIN<br>– Aufbau einer Onlineverbindung<br>– Überprüfung der Kartengültigkeit der PIN, der Sperrdatei und des Kontosaldos im Rechenzentrum des bezogenen Kreditinstituts<br>– Meldung des bezogenen Kreditinstituts über das Prüfungsergebnis; bei positiver Autorisierung erfolgt die Zustimmung zur Begleichung des Zahlungsbetrages<br>– Gutschrift des Zahlungsbetrages auf dem Konto des Zahlungsempfängers | – Einlesen der Kartendaten<br>– Manuelle Eingabe des Zahlungsbetrages zur Erstellung eines Lastschriftbelegs<br>– Unterschrift des Zahlungspflichtigen auf dem Lastschriftbeleg<br>– Legitimationsprüfung (Unterschriftenvergleich) durch den Zahlungsempfänger<br>– nur bei POZ: Aufbau einer Onlineverbindung zur Überprüfung der Sperrdatei bei Beträgen ab 30 €<br>– Lastschrift auf dem Konto des Zahlungspflichtigen | – Aufladen der Geldkarte bis maximal 200 € durch den Karteninhaber<br>– Lastschrift in Höhe der Aufladesumme auf dem Konto des Karteninhabers<br>– Gegenbuchung auf einem internen Verrechnungskonto (Kartensammelkonto) bei der bezogenen Bank<br>– Belastung des Chips mit dem Zahlungsbetrag beim Zahlungsvorgang durch den Zahlungsempfänger |
| **Berechtigungsnachweis (Identifikation) des Karteninhabers** | durch PIN | durch Unterschrift | nicht erforderlich, da der geladene Betrag bereits vor dem Zahlungsvorgang vom Zahlungspflichtigen entrichtet wird (Bargeldfunktion). |
| **Zahlungsgarantie** | ja | nein | ja |
| **Verfügungshöchstbetrag** | max. 2.000 € pro Tag | keine Begrenzung | max. 200 € pro Tag |
| **Vorteile** | Kein Zahlungsrisiko für den Zahlungsempfänger durch umfassende Prüfung | Geringere Kosten für den Zahlungsempfänger durch Wegfall der Autorisierungsgebühr | Zeitersparnis durch Wegfall der Legitimationsprüfung |
| **Nachteile** | Hohe Kosten für den Zahlungsempfänger durch Autorisierungs- und Transaktionsgebühr | Zahlungsrisiko durch Widerspruchsrecht des Karteninhabers | Verlustrisiko für den Karteninhaber durch die Bargeldfunktion |

352595

# Kreditkarte – *Credit card*

| Begriff | Arten (Beispiele) |
|---|---|
| Die **Kreditkarte** ist ein weit verbreitetes bargeldloses Zahlungsmittel. Sie wird von Kreditgesellschaften (i. d. R. in Zusammenarbeit mit Banken sowie Nichtbanken) an Kunden mit einwandfreier Bonität ausgegeben. | • Eurocard/MasterCard<br>• Visa<br>• Diners Club<br>• American Express |

## Ziele

Die **Kreditkarte** berechtigt den Inhaber bei Vorlage der Karte bei Vertragsunternehmen weltweit bargeldlos zu bezahlen, sich an Geldautomaten oder bei Banken Bargeld zu beschaffen und aus einem monatlichen Verfügungsrahmen (ca. 2 – 3 Gehaltseingänge) einen kurzfristigen Kredit in Anspruch zu nehmen. Die Karte sichert den Vertragsunternehmen den Zahlungseingang.

| Ausstattung | Vorteile |
|---|---|
| Die **Standardkarte** ermöglicht die normale Nutzung der Kreditkarte und bei Buchung einer Reise mit der Karte eine Reise-Unfallversicherung.<br>Viele Karten sind mit **Zusatzleistungen** verbunden.<br>**Beispiele:**<br>• Auslandsreise-Krankenversicherung<br>• Verkehrsmittel-Unfallversicherung<br>• Reise-Service-Versicherung<br>• Auslands-Autoschutzbrief-Versicherung<br>• KFZ-Reise-Haftpflichtversicherung für Mietfahrzeuge<br>• Reise-Rechtsschutz-Versicherung für Mietfahrzeuge<br>• Reise-Privat-Haftpflichtversicherung weltweit | • internationales bargeldloses Zahlungsmittel<br>• weltweite Bargeldbeschaffung<br>• kurzfristige Kreditgewährung<br>• Begrenzung des Risikos bei Verlust oder Diebstahl |
| | **Nachteile** |
| | • nicht alle Geschäftspartner akzeptieren eine Kreditkarte<br>• die Bargeldbeschaffung ist relativ teuer<br>• Gefahr hoher Verschuldung |

**Beispiel:** Ein Kunde übernachtet im Hotel Astoria und bezahlt mittels Eurocard

**Hausbank Kunde**

S        H

...........

Kontobelastung des Karteninhabers

⑥ Geldeinzug mittels Lastschrift

**Eurocard Deutschland**

⑦ Kontoauszug über die Belastung

**Monatsabrechnung**

Hotel Astoria .........
...... .. ..... .........
..... ..... ........
.... ....... _____

③ Leistungsbeleg

E-Mail

oder Onlinebuchung

④ Gutschrift der Gesamtsumme abzgl. Disagio (= 1–4 % Provision des Umsatzes) bei der Hausbank des Hotels Astoria

⑤ Zusendung der Aufstellung der Monatsumsätze

① legt Eurocard vor und unterschreibt Leistungsbeleg

② gibt Durchschrift des Leistungsbelegs zur Kontrolle zurück

**Hotel Astoria**

– erstellt Leistungsbeleg
– prüft Unterschrift anhand der Eurocard

**Eurocard-Inhaber**

7

352596

## Reisescheck (Travellerscheck)

| Begriff | Ziele |
|---|---|
| Der Reisescheck ist ein im internationalen Reiseverkehr gebräuchliches Bargeldbeschaffungs- und Zahlungsmittel. Die Banken verkaufen Reiseschecks von international bekannten Kreditinstituten, z. B. American Express Company, als Euro- oder Fremdwährungsschecks in bestimmten Stückelungen. | Der Reisescheck dient im Reiseland zur Bargeldbeschaffung bei Banken oder zur Bezahlung von Gütern und Dienstleistungen. Er wird weltweit akzeptiert, weil seine Einlösung von dem ausgebenden Kreditinstitut garantiert wird. |

| Ausstattung | Vorteile |
|---|---|
| Der Reisescheck kann in bestimmten Stückelungen als Euro-Reisescheck (50, 100, 200, 500 €) oder als Fremdwährungsreisescheck (z. B. $, £) zuzüglich 1 % Verkaufsprovision erworben werden.<br><br>Beim Erwerb am Bankschalter leistet der Käufer die erste Unterschrift auf dem Reisescheck, die zweite bei der Verwendung in Gegenwart des Schecknehmers. Im Zweifelsfall muss sich der Scheckinhaber bei der Vorlage des Reisescheck anhand seines amtlichen Lichtbildausweises legitimieren. | • sicheres und bequemes Reisezahlungsmittel<br>• unbegrenzte Gültigkeit<br>• i. d. R. Ersatzleistung bei Verlust<br>• jederzeitige Rückgabemöglichkeit nicht verbrauchter Reiseschecks<br>• Einlösung i. d. R. ohne Kosten<br>• große Akzeptanz im In- und Ausland |

| Arten (Beispiele) | Nachteile |
|---|---|
| • American Express Company (Amexco)<br>• Thomas Cook Inc. | • Vorauszahlung des Gegenwertes bei Erwerb der Reiseschecks |

## Zahlungsverzug – *Delay in payment*

**Voraussetzung des Zahlungsverzuges**

Gelieferte Ware wird nicht fristgerecht bezahlt.

↓

**Eintritt des Zahlungsverzuges**

Der Zahlungsverzug tritt bei kalendermäßig bestimmbaren Zahlungsterminen mit dem Ablauf des Zahlungszeitpunktes ein. Ansonsten tritt der Zahlungsverzug 30 Tage nach Fälligkeit und Zugang einer Rechnung oder einer gleichwertigen Zahlungsaufforderung ein.

↓

**Rechte des Gläubigers**

| ohne Nachfristsetzung | mit Nachfristsetzung |
|---|---|
| – Bestehen auf Bezahlung der Ware<br>– Berechnung von Verzugszinsen laut BGB bzw. HGB | – Schadensersatz statt Leistung oder Ersatz für vergebliche Aufwendung<br>– Rücktritt vom Kaufvertrag (auch einschließlich Schadensersatz statt der Leistung) |

**Vorgehensweise beim Zahlungsverzug**

| Kaufmännisches Mahnverfahren | Gerichtliches Mahnverfahren |
|---|---|

aus: Hübscher, Heinrich u. a.: IT-Kompendium, 1. Aufl., Braunschweig 2001, S. 378

# Wechsel – *Bill of exchange*

## Begriff

Der **Wechsel** ist eine Urkunde, durch die der Gläubiger (Aussteller) den Schuldner (Bezogener) auffordert, eine bestimmte Geldsumme zu einem bestimmten Termin (Verfalltag) zu zahlen. Der Bezogene verpflichtet sich durch seine Unterschrift auf dem Wechsel (Akzept), diesen bei Vorlage durch den Wechselinhaber (z. B. Aussteller) einzulösen.

## Verwendung und Funktionen des Wechsels

Der Aussteller kann den Wechsel auch vor dem Verfalltag an eine Bank verkaufen (Diskontierung) oder als Zahlungsmittel gegenüber eigenen Gläubigern verwenden. Der Wechsel bietet dem Gläubiger dadurch die Möglichkeit, ein Zahlungsziel einzuräumen und gleichzeitig über den Wechselbetrag verfügen zu können. Für den Wechsel ergeben sich somit grundsätzlich folgende Verwendungsmöglichkeiten und Funktionen:

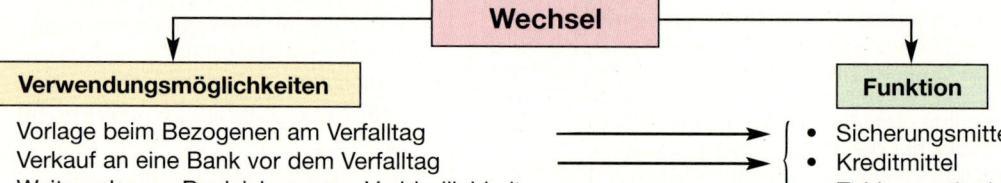

- **Vorlage beim Bezogenen am Verfalltag**
  Der Gläubiger zieht als Wechselaussteller einen Wechsel auf den Schuldner (Tratte), der als Bezogener den Wechsel durch Unterschrift akzeptiert (Akzept). Da der Wechsel ein Wertpapier ist, können die verbrieften Rechte an den Forderungen nur durch die Vorlage des Wechsels geltend gemacht werden. Durch strenge Rechtsvorschriften muss der Gläubiger für die Annahme und die Einlösung des Wechsels haften. Aufgrund dieser Wechselstrenge können Wechselforderungen auf dem Rechtsweg im Rahmen eines Wechselprotestes vom Gläubiger mit hoher Rechtssicherheit eingeklagt und durchgesetzt werden. Neben dieser Funktion als Sicherungsmittel erfüllt der Wechsel durch den Zahlungsaufschub bis zum Verfalltag hier auch die Funktion als Kreditmittel.
- **Verkauf an eine Bank vor dem Verfalltag (Diskontierung)**
  Die Wechselzahlung beinhaltet neben dem Zahlungsaufschub für den Schuldner gleichzeitig die Möglichkeit für den Gläubiger, über den Zahlungsbetrag schon vor dem Verfalltag als flüssige Mittel verfügen zu können. Hierzu muss der Gläubiger den Wechsel an eine Bank verkaufen, die dadurch zum neuen Wechselgläubiger wird. Durch den Ankauf des Wechsels vor dem Verfalltag gewährt die Bank dem Aussteller einen Kredit, für den sie von der Wechselsumme entsprechende Zinsen (Diskont) sowie eine eventuelle Auslagenerstattung abzieht. Der Wechsel erfüllt hier die Funktion als Sicherheits- und Kreditmittel.
- **Weitergabe als Zahlungsmittel**
  Die Wechselurkunde ist ein Zahlungsmittel und kann somit zur Begleichung von Verbindlichkeiten an einen Gläubiger weitergegeben werden, wenn dieser sich bereit erklärt ihn in Zahlung zu nehmen. Der Wechselinhaber muss dazu eine entsprechende Weitergabeerklärung (Indossament) auf der Rückseite der Wechselurkunde anbringen und mit seiner Unterschrift bestätigen. Jeder Wechselnehmer kann in gleicher Weise mit dem Wechsel verfahren oder ihn am Verfalltag dem Bezogenen vorlegen. Der Wechsel erfüllt hier die Sicherungs-, Kredit- und Zahlungsfunktion.

## Gesetzliche Bestandteile des Wechsels

① Ort und Tag der Ausstellung
② Angabe des Zahlungsortes
③ Angabe des Verfalldatums
④ das Wort „Wechsel" im Text der Urkunde
⑤ Zahlungsklausel
⑥ Name des Bezogenen
⑦ Name des Wechselempfängers (-nehmers)
⑧ Unterschrift des Ausstellers

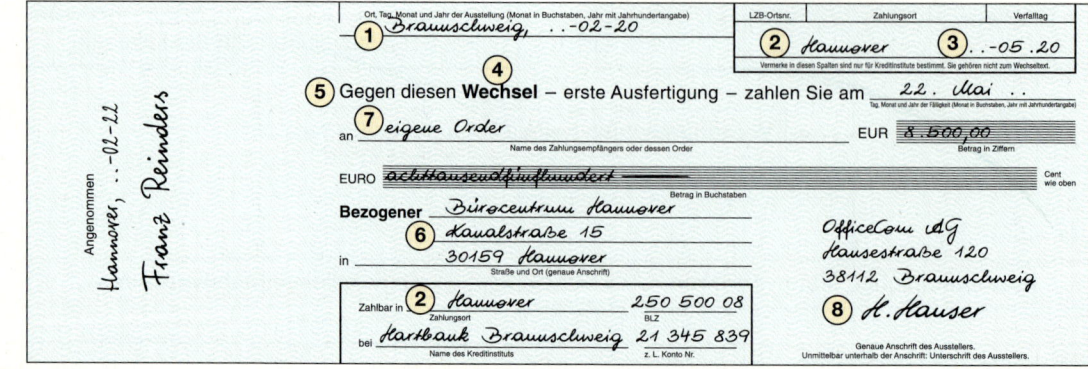

# Verjährung von Forderungen – *Limitation of claims*

## Begriff

Die Verjährung nach dem BGB beschreibt die Zeitspanne (Frist), nach der der Anspruch eines Gläubigers gegenüber seinem Schuldner aufgrund von vertraglichen Vereinbarungen oder deren Nichteinhaltung erlischt.

## Verjährungsfristen

Die Verjährungsfristen nach **§ 195 ff.** und **§ 438 BGB** sind folgendermaßen gestaffelt:

➥ 2 Jahre ⟶ bei Ansprüchen aufgrund von Mängeln an einer Kaufsache

➥ 3 Jahre ⟶ bei fälligen Ansprüchen mit Kenntnis, z. B.:
  - Schadenersatzansprüche aus unerlaubter Handlung
  - Ansprüche wegen arglistig verschwiegener Sachmängel
  - Ansprüche auf regelmäßig wiederkehrende Leistungen (z. B. Miete, Gehalt)

> regelmäßige Verjährungsfrist

➥ 5 Jahre ⟶ bei Ansprüchen aufgrund von Sachmängeln, die zur Mangelhaftigkeit eines Bauwerkes geführt haben

➥ 10 Jahre ⟶ → bei fälligen Ansprüchen ohne Kenntnis (als Maximalfrist); Ausnahmen: Schadenersatzansprüche aus unerlaubter Handlung, Gefährdungshaftung und Pflichtverletzung aus einem Schuldverhältnis
  → Rechte an einem Grundstück

➥ 30 Jahre ⟶ → Schadenersatzansprüche aus unerlaubter Handlung, Gefährdungshaftung und Pflichtverletzung aus einem Schuldverhältnis ohne Fälligkeit und Kenntnis
  → Herausgabeansprüche aus Eigentum
  → Ansprüche aus Familien- und Erbrecht
  → rechtskräftig festgestellte Ansprüche und Ansprüche aus Urteilen rechtskräftig festgestellte Ansprüche im Rahmen von Insolvenzverfahren

## Hemmung der Verjährung

Die Verjährung wird um einen entsprechenden Zeitraum verlängert (gehemmt), wenn folgende Bedingungen gegeben sind:

➥ bei schwebenden Verhandlungen, bis eine Partei weitere Verhandlungen verweigert *(die Verjährung tritt frühestens drei Monate nach dem Ende der Hemmung ein)* **(§ 203 BGB)**
➥ durch Klageerhebung oder Zustellung eines Mahnbescheides oder Anmeldung des Anspruchs in einem Insolvenzverfahren* **(§ 204 BGB)**
➥ bei einer berechtigten Leistungsverweigerung **(§ 205 BGB)**
➥ bei höherer Gewalt **(§ 206 BGB)**

*\* (die Hemmung endet sechs Monate nach der Rechtsentscheidung und beginnt erneut bei Fortführung des Verfahrens)*

## Neubeginn der Verjährung

Nach **§ 212 BGB** gibt es für den Neubeginn einer Verjährungsfrist zwei Gründe:

➥ die Anerkennung eines Anspruchs durch
  … eine Abschlagszahlung
  … eine Zinszahlung
  … die Leistung einer Sicherheit oder in anderer Weise
➥ die Beantragung oder Durchführung einer gerichtlichen bzw. behördlichen rechtskräftigen Vollstreckung

# Factoring

## Begriff

Factoring ist der Ankauf von Forderungen aus Lieferungen und Leistungen (Zielgeschäft) durch eine Factoringgesellschaft (= Factor: meistens die Tochtergesellschaft eines Kreditinstitutes) aufgrund eines längerfristigen Factoringvertrages. Beim Factoring handelt es sich daher um eine kreditähnliche Form der Außen- bzw. Fremdfinanzierung.

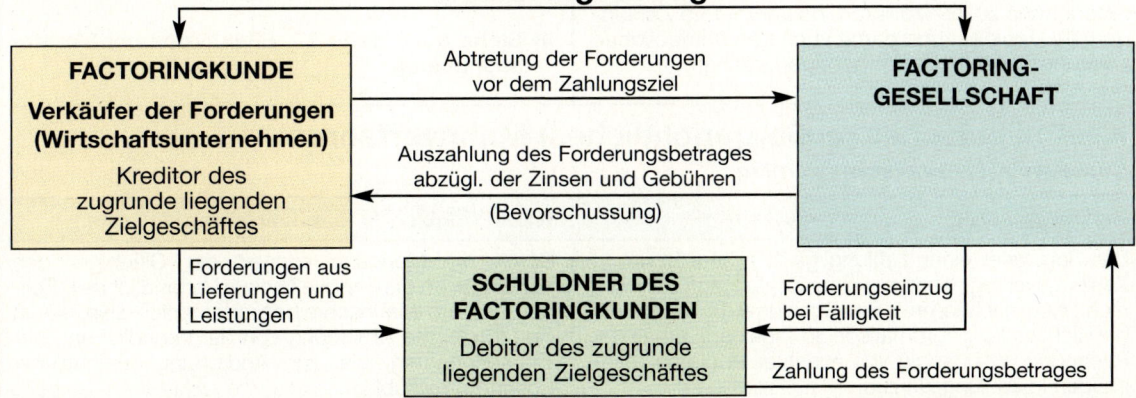

**Factoringvertrag**

# Factoring

## Merkmale des Factoring

Das Factoring bezieht sich ausschließlich auf den Ankauf von Forderungen aus Lieferungen und Leistungen, also auf kurzfristige Forderungen, die gegenüber gewerblichen Debitoren mit längerfristigen Geschäftsbeziehungen zu den Factoringkunden entstehen. Die Anforderungen an die Factoringkunden beinhalten darüber hinaus, dass sie in Produktion oder Handel tätig sind, ein bestimmtes Umsatzvolumen sowie möglichst viele Dauerkunden vorweisen können. Die Forderungen sollten ein bestimmtes Zahlungsziel nicht überschreiten und eine bestimmte Schuldsumme nicht unterschreiten.

## Funktionen des Factorings

Das Factoringgeschäft erfüllt aus Sicht des Factoringkunden verschiedene Funktionen:

➡ *Delkrederefunktion:*

Der Factor übernimmt mit dem Ankauf der Forderungen das Risiko des Forderungsausfalls. Er kann jedoch zweifelhafte Forderungen vom Ankauf ausschließen. In manchen Fällen wird das gesamte Ausfallrisiko ausgeschlossen (unechtes Factoring).

➡ *Finanzierungsfunktion:*

Die angekauften Forderungen werden vom Faktor zu 70–90 % direkt bezahlt (bevorschusst). Die restliche Summe dient als Sicherheit für eventuelle Gewährleistungsansprüche der Debitoren und wird bei vollständigem Rechnungsausgleich vergütet.

➡ *zusätzliche Dienstleistungsfunktionen:*

Der Factor übernimmt für den Factoringkunden die gesamte buchhalterische Verwaltung der Forderungen (Debitorenbuchhaltung) sowie das Mahnwesen und das Inkasso.

## Vorteile des Factoring

Aus den Merkmalen und den Funktionen des Factoring ergibt sich für den Factoringkunden eine **verbesserte Liquidität**

… durch vorzeitige Freisetzung von Kapital aus den Außenständen.

… durch den Wegfall von Rücklagen für das Forderungsausfallrisiko.

… durch bessere Nutzungsmöglichkeiten von Lieferantenskonti.

… durch Einsparung kostenintensiver Verwaltungsarbeit.

… durch eine Verbesserung der Bilanzstruktur (Erhöhung der Eigenkapitalquote).

# Planung und Kontrolle des Rechnungsausgleichs
*Planning and control of the balance of accounts*

## Terminüberwachung beim Rechnungsausgleich

Der Überwachung von Zahlungsfristen bei Eingangsrechnungen durch die Einkaufs- bzw. Buchhaltungsabteilung kommt eine große Bedeutung zu. Einerseits sollten Mahnverfahren jeglicher Art vermieden werden, um den Ruf des Unternehmens nicht nachhaltig zu schädigen und um den Aufbau langjähriger Geschäftsbeziehungen nicht zu gefährden. Andererseits sollten grundsätzlich alle unnötigen Kosten – z. B. für ein gerichtliches Mahnverfahren – vermieden werden. Entsprechende Dateien zur Rechnungsausgleichskontrolle sind daher in fast allen Betrieben üblich. Für den Gläubiger ist es wichtig, den Zahlungseingang für die Ausgangsrechnungen zu kontrollieren, da verspätete Zahlungen die Liquidität und damit auch den betrieblichen Leistungsprozess beeinträchtigen können.

## Skontonutzung – Berechnung des Effektivzinses

Beim Rechnungsausgleich ist zu entscheiden, ob der in den meisten Fällen angebotene Skonto in Anspruch genommen werden soll. Bei einer ausreichenden Liquidität des Schuldners wird dies immer der Fall sein. Bei fehlender Liquidität muss entschieden werden, ob der Zahlungsbetrag für die vorzeitige Zahlung durch einen Kredit finanziert werden soll. Ob dies wirtschaftlich sinnvoll ist, kann aufgrund der jeweils gegebenen Bedingungen errechnet werden. Es kann davon ausgegangen werden, dass eine Überbrückung des Zeitraums zwischen Skontofrist und Zahlungsziel durch die Finanzierung des Zahlungsbetrages generell wirtschaftlich vorteilhaft ist.

➡ **Siehe auch Seite 77: Effektivzins bei Skontoausnutzung**

# Kaufmännisches (außergerichtliches) Mahnverfahren
*Commercial (extrajudicial) warning*

## Zahlungsverzug

Der Schuldner einer Zahlung gerät grundsätzlich in Zahlungsverzug, wenn er seiner Zahlungspflicht nicht rechtzeitig nachkommt. Ein Schuldner befindet sich bei Nichtzahlung automatisch 30 Tage nach Erhalt der Rechnung unabhängig von eventuell erfolgten Mahnungen in Zahlungsverzug.

## Kaufmännisches Mahnverfahren

Durch die Mahnung erinnert der Gläubiger den Schuldner an die Fälligkeit seiner Verbindlichkeit. Sollten mehrere Mahnschreiben erforderlich sein, so ist eine inhaltliche Abstufung von der freundlichen Zahlungserinnerung bis zur Androhung gerichtlicher Schritte praxisüblich.

3525100

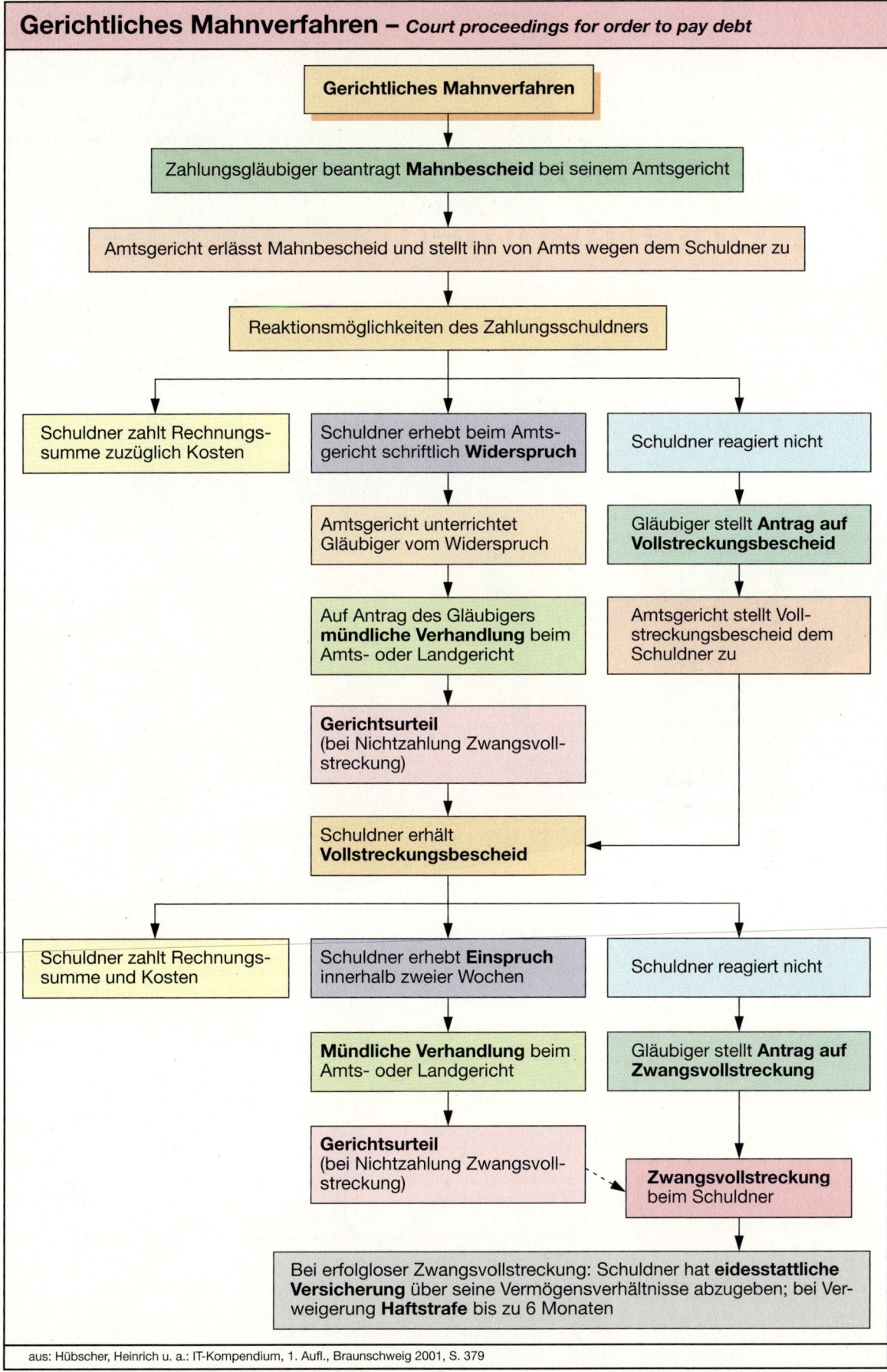

## Gerichtliches Mahnverfahren – *Court proceedings for order to pay debt*

**Gerichtliches Mahnverfahren**

Zahlungsgläubiger beantragt **Mahnbescheid** bei seinem Amtsgericht

Amtsgericht erlässt Mahnbescheid und stellt ihn von Amts wegen dem Schuldner zu

Reaktionsmöglichkeiten des Zahlungsschuldners

Schuldner zahlt Rechnungssumme zuzüglich Kosten

Schuldner erhebt beim Amtsgericht schriftlich **Widerspruch**

Schuldner reagiert nicht

Amtsgericht unterrichtet Gläubiger vom Widerspruch

Gläubiger stellt **Antrag auf Vollstreckungsbescheid**

Auf Antrag des Gläubigers **mündliche Verhandlung** beim Amts- oder Landgericht

Amtsgericht stellt Vollstreckungsbescheid dem Schuldner zu

**Gerichtsurteil** (bei Nichtzahlung Zwangsvollstreckung)

Schuldner erhält **Vollstreckungsbescheid**

Schuldner zahlt Rechnungssumme und Kosten

Schuldner erhebt **Einspruch** innerhalb zweier Wochen

Schuldner reagiert nicht

**Mündliche Verhandlung** beim Amts- oder Landgericht

Gläubiger stellt **Antrag auf Zwangsvollstreckung**

**Gerichtsurteil** (bei Nichtzahlung Zwangsvollstreckung)

**Zwangsvollstreckung** beim Schuldner

Bei erfolgloser Zwangsvollstreckung: Schuldner hat **eidesstattliche Versicherung** über seine Vermögensverhältnisse abzugeben; bei Verweigerung **Haftstrafe** bis zu 6 Monaten

aus: Hübscher, Heinrich u. a.: IT-Kompendium, 1. Aufl., Braunschweig 2001, S. 379

**7**

# 8
# Rechtsformen
# der Unternehmen

# Unternehmensgründung – *Foundation of companies*

## Firma

Die **Firma** eines Kaufmanns ist laut § 17 HGB der Name, unter dem er seine Geschäfte betreibt und die Unterschrift abgibt. Er kann unter seiner Firma klagen und verklagt werden.

## Firmengrundsätze

Damit Firmen im Markt eindeutig unterscheidbar sind, wurden so genannte **Firmengrundsätze** aufgestellt:

### Firmenwahrheit, Firmenklarheit

Der gewählte Name soll wahr sein. Er soll keine Angaben enthalten, die geeignet sind, über geschäftliche Verhältnisse des Unternehmens, die für die Öffentlichkeit maßgeblich sind, irrezuführen (§ 18 HGB). Ein Kleinbetrieb darf also nicht unter einem Namen firmieren, der den Eindruck erweckt, es handele sich um ein Großunternehmen.

### Rechtsformzusatz

Aus einem Zusatz beim Geschäftsnamen muss eindeutig hervorgehen, um welche Rechtsform es sich handelt, zum Beispiel: OHG, KG, GmbH, AG, e.K., e.Kfm., e. Kfr.

### Firmenausschließlichkeit

Jede neue Firma muss sich von allen an demselben Ort oder in derselben Gemeinde bereits bestehenden und in das Handelsregister eingetragenen Firmen deutlich unterscheiden (§ 30 HGB).

### Firmenbeständigkeit

Ändert sich der bürgerliche Name eines Kaufmanns oder wird das Unternehmen an ein anderes verkauft, so kann der alte Name des Unternehmens weitergeführt werden. Das bisherige positive Image des Unternehmens bleibt so erhalten.

### Firmenöffentlichkeit

Jeder Kaufmann ist laut § 29 HGB verpflichtet seine Firma in das zuständige Handelsregister eintragen zu lassen.

## Handelsregister

Jeder Kaufmann ist laut § 29 HGB verpflichtet seine Firma im Handelsregister (öffentliches Verzeichnis aller Kaufleute) anzumelden. Gegenstand der **Eintragung** sind u. a.:

- Firma
- Sitz des Unternehmens
- Gegenstand des Unternehmens
- Inhaber
- Haftungsverhältnisse
- Rechtsform
- besondere Rechtsverhältnisse (z. B. Prokura)

Das zuständige Gericht (Amtsgericht) hat laut § 10 HGB die Eintragungen in das Handelsregister durch die Veröffentlichung im Bundesanzeiger und in mindestens einer anderen Zeitung (i. d. R. Regionalzeitung) bekannt zu machen. Eintragungen genießen **öffentlichen Glauben**, d. h., jeder muss sie gegen sich gelten lassen (z. B. beim Rechtsstreit). Das Handelsregister weist **zwei Abteilungen** auf:

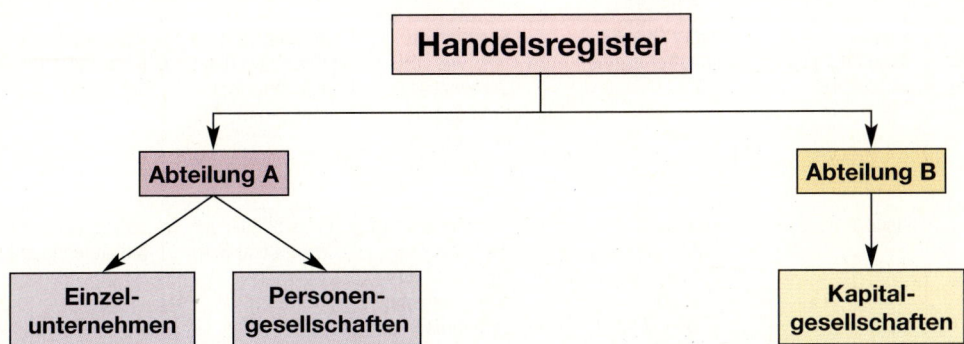

## Bestimmungsgründe für die Wahl einer Rechtsform

Bevor eine oder mehrere Personen ein Unternehmen rechtlich gründen, müssen verschiedene Überlegungen zur **Wahl der geeigneten Rechtsform** angestellt werden:

- **Kapitalaufbringung** (Anzahl der Personen, Höhe der Kapitalsumme)
- **Haftungsumfang** (Voll- oder Teilhafter)
- **Steuerrechtliche Behandlung** (z. B. des Gewinns)
- **Entscheidungsbefugnisse** (z. B. Geschäftsführung, Vertretung)
- **Gewinn- und Verlustverteilung**
- **Rechtliche Vorschriften zur Mitbestimmung**

# Rechtsformen der Unternehmungen – *Legal terms of enterprises*

```
                          Rechtsformen
   ┌──────────────────────────┼──────────────────────────┐
   ▼                          ▼                          ▼
Einzelunternehmungen   Gesellschaftsunternehmungen    Sonderformen
                    ┌──────────┴──────────┐       z.B.: BGB-Gesell-
                    ▼                     ▼            schaft,
            Personengesellschaften   Kapitalgesellschaften   Genossen-
            z.B.: OHG, KG            z.B.: GmbH, AG           schaft
```

## Merkmale ausgewählter Rechtsformen

| Rechtsform / Merkmale | Einzelunternehmung | Offene Handelsgesellschaft | Kommanditgesellschaft | Gesellschaft mit beschränkter Haftung | Aktiengesellschaft |
|---|---|---|---|---|---|
| Allgemeines Merkmal | Kaufmann | Betrieb eines Handelsgewerbes | Betrieb eines Handelsgewerbes | Für jeden beliebigen Zweck | Für jeden beliebigen Zweck |
| Firmenzusatz | Eingetragene(r) Kauffrau/-mann | OHG | KG | GmbH | AG |
| Anzahl der Gründer | 1 Person | mindestens 2 Personen | mindestens 2 Personen | mindestens 1 Person | mindestens 1 Person |
| Mindestkapital | Keine Vorschriften | Keine Vorschriften | Keine Vorschriften | Stammkapital (Gezeichnetes Kapital): 25.000 € | Grundkapital (Gezeichnetes Kapital): 50.000 € |
| Haftung | – Betriebs- und Privatvermögen<br>– unbeschränkt | – Gesellschafter mit Einlage und Privatvermögen<br>– unbeschränkt, unmittelbar, solidarisch | – Komplementäre: wie OHG-Gesellschafter<br>– Kommanditisten: beschränkt auf die Einlage | Gesellschaft beschränkt auf das Stammkapital | Gesellschaft beschränkt auf das Grundkapital |
| Gesetzliche Regelung der Geschäftsführungsbefugnis (Innenverhältnis) | Inhaber berechtigt und verpflichtet | – Jeder Gesellschafter alleine<br>– Widerspruchsrecht des einzelnen Gesellschafters<br>– Zustimmung aller Gesellschafter bei außergewöhnlichen Geschäften | – Komplementäre: wie OHG-Gesellschafter<br>– Kommanditisten: Kontrollrecht der Bilanz; Widerspruchsrecht bei außergewöhnlichen Geschäften | Der Geschäftsführer bzw. die Geschäftsführer gemeinsam | Alle Vorstandsmitglieder gemeinsam |
| Gesetzliche Regelung der Vertretungsbefugnis (Außenverhältnis) | Inhaber berechtigt und verpflichtet | Jeder Gesellschafter alleine | – Komplementäre: wie OHG-Gesellschafter<br>– Prokuraerteilung an Kommanditisten möglich | Der Geschäftsführer bzw. die Geschäftsführer gemeinsam | Alle Vorstandsmitglieder gemeinsam |
| Gesetzliche Regelung der Erfolgsverteilung | insgesamt | – Gewinn: 4 % auf die Kapitaleinlage, Rest nach Köpfen<br>– Verlust nach Köpfen | – Gewinn: 4 % auf die Kapitaleinlage, Rest im angemessenen Verhältnis<br>– Verlust im angemessenen Verhältnis | Im Verhältnis der Geschäftsanteile | Im Verhältnis der Aktiennennbeträge |
| Organe | – | – | – | – Geschäftsführer<br>– Aufsichtsrat (ab 500 Arbeitnehmern zwingend)<br>– Gesellschafterversammlung | – Vorstand<br>– Aufsichtsrat<br>– Hauptversammlung |

aus: Hübscher, Heinrich u. a.: IT-Kompendium, 1. Aufl., Braunschweig 2001, S. 14

8

# Kommanditgesellschaft (KG) als Beispiel einer Personengesellschaft

## Begriff

Laut § 161 HGB ist eine KG eine Gesellschaft, deren Zweck auf den Betrieb eines Handelsgewerbes unter gemeinschaftlicher Firma gerichtet ist. Bedingung ist weiterhin, dass es sowohl mindestens einen Kommanditisten (Teilhafter) als auch mindestens einen Komplementär (Vollhafter) gibt.

## Haftung und Geschäftsführung

Beim **Kommanditisten** ist die Haftung gegenüber den Gesellschaftsgläubigern auf den Betrag einer bestimmten Vermögenseinlage beschränkt, während beim **Komplementär** keine Haftungsbeschränkung existiert. Man nennt Letzteren deswegen auch persönlich haftenden Gesellschafter.

Jeder **Komplementär** haftet:

- **unbeschränkt** (mit Betriebs- und Privatvermögen)

- **gesamtschuldnerisch** (ein Gläubiger kann einzelnen Komplementär mit der Gesamtschuldsumme belasten und entsprechend verklagen)

- **unmittelbar** (ein Komplementär kann Gläubiger bei Forderungen nicht auf andere Komplementäre verweisen)

Aus dieser grundsätzlichen Unterscheidung zwischen Voll- und Teilhafter ergibt sich, dass die Komplementäre die Geschäfte führen und die Kommanditisten prinzipiell von der Geschäftsführung ausgeschlossen sind. Allerdings hat der Kommanditist die Möglichkeit, bei außergewöhnlichen Entscheidungen zu widersprechen. Die Geschäftsführung der Komplementäre ist prinzipiell eine **Einzelgeschäftsführung**, d.h., jeder kann allein Entscheidungen fällen. Nur bei **außergewöhnlichen Handlungen** (z.B. Bestellung eines Prokuristen oder Auflösung des Unternehmens) ist die Zustimmung aller Komplementäre notwendig. Die KG wird **nach außen** durch die Komplementäre vertreten. Sie haben **Einzelvertretungsmacht,** d.h., jeder einzelne Vollhafter vertritt die KG sowohl bei gerichtlichen als auch bei außergerichtlichen Handlungen. Die Teilhafter, die Kommanditisten, haben keine Vertretungsmacht.

## Gewinn- und Verlustverteilung

In der Regel wird bei Gründung einer Kommanditgesellschaft ein Gesellschaftsvertrag schriftlich geschlossen. In diesem Vertrag befinden sich auch Angaben über die geplante Gewinn- und Verlustverteilung. Das unterschiedliche Engagement oder bestimmte Fachkenntnisse der einzelnen Gesellschafter können so von vornherein für die Ergebnisverteilung zu unterschiedlichen Anteilen führen. Wird ein Gesellschaftsvertrag nicht vereinbart, so gilt die **gesetzliche Regelung** laut HGB. Danach erhalten sämtliche Gesellschafter zunächst 4% auf ihr eingebrachtes Kapital. Übersteigt der zu verteilende Gewinn diese Höhe, ist der Rest im angemessenen Verhältnis zu verteilen.

Ein entstehender **Verlust** ist im angemessenen Verhältnis zu verteilen, allerdings kann der Kommanditist maximal bis zur Höhe seines Kapitalanteils belastet werden.

## Kündigung

Ein Kommanditist hat eine Kündigungsfrist von sechs Monaten zum Ende des Geschäftsjahres.

## Auflösung der KG

**Gründe für die Auflösung** einer Kommanditgesellschaft können sein:

| Ablauf der im Gesellschaftsvertrag vereinbarten Zeit | Eröffnung des Insolvenzverfahrens | Gerichtliche Entscheidung |
| --- | --- | --- |

Beim **Tod eines Kommanditisten** übernimmt der Erbe die Pflichten und Rechte, es sei denn, etwas anderes ist im Gesellschaftsvertrag vereinbart.

# Aktiengesellschaft (AG) als Beispiel einer Kapitalgesellschaft

## Begriff

Die AG ist laut § 1 AktG eine Gesellschaft mit eigener Rechtspersönlichkeit, bei der nur mit dem Gesellschaftsvermögen gehaftet wird. Diese Rechtsform hat ein in **Aktien** (Anteile) zerlegtes Grundkapital, das mindestens 50.000 € aufweisen muss.

Bei den Aktien wird zwischen dem aufgedruckten **Nennbetrag** (Nennwert) und dem sich aufgrund von Angebot und Nachfrage an der Börse ergebenden **Kurswert** unterschieden.

## Bedeutung

Aktiengesellschaften bieten die Möglichkeit, große Geldsummen über die Ausgabe von Aktien aufzubringen. Damit können **Großinvestitionen** (z.B. Luft- und Raumfahrttechnik) vorgenommen werden, die bei anderen Rechtsformen häufig am Kapitalmangel scheitern. Ein zusätzlicher Vorteil ist bei börsennotierten Aktiengesellschaften die **leichte Übertragbarkeit** der Aktien.

## Organe

**Vorstand**

Leitendes/ausführendes Organ
(vertritt die AG nach außen)

↑ bestellt den Vorstand

**Aufsichtsrat**

Überwachendes Organ (Kontrollorgan)
(überwacht die Geschäftsführung und
hat Recht auf Einsicht und
Prüfung der Bücher)

↑ wählt Aktionärsvertreter des Aufsichtsrates

**Hauptversammlung**

Beschlussfassendes Organ
(die Aktionäre haben Stimmrecht nach Nennbeträgen;
sie entscheiden u. a. über die Verwendung
des Bilanzgewinns)

# Mitbestimmung auf Unternehmensebene – *Management participation*

## Historische Einordnung

Aufgrund unterschiedlicher historischer Bedingungen (z.B. Einfluss der Alliierten unmittelbar nach dem Ende des 2. Weltkrieges) existieren drei unterschiedliche Mitbestimmungsgesetze, die die Mitbestimmung auf Unternehmensebene regeln. Sie unterscheiden sich zum Teil erheblich in dem Maße, indem Arbeitnehmer auf Unternehmensentscheidungen Einfluss nehmen können.

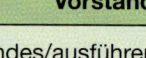

**Mitbestimmungsgesetze**

| **Montanmitbestimmungsgesetz von 1951** | **Betriebsverfassungsgesetz von 1952 bzw. 1972** | **Mitbestimmungsgesetz von 1976** |
|---|---|---|

# Mitbestimmung auf Unternehmensebene – *Management participation*

## Mitbestimmung nach dem Betriebsverfassungsgesetz

Dieses Gesetz aus der Zeit der „Adenauerregierung" (CDU-Bundeskanzler) regelt die Mitbestimmungsrechte von Arbeitnehmern im Aufsichtsrat von **Kapitalgesellschaften** (§ 129 BetrVerfG) **mit mehr als 500 Arbeitnehmern.** Weisen diese Unternehmen mehr als 2 000 Arbeitnehmer auf, greift das Mitbestimmungsgesetz von 1976.

| Aufsichtsrat | |
|---|---|
| 1/3 Vertreter der Arbeitnehmer | 2/3 Vertreter der Anteilseigner |

## Mitbestimmung nach dem Mitbestimmungsgesetz von 1976

Dieses Gesetz entstand im Zeichen großer gesellschaftlicher Veränderungen in der Bundesrepublik Deutschland, es wurde von der sozial-liberalen Bundesregierung (SPD-Bundeskanzler Schmidt) 1976 verabschiedet. Es regelt die Mitbestimmung in **Kapitalgesellschaften mit mehr als 2 000 Arbeitnehmern.** Eine besondere Rolle spielt bei diesem Gesetz der Vorsitzende des Aufsichtsrates, der bei Stimmengleichheit **(Pattsituation)** von Arbeitnehmer- und Anteilseignervertretern zwei Stimmen hat. Diese Person wird im 1. Wahlgang von zwei Dritteln aller Aufsichtsratsmitgliedergewählt. Ist ein 2. Wahlgang notwendig, wählen allein die Anteilseigner den Vorsitzenden. Daraus ergibt sich, dass bei diesem Mitbestimmungsmodell von einer echten paritätischen Mitbestimmung nicht gesprochen werden kann, obwohl es häufig so bezeichnet wird.

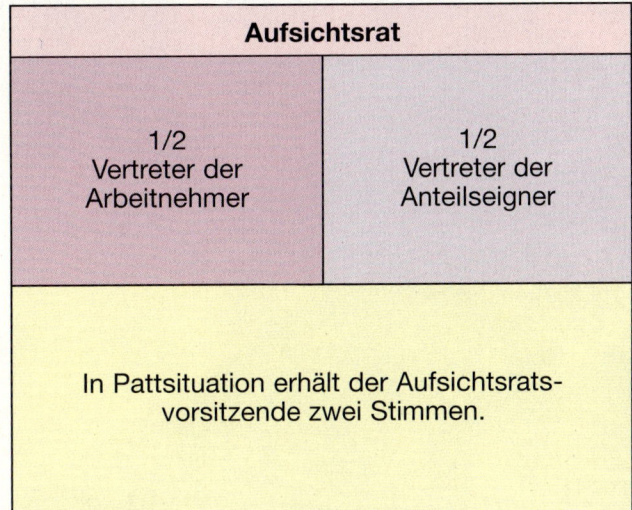

In Pattsituation erhält der Aufsichtsratsvorsitzende zwei Stimmen.

## Mitbestimmung nach dem Montanmitbestimmungsgesetz

Im Zeichen der Neuordnung Europas nach dem Ende des 2. Weltkrieges (z. B. Gründung zweier deutscher Staaten) entstand 1951 das **Montanmitbestimmungsgesetz,** das u. a. den politischen Einfluss der Alliierten auf die deutsche Politik widerspiegelt. Die Mitbestimmung wurde nach diesem Gesetz in den damals wirtschaftlich zentralen Branchen Bergbau sowie Eisen und Stahl erzeugende Industrie **(Montanindustrie)** eingeführt. Voraussetzungen sind außerdem das Vorliegen der Rechtsform einer Kapitalgesellschaft oder einer bergrechtlichen Gewerkschaft und die Beschäftigung von mehr als 1 000 Arbeitnehmern.

Bei diesem Modell der **paritätischen Mitbestimmung** kann aufgrund des **neutralen Mitgliedes** eine Pattsituation nicht auftreten, da die Gesamtzahl der Aufsichtsratsmitglieder eine ungerade Zahl (z. B. 11) sein muss. Das neutrale Mitglied muss sowohl von der Kapital- als auch von der Arbeitnehmerseite gewählt werden. Außerdem sieht das Gesetz die Wahl eines **Arbeitsdirektors** im **Vorstand** vor, der i. d. R. für das Personal- und Sozialwesen zuständig ist und nicht gegen die Mehrheit der Arbeitnehmervertreter im Aufsichtsrat bestellt werden kann.

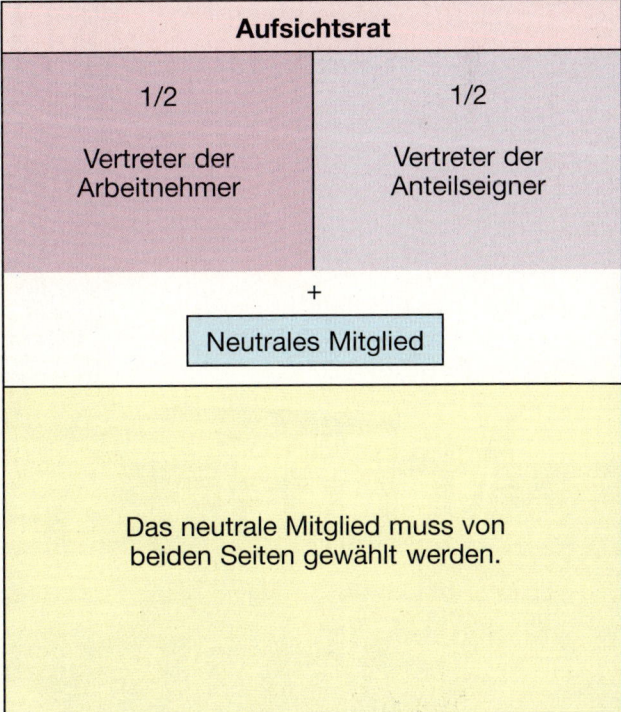

Das neutrale Mitglied muss von beiden Seiten gewählt werden.

# 9
# Finanzierung und Investition

# Finanzierung – Investition – *Financing – Investment*

## Begriff

**Finanzierung** als betriebswirtschaftliche Funktion eines Unternehmens:

Sämtliche **Maßnahmen** eines Unternehmens, die der **Beschaffung von Kapital** für unternehmerische Aktivitäten dienen.

Damit sichert die Finanzierung
1. den **Erwerb** betrieblicher Vermögenswerte und
2. den **Erhalt** betrieblicher Vermögenswerte bzw. die Leistungsfähigkeit des Unternehmens (z.B. durch Liquiditätssicherung[1]).

[1] Liquiditätssicherung: Sicherung der Zahlungsfähigkeit eines Unternehmens

## Mittelverwendung und Mittelherkunft

Wird die **Finanzierung** als **Kapitalbeschaffung** definiert, so beschreibt die **Investition** ganz allgemein die **Kapitalverwendung.** Dieser Zusammenhang lässt sich in der Bilanz einer Unternehmung darstellen:

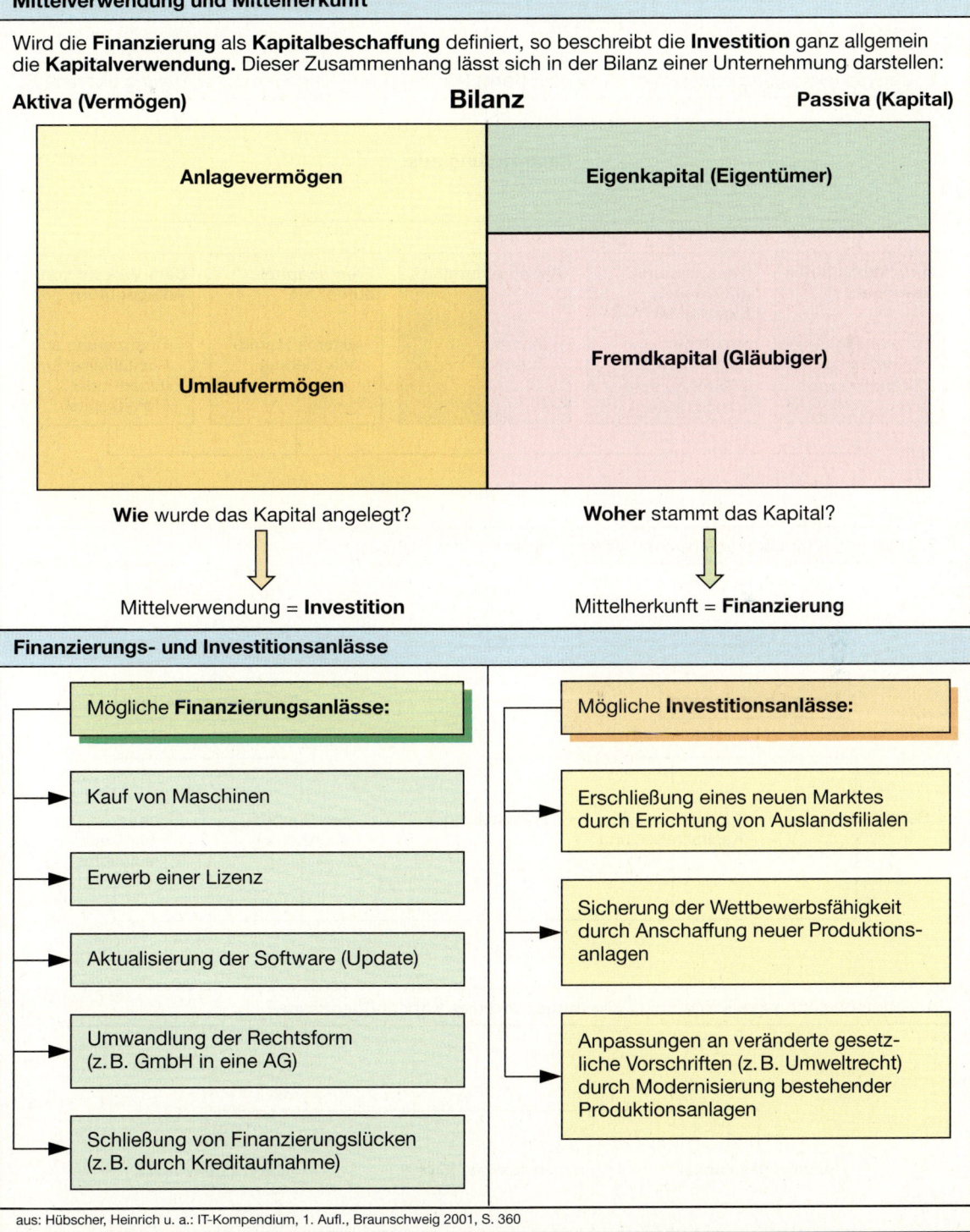

## Finanzierungs- und Investitionsanlässe

Mögliche **Finanzierungsanlässe:**

Kauf von Maschinen

Erwerb einer Lizenz

Aktualisierung der Software (Update)

Umwandlung der Rechtsform (z.B. GmbH in eine AG)

Schließung von Finanzierungslücken (z.B. durch Kreditaufnahme)

Mögliche **Investitionsanlässe:**

Erschließung eines neuen Marktes durch Errichtung von Auslandsfilialen

Sicherung der Wettbewerbsfähigkeit durch Anschaffung neuer Produktionsanlagen

Anpassungen an veränderte gesetzliche Vorschriften (z.B. Umweltrecht) durch Modernisierung bestehender Produktionsanlagen

aus: Hübscher, Heinrich u. a.: IT-Kompendium, 1. Aufl., Braunschweig 2001, S. 360

# Finanzierungsarten – *Types of financing*

**1. Unterscheidungsgesichtspunkt: Welche Rechtsstellung haben die Kapitalgeber?**

**Eigenfinanzierung**　　　　　　　　　　**Fremdfinanzierung**

**2. Unterscheidungsgesichtspunkt: In welcher Form können Eigen- und Fremdfinanzierung auftreten?**

**Finanzierung aus:**

| **zurückbehaltenen Gewinnen** | **Kapitalzufuhr alter/neuer Eigentümer** | **Abschreibungen** | **Fremdkapital-aufnahme** | **dem Verkauf von Anlagegütern** |
|---|---|---|---|---|
| = interne Eigen-finanzierung<br>= Selbstfinanzie-rung | = externe Eigen-finanzierung<br>= Beteiligungs-finanzierung | = interne Eigenfinanzierung | = externe Fremd-finanzierung | = Finanzierung aus Kapitalfreisetzung (Eigen- oder Fremdkapital) |

**3. Unterscheidungsgesichtspunkt: Welche Herkunft hat das Kapital?**

**Innenfinanzierung**　　　　　　　　　　**Außenfinanzierung**

| Selbstfinanzierung | Finanzierung aus Kapitalfreisetzung | Rückstellungen | Beteiligungs-finanzierung | Finanzierung aus Fremdkapital-aufnahme |
|---|---|---|---|---|

**4. Unterscheidungsgesichtspunkt: Wie lange wird das Kapital überlassen?**

kurzfristiges Kapital　　　　mittelfristiges Kapital　　　　langfristiges Kapital

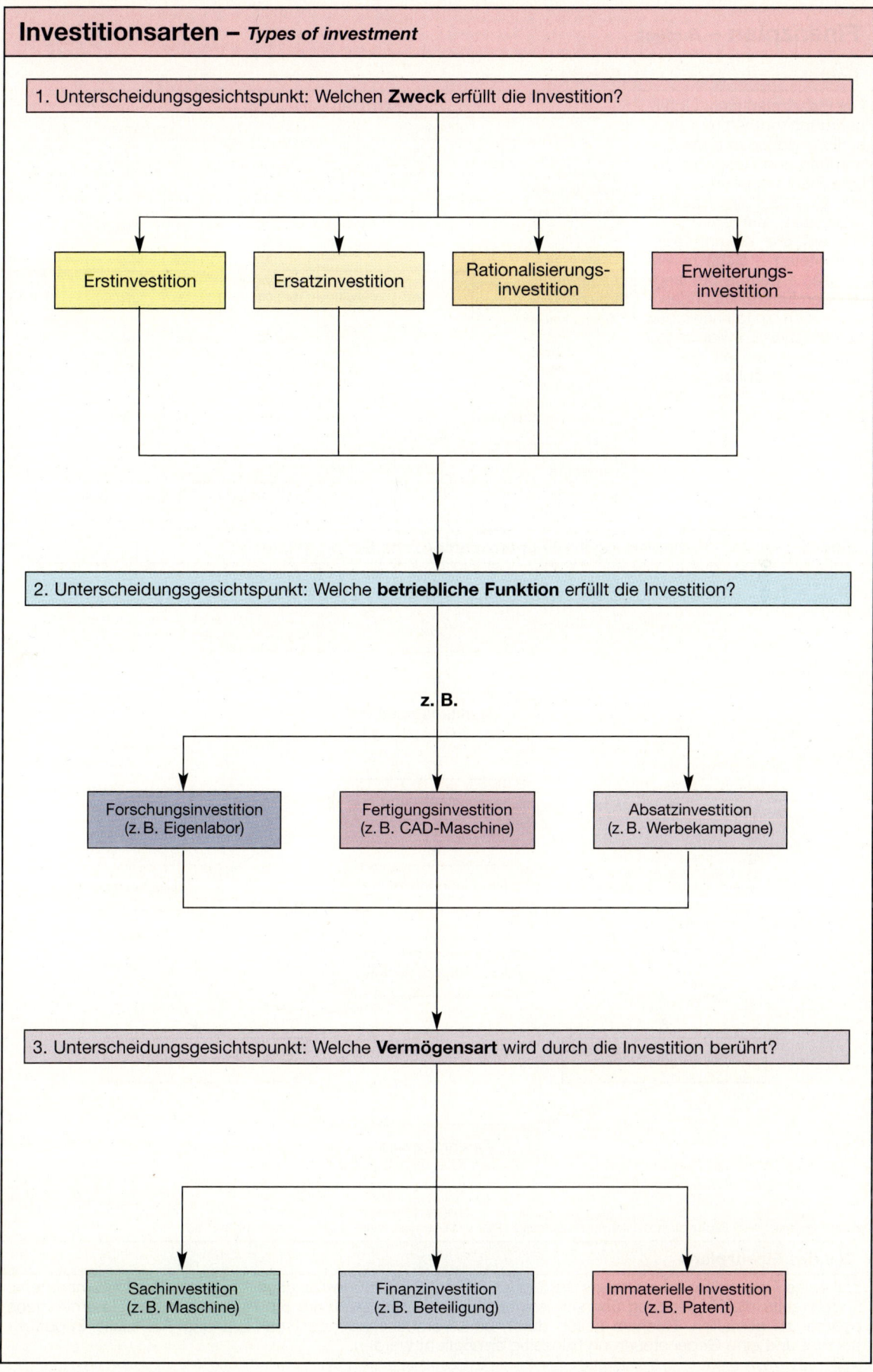

**Investitionsarten** – *Types of investment*

1. Unterscheidungsgesichtspunkt: Welchen **Zweck** erfüllt die Investition?

- Erstinvestition
- Ersatzinvestition
- Rationalisierungsinvestition
- Erweiterungsinvestition

2. Unterscheidungsgesichtspunkt: Welche **betriebliche Funktion** erfüllt die Investition?

**z. B.**

- Forschungsinvestition (z. B. Eigenlabor)
- Fertigungsinvestition (z. B. CAD-Maschine)
- Absatzinvestition (z. B. Werbekampagne)

3. Unterscheidungsgesichtspunkt: Welche **Vermögensart** wird durch die Investition berührt?

- Sachinvestition (z. B. Maschine)
- Finanzinvestition (z. B. Beteiligung)
- Immaterielle Investition (z. B. Patent)

9

# Finanzplan – *Budget*

## Begriff

Der Finanzplan einer Unternehmung enthält die Aufstellung der erwarteten Einnahmen und Ausgaben für eine Planungsperiode (z.B. ein Quartal, ein Halbjahr oder sogar mehrere Jahre). Die auf die Zukunft ausgerichteten Schätzwerte müssen – gerade bei langfristigen Finanzplanungen – laufend an die tatsächlichen betrieblichen Entwicklungen angepasst werden. Der Finanzplan muss Teil der Gesamtplanung eines Unternehmens sein.

## Beispiel

| Finanzplan vom ... bis ... | | | | | | |
|---|---|---|---|---|---|---|
| | Januar | | | | Februar | |
| | 1. Woche | 2. Woche | 3. Woche | 4. Woche | 1. Woche | 2. Woche |
| **Zahlungs- mittelbestand** | 50.000 | 96.000 | 106.000 | 10.000 | 37.000 | –66.000 |
| **Einzahlungen** | | | | | | |
| ... aus Umsätzen | 200.000 | 180.000 | 140.000 | 160.000 | 120.000 | 150.000 |
| ... des Finanzbereichs | – | 10.000 | 2.000 | – | – | – |
| ... sonstige | – | – | – | 10.000 | – | – |
| **Einzahlungen insgesamt** | 200.000 | 190.000 | 142.000 | 170.000 | 120.000 | 150.000 |
| **Auszahlungen** | | | | | | |
| ... für Personal | 58.000 | 64.000 | 64.000 | 60.000 | 60.000 | 58.000 |
| ... für Material | 82.000 | 96.000 | 90.000 | 80.000 | 140.000 | 60.000 |
| ... für Steuern | – | – | – | – | 20.000 | – |
| ... für Anlagen- investitionen | – | – | 80.000 | – | – | – |
| ... des Finanzbereichs | 4.000 | 4.000 | 4.000 | 3.000 | 3.000 | 2.000 |
| ... sonstige | 10.000 | 16.000 | – | – | – | – |
| **Auszahlungen insgesamt** | 154.000 | 180.000 | 238.000 | 143.000 | 223.000 | 120.000 |
| **Überdeckung (+)/ Unterdeckung (–)** | +96.000 | +106.000 | +10.000 | +37.000 | –66.000 | –36.000 |

## Einordnung der Finanzplanung in die unternehmerische Gesamtplanung

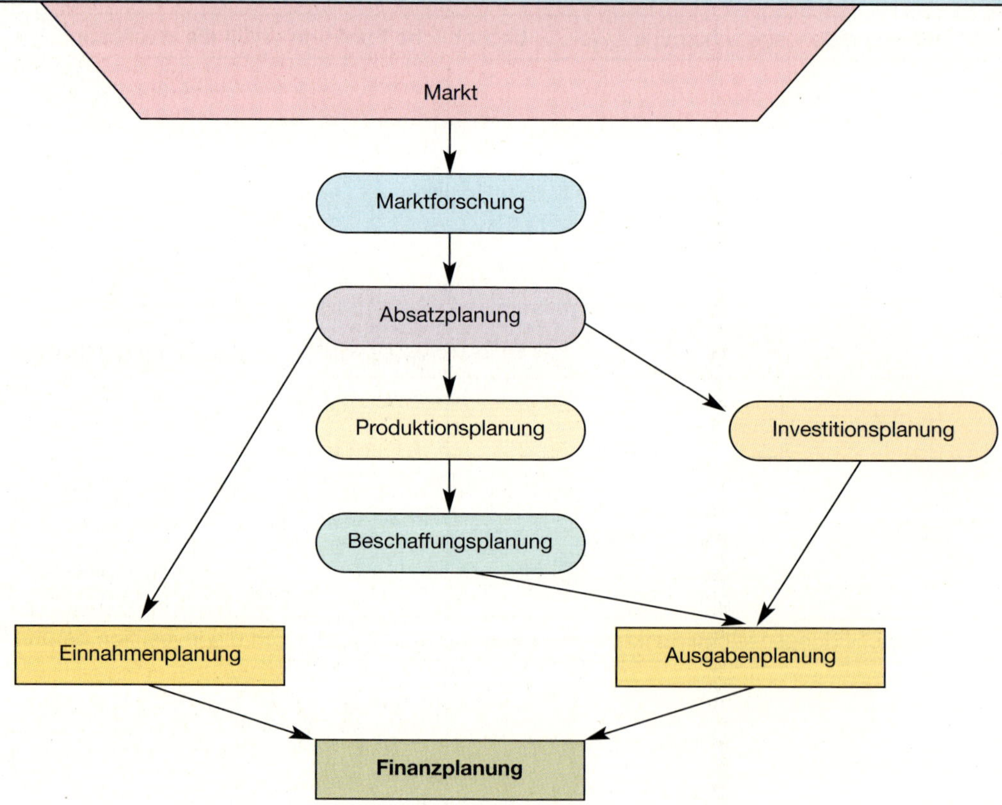

Markt

↓

Marktforschung

↓

Absatzplanung

↓                          ↘

Produktionsplanung        Investitionsplanung

↓

Beschaffungsplanung

Einnahmenplanung          Ausgabenplanung

→ **Finanzplanung** ←

nach: Jahrmann, Ullrich: Finanzierung. Darstellung, Kontrollfragen, Fälle und Lösungen, 3. Auflage, Herne, Berlin 1996, S. 447

## Ziel des Finanzplans

Ziel eines Finanzplans ist einerseits die Sicherstellung der Zahlungsfähigkeit (Liquidität) des Unternehmens, andererseits die Begrenzung überschüssiger Finanzierungsmittel, um die Rentabilität des Unternehmens optimal zu gestalten. Deshalb sollen durch eine vorausschauende Finanzplanung finanzielle Engpässe erkannt und eine Gegensteuerung frühzeitig ermöglicht werden.

3525112

# Sicherungsmöglichkeiten von Kreditarten – *Security arrangements of credits*

## Sicherungsmöglichkeiten von Kreditarten

### Personalsicherheiten

Bei so genannten Personalkrediten haftet die Person oder Dritte für die Kreditsumme.

Nach der Art der **persönlichen Haftung** werden folgende Personalkredite unterschieden:

### Blankokredit

Der Kreditgeber gewährt Kredit ohne besondere Sicherheit.

### Bürgschaftskredit

Ihm liegen zwei Verträge zugrunde: Der **Kreditvertrag** (zwischen Kreditnehmer und -geber) und der **Bürgschaftsvertrag** (zwischen Bürge und Kreditgeber). Beim **Bürgschaftsvertrag** verpflichtet sich der **Bürge** für die Verbindlichkeiten des Kreditnehmers einzustehen, wenn dieser nicht leisten kann.

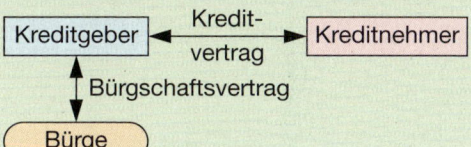

### Zessionskredit (Sicherungsabtretung)

Bei dieser Kreditart werden Forderungen des Kreditnehmers gegenüber Dritten an den Kreditgeber als Sicherheit abgetreten.
**Beispiel:**
Ein Kreditnehmer tritt eine Forderung aus einer bereits bestehenden Lebensversicherung an den Kreditgeber für den Fall ab, dass der Kreditnehmer den Kredit nicht zurückzahlen kann.

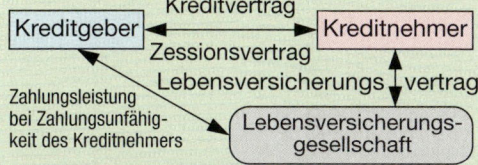

### Zessionsarten

Bei der **stillen Zession** weiß der so genannte Drittschuldner (z. B. Lebensversicherung) nichts von der Forderungsabtretung seines Gläubigers. Bei der **offenen Zession** wird der Drittschuldner von der Forderungsabtretung benachrichtigt.

### Realsicherheiten

Bei so genannten Realkrediten stehen nicht Personen, sondern bewegliche oder unbewegliche Sachen (dingliche Sicherheit) im Mittelpunkt der Kreditsicherung.

Nach der Art der **dinglichen Haftung** werden folgende Realkredite unterschieden:

### Eigentumsvorbehalt

Der Verkäufer einer Ware bleibt bis zur vollständigen Bezahlung Eigentümer, der Käufer ist zunächst nur Besitzer der Ware.

**Arten des Eigentumsvorbehalts**

Beim **einfachen Eigentumsvorbehalt** erlischt der Anspruch auf Herausgabe der gelieferten Ware z. B. beim gutgläubigen Erwerb durch Dritte oder bei Weiterverarbeitung.
Soll dieser rechtliche Nachteil für den Verkäufer ausgeschlossen werden, kann der **verlängerte Eigentumsvorbehalt** von beiden Seiten vertraglich vereinbart werden: er sieht z. B. eine Forderungsabtretung vor. Wird der so genannte **erweiterte Eigentumsvorbehalt** vereinbart, erweitert sich der Zugriff des Verkäufers auch auf andere von ihm an den Käufer gelieferte Ware.

### Sicherungsübereignungskredit

Bei dieser Kreditart wird das Eigentum an einer beweglichen Sache (z. B. einer Maschine, einem Auto) zur Kreditsicherung an den Kreditgeber abgetreten. Der Kreditnehmer bleibt aber im Besitz des Gegenstandes und kann ihn weiter nutzen.

### Lombardkredit (Pfandrecht)

Das Pfandrecht dient dem Kreditgeber zur Absicherung eines Lombardkredites. Der Kreditnehmer kann hierbei bewegliche Sachen (z. B. Pelzmantel, Wertpapiere) verpfänden. Durch die Pfandübergabe geht der Besitz auf den Kreditgeber über, der Kreditnehmer bleibt aber Eigentümer des Gegenstandes.

### Hypothek

Bei dieser Kreditart wird zur Absicherung einer Forderung dem Kreditgeber sowohl ein Pfandrecht an einem Grundstück (dingliche Sicherheit) als auch der Zugriff auf das gesamte Vermögen (persönliche Haftung) des Kreditnehmers eingeräumt. Die Hypothek ist mit einer Forderung untrennbar verbunden und wird ins Grundbuch eingetragen.

### Grundschuld

Hierbei besteht ebenso wie bei der Hypothek ein Pfandrecht des Kreditgebers an einem Grundstück (dingliche Sicherheit), allerdings keine persönliche Haftung des Kreditnehmers. Die Grundschuld setzt das Bestehen einer Forderung nicht voraus.

vgl. Hübscher, Heinrich u. a.: IT-Kompendium, 1. Aufl., Braunschweig 2001, S. 361

# Nutzung von Auskunfteien zur Absicherung von Finanzierungsrisiken

**Auskunfteien** sind Unternehmen, häufig in der Form eines Vereins geführt, die interessierten Unternehmen Informationen über bestehende oder zukünftige Geschäftsverbindungen anbieten. Die Auskünfte beziehen sich beispielsweise auf:

- Inhaber/Gesellschafter
- Rechtsform
- Haftungsverhältnisse
- Branche
- Kapitalausstattung
- Anzahl der Mitarbeiter/-innen
- Umsatz und Gewinn
- Strukturdaten von Aktiva und Passiva der Bilanz (z. B. Höhe von Forderungen und Verbindlichkeiten)
- Zahlungsverhalten gegenüber Gläubigern
- Kreditrisiken und Kreditlimits

Nicht in jedem Falle können die Auskunfteien Informationen über alle angeforderten Daten bieten, wie z. B. über die Gewinnhöhe bei bestimmten Rechtsformen.

Als **zusätzliche Dienstleistungen** bieten viele Auskunfteien Folgendes an:

- Inkassoleistungen (Abwicklung des kaufmännischen Mahnverfahrens, Einbringung von ausstehenden Forderungen),
- Marktuntersuchungen (z. B. bei beabsichtigten Firmenkäufen).

Auskunfteien mindern durch ihre Dienstleistungen die **Finanzierungsrisiken** von Unternehmen und unterstützen die unternehmerische **Entscheidungsfindung** (z. B. bei Firmenzusammenschlüssen).

```
Ort:          Neuss              Datum:     22.05.2002/142         Creditreform
Z.u.H.Nr:     Normalauskunft     Nr: Bl/    1/135/0000058
Kontroll.-Nr:                    Dch. VC:   Neuss
Ihr Zeichen   c/dh 1258-23       Mitgl. VC: 100-123456

                                                    Auskunft über: 100.0009875        ──── Creditreform-
                                                                                            Nummer

                                        Musterfirma GmbH

                                        Musterstr. 123
                                        12345 Musterstadt

                                        Tel: 01234 97865-0
                                        Fax: 01234 98765-99


             Bonitätsindex * 2 1 9 *

Bonitätsindex ────

             Rechtsform        GmbH                                          (10)   ──── Creditreform-
             Gründung          16.5.1980 als Gewerbebetrieb                  (03)        Schlüsselwerte
                               10.12.1990 als GmbH                           (10)
             Handelsregister   19.12.1990, AG Musterstadt, HRB 9876        (1234)
             Gesellschafter    Max Mustermann, Musterstadt      €    134.000,00
                               Moritz Mustermann, Musterstadt   €     65.000,00
             Stammkapital                                       €    200.000,00
             Geschäftsführer   Max Mustermann, Maurermeister,
                               geb. 10.5.1941, verheiratet
                               Musterstr. 99, 12345 Musterstadt,
                               allein vertretungsberechtigt

Produkte und  Allgemeines      Bauunternehmung; gearbeitet wird
Tätigkeitsbe-                  überwiegend im Hochbau.
schreibung                     Betriebsräume gemietet
                               konstante Unternehmensentwicklung             (30)   ──── Entwicklung
                               zufrieden stellende Auftragslage              (30)
                               BRANCHE:
                               Hoch- und Tiefbau                           (45211)  ──── Branchen-
                                                                                         schlüssel
             Mitarbeiter       2000         3 Beschäftigte
                               2001         3 Beschäftigte

             Jahresumsatz      2000                             €    350.000,00
                               2001                             €    360.000,00

             Immobilien        keine

Finanzdaten  Aktiva           Betriebs- und Geschäftsausstattung €    50.000,00
                               Forderungen                     €     40.000,00

             Passiva          Gezeichnetes Kapital             €    200.000,00
                               Verbindlichkeiten               €     30.000,00
                               im Bedarfsfall steht Bankkredit
                               zur Verfügung

             Anmerkung        Die Eheleute Mustermann gelten
                               als Eigentümer des Wohnhauses
                               Musterstr. 99 in Musterstadt.

Zahlungsweise Banken          Deutsche Bank AG, Musterstadt    BLZ  30099999
                               Sparkasse Musterstadt, Musterstadt BLZ 30599999

             Zahlungsweise    innerhalb vereinbarter Ziele                   (21)   ──── Klassifizierende
Kreditfrage  Kreditfrage      Geschäftsverbindung ist zulässig               (21)        Merkmale
                               Höchstkredit € 10.000,00 (zehntausend)        (25)
Höchstkredit
```

aus: Creditreform: Bonitätsindex, Früherkennung und Vermeidung von Insolvenzrisiken. Verein Creditreform Braunschweig e.V., o. J.

3525114

# Leasing

## Begriff

Werden Leasingobjekte (z. B. Maschinen, Autos) durch einen Leasinggeber (z. B. einem Hersteller) vermietet, spricht man von Leasing.

Im Leasingvertrag sind in der Regel die folgenden Größen vereinbart:
- Höhe der Anzahlung,
- Vertragslaufzeit und
- Höhe der monatlichen Leasingrate.

Diese Größen werden individuell nach Kundenwünschen festgelegt.

Nach Ablauf der Vertragslaufzeit kann das Leasingobjekt weiter gemietet, zum Restwert gekauft oder zurückgegeben werden.

## Grundform des Leasings

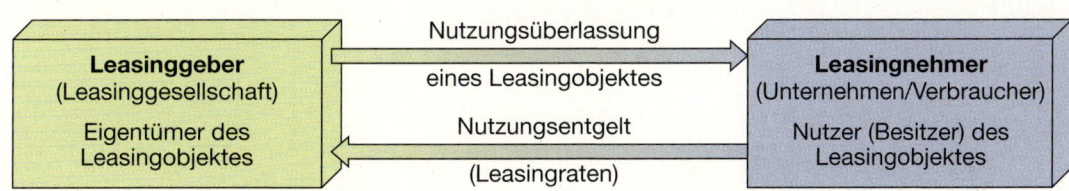

| Leasinggeber (Leasinggesellschaft) — Eigentümer des Leasingobjektes | → Nutzungsüberlassung eines Leasingobjektes ← Nutzungsentgelt (Leasingraten) | Leasingnehmer (Unternehmen/Verbraucher) — Nutzer (Besitzer) des Leasingobjektes |

## Merkmale des Leasings

1. 100%ige Fremdfinanzierung, also kein Eigenkapitalbedarf
2. Steuerliche Berücksichtigung der Leasingraten als Aufwand
3. In der Regel keine Bilanzierung von Leasingobjekt und Leasingfinanzierung
4. Kein Eigentum
5. Häufig Einbeziehung von Dienstleistungen
6. Vielfältige Erscheinungsformen mit unterschiedlicher Vertragsgestaltung
7. Die Vorteilhaftigkeit des Leasings lässt sich nur individuell ermitteln, da sie von einer Mehrzahl von Einflussfaktoren abhängt, die für jedes Unternehmen unterschiedlich sein können.

vgl.: Jahrmann, Ulrich: Finanzierung. Darstellung, Kontrollfragen, Fälle und Lösungen. 3. Auflage, Herne/Berlin 1996, S. 24 u. S. 447

## Vorteile des Firmenleasings aus der Sicht des Leasingnehmers:

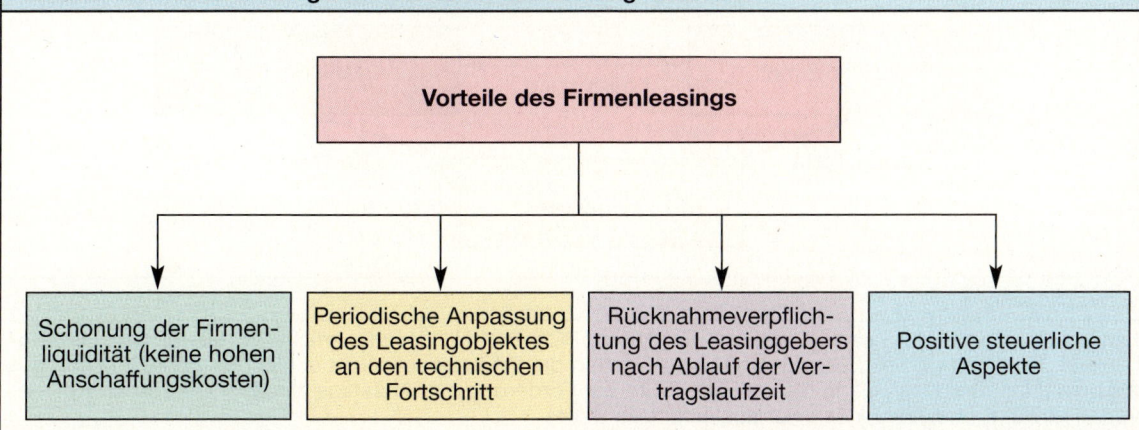

**Vorteile des Firmenleasings**
- Schonung der Firmenliquidität (keine hohen Anschaffungskosten)
- Periodische Anpassung des Leasingobjektes an den technischen Fortschritt
- Rücknahmeverpflichtung des Leasinggebers nach Ablauf der Vertragslaufzeit
- Positive steuerliche Aspekte

# Leasing

## Nachteile des Firmenleasings aus der Sicht des Leasingnehmers:

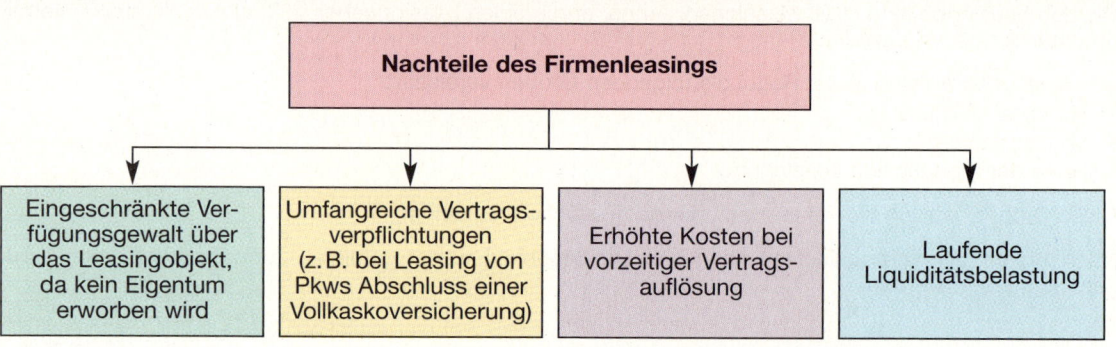

**Nachteile des Firmenleasings**

| Eingeschränkte Verfügungsgewalt über das Leasingobjekt, da kein Eigentum erworben wird | Umfangreiche Vertragsverpflichtungen (z.B. bei Leasing von Pkws Abschluss einer Vollkaskoversicherung) | Erhöhte Kosten bei vorzeitiger Vertragsauflösung | Laufende Liquiditätsbelastung |

## Leasingarten

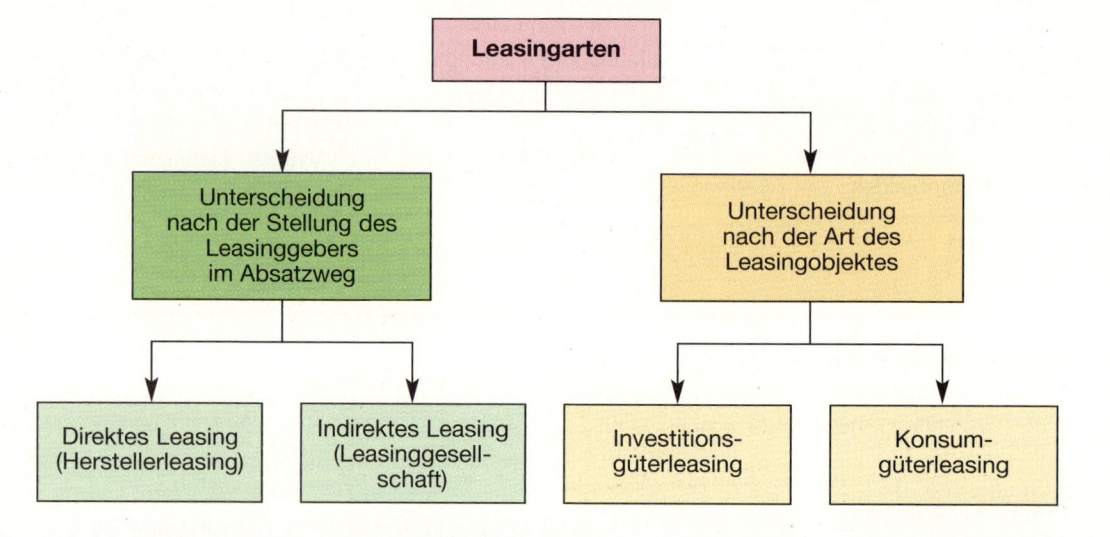

**Leasingarten**

- Unterscheidung nach der Stellung des Leasinggebers im Absatzweg
  - Direktes Leasing (Herstellerleasing)
  - Indirektes Leasing (Leasinggesellschaft)
- Unterscheidung nach der Art des Leasingobjektes
  - Investitionsgüterleasing
  - Konsumgüterleasing

## Direktes Leasing

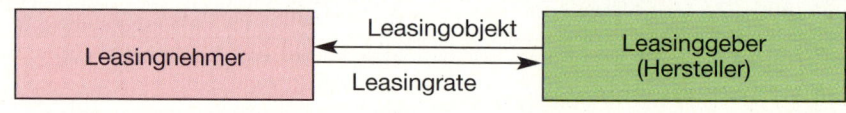

Leasingnehmer ←Leasingobjekt / Leasingrate→ Leasinggeber (Hersteller)

## Indirektes Leasing

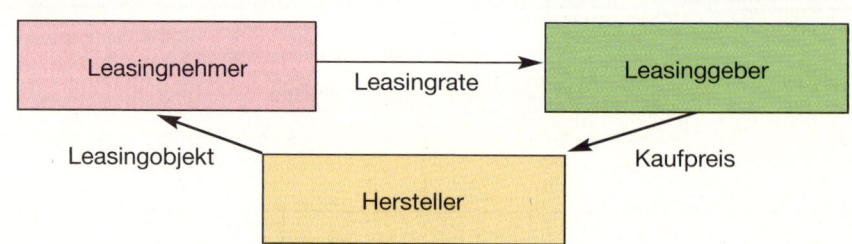

Leasingnehmer —Leasingrate→ Leasinggeber

Leasingobjekt ← Hersteller ←Kaufpreis—

## Privatleasing

Leasen Privatpersonen Leasingobjekte (z.B. Autos, PCs), entfällt der steuerliche Vorteil für den Leasingnehmer. Trotzdem gibt es Leasingverträge, bei denen die Privatperson nicht schlechter gestellt sein muss als beim Finanzierungskauf. In diesen Fällen wird zur Förderung des Absatzes eines Produktes ein Kostenvorteil gewährt (z.B. bei Pkws einer auslaufenden Serie).

3525116

## Not leidende Unternehmung – *Company in default*

### Merkmale

Häufig sind Fehler in Finanzierungs- und Investitionsfragen dafür verantwortlich, dass eine Unternehmung in wirtschaftliche Schwierigkeiten gerät, die den Fortbestand gefährden.

Zu den Kennzeichen einer Bedrohung der Zahlungs- und Ertragsfähigkeit und somit einer nachhaltigen Störung des betrieblichen Leistungsprozesses zählen:

- Starke Umsatzrückgänge
- Rückläufige Gewinne, die schließlich in Verluste umschlagen
- Anhaltende Verluste
- Abnahme des Eigenkapitals
- Steigende Verschuldung und schließlich
- Zahlungsunfähigkeit

### Ursachen für Unternehmenskrisen

Aus unterschiedlichen Gründen geraten immer wieder Unternehmen sowohl aus innerbetrieblichen Fehlentscheidungen als auch außerbetrieblichen Entwicklungen in eine wirtschaftliche Krise.

**Innerbetriebliche Ursachen**

➢ Unter- oder Überorganisation im Betrieb
➢ Mangelhaftes Controlling
➢ Entscheidungsfehler im Finanzierungsbereich
➢ Fehlplanungen und -entscheidungen der Geschäftsführung
➢ Überkapazitäten in Produktion und Lager
➢ Zu hohe Privatentnahmen

**Außerbetriebliche Ursachen**

➢ Allgemeiner Wirtschaftsabschwung
➢ Ausfall von Forderungen
➢ Verknappung von Rohstoffen
➢ Nachfrageverschiebungen z. B. durch technischen Wandel
➢ Verluste infolge politischer Entscheidungen (z. B. Gesetzesänderungen)

### Maßnahmen bei Krisen der Unternehmung

Häufig geraten Unternehmen in Krisensituationen und können zur Abwehr auftretender Schwierigkeiten unterschiedliche Maßnahmen ergreifen. Gelingt es den Unternehmen jedoch nicht, die Zahlungs- und Ertragsfähigkeit

- aus eigenen Kräften,
- mithilfe der Eigentümer oder
- mithilfe der Gläubiger

wiederherzustellen, ist das Unternehmen freiwillig oder gerichtlich aufzulösen.

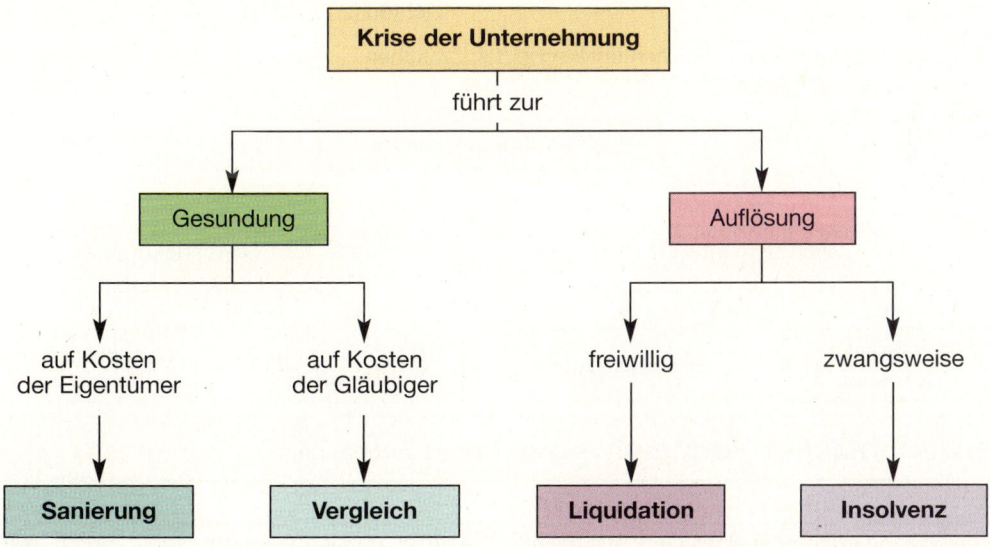

### Sanierung – *Reorganisation of finances*

### Begriff

Eine **Gesundung** auf Kosten des Unternehmens oder der beteiligten Gesellschafter, ohne Hilfe der Gläubiger, nennt man **Sanierung.**

Hierunter versteht man alle Maßnahmen organisatorischer und finanzieller Art, die ein in Schwierigkeiten geratenes Unternehmen aus eigener Kraft wieder leistungs- und wettbewerbsfähig macht.

## Sanierung – *Reorganisation of finances*

### Sanierungsmaßnahmen

Man unterscheidet folgende **Maßnahmen:**

#### Personelle Maßnahmen
- Umbesetzung der Geschäftsführung oder Suche nach neuen und qualifizierten Mitarbeitern

#### Organisatorische Maßnahmen
- Neugestaltung der Unternehmung im technischen und/oder kaufmännischen Bereich
- Durchführung von Rationalisierungsmaßnahmen
- Stärkung des Absatzbereiches z.B. durch Auftragsbeschaffung und Werbeaktionen
- Erweiterung der Geschäftsbereiche

#### Finanzielle Maßnahmen
- Neuordnung der Eigenfinanzierung, z.B. durch Zuführung neuer Mittel (Kapitalerhöhung durch die bisherigen Alteigentümer oder Neuaufnahme weiterer Gesellschafter)
- Neuausrichtung der Fremdfinanzierung, z.B. durch Aufnahme von Lieferantenkrediten oder Darlehen

#### Sachbezogene Maßnahmen
- Abstoßen von wirtschaftlich unrentabel arbeitenden Betriebsteilen

Doch keine der genannten Maßnahmen kann an sich isoliert Verluste vermeiden. Vielmehr sind die Krisenursachen genau zu bestimmen und ihnen ist durch das Ergreifen zielgerichteter organisatorischer Gegenmaßnahmen zu begegnen.

## Vergleich – *Accord/Settlement*

### Begriff

Der **Vergleich** stellt den Versuch dar, ein Not leidendes Unternehmen durch einen *teilweisen Forderungsverzicht* der Gläubiger oder durch einen *Zahlungsaufschub* zu erhalten.

### Arten des Vergleichs

Nach dem **Inhalt** unterscheidet man:

- **Stundungsvergleich** (Moratorium), bei dem die Gläubiger ihre Forderungen stunden und einem Tilgungsplan zustimmen

- **Erlassvergleich** (Quotenvergleich), bei dem die Gläubiger auf einen Teil ihrer Forderungen verzichten (z.B. 40%)

Nach dem **Zustandekommen** kann man unterscheiden zwischen:
- außergerichtlichen Vergleich
- gerichtlichen Vergleich.

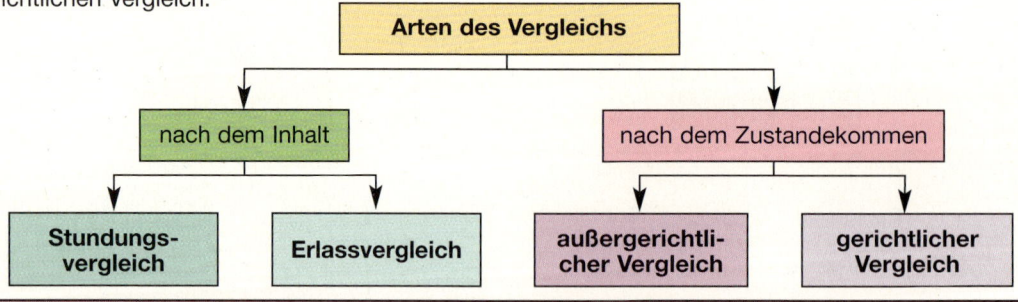

## Außergerichtlicher Vergleich – *Out-of-court settlement*

### Begriff

Der Vergleich kann ohne Hilfe eines Gerichts, meist vertraulich, durchgeführt werden. Der außergerichtliche Vergleich (auch freiwilliger Vergleich oder Akkord genannt) kommt somit durch **freiwillige Vereinbarungen** zwischen dem Schuldner und seinen Gläubigern zustande.

### Vor- und Nachteile

**Vorteile:**
+ Fortfall der Gerichtskosten und rasche Durchführung des Vergleichs

**Nachteile:**
- Schwierige Verhandlungsführung sowie die Tatsache, dass die Gläubiger im Fall einer Insolvenz des Schuldners nur noch ihre Restforderungen geltend machen können.

3525118

# Gerichtlicher Vergleich – *Court settlement*

## Begriff

Der Antrag auf Eröffnung eines Vergleichsverfahrens kann ausschließlich vom Schuldner beim Amtsgericht gestellt werden. Der Antrag muss einen Vergleichsvorschlag über Höhe, Zeitpunkt und Sicherung der Leistung enthalten.

## Zustandekommen des Vergleichs

Am Vergleichstermin wird über den Vergleichsvorschlag verhandelt, das Stimmrecht der Forderungen festgestellt und dann abgestimmt. Hierbei sind nur die Vergleichsgläubiger, das sind diejenigen, die im Insolvenzverfahren nicht bevorrechtigte Forderungen haben, stimmberechtigt.

Der Vergleich ist angenommen, wenn am Vergleichstermin von den anwesenden und den *schriftlich* abstimmenden Gläubigern bei einem Vergleichsvorschlag von

- 50 % und mehr die Mehrheit mit mindestens 75 % aller Forderungen oder

- bei weniger als 50 % die Mehrheit mit mindestens 80 % aller Forderungen zustimmt.

Werden diese Bedingungen erfüllt, wird der Vergleich vom Gericht *bestätigt*, im Handelsregister eingetragen und veröffentlicht.

## Aufhebung des Verfahrens

Die Aufhebung erfolgt, wenn der Schuldner erfüllt hat. Der bestätigte Vergleich ist für alle betroffenen Vergleichsgläubiger verbindlich.

## Vor- und Nachteile

**Vorteile:**

+ Vergleichsunwillige Gläubiger können überstimmt werden.
+ Gläubiger haben den Vorteil, dass Stundungen oder Erlasse für diejenigen Gläubiger hinfällig werden, gegenüber denen der Schuldner mit der Erfüllung des Vergleichs in Verzug gerät.

**Nachteile:**

− Hohe gerichtliche Kosten
− Zeitverlust und die
− Tatsache, dass der Vergleich bekannt gemacht werden muss

# Liquidation (Auflösung) – *Liquidation*

## Begriff

Von einer *freiwilligen* Auflösung des Unternehmens spricht man, wenn sich aller Voraussicht nach keine Chancen mehr für das Unternehmen in Zukunft ergeben.

## Ziel

Das Ziel der Auflösung besteht darin, alle Vermögensteile planmäßig zu veräußern und die Schulden zu begleichen. Die Auflösung wird dabei von der Unternehmensführung bzw. den Gesellschaftern (je nach Unternehmensform) betrieben.

## Liquidationsarten

Das Geschäftsvermögen kann durch einen *Totalverkauf* (in seiner Gesamtheit) oder *in Teilen* verkauft werden. Die Liquidation der letzteren Art ist seltener, da bei der Veräußerung im Ganzen meist ein höherer Preis erzielt wird.

## Abwicklung

Die Abwicklung wird meist so genannten Liquidatoren überlassen. Dies sind i. d. R. die Gesellschafter bei Personengesellschaften, die Vorstandsmitglieder bei Aktiengesellschaften usw. Die Liquidatoren sind zur Eintragung im Handelsregister anzumelden. Die laufenden Geschäfte werden abgewickelt und Vermögen wird „versilbert" (in flüssige Mittel umgewandelt), um Schulden zu begleichen. Der verbleibende Restbetrag wird an die Eigentümer bzw. die Gesellschafter des Unternehmens ausbezahlt.

## Beendigung

Im Handelsregister sind Beginn und Beendigung der Auflösung anzumelden. Während der Auflösung erhält die Firma den Zusatz „i. L." (in Liquidation). Nach durchgeführter Auflösung wird die Firma einschließlich aller anderen Angaben im Handelsregister gelöscht.

## Insolvenz – *Insolvency*

### Begriff

Insolvenzverfahren werden dann angestrebt, wenn Schuldner (kann natürliche oder juristische Person sein) sich in einer schweren finanziellen Krise befindet, sodass eine Lösung ohne gerichtliche Mithilfe nicht mehr möglich erscheint. Das Verfahren wird somit erst durch einen so genannten Eröffnungsantrag beim zuständigen Gericht ausgelöst.

### Gründe

Folgende **Gründe** können zu einer Eröffnung des Insolvenzverfahrens führen:

- Zahlungsunfähigkeit
- drohende Zahlungsunfähigkeit
- Überschuldung bei juristischen Personen

### Rangfolge der Gläubiger

## Rangordnung der Berücksichtigung der Gläubiger nach der Insolvenzordnung („Gläubigerklassen")

① **Aussonderung**

Gläubiger, die dem Insolvenzschuldner Gegenstände überlassen haben, die zu dessen Besitz, aber nicht zu dessen Eigentum zählen, können diese Gegenstände zurückverlangen, da diese nicht zur Konkursmasse gehören.

*vermietete oder verpachtete Gegenstände, unter Eigentumsvorbehalt gelieferte Vermögensteile usw.*

② **Absonderung**

Gläubiger, die dem Insolvenzschuldner Gegenstände überlassen haben, die mit einem Pfandrecht belastet bzw. sicherungsübereignet sind, werden vorrangig befriedigt.

*Zwangsversteigerung eines mit einer Hypothek belasteten Grundstücks, Verwertung des Pfandrechts an einer beweglichen Sache durch freihändigen Verkauf*

③ **Befriedigung der Massegläubiger**

Befriedigung der folgenden Masseverbindlichkeiten: Gerichtskosten sowie sonstige Kosten des Insolvenzverfahrens.

*Vergütung und Auslagen des Insolvenzverwalters, Organisationskosten für die Gläubigerversammlungen usw.*

④ **Befriedigung der Insolvenzgläubiger**

Hierzu gehören alle Gläubiger, die zur Zeit der Eröffnung des Insolvenzverfahrens eine begründete Forderung gegenüber dem Insolvenzschuldner haben.

*Lohnforderungen der Mitarbeiter, Lieferantenforderungen usw.*

⑤ **Befriedigung der nachrangigen Insolvenzgläubiger**

Hierzu zählen alle Forderungen, die nach Eröffnung des Insolvenzverfahrens entstanden sind.

*Kosten, die den Insolvenzgläubigern durch die Teilnahme am Verfahren entstanden sind, Zinsen aus Forderungen nach der Verfahrenseröffnung usw.*

aus: Die Büroberufe, Nr. 4, 2000, Ludwigshafen/Rhein

3525120

# Insolvenz – *Insolvency*

## Insolvenzverfahren

**Antrag auf Eröffnung des Insolvenzverfahrens**

**Ablehnung des Verfahrens mangels Masse,** wenn das Vermögen des Schuldners voraussichtlich nicht zur Abdeckung der Verfahrenskosten (Masseverbindlichkeiten) ausreicht.

Das Vermögen des Schuldners reicht mindestens zur Deckung der Verfahrenskosten (Masseverbindlichkeiten) aus; **das Verfahren wird vom Insolvenzgericht angenommen.**

**Eröffnung des Insolvenzverfahrens:**
- Bekanntgabe des Eröffnungsbeschlusses im Bundesanzeiger sowie einer überregional erscheinenden Zeitung; Zustellung an Gläubiger und Schuldner des Insolvenzgläubigers sowie dem Insolvenzgläubiger selbst, ggf. Inkenntnissetzung von Handels-/Genossenschaftsregister, Eintragung ins Grundbuch
- Ernennung des Insolvenzverwalters (Sequester), ggf. Bestätigung des bereits vorläufig ernannten Verwalters
- Aufforderung der betroffenen Gläubiger, ihre Forderungen und Sicherungsrechte an beweglichen Sachen beim Insolvenzverwalter anzugeben (unter Einhaltung der vorgegebenen Frist)

**Ggf. Einleitung von Maßnahmen zur Sicherung des Vermögens des Schuldners:**
- Bestellung eines vorläufigen Insolvenzverwalters (Sequester),
- Auferlegung eines allgemeinen Verfügungsverbots über das Vermögen,
- Untersagung/Einstellung von Zwangsvollstreckungsmaßnahmen bei beweglichen Vermögenswerten.

**Folgerungen:**
- Der Insolvenzschuldner verliert sämtliche Rechte an der Insolvenzmasse,
- Forderungen der Gläubiger können nur noch über den Insolvenzverwalter eingetrieben werden (Zwangsvollstreckungen sind nicht mehr möglich).

**Das Insolvenzgericht bestimmt zwei Termine für Gläubigerversammlungen:**
① Berichtstermin
Sequester stellt die wirtschaftliche Lage des Unternehmens sowie dessen Ursachen dar. Darüber hinaus schätzt er die Aussichten für eine Fortführung des Unternehmens ab. Die Gläubiger entscheiden über Fortführung oder Stilllegung.
② Prüfungstermin
Die angemeldeten Forderungen werden auf ihre Berechtigung hin geprüft.

Ein Beschluss kommt zustande, wenn die Summe der Forderungsbeträge der zustimmenden Gläubiger mehr als die Hälfte der Summe der Forderungsbeträge der abstimmenden Gläubiger beträgt.

Bei Beschluss über Stilllegung des Unternehmens Berücksichtigung der Gläubiger in folgender Reihenfolge:
- Aussonderung
- Absonderung
- Massegläubiger
- Insolvenzgläubiger

Ausarbeitung eines Insolvenzplanes durch den Insolvenzverwalter auf Antrag der Gläubiger in der Gläubigerversammlung oder auf Antrag des Schuldners. Ziel: Vergleich, Liquidation, Übertragung usw.

Aufhebung des Verfahrens durch das Insolvenzgericht. Die Gläubiger können ihre Restforderungen weiterhin unbeschränkt gegenüber dem Schuldner durchsetzen.

Abstimmung durch die vom Plan berührten Gläubiger. Bei Zustimmung Bestätigung durch das Insolvenzgericht und damit vollstreckbarer Titel.

9

aus: Die Büroberufe, Nr. 4, 2000, Ludwigshafen/Rhein

# Wirtschaftsordnungen – *Economic Systems*

## Merkmale

Die **Wirtschaftsordnung** beziehungsweise das Wirtschaftssystem eines Staates wird durch folgende **Merkmale** bestimmt:

- **Eigentumsordnung**
  Hierbei geht es insbesondere um die Frage, in wessen Händen sich vor allem die Produktionsmittel (das Sachkapital) befinden: in privatem Eigentum von Unternehmen, in gesellschaftlichem oder staatlichem Eigentum.

- **Entscheidungsträger und -mechanismen**
  Bei diesen Merkmalen geht es darum, durch wen und wie wirtschaftliche Entscheidungen getroffen werden: z. B. durch einzelne Wirtschaftssubjekte (Unternehmen, Verbraucher) oder durch den Staat bzw. gesellschaftliche Institutionen.

- **Wirtschaftliche Zielsetzungen**
  Jede Wirtschaftsordnung bestimmt die Hierarchie (Gewichtung, Reihenfolge) ihrer wirtschaftlichen Ziele. So kann bei einer Wirtschaftsordnung beispielsweise als oberstes Ziel die Vollbeschäftigung oder ein hohes Wirtschaftswachstum im Vordergrund stehen; auch über die Art der produzierten Güter können Grundsatzentscheidungen (z. B. die Herstellung umweltfreundlicher Produkte) getroffen werden.

Die Wirtschaftsordnung ist Teil des Gesellschaftssystems eines Staates; zwischen der Wirtschaftsordnung und dem politischen und kulturellen System bestehen in der Regel wechselseitige Abhängigkeiten.

Wirtschaftsordnungen können als theoretische Modelle, also als gedanklich konstruierte volkswirtschaftliche Systeme (**Idealtypen**) oder als tatsächlich verwirklichte volkswirtschaftliche Systeme (**Realtypen**) beschrieben werden.

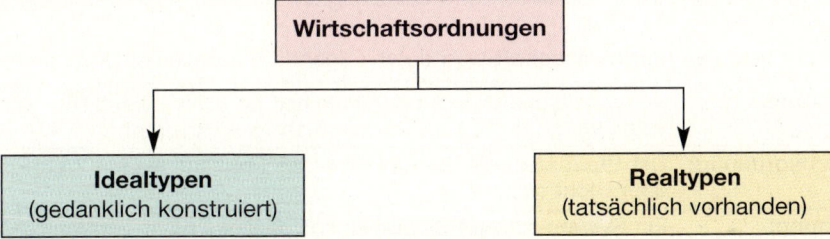

## Idealtypen

Als idealtypische Modelle werden die **freie Marktwirtschaft** und die **Zentralverwaltungswirtschaft** unterschieden. Beide Modelle sind aufgrund historischer Entwicklungen – vornehmlich in Europa – entstanden.

Die Idee der freien Marktwirtschaft entwickelte sich vor allem vor dem Hintergrund des aufstrebenden Bürgertums im 18. und 19. Jahrhundert, als der Adel seine Vorrechte verlor.

Im Zeichen der zunehmenden Industrialisierung entstand die Idee der Zentralverwaltungswirtschaft in der zweiten Hälfte des 19. und zu Beginn des 20. Jahrhunderts, als negative soziale Folgen der raschen Industrialisierung für breite Schichten der Bevölkerung deutlich spürbar wurden.

Die extrem gegensätzlichen Grundideen des **Individualismus** (Vorrechte des Einzelnen) und des **Kollektivismus** (Vorrechte der Gemeinschaft) sind in diesen historischen Prozessen zum Tragen gekommen; der Individualismus kommt im Modell der freien Marktwirtschaft, der Kollektivismus in dem der Zentralverwaltungswirtschaft zum Ausdruck:

| **Freie Marktwirtschaft** | **Zentralverwaltungswirtschaft** |
|---|---|
| ➡ Produktionsmittel sind in privatem Eigentum. | ➡ Produktionsmittel sind in staatlichem Eigentum. |
| ➡ Art, Menge und Preis der Güter werden durch private Unternehmen im Wettbewerb bestimmt. | ➡ Art, Menge und Preis der Güter werden durch den Staat im Voraus festgelegt. |
| ➡ Die Erwirtschaftung von privatem Gewinn und die Erzielung eines möglichst hohen Wirtschaftswachstums stehen als wirtschaftliche Ziele im Vordergrund. | ➡ Die Bedarfsdeckung und die Vollbeschäftigung stehen als wirtschaftliche Ziele im Vordergrund. |

aus: Böker, Jürgen u. a.: Wirtschaftspolitik/Wirtschaftsordnung, 2. Aufl., Darmstadt 2002, S. 64

# Wirtschaftsordnungen – *Economic systems*

## Idealtypen

Als **Vorteile** können bei der freien Marktwirtschaft beispielsweise der wettbewerbsbedingte Anreiz zu wirtschaftlicher Effektivität und technischem Fortschritt mit der Folge relativ hohen Wirtschaftswachstums genannt werden.

Die Zentralverwaltungswirtschaft weist z. B. die Vorteile einer garantierten Vollbeschäftigung und einer gesicherten Grundversorgung auf.

**Nachteile** der freien Marktwirtschaft bestehen beispielsweise in der Gefahr der Monopolbildung, also einer Einschränkung des Wettbewerbs und als Folge der ungleichen Machtverteilung in einer Benachteiligung oder im Extremfall sogar Verarmung der Arbeitnehmerschaft.

In der Zentralverwaltungswirtschaft sind als Nachteile z. B. ein knappes Warenangebot und entsprechende Versorgungslücken zu nennen, die aufgrund der Unmöglichkeit langfristiger staatlicher Vorausplanung des individuellen Bedarfs entstehen.

## Realtypen

Als realtypische Wirtschaftsordnungen standen sich bis Ende der 80er-Jahre die **soziale Marktwirtschaft** demokratischer Staaten und die sozialistische Planwirtschaft kommunistischer Staaten gegenüber.

Nach dem Zusammenbruch der **sozialistischen Wirtschaftsordnungen** vor allem in Osteuropa gibt es die sozialistische Planwirtschaft heute nur noch in Kuba und Nordkorea.

Vorherrschend sind heute unterschiedliche Ausprägungen der sozialen Marktwirtschaft. Ihr Grundgedanke ist es, wirtschaftliche Freiheit und staatliche Steuerungsmöglichkeiten zum Schutz vor sozialer Ungerechtigkeit zu verbinden.

In der Bundesrepublik Deutschland, als Land im Zentrum des Ost-Welt-Konfliktes, wurde von dem ersten Wirtschaftsminister Ludwig Erhard und seinem Staatssekretär Alfred Müller-Armack eine soziale Marktwirtschaft als Weiterentwicklung der freien Marktwirtschaft begründet. Ziel war die Verwirklichung eines allgemeinen Wohlstandes sowie sozialer Sicherheit und Gerechtigkeit vor dem Hintergrund der Wiederaufbauphase.

Die Konzeption der **sozialen Marktwirtschaft** wird durch folgende Hauptelemente bestimmt:

| | |
|---|---|
| • **Eigentumsordnung:** | Wirtschaftliche Entscheidungsfreiheit ist durch gesetzlich geschütztes Privateigentum und freies Vertragsrecht gewährleistet. |
| • **Wettbewerbsordnung:** | Der Staat stellt die Regeln für einen funktionsfähigen Wettbewerb auf und überwacht sie. |
| • **Sozialordnung:** | Ein System sozialer Sicherheit soll diejenigen vor Verarmung schützen, die zur Bestreitung des Lebensunterhalts kein ausreichendes Einkommen erzielen können. |
| • **Geld- und Währungsordnung:** | Die Geldversorgung und die Geldwertstabilität werden durch eine vom Staat unabhängige Zentralbank gesichert. |

Obwohl die Wirtschaftsordnung in der Bundesrepublik Deutschland nicht durch die Verfassung geregelt wird, lassen sich aus einzelnen Artikeln des Grundgesetzes Merkmale der Wirtschaftsordnung ableiten. So wird Deutschland als ein demokratischer und sozialer Bundesstaat (Art. 20 GG) bezeichnet, es werden freie Berufswahl (Art. 12 GG), das Recht auf Eigentum (Art. 14 GG) und die Tarifautonomie als Teil des Koalitionsrechts (Art. 9 GG) garantiert.

Die Idee der sozialen Marktwirtschaft wird weltweit in verschiedenen Ausprägungen realisiert und diskutiert. So ist in Deutschland zum einen aufgrund der zunehmenden Sorge um eine gesunde Umwelt seit den 80er-Jahren der Trend zur **ökologischen Marktwirtschaft** im Gespräch. Der Grundgedanke ist hierbei, wirtschaftspolitische und umweltpolitische Maßnahmen zu koordinieren.

Zum anderen gibt es im Zeichen der weltweiten Globalisierungsdebatte den Trend zur Deregulierung, also zu weniger staatlicher Steuerung und mehr wirtschaftlicher Freiheit, in der Regel aber auch zu einem Abbau von sozialen Leistungen (zum Beispiel Kürzungen in den Leistungen der staatlichen Sozialversicherung).

Das bevölkerungsreichste Land der Welt, die Volksrepublik China, hat sich im Rahmen der weltweiten Veränderungen von der sozialistischen Planwirtschaft zu einer **sozialistischen Marktwirtschaft** entwickelt.

In diesem Veränderungsprozess nimmt der Anteil staatlicher Unternehmen ab, der Anteil von Privatunternehmen wächst dementsprechend. Dem Markt wird schrittweise mehr Regulierungsfunktion zugebilligt (z. B. durch Zulassung von Börsen), die „staatliche Kommandowirtschaft" wird nach und nach zurückgedrängt. Der Beitritt der Volksrepublik China zur Welthandelsorganisation WTO[1] im Dezember 2001 hat diesen Entwicklungsprozess beschleunigt.

[1] WTO: Word trade organization
aus: Böker, Jürgen u. a.: Wirtschaftspolitik/Wirtschaftsordnung, 2. Aufl., Darmstadt 2002, S. 65

3525124

# Grundzüge staatlicher Wirtschaftspolitik
*Essential features of governmental competition policy*

## Einordnung staatlicher Wettbewerbspolitik in ein wirtschaftspolitisches Zielsystem

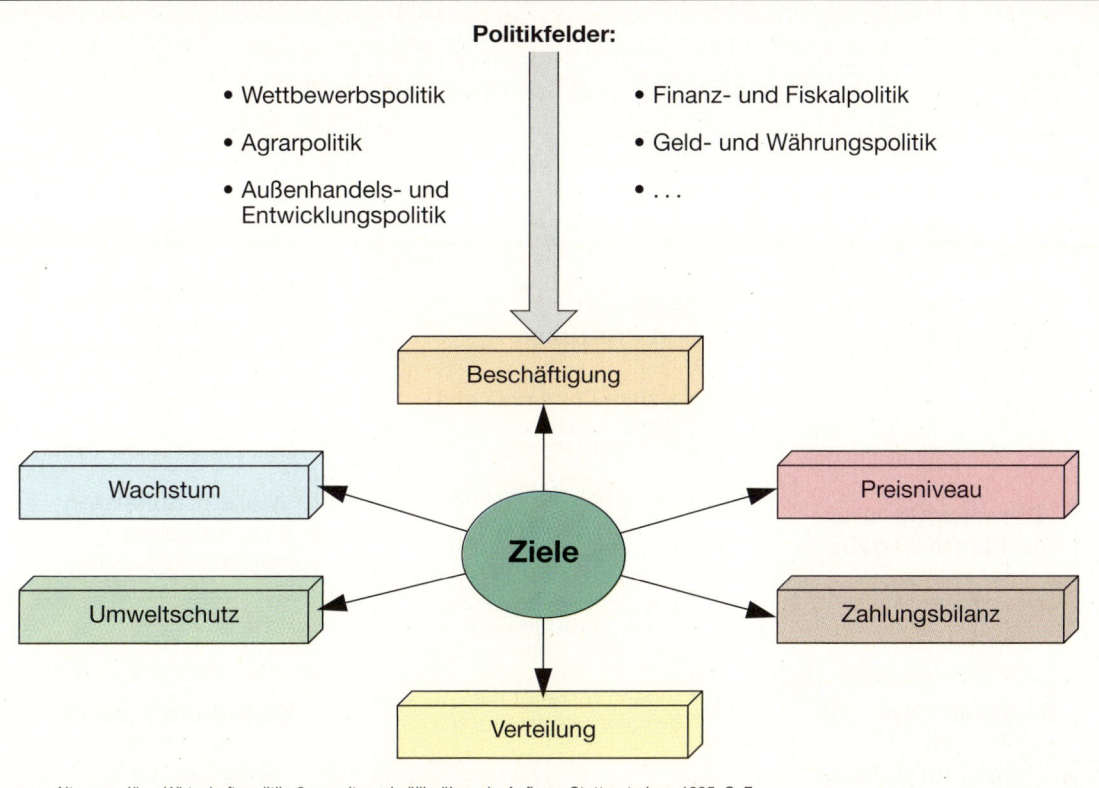

**Politikfelder:**

- Wettbewerbspolitik
- Agrarpolitik
- Außenhandels- und Entwicklungspolitik

- Finanz- und Fiskalpolitik
- Geld- und Währungspolitik
- ...

Beschäftigung

Wachstum

Preisniveau

**Ziele**

Umweltschutz

Zahlungsbilanz

Verteilung

aus: Altmann, Jörn: Wirtschaftspolitik. 6. erweit. und völlig überarb. Auflage, Stuttgart, Jena 1995, S. 7

## Ziele und Funktionen staatlicher Wettbewerbspolitik

... die volkswirtschaftlichen Produktionsfaktoren ökonomisch einsetzen: **Leistungsfunktion.**

... innovative Produkte und Dienstleistungen bereitstellen: **Innovationsfunktion.**

**Staatliche Wettbewerbspolitik soll ...**

... eine optimale Marktversorgung durch Angebot und Nachfrage sichern: **Versorgungsfunktion.**

... eine leistungsgerechte Einkommensverteilung anstreben: **Verteilungsfunktion.**

... die Handlungsfreiheit aller Wirtschaftssubjekte erhalten und Machtmissbrauch verhindern: **Freiheitsfunktion.**

aus: Böker, Jürgen u. a.: Wirtschaftspolitik/Wirtschaftsordnung, Lehrerband, Darmstadt 2000, S. 37

10

# Wettbewerbspolitik in der Sozialen Marktwirtschaft
*Competition policy in the social market economy*

## Bausteine der sozialen Marktwirtschaft

**Bausteine der sozialen Marktwirtschaft**

**Grundrechts-bestimmungen**

**Demokratie- und Rechtsstaatsgebot**

**Sozialstaatsprinzip als Verfassungspflicht**

**Aufgaben und Prinzipien**

- Markt-, Leistungs- und Wettbewerbsprinzip

- Marktdemokratie und Freiheitsprinzip durch freie Berufs- und Arbeitsplatzwahl, Konsumentenfreiheit, Beschränkung behördlicher Macht

- Eigentumsrecht mit sozialer Verpflichtung

- dezentrale Planung durch Unternehmen und Haushalte

**Marktsicherung** z. B. durch Kartellgesetzgebung

**Marktregulierung** z. B. durch staatl. Konjunkturpolitik

**Marktbeeinflussung** z. B. durch Arbeitsmarktpolitik

**Bereiche mit staatlichen Eingriffen**

- Wettbewerbspolitik: z. B. Kartellgesetz (1998)

- Mitbestimmungsregelungen: BetrVG (1952; 1972; 1976), Montan-Mitbestimmung (1951), Mitbestimmungsgesetz (1976)

- Sozialpolitik, Konjunkturpolitik, Strukturpolitik

- staatliche Unternehmen

aus: Bundesverband deutscher Banken (Hrsg.): Schul/Bank. Wirtschaft. Materialien für den Unterricht, Köln 1994, 1.6/3

## Instrumente staatlicher Wettbewerbspolitik

Unter staatlicher Wettbewerbspolitik ist zum einen die aktive Förderung des Wettbewerbs, z. B. durch eine unabhängige, öffentlich geförderte Forschung bei kleineren und mittelgroßen Unternehmen, zu verstehen.

Andererseits bedeutet staatliche Wettbewerbs-politik, dass Unternehmenszusammenschlüsse, die gegen die Prinzipien des freien Wettbewerbs verstoßen, zu verbieten und unter Strafe zu stellen sind. Hierüber wacht auf der Grundlage des Gesetzes gegen Wettbewerbsbeschränkung (GWB) das Bundeskartellamt in Bonn.

3525126

## Wirtschaftspolitische Maßnahmen des Staates in der sozialen Marktwirtschaft

*Governmental economic measures in the social market economy*

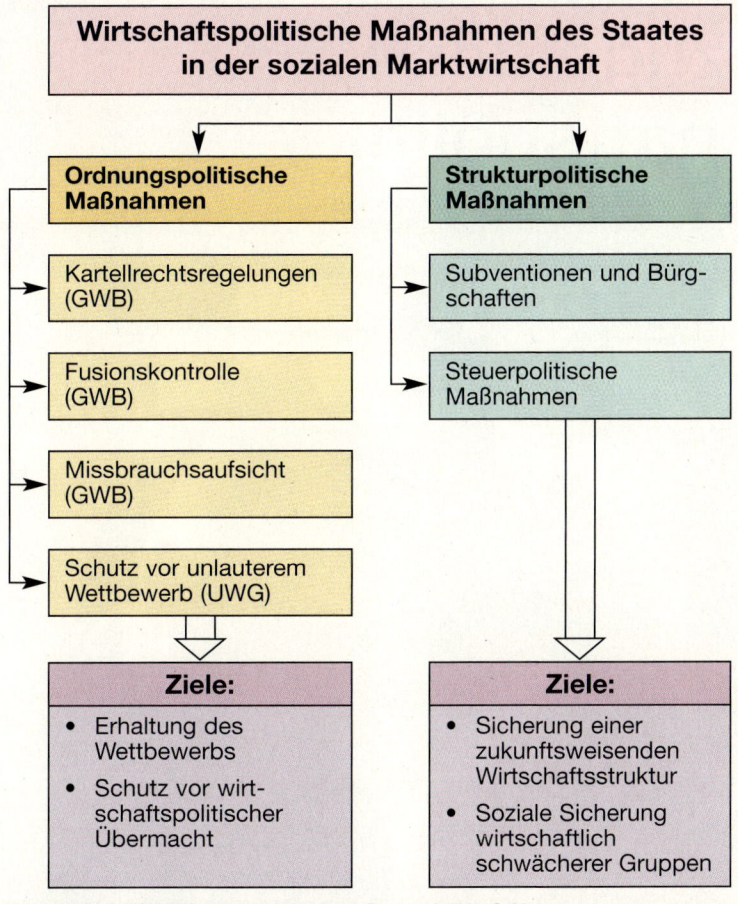

aus: Böker, Jürgen u. a.: Wirtschaftspolitik/Wirtschaftsordnung, Lehrerband, Darmstadt 2000, S. 36

## Internetadressen – Weltwirtschaftliche Organisationen (national/international)

*Internet adresses: Worldwide economic organizations (national/international)*

**APEC** http://www.apecsec.org.sg
**ASEAN** http://www.asean.org.id
**Asiatische Entwicklungsbank**
http://www.asianderbank.org
**Bank für internationalen Zahlungsausgleich**
http://www.bis.org
**Bundeskartellamt**
http://www.bundeskartellamt.de
**Bundesministerium der Finanzen**
**Referat Öffentlichkeitsarbeit**
www.bundesfinanzministerium.de
**Bundesministerium für Wirtschaft und Technologie** www.bmwi.de
**Bundesministerium für Umwelt, Naturschutz u. Reaktorsicherheit** www.bmu.de
**Bundesministerium für wirtschaftl. Zusammenarbeit und Entwicklung** www.bmz.de
**Europäische Kommission – Vertretung in der Bundesrepublik Deutschland –**
www.eu.kommision.de
**Europäische Zentralbank (EZB)** www.ezb.int

**Europarat** http://ue.eu.int
**FAO** http://www.fao.org
**Interamerikanische Entwicklungsbank**
http://www.iadb.org
**Internationaler Gerichtshof** http://www.icj-cij.org
**Internationaler Seegerichtshof**
http://www.un.org.depts los
**Internationaler Währungsfonds**
http://www.imf.org
**NAFTA** http://www.nafta.org
**African Union** (Afrikanische Union)
http://www.africa-union.org
**OECD** http://www.oecd.org
**OPEC** http://www.opec.org
**UNCTAD** http://www.unctad.org
**UNESCO** http://www.unesco.org
**UNICEF** http://www.unicef.org
**UNO** http://www.un.org
**Weltbank** http://www.worldbank.org
**WHO** http://www.who.org
**WTO** http://www.wto.org

# 11
# Grundzüge der Wirtschaftspolitik

# Arbeitsmarkt – *Job market*

## Begriff

Auf dem Arbeitsmarkt treffen – wie auf jedem Markt – Angebot und Nachfrage aufeinander. Bei der Unterscheidung von Angebot und Nachfrage auf dem Arbeitsmarkt muss genau festgelegt werden, ob sich die beiden Begriffe auf die **Arbeitskraft** oder den **Arbeitsplatz** beziehen:

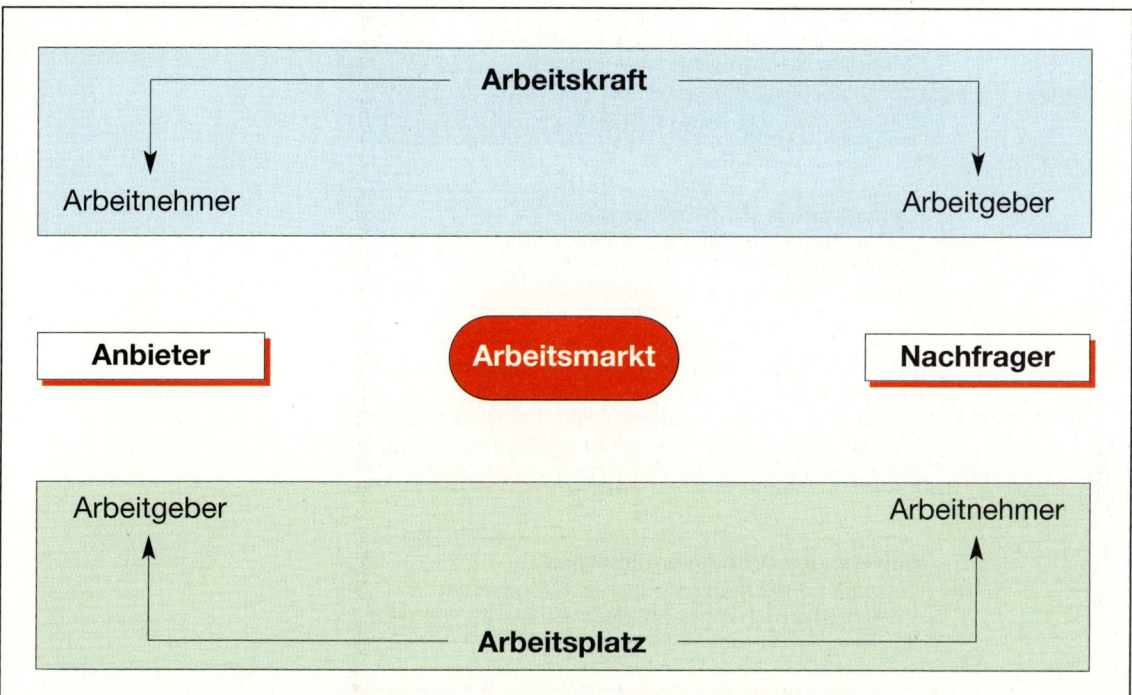

Der **Arbeitsmarkt** ist gegenüber anderen Märkten von **besonderen Bedingungen** geprägt:

- der Anbieter von Arbeitskraft ist in der Regel gezwungen diese anzubieten;
- Anbieter und Nachfrager schließen sich häufig zu Verbänden (Gewerkschaften, Arbeitgeberverbände) zusammen, um ihre Interessen wirksamer durchsetzen zu können;
- der Staat beeinflusst durch verschiedene Maßnahmen den Arbeitsmarkt, z.B. durch Gesetze und Vorschriften.

## Erwerbstätige

Erwerbstätige sind alle Personen, die in einem bestimmten Zeitraum zur Erzielung von Einkommen arbeiten (ca. 40 Mio., d.h. knapp die Hälfte der Einwohner der Bundesrepublik Deutschland). Sie setzen sich zusammen aus:

- abhängigen Erwerbstätigen[1] (ca. 35 bis 40 Mio.)
  - Arbeiter
  - Angestellte
  - Beamte
- Selbstständigen und mithelfenden Familienangehörigen (ca. 2 Mio.).

## Arbeitslosenquote

Die Arbeitslosenquote in Prozent errechnet sich wie folgt:

$$\frac{\text{Arbeitslose} \cdot 100}{\text{abhängige Erwerbstätige} + \text{Arbeitslose}[2]}$$

Sie dient als aussagefähigere und besser vergleichbare Berechnungsgröße der Arbeitslosigkeit als die absolute Arbeitslosenzahl.

1 einschließlich aller Auszubildenden (ca. 1 Mio.)
2 abhängige Erwerbstätige + Arbeitslose = abhängige Erwerbspersonen

aus: Böker, Jürgen u. a.: Wirtschaftspolitik/Wirtschaftsordnung, 2. Aufl., Darmstadt 2002, S. 12

# Arbeitslosigkeit – *Unemployment*

## Ursachen

## Ursachen der Arbeitslosigkeit

**Saisonale Nachfrageschwankungen**
z. B. schlechte Witterungsbedingungen in der Bauindustrie oder der Landwirtschaft

**Konjunkturelle Schwankungen**
z. B. durch eine allgemeine Abschwächung der Wirtschaftstätigkeit

**Sektorale Veränderungen der Wirtschaftsstruktur**
z. B. durch das Schrumpfen einzelner Wirtschaftszweige wie der Textilindustrie (sekundärer Sektor) bzw. durch das Wachsen von neuen Wirtschaftszweigen wie der Multimedia-Branche (tertiärer Sektor)

**Wechsel des Arbeitsverhältnisses**
z. B. wenn aus organisatorischen Gründen ein Arbeitsverhältnis nicht nahtlos in ein neues übergeht

**Globalisierungsdruck**
z. B. Arbeitsplatzabbau im Inland durch notwendige Verbesserung der Kostenstruktur der Unternehmen

**Unzureichende Qualifikation eines Teils der Erwerbstätigen**
z. B. bei mangelnder Fortbildungsbereitschaft oder -fähigkeit

**Überregulierung des Arbeitsmarktes**
z. B. durch zu geringe Flexibilität des Tarifvertragssystems

aus: Böker, Jürgen u. a.: Wirtschaftspolitik/Wirtschaftsordnung, Lehrerband, Darmstadt 2000, S. 26

## Versteckte Arbeitslosigkeit

Von versteckter Arbeitslosigkeit wird gesprochen, wenn
- sich Arbeitslose beim Arbeitsamt nicht registrieren lassen, da sie keine Ansprüche auf Arbeitslosengeld oder -hilfe mehr geltend machen können,
- Arbeitslose in Umschulungsmaßnahmen eintreten oder
- Arbeitslose oder durch Arbeitslosigkeit Bedrohte in den vorzeitigen Ruhestand eintreten.

## Langzeitarbeitslosigkeit

Ein erhebliches Problem besteht in der so genannten Langzeitarbeitslosigkeit. Diese liegt vor, wenn Arbeitslose länger als ein Jahr ohne Arbeit sind (in Deutschland ca. 30 % der Arbeitslosen).

aus: Böker, Jürgen u. a.: Wirtschaftspolitik/Wirtschaftsordnung, 2. Aufl., Darmstadt 2002, S. 13

3525130

# Wirtschaftspolitische Messgrößen – *Economic indexes*

## Bruttosozialprodukt (BSP)

Das Bruttosozialprodukt ist der zu Marktpreisen gemessene Wert aller in einer Periode erstellten Güter und Dienstleistungen, die von den Staatsbürgern innerhalb einer Volkswirtschaft erwirtschaftet wurden *(Inländerkonzept)*.

## Bruttoinlandsprodukt (BIP)

Das Bruttoinlandsprodukt ist der zu Marktpreisen gemessene Wert der innerhalb der Staatsgrenzen einer Volkswirtschaft erstellten Güter und Dienstleistungen in einer Periode *(Inlandskonzept)*.

## Wirtschaftswachstum[1]

Unter Wirtschaftswachstum versteht man die prozentuale Veränderung des realen Bruttosozialprodukts oder des Bruttoinlandsprodukts eines Jahres gegenüber dem Vorjahr. Zieht man vom Bruttosozialprodukt zu Marktpreisen (nominales BSP) die Preissteigerungsrate (Inflationsrate) ab, erhält man das aussagekräftigere reale Bruttosozialprodukt.

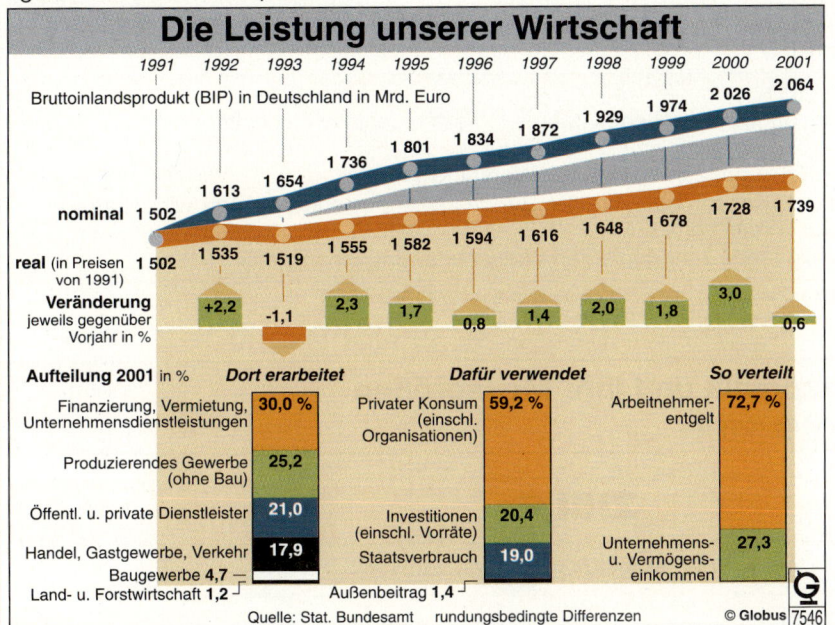

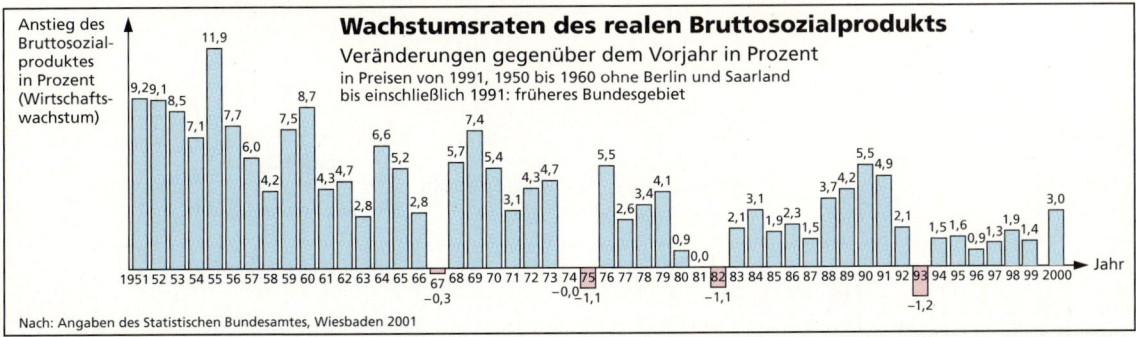

## Kritik an der Theorie des Wachstums

An der Wachstumstheorie wird kritisiert, dass für die Berechnung des Bruttosozialprodukts nur die „bezahlte Arbeit" berücksichtigt wird. Das bedeutet, manche nicht bezahlte „positive" gesellschaftliche Leistung, wie z. B. Nachbarschaftshilfe, wird statistisch nicht erfasst.

Andererseits erhöhen „negative" Faktoren, wie Kriegsereignisse oder Unfälle, durch entsprechende wirtschaftliche Leistungen, wie z. B. hohe Rüstungsausgaben oder Schadensbeseitigungen, das Bruttosozialprodukt, das demnach als Maßstab von Wohlstand und Lebensqualität nicht ausreichend geeignet ist. Die Kritiker der Wachstumstheorie fordern deswegen eine Abkehr vom rein quantitativen Wachstumsbegriff, sie sprechen sich für eine qualitative Betrachtung des volkswirtschaftlichen Wachstums aus.

[1] Geringfügige Abweichungen in den Zahlenwerten des Wirtschaftswachstums in den Grafiken erklären sich aus nachträglichen statistischen Korrekturen.

aus: Böker, Jürgen u. a.: Wirtschaftspolitik/Wirtschaftsordnung, 2. Aufl., Darmstadt 2002, S. 14

# Wirtschaftspolitische Ziele – *Aims of economic policy*

## Wirtschaftspolitische Ziele nach dem Stabilitätsgesetz von 1967

Bereits in Paragraf 1 des Stabilitätsgesetzes werden die wirtschaftspolitischen Ziele des Staates genannt:

- **Stabilität des Preisniveaus**
- **hoher Beschäftigungsstand**
- **außenwirtschaftliches Gleichgewicht**
- **stetiges und angemessenes Wirtschaftswachstum**

### § 1

„Bund und Länder haben bei ihren wirtschafts- und finanzpolitischen Maßnahmen die Erfordernisse des gesamtwirtschaftlichen Gleichgewichts zu beachten. Die Maßnahmen sind so zu treffen, dass sie im Rahmen der marktwirtschaftlichen Ordnung gleichzeitig zur Stabilität des Preisniveaus, zu einem hohen Beschäftigungsstand und außenwirtschaftlichem Gleichgewicht bei stetigem und angemessenem Wirtschaftswachstum beitragen."

aus: Paragraf 1 des Gesetzes zur Förderung der Stabilität und des Wachstums der Wirtschaft (StWG), 8. Juni 1967

In Paragraf 2 des Stabilitätsgesetzes wird die Bundesregierung verpflichtet regelmäßig einen **Jahreswirtschaftsbericht** zu veröffentlichen.

### § 2

(I) Die Bundesregierung legt im Januar eines jeden Jahres (...) einen Jahreswirtschaftsbericht vor. Er enthält:

1. die Stellungnahme zu dem Jahresgutachten des Sachverständigenrates[1] (...)
2. eine Darlegung der für das laufende Jahr von der Bundesregierung angestrebten wirtschafts- und finanzpolitischen Ziele (Jahresprojektion); (...)
3. eine Darlegung der für das laufende Jahr geplanten Wirtschafts- und Finanzpolitik. (...)

aus: Paragraf 2 des Gesetzes zur Förderung der Stabilität und des Wachstums der Wirtschaft (StWG), 8. Juni 1967
aus: Böker, Jürgen u. a.: Wirtschaftspolitik/Wirtschaftsordnung, 2. Aufl., Darmstadt 2002, S. 29

**11**

## Ziele der Wirtschaftspolitik und ihre Messgrößen
*Aims of economic policy and its indexes*

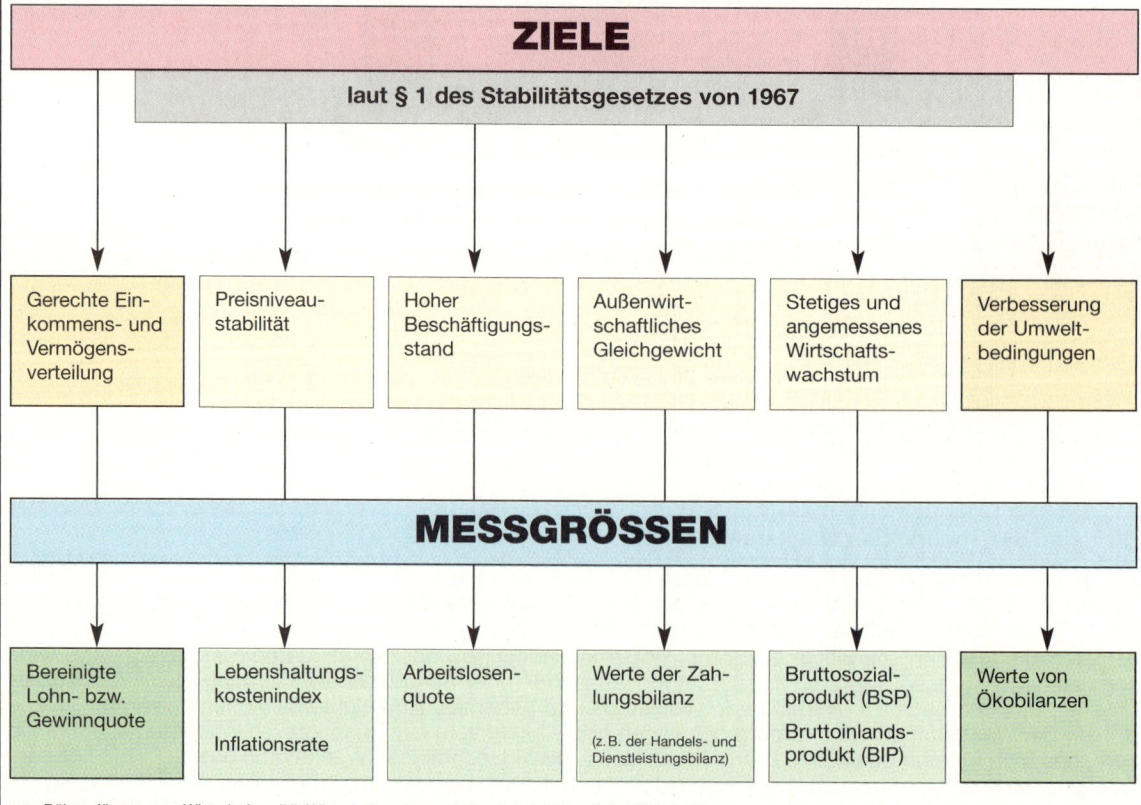

aus: Böker, Jürgen u. a.: Wirtschaftspolitik/Wirtschaftsordnung, Lehrerband, Darmstadt 2000, S. 28

3525132

# Außenwirtschaft – *Foreign trade relation*

## Außenhandel

Der Außenhandel umfasst den grenzüberschreitenden Warenverkehr einer Volkswirtschaft. In der Außenhandelsstatistik erfassen die Staaten jeweils den Import (Einfuhr) und den Export (Ausfuhr) von Waren; in der so genannten **Handelsbilanz** werden beide Größen saldiert. Sind die Exporte größer als die Importe, spricht man von einer **aktiven Handelsbilanz** (Handelsbilanzüberschuss); im umgekehrten Fall von einer **passiven Handelsbilanz** (Handelsbilanzdefizit).

## Import (Einfuhr) von Waren

| Jahr[1] | Einfuhr[2] in Mrd. Euro[3] | Bruttoinlandsprodukt (BIP) in Mrd. Euro | Einfuhr in % des BIP (Importquote) |
|---|---|---|---|
| 1960 | 21,8 | 154,8 | 14,1 |
| 1965 | 36,0 | 234,8 | 15,3 |
| 1970 | 56,0 | 345,3 | 16,2 |
| 1975 | 94,2 | 524,9 | 17,9 |
| 1980 | 174,5 | 752,6 | 23,2 |
| 1985 | 237,1 | 932,2 | 25,4 |
| 1990[4] | 293,2 | 1.240,4 | 23,6 |
| 1995 | 339,6 | 1.801,3 | 18,9 |
| 2000 | 544,2 | 2.032,9 | 26,8 |

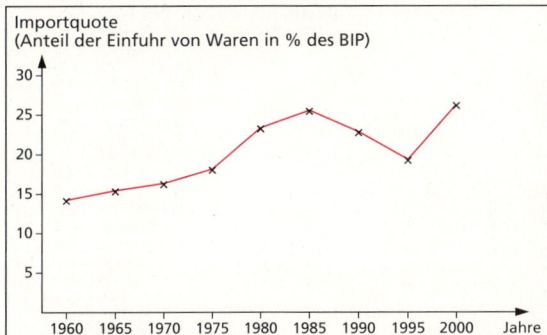

Importquote
(Anteil der Einfuhr von Waren in % des BIP)

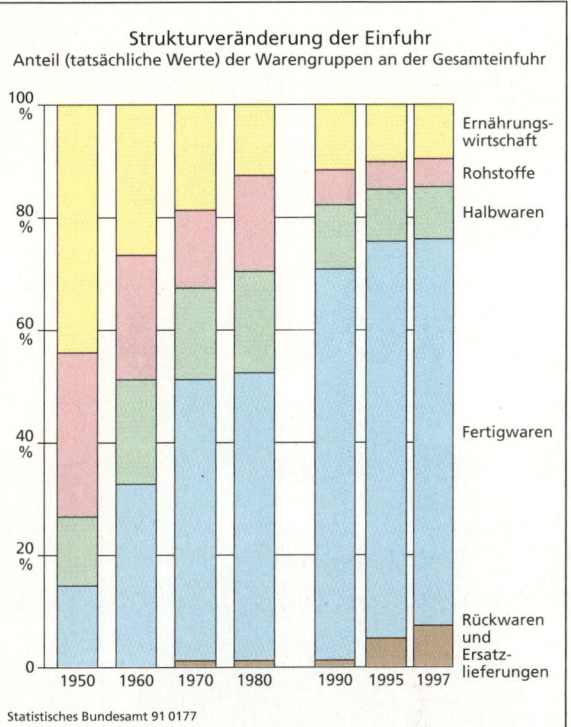

Strukturveränderung der Einfuhr
Anteil (tatsächliche Werte) der Warengruppen an der Gesamteinfuhr

Statistisches Bundesamt 91 0177

Die **Importquote** gibt den prozentualen Anteil des Warenimportes am Bruttoinlands- oder am Bruttosozialprodukt[5] an.

Die Struktur des Imports spiegelt den Anteil unterschiedlicher Warengruppen (z. B. ernährungswirtschaftliche Produkte, Rohstoffe, Halb- und Fertigwaren) am Import wider.

## Export (Ausfuhr) von Waren

| Jahr | Ausfuhr[2] in Mrd. Euro[3] | Bruttoinlandsprodukt (BIP) in Mrd. Euro | Ausfuhr in % des BIP (Importquote) |
|---|---|---|---|
| 1960 | 24,5 | 154,8 | 15,8 |
| 1965 | 36,7 | 234,8 | 15,6 |
| 1970 | 62,9 | 345,3 | 18,2 |
| 1975 | 113,3 | 524,9 | 21,6 |
| 1980 | 179,1 | 752,6 | 23,8 |
| 1985 | 274,7 | 932,2 | 29,5 |
| 1990[4] | 348,1 | 1.240,4 | 28,1 |
| 1995 | 383,2 | 1.801,3 | 21,3 |
| 2000 | 596,8 | 2.032,9 | 29,4 |

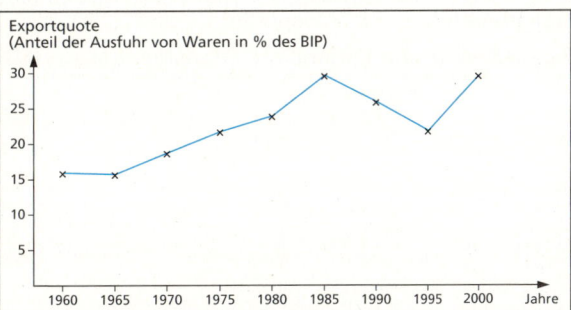

Exportquote
(Anteil der Ausfuhr von Waren in % des BIP)

Die **Exportquote** gibt den prozentualen Anteil des Warenexportes am Bruttoinlands- oder am Bruttosozialprodukt an.

1 Tabelle nach: Datenreport 1994, S. 261, Tabelle 2 und Statistisches Bundesamt a. a. O.
2 Spezialhandel entsprechend der Außenhandelsstatistik. Er erfasst den Import von Waren ohne Transportkosten.
3 Umrechnungskurs für 1 Euro = 1,95583 DM
4 Bis 1990 früheres Bundesgebiet, ab 1991 Deutschland
5 In der Fachliteratur werden die Import- und Exportquote unterschiedlich definiert, d. h. entweder auf das BIP oder das BSP bezogen.

aus: Böker, Jürgen u. a.: Wirtschaftspolitik/Wirtschaftsordnung, 2. Aufl., Darmstadt 2002, S. 16 f.

**11**

# Außenwirtschaft – *Foreign trade relation*

## Außenhandel

### Export (Ausfuhr) von Waren

Die Struktur des Exports spiegelt den Anteil unterschiedlicher Warengruppen (z. B. Straßenfahrzeuge, Maschinen, chemische Erzeugnisse)[1] am Export wider.

## Abhängig vom Export

Anteil des Warenhandels an der Wirtschaftsleistung 1992 in %

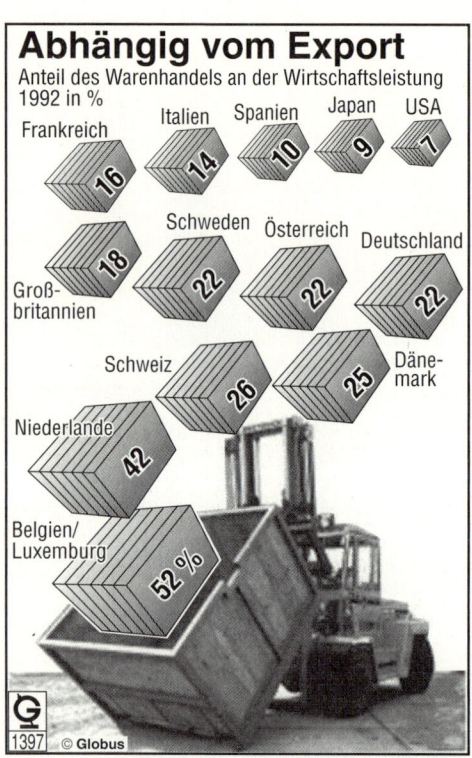

Frankreich 16
Italien 14
Spanien 10
Japan 9
USA 7
Großbritannien 18
Schweden 22
Österreich 22
Deutschland 22
Schweiz 26
Dänemark 25
Niederlande 42
Belgien/Luxemburg 52 %

1397 © Globus

## Das deutsche Exportsortiment

Ausfuhren im Jahr 2000 in Mrd. Euro (die wichtigsten Warengruppen)

- Autos 105 Mrd. Euro
- 84 Maschinen
- 74 Chemische Erzeugnisse
- 33 Elektrotechnik/Nachrichtentechnik
- 30 Kraftwerks- und Turbinentechnik
- 29 Eisen- und Stahlerzeugnisse
- 24 Schiffbau, Luft- und Raumfahrzeuge
- 22 Medizintechnik, Feinmechanik, Optik
- 22 Nahrungsmittel, Tabakwaren
- 18 Kunststoff- und Gummierzeugnisse
- 18 Metallerzeugnisse
- 13 Papier
- 12 Textilien
- 10 Möbel, Schmuck, Spielwaren
- 8 Glas- und Keramikerzeugnisse
- 7 Bekleidung

Quelle: Stat. Bundesamt

© Globus 6987

## Die größten Exporteure der Welt

Ausfuhren im Jahr 2000 in Milliarden Dollar

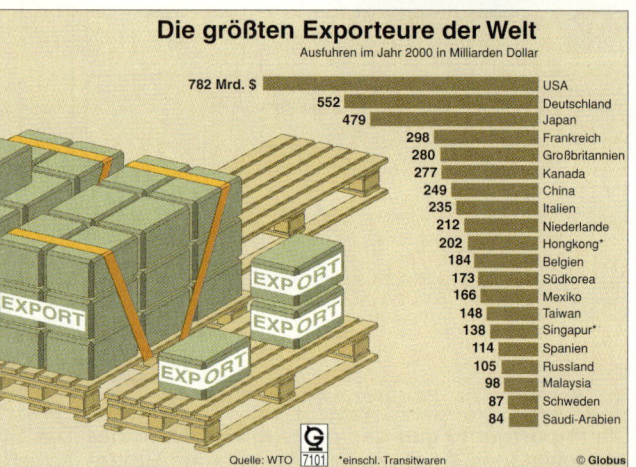

- 782 Mrd. $ USA
- 552 Deutschland
- 479 Japan
- 298 Frankreich
- 280 Großbritannien
- 277 Kanada
- 249 China
- 235 Italien
- 212 Niederlande
- 202 Hongkong*
- 184 Belgien
- 173 Südkorea
- 166 Mexiko
- 148 Taiwan
- 138 Singapur*
- 114 Spanien
- 105 Russland
- 98 Malaysia
- 87 Schweden
- 84 Saudi-Arabien

Quelle: WTO 7101 *einschl. Transitwaren © Globus

1 Die veröffentlichten Statistiken des Statistischen Bundesamtes bzw. der Deutschen Bundesbank nennen als Warengruppen Erzeugnisse des Grundstoff- und Produktionsgüter-, des Investitionsgüter- und des Verbrauchsgütergewerbes.

## Ein- und Ausfuhr von Dienstleistungen

Bei der Inanspruchnahme von ausländischen Dienstleistungen entstehen für die Wirtschaftssubjekte in einer Volkswirtschaft **Ausgaben** (z. B. für Auslandstourismus), bei der Ausfuhr von Dienstleistungen entstehen **Einnahmen** (z. B. für Transportleistungen).

### Ausgaben für die Einfuhr von Dienstleistungen (Mrd. Euro)

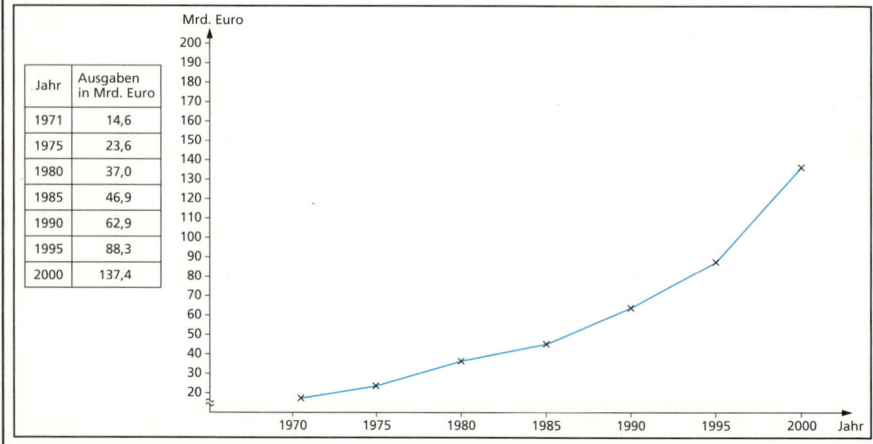

| Jahr | Ausgaben in Mrd. Euro |
|------|------|
| 1971 | 14,6 |
| 1975 | 23,6 |
| 1980 | 37,0 |
| 1985 | 46,9 |
| 1990 | 62,9 |
| 1995 | 88,3 |
| 2000 | 137,4 |

nach: Zahlungsbilanzstatistik der deutschen Bundesbank, Frankfurt/Main 2001

aus: Böker, Jürgen u. a.: Wirtschaftspolitik/Wirtschaftsordnung, 2. Aufl., Darmstadt 2002, S. 17 f.

11

3525134

## Außenwirtschaft – *Foreign trade relation*

### Ein- und Ausfuhr von Dienstleistungen

#### Einnahmen für die Ausfuhr von Dienstleistungen (Mrd. Euro)

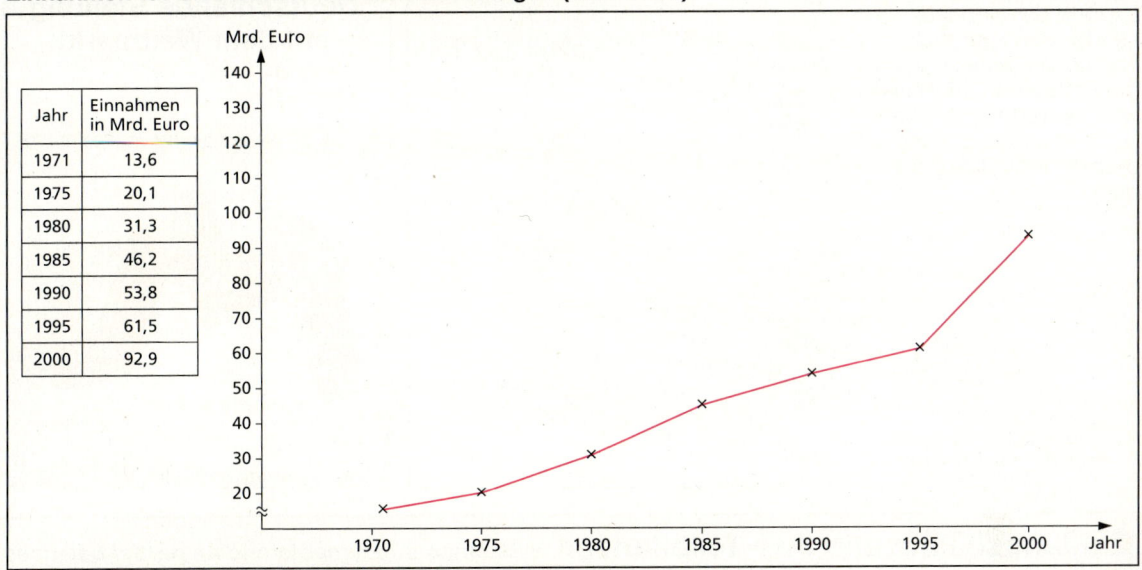

| Jahr | Einnahmen in Mrd. Euro |
|------|------------------------|
| 1971 | 13,6 |
| 1975 | 20,1 |
| 1980 | 31,3 |
| 1985 | 46,2 |
| 1990 | 53,8 |
| 1995 | 61,5 |
| 2000 | 92,9 |

nach: Zahlungsbilanzstatistik der deutschen Bundesbank, Frankfurt/Main 2001

### Ein- und Ausfuhr von Kapital (Kapitalimport und -export)

Von **Kapitalimport** wird gesprochen, wenn Ausländer in Deutschland Direktinvestitionen vornehmen, Wertpapiere (z. B. Aktien) kaufen oder z. B. kurz- oder langfristige Kredite an Inländer vergeben.

**Bundesrepublik Deutschland: Einfuhr von Kapital ab 1971 in Mrd. Euro**

| Jahr | Kapital-import gesamt | davon | | |
|------|------------------------|-------|---|---|
| | | Direkt-investit. | Wert-papiere | Kredite |
| 1971 | 8,0 | 2,0 | 1,0 | 5,0 |
| 1975 | 14,3 | 0,8 | − 0,7 | 14,2 |
| 1980 | 26,9 | 0,3 | 0,4 | 26,2 |
| 1985 | 27,8 | 0,8 | 19,2 | 7,8 |
| 1990 | 47,5 | 2,0 | 9,9 | 35,6 |
| 1995 | 127,3 | 9,9 | 43,3 | 74,1 |
| 2000 | 357,7 | 191,1 | 46,1 | 120,5 |

* Nicht berücksichtigt wurden die Werte der sonstigen Kapitaleinfuhr.

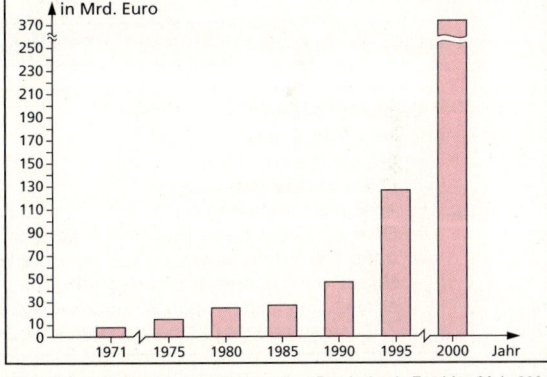

Nach: Zahlungsbilanzstatistik der deutschen Bundesbank, Frankfurt/Main 2001

Von **Kapitalexport** wird gesprochen, wenn Inländer im Ausland Direktinvestitionen vornehmen, Wertpapiere (z. B. Aktien) kaufen oder z. B. kurz- oder langfristige Kredite an das Ausland vergeben.

**Bundesrepublik Deutschland: Ausfuhr von Kapital ab 1971 in Mrd. Euro (Nettokapitalexport-)**

| Jahr | Kapital-export gesamt | davon | | |
|------|------------------------|-------|---|---|
| | | Direkt-investit. | Wert-papiere | Kredite |
| 1971 | − 3,6 | − 2,1 | 0,2 | − 1,5 |
| 1975 | − 20,7 | − 2,7 | − 1,3 | − 16,3 |
| 1980 | − 26,8 | − 4,4 | − 3,9 | − 18,2 |
| 1985 | − 56,4 | − 7,7 | − 16,1 | − 31,5 |
| 1990 | − 93,8 | − 19,8 | − 12,8 | − 60,1 |
| 1995 | − 89,8 | − 28,4 | − 16,7 | − 42,6 |
| 2000 | − 347,7 | − 52,7 | − 210,3 | − 84,7 |

* Nicht berücksichtigt wurden die Werte der sonstigen Kapitaleinfuhr.

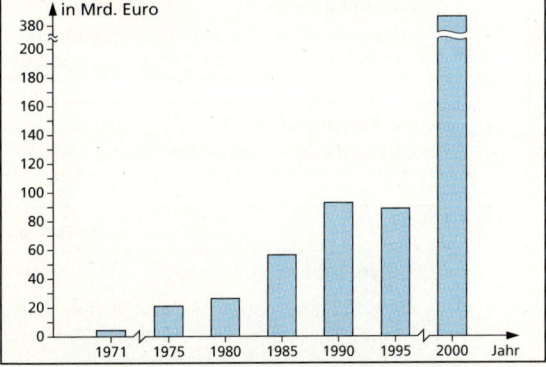

nach: Zahlungsbilanzstatistik der deutschen Bundesbank, Frankfurt/Main 2001

aus: Böker, Jürgen u. a.: Wirtschaftspolitik/Wirtschaftsordnung, 2. Aufl., Darmstadt 2002, S. 18 f.

11

# Außenwirtschaft – *Foreign trade relation*

## Welthandel

Die Summe sämtlicher Exporte der einzelnen Länder wird zum Welthandelsvolumen zusammengefasst. In der Regel wird es wertmäßig in einer Leitwährung ausgedrückt, bisher ist dies der US-Dollar.

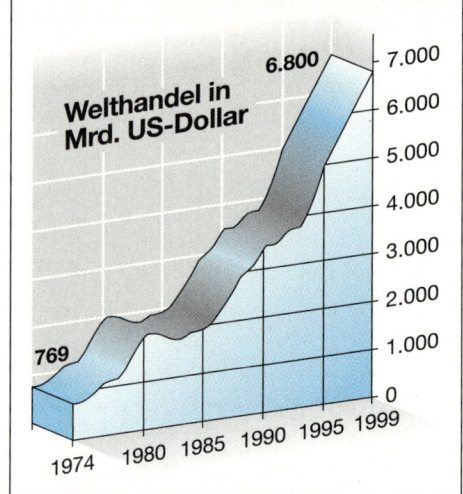

aus: Böker, Jürgen u. a.: Wirtschaftspolitik/Wirtschaftsordnung, 2. Aufl., Darmstadt 2002, S. 19

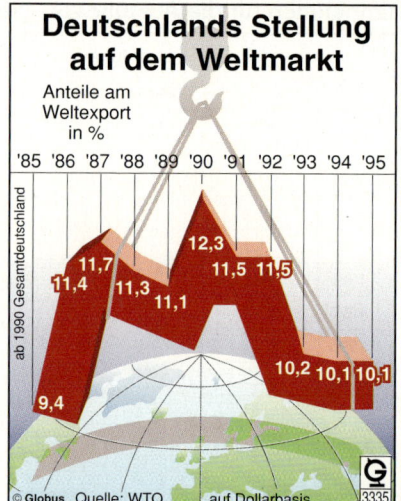

## Zahlungsbilanz und ihre Teilbilanzen – *Balance of payments and its partial balances*

**11**

### Zahlungsbilanz
erfasst alle außenwirtschaftlichen Transaktionen durch die Gegenüberstellung sämtlicher Zahlungsforderungen und Zahlungsverpflichtungen eines Landes gegenüber dem Ausland innerhalb eines Jahres.

Die Zahlungsbilanz gliedert sich in **Teilbilanzen:**

### Leistungsbilanz
– **Handelsbilanz:**
  erfasst Warenein- und -ausfuhr;
– **Dienstleistungsbilanz:**
  erfasst die Exporte und Importe von Dienstleistungen;
– **Bilanz der Erwerbs- und Vermögenseinkommen:**
  erfasst Einkommen aus grenzüberschreitender Erwerbstätigkeit oder Vermögensanlage;
– **Bilanz der laufenden Übertragungen:**
  erfasst z. B. Überweisungen ausländischer Arbeitnehmer/-innen in ihre Heimat, Zahlungen an internationale Organisationen und Entwicklungshilfe.

### Vermögensbilanz
erfasst grenzüberschreitende Schenkungen, Erbschaften usw.

### Kapitalbilanz
erfasst alle Kreditbeziehungen zwischen In- und Ausland, die im Zusammenhang mit der Finanzierung von Ein- und Ausfuhren, Übertragungen usw. entstehen.

### Devisenbilanz
erfasst die Zu- oder Abnahme des Devisenbestandes der Bundesbank.

#### Ausprägungen der Zahlungsbilanz

| Aktive Zahlungsbilanz (+) | Passive Zahlungsbilanz (–) |
|---|---|
| Zahlungsforderungen gegenüber dem Ausland sind *größer* als die Zahlungsverpflichtungen. | Zahlungsforderungen gegenüber dem Ausland sind *kleiner* als die Zahlungsverpflichtungen. |

aus: Böker, Jürgen u. a.: Wirtschaftspolitik/Wirtschaftsordnung, Lehrerband, Darmstadt 2000, S. 30

3525136

# Vom quantitativen zum qualitativen Wirtschaftswachstum
*From quantitative growth to qualitative growth*

## Quantitatives Wachstum als wirtschaftspolitisches Ziel

Die Steigerung der Produktion von Gütern und Dienstleistungen soll Arbeitsplätze, Einkommen und damit materiellen Wohlstand schaffen und sichern.

## Kritik an der Theorie des quantitativen Wachstums

→ Die Ressourcen (Rohstoffe) verknappen zunehmend durch immer umfangreichere Produktions- und Konsumprozesse.

→ Die Umwelt wird durch immer umfangreichere Produktions- und Konsumprozesse belastet.

→ Das BSP/BIP als Wohlstandsmaßstab beinhaltet auch den Zuwachs an Produkten und Dienstleistungen infolge von Unglücken, Krankheit und Tod.

→ Das quantitative Wachstum sichert nicht automatisch Arbeitsplätze, da es häufig einhergeht mit Entlassungen im Rahmen von Rationalisierungsmaßnahmen zur Steigerung der Produktivität.

## Forderungen

### . . . nach mehr qualitativem Wachstum

Steigerung der Lebensqualität durch Umverteilung der Wachstumsbereiche: mehr Wachstum in den Bereichen zur Förderung der Lebensqualität – weniger Wachstum in den Bereichen, die zu einer Einschränkung der Lebensqualität führen können.

### . . . nach neuen Wohlstandsindikatoren

Aufstellung von Messgrößen, die Wohlstand als Lebensqualität besser erfassen können: z. B. Sozialindikatoren wie Gesundheit, Bildung, Freizeit, Arbeitszufriedenheit oder Umweltindikatoren wie Luftreinheit, Wasserqualität, Schadstoffbelastung.

aus: Böker, Jürgen u. a.: Wirtschaftspolitik/Wirtschaftsordnung, Lehrerband, Darmstadt 2000, S. 29

**11**

# Investitionen und Bruttoinlandsprodukt – *Investment and gross domestic product*

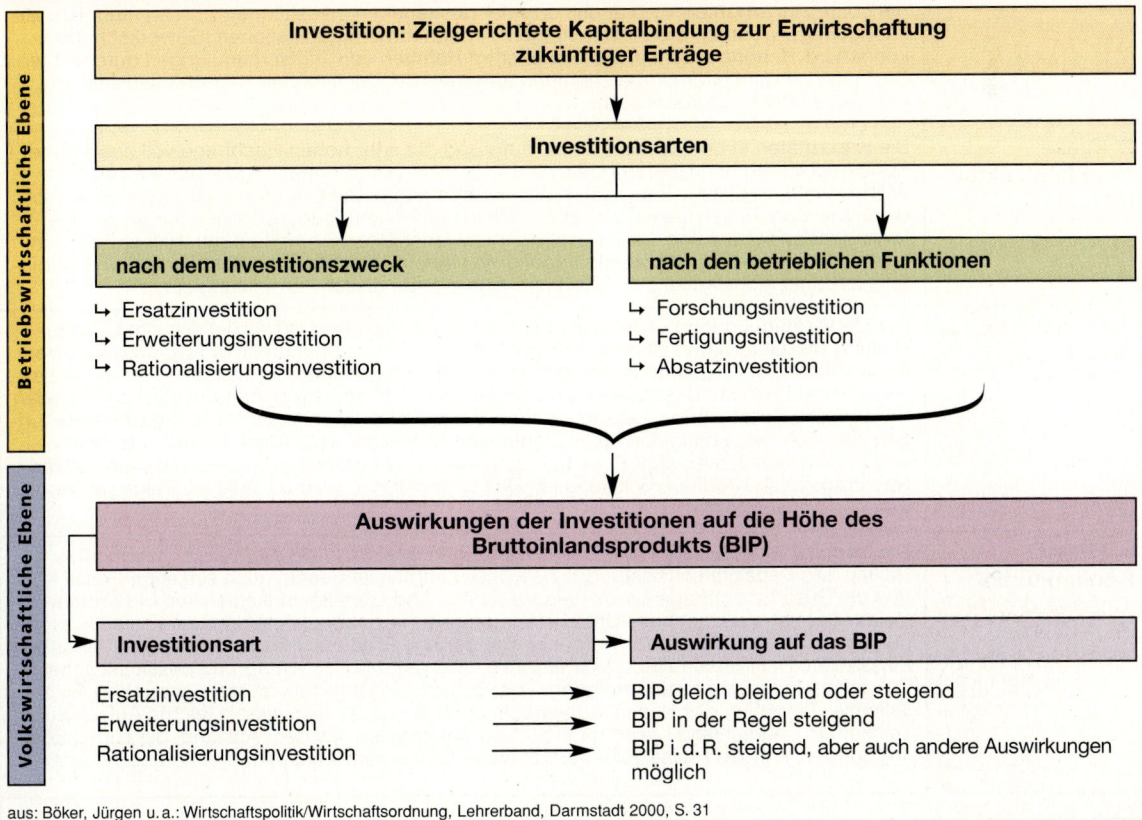

**Betriebswirtschaftliche Ebene**

**Investition: Zielgerichtete Kapitalbindung zur Erwirtschaftung zukünftiger Erträge**

**Investitionsarten**

### nach dem Investitionszweck

↳ Ersatzinvestition
↳ Erweiterungsinvestition
↳ Rationalisierungsinvestition

### nach den betrieblichen Funktionen

↳ Forschungsinvestition
↳ Fertigungsinvestition
↳ Absatzinvestition

**Volkswirtschaftliche Ebene**

**Auswirkungen der Investitionen auf die Höhe des Bruttoinlandsprodukts (BIP)**

| Investitionsart | Auswirkung auf das BIP |
|---|---|
| Ersatzinvestition | BIP gleich bleibend oder steigend |
| Erweiterungsinvestition | BIP in der Regel steigend |
| Rationalisierungsinvestition | BIP i. d. R. steigend, aber auch andere Auswirkungen möglich |

aus: Böker, Jürgen u. a.: Wirtschaftspolitik/Wirtschaftsordnung, Lehrerband, Darmstadt 2000, S. 31

# Konjunkturphasenmodell – *Model business cycles*

## Entstehung des Vier-Phasen-Schemas

Die wirtschaftliche Aktivität in einer Volkswirtschaft, die sich z. B. in der Höhe der Güterproduktion ausdrückt, unterliegt unterschiedlich starken Schwankungen. Das Auf und Ab dieser wirtschaftlichen Entwicklung wurde über Jahrzehnte gemessen und statistisch ausgewertet. Die dabei festgestellten Regelmäßigkeiten ließen es zu, die gewonnenen Datenreihen zum so genannten **Konjunkturphasenmodell** zusammenzufassen. Die Wirtschaftswissenschaftler sprechen seitdem von einem Konjunkturzyklus, der in seiner Wellenbewegung die vier Konjunkturphasen Aufschwung, Hochkonjunktur, Abschwung und Konjunkturtief umfasst.

## Die Konjunkturphasen

### Klassischer Konjunkturverlauf

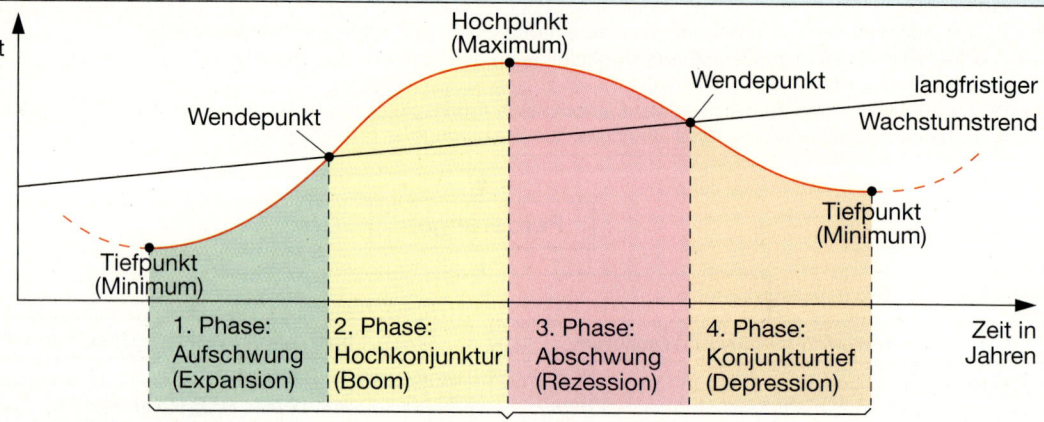

| Konjunkturphase | Charakteristische Merkmale |
|---|---|
| 1. Phase:<br>**Aufschwung**<br>(Expansion) | Die Nachfrage nach Gütern und Dienstleistungen von privaten Haushalten (Verbrauchern), den Unternehmen, dem Staat und dem Ausland steigt. Als Folge davon werden mehr Güter produziert bzw. Dienstleistungen erbracht. Die höhere Nachfrage führt zu Preissteigerungen. Soweit es notwendig erscheint, werden infolge der erhöhten Produktion mehr Arbeitskräfte eingestellt. Unternehmen erhöhen aufgrund optimistischer Erwartungen die Investitionen. Als Folge des erhöhten Verbrauchs und der gestiegenen Investitionen werden mehr Kredite nachgefragt, wodurch die Zinsen steigen. Arbeitnehmerorganisationen (Gewerkschaften) können i. d. R. höhere Löhne und Gehälter im Rahmen von Tarifverhandlungen durchsetzen. Die Gewinne der Unternehmen nehmen aufgrund der gestiegenen Kapazitätsauslastung und des erhöhten Umsatzes zu. |
| 2. Phase:<br>**Hochkonjunktur**<br>(Boom) | Die Kapazitäten in der Wirtschaft sind aufgrund der sehr hohen Nachfrage voll ausgelastet. Sonderschichten und Überstunden werden in vielen Unternehmen geleistet, es herrscht Vollbeschäftigung, zum Teil sogar Arbeitskräftemangel. Die Einkommen steigen, aber auch die Preise und Zinsen ziehen weiter an. Weiter zunehmende Investitionen führen zu einer fortlaufenden Produktion, bis es schließlich zu einer Überhitzung kommt: man spricht von einer Überproduktion, die Marktsättigung ist erreicht. An diesem Punkt nimmt das Bruttoinlandsprodukt nicht weiter zu, es tritt nun eine Wende dieser Entwicklung ein. |
| 3. Phase:<br>**Abschwung**<br>(Rezession) | Die Marktsättigung führt dazu, dass die Nachfrage stagniert und schließlich sinkt. Die Erstellung von Gütern und Dienstleistungen passt sich der abnehmenden Nachfrage an, der Kapazitätsauslastungsgrad in den Unternehmen wird geringer. Arbeitskräfte werden entlassen und die Löhne und Gehälter beginnen zu sinken. Geringere Nachfrage führt zu fallenden Preisen. Die Unternehmen nehmen aufgrund pessimistischer Absatz- und Gewinnerwartungen nur noch die wichtigsten Investitionen vor. Es werden vornehmlich Rationalisierungs- und Ersatzinvestitionen statt Erweiterungsinvestitionen getätigt. Die Zinsen sinken, da die Nachfrage nach Krediten rückläufig ist. Das Bruttoinlandsprodukt sinkt als Folge der eingetretenen Entwicklung. |
| 4. Phase:<br>**Konjunkturtief**<br>(Depression) | Die Nachfrage nach Gütern und Dienstleistungen erreicht in der Depression niedrigstes Niveau. Die Kapazitätsauslastung in den Unternehmen ist gering, auch sinkende Preise können die Gesamtnachfrage kaum steigern. Löhne und Gehälter sinken weiter, die Arbeitslosigkeit steigt stark an. Viele Unternehmen müssen Konkurs anmelden, die Investitionsneigung befindet sich auf einem Tiefpunkt. Die geringe Kreditnachfrage führt zu sehr niedrigen Zinssätzen. Die Wirtschaftssubjekte erhöhen – soweit möglich – aufgrund pessimistischer Zukunftsneigungen ihre Spareigung. Das Bruttoinlandsprodukt ist stark gesunken. Ist die Talsohle (Tiefpunkt) des Konjunkturverlaufs erreicht, zeigen sich wieder leichte Aufschwungzeichen. In Deutschland helfen häufig Nachfrageimpulse aus dem Ausland, die zum großen Teil auf die geringen Preise zurückzuführen sind, aus dem Konjunkturtief herauszukommen. |

aus: Böker, Jürgen u. a.: Wirtschaftspolitik/Wirtschaftsordnung, 2. Aufl., 2002, S. 23 f.

# Von der Konjunkturanalyse zur Konjunkturprognose – Konjunkturindikatoren

*Business cycle analysis and economic forecasting – economic indicators*

Zur Beschreibung und Analyse der einzelnen Phasen des Konjunkturverlaufs werden charakteristische Merkmale der wirtschaftlichen Entwicklung herangezogen, wie z.B. Höhe der Kapazitätsauslastung in der Industrie oder die Höhe des Bruttoinlandsprodukts. Diese Merkmale haben aber nicht nur beschreibenden Charakter, sie dienen auch der **Konjunkturprognose.** Aussagen über die Zukunft der wirtschaftlichen Entwicklung sind z.B. für Unternehmen wichtig, um Investitionsentscheidungen abzusichern oder sie dienen dem Staat, um den Konjunkturverlauf rechtzeitig durch **konjunkturpolitische Maßnahmen,** wie z.B. Veränderung des Steuersatzes, zu beeinflussen.

Man kann die Konjunkturindikatoren nach ihrer zeitlichen Beziehung zum Konjunkturverlauf einteilen in:

- vorlaufende Indikatoren (Frühindikatoren),
- gleichlaufende Indikatoren (Gegenwartsindikatoren),
- nachlaufende Indikatoren (Spätindikatoren).

| Art des Konjunkturindikators | Beispiele |
|---|---|
| vorlaufend (Frühindikator) | • Geschäftserwartungen von Unternehmen<br>• Entwicklung der Aktienkurse<br>• Auftragseingänge in Unternehmen<br>• Baugenehmigungen |
| gleichlaufend (Gegenwartsindikator) | • Kapazitätsauslastung in Industrieunternehmen<br>• Höhe der industriellen Produktion<br>• Einzelhandelsumsatz<br>• Außenhandelsumsatz |
| nachlaufend (Spätindikator) | • Zahl der Beschäftigten bzw. Arbeitslosen<br>• Zahl der Insolvenzen |

Grafische Darstellung der unterschiedlichen Entwicklung von vor-, gleich- und nachlaufenden Konjunkturindikatoren

Entwicklung der Konjunkturindikatoren:

——————— vorlaufend

– – – – – gleichlaufend

· · · · · · · nachlaufend

Nach: Oppenländer, Karl-Heinrich: Konjunkturindikatoren. 2. Auflage, München, Wien 1996

aus: Böker, Jürgen u.a.: Wirtschaftspolitik/Wirtschaftsordnung, 2. Aufl., Darmstadt 2002, S. 24 f.

Wachstumsraten des Bruttoinlandsprodukts in der Bundesrepublik Deutschland ab 1960

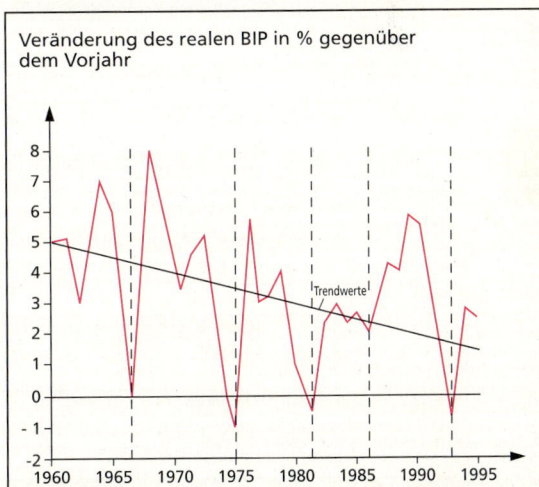

**Konjunktur:** Wachstumsraten und Trendwerte des Bruttoinlandsprodukts der Bundesrepublik Deutschland 1960 bis 1995 (ab 1992 einschließlich neue Bundesländer) in Preisen von 1991 (dargestellt sind jeweils die Veränderungen gegenüber dem Vorjahr in Prozent); die Jahre 1967, 1975, 1982 und 1993 markieren die unteren Wendepunkte eines Konjunkturzyklus.

nach: Brockhaus-Enzyklopädie in 24 Bänden. 20. überarbeitete und aktualisierte Auflage. Bd. 12, Mannheim 1997

11

# Ziele und Zielkonflikte staatlicher Wirtschaftspolitik
## *Aims and conflicting aims of governmental economic policy*

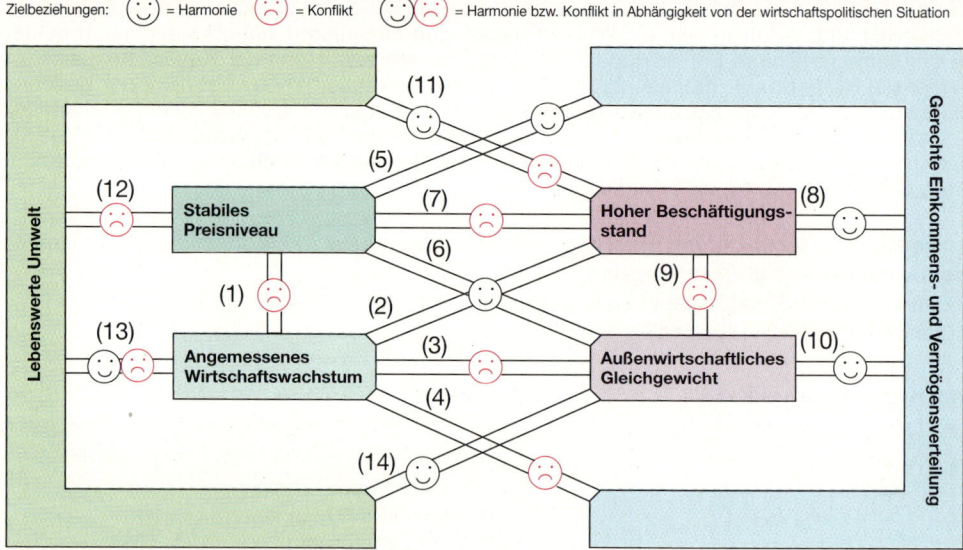

Zielbeziehungen: ☺ = Harmonie   ☹ = Konflikt   ☺☹ = Harmonie bzw. Konflikt in Abhängigkeit von der wirtschaftspolitischen Situation

**Lebenswerte Umwelt**

**Gerechte Einkommens- und Vermögensverteilung**

(11) (12) (5) (7) (8) (6) (9) (1) (2) (13) (3) (10) (4) (14)

- Stabiles Preisniveau
- Hoher Beschäftigungsstand
- Angemessenes Wirtschaftswachstum
- Außenwirtschaftliches Gleichgewicht

## Erläuterungen zu den Beziehungen der Ziele staatlicher Wirtschaftspolitik

### Angemessenes Wirtschaftswachstum/Stabiles Preisniveau (1)
Ein erhöhtes Wirtschaftswachstum kann durch eine verstärkte Gesamtnachfrage gegenüber dem gesamtwirtschaftlichen Angebot ein erhöhtes Preisniveau verursachen (Zielkonflikt).

### Angemessenes Wirtschaftswachstum/Hoher Beschäftigungsstand (2)
Ein erhöhtes Wirtschaftswachstum hat z.B. durch größere Produktionskapazitäten eine steigende Beschäftigung zur Folge (Zielharmonie).

### Angemessenes Wirtschaftswachstum/Außenwirtschaftliches Gleichgewicht (3)
Maßnahmen zur Stärkung des Wirtschaftswachstums (z.B. Steuervergünstigungen, Subventionen) sind nicht immer geeignet gleichzeitig ein außenwirtschaftliches Gleichgewicht zu sichern, weil hierdurch ein Exportüberhang entstehen kann (eher Zielkonflikt).

### Angemessenes Wirtschaftswachstum/Gerechte Einkommens- und Vermögensverteilung (4)
Ein erhöhtes Wirtschaftswachstum wird durch ein leistungsorientiertes Steuersystem begünstigt, während eine gerechtere Einkommens- und Vermögensverteilung eher mithilfe eines sozialorientierten Steuersystems erreicht wird (eher Zielkonflikt).

### Stabiles Preisniveau/Gerechte Einkommens- und Vermögensverteilung (5)
Stabile Preise sind eher dazu geeignet, ein Auseinanderklaffen der Einkommensschere zu verhindern und unterstützen damit eine gerechtere Einkommens- und Vermögensverteilung (Zielharmonie).

### Stabiles Preisniveau/Außenwirtschaftliches Gleichgewicht (6)
Maßnahmen zur Sicherung eines stabilen Preisniveaus (z.B. Eindämmung der staatlichen Nachfrage) müssen nicht zu gravierenden Angebots- bzw. Nachfrageverschiebungen im Im- und Export führen; die Zielvorstellung eines außenwirtschaftlichen Gleichgewichts wird dadurch nicht zwangsläufig beeinträchtigt (Zielharmonie).

### Hoher Beschäftigungsstand/Stabiles Preisniveau (7)
Ein hoher Beschäftigungsstand kann durch einen entsprechenden Anstieg der Einkommen über eine erhöhte gesamtwirtschaftliche Nachfrage zu Preiserhöhungen führen. Die erhöhten Preise sind außerdem eine Folge der Verteuerung des Produktionsfaktors Arbeit (Zielkonflikt).

### Hoher Beschäftigungsstand/Gerechte Einkommens- und Vermögensverteilung (8)
Ein hoher Beschäftigungsstand führt auf der Nachfrageseite zu einem höheren Einkommen für alle Wirtschaftssubjekte. Damit steigt auch der Spielraum für den Staat, durch gezielte Maßnahmen (z.B. durch eine entsprechende Steuerpolitik) eine gerechtere Einkommens- und Vermögensverteilung zu verwirklichen (eher Zielharmonie).

### Hoher Beschäftigungsstand/Außenwirtschaftliches Gleichgewicht (9)
Eine hohe Beschäftigung wird häufig durch Maßnahmen verfolgt, die in der Regel die Exporte begünstigen, wodurch ein außenwirtschaftliches Gleichgewicht gefährdet sein könnte (eher Zielkonflikt).

### Außenwirtschaftliches Gleichgewicht/Gerechte Einkommens- und Vermögensverteilung (10)
Maßnahmen zur Erreichung eines außenwirtschaftlichen Gleichgewichts (z.B. Veränderung der Zoll- und Steuersätze) stehen nicht unbedingt in Konflikt mit Maßnahmen zur Erreichung einer gerechten Einkommens- und Vermögensverteilung, wie z.B. die Förderung eines sozialorientierten Steuersystems (Zielharmonie).

### Lebenswerte Umwelt/Hoher Beschäftigungsstand (11)
Staatliche Investitionsförderung im Umweltschutzsektor können entsprechende Arbeitsplätze schaffen (Zielharmonie). Hohe Umweltschutzauflagen führen häufig zu Produktionsverlagerungen ins Ausland und damit zum Export von Arbeitsplätzen (Zielkonflikt).

### Lebenswerte Umwelt/Stabiles Preisniveau (12)
Staatliche Umweltschutzauflagen können beim Hersteller die Produktionskosten erhöhen, wodurch das Preisniveau steigen kann (eher Zielkonflikt).

### Lebenswerte Umwelt/Angemessenes Wirtschaftswachstum (13)
Staatliche Investitionsförderung im Umweltschutzsektor führt in den entsprechenden Branchen zu Wirtschaftswachstum (Zielharmonie). Hohe staatliche Umweltschutzauflagen können sowohl in Produktions- als auch in Dienstleistungsbetrieben zur Eindämmung wirtschaftlicher Aktivitäten führen (Zielkonflikt).

### Lebenswerte Umwelt/Außenwirtschaftliches Gleichgewicht (14)
Sowohl die Förderung von Umweltschutzinvestitionen als auch staatliche Umweltschutzauflagen stehen wirtschaftspolitischen Maßnahmen zur Gewährleistung eines außenwirtschaftlichen Gleichgewichts nicht prinzipiell entgegen (Zielharmonie).

aus: Böker, Jürgen u.a.: Wirtschaftspolitik/Wirtschaftsordnung, Lehrerband, Darmstadt 2000, S. 32 f.

# Traditionelle Instrumente der staatlichen Wirtschaftspolitik
*Traditional instruments of governmental economic policy*

Das **wirtschaftspolitische Instrumentarium** umfasst die Gesamtheit aller Maßnahmen, die dem Staat zur Verfügung stehen, um die in § 1 des „Stabilitätsgesetzes" festgelegten Ziele zu erreichen.

## Zentrale wirtschaftspolitische Instrumente des Staates[1]

| Konjunktur-*fördernde* Wirkung auf | Beispiele | | Beispiele | Konjunktur-*dämpfende* Wirkung auf |
|---|---|---|---|---|
| **Unternehmen,** z. B. Verbilligung der Produktion durch Verbesserung der Abschreibungs-möglichkeiten | – Abschaffung von Steuern<br>– Steuersenkung | **Steuer-politik** | – Einführung neuer Steuern<br>– Steuererhöhung | **Unternehmen,** z. B. Verteuerung der Produktion durch Verschlech-terung der Abschreibungs-möglichkeiten |
| | Erhöhung der staatlichen Aufträge | **Nachfrage-politik** | Senkung der staatlichen Aufträge | |
| **Private Haushalte,** z. B. Erhöhung der Konsumausgaben durch Steuer-senkungen | Abbau oder Ver-minderung von Sparprämien | **Spar-politik** | Gewährung oder Erhöhung von Sparprämien | **Private Haushalte,** z. B. Senkung der Konsumausgaben durch Steuer-erhöhungen |
| | Erhöhung der staatlichen Kreditaufnahme | **Kredit-politik** | Verminderung oder Verzicht auf Kreditaufnahme | |
| **Ausland,** z. B. Verbilligung der Warenlieferungen ins Ausland durch Senkung von Steuern und staat-lichen Abgaben | Gewährung von Subventionen | **Subventions-politik** | Abbau von Subventionen | **Ausland,** z. B. Verteuerung der Warenlieferun-gen ins Ausland durch Erhöhung von Steuern und staat-lichen Abgaben |
| | Einführung von Abschreibungs-vergünstigungen | **Abschreibungs-politik** | Abbau von Abschreibungs-vergünstigungen | |

Der Einsatz dieser wirtschaftspolitischen Instrumente erfolgt im Rahmen der kurzfristigen **antizyklischen Konjunkturpolitik** und dient der langfristigen Gestaltung der **Strukturpolitik.**

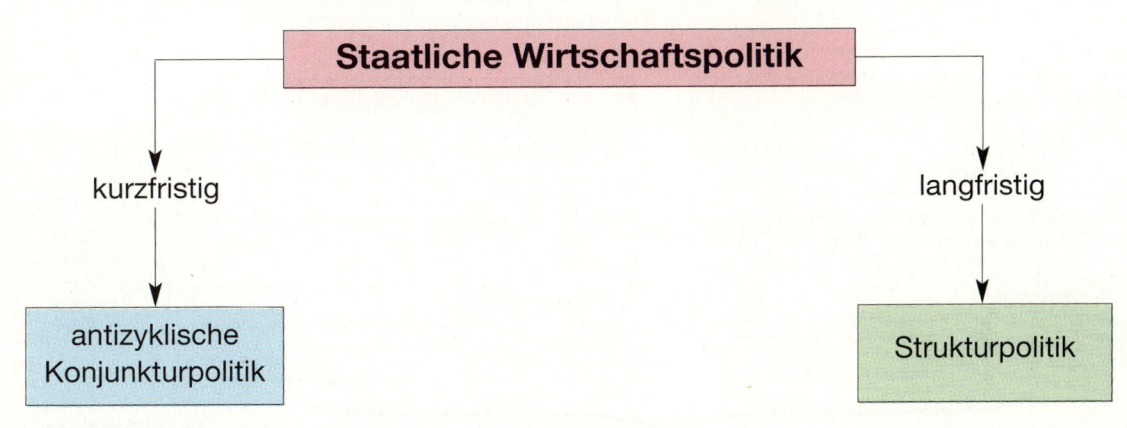

**Staatliche Wirtschaftspolitik**

kurzfristig → antizyklische Konjunkturpolitik

langfristig → Strukturpolitik

1 nach: Lötzerich, R./Schneider, P.-J./Zindel, M., Wegweiser Wirtschaft, Darmstadt 1991

aus: Böker, Jürgen u.a.: Wirtschaftspolitik/Wirtschaftsordnung, 2. Aufl., Darmstadt 2002, S. 33

11

# Angebots- und Nachfrageorientierung als Grundkonzeptionen staatlicher Wirtschaftspolitik
*Supply and demand-oriented governmental economic policy*

## Grundkonzeptionen staatlicher Wirtschaftspolitik

### Angebotsorientierte Wirtschaftspolitik

**Grundannahme:**

Verbesserung der gesamtwirtschaftlichen Angebotsbedingungen (effizientere Kostenstruktur) führt zum Angebot kostengünstigerer Produkte, das die Wettbewerbsfähigkeit (z.B. gegenüber dem Ausland) verstärkt und damit langfristig das Wirtschaftswachstum erhöht

**Wirtschaftspolitische Maßnahmen:**

- Schaffung von rechtlichen Rahmenbedingungen, die zu Kosteneinsparungen in Unternehmen führen (z.B. Senkung von Lohnnebenkosten)
- Einschränkung der staatlichen Nachfrage
- Abbau staatlicher Subventionen
- Abbau des staatlichen Einflusses auf die Konjunkturpolitik, um langfristig Marktkräfte zu stärken

### Nachfrageorientierte Wirtschaftspolitik

**Grundannahme:**

Stärkung der gesamtwirtschaftlichen Nachfrage führt zur Ankurbelung der Produktion und damit zur Erhöhung des Wirtschaftswachstums

**Wirtschaftspolitische Maßnahmen:**

- Stärkung der Massenkaufkraft durch Erhöhung von Löhnen und Gehältern
- Erhöhung der staatlichen Nachfrage (z.B. durch gezielten Einsatz von speziellen Ausgaben- bzw. Beschäftigungsprogrammen)
- Verstärkter Einsatz staatlicher Subventionen
- Antizyklische Konjunkturpolitik, um die Intensität der einzelnen Konjunkturausschläge abzumildern

**Wirtschaftspolitik der Zukunft?**

Verbindung von angebots- und nachfrageorientierter Wirtschaftspolitik

aus: Böker, Jürgen u.a.: Wirtschaftspolitik/Wirtschaftsordnung, Lehrerband, Darmstadt 2000, S. 38

# Entscheidungsgrundlagen staatlicher Wirtschaftspolitik: Jahresgutachten und Jahreswirtschaftsbericht
*Reasons for governmental economic decisions*

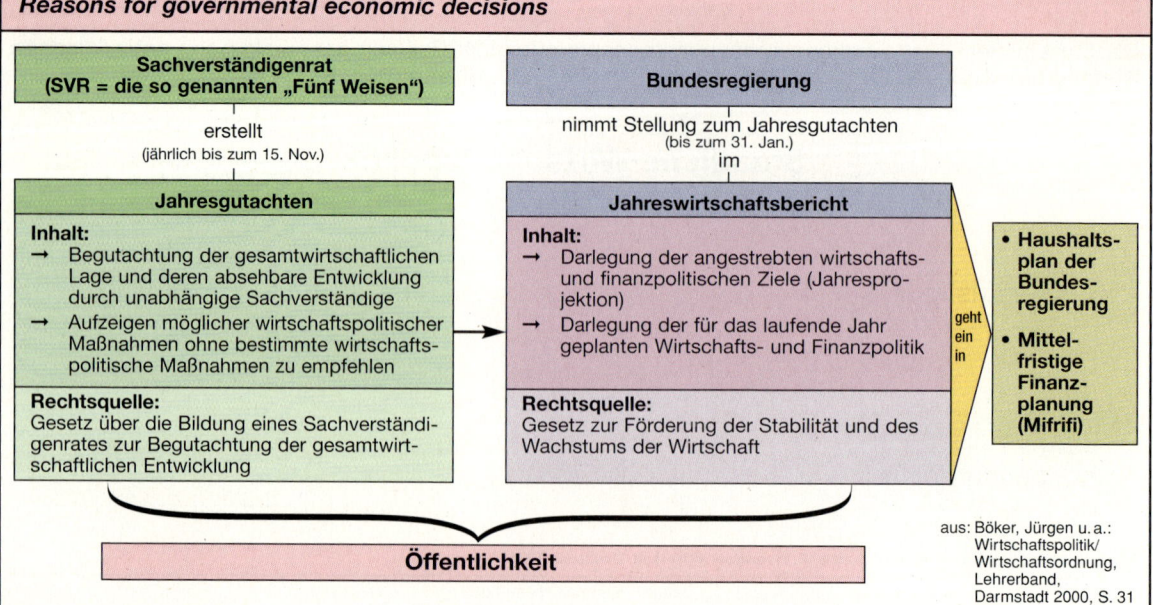

**Sachverständigenrat (SVR = die so genannten „Fünf Weisen")**

erstellt
(jährlich bis zum 15. Nov.)

**Bundesregierung**

nimmt Stellung zum Jahresgutachten
(bis zum 31. Jan.)
im

**Jahresgutachten**

Inhalt:
→ Begutachtung der gesamtwirtschaftlichen Lage und deren absehbare Entwicklung durch unabhängige Sachverständige
→ Aufzeigen möglicher wirtschaftspolitischer Maßnahmen ohne bestimmte wirtschaftspolitische Maßnahmen zu empfehlen

Rechtsquelle:
Gesetz über die Bildung eines Sachverständigenrates zur Begutachtung der gesamtwirtschaftlichen Entwicklung

**Jahreswirtschaftsbericht**

Inhalt:
→ Darlegung der angestrebten wirtschafts- und finanzpolitischen Ziele (Jahresprojektion)
→ Darlegung der für das laufende Jahr geplanten Wirtschafts- und Finanzpolitik

Rechtsquelle:
Gesetz zur Förderung der Stabilität und des Wachstums der Wirtschaft

geht ein in

- **Haushaltsplan der Bundesregierung**
- **Mittelfristige Finanzplanung (Mifrifi)**

**Öffentlichkeit**

aus: Böker, Jürgen u.a.: Wirtschaftspolitik/ Wirtschaftsordnung, Lehrerband, Darmstadt 2000, S. 31

11

3525142

# Arbeitszeitmodelle: ein Beitrag zur Arbeitsmarktpolitik?
## *Working hour models: a contribution to job market policy?*

### Altersteilzeit
Ab dem 55. Lebensjahr können vollzeitbeschäftigte Arbeitnehmerinnen und Arbeitnehmer (AN) in Altersteilzeit gehen, das heißt auf eine halbe Stelle wechseln, wobei z. B. 70 % des Vollzeitentgeltes weitergezahlt werden. Der Rentenanspruch reduziert sich (z. B. um 10 %).

### Gleitende Altersruhe
AN „hamstern" auf einem Langzeitarbeitskonto Arbeitsstunden, die im Alter langsam abgebaut werden können. Der Rentenanspruch vermindert sich dabei nicht.

### Bandbreitenmodell
Die AN können ihre vertragliche Arbeitszeit z. B. für ein Jahr innerhalb einer Bandbreite (z. B. zwischen 15 und 40 Wochenstunden) festlegen. Das Entgelt vermindert oder erhöht sich entsprechend.

### Jahresarbeitszeit
Die Wochenarbeitszeit variiert zwar im Jahresverlauf, wird aber auf eine festgelegte Jahresarbeitszeit bezogen, sodass das Entgelt monatlich gleich bleibt.

### Gleitzeit
Neben einer betrieblich festgelegten täglichen Kernzeit bestimmen die AN ihre Arbeitszeit nach persönlichen Bedürfnissen selbst oder sie wird der Auftragslage angepasst. Dabei wird ein Monatsarbeitszeitkonto mit Minus- und Plusstunden geführt.

### Arbeit auf Abruf
In Abhängigkeit von der Auftragslage werden die AN von ihrem Unternehmen benachrichtigt und aufgefordert ihre Arbeit aufzunehmen.

### Rollierende Wochenarbeit
Die AN haben z. B. einen rollierenden freien Tag pro Arbeitswoche. Für das Unternehmen bedeutet dies trotzdem eine 5-Tage-Woche.

### Turnusteilzeit
Die AN arbeiten nach festgelegten Arbeitszeitrhythmen, z. B. wöchentlich wechselnd von montags bis mittwochs bzw. mittwochs bis freitags.

### 4-Tage-Woche
Die Arbeitszeit wird gegenüber der Normalarbeitswoche um einen Tag gekürzt, wobei die AN auf einen auszuhandelnden Teil des Entgelts verzichten.

### Sabbatical
Die AN verzichten trotz Vollzeitarbeit auf einen Teil des Jahresentgeltes (z. B. ein Zwölftel). Dadurch entsteht ein zusätzlicher Urlaubsanspruch pro Jahr (z. B. ein Monat), der aber erst nach einer Ansparzeit als „Langzeiturlaub" abgegolten wird.

### Jobsharing
Zwei oder mehrere AN teilen sich einen Arbeitsplatz. Dabei legen sie die Dauer und Lage ihrer Arbeitszeiten in Absprache fest.

aus: Böker, Jürgen u. a.: Wirtschaftspolitik/Wirtschaftsordnung, Lehrerband, Darmstadt 2000, S. 39

**11**

# Zielsetzung und Maßnahmen einer ökologischen Steuerreform
## *Aims and instruments of an ecological tax reform*

### Ökologische Steuerreform
Einbeziehung ökologischer Elemente in das Steuersystem durch Besteuerung des Verbrauchs von Umweltressourcen bei gleichzeitiger Verbilligung des Produktionsfaktors Arbeit

### Ziel
Schonung der Umwelt bei gleichzeitigem Abbau der Arbeitslosigkeit

### Mögliche Maßnahmen
– Belastung energieintensiver Branchen
– Verminderung von Lohnnebenkosten (z. B. durch Absenkung der Sozialversicherungsbeiträge)
– Förderung technischer Innovationen zum Schutz der Umwelt (z. B. Subventionierung der Solartechnologie)

### Argumente der Befürworter:
– Beschleunigung eines notwendigen wirtschaftlichen Strukturwandels durch Verteuerung des Verbrauchs von Umweltgütern
– Doppelter Nutzen durch Schonung von Ressourcen und Umwelt sowie Entlastung des Produktionsfaktors Arbeit bzw. Abbau von Arbeitslosigkeit

### Argumente der Gegner:
– Wettbewerbsnachteile deutscher Unternehmen wegen fehlender internationaler Harmonisierung von Öko-Steuersätzen
– Verstoß gegen das Verfassungsprinzip einer leistungsabhängigen Besteuerung

aus: Böker, Jürgen u. a.: Wirtschaftspolitik/Wirtschaftsordnung, Lehrerband, Darmstadt 2000, S. 40

# Chancen und Risiken der Globalisierung – *Chances and risks of globalization*

## Globalisierung:

Verstärkung der internationalen Arbeitsteilung zu einer zunehmend verflochtenen, mittlerweile fast grenzenlosen mobilen Weltwirtschaft

## Ursachen:

- neue Kommunikationstechnologien (z. B. Internet) ermöglichen einen weltumspannenden Austausch von Waren, Dienstleistungen, Kapital und Arbeit
- technisches Know-how und unternehmerisches Wissen können weltweit transferiert werden
- fehlendes Kapital kann in unterentwickelten Regionen durch Investitionen ausländischer Unternehmen ausgeglichen werden
- ausgefeilte Produktionstechnologien und hohe Produktqualität sind immer weniger standortgebunden

## Chancen:

- Nutzung von Kostenvorteilen in allen Wirtschaftsbereichen
- Anschluss unterentwickelter Regionen an weltwirtschaftliche Standards durch verstärkte Konkurrenzbeziehungen im Welthandel
- Zunahme kultureller Akzeptanz der unterschiedlichen Weltregionen
- Abbau der Gefahr von Kriegen durch zunehmende weltwirtschaftliche Abhängigkeiten

## Risiken:

- Bedrohung historisch gewachsener Sozialstandards (z. B. Sozialversicherung) durch den zunehmenden Globalisierungsdruck
- Verschlechterung der Umweltbedingungen durch eine verstärkte Wirtschaftstätigkeit
- Machtverlust von Nationalstaaten zugunsten von weltweit operierenden Konzernen („Global-Players")
- Gefahr einer ruinösen Konkurrenz zwischen den einzelnen Wirtschaftsregionen („Globalisierungsfalle")

aus: Böker, Jürgen u. a.: Wirtschaftspolitik/Wirtschaftsordnung, Lehrerband, Darmstadt 2000, S. 41

**11**

# Entwicklungsstand der Staaten – Lebensbedingungen
## *Human development of the states – living conditions*

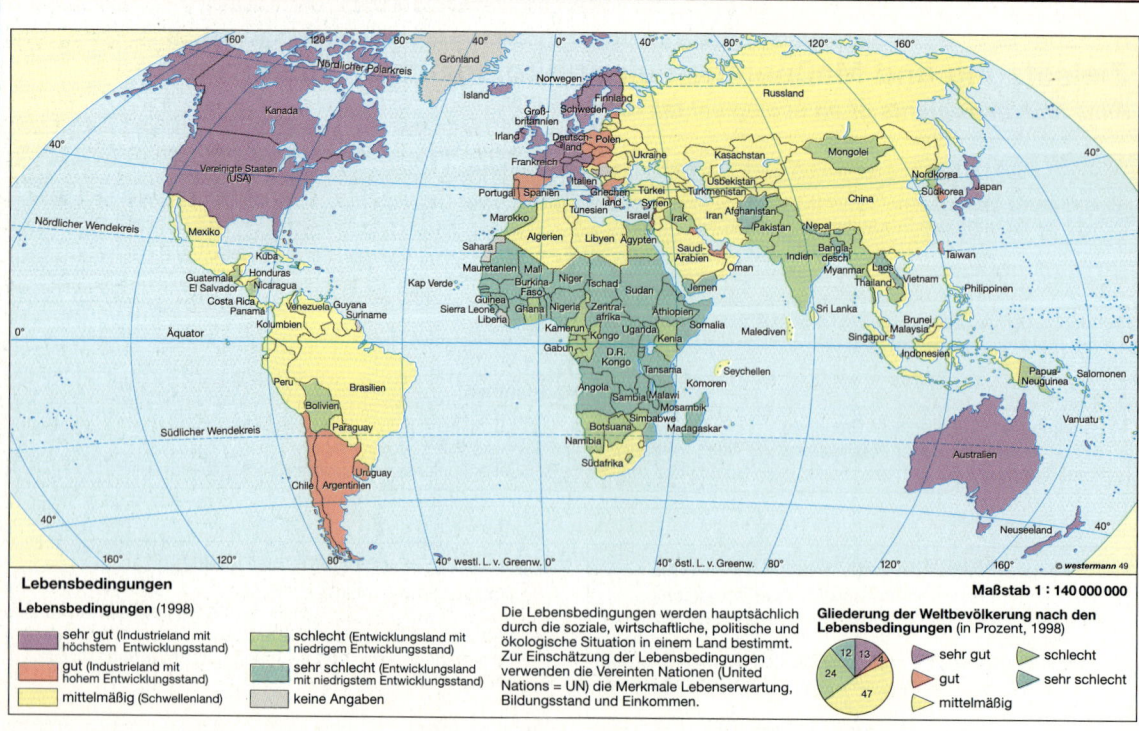

### Lebensbedingungen

**Lebensbedingungen (1998)**

- sehr gut (Industrieland mit höchstem Entwicklungsstand)
- gut (Industrieland mit hohem Entwicklungsstand)
- mittelmäßig (Schwellenland)
- schlecht (Entwicklungsland mit niedrigem Entwicklungsstand)
- sehr schlecht (Entwicklungsland mit niedrigstem Entwicklungsstand)
- keine Angaben

Die Lebensbedingungen werden hauptsächlich durch die soziale, wirtschaftliche, politische und ökologische Situation in einem Land bestimmt. Zur Einschätzung der Lebensbedingungen verwenden die Vereinten Nationen (United Nations = UN) die Merkmale Lebenserwartung, Bildungsstand und Einkommen.

**Maßstab 1 : 140 000 000**

**Gliederung der Weltbevölkerung nach den Lebensbedingungen (in Prozent, 1998)**

12 | 13 | 4 | 24 | 47

- sehr gut
- gut
- mittelmäßig
- schlecht
- sehr schlecht

aus: Diercke Drei, Universalatlas, Braunschweig 2001, S. 28

3525144

# Geld und Preis – *Money and price*

## Geldwert

Er gibt an, wie viele Güter und Dienstleistungen man mit einer Geldeinheit, z. B. 1 €, kaufen kann. Vom **nominalen Geldwert,** dem aufgedruckten Betrag, ist der **reale Geldwert,** die so genannte **Kaufkraft,** zu unterscheiden. Nur der reale Geldwert entscheidet letztendlich darüber, welchen Wert das Geld z. B. für einen Verbraucher oder ein Unternehmen hat. Die Veränderung des realen Geldwertes im Zeitablauf spiegelt sich in der Preissteigerungsrate (s. u.) wider. Von **Geldwertstabilität** wird gesprochen, wenn der Geldwert über mehrere Jahre unverändert bleibt.

## Preisniveau

Erhöhen sich die **Preise** für Güter und Dienstleistungen in einer Volkswirtschaft, verringert sich die Kaufkraft. Das so genannte **Preisniveau** ist der Durchschnittswert aller vom **Statistischen Bundesamt** erfassten Preise von Gütern und Dienstleistungen. Von einem **stabilen Preisniveau** wird gesprochen, wenn sich dieser Durchschnittswert im Zeitablauf, z. B. in einem Jahr, nicht verändert. Die **Preissteigerungsrate (Inflationsrate)** gibt an, um wie viel Prozent sich die Preise gegenüber einem Vergleichszeitpunkt oder -raum verändert haben. In Deutschland werden die Preissteigerungsraten vom Statistischen Bundesamt monatlich und jährlich ausgewiesen. Die Preissteigerungsrate lässt sich aber auf unterschiedliche Arten von Gütern und Dienstleistungen beziehen: So kann die jährliche Preissteigerungsrate bei Kaffee z. B. 0,5 %, bei Autos z. B. 5 % betragen, was für die Kaufentscheidung des Einzelnen wichtig ist.

Für wirtschaftspolitische Entscheidungen werden von den Statistikern so genannte **Warenkörbe** gebildet. Ein Warenkorb ist eine repräsentative Auswahl von Gütern und Dienstleistungen, wird vom Statistischen Bundesamt ca. alle fünf Jahre verändert, um so veränderte Verbrauchsgewohnheiten zu berücksichtigen.

## Warenkorb

Der Preisindex für die Lebenshaltung will ein umfassendes Bild der Preisentwicklung vermitteln, soweit davon die privaten Haushalte betroffen sind. Es ist deshalb erforderlich, deren Verbrauchsgewohnheiten umfassend und sehr detailliert zu erfassen und den Berechnungen eines Verbraucherpreisindex zugrunde zu legen. Es ist aber nicht möglich und auch nicht erforderlich, die Preise für alle angebotenen und von privaten Haushalten gekauften Waren und Dienstleistungen zu erheben. Es ist vielmehr ausreichend, aus der Fülle des Güterangebots einige hundert auszuwählen, die stellvertretend sowohl den gesamten Verbrauch als auch die Preisentwicklung der von den Haushalten nachgefragten Güter mit hinreichender Genauigkeit repräsentieren. Die Gesamtheit der ausgewählten Güter heißt Warenkorb. Der Warenkorb für die Preisindizes in der Bundesrepublik Deutschland umfasst zurzeit ca. 750 Waren und Dienstleistungen. Er ist identisch für Deutschland, das frühere Bundesgebiet, für die neuen Länder und Berlin-Ost und für alle speziell abgegrenzten Haushaltstypen.

## Wägungsschema

Viel wichtiger als die Auswahl der einzelnen Preisrepräsentanten, also die Festlegung des Warenkorbes, ist die Bestimmung des Gewichts, mit dem die Preisentwicklung einzelner Preisrepräsentanten in die Gesamtindizes eingeht. Das Wägungsschema quantifiziert, welchen Anteil z. B. die Mietausgaben oder andere Ausgabepositionen an den gesamten Verbrauchsausgaben der privaten Haushalte haben. Höhe und Struktur der Ausgaben der privaten Haushalte werden vom Statistischen Bundesamt aus den Ergebnissen der Einkommens- und Verbrauchsstichprobe, die alle fünf Jahre durchgeführt wird, und der jährlichen Statistik der laufenden Wirtschaftsrechnungen abgeleitet.

aus: Statistisches Bundesamt Deutschland, http://www.destatis.de/basis/d/preis/vpitsti8.htm, Jan. 2002

### Deutschland – Währungsschema 1995 (Angaben in Promille)

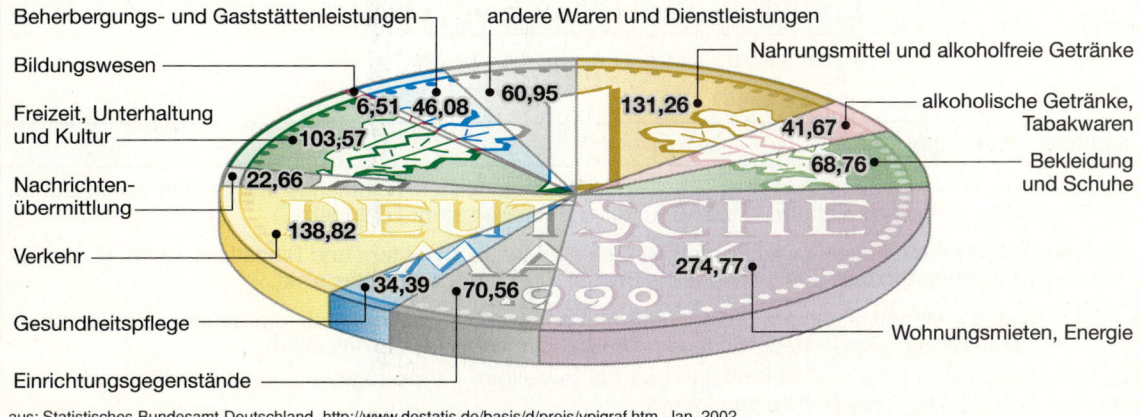

- Beherbergungs- und Gaststättenleistungen — 46,08
- andere Waren und Dienstleistungen — 60,95
- Bildungswesen — 6,51
- Nahrungsmittel und alkoholfreie Getränke — 131,26
- Freizeit, Unterhaltung und Kultur — 103,57
- alkoholische Getränke, Tabakwaren — 41,67
- Nachrichtenübermittlung — 22,66
- Bekleidung und Schuhe — 68,76
- Verkehr — 138,82
- Gesundheitspflege — 34,39
- Einrichtungsgegenstände — 70,56
- Wohnungsmieten, Energie — 274,77

aus: Statistisches Bundesamt Deutschland, http://www.destatis.de/basis/d/preis/vpigraf.htm, Jan. 2002

# Geld und Preis – *Money and price*

## Preisniveau

## Preisindizes für die Lebenshaltung
Deutschland: Alle privaten Haushalte (1995 = 100)

| Jahr | Gesamtindex (alle 12 Abteilungen) | Nahrungsmittel und alkoholfreie Getränke 01 | Alkoholische Getränke, Tabakwaren 02 | Bekleidung und Schuhe 03 | Wohnungsmiete, Wasser, Strom, Gas und andere Brennstoffe 04 | Einrichtungsgegenstände u. Ä. für den Haushalt und deren Instandhaltung 05 |
|------|------|------|------|------|------|------|
| 1991 | 87,2 | 94,9 | 90,1 | 92,6 | 79,3 | 92,6 |
| 1992 | 91,6 | 96,9 | 94,7 | 95,2 | 86,2 | 95,0 |
| 1993 | 95,5 | 97,4 | 98,4 | 97,8 | 93,3 | 97,3 |
| 1994 | 98,3 | 99,0 | 99,4 | 99,2 | 97,1 | 98,9 |
| 1995 | 100,0 | 100,0 | 100,0 | 100,0 | 100,0 | 100,0 |
| 1996 | 101,4 | 100,6 | 100,8 | 100,7 | 102,4 | 100,7 |
| 1997 | 103,3 | 102,2 | 102,7 | 101,1 | 105,1 | 101,1 |
| 1998 | 104,3 | 103,0 | 104,7 | 101,5 | 106,0 | 101,8 |
| 1999 | 104,9 | 101,7 | 106,0 | 101,8 | 107,4 | 102,1 |
| 2000 | 106,9 | 101,2 | 107,5 | 102,0 | 110,9 | 102,1 |

| Jahr | Gesundheitspflege 06 | Verkehr 07 | Nachrichtenübermittlung 08 | Freizeit, Unterhaltung und Kultur 09 | Bildungswesen 10 | Beherbergungs- und Gaststättendienstleistungen 11 | Andere Waren- und Dienstleistungen 12 |
|------|------|------|------|------|------|------|------|
| 1991 | 89,9 | 85,9 | 96,1 | 91,9 | 73,1 | 86,9 | 83,0 |
| 1992 | 93,1 | 90,7 | 98,4 | 95,5 | 79,1 | 91,3 | 87,2 |
| 1993 | 95,7 | 94,9 | 99,6 | 97,9 | 87,4 | 96,3 | 92,8 |
| 1994 | 98,9 | 98,3 | 100,3 | 99,0 | 96,1 | 98,6 | 96,8 |
| 1995 | 100,0 | 100,0 | 100,0 | 100,0 | 100,0 | 100,0 | 100,0 |
| 1996 | 101,5 | 102,4 | 100,9 | 100,4 | 103,7 | 101,1 | 100,5 |
| 1997 | 108,7 | 104,3 | 97,9 | 102,5 | 107,8 | 102,1 | 102,3 |
| 1998 | 114,4 | 104,7 | 97,3 | 103,1 | 112,9 | 103,6 | 102,8 |
| 1999 | 110,6 | 107,6 | 88,2 | 103,4 | 117,5 | 104,9 | 104,5 |
| 2000 | 111,0 | 113,6 | 84,5 | 104,5 | 119,3 | 106,2 | 106,8 |

aus: Statistisches Bundesamt Deutschland, http://www.destatis.de/indicators/d/vpi001aj.htm, Jan. 2002

## Inflation – Deflation

Das Verhältnis zwischen der sich in einer Volkswirtschaft befindlichen Geldmenge und der Menge an Gütern und Dienstleistungen kann sich im Zeitablauf unter Umständen stark verändern:

- Erhöht sich die Geldmenge wesentlich stärker als die Menge an Gütern und Dienstleistungen, kommt es zu einer **Inflation** (Prozess stetig steigender Preise), der Wert des Geldes sinkt.

- Erhöht sich die Menge an Gütern und Dienstleistungen wesentlich stärker als die Geldmenge, kommt es zu einer **Deflation** (Prozess stetig sinkender Preise), der Wert des Geldes steigt.

Die Aufgabe der Europäischen Zentralbank und der jeweiligen Landesregierung ist es, diese negativen Entwicklungen für die Wirtschaft zu verhindern.

# Rechtliche Stellung der Europäischen Zentralbank (EZB)
## *Legal position of the European Central Bank (ECB)*

In Artikel 88 des Grundgesetzes (GG) ist die gesetzliche Grundlage zur Gründung der **Deutschen Bundesbank** geschaffen:

**GG Art. 88: (Bundesbank)** Der Bund errichtet eine Währungs- und Notenbank als Bundesbank.

Die Bundesbank ist eine bundesunmittelbare juristische Person des öffentlichen Rechts, die ihren Sitz in Frankfurt am Main hat. Neben der Zentrale in Frankfurt existieren die seit 1992 in neun Hauptverwaltungen zusammengefassten **Landeszentralbanken.**

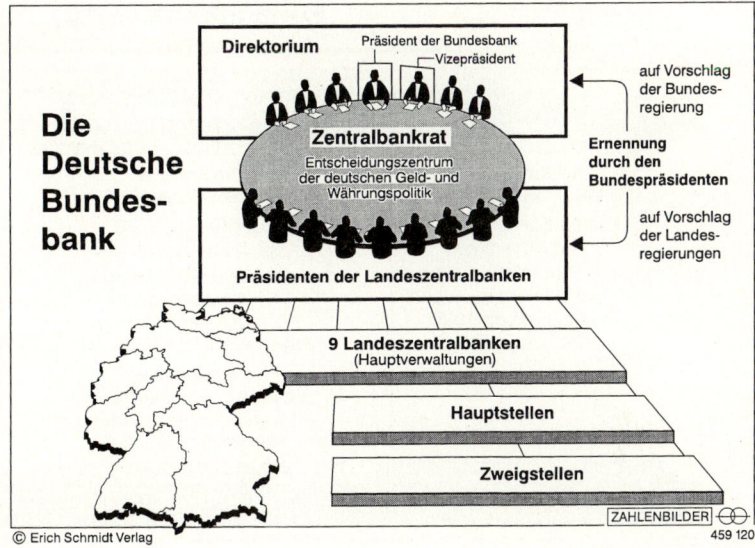

© Erich Schmidt Verlag

Mit Beginn der dritten Stufe zur **Europäischen Wirtschafts- und Währungsunion** 1999 wird eine einheitliche europäische Geldpolitik durch die **Europäische Zentralbank (EZB)** gesichert, in deren Politik sich die einzelnen Notenbanken der Mitgliedsländer einzufügen haben.

Der Gesetzgeber hat im Bundesbankgesetz bestimmt, dass die Bundesbank prinzipiell unabhängig ist von den Weisungen der Bundesregierung. Allerdings muss die Bundesbank die allgemeine Wirtschaftspolitik der Regierung unterstützen.

### BBankG § 12: Verhältnis der Bank zur Bundesregierung
„Die Deutsche Bundesbank ist bei der Ausübung der Befugnisse, die ihr nach diesem Gesetz zustehen, von Weisungen der Bundesregierung unabhängig. Soweit dies unter Wahrung ihrer Aufgabe als Bestandteil des Europäischen Systems der Zentralbanken möglich ist, unterstützt sie die allgemeine Wirtschaftspolitik der Bundesregierung."

Die Aufgaben der Bundesbank und die von ihr einzusetzenden Instrumente sind im Bundesbankgesetz (BBankG) von 1957 gesetzlich geregelt, zuletzt geändert am 16.12.1999.

### BBankG § 3: Aufgaben
„Die Deutsche Bundesbank ist als Zentralbank der Bundesrepublik Deutschland integraler Bestandteil des Europäischen Systems der Zentralbanken. Sie wirkt an der Erfüllung seiner Aufgaben mit dem vorrangigen Ziel mit, die Preisstabilität zu gewährleisten, hält und verwaltet die Währungsreserven der Bundesrepublik Deutschland, sorgt für die bankmäßige Abwicklung des Zahlungsverkehrs im Inland und mit dem Ausland und trägt zur Stabilität der Zahlungs- und Verrechnungssysteme bei. Sie nimmt darüber hinaus die ihr nach diesem Gesetz oder anderen Rechtsvorschriften übertragenen Aufgaben wahr."

aus: Böker, Jürgen u. a.: Wirtschaftspolitik/Wirtschaftsordnung, 2. Aufl., Darmstadt 2002, S. 50

# Geldpolitische Instrumente der Europäischen Zentralbank (EZB)
## *Monetary policy devices of the European Central Bank*

Das Bundesbankgesetz legt fest, dass die Bundesbank als nationale Notenbank integraler Bestandteil des **Europäischen Systems der Zentralbanken (ESZB)** ist. Das ESZB besteht aus der Europäischen Zentralbank und den nationalen Zentralbanken der EU-Mitgliedsstaaten, die eine einheitliche Währung eingeführt haben.

Der so genannte **EZB-Rat** legt die Geldpolitik fest, das **Direktorium der EZB** hat die Aufgabe, diese Geldpolitik gemäß den Leitlinien und Entscheidungen des EZB-Rats auszuführen. Das vorrangige Ziel des ESZB ist vertragsgemäß die Gewährleistung der Preisstabilität und damit auch die Geldwertstabilität. Soweit dies ohne Beeinträchtigung dieses Zieles möglich ist, unterstützt das ESZB die allgemeine Wirtschaftspolitik in der Europäischen Union.

aus: Böker, Jürgen u. a.: Wirtschaftspolitik/Wirtschaftsordnung, 2. Aufl., Darmstadt 2002, S. 51

# Geldpolitische Instrumente der Europäischen Zentralbank (EZB)

*Monetary policy devices of the European Central Bank*

**Die Europäische Zentralbank (EZB)**

**mit Sitz in Frankfurt a. M.**

**Institutionelle Unabhängigkeit**

Die im Europäischen Zentralbankrat vertretenen nationalen Notenbanken müssen spätestens ab 1999 unabhängig sein.

**Personelle Unabhängigkeit**

Der Rat der EZB besteht aus:
- **Geschäftsführenden Direktoren** (für acht Jahre berufen, Wiederwahl nicht möglich)
- **Nationalen Notenbankpräsidenten** (für fünf Jahre berufen, Wiederwahl möglich)

**Operative Unabhängigkeit**

Die EZB ist bei Auswahl und Einsatz der geldpolitischen Instrumente frei.

aus: Das Zeitbild, hrsg. v. Zeitbild-Verlag, Bonn 1997

Um seine Ziele zu erreichen, stehen dem ESZB verschiedene geldpolitische Instrumente zur Verfügung, die den ehemaligen nationalen geldpolitischen Instrumenten der Deutschen Bundesbank stark ähneln.

Als **Handlungsrahmen** stehen folgende geldpolitische Instrumente zur Verfügung, deren Nutzung bzw. Ausgestaltung der EZB-Rat jederzeit ändern kann:

**I Offenmarktgeschäfte**
**II Ständige Fazilitäten**[1]
**III Mindestreserven**

Der Einsatz dieser Instrumente dient zur Steuerung der Zinssätze und der Liquidität („Flüssigkeit") am Markt, der „Preis des Geldes" – z. B. für Kredite – wird so erhöht oder gesenkt.

1 Fazilität = Kreditmöglichkeit

## Offenmarktgeschäfte

Bei den so genannten **Offenmarktgeschäften** werden Wertpapiere von der EZB bzw. von den Nationalen Zentralbanken ge- und verkauft oder entsprechende Kredite gegen Verpfändung von Sicherheiten eingeräumt. Die Offenmarktgeschäfte können in den folgenden vier Formen durchgeführt werden:

### Offenmarktgeschäfte

Kauf oder Verkauf von Wertpapieren oder Einräumung von Krediten gegen Verpfändung von entsprechenden Sicherheiten

| Hauptrefinanzie-rungsinstrument | Längerfristige Refinanzierungs-geschäfte | Feinsteuerungs-operationen | Strukturelle Operationen |
|---|---|---|---|
| • Laufzeit: 2 Wochen<br>• Rhythmus: wöchentlich (Mengen- oder Zinstender) | • Laufzeit: 3 Monate<br>• Rhythmus: monatlich (Mengen- oder Zinstender) | • Laufzeit: i. d. R. nicht standardisiert<br>• Rhythmus: unregelmäßig | • Laufzeit: i. d. R. nicht standardisiert<br>• Rhythmus: i. d. R. unregelmäßig |

aus: Böker, Jürgen u. a.: Wirtschaftspolitik/Wirtschaftsordnung, 2. Aufl., Darmstadt 2002, S. 51 f.

3525148

# Geldpolitische Instrumente der Europäischen Zentralbank (EZB)
## *Monetary policy devices of the European Central Bank*

### Offenmarktgeschäfte

Bei der Durchführung offenmarktpolitischer Geschäfte wird vor allem auf das **Tenderverfahren** – ein Versteigerungsverfahren – zurückgegriffen. Man unterscheidet dabei zwischen **Mengen-** und **Zinstender.** Beim Mengentender gibt die EZB bzw. die NZB den Zinssatz vor, die Banken nennen die Beträge, für die sie Wertpapiere „in Pension" geben wollen. Die EZB entscheidet dabei über die Zuteilungsquote.

---

### Liquiditätszuführende befristete Transaktion über Mengentender

Die EZB beschließt dem Markt Liquidität über eine befristete Transaktion in Form eines Mengentenders zuzuführen.

Drei Geschäftspartner geben folgende Gebote ab:

| Geschäftspartner | Gebot (Millionen €) |
|---|---|
| Bank 1 | 30 |
| Bank 2 | 40 |
| Bank 3 | 70 |
| **Insgesamt** | 140 |

Die EZB beschließt, insgesamt 105 Millionen € zuzuteilen.

Der Prozentsatz der Zuteilung errechnet sich wie folgt: $\dfrac{105}{(30 + 40 + 70)} = 75\,\%$

| Geschäftspartner | Gebot (Millionen €) | Zuteilung (Millionen €) |
|---|---|---|
| Bank 1 | 30 | 22,5 |
| Bank 2 | 40 | 30,0 |
| Bank 3 | 70 | 52,5 |
| **Insgesamt** | 140 | 105,0 |

---

### Liquiditätszuführende befristete Transaktion über Zinstender

Die EZB beschließt dem Markt Liquidität über eine befristete Transaktion in Form eines Zinstenders zuzuführen.

Drei Geschäftspartner geben folgende Gebote ab:

| Zinssatz (%) | Beträge in Millionen € | | | | |
|---|---|---|---|---|---|
| | Bank 1 | Bank 2 | Bank 3 | Gebote insgesamt | Kumulative Gebote |
| 3,15 | | | | 0 | 0 |
| 3,10 | | 5 | 5 | 10 | 10 |
| 3,09 | | 5 | 5 | 10 | 20 |
| 3,08 | | 5 | 5 | 10 | 30 |
| 3,07 | 5 | 5 | 10 | 20 | 50 |
| 3,06 | 5 | 10 | 15 | 30 | 80 |
| 3,05 | 10 | 10 | 15 | 35 | 115 |
| 3,04 | 5 | 5 | 5 | 15 | 130 |
| 3,03 | 5 | | 10 | 15 | 145 |
| Insgesamt | **30** | **45** | **70** | **145** | |

aus: Europäische Zentralbank: Die einheitliche Geldpolitik in Stufe 3. Allgemeine Regelungen für die geldpolitischen Instrumente und Verfahren des ESZB. Frankfurt 1998, S. 64 f.

aus: Böker, Jürgen u. a.: Wirtschaftspolitik/Wirtschaftsordnung, 2. Auflage, Darmstadt 2002, S. 53

11

# Geldpolitische Instrumente der Europäischen Zentralbank (EZB)
## *Monetary policy devices of the European Central Bank*

Die EZB beschließt 94 Millionen € zuzuteilen, sodass sich ein marginaler Zinssatz von 3,05 % ergibt. Alle Gebote über 3,05 % (bis zu einem kumulativen Betrag von 80 Millionen €) werden voll zugeteilt. Bei 3,05 % ergibt sich folgende prozentuale Zuteilung:

$$\frac{94 - 80}{35} = 40\%$$

Die Zuteilung an Bank 1 zum marginalen Zinssatz beträgt zum Beispiel:

$$0,4 \cdot 10 = 4$$

Insgesamt ergibt sich für Bank 1 folgende Zuteilung:

$$5 + 5 + 4 = 14$$

## Ständige Fazilitäten

Die **ständigen Fazilitäten** können in zwei Formen genutzt werden:

- Bei der **Spitzenrefinanzierungsfazilität** können sich die Banken kurzfristig – praktisch über Nacht – Geld beschaffen, zu einem Zinssatz, der wahrscheinlich die Obergrenze des Tagesgeldzinssatzes bilden wird.

- Die Banken können außerdem in Form der **Einlagefazilität** bei den nationalen Zentralbanken Guthaben bis zum nächsten Geschäftstag einlegen. Der Zinssatz für die Einlagefazilität bildet i. d. R. die Untergrenze des Tagesgeldzinssatzes.

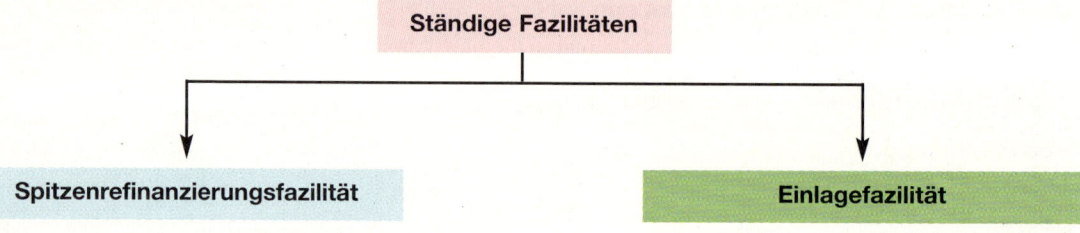

## Mindestreserven

Gemäß § 16 des Bundesbankgesetzes kann die Deutsche Bundesbank von den Kreditinstituten verlangen, dass diese einen bestimmten Prozentsatz ihrer Verbindlichkeiten als Guthaben auf den Konten der Zentralbanken unterhalten. Man bezeichnet diese Guthaben als **Mindestreserve.** Je höher diese Mindestreserve festgelegt wird, umso stärker werden die Banken bei der Kreditvergabe eingeschränkt, was sich in einer Erhöhung des Kreditzinses niederschlägt. Der Geldschöpfungsspielraum der Kreditinstitute kann somit beeinflusst werden.

aus: Böker, Jürgen u. a.: Wirtschaftspolitik/Wirtschaftsordnung, 2. Auflage, Darmstadt 2002, S. 54

## Bundesbank: Personalstärke

### Personalstärke der einzelnen Bereiche der Deutschen Bundesbank am 30. Juni 2001

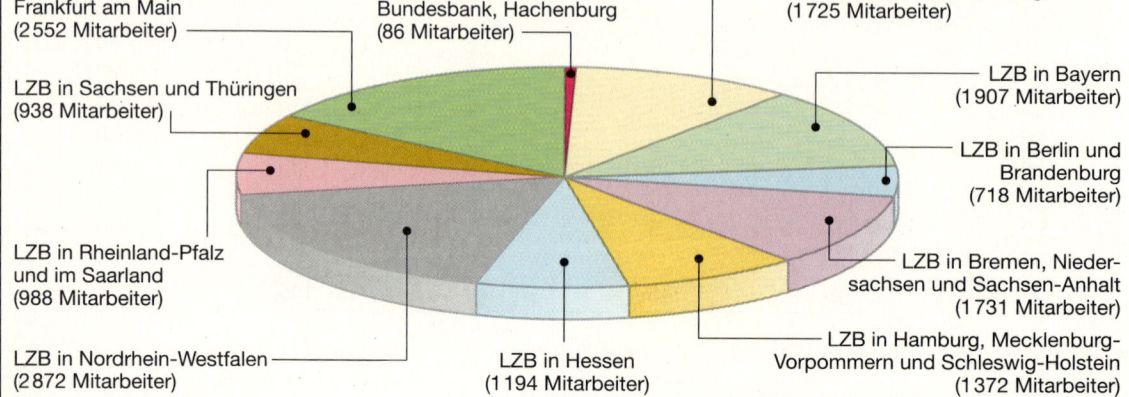

3525150

# Geldpolitische Instrumente der Europäischen Zentralbank (EZB)
## *Monetary policy devices of the European Central Bank*

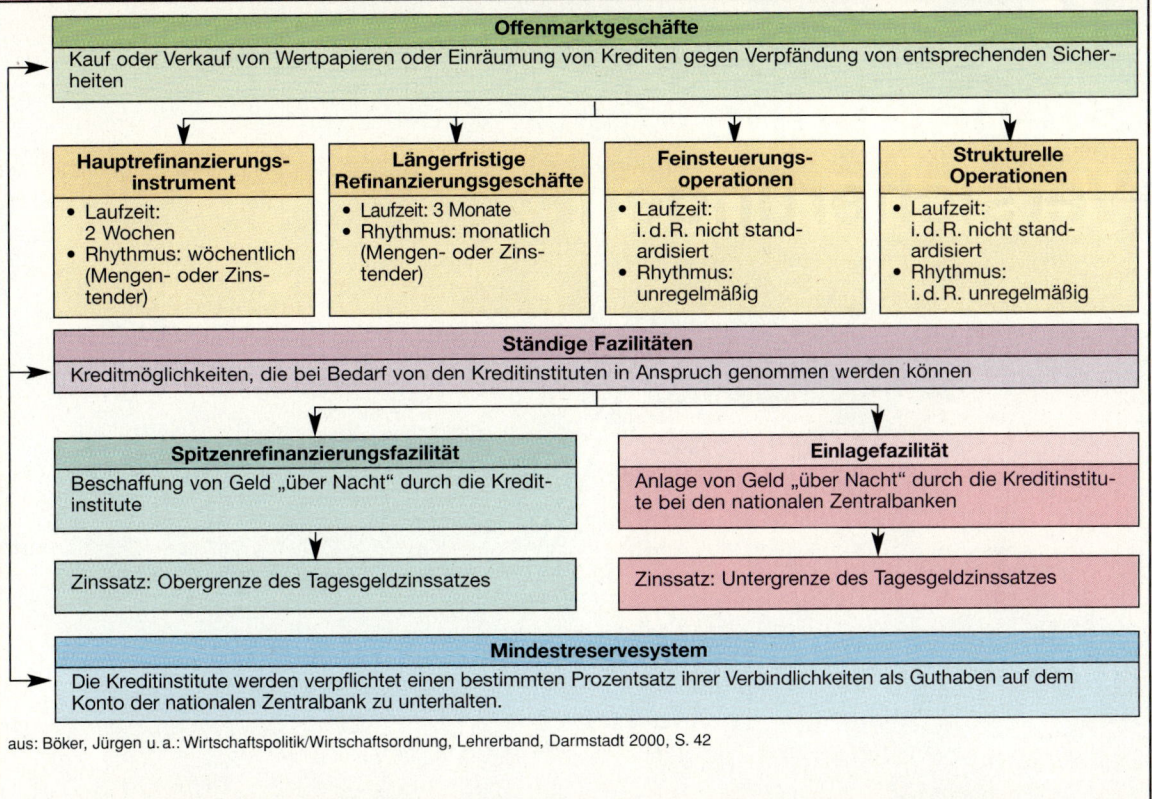

### Offenmarktgeschäfte
Kauf oder Verkauf von Wertpapieren oder Einräumung von Krediten gegen Verpfändung von entsprechenden Sicherheiten

| Hauptrefinanzierungs-instrument | Längerfristige Refinanzierungsgeschäfte | Feinsteuerungs-operationen | Strukturelle Operationen |
|---|---|---|---|
| • Laufzeit: 2 Wochen<br>• Rhythmus: wöchentlich (Mengen- oder Zinstender) | • Laufzeit: 3 Monate<br>• Rhythmus: monatlich (Mengen- oder Zinstender) | • Laufzeit: i.d.R. nicht standardisiert<br>• Rhythmus: unregelmäßig | • Laufzeit: i.d.R. nicht standardisiert<br>• Rhythmus: i.d.R. unregelmäßig |

### Ständige Fazilitäten
Kreditmöglichkeiten, die bei Bedarf von den Kreditinstituten in Anspruch genommen werden können

| Spitzenrefinanzierungsfazilität | Einlagefazilität |
|---|---|
| Beschaffung von Geld „über Nacht" durch die Kreditinstitute | Anlage von Geld „über Nacht" durch die Kreditinstitute bei den nationalen Zentralbanken |
| Zinssatz: Obergrenze des Tagesgeldzinssatzes | Zinssatz: Untergrenze des Tagesgeldzinssatzes |

### Mindestreservesystem
Die Kreditinstitute werden verpflichtet einen bestimmten Prozentsatz ihrer Verbindlichkeiten als Guthaben auf dem Konto der nationalen Zentralbank zu unterhalten.

aus: Böker, Jürgen u.a.: Wirtschaftspolitik/Wirtschaftsordnung, Lehrerband, Darmstadt 2000, S. 42

# Offenmarktgeschäfte als geldpolitisches Instrument der EZB
## *Open-market policy of the European Central Bank*

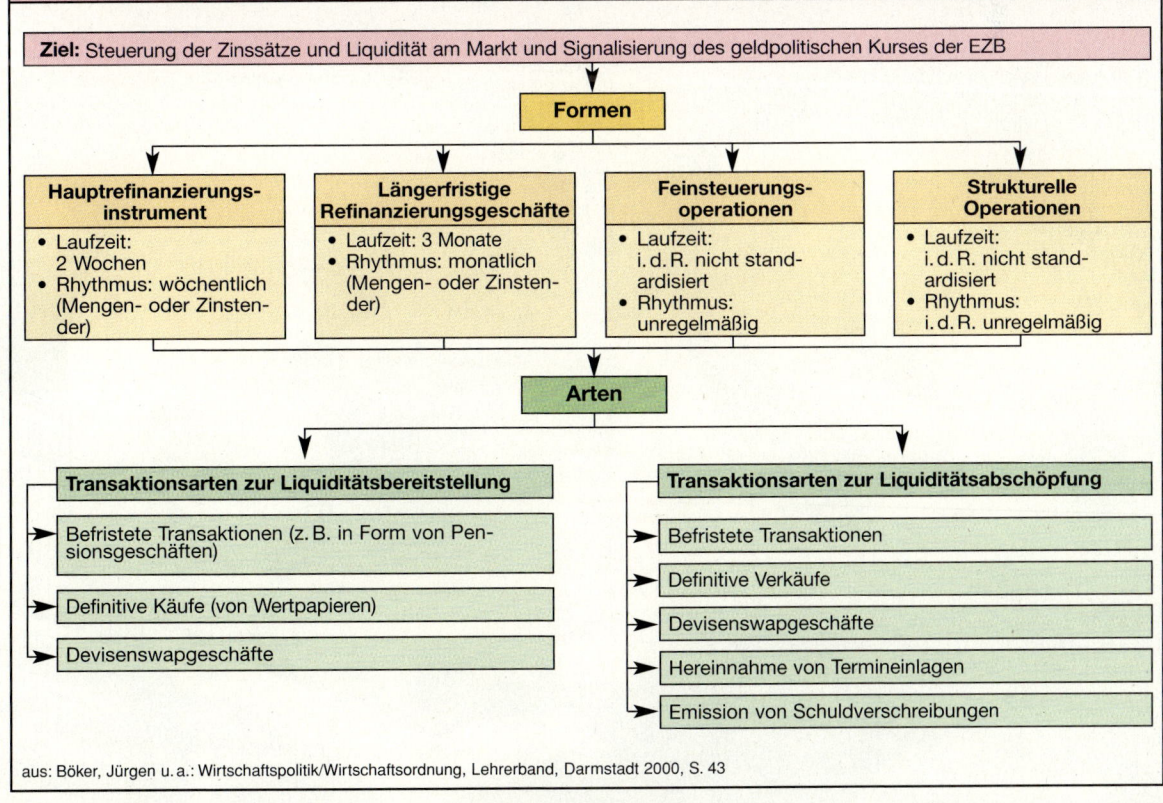

**Ziel:** Steuerung der Zinssätze und Liquidität am Markt und Signalisierung des geldpolitischen Kurses der EZB

### Formen

| Hauptrefinanzierungs-instrument | Längerfristige Refinanzierungsgeschäfte | Feinsteuerungs-operationen | Strukturelle Operationen |
|---|---|---|---|
| • Laufzeit: 2 Wochen<br>• Rhythmus: wöchentlich (Mengen- oder Zinstender) | • Laufzeit: 3 Monate<br>• Rhythmus: monatlich (Mengen- oder Zinstender) | • Laufzeit: i.d.R. nicht standardisiert<br>• Rhythmus: unregelmäßig | • Laufzeit: i.d.R. nicht standardisiert<br>• Rhythmus: i.d.R. unregelmäßig |

### Arten

| Transaktionsarten zur Liquiditätsbereitstellung | Transaktionsarten zur Liquiditätsabschöpfung |
|---|---|
| Befristete Transaktionen (z.B. in Form von Pensionsgeschäften) | Befristete Transaktionen |
| Definitive Käufe (von Wertpapieren) | Definitive Verkäufe |
| Devisenswapgeschäfte | Devisenswapgeschäfte |
| | Hereinnahme von Termineinlagen |
| | Emission von Schuldverschreibungen |

aus: Böker, Jürgen u.a.: Wirtschaftspolitik/Wirtschaftsordnung, Lehrerband, Darmstadt 2000, S. 43

**11**

# 12
# Steuern und Versicherungen

# Steuern – *Taxes*

**Zwangsabgaben an den Staat ohne Anspruch auf direkte Gegenleistungen**

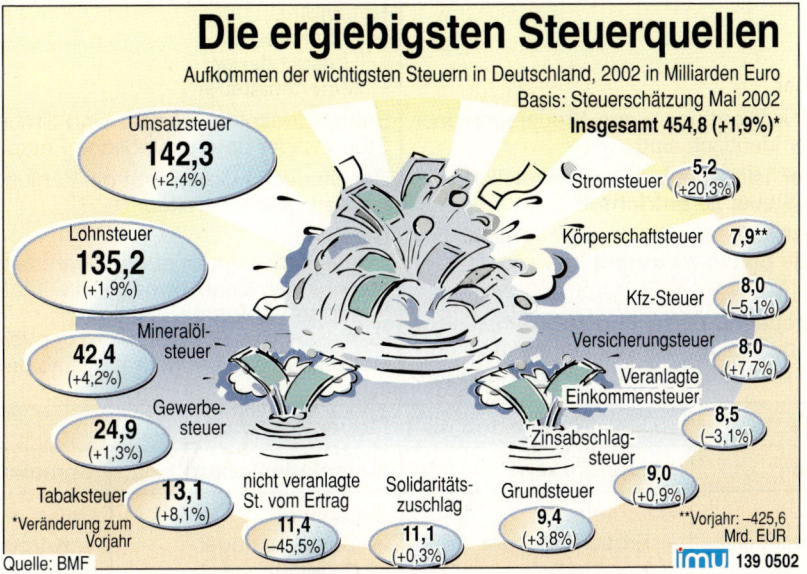

## Die ergiebigsten Steuerquellen

Aufkommen der wichtigsten Steuern in Deutschland, 2002 in Milliarden Euro
Basis: Steuerschätzung Mai 2002
**Insgesamt 454,8 (+1,9%)***

| | |
|---|---|
| Umsatzsteuer **142,3** (+2,4%) | Stromsteuer **5,2** (+20,3%) |
| Lohnsteuer **135,2** (+1,9%) | Körperschaftsteuer **7,9**** |
| Mineralöl-steuer **42,4** (+4,2%) | Kfz-Steuer **8,0** (–5,1%) |
| Gewerbe-steuer **24,9** (+1,3%) | Versicherungsteuer **8,0** (+7,7%) |
| Tabaksteuer **13,1** (+8,1%) | Veranlagte Einkommensteuer **8,5** (–3,1%) |
| nicht veranlagte St. vom Ertrag **11,4** (–45,5%) | Zinsabschlag-steuer **9,0** (+0,9%) |
| Solidaritäts-zuschlag **11,1** (+0,3%) | Grundsteuer **9,4** (+3,8%) |

*Veränderung zum Vorjahr

**Vorjahr: –425,6 Mrd. EUR

Quelle: BMF    139 0502

---

**Steuern benötigt der Staat**
(Bund, Länder, Gemeinden) für …

**die Zahlung von Transferleistungen**
(Leistungen des Staates an die Haushalte ohne direkte Gegenleistung)

**Beispiele:**
Sozialhilfe, Kindergeld, Wohngeld, …

**die Erstellung von kollektiven Gütern/Dienstleistungen**

**Beispiele:**
Dienste der öffentlichen Verwaltung, der Rechtspflege, des Schulwesens, …

## Steuerarten nach dem Gegenstand der Besteuerung

| Besitzsteuern | Verbrauchssteuern | Verkehrssteuern |
|---|---|---|
| Diese Steuern werden von **Einkünften** natürlicher und juristischer Personen bzw. von **Sachen** erhoben, z. B. | Diese Steuern belasten den **Konsum** von **Gebrauchs- und Verbrauchsgütern,** z. B. | Diese Steuern belasten **Rechtsgeschäfte** wie Kaufverträge, Versicherungsverträge, z. B. |
| – Einkommen-/Lohnsteuer<br>– Körperschaftsteuer<br>– Gewerbesteuer<br>– Grundsteuer | – Mineralölsteuer<br>– Tabaksteuer<br>– Kaffeesteuer | – Umsatzsteuer<br>– Grunderwerbsteuer<br>– Versicherungssteuer |

**Beispiel:**

Der konfessionslose Arbeitnehmer A, maßvoller Raucher, begeisterter Whiskytrinker, fährt täglich mit seinem Pkw zu seiner Arbeitsstelle.

Folgende Steuern hat A zu zahlen:

– Tabaksteuer, Mineralölsteuer
– Branntweinsteuer, Umsatzsteuer,
– Kfz-Steuer, Versicherungssteuer,
– Lohnsteuer, „Ökosteuer"

Einordnung der von A zu zahlenden Steuern nach dem Gegenstand der Besteuerung:

– Besitzsteuer: Lohnsteuer
– Verbrauchssteuer: Tabak-, Branntwein-, Mineralölsteuer, „Ökosteuer"
– Verkehrssteuer: Kfz-Steuer, Umsatzsteuer, Versicherungssteuer

## Steuern – *Taxes*

### Steuerarten nach der Art der Erhebung

| Direkte Steuern | Indirekte Steuern |
|---|---|
| **Beispiele:**<br>– Lohnsteuer<br>– Grundsteuer<br>– Gewerbesteuer | **Beispiele:**<br>– Tabaksteuer<br>– Umsatzsteuer<br>– Mineralölsteuer |
| Eine direkte Steuer liegt vor, wenn Steuerschuldner und Steuerträger identisch sind.<br><br>**Steuerschuldner** ist derjenige, der gesetzlich verpflichtet ist, die Steuer zu **entrichten.**<br><br>**Steuerträger** ist der, der nach dem Willen des Gesetzgebers die Steuer zu **tragen** hat.<br><br>**Beispiel:**<br>Bei der Grundsteuer ist der Grundeigentümer nicht nur verpflichtet, die Steuer an das Finanzamt zu entrichten, sondern auch die Grundsteuer aufzubringen. | Bei der indirekten Steuer sind Steuerschuldner und Steuerträger unterschiedliche Personen.<br><br>Der Steuerschuldner gibt die Zahlungspflicht an den Endverbraucher weiter.<br><br>**Beispiel:**<br>Bei der Tabaksteuer ist der Zigarettenproduzent Steuerschuldner, denn er muss die Tabaksteuer an das Finanzamt abführen.<br>Beim Kauf von Zigaretten wird der Verbraucher mit der im Verkaufspreis enthaltenen Tabaksteuer belastet. |

### Steuerarten nach Steuerempfänger

| Bundessteuern | Ländersteuern | Gemeindesteuern | Gemeinschaftssteuern |
|---|---|---|---|
| **Beispiele:**<br>– Versicherungsteuer<br>– Mineralölsteuer<br>– Tabaksteuer | **Beispiele:**<br>– Erbschaftsteuer<br>– Kfz-Steuer<br>– Biersteuer | **Beispiele:**<br>– Gewerbesteuer<br>– Grundsteuer<br>– Hundesteuer | **Beispiele:**<br>– Körperschaftsteuer<br>– Lohn-/Einkommensteuer<br>– Umsatzsteuer |

### Einkommensteuer/Lohnsteuer

**12**

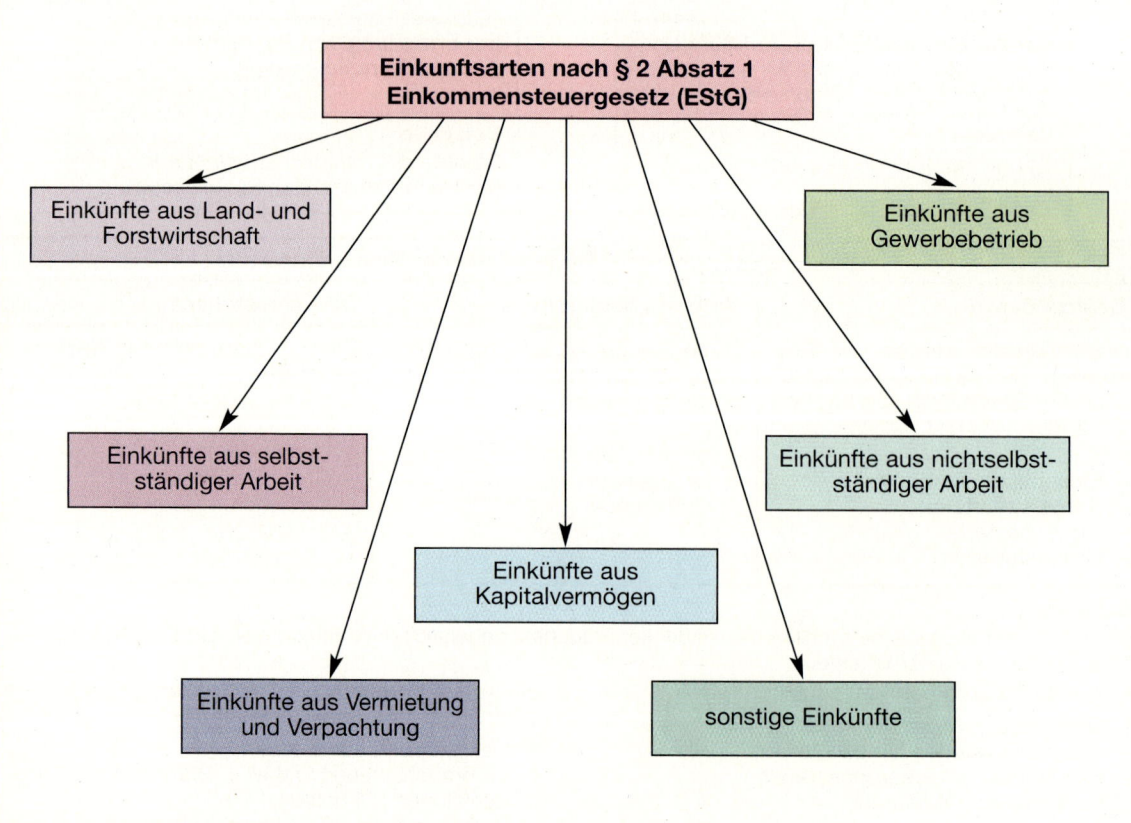

Alle diese Einkunftsarten unterliegen nach dem EStG der Einkommensteuerpflicht.

# Einkommen-/Lohnsteuer – *Income-tax assessment*

## Ermittlung der Steuerschuld

Die Einkommensteuerschuld eines Arbeitnehmers ist abhängig vom…

zu versteuernden Einkommen

Steuertarif

## Berechnung des zu versteuernden Einkommens eines Arbeitnehmers

Das zu versteuernde Einkommen berechnet sich wie folgt:

Jährliches Bruttoarbeitsentgelt

– Werbungskosten

– Sonderausgaben

– außergewöhnliche Belastungen

= zu versteuerndes Einkommen

## Werbungskosten

Kosten, die als Folge der Berufsausübung entstehen

Entstehen nur geringe Werbungskosten, müssen diese dem Finanzamt nicht nachgewiesen werden. Es nimmt von sich aus für jeden Arbeitnehmer/jede Arbeitnehmerin im Jahr einen Pauschbetrag von 1.044 € an (Stand: 2002). Dieser Betrag wird als so genannter Arbeitnehmer-Pauschbetrag automatisch vom Finanzamt berücksichtigt.

**Beispiele:**

– Aufwendung für Fahrten zwischen Wohnung und Arbeitsstätte (Entfernungskilometer: nur eine Fahrstrecke)
– Arbeitskleidung
– Gewerkschaftsbeiträge
– Fortbildungskosten in einem ausgeübten Beruf
– Aufwendungen für Arbeitsmittel, u. a. Fachliteratur

## Berechnungsbeispiel: Werbungskosten

Die Arbeitnehmerin Hanna Braun (Steuerklasse I) erzielte einen Jahresbruttolohn in Höhe von 20.000,00 €. Hanna Braun hat ein eigenes Auto, mit dem sie fünfmal pro Woche zur Arbeit fährt. Im Jahr sind das 250 Arbeitstage. Im betreffenden Kalenderjahr hatte Frau Braun 30 Arbeitstage Urlaub und an 5 Arbeitstagen lag Arbeitsunfähigkeit aufgrund von Krankheit vor.

Frau Braun legte bis zur ihrer Arbeitsstelle 20 Entfernungskilometer zurück. Für Arbeitsmittel (Fachbücher, Fachzeitschriften) hatte Frau Braun im Jahr 325,00 € ausgegeben.

An Werbungskosten sind entstanden:

| | |
|---|---|
| • die Fahrtkosten zur Arbeit $215 \cdot (10 \cdot 0,36 \, € + 10 \cdot 0,40 \, €)$ | = 1.634,00 € |
| • Arbeitsmittel | = 325,00 € |
| Summe der Werbungskosten | 1.959,00 € |

## Sonderausgaben

Aus sozialen Gründen lässt der Gesetzgeber zu, dass bestimmte private Ausgaben bei der Berechnung des zu versteuernden Einkommens abgezogen werden dürfen. Diese Ausgaben werden nur bis zu bestimmten Höchstgrenzen vom Finanzamt anerkannt.

Auch bei den Sonderausgaben gibt es einen Pauschbetrag. Liegen die Sonderausgaben eines Steuerpflichtigen unter diesem Pauschbetrag, wird dieser Pauschbetrag automatisch vom Finanzamt berücksichtigt.

**Beispiele:**

– (Sozial-)Versicherungsbeiträge
– Kirchensteuer
– Spenden
– Ausbildungskosten in einem nicht ausgeübten Beruf
– Vorsorgeaufwendungen
– Haushaltshilfen
– Bausparbeiträge

12

# Einkommen-/Lohnsteuer – *Income-tax assessment*

## Außergewöhnlichen Belastungen

Eine außergewöhnliche Belastung eines Steuerpflichtigen liegt dann vor, wenn er zwangsläufig größere Aufwendungen hat als die überwiegende Mehrzahl der Steuerpflichtigen gleicher Einkommensverhältnisse; auch hier sind Höchstgrenzen zu beachten.

**Beispiele:**
– Aufwendungen wegen Betreuung von behinderten Kindern
– Aufwendungen für die auswärtige Unterbringung von Kindern

## Berechnungsbeispiel: zu versteuerndes Einkommen

| | | |
|---|---:|---|
| Jährliches Bruttoarbeitsentgelt | 20.000,00 € | |
| – Werbungskosten | 1.959,00 € | (Fahrtkosten, Arbeitsmittel) |
| – Sonderausgaben | 700,00 € | (Sozialversicherungsbeiträge) |
| – außergewöhnliche Belastung | 800,00 € | (auswärtige Unterbringung einer Tochter) |
| = zu versteuerndes Einkommen | 16.541,00 € | |

## Steuertarif

**Wie hoch** das zu versteuernde Einkommen **besteuert wird,** ergibt sich aus **dem Steuersatz,** dem so genannten **Einkommensteuertarif.** Dabei muss der Gesetzgeber die Leistungsfähigkeit eines jeden Steuerpflichtigen berücksichtigen.

Berücksichtigung der **Leistungsfähigkeit** des Steuerpflichtigen …

**durch den Grundfreibetrag**

Der **Grundfreibetrag** als steuerliches „Existenzminimum" wird nicht besteuert. Nur der Teil des Einkommens, der den Grundfreibetrag übersteigt, unterliegt der Steuerpflicht.

**durch die progressive Besteuerung**

Unter **progressiver Besteuerung** wird die Tatsache verstanden, dass mit zunehmender Höhe des zu versteuernden Einkommens auch die prozentuale Steuerbelastung steigt.

### Einkommensteuertarif 2002–2004 für Arbeitnehmer – Steuerklasse I

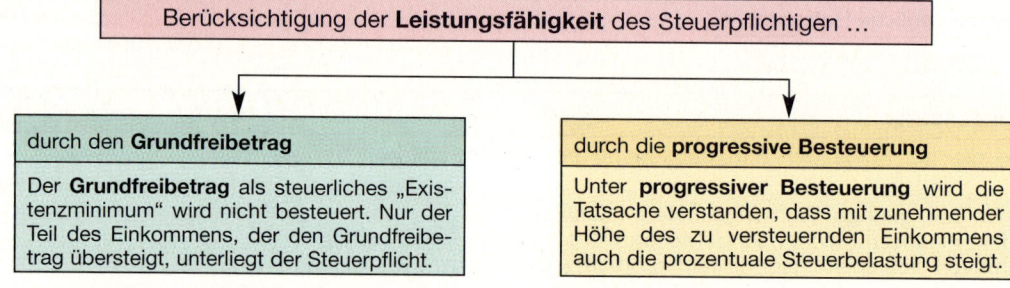

Grenzbelastung in Prozent

48,5
47,0

Progressionszone

Tarif 2002

Tarif 2004

19,9
17,0

7.235,00 € – Grundfreibetrag 2002

7.426,00 € – Grundfreibetrag 2004

55.008,00 € – 2002

52.293,00 € – 2004

zu versteuerndes Einkommen

12

3525156

# Einkommen-/Lohnsteuer – *Income-tax assessment*

## Lohnsteuerklassen

Die Steuerschuld hängt nur von der Höhe des zu versteuernden Einkommens und dem Steuertarif ab. Am Ende eines Kalenderjahres stellt das Finanzamt im Rahmen der Einkommensteuerveranlagung das zu versteuernde Einkommen und anhand des Steuertarifs die Steuerschuld fest. Der Arbeitgeber ist verpflichtet für den Arbeitnehmer monatlich die Lohnsteuer ans Finanzamt zu überweisen.

Hatte der steuerpflichtige Arbeitnehmer im Laufe des Kalenderjahres zu viel an Lohnsteuer bezahlt, bekommt er diesen Teil auf Antrag erstattet. Mit dem Instrument der **Steuerklassen** hat der Gesetzgeber dem steuerpflichtigen Arbeitnehmer die Möglichkeit gegeben, durch bestimmte steuermindernde Tatbestände wie **Familienstand/Anzahl von Kindern** die Höhe der monatlichen Lohnsteuerabzüge zu verringern. Dadurch soll erreicht werden, dass diese Tatbestände schon beim monatlichen Steuerabzug berücksichtigt werden.

| Steuerklassen | Zuordnung der Arbeitnehmer |
|---|---|
| I | nicht verheiratete Arbeitnehmer,<br>verwitwete Arbeitnehmer, geschiedene Arbeitnehmer, verheiratete Arbeitnehmer, die ständig getrennt leben |
| II | Arbeitnehmer der Steuerklasse I mit mindestens einem Kind |
| III | verheiratete Arbeitnehmer, deren Ehegatte keinen Arbeitslohn bezieht<br>bzw. verheiratete Arbeitnehmer, deren Ehegatte Arbeitsentgelt bezieht und nach Steuerklasse V besteuert wird |
| IV | verheiratete Arbeitnehmer, wenn beide Ehepartner Arbeitslohn beziehen |
| V | für in Steuerklasse IV aufgeführte Arbeitnehmer, wenn ein Ehegatte in Klasse III eingereiht ist |
| VI | für ein zusätzliches Arbeitsverhältnis |

Anmerkung:

Wenn beide Ehepartner etwa gleich viel verdienen, haben beide die Steuerklasse IV.

Hat ein Ehepaar die Steuerklassen III/V gewählt, kann davon ausgegangen werden, dass der Ehepartner mit der Steuerklasse III ein erheblich höheres Arbeitsentgelt erzielt.

# Umsatzsteuer – *Turnover tax*

## Begriff

Die Umsatzsteuer ist eine der wichtigsten Einnahmequellen des Staates. Sie ist sowohl eine

- indirekte Steuer als auch eine
- Verkehrsteuer

Der **Umsatzsteuer** unterliegen alle **Verkaufsvorgänge von Waren und Dienstleistungen,** die ein Unternehmen gegen Entgelt im Rahmen der Geschäftstätigkeit vornimmt.

Der **Umsatzsteuersatz** beträgt nach § 12 Umsatzsteuergesetz **16 %** des Warenwerts. Die Steuer ermäßigt sich auf **7 %** u. a. für Lebensmittel, Bücher, Zeitungen, Personennahverkehr, Theater.

**Steuerschuldner** für die **Umsatzsteuer** sind die **Unternehmer.** Sie werden durch die Umsatzsteuer nicht belastet, da die Endverbraucher letztlich die **Träger** der gesamten Umsatzsteuerlast sind.

## Umsatzsteuer und Steuergerechtigkeit

Eines der **Grundprinzipien der Steuergerechtigkeit,** nämlich die Besteuerung nach der Leistungsfähigkeit des Steuerpflichtigen, wird bei der Erhebung aller **indirekten Steuern,** also auch bei der **Umsatzsteuer nicht berücksichtigt.**

Leistungsschwache werden durch die Umsatzsteuer im Verhältnis zu ihrem Einkommen stärker belastet als Bezieher hoher Einkommen.

## Beispiel:

Ein Sozialhilfeempfänger mit dem monatlichen Regelsatz von 285,00 € zahlt für ein Brot genauso viel Umsatzsteuer (7 % vom Brotpreis) wie ein Arbeitnehmer, der 5.000,00 € monatlich verdient.

Unter **Regelsatz** wird die Geldsumme verstanden, die das **Sozialamt** monatlich an den Sozialhilfeberechtigten für dessen **Ernährung, hauswirtschaftlichen Bedarf** und für die **persönlichen Bedürfnisse des täglichen Lebens** zahlt.

**12**

## Ökosteuer

Die sog. **Ökosteuer,** die zum 1. April 1999 mit dem Gesetz zum Einstieg in die ökologische Steuerreform in Deutschland eingeführt wurde, erweiterte die Energiebesteuerung, indem die Mineralölsteuersätze erhöht und eine Stromsteuer eingeführt wurden. Im Einzelnen wurde zum 1. April 99 die Mineralölsteuer auf Kraftstoffe um 6 Pfennig je Liter, auf leichtes Heizöl um 4 Pfennig je Liter und auf Gas um 0,32 Pfennig je Kilowattstunde erhöht sowie eine Stromsteuer von 2 Pfennig je Kilowattstunde eingeführt (siehe auch die folgende Übersicht zur Mineralölsteuerbelastung). Einigen Bereichen wurden dabei ermäßigte Steuersätze bzw. Steuerbefreiungen zugestanden, wie z. B. ermäßigte Steuersätze für Landwirtschaft, Produzierendes Gewerbe sowie für Schienenbahnverkehr und öffentlichen Personennahverkehr; die Steuerbefreiung für Kraft-Wärme-Kopplung sowie die Freistellung von Strom aus erneuerbaren Energiequellen von der Stromsteuer. Mit dem Gesetz vom 16. Dezember 1999 zur Fortführung der ökologischen Steuerreform wurden weitere Steuererhöhungen für Kraftstoffe und Strom für die Jahre 2000 bis 2003 festgelegt, die für die hier vorgestellten Ergebnisse noch nicht relevant sind.

aus: Statistisches Bundesamt Umweltökonomische Gesamtrechnungen 2000

Das „Gesetz zum Einstieg in die ökologische Steuerreform" ist im März 1999 in Kraft getreten. In einer ersten Stufe wurden seit dem 1. April 1999 die Steuern für Mineralöl, Heizöl, Erdgas und Strom erhöht. Im Herbst 1999 wurden für die Jahre 2000 bis 2003 für Mineralöl und Strom vier weitere Stufen der Steuererhöhung festgelegt, die jeweils zum 1. Januar in Kraft treten. Die Mineralölsteuer erfährt durch dieses Gesetz die größte Erhöhung.

### Die Stufen der Ökosteuer am Beispiel der Mineralölsteuer auf Kraftstoffe

1. Stufe der ökologischen ------------------------ 2.–5. Stufe der ökologischen Steuerreform ------------------------------
Steuerreform

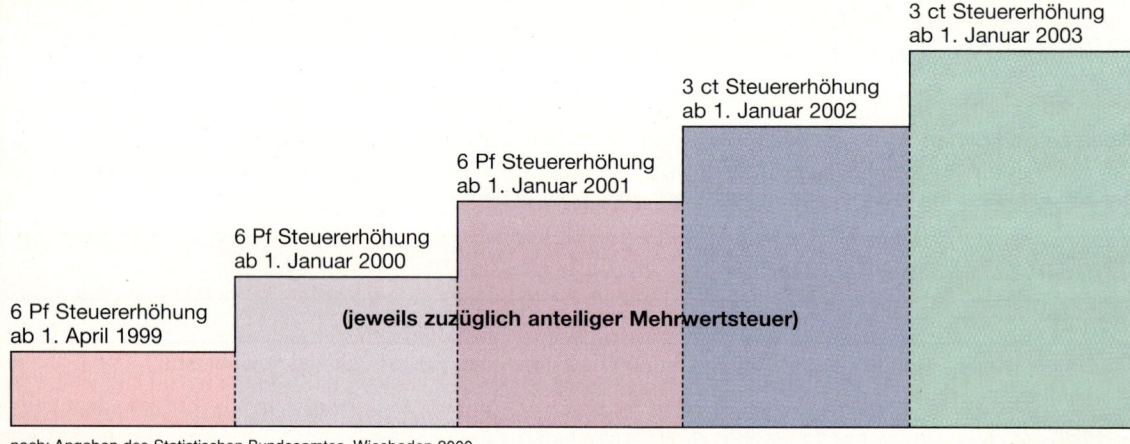

3 ct Steuererhöhung ab 1. Januar 2003

3 ct Steuererhöhung ab 1. Januar 2002

6 Pf Steuererhöhung ab 1. Januar 2001

6 Pf Steuererhöhung ab 1. Januar 2000

6 Pf Steuererhöhung ab 1. April 1999

**(jeweils zuzüglich anteiliger Mehrwertsteuer)**

nach: Angaben des Statistischen Bundesamtes, Wiesbaden 2000

aus: Böker, Jürgen u. a.: Wirtschaftspolitik/Wirtschaftsordnung, 2. Auflage, Darmstadt 2002, S. 42

## Steuerquote – *Per capital tax load*

Steuerquote: $\dfrac{\text{Gesamte Steuerzahlung des Kalenderjahres}}{\text{Bruttoinlandsprodukt des Kalenderjahres}} \cdot 100$

Steuerzahlungen 2000:          513,00 €

Bruttoinlandsprodukt 2000:     2.032,00 €

Steuerquote (2000): $\dfrac{513 \text{ Mrd. €}}{2.032 \text{ Mrd. €}} \cdot 100 = 25,2\ \%$

Das heißt, dass etwa ein Viertel des Bruttoinlandsproduktes als Steuern abgeführt werden muss.

Eine hohe Steuerquote bedeutet für den Staat, dass er hohe Steuereinnahmen erzielt. Dadurch ist er in der Lage, seine Ausgaben für die Transferleistungen und die kollektiven Güter/Dienstleistungen zu finanzieren.

Eine hohe Steuerquote bedeutet für die Steuerzahler, dass ihnen wenig verfügbares Einkommen zur Befriedigung ihrer Individualbedürfnisse bleibt. Der Steuerzahler empfindet hohe Steuerquoten als ungerecht. Er kann darauf mit Leistungsverweigerung, mit sinkender Steuermoral und mit Steuerflucht reagieren.

12

# Versicherungen – *Insurances*

## Merkmale jeder Versicherung

| | |
|---|---|
| ➤ **Risiko** | Die Gefahr, dass ein negatives Ereignis eintritt, von dem niemand weiß, ob/wann es geschieht. |
| ➤ **Risiko-/Gefahrengemeinschaft** | Der Zusammenschluss einer größeren Zahl von Menschen, die von dem/der gleichen Risiko/Gefahr bedroht sind. Das Risiko wird auf viele Schultern verteilt. |
| ➤ **Versicherungsfall** | Ein genau definiertes Ereignis, das die Leistungspflicht hervorruft. |
| ➤ **Prämie/Beitrag** | Der Preis dafür, dass im Versicherungsfall der Bedarf/Schaden gedeckt wird. |
| ➤ **Rechtsanspruch auf Leistungen im Versicherungsfall** | Im Versicherungsfall hat jedes Mitglied der Risiko-/Gefahrengemeinschaft einen einklagbaren Anspruch auf Ersatz des Schadens. |

## Einordnung der Versicherungsarten

| Versicherungen aufgrund eines Vertrages (Individualversicherung) | Versicherung kraft Gesetz (Gesetzliche Sozialversicherung) |
|---|---|
| Der Versicherte und das Versicherungsunternehmen einigen sich im Rahmen der Vertragsfreiheit auf Versicherungsverträge.<br>**Zum Beispiel:**<br>– Lebensversicherung<br>– Hausratversicherung<br>– Haftpflichtversicherung<br>– private Krankenversicherung<br>– Betriebsunterbrechungsversicherung | Diese **Versicherungspflicht** ist unabhängig vom Willen der Beteiligten. Sie kann weder schriftlich noch mündlich ausgeschlossen werden.<br>Es gibt folgende gesetzliche Sozialversicherungen:<br>– Krankenversicherung<br>– Rentenversicherung<br>– Unfallversicherung<br>– Arbeitslosenversicherung<br>– Pflegeversicherung |

## Gründe für die Versicherungspflicht

Arbeitnehmer/-innen – in der Regel Personen mit niedrigen Einkommen – sind besonders schutzbedürftig. Sie sollen durch die Versicherungspflicht Mitglieder einer Risiko-/Gefahrengemeinschaft **(Solidargemeinschaft)** werden, die dem Einzelnen eine gewisse **soziale Sicherheit,** z. B. bei Krankheit, Alter, Arbeitsunfall, Arbeitslosigkeit oder Pflegebedürftigkeit gewährt.

# Gesetzliche Versicherungen – *Statutory insurances*

## Gemeinsamkeiten der gesetzlichen Sozialversicherungen

- **Versicherter Personenkreis:**
  Grundsätzlich sind alle Arbeitnehmer/-innen (Arbeiter, Angestellte, Auszubildende) in der gesetzlichen Sozialversicherung pflichtversichert.

- **Beitragsberechnung:**
  Die **Beiträge zur Kranken-, Renten-, Unfall-, Arbeitslosenversicherung sind abhängig** von der wirtschaftlichen Leistungsfähigkeit **(Bruttoarbeitsentgelt des Versicherten)** und von dem **jeweiligen Beitragssatz.**
  Wer ein geringes Bruttoarbeitsentgelt bezieht, zahlt weniger als der Versicherte, der ein höheres Bruttoarbeitsentgelt erzielt. Der Versicherte mit höherem Arbeitsentgelt finanziert dadurch die Beiträge des Versicherten mit geringerem Arbeitsentgelt mit **(Solidaritätsprinzip).**

- **Besonderheit der Beitragsberechnung bei der Unfallversicherung:**
  Die Beiträge der Unfallversicherung sind abhängig u. a. von
  – **Lohnhöhe** des Arbeitnehmers/der Arbeitnehmerin
  – **Gefahrenklasse des Unternehmens,** d. h. von der Gefährlichkeit des Berufes. So haben bezahlte Sportler der Fußballbundesliga die Gefahrenklasse 47,75 – die Angestellten von Kreditinstituten die Gefahrenklasse 0,37.

**12**

## Gesetzliche Versicherungen – *Statutory insurances*

### Gemeinsamkeiten der gesetzlichen Sozialversicherungen

- **Beitragsaufbringung:**
  Die Beiträge werden in der Regel **je zur Hälfte** durch den **Versicherten** und seinen **Arbeitgeber** aufgebracht.

- **Besonderheit der Beitragsaufbringung in der Unfallversicherung:**
  Bei der Unfallversicherung bezahlt der **Arbeitgeber** die Beiträge **allein.**

- **Beitragsbemessungsgrenzen:**
  Die Beiträge werden grundsätzlich vom Bruttoarbeitsentgelt berechnet. Obergrenze des bei der Beitragsbemessung zu berücksichtigenden Entgelts ist die **Beitragsbemessungsgrenze.** Dies ist der **Höchstbetrag,** von dem Beiträge errechnet werden. Beitragsbemessungsgrenzen gibt es in der Kranken-, Pflege-, Renten- und in der Arbeitslosenversicherung. Die Beitragsbemessungsgrenzen verändern sich jährlich.
  Das Festlegen von Beitragsbemessungsgrenzen bedeutet eine Einschränkung des Solidaritätsprinzipes. Da aber die Naturalleistungen (Sach- und Dienstleistungen) bei allen Versicherten einen gewissen Durchschnittsbetrag nicht übersteigen, erscheint es dem Gesetzgeber gerechtfertigt, den Solidaranteil der Höherverdienenden, der die Finanzierung dieses Durchschnittsbetrages übersteigt, durch Beitragsbemessungsgrenzen zu begrenzen.

- **Besonderheit in der Unfallversicherung hinsichtlich der Beitragsbemessungsgrenzen:**
  Die Unfallversicherung kennt den Begriff „Beitragsbemessungsgrenze" nicht. Aber es gibt **Höchstarbeitsverdienstgrenzen**, bis zu denen der Arbeitgeber Beiträge aufzubringen hat.

- **Umlageverfahren:**
  Die Sozialversicherungen verwenden die laufenden Einnahmen für die laufenden Ausgaben. Sie leben sozusagen **„von der Hand in den Mund".**
  Da bei rückläufigem Beitragseingang oder unerwartetem Ansteigen der Ausgaben (z.B. Auftreten einer Epidemie) die Leistungsfähigkeit der gesetzlichen Versicherung sofort gefährdet wäre, hat jeder gesetzliche Versicherungsträger zum Ausgleich von Einnahme- und Ausgabenschwankungen eine **Schwankungsreserve** und **Rücklagen** bereitzuhalten.

**12**

## Gesetzliche Krankenversicherung – *Statutory insurances for medical treatment*

- **Träger:**
  zum Beispiel:
  Ortskrankenkassen, Betriebskrankenkassen, Innungskrankenkassen, Ersatzkassen

- **Leistungsfälle:**
  zum Beispiel:
  – Krankheit,
  – Schwangerschaft

- **Leistungen:**
  zum Beispiel:
  – ärztliche und zahnärztliche Behandlungen
  – Krankengeld
  – Rehabilitationskuren
  – Arznei- und Verbandsmittel
  – stationäre Entbindung
  – Krankenhausbehandlung
  – Mutterschaftsgeld

Alle Leistungen der gesetzlichen Krankenversicherung (nicht jedoch das Krankengeld) können grundsätzlich im Rahmen der **Familienversicherung** von den Ehegatten und den Kindern des Stammversicherten beansprucht werden.

**Beispiel** zur Berechnung von Krankengeld:

Der versicherungspflichtige Arbeitnehmer Walz (Monatsentgelt 2.100,00 € brutto/1.200,00 € netto) ist seit dem 2. März an Lungenentzündung erkrankt. Sechs Wochen lang erhielt Walz nach dem Entgeltfortzahlungsgesetz seinen vollen Lohn vom Arbeitgeber. Erst danach wird Krankengeld gezahlt.

Das Krankengeld wird für Kalendertage bezahlt. Es beträgt 70 % vom täglichen Bruttoarbeitsentgelt, darf aber 90 % des täglichen Nettolohnes nicht übersteigen, das heißt:

$$X_B = \frac{2.100 \cdot 70}{30 \cdot 100} = 49 \qquad X_N = \frac{1.200 \cdot 90}{30 \cdot 100} = 36$$

Das Krankengeld beträgt also kalendertäglich 36,00 €.

3525160

## Gesetzliche Pflegeversicherung – *Statutory insurance for nursing*

- **Träger:**
  Die bei den jeweiligen Krankenkassen errichteten Pflegekassen

- **Leistungsfall:**
  Pflegebedürftigkeit
  (**Pflegebedürftig** ist der Mensch, der wegen einer körperlichen, geistigen oder seelischen Krankheit oder Behinderung für die gewöhnlichen und regelmäßig wiederkehrenden **Verrichtungen des täglichen Lebens** auf **Dauer** Hilfe bedarf, und zwar in den Bereichen der **Körperpflege,** der **Ernährung,** der **Mobilität** und der **hauswirtschaftlichen Versorgung.**

- **Leistungen:**
  zum Beispiel:
  – Pflegegeld für selbst beschaffte Pflegehilfen
    Es gibt drei Pflegestufen. Sie sind abhängig von der Pflegebedürftigkeit. Je höher die Pflegestufe, desto höher das Pflegegeld.
  – stationäre Pflege

**Beispiel zum Pflegegeld für selbst beschaffte Pflegehilfen:**

Ein 84-jähriger Rentner – in der Pflegeversicherung pflichtversichert – erleidet einen Schlaganfall. Zunehmend mehr bedarf er der Hilfe seiner Tochter, die als Hausfrau mit ihrer Familie in der Nachbarwohnung lebt. Sie kümmert sich vermehrt um seine Körperpflege (Waschen, Duschen, Kämmen), hilft beim Aufstehen und Anziehen, kauft für ihn ein, kocht für ihn, füttert ihn, reinigt seine Wohnung, macht die Wäsche. Kalendertäglich benötigt sie 100 Minuten, um ihren Vater zu pflegen.

Wenn der „Medizinische Dienst" feststellt, dass die Tochter täglich mindestens 90 Minuten für die Pflege benötigt, liegt die **Pflegestufe I** vor. Es entsteht ein Anspruch auf 205,00 € Pflegegeld monatlich.

II ⇒ 410 €     III ⇒ 665 €

## Gesetzliche Unfallversicherung – *Statutory casualty insurance*

- **Träger:**
  zum Beispiel:
  Berufsgenossenschaften, Gemeindeunfallversicherungsverbände

- **Leistungsfälle:**
  zum Beispiel:
  – Arbeitsunfall infolge der versicherungspflichtigen Beschäftigung
  – Wegeunfall
  – Berufserkrankungen

- **Leistungen:**
  zum Beispiel:
  – Maßnahmen zur Verhütung von Arbeitsunfällen
  – Heilbehandlung, Berufsförderung zur Erhaltung, Besserung und Wiederherstellung der Erwerbsfähigkeit
  – Renten wegen Minderung der Erwerbsfähigkeit
  – Renten an Witwen und Waisen

**Beispiel: Liegt ein Arbeitsunfall vor?**

Der angestellte Schlachter Richter schneidet während einer gesetzlich vorgegebenen Arbeitspause seine Wurst mit einem Messer. Dabei rutscht das scharfe Messer aus. Richter verletzt sich schwer am Oberschenkel.

Ein Arbeitsunfall liegt nur dann vor, wenn folgende Bedingungen erfüllt sind:

1. zwischen der versicherten Beschäftigung als Schlachter und dem Abrutschen des Messers und
2. zwischen dem Abrutschen des Messers und dem Körperschaden jeweils ein Zusammenhang besteht und
3. das Unfallereignis plötzlich und von außen geschieht.

Es liegt hier **kein Arbeitsunfall** vor.

Da dem Schlachter in seiner Arbeitspause beim Frühstück (einer privaten Verrichtung) das Messer abrutschte, ist die 1. Voraussetzung nicht erfüllt. Die zuständige Berufsgenossenschaft übernimmt keinerlei Leistungen. Die notwendigen Leistungen (z.B. ärztliche Behandlung) müssen von der gesetzlichen Krankenversicherung übernommen werden.

In der gesetzlichen Unfallversicherung sind neben den Arbeitnehmern noch verschiedene andere Personenkreise pflichtversichert, z.B. Schüler, Kindergartenkinder, Blutspender, Nothelfer.

**Beispiel: Liegt ein Arbeitsunfall vor?**

Der selbstständige Zahnarzt Dr. Ritter wird auf seiner Urlaubsreise Zeuge eines Verkehrsunfalles. Sofort hilft er dem verunglückten bewusstlosen Unfallopfer aus dessen brennenden Pkw. Dabei verletzt sich Dr. Ritter derart schwer, dass seine Erwerbsfähigkeit erheblich gemindert wurde.

**Hier liegt ein Arbeitsunfall vor,** da Dr. Ritter infolge seiner Tätigkeit als Nothelfer automatisch in der gesetzlichen Unfallversicherung pflichtversichert ist.

Dr. Ritter hat gegen den Unfallversicherungsträger – dem Gemeindeunfallversicherungsverband – Ansprüche auf sämtliche Heilbehandlungen und eine Verletztenrente.

12

## Gesetzliche Arbeitslosenversicherung gemäß des Gesetzes zur Arbeitsförderung – *Statutory unemployment insurance*

- **Träger:**
  zum Beispiel:
  Arbeitsämter

- **Leistungen:**
  zum Beispiel:
  - Berufsberatung
  - Arbeitsvermittlung
  - Insolvenzausfallgeld
  - Maßnahmen zur Erhaltung und Schaffung von Arbeitsplätzen
  - Kurzarbeitergeld
  - Arbeitslosengeld

- **Leistungsfälle:**
  zum Beispiel:
  - Berufslosigkeit
  - Arbeitslosigkeit

- **Voraussetzungen für den Erhalt von Arbeitslosengeld:**
  Der Versicherte muss …
  1. arbeitslos sein,
  2. sich arbeitslos gemeldet haben,
  3. objektiv und subjektiv dem Arbeitsmarkt zur Verfügung stehen, d. h., er muss arbeiten wollen und arbeiten dürfen,
  4. einen Antrag gestellt haben,
  5. die Anwartschaftzeit erfüllt haben, d. h., er muss mindestens ein Jahr lang Beiträge in die Arbeitslosenversicherung gezahlt haben,
  6. jünger als 65 Jahre alt sein.

**Beispiel zur Berechnung von Arbeitslosengeld:**

Dem 40-jährigen Arbeitnehmer Scharf (verheiratet, ein 13-jähriges Kind) wird rechtmäßig zum 31. Nov. aus betrieblichen Gründen gekündigt. Er war 10 Jahre ununterbrochen bei der Hoffmann AG beschäftigt und verdiente in den letzten 3 Jahren 2.500,00 € brutto monatlich (1.700,00 € netto monatlich).

Am 1. Dez. meldet sich Scharf persönlich beim zuständigen Arbeitsamt arbeitslos. Sämtliche weiteren Voraussetzungen für den Bezug von Arbeitslosengeld sind erfüllt.

Die Höhe seines Arbeitslosengeldes beträgt, da Scharf mindestens für **ein Kind** unterhaltspflichtig ist, **67 %** vom monatlichen Nettolohn; also 1.139,00 €. Hätte Scharf **kein Kind,** würde sein Arbeitslosengeld **60 %** vom monatlichen Nettolohn betragen; also 1.020,00 €.

Das Arbeitslosengeld wird für einen 40-jährigen Arbeitnehmer maximal 12 Monate bezahlt.

## Gesetzliche Rentenversicherung – *Statutory old-age pension insurance*

- **Träger:**
  zum Beispiel:
  - Landesversicherungsanstalten für Arbeiterrentenversicherung
  - Bundesversicherungsanstalt für Angestellte

- **Leistungen:**
  zum Beispiel:
  - Rehabilitation, Heilbehandlungen in Spezialkliniken, Umschulungsmaßnahmen (Das Ziel der Rehabilitation ist es, Beeinträchtigungen der Erwerbsfähigkeit der Versicherten oder ihr vorzeitiges Ausscheiden aus dem Erwerbsleben zu verhindern oder diese Versicherten möglichst dauerhaft in das Erwerbsleben wieder einzugliedern. **Es gilt das Prinzip „Rehabilitation vor Rente".**)
  - Witwen- bzw. Witwerrenten
  - Waisenrenten
  - Altersrenten

- **Leistungsfälle:**
  zum Beispiel:
  - Alter
  - Tod
  - Erwerbungsunfähigkeit

- **Voraussetzungen für den Erhalt der (Regel-)Altersrente:**
  Der Versicherte muss …
  1. das 65. Lebensjahr vollendet haben,
  2. die Wartezeit erfüllt haben, d. h., es müssen 5 Jahre (60 Monate) Beiträge zur Rentenversicherung eingezahlt worden sein.

**Beispiel zur Berechnung einer Altersrente:**

Arbeitnehmer Brunn beendet sein Arbeitsverhältnis beim Arbeitgeber Hartmann AG wegen der Erreichung des 65. Lebensjahres zum 31. Dez.

Da Brunn die Voraussetzungen für den Bezug der Regelaltersrente erfüllt hat, besteht ein Anspruch auf diese Rente. Die Höhe seiner Rente ist abhängig von der Höhe seiner Beiträge und von der Dauer seiner Beitragszahlung.

12

3525162

# Generationenvertrag

## Grundbegriffe

**„Vertragspartner":** Die Generationen der beitragszahlenden Erwerbstätigen und die Generationen der Rentenempfänger.

**„Vertragsinhalt":** Die Arbeitnehmer bezahlen mit einem Teil ihres Arbeitsentgeltes die Renten. Gleichzeitig verlassen sich die Arbeitnehmer darauf, dass auch die folgende Generation ihnen ihren Ruhestand sichert.

## Probleme des Generationenvertrages

### Generationen im Wandel (Demografische Betrachtung)

Im Jahr 2000 wurden 32,3 Millionen Erwerbspersonen und 13,7 Millionen Rentner gezählt. Im Jahre 2030 werden nur noch 29,0 Millionen Erwerbspersonen 17,6 Millionen Rentnern gegenüberstehen. Die Bevölkerungsentwicklung in Deutschland befindet sich also in einem Teufelskreis, da die Zahl der Geburten laufend abnimmt. So sinkt die Bevölkerungszahl immer weiter, während das Durchschnittsalter gleichzeitig steigt. Diese Entwicklung belastet die sozialen Sicherheitssysteme erheblich: immer weniger Erwerbspersonen zahlen Beiträge zur Rentenversicherung, aber immer mehr Menschen haben Rentenansprüche.

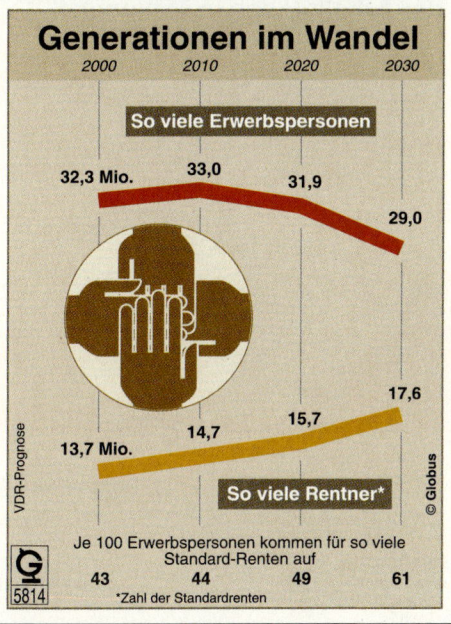

**Generationen im Wandel**

| 2000 | 2010 | 2020 | 2030 |
|---|---|---|---|

**So viele Erwerbspersonen**

32,3 Mio.   33,0   31,9   29,0

**So viele Rentner\***

13,7 Mio.   14,7   15,7   17,6

VDR-Prognose

© Globus

Je 100 Erwerbspersonen kommen für so viele Standard-Renten auf

| 43 | 44 | 49 | 61 |
|---|---|---|---|

\*Zahl der Standardrenten

5814

**12**

### Früherer Ruhestand/höhere Lebenserwartung

Im Durchschnitt beanspruchen Beitragszahler schon vor dem Erreichen des 60. Lebensjahres eine Rente, d. h., Renten werden immer früher gezahlt.

Die Lebenserwartung der Rentner steigt laufend, d. h., Renten müssen immer länger bezahlt werden.

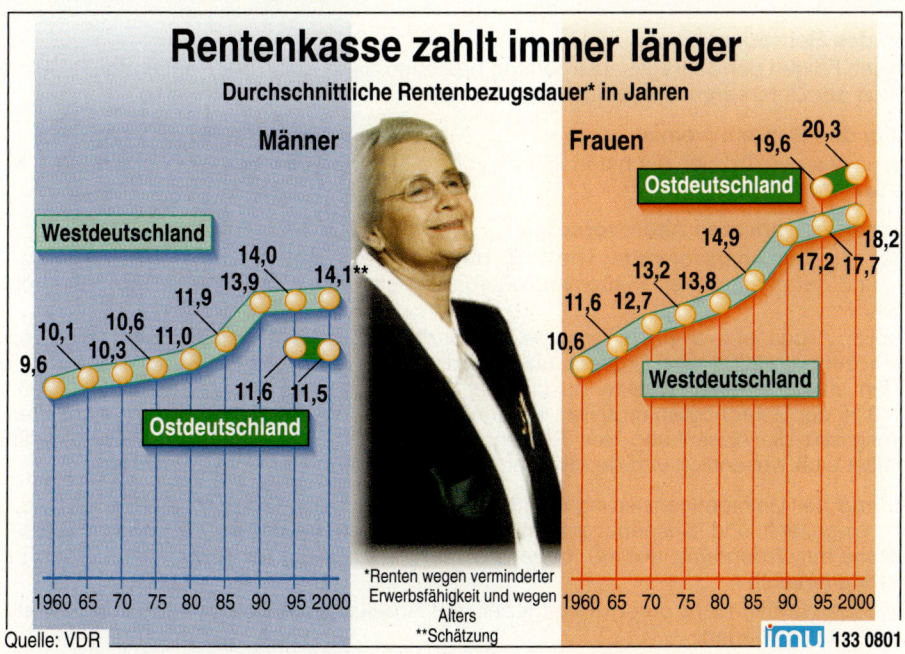

**Rentenkasse zahlt immer länger**

Durchschnittliche Rentenbezugsdauer\* in Jahren

**Männer**

Westdeutschland

9,6   10,1   10,3   10,6   11,0   11,9   13,9   14,0   14,1\*\*

Ostdeutschland

11,6   11,5

**Frauen**

Ostdeutschland

19,6   20,3

14,9   18,2

13,2   13,8   17,2   17,7

10,6   11,6   12,7

Westdeutschland

\*Renten wegen verminderter Erwerbsfähigkeit und wegen Alters

\*\*Schätzung

| 1960 | 65 | 70 | 75 | 80 | 85 | 90 | 95 | 2000 |
|---|---|---|---|---|---|---|---|---|

| 1960 | 65 | 70 | 75 | 80 | 85 | 90 | 95 | 2000 |
|---|---|---|---|---|---|---|---|---|

Quelle: VDR

imu 133 0801

# Generationenvertrag

## Hohe Arbeitslosigkeit

Durch die hohe Arbeitslosigkeit in Deutschland entstehen Einnahmeausfälle für die Rentenversicherung.

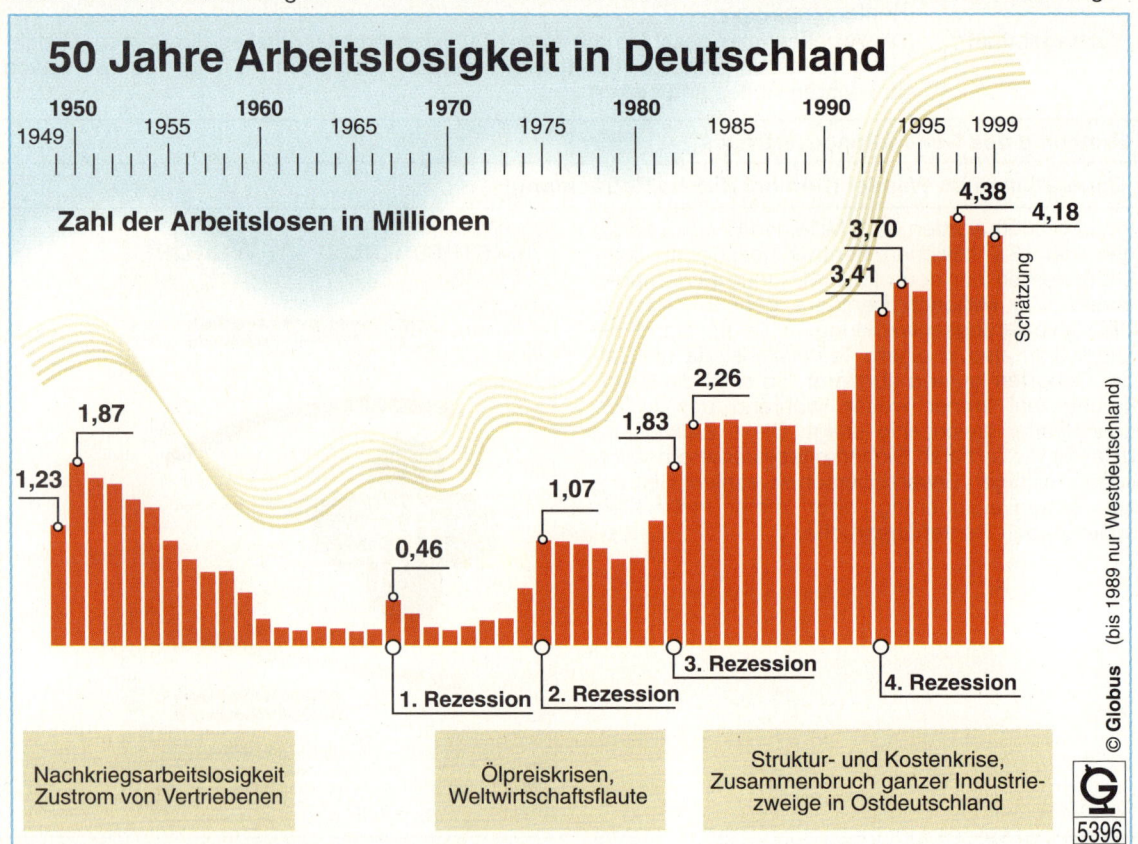

**50 Jahre Arbeitslosigkeit in Deutschland**

Zahl der Arbeitslosen in Millionen

1949 · **1950** · 1955 · **1960** · 1965 · **1970** · 1975 · **1980** · 1985 · **1990** · 1995 · 1999

1,23 — 1,87 — 0,46 — 1,07 — 1,83 — 2,26 — 3,41 — 3,70 — 4,38 — 4,18

1. Rezession — 2. Rezession — 3. Rezession — 4. Rezession

Schätzung

Nachkriegsarbeitslosigkeit Zustrom von Vertriebenen

Ölpreiskrisen, Weltwirtschaftsflaute

Struktur- und Kostenkrise, Zusammenbruch ganzer Industriezweige in Ostdeutschland

© Globus   (bis 1989 nur Westdeutschland)

5396

## Konsequenzen

- **Erhöhung des Beitragssatzes**

  Die negativen Folgen der Beitragssatzerhöhung bestehen darin, dass der Konsum der Haushalte und die Investitionen der Unternehmen beeinträchtigt werden.

- **Absenkung des Rentenniveaus**

  Das Rentenniveau wird in den nächsten Jahren von **70 % auf 67 %** des durchschnittlichen Nettoarbeitsentgeltes sinken.

- **Neue Formen der privaten Altersvorsorge**

  Neben der privaten Altersvorsorge, wie z. B. durch Lebensversicherung oder Schaffung von Wohneigentum, und der gesetzlichen Rentenversicherung ist eine neue freiwillige private Altersrente geschaffen worden.

  Danach sollen Arbeitnehmer einen Teil ihres Bruttoarbeitsentgelts für die Altersvorsorge verwenden (ab 2002 ein Prozent, ab 2004 zwei Prozent, ab 2006 drei Prozent und ab 2008 vier Prozent). Diese Zahlungen werden staatlich durch direkte Zuschüsse oder Steuerentlastungen gefördert. Man hofft, dass dadurch 70 % der Berechtigten motiviert werden, eine derartige Versicherung abzuschließen. Mit dieser Versicherung soll die Absenkung des Rentenniveaus ausgeglichen werden. Diese Altersabsicherung unterscheidet sich wesentlich von den Renten der gesetzlichen Rentenversicherung:

  - Das Prinzip der Umlagefinanzierung wird durch das **Kapitaldeckungsprinzip** ersetzt, d. h., Beiträge werden eingezahlt und zinsgünstig angelegt. Von diesen Geldern wird dann im Versicherungsfall (frühestens mit Vollendung des 60. Lebensjahres) die Leistung (eine Monatsrente als Leibrente auf Lebenszeit) bezahlt.
  - Die Beiträge werden nicht durch Arbeitgeber und Arbeitnehmer gemeinsam, sondern allein von den Arbeitnehmern getragen.

# Sozialbudget – *Social budget*

## Begriff

Unter Sozialbudget versteht man alle direkten Sozialleistungen, die in einem Jahr vom Bund, von den Ländern, von den Kommunen, den öffentlichen Körperschaften (Sozialversicherungsträgern) und den Arbeitgebern den Bürgern gewährt werden.

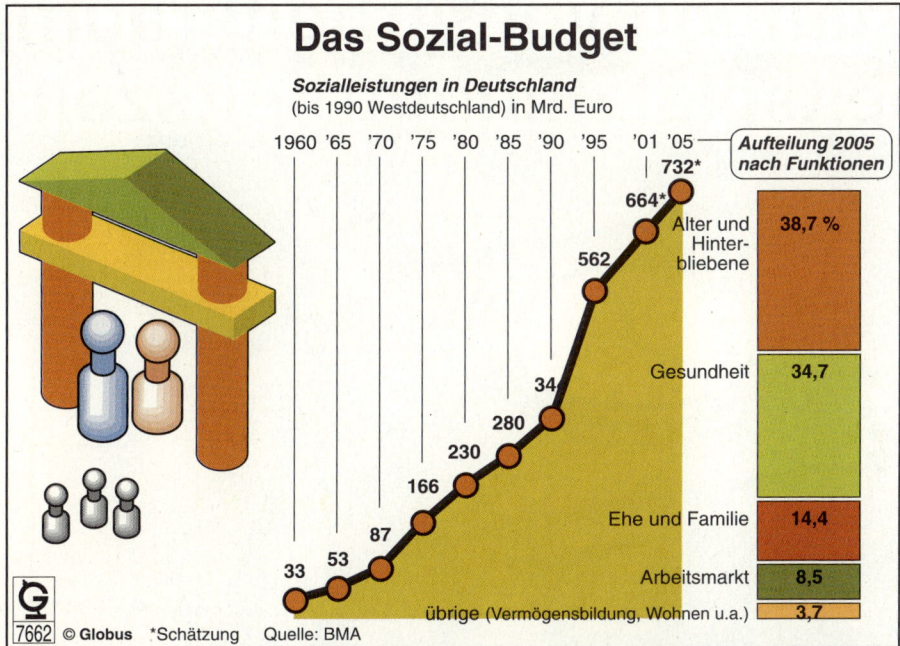

**Das Sozial-Budget**

*Sozialleistungen in Deutschland*
(bis 1990 Westdeutschland) in Mrd. Euro

1960 '65 '70 '75 '80 '85 '90 '95 '01 '05

732*
664*
562
34
280
230
166
87
53
33

*Aufteilung 2005 nach Funktionen*

| | |
|---|---|
| Alter und Hinterbliebene | 38,7 % |
| Gesundheit | 34,7 |
| Ehe und Familie | 14,4 |
| Arbeitsmarkt | 8,5 |
| übrige (Vermögensbildung, Wohnen u.a.) | 3,7 |

7662 © Globus   *Schätzung   Quelle: BMA

**Sozialleistungen** werden erbracht vom/von …

| Bund | Ländern | Kommunen | Öffentlichen Körperschaften | Arbeitgeber |
|---|---|---|---|---|
| **Beispiele:**<br>– Kindergeld<br>– Wohngeld<br>– Erziehungsgeld | **Beispiele:**<br>– Pensionen für Landesbeamte<br>– öffentliches Gesundheitswesen | **Beispiele:**<br>– Sozialhilfe<br>– Pensionen für kommunale Beamte | **Beispiele:**<br>– Altersrenten<br>– Krankengeld<br>– Arbeitslosengeld<br>– Unfallrenten | **Beispiele:**<br>– Entgeltfortzahlung<br>– betriebliche Altersversorgung |

## Finanzierung des Sozialbudgets

Das Sozialbudget wird durch

– **Steuerzahlungen** der Steuerpflichtigen an den Bund, an die Länder, an die Kommunen

– **Beitragszahlungen** der versicherten Arbeitnehmer und deren Arbeitgeber an die Sozialversicherungsträger und

– **Geldleistungen** der Arbeitgeber **finanziert.**

Das Sozialbudget wird von Jahr zu Jahr größer. Die Gründe liegen u. a. darin, dass Transferleistungen wie Altersrenten, Sozialhilfeleistungen, Krankengeld, Wohngeld, Ausbildungsförderungen in regelmäßigen Abständen dynamisiert und den steigenden Löhnen und Gehältern angepasst werden. Ein weiterer Grund für das Ansteigen der Sozialleistungen liegt in der Schaffung von neuen Transferleistungen, wie z. B. Zuschüsse des Staates zu der neuen kapitalgedeckten Altersversorgung.

## Sozialleistungsquote

Die Sozialleistungsquote gibt das Verhältnis des Sozialbudgets zum Bruttoinlandsprodukt an. Diese Sozialleistungsquote steigt ständig. Im Jahr **1997** betrug die Sozialleistungsquote **31,6 %,** für das Jahr **2000** **31,8 %.**

Fast jeder 3. Euro wird somit in Deutschland für soziale Leistungen ausgegeben. Zwar ergibt sich daraus eine Steigerung der Transferleistungen für betroffene Bürger, aber auch eine steigende Belastung der Steuer-/Beitragszahler und Arbeitgeber.

12

# 13
# Gestaltung von Arbeitsraum, Arbeitsplatz und Arbeitszeit

# Ergonomie – *Human engineering*

## Arbeitsplatzgestaltung

### Begriff

Ergonomie ist die Wissenschaft von der Anpassung der Technik an den Menschen zur Arbeitserleichterung. Ziel ist es, den arbeitenden Menschen so gering wie möglich zu belasten.

### Arbeitsmittel

Büromöbel und Büromaschinen müssen sicherheitstechnisch und ergonomisch gestaltet sein. Optimale Arbeitsmittel fördern das Wohlbefinden, Arbeitsunfälle und Berufskrankheiten können so weitgehend vermieden werden. Die Einrichtung von Büromöbeln sollte aufeinander abgestimmt, flexibel, zweckmäßig und normgerecht sein. Büromaschinen wie z.B. Kopiergeräte, Druck- und Rechenmaschinen oder Geräte der Telekommunikation (Telefax, Telefon, PC, Drucker) sollen integriert werden können.

| Anforderungen an … | |
| --- | --- |
| **Bürodrehstuhl** (Auswahl) <br> • Bewegliches Untergestell durch Rollen oder Gleiter <br> • Mindestens 5 Rollen <br> • Kippsicher <br> • Wegrollsicher <br> • Stolpersicher <br> • Verstellbare Sitzhöhe und -tiefe <br> • Abgerundetes Vorderteil des Sitzes <br> • Verstellbare, dynamische Rückenlehne | **Bildschirmarbeitsplatz** (Auswahl) <br> • Flimmer-, reflexions- und strahlungsarmer Bildschirm mit konturenscharfen Schriftzeichen <br> • Flexibler Monitor <br> • Höhenverstellbare und flexible Tastatur <br> • Flimmerfreier Bildschirmarbeitstisch mit abgerundeten Kanten |

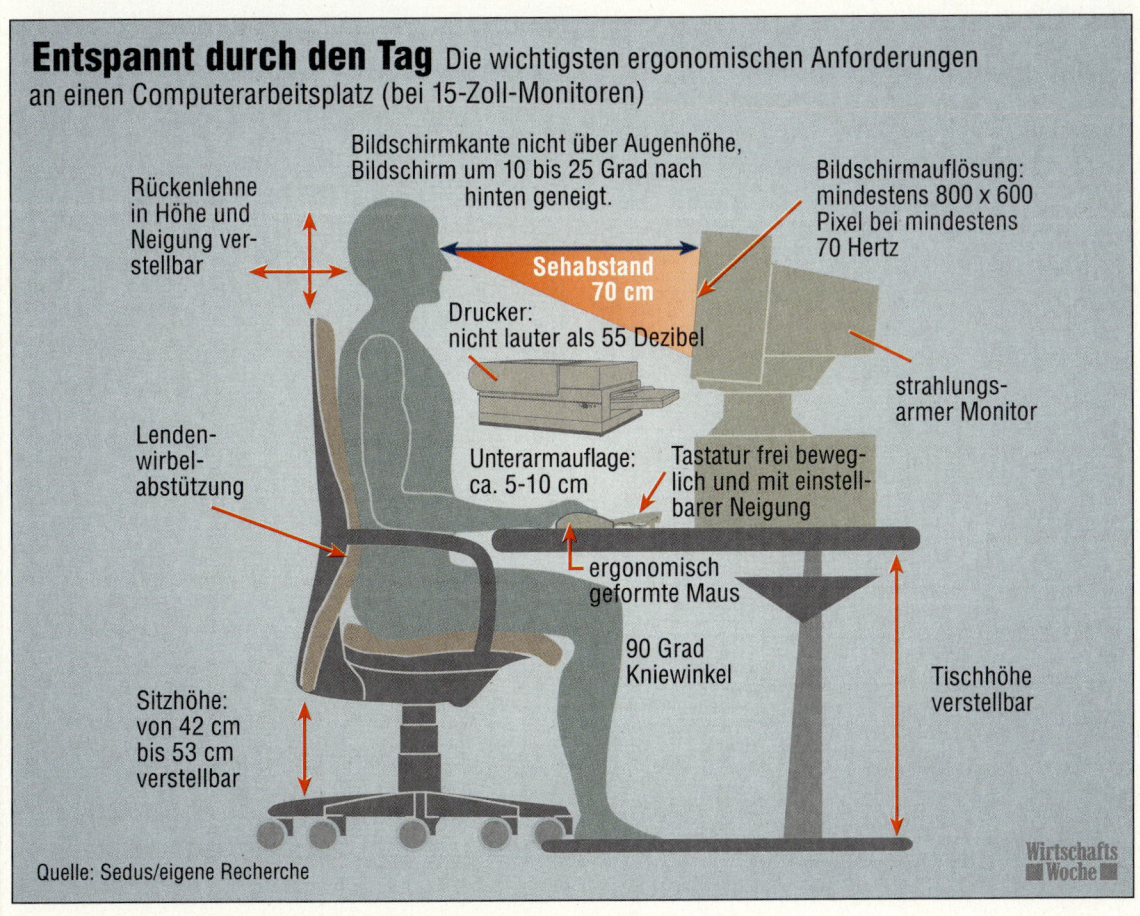

**Entspannt durch den Tag** Die wichtigsten ergonomischen Anforderungen an einen Computerarbeitsplatz (bei 15-Zoll-Monitoren)

Rückenlehne in Höhe und Neigung verstellbar

Bildschirmkante nicht über Augenhöhe, Bildschirm um 10 bis 25 Grad nach hinten geneigt.

Bildschirmauflösung: mindestens 800 x 600 Pixel bei mindestens 70 Hertz

Sehabstand 70 cm

Drucker: nicht lauter als 55 Dezibel

strahlungsarmer Monitor

Lendenwirbelabstützung

Unterarmauflage: ca. 5-10 cm

Tastatur frei beweglich und mit einstellbarer Neigung

ergonomisch geformte Maus

90 Grad Kniewinkel

Tischhöhe verstellbar

Sitzhöhe: von 42 cm bis 53 cm verstellbar

Quelle: Sedus/eigene Recherche

WirtschaftsWoche

13

# Ergonomie – *Human engineering*

## Umwelt- und Gesundheitsfaktoren am Arbeitsplatz

Die menschliche Arbeitsfähigkeit und Arbeitsbereitschaft wird einerseits durch individuelle Bedingungen wie Alter, Geschlecht, psychischem und physischem Gesundheitszustand und andererseits von den Umweltbedingungen wie technische Ausstattung, organisatorische Strukturen, soziale Gegebenheiten, rechtliche Rahmenbedingungen und räumliche Ausstattung beeinflusst:

**Richtwerte bei der Ausstattung von Büroräumen:**
**Temperatur:** 19–20 °C
**Lichtverhältnis:** 600–1200 Lux – die Beleuchtung soll von links oben erfolgen
**Lärm:** bis 55 dB
**Luftgeschwindigkeit:** bis 0,15 m/Sek.

**Farbwirkung:**
Damit Mitarbeiter/-innen sich im Büro wohl fühlen, ist auf die Farbwirkung des Arbeitsplatzes zu achten. So wirken die Farben Blau und Grün sehr beruhigend, die Farben Rot, Gelb, Orange und Braun anregend.

## Büroarchitektur

Bei der Gestaltung von Büroräumen unterscheidet man folgende **Raumarten:**

**Kleinraumbüro**
- *Einpersonenbüro:* besonders geeignet für Chefbüro und für Mitarbeiter/-innen, die vertrauliche Gespräche führen müssen (Personalabteilung, Frauenbeauftragte usw.)
- *Mehrpersonenbüro:* besonders geeignet, wenn im Team gearbeitet wird

**Großraumbüro**
- *Bürolandschaft:* Hier dienen Regale und Sichtwände als Schall- und Sichtschutz; Pflanzen und persönliche Gegenstände lockern das Bild auf, ergänzt durch Sitzgruppen.
- *Raum-in-Raum-System:* Hier werden Raumteiler (z. B. Regale) verwendet, um für Mitarbeiter/-innen kleine Arbeitsräume zu schaffen; dieses System ermöglicht eine flexible Büroraumgestaltung.

## Beispiele

**Kleinraumbüro** (Einpersonenbüro)     **Großraumbüro** (Bürolandschaft)

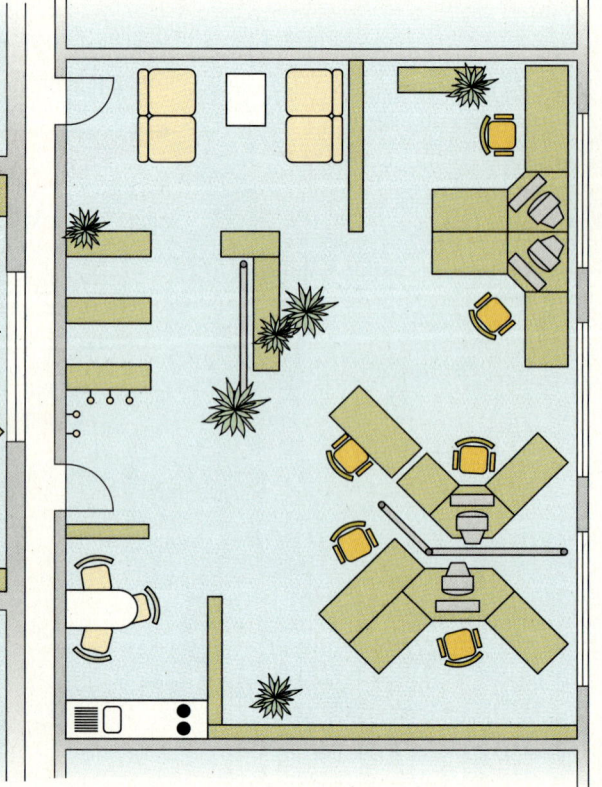

# Ergonomie – *Human engineering*

## Rechtliche Bedingungen

Neben den verschiedenen **EU-Richtlinien,** z. B. Richtlinie 90/270/EWG (1990) Sicherheit und Gesundheitsschutz bei der Arbeit an Bildschirmgeräten, existieren **DIN-** und **ISO-Normen**[1]. Besonders ist die ISO 9241 hervorzuheben, die die ergonomischen Anforderungen für Bürotätigkeiten mit Bildschirmgeräten regelt. Außerdem regeln Gesetze, Verordnungen und Empfehlungen die Gestaltung von Büroarbeitsplätzen (Auswahl):

- Arbeitsschutzgesetz
- Arbeitszeitgesetz
- Gerätesicherheitsgesetz
- Sozialgesetzbuch
- Arbeitsstättenverordnung
- Sicherheitsregeln für Büroarbeitsplätze der Verwaltungsbürogenossenschaft

- Unfallverhütungsvorschriften
- DIN 4549 Büromaschinentische und Bildschirmarbeitstische
- DIN 4551 und 4552 Bürodrehstühle
- Arbeitssicherheitsgesetz
- Sicherheitsregeln für Bildschirmarbeitsplätze

## Arbeitsstättenverordnung

Diese Verordnung ist eine wichtige Grundlage für die Einrichtung und den Betrieb von Arbeitsstätten. Durch sie wird Folgendes geregelt:

- Lüftung
- Raumtemperatur
- Beleuchtung

- Schutz gegen Gase und Lärm
- Reinhaltung der Arbeitsstätten
- Flucht- und Rettungswege

## Arbeitssicherheitsgesetz

Nach diesem Gesetz muss der Arbeitgeber Betriebsärzte und Fachkräfte für Arbeitssicherheit (Sicherheitsbeauftragte) bestellen, die den Unternehmer in Zusammenarbeit mit den sonstigen für den Arbeitsschutz verantwortlichen Personen in Fragen des Unfallschutzes beraten.

## Arbeitszeitgesetz

Das Arbeitszeitgesetz gilt für alle Arbeitnehmer und alle Beschäftigungsbereiche. Es soll sich am Gesundheitsschutz orientieren; für Frauen und Männer gelten einheitliche Arbeitsgrundnormen, z. B. Grundsatz des 8-Stunden-Tages.

## Unfallverhütungsvorschriften

Durch Maßnahmen zur Unfallverhütung, z. B. normgerechtes Verlegen von Elektroleitungen, Kennzeichnen von Fluchtwegen usw., sollen Arbeitsunfälle und Berufskrankheiten vermieden werden. Die Unfallverhütungsvorschriften müssen dazu an einem geeigneten Platz im Betrieb ausgelegt werden. Außerdem ist über jeden Arbeitsunfall ein Unfallbericht zu erstellen und an die entsprechende Berufsgenossenschaft zu senden.

13

## Symbole beim Arbeitsschutz

– sehr giftige Gefahrstoffe

– giftige Gefahrstoffe

Rettungsweg links    oder

aus: Schriftenreihe Prävention, Verwaltungs-Berufsgenossenschaft (Hrsg.); Glückstadt, 1999, S. 33 u. a.

[1] DIN = Deutsches Institut für Normung e. V., Berlin oder Deutsche Industrie-Norm
ISO = International Standardization Organization

# 14
# Betriebliche Organisation

# Arbeitsabläufe – *Flow process*

## Postbearbeitung

Auch im Zeitalter der elektronischen Kommunikation ist der konventionelle Postverand bei der Versendung von Waren und Originalschriftstücken notwendig. Werden Maschinen bei der Postbearbeitung benutzt, so spricht man von einer *Poststraße*.

## Tätigkeiten beim Posteingang:

**1. Entgegennahme der Post** direkt durch Bote oder durch Entnahme aus dem Postfach
Notwendige Vollmachten:
- *Einfache Postvollmacht:*
  ermächtigt zur Annahme aller gewöhnlichen Sendungen
- *Besondere Vollmacht:*
  ermächtigt zur Annahme der Sendungen mit dem Zusatz „Eigenhändig", „Postlagernd" und zur Erteilung von Untervollmachten

↓

**2. Sortieren der Post nach Privat- und Geschäftspost** und **Irrläufern**

↓

**3. Öffnen der Eingangspost**
(manuell oder maschinell)

↓

**4. Kontrolle der Anlagen auf Vollständigkeit**

↓

**5. Anbringen des Eingangsstempels**
(Datum, Uhrzeit, Kurzzeichen)

↓

**6. Verteilen der Eingangspost**
a) zentral in die Postfächer der Mitarbeiter/-innen

oder

b) dezentral in die Abteilungen

## Tätigkeiten beim Postausgang

**1. Zusammenstellen von Originalen, Durchschlägen und Anlagen**
Einlegen in die Unterschriftsmappe zur Unterschrift
Trennung der einzelnen Schriftstücke, Ablage der Durchschläge

↓

**2. Falten der Originale**
(manuell oder maschinell)
**Falzarten:**

Einfacher Falz | Wickelfalz

Kreuzfalz | Zickzackfalz

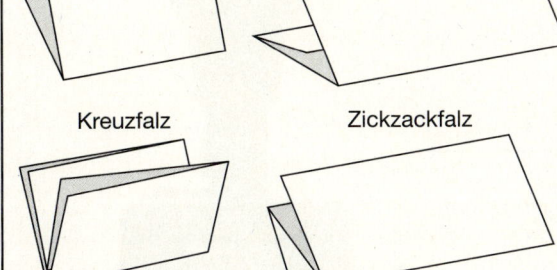

**3. Beifügen der Anlagen**

↓

**4. Kuvertieren der Sendungen**
(manuell oder maschinell)

↓

**Briefhüllenformate (Briefumschläge)**

C6-Format

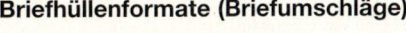

DIN-Lang (DL)
mit/ohne Fenster

**Versandtaschenformate (Auswahl)**

C4/C5

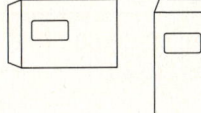

**5. Schließen der Briefhüllen**
(manuell oder maschinell)

↓

**6. Wiegen der Sendungen** mithilfe von elektronischer Briefwaage (gleichzeitig kann sie auch Frankiermaschine sein)

↓

**7. Frankieren der Sendungen** mithilfe von Frankiersystemen

a) Wertvorgabesystem (der Kunde bezahlt einen Betrag, bis zu dem er frankieren kann)

**14**

## Arbeitsabläufe – *Flow process*

### Tätigkeiten beim Postausgang

b) *Wertkartensystem* (der Kunde kauft Wertkarten – ähnlich Telefonkarten – und legt diese in seine Frankiermaschine ein)

c) *Fernwertsystem* (der Kunde stellt über die Telefonleitung eine Verbindung zur Datenzentrale eines Postunternehmens her und erhält eine Freigabe für das Frankiersystem)

d) *Elektronische Briefmarke* (seit 2001 ist es möglich, per Internet Briefe zu frankieren). Im Internet bietet die Post AG unter „www.post.de" die Möglichkeit der elektronischen Frankierung.

**Beispiel:** Privatbrief (nicht öffnen!)

Frau
Karin Weber
Palmu GmbH
Bahnhofstraße 28

38154 Königslutter

**Beispiel:** Geschäftsbrief

Palmu GmbH
Karin Weber
Bahnhofstraße 28

38154 Königslutter

### Beispiele: Frankiermöglichkeiten

Freimachungsvermerk, Gebühren werden bei der Einlieferung erhoben.

Maschinenfreistempelabdruck, geschieht mit einem der oben genannten Frankiersysteme

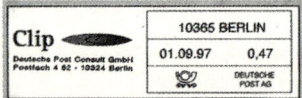

DV-Freistempelabdruck, hier werden elektronische Freistempelsysteme eingesetzt; diese Möglichkeit ist mit dem Postdienst zu vereinbaren, außerdem muss es sich um eine Mindestlieferung von 500 Postsendungen mit Wareninhalt oder 10 000 Briefsendungen handeln und nach Postleitzahlen geordnet sein.

Absender-Stempelung mit einer so genannten Absenderstempelmaschine, die vom Postdienst zugelassen sein muss.

### Beispiel: Eingangsstempel

| **Eingang** | |
|---|---|
| Datum: 02-02-06<br>Uhrzeit: 10:30 h<br><br>Abteilung: *Einkauf*<br><br>Sachbearbeiter: *Herrn Wegner* | Bemerkungen:<br><br>*Anlagen fehlen* |

Beispiel für Eingangsstempel
(Nachweis für gerichtliche und außergerichtliche Angelegenheiten)

aus: Staples Katalog, Hamburg, Mai–Ausgabe 2002, S. 148

**14**

3525172

## Sendungsarten – *Types of posting*

### Begriff

Bei den Sendungsarten handelt es sich um die Art, wie Schriftstücke versandt werden können. Als Auswahlkriterien dienen Größe, Gewicht, Kosten, Häufigkeit des zu versendenden Schriftstücks.

### Sendungsarten: Deutsche Post AG

| Art | Beschreibung |
|---|---|
| Brief | Schnelle Beförderung von Schriftstücken innerhalb eines Tages |
| Standardbrief | bis 20 g, Maße: 23,5 x 12,5 cm (B6/DL) bis 0,5 cm dick |
| Kompaktbrief | bis 50 g, Maße: 23,5 x 12,5 cm (B6/DL) bis 1 cm dick |
| Großbrief | bis 500 g, Maße: 35,3 x 25,0 (B4) bis 2 cm dick |
| Maxibrief | bis 1 000 g, Maße: 35,3 x 25,0 (B4) bis 5 cm dick |
| Postkarte | Offene Mitteilungen werden rasch verschickt |
| Infobrief | Werbesendungen können preisgünstig verschickt werden, offener Verschluss muss gewährleistet sein |
| Infopost | Inhaltsgleiche Mitteilungen mit beigefügten Proben, Mustern können preisgünstig verschickt werden, offener Verschluss |
| Postwurfsendung | Informationen an alle Haushalte, preisgünstig, offen |
| Warensendung | Kleine Proben/Muster können preisgünstig verschickt werden, offener Verschluss |
| Blindensendung | Informationen an Blinde können unentgeltlich verschickt werden, offener Verschluss als Kontrolle |
| Büchersendung | Bücher und Broschüren können preisgünstig verschickt werden, offener Verschluss |
| Päckchen | Informationen bis 2 000 g können preisgünstig verschickt werden; es wird keine Haftung übernommen |
| Paket | Waren bis 20 kg können versandt werden mit Nachweis (Paketschein) |

### Zusätzliche Leistungen

Bei den zusätzlichen Leistungen handelt es sich um Dienstleistungen der Versendungsunternehmen, die entweder eine schnelle oder preiswerte oder besonders sichere Versendungsform gewährleisten.

| Art | Beschreibung |
|---|---|
| Einschreiben | Nur der Empfänger erhält den Brief persönlich |
| Einschreiben Einwurf | Einschreiben erfolgt in den Briefkasten des Empfängers |
| Rückschein | Besonderer Nachweis für die Auslieferung der Sendung nur bei: Übergabe-Einschreiben, Nachnahme oder Briefen/Paketen mit Wertangabe |
| Eigenhändig | Nur Empfänger erhält Brief persönlich nur bei Übergabeeinschreiben, Nachnahme oder Briefen/Paketen mit Wertangabe |
| Wertangabe | Absender erhält Einlieferungsbestätigung, Höchstangabe für die Haftung: 50.000 € |
| Post Express | Zusicherung der Zustellung 1 Tag nach Ablieferung |
| Luftpost | Beförderung ausschließlich auf dem Luftweg |
| Nachnahme | Sendungen werden nur gegen Bezahlung übergeben |

### Besondere Leistungen im Postversand

Für Werbeaktionen, die bundes- oder europaweit durchgeführt werden sollen, bietet die Deutsche Post AG einen **Prospektservice**. Mit diesem elektronischen Service können die Prospekte direkt aus dem PC heraus als Postwurfsendung an alle Haushalte, an Haushalte mit Tagespost oder an alle Briefabholer (Postfachinhaber) verschickt werden. Mithilfe eines Programms können die zu bewerbenden Gebiete ausgewählt werden. Dadurch ist eine Kostentransparenz während der Planung hinsichtlich Versandkosten gegeben; außerdem entfallen alle Tätigkeiten beim Postausgang dieser Wurfsendungen. Wer seine Mailing-Aktionen über die Deutsche Post AG laufen lassen möchte, kann dies auch in der so genannten **Mailingfactory** tun. Dies ist die Komplettlösung für die Erstellung und Durchführung von Mailingaktionen. Der Kunde übergibt die Daten ohnline – die Deutsche Post AG setzt sie um. Druck, Kuvertierung, Freimachung und Versand.[1]

[1] Vgl.: www.deutschepost.de, 29. Mai 2002

14

# Registratur – *Registry*

## Aufbewahrungsfristen

Die Registratur ist die geordnete Aufbewahrung von Schriftgut. Man unterscheidet handelsrechtliche und betriebliche **Aufbewahrungsfristen:**

**Handelsrechtliche Aufbewahrungsfristen gem. §§ 257, 261 HGB, § 147 AO (Abgabenordnung)**
- **10 Jahre** für Handelsbücher, Inventare, Eröffnungs- und Schlussbilanzen, Buchungsbelege (steuerlich relevante Unterlagen)
- **6 Jahre** für empfangene Handelsbriefe, Kopien der abgesandten Handelsbriefe

**Betriebliche Aufbewahrungsprinzipien**
- Handelsbriefe dienen als Beweismittel
- Firmengründungsunterlagen werden nicht vernichtet
- Notarielle Verträge werden nicht vernichtet

## Wertstufen von Schriftgut

Je nach Wert eines Schriftstückes unterscheidet man:

**Tageswert:**  Schriftstücke vermitteln einmalige Informationen und werden danach vernichtet, z. B. Tageszeitungen, unverlangte Angebote, Rundschreiben

**Prüfwert:**  Schriftstücke werden über einen Zeitraum bearbeitet und danach vernichtet, z. B. Bewerbungen

**Gesetzeswert:**  Schriftstücke, die den gesetzlichen Aufbewahrungsvorschriften entsprechen

**Dauerwert:**  Schriftücke, die dauerhaft im Unternehmen verbleiben, z. B. Firmengründungsunterlagen, Meisterbriefe, Patente, Lizenzen

In einem so genannten **Schriftgutkatalog** wird die Wertigkeit der betrieblichen Schriftstücke festgelegt, um so eine transparente Registraturarbeit für alle Bereiche zu gewährleisten.

## Ordnungssysteme

Für das sichere Auffinden von Schriftgut bietet es sich an, bestimmte Ordnungssysteme zu benutzen:
- **Alphabetisch:** abgelegt wird nach den Kriterien
  - Nachname, Vorname, Ort, Straße, Hausnummer
  - „Gebrüder" wird wie ein Vorname behandelt,
  - Ä steht hinter AE, Ü steht hinter UE usw.
  - Titel und andere Zusatzbezeichnungen, z. B. „GmbH", bleiben unberücksichtigt
- **Numerisch:** abgelegt wird nach Nummern, z. B. Kunden- oder Rechnungsnummern
- **Alphanumerisch:** abgelegt wird nach der Kombination Alphabet und Nummer, z. B. A3
- **Chronologisch:** abgelegt wird nach dem Datum
- **Dekadisch:** abgelegt wird nach Haupt-/bzw. Untergruppen, z. B. 336 Arbeitsamt
- **Mnemotechnisch:** abgelegt wird nach bestimmten Merkhilfen, z. B. AR = Ausgangsrechnung
- **Farblich:** abgelegt wird nach Farben, z. B. Eingangsrechnungen – grüner Ordner

## Überlegungen zur Einrichtung einer Registratur

Bei der Einrichtung einer Registratur sind folgende Überlegungen anzustellen:
- Zugriffsgeschwindigkeit (wie häufig wird auf das Schriftgut zugegriffen?)
- Kostengesichtspunkte (Investitionen, laufende Kosten, Personalkosten)
- Praktikabilität (müssen Schriftstücke häufig transportiert werden?)
- Umfang der Schriftstücke (wie groß sind die Schriftstücke?)
- Sicherheit der Schriftstücke (inwieweit handelt es sich um vertrauliche Schriftstücke?)
- Aufbewahrungszeit (Altablage = bis zur Aufbewahrung laut HGB, Archiv = dauerhaft aufzubewahrendes Schriftgut)
- Aktenform: Sammelakten (z. B. gleiche Schriftstücke wie Rechnungen befinden sich in einem Behälter) oder Einzelakten (Personalakten)
- Heftungsform (Kaufmännische Heftung = das aktuelle Schriftstück liegt obenauf oder behördliche Heftung = das aktuelle Schriftstück wird nach unten geheftet)
- Anfall von gelochtem oder ungelochtem Schriftgut?
- Standort der Registratur (Arbeitsplatz-/Abteilungs-/Zentralregistratur)

# Registratur – *Registry*

## Registraturformen

Aus den vorseitig angeführten Überlegungen können sich drei Aufbewahrungsformen ergeben:

- **liegende Registratur**
  Vorteile: schnelle Ablage, preisgünstig, leicht zu verschicken
  Nachteile: schlechter Zugriff, unpraktikable Aufbewahrung, unsicher
  Anwendung: Prospektmaterialien, Präsentationsmaterialien
  Schriftgutbehälter: Aktendeckel, Mappen, Einstellmappen, Hefter

- **stehende Registratur**
  Vorteile: schnelle, sichere Ablage, gute Gliederung durch Trennblätter, übersichtlich
  Nachteile: hoher Platzbedarf (Totraum durch Hebelmechanik), schwere Versendbarkeit
  Anwendung: gelochtes Schriftgut, z. B. Lieferscheine, oder ungelocht, z. B. Prospekte
  Schriftgutbehälter: Ordner, Stehsammler

- **hängende Registratur** (vertikal oder horizontal hängend)
  Vorteile: schneller Zugriff von Einzelakten, gute Versendbarkeit
  Nachteile: hoher Platzbedarf (vertikal), Spezialanfertigung von Registraturmöbeln
  Anwendung: Personalakten, Kundenakten, Verträge
  Schriftgutbehälter: Pendelmappen, Pendeltaschen, Hängemappen, Hängetaschen, Pendelhefter

## Überblick Schriftgutbehälter

*Pultordner*

*Hängemappenwagen*

**14**

# Registratur – *Registry*

## Schriftgutbehälter

| Art \ Form | Liegend | Stehend | Vertikal hängend | Lateral hängend | Wahlweise |
|---|---|---|---|---|---|
| **Geheftet** | Hefter | | Hängehefter | Hängehefter | Einstellhefter |
| | | Stehordner | Hängeordner | Hängeordner | Einhängehefter |
| **Ungeheftet** | Mappe | Sammler | Hängemappe | Hängemappe | Einstellmappe |
| | Aktendeckel | Ablageschachtel | Hängesammler | Hängesammler | |

# Registratur – *Registry*

## Alternative Aufbewahrungssysteme: Mikrografie

Begriff: Die Mikrografie ist ein Verfahren, mit dem Originalschriftstücke fotografisch in stark verkleinerter Form auf einen Film aufgenommen und bei Bedarf mit Lesegeräten oder Lese-/Rückvergrößerungsgeräten wiedergegeben werden.

## Gründe für die Mikrografie

Nach § 157 HGB und § 147 AO dürfen mit Ausnahme der Eröffnungsbilanz/Inventar alle aufbewahrungspflichtigen Unterlagen auch als Wiedergabe auf einem Bildträger aufbewahrt werden. Die Mikrografie ersetzt damit die papierne Aufbewahrung. Mikrofilme können bis zu 150 Jahre lang aufbewahrt werden, im Gegensatz dazu ist die Aufbewahrung auf Datenträgern wie CD oder Diskette nicht dauerhaft. Diese Tatsache ist wichtig für die Verfilmung von Patenten oder Lizenzen, die dauerhaft aufbewahrt werden. Für die Verfilmung aus betrieblicher Sicht sprechen folgende Gründe:

- Sicherheit (viele wertvolle Unterlagen können auf kleinem Raum aufbewahrt werden)
- Raumersparnis (bis zu 95 %)
- Kostensenkung (Kosten für Personal, Registraturmöbel, Porto- und Verpackungskosten)
- Zeitersparnis (Wege- und Wartezeiten entfallen, Unterlagen können schnell gesendet werden)

## Einsatzmöglichkeiten der Mikrografie

- Arbeitsverfilmung (Unterlagen werden an mehrere Arbeitsplätze zur Verfügung gestellt, z. B. Telefonbücher, Arzneimittelverzeichnisse)
- Sicherheitsverfilmung (Schutz vor Umwelteinflüssen, z. B. Firmengründungsunterlagen)
- Ersatzverfilmung (Ersatzschriftstücke für laufende Vorgänge in verschiedenen Abteilungen, geheime Unterlagen)

## Aufnahmeverfahren

- **Simplex-Verfahren** (die Abbildung einer A4-Vorlage erfolgt über die ganze Filmbreite, Einzelzuführung, es können 6 – 9 Ordner verfilmt werden, die Verkleinerung ist „20- bis 24fach")
- **Duplex-Verfahren** (Vorder- und Rückseite werden gleichzeitig belichtet und auf dem Film nebeneinander abgebildet, es können 6 – 9 Ordner verfilmt werden, die Verkleinerung ist „30- bis 50fach")
- **Duo-Verfahren** (zuerst wird die eine, dann die andere Filmhälfte belichtet, es können so 10 Ordner verfilmt werden, die Verkleinerung ist „30- bis 50fach")

## Kameraformen

- Schrittkamera: sie verfilmt mechanisch jedes Schriftstück und ist besonders für unterschiedlich große Vorlagen, z. B. Landkarten geeignet.
- Durchlaufkamera: sie verfilmt Massenschriftgut und wird z. B. bei der Erstellung von Kontoauszügen (Kopien) eingesetzt.
- COM = Computer Output Micrographie: dieses System verfilmt automatisch das Schriftgut, das ausgedruckt wird, auf Datenträger, digitale Form der Mikroverfilmung
- Endloskamera: sie verfilmt EDV-Ausdrucke

**14**

## Mikrofilmformen

- **Rollfilm** (er wird für abgeschlossene Vorgänge eingesetzt)

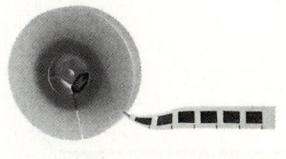

- **Jacket** = Mikrofilmtasche (wird für Unterlagen eingesetzt, die ständig gebraucht und auch verändert werden, an der Mikrofilmtasche lassen sich Ordnungsmerkmale anbringen).

- **Mikrofiche** (werden für Einzelblätter angefertigt; z. B. Listen, Handbücher in der Automobilbranche)

# Karteien und Dateien – *Files*

## Begriff

Die Kartei speichert auf einzelnen Karten, die nach einem einheitlichen Muster ausgefüllt werden, häufig benötigte Informationen. Heute wird sie von Dateien (elektronischen Karteien) abgelöst, die die gleiche Funktion wahrnehmen.

## Formen

- Sachkartei, z. B. Lagerkartei(datei)
- Personenkartei, z. B. Kundenkartei(datei)
- Terminkartei, z. B. Zahlungskartei(datei)

## Aufbau einer Kartei

- Kartenleiste zum Aufnehmen von Ordnungsmitteln (Reiter, Kerben, Tabs)
- Kartenkopf (Platz für Überschriften, z. B. Lieferant)
- Kartenrumpf (Platz für laufende Eintragungen)
- Kartenfuß (enthält Bestelldaten oder interne Daten)

**Beispiel:**

### Werkstoff-Dispositions- und Bestandskarte

| Benennung | | Karte-Nr. | |
| Sachnummer | | Seite | |

| | Verrechnungspreis | Mengeneinheit | Lagerort | Lieferzeit |
|---|---|---|---|---|
| Datum | | | | |
| Betrag | | | | |

| Jahr | Jan. | Febr. | März | April | Mai | Juni | Juli | Aug. | Sept. | Okt. | Nov. | Dez. | Bestellmenge | Mind. Best. |
|---|---|---|---|---|---|---|---|---|---|---|---|---|---|---|
| | | | | | | | | | | | | | | |

| Datum | Auftrags.-Nr. | Verwendung | Bedarf | | Bestellung | | Lagerbewegung | | Bestand | |
|---|---|---|---|---|---|---|---|---|---|---|
| | | | Menge | KW | Menge | KW | ZU | AB | effektiv | verfügbar |
| 1 | 2 | 3 | 4 | 5 | 6 | 7 | 8 | 9 | 10 | 11 |
| | | | | | | | | | | |

14

# Klassische betriebliche Organisation – *Classic internal company organization*

| Bedeutungen des Begriffes | Aufgabe |
|---|---|
| Organisation als<br>• Tätigkeit: Die Unternehmung wird organisiert.<br>• Zustand: Die Unternehmung hat eine Organisation.<br>• Institution: Die Unternehmung ist eine Organisation. | Zieloptimale Kombination der betriebs-wirtschaftlichen Produktionsfaktoren. |

**Bereiche der betrieblichen Organisation**

## Aufbauorganisation

stellt den **Betrieb in Bereitschaft** dar.

Umfasst unter anderem:
• die Zerlegung der Gesamtaufgabe in Teil-aufgaben,
• die Bildung von Stellen und Abteilungen,
• die Übertragung von Aufgaben, Kompe-tenzen und Verantwortung auf die einzel-nen Mitarbeiter,
• die Darstellung des Unternehmensaufbaus mit Festlegung des Dienst- und Informa-tionsweges und
• die Entwicklung von Führungformen und -techniken.

## Ablauforganisation

stellt den **Betrieb in Aktion** dar.

Regelt unter anderem:
• den funktionalen Arbeitsablauf,
• den zeitlichen Arbeitsablauf und
• den räumlichen Arbeitsablauf.

Als **organisatorische Hilfsmittel** dienen:

• Aufgabengliederungsplan
• Organigramme
• Stellenbeschreibungen

• Kommunikationsdiagramm
• Arbeitsablaufkarte
• Flussdiagramm
• Datenflussplan
• Balkendiagramm
• Netzplan

aus: Wamper, Horst: Betriebliche Organisationslehre, Büroorganisation, Automatisierte Datenverarbeitung, 5. Auflage, Köln, München, o. J., S. 13

**14**

# Aufbauorganisation – *Company organization structure*

**Aufgabenanalyse/-synthese**

• **Aufgabenanalyse**:
Zerlegung ganzheitlicher Arbeits-prozesse in Teilaufgaben bis hin zu kleinsten Arbeitseinheiten wie Arbeitsgriffe und Griffelemente (zurückzuführen auf Frederick Winslow Taylor [1856 – 1915]).

• **Aufgabensynthese**:
Anschließende Zusammenfassung sachlogisch zusammenhängender Teilaufgaben zu Aufgabenkom-plexen und Zuordnung an Aufga-benträger.

• **Ergebnis**:
Bildung von Stellen und Abteilun-gen.

**Gesamtaufgabe**

zerlegen in

Teilaufgaben

bündeln zu

Stelle   Stelle   Stelle

und

Abteilung

1. Schritt
Aufgabenanalyse

2. Schritt

Aufgaben-synthese

aus: Wamper, Horst: Betriebliche Organisationslehre, Büroorganisation, Automatisierte Datenverarbeitung, 5. Auflage, Köln, München, o. J., S. 27

aus: Hübscher, Heinrich u. a.: IT-Kompendium, 1. Aufl., Braunschweig 2001, S. 30

## Aufbauorganisation – *Company organization structure*

### Kriterien der Aufgabengliederung

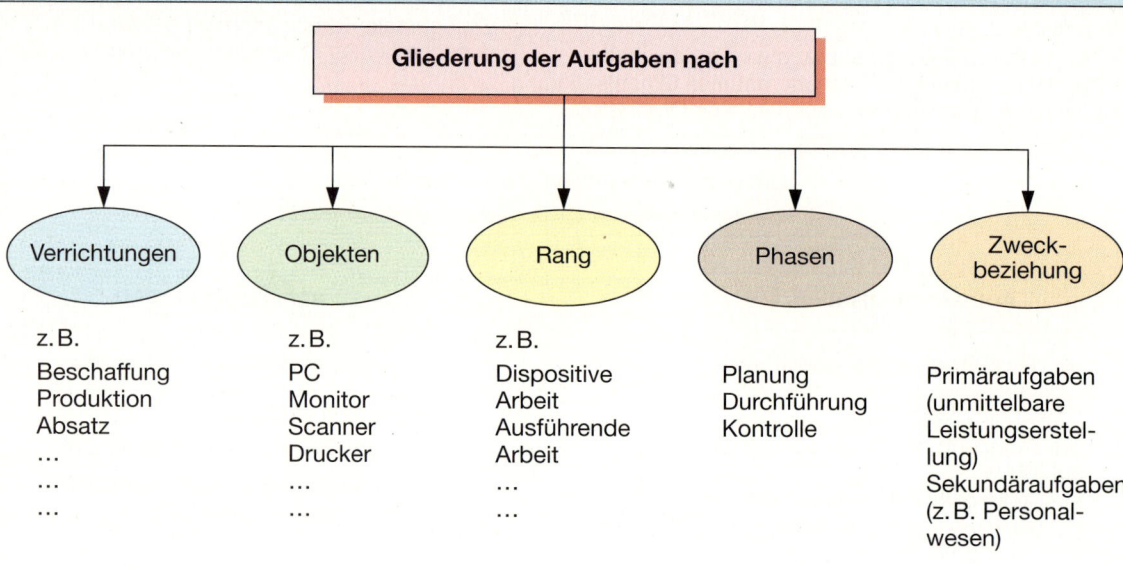

**Gliederung der Aufgaben nach**

| Verrichtungen | Objekten | Rang | Phasen | Zweck-beziehung |
|---|---|---|---|---|
| z.B. | z.B. | z.B. | | |
| Beschaffung | PC | Dispositive | Planung | Primäraufgaben |
| Produktion | Monitor | Arbeit | Durchführung | (unmittelbare |
| Absatz | Scanner | Ausführende | Kontrolle | Leistungserstel- |
| ... | Drucker | Arbeit | | lung) |
| ... | ... | ... | | Sekundäraufgaben |
| ... | ... | ... | | (z.B. Personal- |
| | | | | wesen) |

### Stellenbildung

| **Begriff: Stelle** | **Stellenarten** | |
|---|---|---|
| • Kleinste Organisationseinheit im Unternehmen. | **Linienstellen** (Instanzen)<br>– Anordnungsbefugnis<br>– Entscheidungsbefugnis<br>**Beispiel:** Abteilungsleiter Einkauf | **Stabsstellen**<br>– Hilfsstelle von Linienstellen<br>– Beratung<br>– Entscheidungsvorbereitung<br>– Keine Entscheidungs- und Anordnungsbefugnis<br>**Beispiel:** Rechtsabteilung |
| • Zusammenfassung von Teilaufgaben zum Aufgabenbereich einer Person. | **Ausführende Stellen**<br>– Keine Leitungs- und Entscheidungsbefugnis<br>**Beispiel:** Schreibkraft | |

aus: Hübscher, Heinrich u. a.: IT-Kompendium, 1. Aufl., Braunschweig 2001, S. 31

### Stellenbeschreibung

| **Begriff** | **Ziele** |
|---|---|
| In Stellenbeschreibungen werden die Aufgaben und Kompetenzen des Stelleninhabers, die Anforderungen an den Stelleninhaber sowie die Einordnung der Stelle in die Aufbauorganisation des Betriebes festgehalten. | • Sicherung klarer Zuständigkeiten und Kompetenzen<br>• Regelung eindeutiger Über- und Unterordnungsverhältnisse<br>• Erleichterung der Zusammenarbeit der Stellen<br>• Gerechte Beurteilung der Stelleninhaber |

### Inhalt

• Bezeichnung der Stelle

• Aufgaben, Kompetenzen und Verantwortungsbereich
→ Welche Tätigkeiten umfasst die Stelle?

• Anforderungen an den Stelleninhaber
→ Welche Voraussetzungen, Qualifikationen hat der Stelleninhaber mitzubringen?

• Bewertungsmaßstab der Stelle
→ Welche Kriterien zur Beurteilung des Stelleninhabers kommen in Betracht?

• Weisungs- und Informationsbeziehungen
→ Von wem (welcher Stelle) erhält der Stelleninhaber Weisungen? Wem kann er Weisungen erteilen? Wem muss er berichten?

**14**

3525180

# Aufbauorganisation – *Company organization structure*

## Beispiel Stellenbeschreibung

Stellenbeschreibung für die Stelle eines Sachbearbeiters in der Einkaufsabteilung

| | |
|---|---|
| **1.** | **Bezeichnung der Stelle**<br>Einkäufer |
| **2.** | **Instanzielle Eingliederung**<br>Untergeordnet: Dem Leiter der Abteilung Einkauf<br>Übergeordnet: – |
| **3.** | **Stellenvertretung**<br>Wird vertreten von: Einkäufer für Rohstoffe<br>Vertritt: Leiter der Einkaufsabteilung |
| **4.** | **Ziele der Stelle**<br>Der Stelleninhaber hat vom Lager angeforderte Materialien rechtzeitig in der gewünschten Menge und Qualität sowie zu günstigsten Preisen zu beschaffen. |
| **5.** | **Aufgaben, Verantwortlichen und Kompetenzen**<br>– Einkauf von Büromaterialien und Büromaschinen<br>– Ermittlung geeigneter Lieferer<br>– Einholen von Angeboten<br>– Auswertung von Angeboten<br>– Führen der Einkaufsverhandlungen<br>– Abschluss von Kaufverträgen bis zum Betrag von 5.000,00 €, darüber hinaus ist die Entscheidung der übergeordneten Instanz einzuholen<br>– Überwachung der Liefertermine<br>– Bearbeitung von Reklamationen<br>– Besuch der Fachmessen |
| **6.** | **Persönliche Anforderungen an den Stelleninhaber**<br>Vorbildung: Hauptschulabschluss, Kaufmannsgehilfenprüfung<br>Kenntnisse: Branchenkenntnisse, Warenkenntnisse, technische Kenntnisse<br>Eigenschaffen: Verhandlungsgewandtheit, Kontaktfreudigkeit, Selbstständigkeit, Zuverlässigkeit |

aus: Wamper, Horst W.: Betriebliche Organisationslehre, Büroorganisation, Automatisierte Datenverarbeitung, 5. Auflage, Köln, München, o. J., S. 43

**14**

## Abteilungsbildung

| Begriff Abteilung | Betriebshierarchie |
|---|---|

**Begriff Abteilung**

- Zusammenfassung mehrerer Stellen unter einheitlicher Leitung.

**Ziele**

- Schaffung überschaubarer, leicht kontrollierbarer Bereiche.

- Strukturierung eines übersichtlichen Unternehmensaufbaus.

- Schaffung von Verantwortungsbereichen mit speziellen Aufgaben.

**Betriebshierarchie**

**Betriebsgliederung (= Betriebshierarchie)**

Tiefengliederung oder vertikale Gliederung

Niedrigerer Rang

| | Obere Führungsebene | Unternehmensleitung |
| | Mittlere Führungsebene | Hauptabteilungen |
| | Untere Führungsebene | Abteilungen |
| | Ausführungsebene | Ausführende Stellen |

Kontrollspanne

Breitengliederung

oder
horizontale Gliederung

Gleicher Rang

aus: Hübscher, Heinrich u. a.: IT-Kompendium, 1. Aufl., Braunschweig 2001, S. 31

# Aufbauorganisation – *Company organization structure*

## Kriterien der Abteilungsbildung

| **Funktionsorientierte Organisation** (functional type of organization) | **Produktorientierte Organisation** (product type of organization *oder* divisional organization) | **Regionorientierte Organisation** (geografical type of organization) | **Personenorientierte Organisation** (personal type of organization) |
|---|---|---|---|
| ⬇ | ⬇ | ⬇ | ⬇ |
| Bildung von Abteilungen, wie<br><br>„Einkauf",<br>„Verkauf",<br>„Finanzierung",<br>„Finanzbuchhaltung". | Bildung von Abteilungen, wie<br><br>„Produkt A",<br>„Produkt B",<br>„Produkt C". | Bildung von Abteilungen, wie<br><br>„Deutschland",<br>„Westeuropa",<br>„Amerika". | Bildung von Abteilungen, wie<br><br>„Friedrichs",<br>„Müller",<br>„Kramer",<br>„Richter". |

## Organigramm

| **Begriff** | **Stellensymbol** | **Funktionen** | |
|---|---|---|---|
| Hilfsmittel zur grafischen Abbildung der Organisationsstruktur eines Unternehmens. | In der Regel Rechtecke. | Veranschaulichung<br>– der Aufgabengliederung,<br>– des hierarchischen Aufbaus, | – der Über- und Unterordnungsverhältnisse,<br>– der Kommunikationsbeziehungen. |

## Beispiel: funktionsorientierte Aufbauorganisation

## Beispiel: produktorientierte Aufbauorganisation

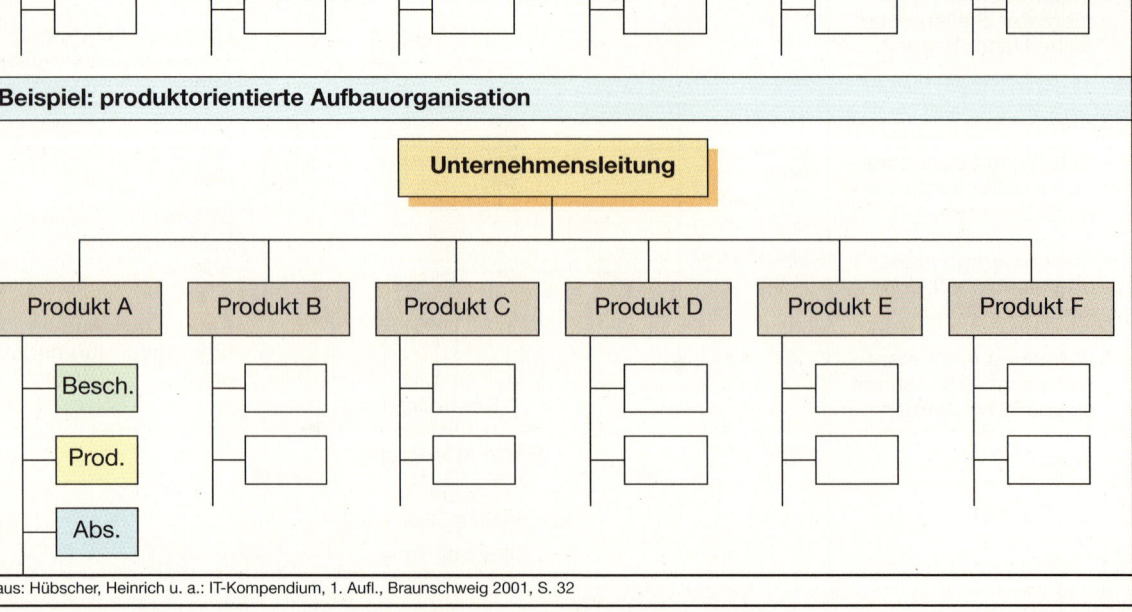

aus: Hübscher, Heinrich u. a.: IT-Kompendium, 1. Aufl., Braunschweig 2001, S. 32

3525182

# Leitungssysteme – *Management systems*

## Stellenpyramide/Managementebenen

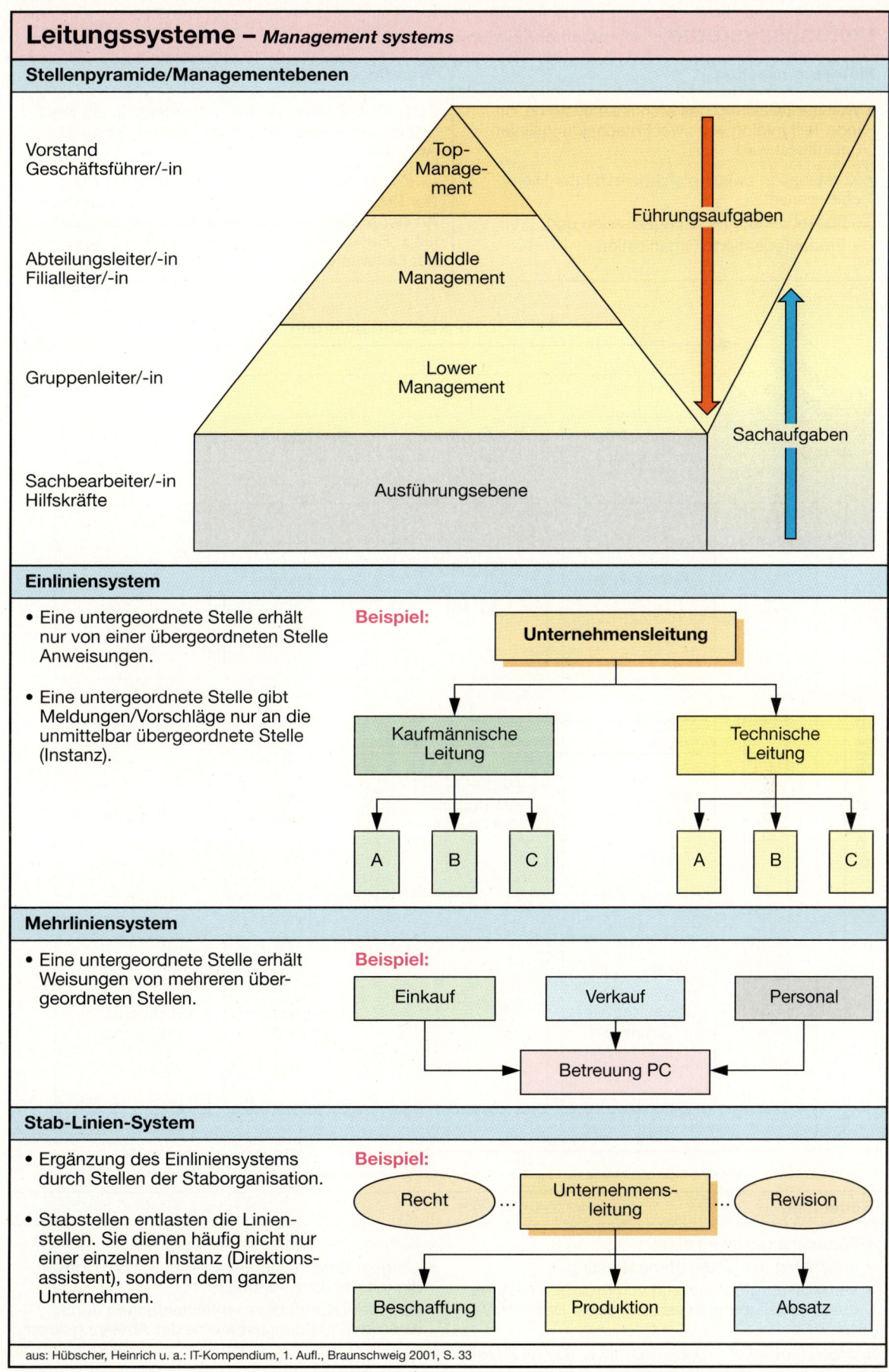

Vorstand
Geschäftsführer/-in

Abteilungsleiter/-in
Filialleiter/-in

Gruppenleiter/-in

Sachbearbeiter/-in
Hilfskräfte

Top-Management

Middle Management

Lower Management

Ausführungsebene

Führungsaufgaben

Sachaufgaben

## Einliniensystem

- Eine untergeordnete Stelle erhält nur von einer übergeordneten Stelle Anweisungen.

- Eine untergeordnete Stelle gibt Meldungen/Vorschläge nur an die unmittelbar übergeordnete Stelle (Instanz).

**Beispiel:**

Unternehmensleitung

Kaufmännische Leitung — A  B  C

Technische Leitung — A  B  C

## Mehrliniensystem

- Eine untergeordnete Stelle erhält Weisungen von mehreren übergeordneten Stellen.

**Beispiel:**

Einkauf   Verkauf   Personal

Betreuung PC

## Stab-Linien-System

- Ergänzung des Einliniensystems durch Stellen der Staborganisation.

- Stabstellen entlasten die Linienstellen. Sie dienen häufig nicht nur einer einzelnen Instanz (Direktionsassistent), sondern dem ganzen Unternehmen.

**Beispiel:**

Recht ... Unternehmensleitung ... Revision

Beschaffung   Produktion   Absatz

aus: Hübscher, Heinrich u. a.: IT-Kompendium, 1. Aufl., Braunschweig 2001, S. 33

**14**

# Leitungssysteme – *Management systems*

## Matrixorganisation

- Weiterentwicklung des Mehrliniensystems, da jede Teilfunktion von zwei Entscheidungslinien beeinflusst wird.
- Kombination zweier gleichberechtigter Hierarchieebenen:
  - Funktionsorientierte Organisation und
  - Produktorientierte Organisation.

## Grundidee

Zwei Fachabteilungen mit unterschiedlichen Sichtweisen bemühen sich um die Lösung der selben Aufgabe.

**Beispiel:** „Beschaffung zur Fertigung von PCs" Der Produktmanager „PC" entscheidet über die Art der Materialien, der Leiter der Funktionsabteilung „Beschaffung" entscheidet über die Auswahl der Lieferanten.

**Beispiel:**

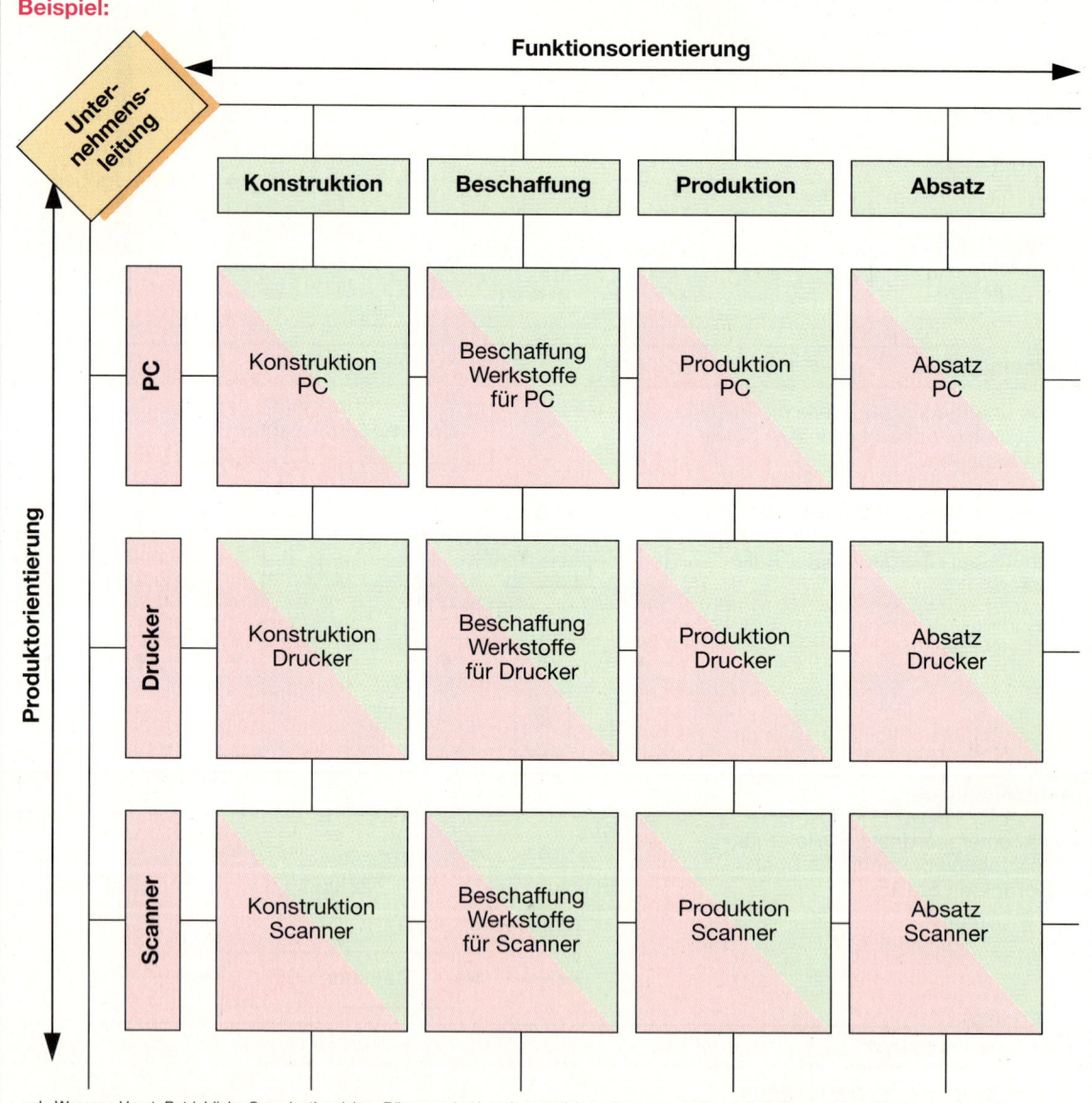

vgl.: Wamper, Horst: Betriebliche Organisationslehre, Büroorganisation, Automatisierte Datenverarbeitung, 5. Auflage, Köln, München, o. J., S. 50

## Bedeutung

- Förderung der Teamarbeit.
- Entlastung der Unternehmensleitung.
- Verbesserung der Qualität von Problemlösungen durch das Einbringen verschiedener Denkansätze.

- Auftreten von Kompetenzproblemen.
- Längere Entscheidungsdauer durch die Notwendigkeit der Abstimmung.
- Häufigere Kompromissentscheidungen durch Konfliktvermeidungsstrategie der Abteilungsleiter.

aus: Hübscher, Heinrich u. a.: IT-Kompendium, 1. Aufl., Braunschweig 2001, S. 34

14

3525184

# Vollmachten – *Power of attorney*

## Prokura

Die Prokura ermächtigt zu allen Arten von gerichtlichen und außergerichtlichen Geschäften und | Rechtshandlungen, die der Betrieb **(irgend) eines** Handelsgewerbes mit sich bringt (§ 49 HGB).

## Arten

| Einzelprokura | Gesamtprokura | Filialprokura |
|---|---|---|
| Ausübung der Vollmacht ohne Mitwirkung einer anderen Person | Ausübung d. Vollmacht nur im Zusammenwirken mit einer anderen vertretungsberechtigten Person | Beschränkung der Vertretungsvollmacht auf den Betrieb einer Niederlassung |

## Handlungsvollmacht

Die allgemeine Handlungsvollmacht erstreckt sich auf alle Geschäfte und Rechtshandlungen, die der | Betrieb eines **bestimmten** Handelsgewerbes gewöhnlich mit sich bringt (§ 54 HGB).

## Arten nach dem Umfang

| Allgemeine Handlungsvollmacht | Artvollmacht | Spezialvollmacht |
|---|---|---|
| Auf Dauer erteilte Vollmacht, die zur Erledigung **aller** gewöhnlichen Rechtsgeschäfte in dem betreffenden Handelsgewerbe befugt. | Auf Dauer erteilte Vollmacht, die zur Erledigung einer **bestimmten Art von wiederkehrenden** Geschäften befugt, z. B. Einkaufen. | Vollmacht, die zur Erledigung eines **einzelnen** Rechtsgeschäftes ermächtigt, z. B. Kauf eines PC. |

## Erteilung der Vollmachten

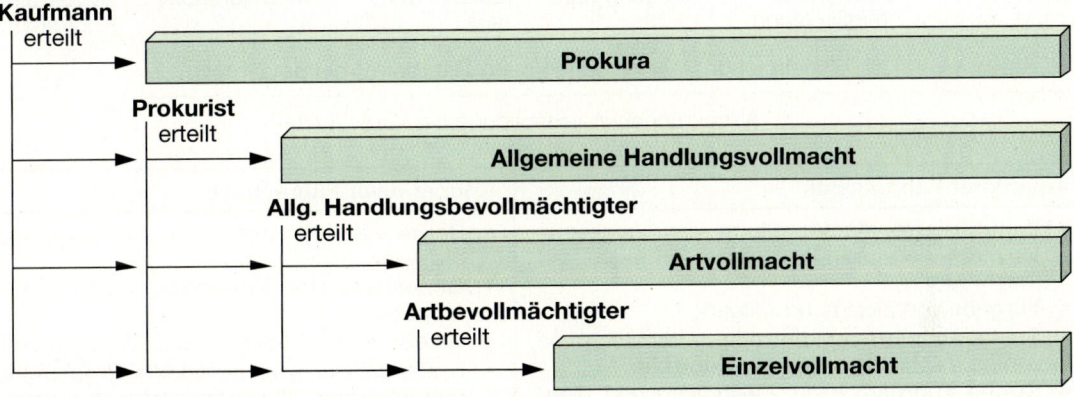

aus: EUROPA LEHRMITTEL, Betriebswirtschaftslehre der Unternehmung, 12. Auflage, Haan-Guiten 1992, S. 185

## Umfang der Vollmachten

| Unternehmer/-in | Prokura | Allgemeine Handlungsvollmacht | Artvollmacht | Einzelvollmacht |
|---|---|---|---|---|
| Steuererklärungen/Bilanz unterschreiben, Eid leisten, HR-Eintragungen anmelden, Insolvenz anmelden, Geschäft verkaufen, Prokura erteilen, Gesellschafter aufnehmen | 🟥 | 🟥 | 🟥 | 🟥 |
| Grundstücke belasten/verkaufen | 🟩 | 🟩 | 🟩 | 🟩 |
| Grundstücke kaufen, Prozesse führen, Darlehen aufnehmen, Wechsel unterschreiben | ⬜ | 🟩 | 🟩 | 🟩 |
| Zahlungsgeschäfte erledigen, verkaufen, Mitarbeiter entlassen/einstellen | ⬜ | ⬜ | 🟩 | 🟩 |
| Einkaufen | ⬜ | ⬜ | ⬜ | 🟩 |

⬜ Geschäfte, die ohne besondere Vollmacht möglich sind

🟩 Geschäfte, für die eine besondere Vollmacht notwendig ist

🟥 Geschäfte, für die eine Vertretungsvollmacht gesetzlich verboten ist

aus: EUROPA LEHRMITTEL, Betriebswirtschaftslehre der Unternehmung, 12. Auflage, Haan-Guiten 1992, S. 188

aus: Hübscher, Heinrich u. a.: IT-Kompendium, 1. Aufl., Braunschweig 2001, S. 35

# Unternehmensführung – *Business management*

## Begriff

- Unternehmensführung oder Management kennzeichnet eine Tätigkeit, die die Betriebspolitik durch **Planung,** das Treffen von **Grundsatzentscheidungen,** die Durchsetzung dieser Entscheidungen durch Erteilung von **Anweisungen** und die **Kontrolle** umfasst.

- Grundsatzentscheidungen haben langfristige Auswirkungen auf das Unternehmen. Sie sind risikobehaftet, weil die Informationen unvollkommen sind oder über zukünftige Entwicklungen nur unsichere Vorstellungen herrschen. Deshalb können sie nicht an untere Stellen delegiert werden.

## Führungsstile und Führungsverhalten

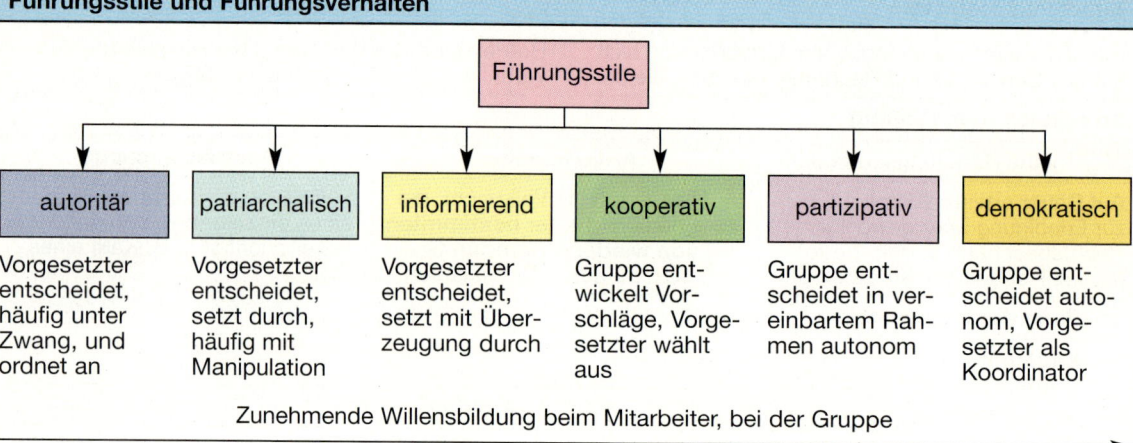

Führungsstile

| autoritär | patriarchalisch | informierend | kooperativ | partizipativ | demokratisch |
|---|---|---|---|---|---|
| Vorgesetzter entscheidet, häufig unter Zwang, und ordnet an | Vorgesetzter entscheidet, setzt durch, häufig mit Manipulation | Vorgesetzter entscheidet, setzt mit Überzeugung durch | Gruppe entwickelt Vorschläge, Vorgesetzter wählt aus | Gruppe entscheidet in vereinbartem Rahmen autonom | Gruppe entscheidet autonom, Vorgesetzter als Koordinator |

Zunehmende Willensbildung beim Mitarbeiter, bei der Gruppe

Abnehmende Willensbildung bei Vorgesetzten

### Autoritärer Führungsstil

- **Zentralisierte Machtstellung** des Vorgesetzten, von der uneingeschränkt Gebrauch gemacht wird
- **Vorgabe** von Zielen und Aufgaben
- Starke **Ausführungskontrolle;** Information von „unten" nach „oben" nur zur **Kontrolle**
- **Straffe Führung;** kaum Gespräche und Meetings, keine Delegation von Verantwortung und Kompetenzen
- **Selten Anerkennung,** keine Motivation – eher häufiger Kritik
- Mehr **aufgabenorientierter** Führungsstil

### Kooperativer Führungsstil

- **Begrenzte Machtstellung** des Vorgesetzten, die wenig genutzt wird
- **Gemeinsames Erarbeiten** von Zielen und Aufgaben
- Geteilte Verantwortung bei der **Erfolgskontrolle**
- Systematische Kommunikation, **Problemlösungen im Team;** Freiräume innerhalb vorgegebener Grenzen
- **Anerkennung** guter Leistungen; positives Feedback
- Mehr **personenorientierter** Führungsstil

## Führungsgrundsätze

Sie sind Gestaltungsmuster der Unternehmensführung, die für alle Führenden einheitlich, durchgängig und verbindlich sind. Sie sind Sollvorstellungen darüber, wie die Unternehmensführung zu gestalten ist, auf welche Ziele sie auszurichten ist und wie sie personell, instrumental und prozessual zu vollziehen ist.

Unterschieden werden folgende Führungsgrundsätze oder Management-by-Methoden:

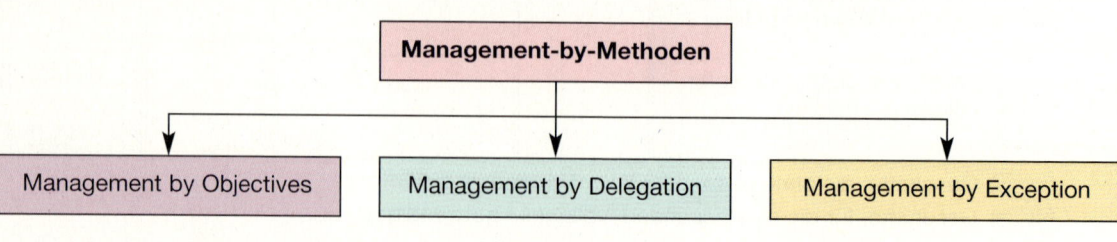

**Management-by-Methoden**

Management by Objectives

Management by Delegation

Management by Exception

Bei diesen Methoden handelt es sich um Teilaspekte der Leitungstätigkeit, die erst durch ihre Kombination voll wirksam werden.

3525186

# Unternehmensführung – *Business management*

## Management by Objectives

| Begriff | Ziele | Voraussetzungen |
|---|---|---|
| Führung durch kooperative Zielfindung, wobei die Ziele keine einmal festlegten Daten sind, sondern durch innerbetriebliche Prozesse und insbesondere den Markt beeinflusst werden und daher fortgeschrieben werden müssen | Objektivierung des Zielsetzungs- und Leistungsprozesses; eindeutige Strategien, Fortschrittsorientierung, leistungsbezogenes Vergütungssystem | Quantifizierung der Ziele; Festlegung klarer Aufgaben- und Verantwortungsbereiche und Delegation der entsprechenden Aufgaben; eindeutige Leistungs- und Beurteilungsmaßstäbe; Kontrolle durch Soll-Ist-Vergleich sowie Ermittlung und Analyse von Abweichungen |

## Management by Delegation

| Begriff | Ziele | Voraussetzungen |
|---|---|---|
| Führung durch klare Aufgaben- und Kompetenzverteilung sowie Übertragung von Handlungsverantwortung auf die Mitarbeiter | Förderung von Initiative und Mitverantwortung der Mitarbeiter; Übernahme von Mitunternehmerfunktion durch die Mitarbeiter; Aufgabenorientierung | Stellenbeschreibungen und -abgrenzung; Ausschluss der Zurück- oder Weiterdelegation durch die Mitarbeiter; Eingriff des Vorgesetzten nur bei Fehlern oder in zuvor festgelegten Ausnahmefällen; geeignetes Informationssystem |

## Management by Exception

| Begriff | Ziele | Voraussetzungen |
|---|---|---|
| Führung durch den Vorgesetzten nur in Ausnahmesituationen; Mitarbeiter entscheiden selbstständig innerhalb eines vorgegebenen Ermessensspielraumes. | Entlastung des Vorgesetzten von ausführenden bzw. Routinearbeiten und generell programmierbaren Entscheidungen | Festlegung des Handlungsrahmens und Aufstellen von Grenzwertregeln im definierten Ausnahme- bzw. Abweichungsfall: Information an den Vorgesetzten; Eingriff bzw. Entscheidung durch den Vorgesetzten. |

## Entscheidungssysteme der oberen Leistungsebene

### Direktorialsystem

- Entscheidung durch eine einzige Person
- Vorteile:
  - Einheitlichkeit der Willensbildung
  - Schnelle Entscheidung
  - Straffe Unternehmensführung
- Nachteile:
  - Risiko von Fehlentscheidungen
  - Machtkonzentration
  - Starke Belastung des Leitenden
  - Probleme bei der Vertretung, zum Beispiel im Krankheitsfall

### Kollegialsystem

- Entscheidung durch mehrere Personen
- Arten:
  **Primatkollegialität:** (primus inter pares (lt.) = Erster unter Gleichen) Der Vorsitzende entscheidet bei Stimmengleichheit.
  **Abstimmungskollegialität:** Entscheidungen werden mit einfacher oder qualifizierter Mehrheit getroffen.
  **Vetokollegialität:** Entscheidungen können nur einstimmig getroffen werden. Durch das Veto (Widerspruch) eines Mitglieds des Führungsgremiums kommt der Beschluss nicht zustande.
- Vorteil:
  - Minderung der Gefahr von Fehlentscheidungen durch breitere Informationsgrundlage und mehr Sachverstand
- Nachteile:
  - Langsamerer Entscheidungsprozess
  - Verfolgung von Eigeninteressen der Führungsmitglieder
  - Hintertreiben von Beschlüssen durch die Mitglieder, die gegengestimmt haben

**14**

# Funktionen des Betriebes – *The company functions*

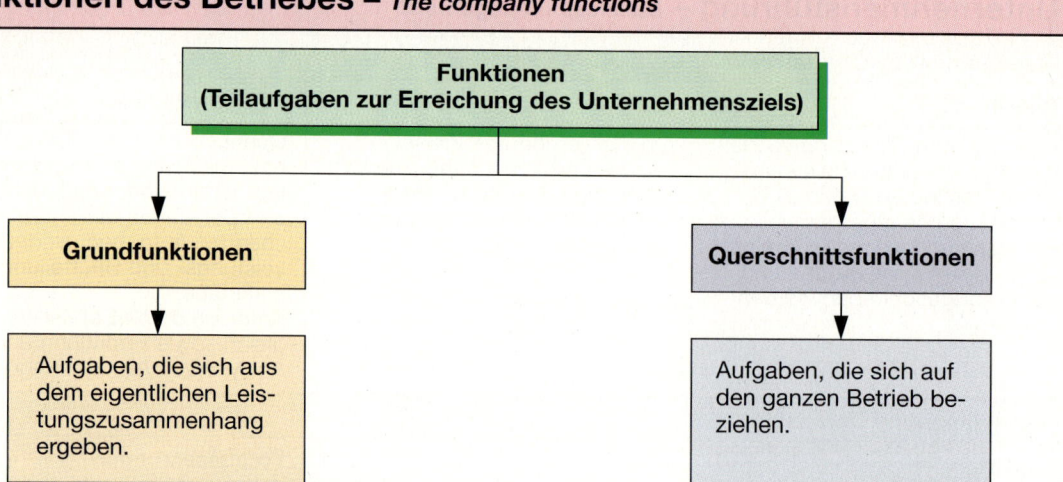

**Funktionen**
**(Teilaufgaben zur Erreichung des Unternehmensziels)**

**Grundfunktionen**

Aufgaben, die sich aus dem eigentlichen Leistungszusammenhang ergeben.

**Querschnittsfunktionen**

Aufgaben, die sich auf den ganzen Betrieb beziehen.

## Grundfunktionen und ihre Teilaufgaben

**• Beschaffung**

Zum Beispiel:
– Klärung des Bedarfs nach Art, Menge und Zeitpunkt
– Ermittlung der Bezugsquellen
– Einholung und Prüfung von Angeboten
– Bestellung
– Bestellungs-, Terminüberwachung
– Herbeiholen der Leistungen
– Übernahme mit Kontrolle, Qualitätsprüfung, Reklamationen
– Rechnungsprüfung

**• Leistungserstellung**

Zum Beispiel:
– Forschung und Entwicklung
– Konstruktion
– Planung des Fertigungsverfahrens
– Arbeitsvorbereitung
– Lagerung der Werkstoffe
– Fertigungsdurchführung
– Fertigungskontrolle
– Lagerung der Fertigerzeugnisse
– Verpackung
– Hilfsfunktionen wie Wartung, Instandhaltung, Energieversorgung, innerbetrieblicher Transport

**• Absatz/Marketing**

Zum Beispiel:
– Marktforschung, -erkundung
– Einsatz der Marketinginstrumente
– Absatzanbahnung (Anfragen bearbeiten, Angebote erstellen)
– Auftragsabwicklung
– Rechnungserstellung
– Kundenservice wie Beratung, Wartung, Reparaturen
– Kundenpflege

## Querschnittsfunktionen und ihre Teilaufgaben

**• Finanzierung/ Rechnungswesen**

Zum Beispiel:
– Kapitalbedarfsrechnung
– Investitionsrechnung
– Finanzplanerstellung
– Eigen- oder Fremdfinanzierung
– Kreditbeschaffung
– Liquiditätsüberwachung
– Finanzbuchhaltung
– Jahresabschluss
– Bilanzanalyse
– Kosten- und Leistungsrechnung
– Statistik und Vergleichsrechnung
– Planungsrechnung

**• Personalwesen**

Zum Beispiel:
– Personalbedarfsermittlung
– Stellenausschreibung
– Personalauswahl
– Personaleinstellung
– Personaleinsatz
– Personalentwicklung (Personalförderung)
– Personalbetreuung (Sozialwesen)
– Arbeitsbewertung und Entlohnung
– Personalentlassung

**• Informationswesen**

Zum Beispiel:
– Informationsmanagement (Sammlung, Verarbeitung und Speicherung qualitätsrelevanter Daten und Informationen)
– Nutzung von Informationsquellen (Nichtelektronische und elektronische, interne u. externe Quellen)

aus: Hübscher, Heinrich u. a.: IT-Kompendium, 1. Aufl., Braunschweig 2001, S. 36

14

3525188

# Ablauforganisation – *Workflow organization*

| Begriff | Ziele |
|---|---|
| • Ablauforganisation ist die rationale Gestaltung von Arbeitsprozessen zur Erfüllung betrieblicher Teilaufgaben. Arbeitsvorgänge, die zeitlich und räumlich hinter- oder nebeneinander verlaufen, werden geordnet. | • Optimale Auslastung der Arbeitskräfte und Betriebsmittel.<br>• Minimierung der Durchlaufzeiten für die Arbeitsprojekte. |

## Gegenstand

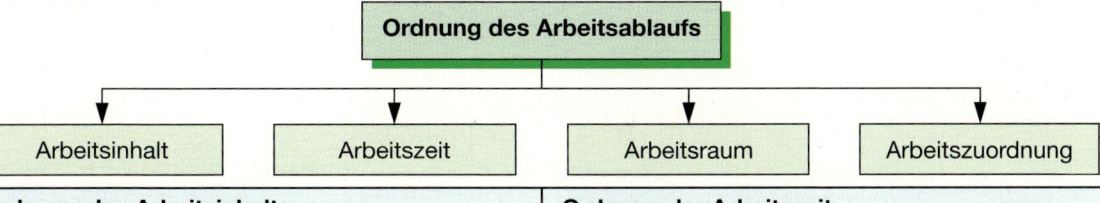

**Ordnung des Arbeitsablaufs**

→ Arbeitsinhalt  → Arbeitszeit  → Arbeitsraum  → Arbeitszuordnung

| Ordnung des Arbeitsinhalts | Ordnung der Arbeitszeit |
|---|---|
| • Bestimmung des Arbeitsobjektes.<br>• Festlegung der einzelnen Verrichtungen im Wege der Arbeitsanalyse. | • Bestimmung der Reihenfolge der verschiedenen Teilaufgaben (Verrichtungen).<br>• Ermittlung der Zeitdauer für die Teilaufgaben.<br>• Bestimmung der kalendermäßigen Anfangs- und Endzeitpunkte der Teilaufgaben. |

| Ordnung des Arbeitsraums | Arbeitszuordnung |
|---|---|
| • Anordnung der einzelnen Stellen bzw. Arbeitsplätze zur Erledigung der Teilaufgaben im Hinblick auf größtmögliche Wirtschaftlichkeit. | • Einzelzuordnung: Eine Teilaufgabe wird **einem Aufgabenträger** zwingend vorgeschrieben.<br>• Gruppenzuordnung: Die Teilaufgabe wird **einer Gruppe** von Personen übertragen. |

## Formen der Darstellung

### Ablaufdiagramm

**Beispiel:**

**Inhalt**:
Wörtliche Aufführung aller Arbeitsgänge in ihrer Reihenfolge

**Form**:
Arbeitsablaufkarte

**Anwendungsbereich**:
Einfache Tätigkeiten

**Zeichenerklärung**:

O: Operation

I: Inspektion

T: Transport

S: Stillstand

| | ARBEITSABLAUF | | Inhalt: Auftragsbearbeitung<br>Abteilung: Versand | | | | | | | |
|---|---|---|---|---|---|---|---|---|---|---|
| Lfd. Nr. | Ablaufstufen | Verrichtung | Poststelle | Abteilungsleiter | Gruppenleiter | Sachbearbeiter | Fakturist | Rechnungsprüfer | Lagerkartenführer |
| 1 | Bestellschein (BS) | O I ⊠ S | 1 | | | | | | |
| 2 | Ablegen, wenn Lieferschein (LS) fehlt | O I T ⊠ | | | | 2 | | | |
| 3 | 2 LS-Kopien | O I ⊠ S | 3 | | | | | | |
| 4 | Kopien trennen | ⊠ I T S | | | | 4 | | | |
| 5 | 1 Kopie | O I ⊠ S | | | | | | | 5 |
| 6 | Lieferung verbuchen | ⊠ I T S | | | | | | | 6 |
| 7 | Kopien ablegen | O I T ⊠ | | | | | | | 7 |
| 8 | Zusammenfügen BS und 2. Kopie LS | ⊠ I T S | | | | 8 | | | |
| 9 | Übereinstimmung prüfen | O ⊠ T S | | | | 9 | | | |
| 10 | Konditionen prüfen | O ⊠ T S | | | | 10 | | | |
| 11 | LS und BS | O I ⊠ S | | | | | 11 | | |
| 12 | Rechnung schreiben | ⊠ I T S | | | | | 12 | | |
| 13 | Rechnung, LS, BS | O I ⊠ S | | | | | | 13 | |
| 14 | Mengen, Preis, Konditionen, Adresse | O ⊠ T S | | | | | | 14 | |
| 15 | Kopien verteilen | O I ⊠ S | | | | | | 15 | → O |
| 16 | | O I T S | | | | | | | |

aus: EUROPA LEHRMITTEL, Betriebswirtschaftslehre der Unternehmung, 12. Auflage, Haan-Guiten 1992, S. 151

aus: Hübscher, Heinrich u. a.: IT-Kompendium, 1. Aufl., Braunschweig 2001, S. 37

14

# Ablauforganisation – *Workflow organization*

## Flussdiagramm

**Inhalt:**
Darstellung zeitlicher bzw. logischer Folgen und Abläufe.

**Verwendete Symbole:**

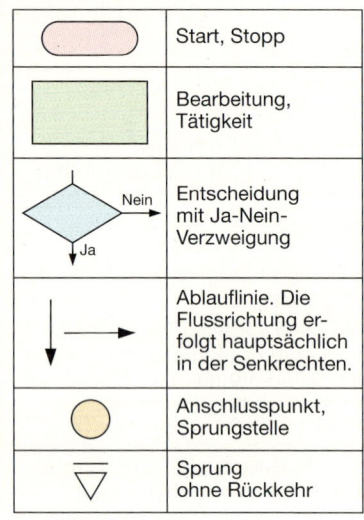

| | |
|---|---|
| | Start, Stopp |
| | Bearbeitung, Tätigkeit |
| | Entscheidung mit Ja-Nein-Verzweigung |
| | Ablauflinie. Die Flussrichtung erfolgt hauptsächlich in der Senkrechten. |
| | Anschlusspunkt, Sprungstelle |
| | Sprung ohne Rückkehr |

**Beispiel:**
Arbeitsablauf „Bearbeitung einer Bestellung von Kunden".

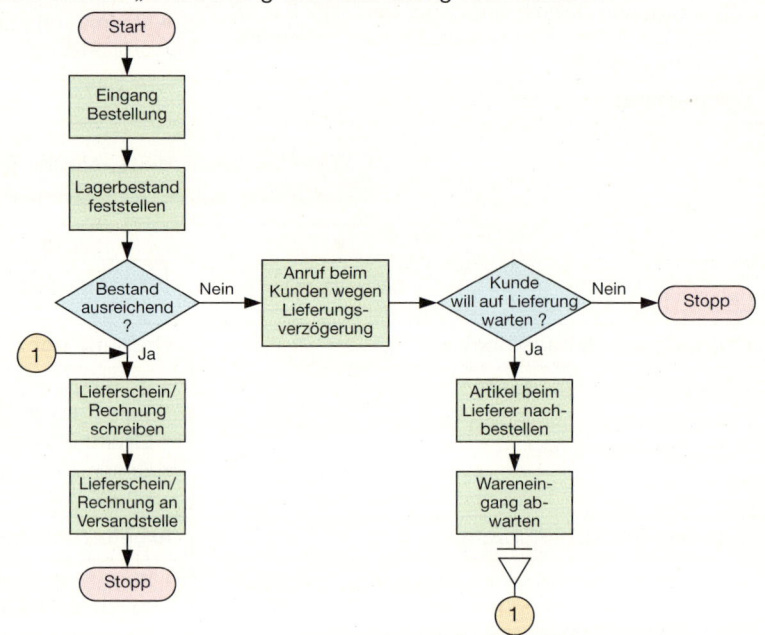

aus: Wamper, Horst: Betriebliche Organisationslehre, Büroorganisation, Automatisierte Datenverarbeitung, 5. Auflage, Köln, München, o. J., S. 76

## Netzplantechnik

**Inhalt:**
Beschreibung der Teilarbeiten von Prozessen/Projekten in der **Strukturanalyse**

**Erläuterungen:**

FAZ = frühester Anfangszeitpunkt
FEZ = frühester Endzeitpunkt
SAZ = spätester Anfangszeitpunkt
SEZ = spätester Endzeitpunkt
GP = Gesamtpuffer
FP = Freier Puffer
GP = SAZ – FAZ
FP = FAZ (Nachf.) – FEZ (Vorg.)

**Beispiele:** Puffer für Vorgang G
GP = 26 – 20 = 6 Arbeitstage
FP = 22 – 22 = 0 Arbeitstage

**Knoten:**

| FAZ | | FEZ |
|---|---|---|
| Vor-gang | Beschreibung | |
| Dauer | GP | FP |
| SAZ | | SEZ |

→ kritischer Weg

**Kritischer Weg:**
Weg ohne Pufferzeiten

**Beispiel:**
Struktur- und Zeitanalyse „Bau einer Lagerhalle"

| Vor-gang | Strukturanalyse | | | Zeitanalyse | | | | | |
|---|---|---|---|---|---|---|---|---|---|
| | Beschreibung | Folge-tätigkeit | Arbeits-tage | FAZ | FEZ | SAZ | SEZ | GP | FP |
| A | Entwurf, Planung | B, F, G | 20 | 0 | 20 | 0 | 20 | 0 | 0 |
| B | Erdaushub Fundamente | C | 3 | 20 | 23 | 20 | 23 | 0 | 0 |
| C | Ausgießen Fundamente | D | 2 | 23 | 25 | 23 | 25 | 0 | 0 |
| D | Verschalung Betonsockel | E | 5 | 25 | 30 | 25 | 30 | 0 | 0 |
| E | Betonierung Betonsockel | I | 3 | 30 | 33 | 30 | 33 | 0 | 0 |
| F | Bestellung und Auslieferung Betonteile | I | 10 | 20 | 30 | 23 | 33 | 3 | 3 |
| G | Aushub Ver- und Entsorgungsleitungen | H | 2 | 20 | 22 | 26 | 28 | 6 | 0 |
| H | Leitungsverlegung | I | 5 | 22 | 27 | 28 | 33 | 6 | 6 |
| I | Montage Lagerhalle | J | 7 | 33 | 40 | 33 | 40 | 0 | 0 |
| J | Installationsarbeiten | – | 4 | 40 | 44 | 40 | 44 | 0 | 0 |

Aus den Angaben der Struktur- und Zeitanalyse ergibt sich der Netzplan:

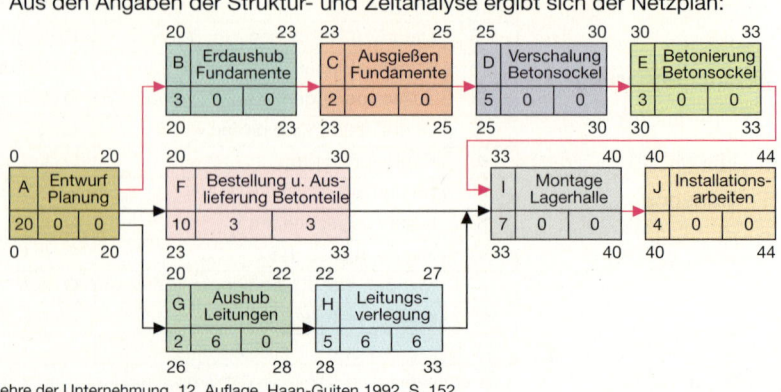

aus: EUROPA LEHRMITTEL, Betriebswirtschaftslehre der Unternehmung, 12. Auflage, Haan-Gruiten 1992, S. 152

aus: Hübscher, Heinrich u. a.: IT-Kompendium, 1. Aufl., Braunschweig 2001, S. 38

# Funktions-/prozessorientierte Organisation
*Function-/process-oriented organization*

## Nachteile der Funktionsorientierung

- Arbeitsplatz- und aufgabenbezogene Betrachtungsweise innerhalb einer Abteilung; Gliederung nach dem Prinzip der Tätigkeit.
- Leistungsorientierung
- In der Regel Einzelarbeit und Routinearbeiten.
- Erkennen, welche Tätigkeiten den Abteilungsnutzen erhöhen bzw. besonders kostenintensiv sind.
- Wenig ausgeprägtes Kosten-Nutzendenken.
- Ausrichtung der Leistungsprozesse auf Kosten und Zeit.
- Betriebliche Prozesse laufen häufig „quer" zu den Funktionen.
- Engpässe durch Schnittstellen zwischen den Abteilungen.
- Fehlende Datenintegration.
- Datenredundanz

### Funktionale Arbeitsteilung

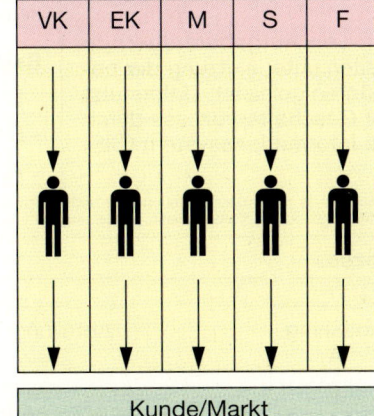

VK = Verkauf
EK = Einkauf
M = Montage
S = Service
F = Fakturierung

aus: IT-Ausbildung, Lernfelder und Kernkompetenzen, Der Betrieb und sein Umfeld, Geschäftsprozesse und betriebliche Organisation, Informationsquellen und Arbeitsmethoden, Band 1, 1. Auflage Bremen 1998, S. 63

## Vorteile der Geschäftsprozessorientierung

- Bereichsübergreifende Betrachtungsweise; Gliederung nach dem Prinzip des Durchlaufs.
- Ziel- und Ergebnisorientierung.
- In der Regel Teamarbeit und konzeptionelle Problemlösungsarbeit.
- Erkennen, welche Tätigkeiten den Kundennutzen erhöhen bzw. besonders kostenintensiv sind.
- Ausgeprägtes Kosten-Nutzen-Denken wegen größerer Mitverantwortung.
- Zielorientierte Ausrichtung der Leistungsprozesse am Kunden und am Markt.

### Prozessorientierte Arbeitsteilung

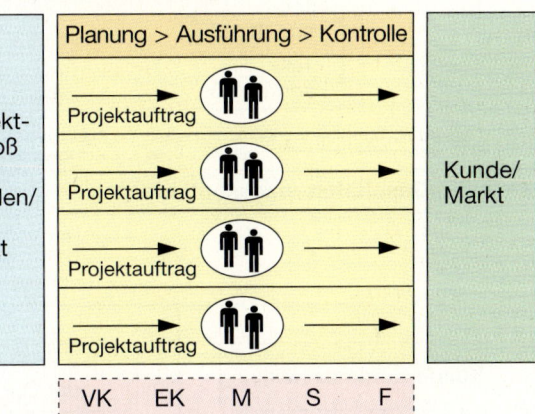

Ebenda, S. 63

## Kombination funktions- und prozessorientierter Organisation

Prozessorientierung über die Funktionsabteilungen hinweg:
Die Schnittstellenprobleme zwischen d. Funktionsbereichen werden überwunden und zum Kunden besteht nur noch eine Schnittstelle!
Nach dem Motto: „One face to the Customer".

### Funktionsorientierte Organisation

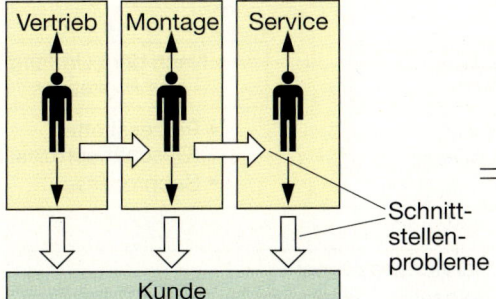

Ebenda, S. 71

### Den Funktionsbereichen überlagerte prozessorientierte Organiation

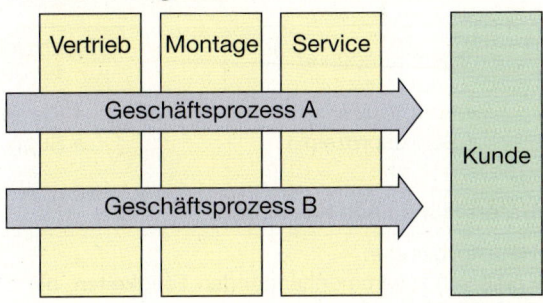

aus: Hübscher, Heinrich u. a.: IT-Kompendium, 1. Aufl., Braunschweig 2001, S. 43

# Geschäftsprozesse – *Business processes*

## Begriff

„Ein Geschäftsprozess besteht aus einer zusammenhängenden abgeschlossenen Folge von Tätigkeiten, die zur Erfüllung einer betrieblichen Aufgabe notwendig sind.

Die Tätigkeiten werden von Aufgabenträgern in organisatorischen Einheiten unter Nutzung der benötigten Produktionsfaktoren geleistet. Unterstützt wird die Abwicklung der Geschäftsprozesse durch das Computergestützte Informationssystem (CIS) des Unternehmens."

Kunden können sowohl externe Nachfrager (Kunden im eigentlichen Sinne) als auch interne Nachfrager (z. B. Abteilungen d. eigenen Unternehmens) sein.

**Beispiele von Geschäftsprozessen:**

– Erstellung eines Angebotes

– Beschaffung von Fremdleistungen

– Abwicklung des Zahlungsverkehrs

aus: Staud, Josef: Geschäftsprozessanalyse mit ereignisgesteuerten Prozessketten. Grundlagen des Business Reengineering für SAP R/3 und andere Betriebswirtschaftliche Standardsoftware, Berlin, Heidelberg, New York 1999, S. 6

## Beispiel: Geschäftsprozess

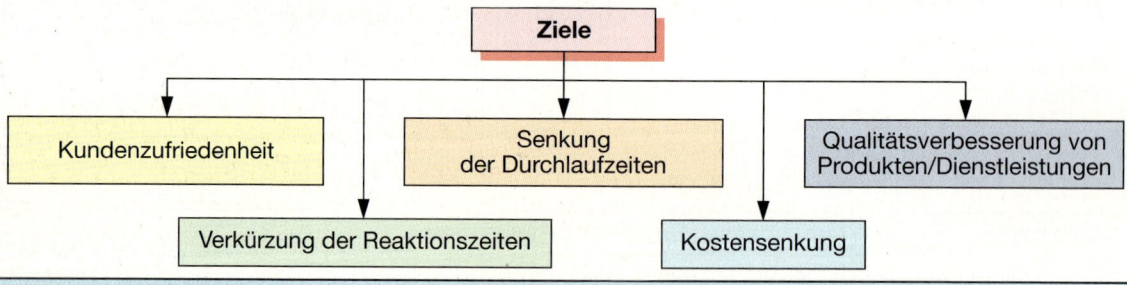

aus: IT-Ausbildung, Lernfelder und Kernkompetenzen, Der Betrieb und sein Umfeld, Geschäftsprozesse und betriebliche Organisation, Informationsquellen und Arbeitsmethoden, Band 1, 1. Auflage, Bremen 1998, S. 58

## Ziele der Geschäftsprozessoptimierung

**Ziele**

- Kundenzufriedenheit
- Senkung der Durchlaufzeiten
- Qualitätsverbesserung von Produkten/Dienstleistungen
- Verkürzung der Reaktionszeiten
- Kostensenkung

## Arten von Geschäftsprozessen

**Arten**

| Nach Kundenart | Nach der Bedeutung für den Betrieb | Nach dem Umfang des Prozesses |
|---|---|---|
| • Hauptprozesse<br>• Serviceprozesse | • Kernprozesse<br>• Supportprozesse | • Prozesskette (Geschäftsprozess)<br>• Subprozesse |

## Unterteilung nach Kundenart

**Hauptprozesse:**
Folge von zusammenhängenden Tätigkeiten, die an **externe** Kunden geleistet werden.

**Serviceprozesse:**
Folge von zusammenhängenden Tätigkeiten, die an **interne** Kunden geleistet werden.

aus: Hübscher, Heinrich u. a.: IT-Kompendium, 1. Aufl., Braunschweig 2001, S. 44

3525192

# Geschäftsprozesse – *Business processes*

## Unterteilung nach der Bedeutung für den Betrieb

**Kernprozesse:**
Geschäftsprozesse, mit denen die Hauptleistung eines Unternehmens erbracht wird, d.h. mit deren Hilfe die eigentliche Wertschöpfung (⇒ Betriebsertrag – Vorleistungen) erbracht wird.

**Kundennahe Kerngeschäftsprozesse** in Industrieunternehmen sind zum Beispiel:

**Wertschöpfungsintensive Kerngeschäftsprozesse** in Industrieunternehmen sind zum Beispiel:

aus: Staud, Josef: Geschäftsprozessanalyse mit ereignisgesteuerten Prozessketten. Grundlagen des Business Reengineering für SAP R/3 und andere Betriebswirtschaftliche Standardsoftware, Berlin, Heidelberg, New York 1999, S. 8

| Kundennahe Kernprozesse | Wertschöpungsintensive Kerngeschäftsprozesse |
|---|---|
| **Kundenbetreuung**<br>Kundenkontakte → Anfragebearbeitung → Projektierung → Angebotsausarbeitung → Vertragsverhandlungen → Auftragserteilung | **Erzeugnisentwicklung**<br>Erzeugnisanalyse → Konstruktion → Berechnung → Zeichnungserstellung → Stücklistenerarbeitung → Erzeugnistest → Prototypenfertigung → Nullserie → Erzeugniseinführung |
| **Auftragsbearbeitung**<br>Kundenauftragsannahme → Auftragsklärung → Auftragsbestätigung → Auftragseinplanung → Auftragsabwicklung | **Disposition**<br>Bruttobedarfsrechnung → Nettobedarfsrechnung → Bestellrechnung → Fertigungsauftragserstellung |
| **Außenmontage**<br>Montageplanung → Erzeugnisversand → Kundenmontage → Auftragsabnahme | **Beschaffung**<br>Beschaffungsdatenermittlung → Lieferantenverhandlungen → Lieferantenauswahl → Bestellung → Auftragsbestätigungsbearbeitung → Terminüberwachung → Wareneingang → Wareneingangsprüfung → Einlagerung |
| **Eratzteilversorgung**<br>Auftragsannahme → Verfügbarkeitsprüfung → Bonitätsprüfung → Kommissionierung → Versand | **Fertigung**<br>Fertigungsplanung → Fertigungssteuerung → Teilefertigung → Baugruppenmontage → Erzeugnismontage → Versand |
| **Wartungsabwicklung**<br>Wartungswerbung → Wartungsvertragsabschluss → Wartungsdurchführung → Ersatzteilabwicklung | |
| **Zahlungsabwicklung**<br>Fakturierung → Zahlungseingangsbearbeitung → Zahlungseingangsüberwachung → Mahnwesen | **Eingangsverrechnungsbearbeitung**<br>Rechnungseingang → Rechnungsprüfung → Rechnungsbuchung → Zahlungsabwicklung |

**Supportprozesse:** Geschäftsprozesse, die die Kernprozesse unterstützen

## Unterteilung nach dem Umfang des Prozesses

**Prozesskette (Geschäftsprozess):**
Reihung von zusammenhängenden Prozessen.

**Subprozesse:**
Teil- od. Unterprozesse eines Geschäftsprozesses.

# Zehn Schritte des Business Process Managements
*Ten steps of business process management*

**Schritt 1:**
Analysieren der bestehenden Abläufe
→ Status von Effizienz und Blindleistung

**Schritt 6:**
Optimieren der Kunden-Lieferanten-Beziehungen
→ Interner und externer Customer Focus

**Schritt 2:**
Definieren der Kernprozesse und Kernaktivitäten
→ Konzentration der unternehmerischen Tätigkeit

**Schritt 7:**
Verbessern d. Prozessphasen innerhalb Prozesskette
→ Feinschliff für ein steiles Wertschöpfungsgebirge

**Schritt 3:**
Ermitteln der Kernkompetenzen
→ Schwerpunkte der Fähigkeiten und Ressourcen

**Schritt 8:**
Entwickeln der Human-Ressourcen
→ Qualifikationsschub

**Schritt 4:**
Festlegen von Maßnahmen mit großer Hebelwirkung
→ Prioritäten für Quantensprünge

**Schritt 9:**
Umsetzen der neuen Prozesse in das Tagesgeschäft
→ On the job Implementierung

**Schritt 5:**
Neustrukturieren des Wertschöpfungsprozesses
→ Prozesseigner für Insourcing und Outsourcing

**Schritt 10:**
Durchführen einer periodischen Erfolgsmessung
→ Management by Facts

aus: Töpfer, Armin (Hrsg.): Geschäftsprozesse: analysiert & optimiert, Neuwied, Kriftel, Berlin 1996, S. 20

aus: Hübscher, Heinrich u. a.: IT-Kompendium, 1. Aufl., Braunschweig 2001, S. 45

**14**

## Prozessanalyse – *Activity analysis*

| Notwendigkeit der Prozessanalyse | Durchführung der Prozessanalyse |
|---|---|
| Der Einsatz moderner **betriebswirtschaftlicher Standardsoftware** (z. B. SAP R/3) in den Kernprozessen des kaufmännischen Bereichs setzt in der Regel voraus, dass eine Prozessorganisation – zumindest neben einer funktionsorientierten Organisation – im Unternehmen besteht. Dazu ist die Analyse und Abgrenzung der einzelnen Geschäftsprozesse notwendig. Der weltweite Globalisierungsdruck und die hohe Innovationsgeschwindigkeit in Wirtschaft und Technik machen es für die einzelnen Unternehmen notwendig, ihre definierten Geschäftsprozesse ständig zu hinterfragen und sie laufenden Veränderungen anzupassen. Die Prozessanalyse ist damit ein Hilfsmittel der Prozessorganisation. | Sie wird in zwei Schritten durchgeführt: <br><br> • **Istaufnahme** der bestehenden Organisation <br><br> Dazu werden Organisations- und Arbeitsunterlagen ausgewertet und gegebenenfalls Mitarbeiterinterviews durchgeführt. <br><br> • **Istanalyse** der Prozesse <br> Als Methoden werden z. B. eingesetzt: <br><br> – Benchmarking, <br><br> – Workflowanalyse, <br><br> – Referenzanalyse. |

## Gestaltung von Geschäftsprozessen – *Organization of business processes*

### Ereignisgesteuertes Prozesskettendiagramm

Geschäftsprozesse werden in der Regel nicht als fortlaufender Text in Satzform beschrieben, sondern grafisch dargestellt. Als Standard haben sich dabei die so genannten **Ereignisgesteuerten Prozessketten** (**EPK**) durchgesetzt.

**Beispiel:**
**Geschäftsprozess**

„Die eingegangene Lieferantenrechnung wird von der Rechnungskontrolle mithilfe der

• Bestellkopie und dem

• Wareneingangsschein

geprüft. Erweist sich die Eingangsrechnung bei der Rechnungsprüfung als fehlerhaft, so wird von der Rechnungskontrolle ein Begleitschreiben erstellt, in welchem der Rechnungsfehler ausgewiesen u. dargestellt wird. Begleitschreiben und fehlerhafte Rechnung werden an den Lieferanten zurückgeschickt.

Ist die Eingangsrechnung fehlerfrei, so wird sie von der Buchhaltung mithilfe des Softwaresystems PROFBUCH verbucht. Die Konten werden in der Kontendatei fortgeschrieben und der Buchungssatz in der Buchungsdatei gespeichert."

aus: Steinbuch, Pitter A. (Hrsg.): Prozessorganisation – Business Reengineering – Beispiel R/3, Ludwigshafen (Rhein) 1997, S. 339

**Beispiel:**
**Ereignisgesteuertes Prozesskettendiagramm**

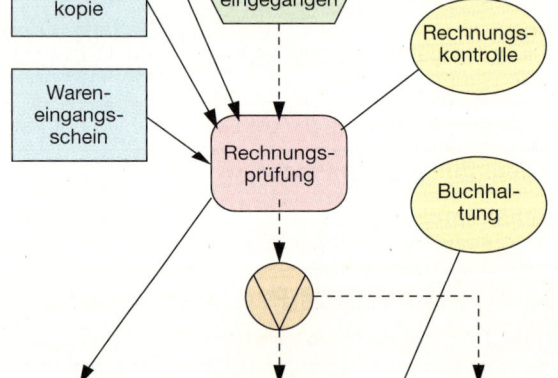

14

aus: Hübscher, Heinrich u. a.: IT-Kompendium, 1. Aufl., Braunschweig 2001, S. 46, 52

# Gestaltung von Geschäftsprozessen – *Organization of business processes*

## Sinnbilder der EPK-Technik

| | | | | | |
|---|---|---|---|---|---|
| Ereignis | | Eingetretensein eines Zustandes, der eine Folge auslöst | UND-Operator | | Verknüpfungsoperator UND |
| Funktion | | Verarbeitungsaktivität, die eine Transformation vom Eingangszustand in den Zielzustand bewirkt | ODER-Operator | | Verknüpfungsoperator ODER |
| Objekt | | Informations- oder Material- od. Ressourcenobjekt, also die Abbildung eines Gegenstandes d. realen Welt | EXKLUSIV-ODER-Operator | xor | Verknüpfungsoperator EXKLUSIV-ODER |
| Organisationseinheit | | Aufbauorganisatorische Stelle oder Gremium | Kontrollfluss | - - - - ▶ | Ausweis der zeitlich-logischen Abhängigkeiten von Ereignissen und Funktionen |
| | | | Informations- und Materialfluss | ──────▶ | Fluss von Informationen oder Materialien |
| Prozesswegweiser | | Navigationshilfe, zur Darstellung der Verbindung von einem bzw. zu einem anderen Prozess | Organisationseinheitenzuordnung | ──────── | Zuordnung von Organisationseinheiten oder Ressourcen zu Funktionen |

aus: Steinbuch, Pitter A. (Hrsg.): Prozessorganisation – Business Reengineering – Beispiel R/3, Ludwigshafen (Rhein) 1997, S. 117

# Kontrolle von Geschäftsprozessen – *Business processes controlling*

## Erfolgsindikatoren

Nach einer **Einführungskontrolle** des neuen Geschäftsprozesses, dem Vergleich von Soll- und Istorganisation, wird eine **Zielerreichungskontrolle** durchgeführt: Festgestellte **Istergebnisse** werden mit den **Zielvorgaben** verglichen.

Mithilfe von Erfolgsindikatoren kann geprüft werden, wie effektiv die Gestaltung eines Geschäftsprozesses erfolgte.

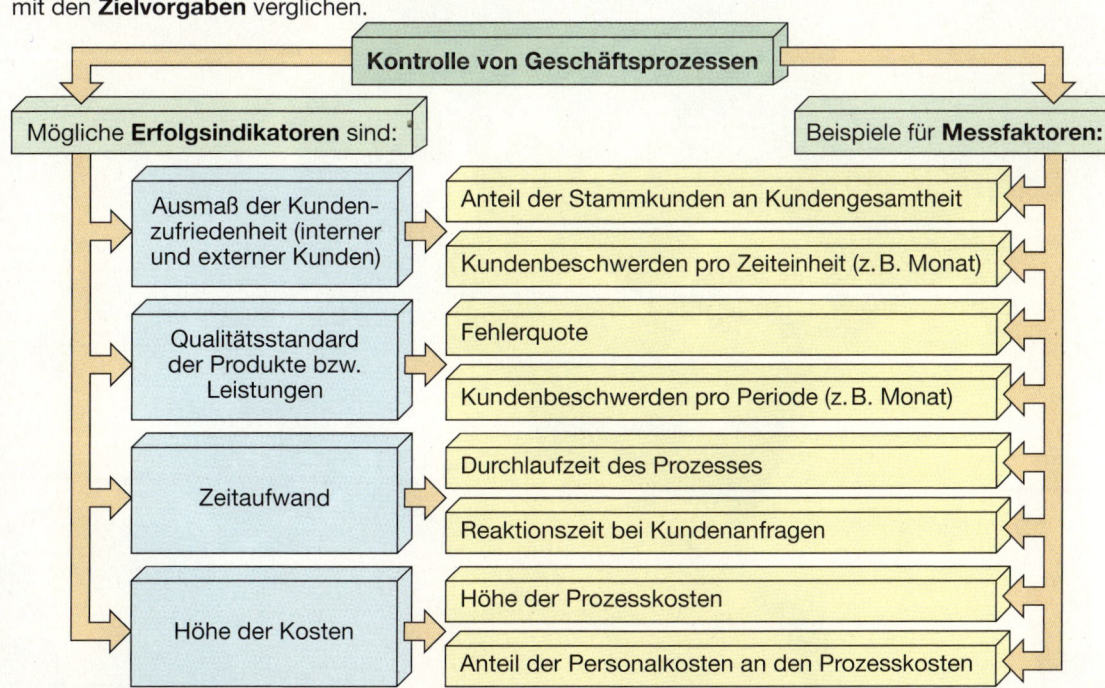

Da nicht alle Ergebnisse mengenmäßig bestimmbar sind, muss zwischen **quantitativen** und **qualitativen Messfaktoren** unterschieden werden.

vgl. Steinbuch, Pitter A.: ebenda: S. 324

aus: Hübscher, Heinrich u. a.: IT-Kompendium, 1. Aufl., Braunschweig 2001, S. 53, 55

**14**

# 15
# Personalwirtschaft

# Personalwirtschaft – *Personnel management*

## Grundlagen

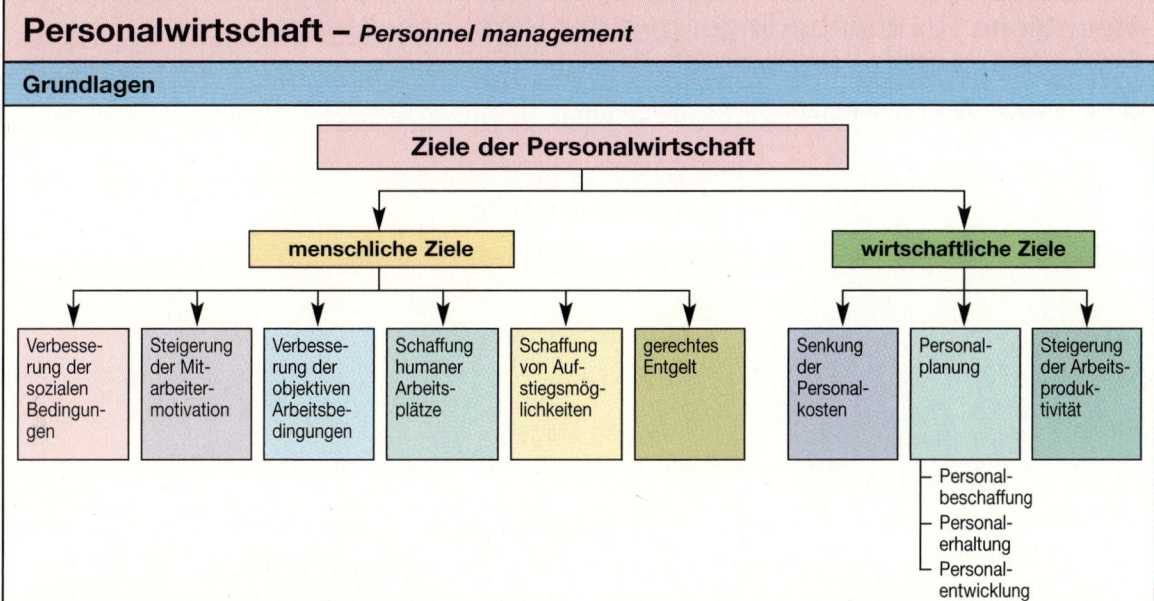

**Ziele der Personalwirtschaft**

**menschliche Ziele**

- Verbesserung der sozialen Bedingungen
- Steigerung der Mitarbeitermotivation
- Verbesserung der objektiven Arbeitsbedingungen
- Schaffung humaner Arbeitsplätze
- Schaffung von Aufstiegsmöglichkeiten
- gerechtes Entgelt

**wirtschaftliche Ziele**

- Senkung der Personalkosten
- Personalplanung
  - Personalbeschaffung
  - Personalerhaltung
  - Personalentwicklung
- Steigerung der Arbeitsproduktivität

# Rechtliche Rahmenbedingungen der Personalwirtschaft
*Legal aspects of personnel management*

## Arbeitsvertragsrecht

### Abschluss des Arbeitsvertrags

Die rechtliche Grundlage für ein Arbeitsverhältnis ist ein Arbeitsvertrag. Der Arbeitsvertrag unterliegt zum Zeitpunkt des Abschlusses keinen gesetzlichen Formvorschriften. Wegen der Beweissicherung ist die Schriftform empfehlenswert.

Der Arbeitgeber ist nach dem Nachweisgesetz (NachwG) verpflichtet die wesentlichen Bedingungen des Arbeitsvertrages spätestens nach einem Monat schriftlich niederzuschreiben und der Arbeitnehmerin bzw. dem Arbeitnehmer zu übergeben.

Diese Niederschrift muss enthalten:

- Namen und Anschriften der Vertragsparteien
- Beginn (bei befristeten Arbeitsverträgen auch Ende) des Arbeitsverhältnisses
- Arbeitsort
- Höhe des Arbeitsentgelts
- Arbeitszeit
- Urlaubsanspruch
- Kündigungsfristen
- Tätigkeitsbeschreibung
- Hinweise auf die dem Vertragsverhältnis zugrunde liegenden Tarifverträge sowie Dienst- und Betriebsvereinbarungen

### Rechte und Pflichten

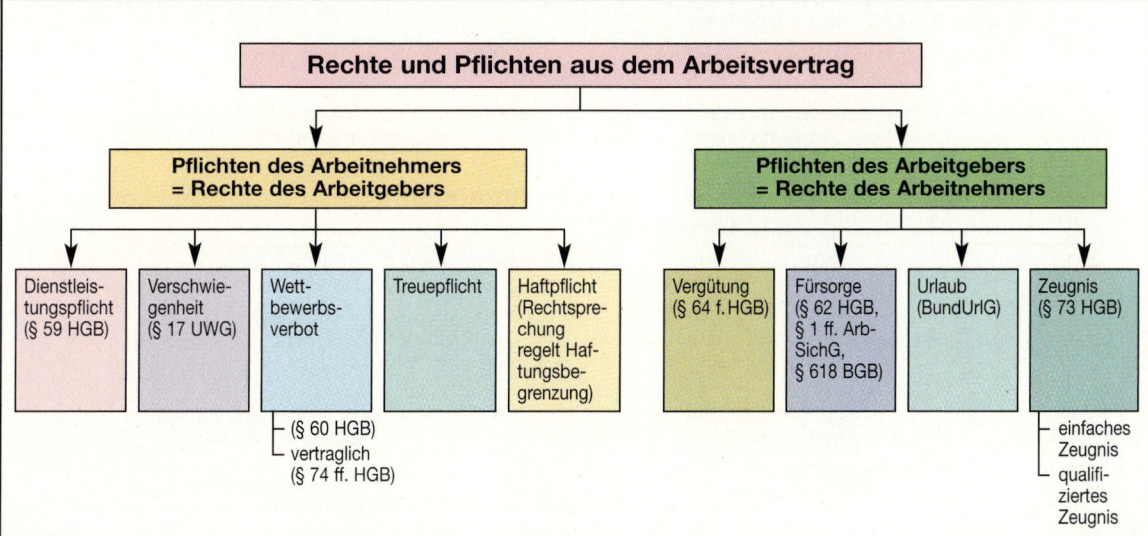

**Rechte und Pflichten aus dem Arbeitsvertrag**

**Pflichten des Arbeitnehmers = Rechte des Arbeitgebers**

- Dienstleistungspflicht (§ 59 HGB)
- Verschwiegenheit (§ 17 UWG)
- Wettbewerbsverbot
  - (§ 60 HGB)
  - vertraglich (§ 74 ff. HGB)
- Treuepflicht
- Haftpflicht (Rechtsprechung regelt Haftungsbegrenzung)

**Pflichten des Arbeitgebers = Rechte des Arbeitnehmers**

- Vergütung (§ 64 f. HGB)
- Fürsorge (§ 62 HGB, § 1 ff. ArbSichG, § 618 BGB)
- Urlaub (BundUrlG)
- Zeugnis (§ 73 HGB)
  - einfaches Zeugnis
  - qualifiziertes Zeugnis

# Arbeitsvertrag

zwischen
OfficeCom AG, Braunschweig
im Folgenden „Arbeitgeber"

und

Karin Nagel
im Folgenden „Arbeitnehmerin" genannt.

### § 1 Tätigkeit

Die Arbeitnehmerin wird zum 1. Juni 20.. als Bürokauffrau für den Einkauf – Büroartikel – eingestellt.

### § 2 Dauer des Arbeitsverhältnisses

Das Arbeitsverhältnis ist unbefristet.
Soweit das Arbeitsverhältnis nicht gekündigt wird, endet es mit Ablauf des Kalendermonats, in dem die Arbeitnehmerin in den Ruhestand eintritt.

### § 3 Probezeit

Die ersten 3 Monate des Arbeitsverhältnisses gelten als Probezeit.

### § 4 Kündigung

Während der Probezeit kann das Arbeitsverhältnis von beiden Vertragsparteien mit einer Frist von zwei Wochen gekündigt werden. Nach Ablauf der Probezeit kann das Arbeitsverhältnis mit einer Frist von 4 Wochen zum 15. oder zum Ende eines Monats gekündigt werden. Bei längerer Betriebszugehörigkeit gelten die verlängerten gesetzlichen Kündigungsfristen.

### § 5 Arbeitszeit

Die regelmäßige Arbeitszeit beträgt 38,5 Std. pro Woche. Beginn und Ende der Arbeitszeit richten sich nach den für den Betrieb geltenden tariflichen und betrieblichen Bestimmungen.

### § 6 Vergütung

Die Arbeitnehmerin erhält für ihre Tätigkeit nach den zurzeit geltenden tariflichen Bestimmungen für den Einzelhandel ein monatliches Bruttogehalt von 2.300,00 €. Diese Vergütung wird entsprechend den tariflichen Abschlüssen angepasst.

### § 7 Urlaub

Pro Kalenderjahr erhält die Arbeitnehmerin einen Erholungsurlaub von 30 Arbeitstagen bezogen auf die Fünftagewoche. Der Zeitpunkt des Urlaubs ist mit der Unternehmensleitung abzustimmen.

### § 8 Schlussbestimmungen

Ergänzungen oder Nebenabreden bedürfen der Schriftform.
Ergänzend zu diesem Vertrag gelten die allgemeinen gesetzlichen Bestimmungen.

Braunschweig, 14. April 20..

i. A. *Detlev Behrend*

*Karin Nagel*

_____  
Arbeitgeber

_____  
Arbeitnehmerin

# Rechtliche Rahmenbedingungen der Personalwirtschaft
*Legal aspects of personnel management*

## Arbeitsvertragsrecht

## Kündigung des Arbeitsvertrags

Wenn ein Arbeitsvertrag abgeschlossen wurde, endet das Arbeitsverhältnis mit Ablauf der Frist und bedarf keiner Kündigung. Unbefristete Arbeitsverträge enden mit einer Kündigung.

### Gesetzliche Kündigung

**Allgemeine Kündigungsfrist:**
Das Arbeitsverhältnis kann von der Arbeitnehmerin/dem Arbeitnehmer oder vom Arbeitgeber zum Fünfzehnten oder zum Ende eines Kalendermonats mit einer vierwöchigen Frist gekündigt werden (§ 622, Absatz 1 BGB).

Für die Probezeit (maximal 6 Monate) kann eine zweiwöchige Kündigungsfrist vereinbart werden.

**Verlängerte Kündigungsfrist:**
Wenn die Arbeitnehmerin bzw. der Arbeitnehmer das 25. Lebensjahr vollendet hat und mehr als zwei Jahre dem Betrieb angehört hat, gelten folgende verlängerte Kündigungsfristen für den Arbeitgeber (§ 622, Absatz 2 BGB):

| Betriebszugehörigkeit ab dem 25. Lebensjahr in Jahren | 2 | 5 | 8 | 10 | 12 | 15 | 20 |
|---|---|---|---|---|---|---|---|
| Dauer der Kündigungsfristen in Monaten zum Monatsende | 1 | 2 | 3 | 4 | 5 | 6 | 7 |

### Vertragliche Kündigung

**Einzelvertragliche Kündigung:**
Die Kündigungsfristen, die in einem Einzelvertrag zwischen Arbeitnehmer und Arbeitgeber vereinbart werden, dürfen grundsätzlich verlängert werden. Sie dürfen in Ausnahmefällen kürzer als die allgemeinen Kündigungsfristen sein, …

- wenn das Beschäftigungsverhältnis höchstens drei Monate dauert und der Arbeitnehmer zur Aushilfe eingestellt wird.
- bei Kleinbetrieben mit in der Regel höchstens 20 Arbeitnehmern. Die Kündigungsfrist darf in diesen Fällen vier Wochen nicht unterschreiten.

Grundsätzlich darf in einem Einzelarbeitsvertrag keine längere Frist für die Kündigung durch den Arbeitnehmer als die Kündigung durch den Arbeitgeber vereinbart werden.

**Tarifvertragliche Kündigung:**
Die Tarifpartner (Gewerkschaften und Arbeitgeberverbände) können in Tarifverträgen längere Kündigungsfristen vereinbaren.

### Fristlose (außerordentliche) Kündigung

Wenn ein wichtiger Grund vorliegt, kann das Arbeitsverhältnis sowohl vom Arbeitgeber als auch vom Arbeitnehmer ohne Einhaltung einer Frist gekündigt werden (§ 626 BGB).

**Beispiele:**
Arbeitsverweigerung, Körperverletzung, Beleidigung, Diebstahl, Nötigung, Verletzung der Schweigepflicht

Der Betriebsrat muss von einer Kündigung unterrichtet werden. Geschieht dies nicht, ist die Kündigung unwirksam. Stimmt der Betriebsrat einer Kündigung nicht zu, muss er bei einer außerordentlichen Kündigung unverzüglich, d. h. spätestens innerhalb dreier Tage, bei einer ordentlichen Kündigung innerhalb einer Woche mit Begründung widersprechen.

Zum Kündigungsschutz siehe S. 200

15

# Arbeitsschutzrecht – *Statutory rules relating to safety*

## Kündigungsschutz

### Allgemeiner Kündigungsschutz

Alle Arbeitnehmer in Betrieben mit in der Regel mehr als 5 Beschäftigten und einer Beschäftigungsdauer von mindestens 6 Monaten in demselben Betrieb genießen einen allgemeinen Schutz vor einer sozial ungerechtfertigten Kündigung. Eine Kündigung ist sozial gerechtfertigt, wenn sie verhaltens-, personen- oder betriebsbedingt ist und der Betriebsrat befragt wurde (§ 1 KSchG).

### Besonderer Kündigungsschutz

Wenn der Arbeitgeber kündigt, genießen folgende Arbeitnehmer/-innen einen besonderen Kündigungsschutz:

- Betriebsratsmitglieder sowie Jugend- und Auszubildendenvertreter:
  - während der Amtszeit und ein Jahr danach
- werdende Mütter bzw. Mütter
  - während der Schwangerschaft (Arbeitgeber muss Kenntnis davon haben bzw. 2 Wochen nach einer Kündigung Kenntnis davon erlangen, z. B. durch ein ärztliches Attest)
  - während einer Frist von 4 Monaten nach der Entbindung
  - während der Elternzeit (maximal 3 Jahre)
- Auszubildende
  - während der Ausbildung nach der Probezeit
- Wehr- und Zivildienstleistende
  - während des Grundwehr- bzw. Zivildienstes und während der Wehrübungen
- Schwerbehinderte (mindestens 50 % Erwerbsminderung)
  - Die Kündigungsfrist beträgt mindestens 4 Wochen. Die Kündigung ist nur mit behördlicher Zustimmung möglich.

## Gesundheits- und Unfallschutz

Das Gesetz über die Durchführung von Maßnahmen des Arbeitsschutzes zur Verbesserung der Sicherheit und des Gesundheitsschutzes der Beschäftigten bei der Arbeit (ArbSchG) verpflichtet die Arbeitgeber, die Arbeit so zu gestalten, dass eine Gefährdung für das Leben und die Gesundheit der Arbeitnehmer/-innen vermieden wird. Die Einhaltung der Bestimmung wird von den Gewerbeaufsichtsämtern und auf Betriebsebene von Sicherheitsbeauftragten überwacht. Die von den Berufsgenossenschaften erlassenen Unfallverhütungsvorschriften sind im Betrieb den Arbeitnehmerinnen/Arbeitnehmern bekannt zu geben.

## Frauen- und Mutterschutz

Aufgrund ihrer körperlichen Konstitution und ihrer Stellung in der Familie genießen Frauen im Arbeitsleben einen besonderen Schutz; sie dürfen z. B. im Bergbau nicht unter Tage arbeiten. Werdende Mütter bzw. Mütter dürfen sechs Wochen vor und acht Wochen nach der Entbindung nicht beschäftigt werden. Schwere körperliche Arbeit, Mehrarbeit, Akkord- und Fließbandarbeit, Nacht- und Sonntagsarbeit ist für werdende und stillende Mütter verboten (§ 3 ff. MuSchG). Die Mutter/der Vater können ingesamt zusammen nach der Geburt eines Kindes eine dreijährige Elternzeit (Erziehungsurlaub) in Anspruch nehmen.

## Arbeitszeitschutz

Nach dem Arbeitszeitgesetz (ArbZG) darf die tägliche Arbeitszeit in der Regel acht Stunden nicht überschreiten. Mit Zustimmung des Betriebsrates kann die Arbeitszeit auf bis zu zehn Stunden täglich erhöht werden. Die verlängerten Arbeitszeiten müssen innerhalb sechs Monaten durch kürzere Arbeitszeiten oder finanziell ausgeglichen werden.

## Schwerbehindertenschutz

Schwerbehinderte erhalten fünf Tage mehr Urlaub im Jahr. In allen Betrieben, die mindestens 16 Arbeitnehmer/-innen (ohne Auszubildende) beschäftigen, muss der Anteil der Schwerbehinderten (mindestens 50 % Erwerbsminderung) 6 Prozent der Arbeitnehmer betragen (§§ 1, 5 SchwbG). Ist dies nicht der Fall, muss eine Ausgleichsabgabe von 100 bis 500 € pro Monat für jeden nicht besetzten Schwerbehindertenplatz an die Fürsorgestelle gezahlt werden.

3525200

# Arbeitsschutzrecht – *Statutory rules relating to safety*

## Beschäftigungsschutz

Nach dem Gesetz zum Schutz der Beschäftigten vor sexueller Belästigung am Arbeitsplatz (Beschäftigungsschutzgesetz) vom 1. September 1994 ist die Wahrung der Würde von Frauen und Männern am Arbeitsplatz durch Arbeitgeber und Dienstvorgesetzte zu gewährleisten. Dieser Personenkreis muss im Bedarfsfall entsprechende Maßnahmen, z. B. Abmahnung, Versetzung, Kündigung, veranlassen.

## Arbeitsgerichtsbarkeit

Arbeitsrechtliche Konflikte, bei denen eine außergerichtliche Lösung nicht herbeigeführt werden kann, werden von Arbeitsgerichten geklärt. Die Instanzen der Arbeitsgerichtsbarkeit sind auf lokaler Ebene die Arbeitsgerichte, auf Landesebene die Landesarbeitsgerichte und auf Bundesebene das Bundesarbeitsgericht in Erfurt.

**Beispiel:**

Der bei der OfficeCom AG beschäftigte Lagerarbeiter Friedrich Köster hat zum 30.06.20.. eine fristlose Kündigung von der Personalabteilung erhalten, weil er seiner Arbeitspflicht nicht nachgekommen sei. Köster hatte nach einer Krankheit mit ärztlichem Attest drei Tage zu spät die Arbeit wieder aufgenommen. Herr Köster fühlt sich ungerecht behandelt und sucht Hilfe beim Arbeitsgericht.

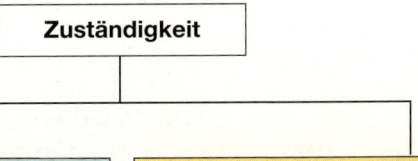

### Zuständigkeit

**örtlich**

Zuständig ist das Arbeitsgericht, in dessen Bezirk der Beklagte i. d. R. seinen Wohnsitz hat (Erfüllungsort). Erfüllungsort ist der Ort, an dem die Leistung (Arbeitsleistung oder Lohn-/Gehaltszahlung) aus dem Arbeitsvertrag zu erbringen ist.

**sachlich**

Zuständig ist das Arbeitsgericht für …
- Streitigkeiten zwischen Arbeitnehmern und Arbeitgebern.
- Streitigkeiten zwischen den Tarifpartnern (Gewerkschaften und Arbeitgeberverbänden).

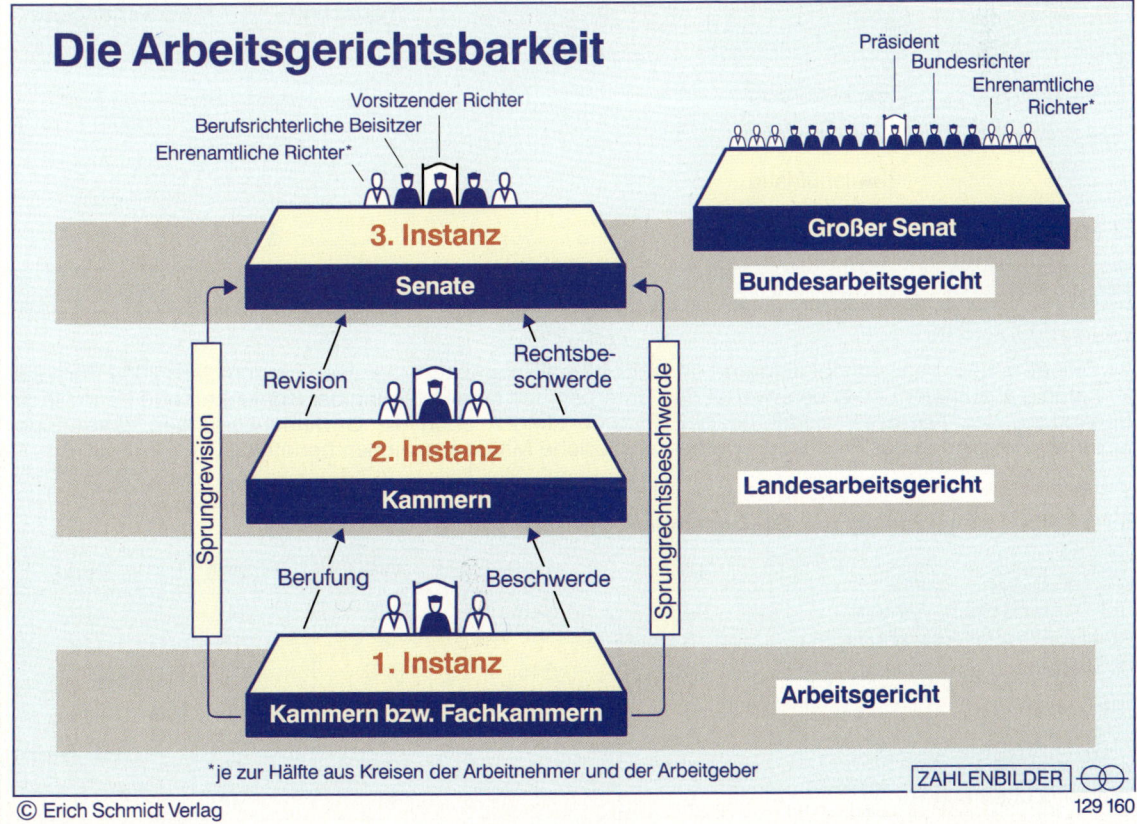

Die Arbeitsgerichtsbarkeit

*je zur Hälfte aus Kreisen der Arbeitnehmer und der Arbeitgeber

ZAHLENBILDER

129 160

**15**

# Personalplanung, Personalentwicklung und Personalverwaltung
*Manpower planning, staff development, personnel administration*

## Personalbedarfsplanung

Die Personalbedarfsplanung hat die Aufgabe,

- die Zahl der gegenwärtigen und zukünftig benötigten Mitarbeiter/-innen,
- die Anforderungen an diese Mitarbeiter/-innen,
- den Einsatzort bzw. -bereich dieser Mitarbeiter/-innen,
- den Bedarfszeitpunkt bzw. -zeitraum für diese Mitarbeiter/-innen

zu ermitteln.

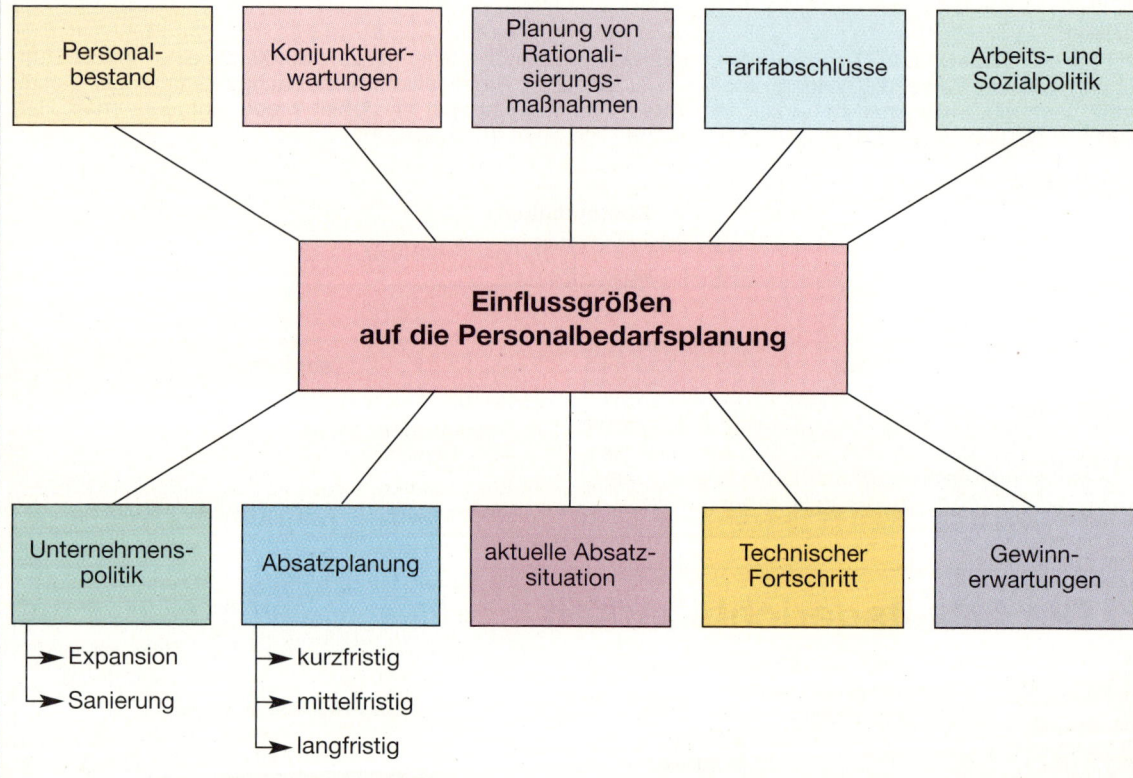

## Personalbedarfsrechnung

**Beispiel:**

Die OfficeCom AG beabsichtigt aufgrund der schlechten Konjunkturprognosen bis zum Jahr 2004 Personal geringfügig abzubauen. Ab 2005 erwartet das Unternehmen eine Belebung der Konjunktur und beurteilt die Entwicklung des Absatzes wieder positiv. Dadurch steigen auch die Gewinnerwartungen. Wegen der geplanten Steigerung der Produktion werden zusätzliche Mitarbeiter/-innen benötigt.

### Personalbedarfsrechnung zum 31. Dezember

| Jahr | 2002 | 2003 | 2004 | 2005 | 2006 |
|---|---|---|---|---|---|
| Ist-Bestand am 1. Januar | 345 | 348 | 345 | 340 | 350 |
| geschätzte Personalabgänge | 5 | 2 | 6 | 15 | 12 |
| Soll-Bestand am 31. Dez. | 346 | 345 | 340 | 350 | 355 |
| Personalbedarf | 6 | 0 | 1 | 25 | 17 |
| – Ersatzbedarf | 5 | 0 | 1 | 15 | 12 |
| – Neubedarf | 1 | 0 | 0 | 10 | 5 |
| Personalüberhang | 0 | 1 | 0 | 0 | 0 |

3525202

# Personalbeschaffung – *Personnel recruiting*

Die Personalbeschaffung hat die Aufgabe, den in der Personalbedarfsplanung festgestellten personellen Zusatz- und Ersatzbedarf zu beschaffen.

## Interne Personalbeschaffung

- Interne Stellenausschreibung
- Versetzung
- Beförderung
- Aus- und Weiterbildung

## Externe Personalbeschaffung

- Personalwerbung
- Bewerbungsverfahren
- Personalauswahl
- Personaleinstellung

## Ablauf der externen Personalbeschaffung

Personalsuche:
- Zeitungsinserate
- Vermittlung durch das Arbeitsamt
- Personalvermittlungs-unternehmen

**Personalwerbung** ← Personalabteilung

führt zu

Bewerbungsunterlagen:
- Bewerbungsschreiben
- Lebenslauf
- Lichtbild
- Zeugniskopien
- evtl. Referenzen

**Bewerbungen** ← Bewerber/-in

Vorauswahl

Gesprächsinhalte:
- Vorbildung
- Qualifikationen
- Besondere Kenntnisse und Fertigkeiten
- Entlohnung
- Einstellungstest

**Vorstellungsgespräche** ← Personalabteilung / Bewerber/-in

Entscheidung

Unterlagen, z. B.:
- Arbeitsvertrag
- Versicherungsnachweis
- Lohnsteuerkarte
- Gesundheitszeugnis
- Anmeldung zur Sozialver-sicherung

**Einstellung** ← Personalabteilung / Bewerber/-in

Anhörung

Betriebsrat

15

**Beispiel:**

Karin Nagel
Hauptstraße 45

38304 Wolfenbüttel

12. Januar 20..

OfficeCom AG
Hansestraße 120

38112 Braunschweig

**Bewerbung als Bürokauffrau**

Sehr geehrte Damen und Herren,

Sie suchen eine Bürokauffrau für den Einkauf – Büroartikel. Ich bewerbe mich um diese Stelle. Ich bitte Sie weitere Informationen zu meiner Person dem beigefügten Lebenslauf zu entnehmen.

Nach der erfolgreich absolvierten Ausbildung zur Bürokauffrau arbeite ich seit zwei Jahren bei einem namhaften Büroartikelversand als Einkäuferin. Neben meiner beruflichen Tätigkeit habe ich den „Europäischen Computerführerschein" bei der Volkshochschule Braunschweig erworben. Aufgrund meiner detaillierten Kenntnisse des Büroartikelbereichs und meiner guten EDV-Kenntnisse glaube ich die Anforderungen der Stelle gut erfüllen zu können.

Ich bitte Sie mich zu einem Vorstellungsgespräch einzuladen.

Mit freundlichen Grüßen

*Karin Nagel*

**Anlagen**
Lebenslauf
2 beglaubigte Zeugniskopien
1 Lichtbild

**Beispiel:**

Karin Nagel                                                          Hauptstraße 45
                                                                     38304 Wolfenbüttel

# Lebenslauf

| | |
|---|---|
| Name: | Karin Nagel |
| Geburtsdatum: | 14. März 1976 |
| Geburtsort: | Goslar |
| Schulbesuch: | Grundschule in Goslar 1982 – 1986 |
| | Orientierungsstufe in Goslar 1986 – 1988 |
| | Realschule in Wolfenbüttel 1988 – 1992<br>Abschluss: Erweiterter Sekundarabschluss I |
| | Fachgymnasium Wirtschaft in Braunschweig 1992 – 1995<br>Abschluss: Abitur mit der Durchschnittsnote 2,9 |
| Berufsausbildung: | Ausbildung zur Bürokauffrau<br>Maschinenfabrik Hoffman & Schwarze AG<br>Braunschweig 1996 – 1999<br>Abschluss: IHK-Prüfung mit der Durchschnittsnote 2 |
| Praktische Tätigkeit: | seit 1999<br>BÜVA – Büroartikelversand GmbH Schöppenstedt,<br>als Einkäuferin |
| Besondere Kenntnisse: | Teilnahme an Abendlehrgängen der Volkshochschule Braunschweig zum Erwerb des „Europäischen Computerführerscheins" und zur Verbesserung meiner Französischkenntnisse |
| Sonstiges: | Teilnahme am Partnerschaftsprogramm AYUSA Deutscher Bundestag – Amerikanischer Kongress mit Besuch einer Highschool in Flagstaff, USA 1995 – 1996 |

Wolfenbüttel, 11. Januar 20..

*Karin Nagel*

**15**

# Personalbeschaffung – *Personnel recruiting*

## Personalauswahl

### Ziel

Ziel der Personalauswahl ist es, aus einer Vielzahl von Bewerberinnen/Bewerbern auf eine ausgeschriebene Stelle die am besten geeignete Bewerberin bzw. den am besten geeigneten Bewerber zu finden. Dabei sind die Anforderungen einer bestimmten Arbeitsaufgabe, die z.B. in einer Stellenbeschreibung festgelegt sind, den Kenntnissen, Fähigkeiten und Fertigkeiten einzelner Bewerber/-innen gegenüberzustellen und zu bewerten. Bei der Auswahl ist nicht nur die fachliche Kompetenz, sondern auch die soziale Kompetenz (z.B. Teamfähigkeit) zu berücksichtigen.

### Beurteilungsunterlagen

Unterlagen bzw. Informationen, die zur Beurteilung herangezogen werden können:

- Bewerbungsschreiben
- Lebenslauf
- Schulzeugnisse
- Arbeitszeugnisse
- Referenzen
- Eignungstests

- Vorstellungsgesprächsnotizen
- Schriftgutachten
- Ärztliche Untersuchungsergebnisse
- Zertifikate
- Beobachtungsprotokolle
- Auskünfte

# Personalerhaltung und -entwicklung
*Maintainance and development of manpower*

### Ziel

Ziel der Personalerhaltung und -entwicklung ist es, die Mitarbeitermotivation und die Identifikation der Mitarbeiter mit dem Unternehmen zu verbessern sowie den festgestellten Personalbedarf durch betriebsinterne Fort- und Weiterbildungsmaßnahmen mit eigenen Mitarbeiterinnen/Mitarbeitern zu decken.

### Maßnahmen

Kontinuierliche Verbesserung der Arbeitsbedingungen
- gerechte Entlohnung
- Konfliktmanagement
- Mitsprache/Mitbestimmung
- Aufstiegschancen
- humane Arbeitsräume und -plätze
- Gesundheitsschutz
- Unfallverhütung

→ **Ziel: Motivationssteigerung**

Weiterentwicklung der Aus-, Fort- und Weiterbildung
- Umschulung
- Aufstiegsfortbildung
- Weiterbildung im Bereich der ausgeübten Arbeitsaufgaben

→ **Ziel: Motivationssteigerung**

Ein wichtiges Instrument zur Sicherung des eigenen Nachwuchses ist für die Betriebe die Berufsausbildung. In Deutschland sind die grundsätzlichen Inhalte eines Berufsausbildungsvertrags gesetzlich festgelegt. Da die Ausbildung gleichzeitig in den Betrieben und in der Berufsschule stattfindet, spricht man von einem **dualen Ausbildungssystem.**

Im Ausbildungsbetrieb wird überwiegend praktisch ausgebildet und fachliche Fähigkeiten und Fertigkeiten vermittelt. In der Berufsschule werden vor allem theoretische Berufsinhalte unterrichtet und zusätzlich die Allgemeinbildung erweitert und vertieft.

Die Rechtsgrundlagen für die Berufsausbildung sind u. a. das **Berufsbildungsgesetz** (BBiG), die für jeden Ausbildungsberuf erlassenen **Ausbildungsverordnungen** für die betriebliche Ausbildung und die von den Kultusministerien verordneten **Rahmenlehrpläne** für die Berufsschulen.

Die Vorschriften der Industrie- und Handelskammern, Handwerkskammern und Rechtsanwaltskammern regeln zusätzlich den Abschluss und die Verwaltung der Ausbildungsverhältnisse und das Prüfungswesen.

Außerdem sind u. a. die Regelungen des Jugendarbeitsschutzgesetzes, die die Berufsausbildung betreffen, zu beachten.

3525206

**Beispiel** (Auszug):

# Berufsausbildungsvertrag

Zwischen der **OfficeCom AG** – nachstehend der Ausbildende genannt – und der Auszubildenden **Christina Heckert** – nachstehend die Auszubildende genannt – wird dieser Vertrag zur Ausbildung im Ausbildungsberuf

## Bürokauffrau

nach Maßgabe der geltenden Ausbildungsverordnung geschlossen.

## § 1 Ausbildungsdauer/Probezeit

Die Ausbildungsdauer beträgt drei Jahre, die Probezeit drei Monate. Besteht die Auszubildende vor Ablauf der vereinbarten Ausbildungsdauer von drei Jahren die Abschlussprüfung, endet das Berufsausbildungsverhältnis mit dem Tage der Feststellung des Prüfungsergebnisses. Besteht die Auszubildende die Abschlussprüfung nicht, so verlängert sich das Berufsausbildungsverhältnis auf ihr Verlangen bis zur nächstmöglichen Wiederholungsprüfung, im Falle des Nichtbestehens der Wiederholungsprüfung bis zu einer zulässigen zweiten Wiederholungsprüfung, höchstens jedoch insgesamt um ein Jahr.

## § 2 Pflichten des Ausbildenden

Der Ausbildende verpflichtet sich

- der Auszubildenden die Kenntnisse und Fertigkeiten in der vorgesehenen Ausbildungszeit zu vermitteln, die zum Erreichen des Ausbildungszieles nach der Ausbildungsordnung erforderlich sind. Der beigefügte zeitlich und sachlich gegliederte Ausbildungsplan ist Bestandteil dieses Vertrags;
- selbst auszubilden oder eine geeignete Ausbilderin bzw. einen geeigneten Ausbilder damit zu beauftragen;
- die Auszubildende zum Besuch der Berufsschule anzuhalten und dafür freizustellen;
- die Führung des Berichtshefts regelmäßig zu kontrollieren;
- dafür zu sorgen, dass die Auszubildende charakterlich gefördert sowie sittlich und körperlich nicht gefährdet wird;
- ...

## § 3 Pflichten der Auszubildenden

Die Auszubildende hat sich zu bemühen, die Fertigkeiten und Kenntnisse zu erwerben, die erforderlich sind, um das Ausbildungsziel zu erreichen. Sie verpflichtet sich insbesondere

- am Berufsschulunterricht und an den Prüfungen teilzunehmen;
- den Weisungen zu folgen, die im Rahmen der Berufsausbildung von dem Ausbildenden oder einer anderen weisungsberechtigten Person erteilt werden;
- die Betriebsordnung zu beachten;
- ...

## § 4 Vergütung

Die Ausbildungsvergütung beträgt monatlich
- 500 € brutto im 1. Ausbildungsjahr,
- 600 € brutto im 2. Ausbildungsjahr,
- 700 € brutto im 3. Ausbildungsjahr.

**15**

## Personalbeurteilung – *Performance rating*

### Ziel

Ziel der Personalbeurteilung ist, die Entscheidungsgrundlage bei Lohnerhöhungen, bei Versetzungen, Beförderungen oder Kündigungen zu liefern. Außerdem ist eine als gerecht empfundene Personalbeurteilung ein wichtiges Instrument zur Steigerung der Motivation von Mitarbeitern. Die Beurteilungen sollten vergleichbar und möglichst objektiv, d. h. frei von persönlichen Ansichten, Gefühlen und Wertvorstellungen sein.

### Arten

- Summarische Beurteilung

  Bei diesem Verfahren ist der Gesamteindruck der Mitarbeiterin/des Mitarbeiters entscheidend für die Beurteilung der Leistungsfähigkeit und Persönlichkeit. Es besteht die Gefahr einer subjektiven Beurteilung.

- Analytische Beurteilung

  Bei diesem Verfahren werden verschiedene Beurteilungskriterien (z. B. Fachkenntnisse, Arbeitsqualität) festgelegt, die den Vorgesetzten eine objektivere Beurteilung der Mitarbeiter/-innen ermöglichen.

### Analytischer Beurteilungsbogen

**Beispiel:**

## Personalbeurteilungsbogen

Name: Jens König                    Abteilung: Verkauf

| Beurteilungskriterien | liegt über den Erwartungen 4 | entspricht den Erwartungen voll 3 | entspricht den Erwartungen im Wesentlichen 2 | entspricht den Erwartungen nicht 1 | Punkte |
|---|---|---|---|---|---|
| Fachkenntnisse | | 3 | | | 3 |
| Arbeitsleistung: | | | | | |
| – Arbeitsqualität | | | 2 | | 2 |
| – Arbeitsschnelligkeit | | | | 1 | 1 |
| – Arbeitssorgfalt | 4 | | | | 4 |
| – Arbeitseinsatz | | 3 | | | 3 |
| Verhalten: | | | | | |
| – gegenüber Vorgesetzten | | 3 | | | 3 |
| – gegenüber Kollegen | | | 2 | | 2 |
| Belastbarkeit | | | | 1 | 1 |
| Kommunikationsfähigkeit | | 4 | | | 4 |
| | | | | Summe: | 23 |
| | | | | Prozent: | 64 |

Mitarbeiter/-in: *Jens König*
Datum:            20.05.20..

Vorgesetzte/-r: *Hans Schmitz*
Datum:            20.05.20..

3525208

# Personalverwaltung – *Personnel administration*

## Personalakte

Jeder Arbeitgeber muss über die Mitarbeiter/-innen eine Personalakte führen. Dazu gehören alle Daten der Beschäftigten/des Beschäftigten, die in unmittelbarem Zusammenhang mit dem Arbeits- und Dienstverhältnis stehen.

Die in der Akte enthaltenen Unterlagen bzw. Informationen sind vor unbefugten Zugriffen zu schützen, vertraulich zu behandeln und sicher aufzubewahren. Nur Mitarbeiter/-innen, die mit der Verwaltung von Personalunterlagen beauftragt sind, dürfen Zugang zu diesen haben.

Auskünfte aus Personalakten dürfen nur mit Einwilligung der Beschäftigten/des Beschäftigten gegeben werden. Die Arbeitnehmer/-innen haben ein Recht auf Einsicht in ihre vollständigen Personalakten. Zu den Personalaktendaten gehören auch Daten, die in Dateien (z. B. in einem Personalinformationssystem) informationstechnisch gespeichert sind. Den Umgang mit personenbezogenen Daten aus Arbeits- und Dienstverhältnissen regeln das Bundesdatenschutzgesetz (BDSG) und die Datenschutzgesetze der Bundesländer sowie tarifvertragliche Vereinbarungen.

## Hauptakte

Eine Reihe von Personalunterlagen müssen aufgrund gesetzlicher und/oder tarifvertraglicher Regelungen aufbewahrt werden. Diese Unterlagen werden in der so genannten Hauptakte (Personalgrundakte) geführt. Sie enthält u. a. folgende Unterlagen:

- Deckblatt, z. B.:
  Persönliche Daten der Mitarbeiterin/des Mitarbeiters, wie
  - Anschrift,
  - Familienstand,
  - Bankverbindung

- Steuer- und Versicherungsunterlagen, z. B.:
  - Lohnsteuerkarte
  - Kopie des Sozialversicherungsausweises

- Bewerbungsunterlagen, z. B.:
  - Bewerbungsschreiben
  - Lebenslauf
  - Lichtbild
  - Personalfragebogen

- Arbeitsvertrag

- Werdegang der Mitarbeiterin/des Mitarbeiters während des Beschäftigungszeitraums, z. B.:
  - Beurteilungen
  - Versetzungen
  - Ehrungen
  - Zwischenzeugnisse
  - Gehaltsänderungen
  - Verbesserungsvorschläge
  - Abmahnungen

- Kündigungsunterlagen, z. B.:
  - Kündigungsschreiben
  - Zeugnis

- Hinweise auf Nebenakten

## Nebenakte

Um einen störungsfreien Ablauf der Personalverwaltung zu gewährleisten und jederzeit Zugriff auf Informationen über ein Beschäftigungsverhältnis haben zu können, werden zusätzlich Nebenakten geführt. Diese enthalten vor allem folgende Unterlagen bzw. Informationen:

- Entgeltabrechnungen
- Zeiterfassungskarten
- Urlaubsdaten

- Arbeitsunfähigkeitsbescheinigungen
- Reisekostenabrechnungen
- Fehlzeiten

## Personalinformationssysteme

Moderne Personalverwaltungen arbeiten mit Computerunterstützung. Im Rahmen so genannter **Personalinformationssysteme (PIS)** werden Personaldaten erfasst, gespeichert, gepflegt und ausgewertet. Sie liefern alle wichtigen Informationen für das Personalmanagement zur Erfüllung seiner Füh-rungs- und Verwaltungsaufgaben und die grundlegenden Daten für die Lohn- und Gehaltsabrechnung.

Die Regelungen des Datenschutzes zur vertraulichen Behandlung dieser sensiblen Daten sind zu beachten (siehe Seite 211).

**15**

# Personalverwaltung – *Personnel administration*

## Personaldatenverwaltung

**Personaldatenverwaltung**

- **Aufgaben**
  - Erfassung
  - Löschung
  - Aufbewahrung/ Speicherung
  - Schutz
  - Sicherung
  - Pflege
  - Sortierung
  - Aktualisierung
  - Darstellung
  - Kontrolle
- **Bestandteile**
  - Entgeltrechnung
  - Personaldatenführung
  - Personalplanung und -entwicklung
  - Stellenbewirtschaftung
  - Personalstatistik
- **manuell**
  - Karteikarten
  - Ablage
  - Archivierung
- **computergestützt**
  - Anwendungssystem(e)
    - Entgeltabrechnungsprogramme
    - Personalinformationssysteme
    - Personaldatenverwaltungssysteme
    - Software-Tools, z. B. WORD
  - Personaldatenbank
    - Personalstammdaten
    - Arbeitszeitdaten
    - Entgeltdaten
    - …



## Personalstatistik

Ein modernes Personalmanagement muss die vielfältigen Ansprüche der Unternehmensleitung und gleichzeitig die unterschiedlichsten Interessen der Mitarbeiter/-innen berücksichtigen. So sollen z. B. einerseits vonseiten der Unternehmensleitung die Produktivität gesteigert und die Kosten gemindert, andererseits die Motivation, die Zufriedenheit am Arbeitsplatz und die Arbeitsleistung der Mitarbeiter/-innen gesteigert werden.

Um diese Ziele zu erreichen, kann eine Vielzahl von Personalstatistiken helfen aussagefähiges Zahlenmaterial für Entscheidungen in der Personalwirtschaft zu liefern.

**Beispiel:**

**OfficeCom AG** **Personalstatistik** Stand: 01.01.20..

| Abteilung | männlich | weiblich | gesamt |
|---|---|---|---|
| Beschaffung | 5 | 4 | 9 |
| Lagerung | 11 | 1 | 12 |
| Absatz | 4 | 6 | 10 |
| Verwaltung | 5 | 10 | 15 |
| | | Summe: | 46 |

# Personalverwaltung – *Personnel administration*

## Personalstatistik

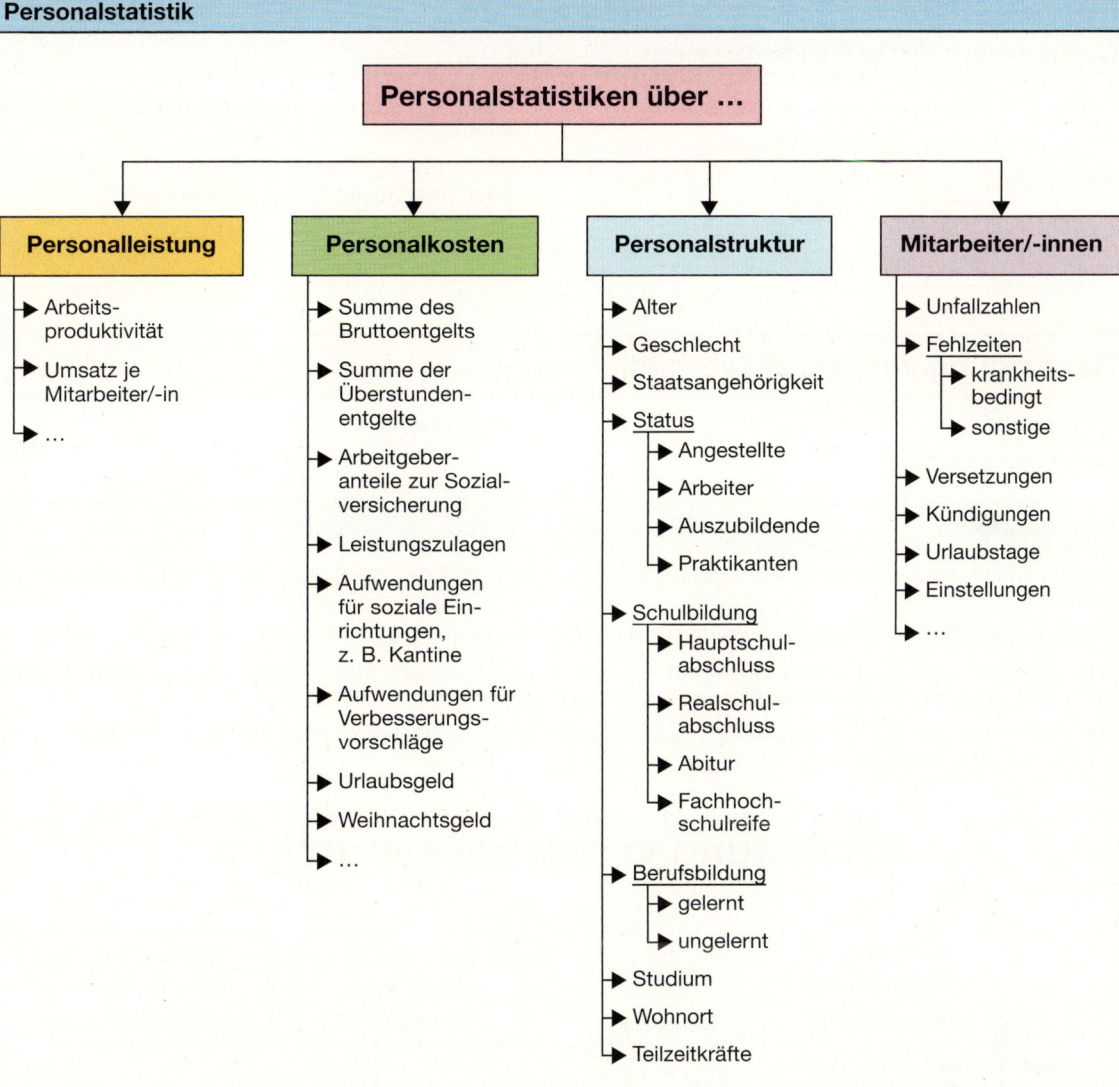

**Personalstatistiken über ...**

### Personalleistung
- Arbeits-produktivität
- Umsatz je Mitarbeiter/-in
- ...

### Personalkosten
- Summe des Bruttoentgelts
- Summe der Überstunden-entgelte
- Arbeitgeber-anteile zur Sozial-versicherung
- Leistungszulagen
- Aufwendungen für soziale Ein-richtungen, z. B. Kantine
- Aufwendungen für Verbesserungs-vorschläge
- Urlaubsgeld
- Weihnachtsgeld
- ...

### Personalstruktur
- Alter
- Geschlecht
- Staatsangehörigkeit
- Status
  - Angestellte
  - Arbeiter
  - Auszubildende
  - Praktikanten
- Schulbildung
  - Hauptschul-abschluss
  - Realschul-abschluss
  - Abitur
  - Fachhoch-schulreife
- Berufsbildung
  - gelernt
  - ungelernt
- Studium
- Wohnort
- Teilzeitkräfte

### Mitarbeiter/-innen
- Unfallzahlen
- Fehlzeiten
  - krankheits-bedingt
  - sonstige
- Versetzungen
- Kündigungen
- Urlaubstage
- Einstellungen
- ...

## Datenschutz

„Zweck des Datenschutzgesetzes ist es, den Einzelnen davor zu schützen, dass er durch den Umgang mit seinen personenbezogenen Daten in seinem Persönlichkeitsrecht beeinträchtigt wird." Das Gesetz gilt für die Erhebung, Verarbeitung und Nutzung personenbezogener Daten in öffentlichen Stellen des Bundes und der Länder und für nichtöffentliche Stellen, z. B. Unternehmen, wenn sie die Daten in oder aus Dateien geschäftsmäßig oder für berufliche oder gewerbliche Zwecke verarbeiten oder nutzen. Dieser Umstand trifft insbesondere für die sensiblen (schutzwürdigen) Personaldaten und deren Speicherung in Dateien im Rahmen der Personalverwaltung zu.

## Schutzwürdige Daten

**Beispiele:**
- Krankheitsdaten
- Ordnungswidrigkeiten
- Religionszugehörigkeit
- Lohn- oder Gehaltshöhe
- strafbare Handlungen
- Zeugnisdaten

## Nichtschutzwürdige (freie) Daten

**Beispiele:**
- Namen und Anschrift
- Geburtsjahr
- Berufsbezeichnung
- Titel

**15**

## Personalverwaltung – *Personnel administration*

### Bedeutung des Datenschutzes für die Personalverwaltung

#### Rechte der betroffenen Mitarbeiter/-innen

- Benachrichtigung über gespeicherte Daten
- Auskunft über gespeicherte Daten
- Berichtigung bei Speicherung unrichtiger Daten

- Löschung von Daten, z.B. bei unzulässiger Speicherung
- Sperrung von Daten, z.B. wenn die Richtigkeit oder Unrichtigkeit nicht feststellbar ist

## Beendigung von Arbeitsverhältnissen – *Job termination*

- Kündigung
- Aufhebungsvertrag

- Vertragsablauf

### Kündigungen

Die Kündigung eines Arbeitsverhältnisses wird durch eine einseitige, empfangsbedürftige Willenserklärung bewirkt.

Bei einer **ordentlichen Kündigung** werden gesetzliche oder tarifvertragliche Kündigungsfristen eingehalten.

Liegt ein wichtiger Grund vor, z.B. Diebstahl, Beleidigung, Körperverletzung, kann ein Arbeitsverhältnis durch eine **außerordentliche Kündigung** aufgehoben werden.

Eine Kündigung, ein Aufhebungsvertrag oder ein befristetes Arbeitsverhältnis müssen, um rechtswirksam zu sein, schriftlich erfolgen.

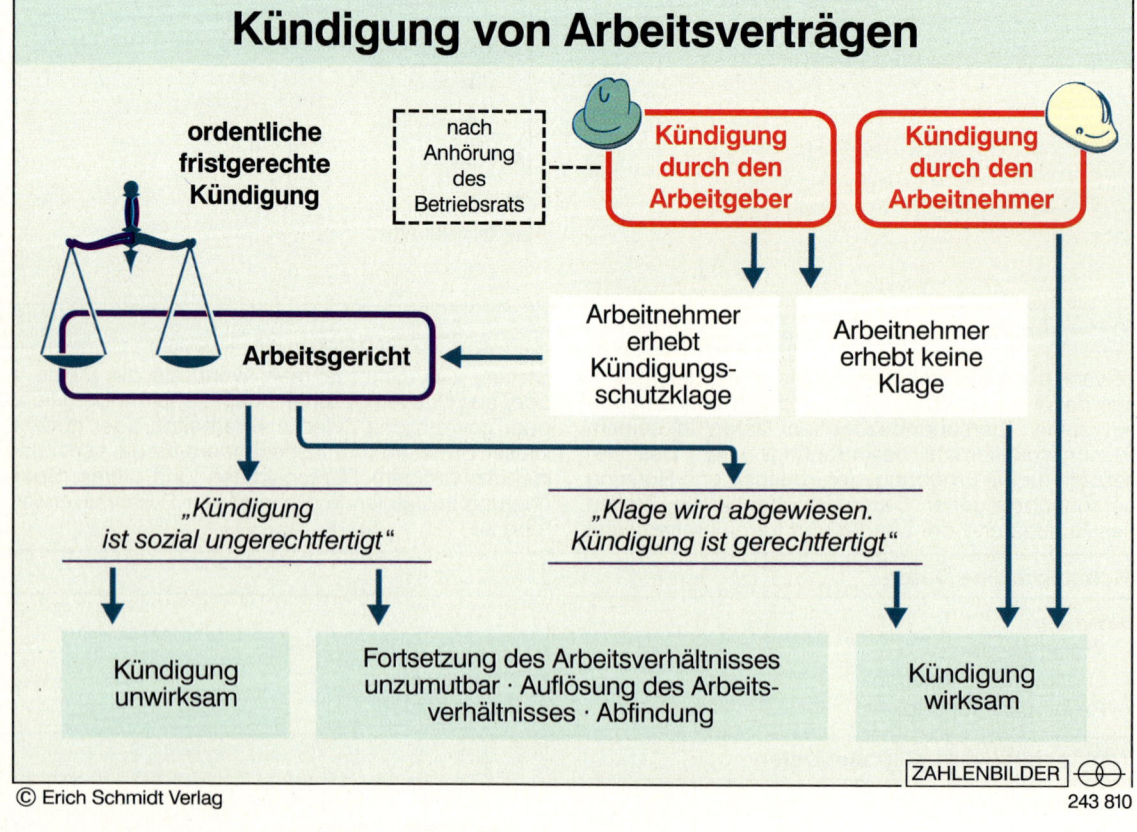

**Kündigung von Arbeitsverträgen**

© Erich Schmidt Verlag

ZAHLENBILDER

243 810

Zum Kündigungsschutz siehe Seiten 13 u. 200

3525212

**Beispiel:**

## *OfficeCom AG*

Hansestraße 120
38112 Braunschweig

OfficeCom AG · Hansestr. 120 · 38112 Braunschweig

Herrn
Manfred Behr
Hamburger Str. 46

38116 Braunschweig

| Ihr Zeichen, Ihre Nachricht vom | Unser Zeichen, unsere Nachricht vom | Telefon, Name 0531 234- | Datum |
|---|---|---|---|
| | PA-Fra | 201 Frau Franke | 12. März 20.. |

### Kündigung

Sehr geehrter Herr Behr,

wie Sie sicher inzwischen erfahren haben, ist unser Unternehmen aufgrund der schlechten Absatzlage gezwungen umfangreiche Rationalisierungsmaßnahmen durchzuführen. Davon ist auch unser Außenlager in Braunschweig-Wenden betroffen, in dem Sie tätig sind.

Wir bedauern, Sie nicht anderweitig in unserem Unternehmen beschäftigen zu können und kündigen Ihnen deshalb fristgerecht zum 15. April 20..

Die Arbeitspapiere werden Ihnen mit gesonderter Post in den nächsten Tagen zugestellt.

Mit freundlichen Grüßen

OfficeCom AG

i. A.

Christine Franke

15

# Beendigung von Arbeitsverhältnissen – *Job termination*

## Zeugnis

Bei Beendigung eines Arbeitsverhältnisses kann die Arbeitnehmerin/der Arbeitnehmer vom Arbeitgeber ein schriftliches Zeugnis verlangen.

Ein **einfaches Zeugnis** enthält Angaben über …

- die Art der Beschäftigung und
- die Dauer des Arbeitsverhältnisses.

Ein **qualifiziertes Zeugnis** enthält zusätzlich Angaben über …

- die Leistungen der Arbeitnehmerin/des Arbeitnehmers und
- das Verhalten der Arbeitnehmerin/des Arbeitnehmers.

## Arbeitspapiere

Der Arbeitgeber muss bei Beendigung des Arbeitsverhältnisses der Arbeitnehmerin/dem Arbeitnehmer die Arbeitspapiere aushändigen, z. B.:

- Lohnsteuerkarte
- Sozialversicherungsnachweise

## Personalplanung als integrierter Bestandteil der Unternehmensplanung

Der Personalplan ist ein Teilplan der Gesamtplanung eines Unternehmens. Die Teilpläne sind vom Gesamtplan abhängig und werden ebenfalls von den übrigen Teilplänen beeinflusst.

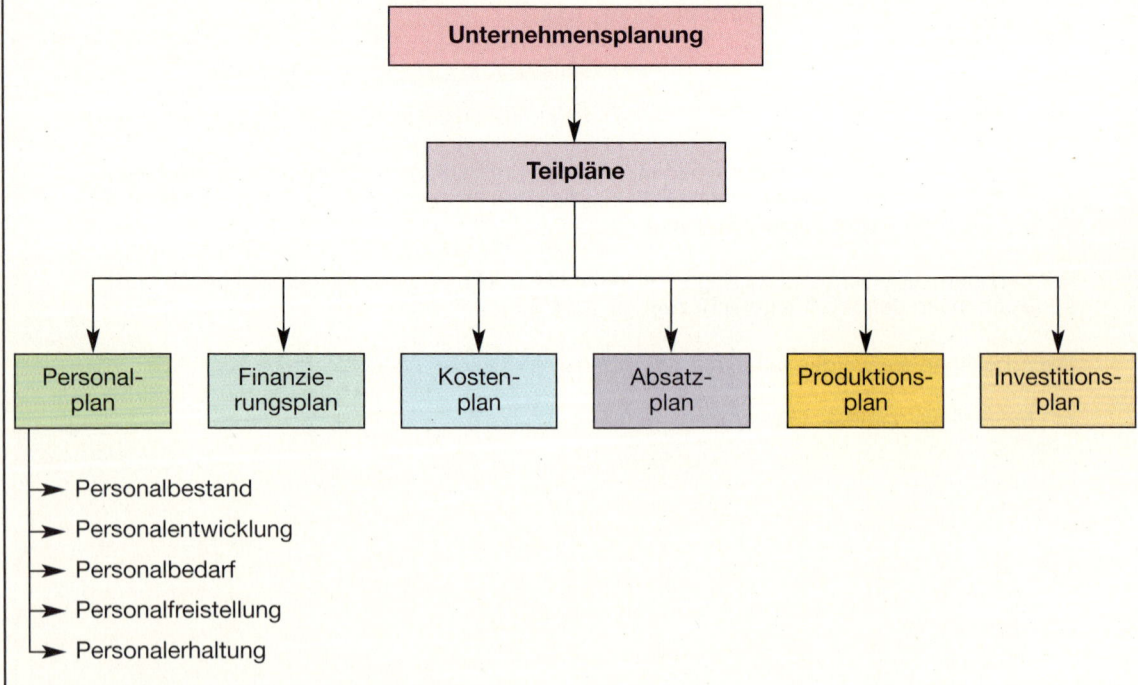

## Sozialplan

Unter Sozialplan versteht man ein Verfahren zur Vermeidung sozialer Ungerechtigkeiten bei Entlassungen. So müssen z. B. Arbeitgeber bei so genannten „Massenentlassungen" (innerhalb 30 Kalendertagen 30 oder mehr Kündigungen) vorher das Arbeitsamt von den Entlassungsplänen unterrichten. Darüber hinaus ist der Betriebsrat detailliert zu informieren und mit ihm darüber zu beraten, wie weitere Entlassungen vermieden oder deren Folgen gelindert werden können, z. B. durch Aufhebungsverträge.

# Entgeltabrechnung – *Clearing of payments*

## Lohnformen

### Zeitlohn

Der Zeitlohn wird für die tatsächlich im Betrieb anwesende Zeit gezahlt. Dieses Entlohnungssystem wird z. B. angewandt bei Büroangestellten, Wachpersonal, Lagerfachkräften, bei denen eine Lohnberechnung nach Leistung nicht möglich ist.

> Bruttolohn = Zeiteinheiten (z. B. Arbeitsstunden) · Lohn je Zeiteinheit (z. B. Stundenlohn)

**Beispiel:**

> 40 Arbeitsstunden · 15,60 € Stundenlohn ➔ 624,00 € Bruttolohn

### Leistungslohn

**Akkordlohn:**
Beim Akkordlohn wird für eine bestimmte Arbeitsleistung (z. B. 10 Werkstücke) ein bestimmter Lohn je Werkstück berechnet.

**Beispiel:**
Der Industriemechaniker Tobias Walte bekommt einen Grundlohn in Höhe von 18,00 € je Arbeitsstunde. Da er im Akkord arbeitet, bekommt er einen Zuschlag von 20 %. Als Vorgabezeit für ein Werkstück wurden 12 Minuten festgelegt. Der Bruttolohn von Tobias Walte kann bei einer Istleistung von 25 Stück folgendermaßen berechnet werden:

| Stückgeldakkord: | | Stückzeitakkord: | |
|---|---|---|---|
| Grundlohn je Arbeitstunde | 18,00 € | Grundlohn je Arbeitstunde | 18,00 € |
| + Akkordzuschlag (20 %) | 3,60 € | + Akkordzuschlag (20 %) | 3,60 € |
| = Akkordrichtsatz | 21,60 € | = Akkordrichtsatz | 21,60 € |

**Stückgeldakkord:**

Normalleistung pro Std.:
60 Minuten : 12 Min./Stück = 5 Stück

Stückakkordsatz:
21,60 € · 5 Stück = 4,32 €/Stück

Bruttolohn:
4,32 € · 25 Stück Istleistung = 108,00 €

Allgemein:

> Stückakkordsatz = Akkordrichtsatz : Normalleistung/Stunde

> Bruttolohn = Stückakkordsatz · Stückzahl

**Stückzeitakkord:**

Zeitakkordsatz (Zeitsatz):
60 Minuten : 5 Stück = 12 Min./Stück

Minutenfaktor:
21,60 € : 60 Minuten = 0,36 €/Min.

Bruttolohn:
25 · 12 · 0,36 € = 108,00 €

Allgemein:

> Zeitakkordsatz = 60 Minuten : Normalleistung

> Minutenfaktor = Akkordrichtsatz : 60 Minuten

> Bruttolohn = Stückzahl · Zeitsatz · Minutenfaktor

**Prämienlohn:**
Beim Prämienlohn wird zusätzlich zum Grundlohn eine Prämie gezahlt. Sie kann für Arbeitsgüte (z. B. geringe Ausschussmenge) oder eine bestimmte Arbeitsmenge gewährt werden.

## Soziallohn

Der Soziallohn wird bei Vorliegen besonderer persönlicher, familiärer oder sozialer Verhältnisse der Mitarbeiter/-innen gezahlt.

**15**

# Entgeltabrechnung – *Clearing of payments*

## Arbeitsbewertung

### Summarische Arbeitsbewertung

- **Rangfolgeverfahren**

Beim Rangfolgeverfahren werden die verschiedenen im Unternehmen anfallenden Tätigkeiten von den einfachen bis zu den anspruchsvollen Anforderungen bewertet und in eine Rangfolge gebracht. Die Tätigkeit mit den höchsten Anforderungen wird an die erste Stelle gesetzt (z. B. IT-Systemadministrator). Einfache Tätigkeiten (z. B. Küchenhilfe) werden auf einen niedrigeren Rang gesetzt. Anschließend wird den einzelnen Rangstufen ein Entgelt zugeordnet.

- **Katalogverfahren**

Beim Katalogverfahren werden die Anforderungen an eine Tätigkeit einer Gruppe in einem Lohn- oder Gehaltsgruppenkatalog zugeordnet. Die korrekte Zuordnung der Tätigkeiten zu einer Lohn- oder Gehaltsgruppe erfordert eine eindeutige Beschreibung. Um die Zuordnung zu erleichtern, werden die Kataloge mit Richt- bzw. Tarifbeispielen ergänzt. Die Lohn- oder Gehaltsgruppenkataloge werden in der Regel in so genannten Manteltarifverträgen festgeschrieben.

### Analytische Arbeitsbewertung

Bei der analytischen Arbeitsbewertung wird eine Tätigkeit nach bestimmten Kriterien zerlegt und bewertet. Während einer internationalen Tagung über Arbeitsbewertung wurde in Genf 1950 ein so genanntes „Genfer Schema" festgelegt, nach dem die zu bewertende Tätigkeit in vier Anforderungsarten aufgeteilt wird:

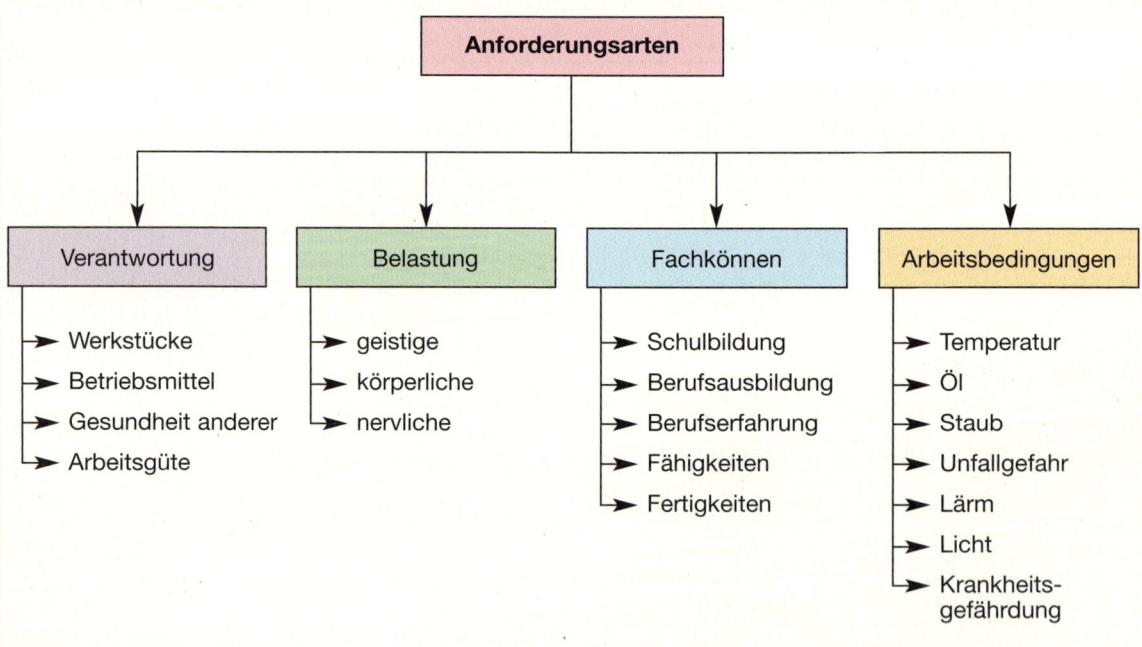

### Erfolgsbeteiligung

Die Unternehmer/-innen erhalten einen Gewinnanteil vor allem als Entgelt für die eigene Arbeit im Unternehmen (Unternehmerlohn), als Verzinsung ihrer Kapitaleinlage und als Risikoprämie. An dem noch übrig bleibenden Restgewinn sollen nicht nur die Produktionsfaktoren Boden und Kapital, sondern auch der Produktionsfaktor Arbeit beteiligt werden.

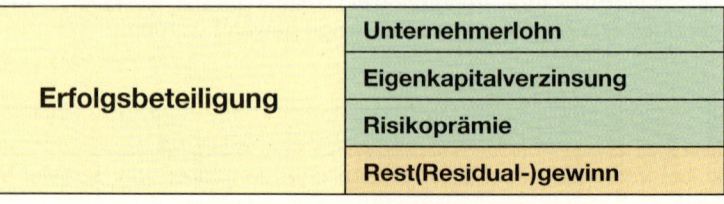

3525216

# Entgeltabrechnung – *Clearing of payments*

## Erfolgsbeteiligung

**Individualbeteiligung:**

Individualbeteiligung bedeutet, dass die einzelnen Arbeitnehmer/-innen am Gewinn beteiligt werden. Im Hinblick auf die Verwendung dieser individuellen Gewinnanteile werden folgende Gläubigermodelle unterschieden:

- **Barbeteiligung**
  Die einzelnen Arbeitnehmer/-innen erhalten die Gewinnbeteiligung „bar" auf die Hand, d. h., sie können sofort über den Gewinnanteil frei verfügen.

- **Kapitalbeteiligung**
  Der Gewinnanteil wird nicht bar ausgeschüttet, sondern bleibt als Eigenkapital oder Fremdkapital im Unternehmen.

**Kollektivbeteiligung:**

Bei der Kollektivbeteiligung wird der Gewinnanteil für die Arbeitnehmer/-innen in kollektive, d. h. der gesamten Belegschaft zugute kommende, Einrichtungen investiert (z. B. Erholungsheime, Rentenkassen, Vorsorgefonds).

## Lohn- und Gehaltstarife

Lohn- und Gehaltstarifverträge enthalten Vereinbarungen über Lohn- und Gehaltshöhen. In der Regel werden in diesen Verträgen Tätigkeitsmerkmale für verschiedene Lohn- und Gehaltsgruppen erläutert, denen die Arbeitnehmer/-innen zugeordnet werden können:

- Wareneingangsprüfungen nach fachlichen Gesichtspunkten
- Selbstständiges Anfertigen von Schriftstücken
- Prüfen von Eingangsrechnungen auf sachliche und rechnerische Richtigkeit
- Verwalten einer umfangreichen Ablage
- Bearbeiten von Bestellungen
- Durchführen von Angebotsvergleichen

Die Abmachungen in den Einzelarbeitsverträgen dürfen die Arbeitnehmer/-innen nicht schlechter stellen als die Regelungen in den Tarifverträgen. Eine Überschreitung der tarifvertraglichen Vereinbarungen ist möglich.

## Lohn- und Gehaltsabrechnung

### Gesetzliche Abzüge

- **Lohnsteuer**

Die Lohnsteuer ist eine Sonderform der Einkommensteuer. Sie wird bei Einkommen aus nicht selbstständiger Arbeit erhoben, vom Arbeitgeber einbehalten und an das Finanzamt abgeführt (Abzugsverfahren).

Die Höhe der Lohnsteuer ist abhängig vom Einkommen, vom Familienstand, von der Kinderzahl und kann mithilfe von Lohnsteuertabellen oder mathematischen Formeln (z. B. in Lohn- und Gehaltsabrechnungsprogrammen) ermittelt werden.

- **Sozialversicherungsbeiträge**

  - Krankenversicherung
  - Pflegeversicherung
  - Rentenversicherung
  - Arbeitslosenversicherung

Diese Beiträge werden von Arbeitnehmerinnen/Arbeitnehmern und Arbeitgebern je zur Hälfte getragen.

Die Beitragsätze werden vom Bundesministerium für Arbeit und Sozialordnung jährlich neu festgelegt. Die Beiträge können aus den von den Krankenversicherungen herausgegebenen Tabellen ermittelt werden.

15

# Entgeltabrechnung – *Clearing of payments*

## Lohn- und Gehaltsabrechnung

### Auszug aus einer Beitragstabelle

**MONAT KV** 1000 **13,8** Prozent — Von **1 739,99** bis **2 306,99 EUR**

| Entgelt bis EUR | KV 1000 | RV 0100/0200 | ALV 0010 | PV 0001 | Entgelt bis EUR | KV 1000 | RV 0100/0200 | ALV 0010 | PV 0001 | Entgelt bis EUR | KV 1000 | RV 0100/0200 | ALV 0010 | PV 0001 | Entgelt bis EUR | KV 1000 | RV 0100/0200 | ALV 0010 | PV 0001 |
|---|---|---|---|---|---|---|---|---|---|---|---|---|---|---|---|---|---|---|---|
| 1 739,99 | 119,96 | 166,03 | 56,50 | 14,78 | 1 904,99 | 131,34 | 181,78 | 61,86 | 16,18 | 2 069,99 | 142,73 | 197,54 | 67,23 | 17,58 | 2 234,99 | 154,11 | 213,30 | 72,59 | 18,98 |
| 1 742,99 | 120,16 | 166,31 | 56,60 | 14,80 | 1 907,99 | 131,55 | 182,07 | 61,96 | 16,21 | 2 072,99 | 142,93 | 197,83 | 67,32 | 17,61 | 2 237,99 | 154,32 | 213,58 | 72,69 | 19,01 |
| 1 745,99 | 120,37 | 166,60 | 56,70 | 14,83 | 1 910,99 | 131,75 | 182,36 | 62,06 | 16,23 | 2 075,99 | 143,14 | 198,11 | 67,42 | 17,63 | 2 240,99 | 154,52 | 213,87 | 72,78 | 19,04 |
| 1 748,99 | 120,58 | 166,89 | 56,79 | 14,85 | 1 913,99 | 131,96 | 182,64 | 62,16 | 16,26 | 2 078,99 | 143,35 | 198,40 | 67,52 | 17,66 | 2 243,99 | 154,73 | 214,16 | 72,88 | 19,06 |
| 1 751,99 | 120,78 | 167,17 | 56,89 | 14,88 | 1 916,99 | 132,17 | 182,93 | 62,25 | 16,28 | 2 081,99 | 143,55 | 198,69 | 67,62 | 17,68 | 2 246,99 | 154,94 | 214,44 | 72,98 | 19,09 |
| 1 754,99 | 120,99 | 167,46 | 56,99 | 14,90 | 1 919,99 | 132,38 | 183,22 | 62,35 | 16,31 | 2 084,99 | 143,76 | 198,97 | 67,71 | 17,71 | 2 249,99 | 155,15 | 214,73 | 73,08 | 19,11 |
| 1 757,99 | 121,20 | 167,74 | 57,09 | 14,93 | 1 922,99 | 132,58 | 183,50 | 62,45 | 16,33 | 2 087,99 | 143,97 | 199,26 | 67,81 | 17,74 | 2 252,99 | 155,35 | 215,02 | 73,17 | 19,14 |
| 1 760,99 | 121,40 | 168,03 | 57,18 | 14,96 | 1 925,99 | 132,79 | 183,79 | 62,55 | 16,36 | 2 090,99 | 144,17 | 199,55 | 67,91 | 17,76 | 2 255,99 | 155,56 | 215,30 | 73,27 | 19,16 |
| 1 763,99 | 121,61 | 168,32 | 57,28 | 14,98 | 1 928,99 | 133,00 | 184,08 | 62,64 | 16,38 | 2 093,99 | 144,38 | 199,83 | 68,01 | 17,79 | 2 258,99 | 155,77 | 215,59 | 73,37 | 19,19 |
| 1 766,99 | 121,82 | 168,60 | 57,38 | 15,01 | 1 931,99 | 133,20 | 184,36 | 62,74 | 16,41 | 2 096,99 | 144,59 | 200,12 | 68,10 | 17,81 | 2 261,99 | 155,97 | 215,88 | 73,47 | 19,21 |
| 1 769,99 | 122,03 | 168,89 | 57,48 | 15,03 | 1 934,99 | 133,41 | 184,65 | 62,84 | 16,43 | 2 099,99 | 144,80 | 200,41 | 68,20 | 17,84 | 2 264,99 | 156,18 | 216,16 | 73,56 | 19,24 |
| 1 772,99 | 122,23 | 169,18 | 57,57 | 15,06 | 1 937,99 | 133,62 | 184,93 | 62,94 | 16,46 | 2 102,99 | 145,00 | 200,69 | 68,30 | 17,86 | 2 267,99 | 156,39 | 216,45 | 73,66 | 19,27 |
| 1 775,99 | 122,44 | 169,46 | 57,67 | 15,08 | 1 940,99 | 133,82 | 185,22 | 63,03 | 16,49 | 2 105,99 | 145,21 | 200,98 | 68,40 | 17,89 | 2 270,99 | 156,59 | 216,74 | 73,76 | 19,29 |
| 1 778,99 | 122,65 | 169,75 | 57,77 | 15,11 | 1 943,99 | 134,03 | 185,51 | 63,13 | 16,51 | 2 108,99 | 145,42 | 201,27 | 68,49 | 17,91 | 2 273,99 | 156,80 | 217,02 | 73,86 | 19,32 |
| 1 781,99 | 122,85 | 170,04 | 57,87 | 15,13 | 1 946,99 | 134,24 | 185,79 | 63,23 | 16,54 | 2 111,99 | 145,62 | 201,55 | 68,59 | 17,94 | 2 276,99 | 157,01 | 217,31 | 73,95 | 19,34 |
| 1 784,99 | 123,06 | 170,32 | 57,96 | 15,16 | 1 949,99 | 134,45 | 186,08 | 63,33 | 16,56 | 2 114,99 | 145,83 | 201,84 | 68,69 | 17,96 | 2 279,99 | 157,22 | 217,60 | 74,05 | 19,37 |
| 1 787,99 | 123,27 | 170,61 | 58,06 | 15,19 | 1 952,99 | 134,65 | 186,37 | 63,42 | 16,59 | 2 117,99 | 146,04 | 202,12 | 68,79 | 17,99 | 2 282,99 | 157,42 | 217,88 | 74,15 | 19,39 |
| 1 790,99 | 123,47 | 170,90 | 58,16 | 15,21 | 1 955,99 | 134,86 | 186,65 | 63,52 | 16,61 | 2 120,99 | 146,24 | 202,41 | 68,88 | 18,02 | 2 285,99 | 157,63 | 218,17 | 74,25 | 19,42 |
| 1 793,99 | 123,68 | 171,18 | 58,26 | 15,24 | 1 958,99 | 135,07 | 186,94 | 63,62 | 16,64 | 2 123,99 | 146,45 | 202,70 | 68,98 | 18,04 | 2 288,99 | 157,84 | 218,46 | 74,34 | 19,44 |
| 1 796,99 | 123,89 | 171,47 | 58,35 | 15,26 | 1 961,99 | 135,27 | 187,23 | 63,72 | 16,66 | 2 126,99 | 146,66 | 202,98 | 69,08 | 18,07 | 2 291,99 | 158,04 | 218,74 | 74,44 | 19,47 |
| 1 799,99 | 124,10 | 171,76 | 58,45 | 15,29 | 1 964,99 | 135,48 | 187,51 | 63,81 | 16,69 | 2 129,99 | 146,87 | 203,27 | 69,18 | 18,09 | 2 294,99 | 158,25 | 219,03 | 74,54 | 19,49 |
| 1 802,99 | 124,30 | 172,04 | 58,55 | 15,31 | 1 967,99 | 135,69 | 187,80 | 63,91 | 16,72 | 2 132,99 | 147,07 | 203,56 | 69,27 | 18,12 | 2 297,99 | 158,46 | 219,31 | 74,64 | 19,52 |
| 1 805,99 | 124,51 | 172,33 | 58,65 | 15,34 | 1 970,99 | 135,89 | 188,09 | 64,01 | 16,74 | 2 135,99 | 147,28 | 203,84 | 69,37 | 18,14 | 2 300,99 | 158,66 | 219,60 | 74,73 | 19,55 |
| 1 808,99 | 124,72 | 172,62 | 58,74 | 15,36 | 1 973,99 | 136,10 | 188,37 | 64,11 | 16,77 | 2 138,99 | 147,49 | 204,13 | 69,47 | 18,17 | 2 303,99 | 158,87 | 219,89 | 74,83 | 19,57 |
| 1 811,99 | 124,92 | 172,90 | 58,84 | 15,39 | 1 976,99 | 136,31 | 188,66 | 64,20 | 16,79 | 2 141,99 | 147,69 | 204,42 | 69,57 | 18,19 | 2 306,99 | 159,08 | 220,17 | 74,93 | 19,60 |

aus: Praxis Aktuell der AOK Niedersachsen, Ausgabe 5, Dezember 2001, S. 7

**15**

Die Sozialversicherungsbeiträge sind i.d.R. vom Einkommen der Versicherten abhängig. Die Leistungen werden vom Gesetzgeber festgelegt. So erhalten z. B. in der Kranken- und Pflegeversicherung trotz unterschiedlich hoher Beitragszahlungen alle Versicherten die gleichen Leistungen. In der Renten-, Arbeitslosen- und Berufsunfallversicherung sind die Versicherungsleistungen von den unterschiedlich hohen Beitragsleistungen abhängig. Der Lebensstandard der Versicherten im Versicherungsfall (z.B. bei Verlust des Arbeitsplatzes) ist somit abhängig von der Höhe des vorher erzielten Einkommens und damit von den geleisteten Versicherungsbeiträgen.

Um soziale Härten zu vermeiden und jedem Versicherten einen minimalen Lebensstandard zu ermöglichen, wird vom Staat auch für Geringverdienende bei den letztgenannten Sozialversicherungen eine Mindestversorgung garantiert. Die Leistungen dieser Versicherungen werden ständig dem jeweiligen Lohnniveau angepasst und führen so zu einer dynamischen Versorgung. So steigen z. B. die laufenden Renten nach dem jährlichen Rentenanpassungsgesetz abhängig von der durch ein Wirtschaftswachstum beeinflussten positiven Einkommensentwicklung der Bevölkerung.

## Sonstige Abzüge

- **Vermögenswirksame Leistungen**

  Vermögenswirksame Leistungen können ganz oder teilweise vom Arbeitgeber und/oder Arbeitnehmer bis zu einem Höchstbetrag von 480,00 €/Jahr erbracht und vermögenswirksam angelegt (z. B. für einen Bausparvertrag) werden. Die Sparbeiträge werden vom Arbeitgeber einbehalten und an das Institut (z. B. Bausparkasse) abgeführt, mit dem der Arbeitnehmer einen Vertrag über die vermögenswirksame Anlage abgeschlossen hat.

- **Kirchensteuer**

  Die Kirchensteuer wird bei Mitgliedern einer Kirche vom Arbeitgeber einbehalten und mit der Lohnsteuer und dem Solidaritätszuschlag an das Finanzamt abgeführt.

### Lohn- und Gehaltsabrechnung

**Beispiel:**

## *OfficeCom AG*

### Entgeltabrechnung

Jens Neitzel

im Hause

| Personalnummer: | 47112 |
|---|---|
| Steuerklasse: | I |
| Abteilung: | Verkauf |
| Kostenstelle: | 5002 |
| Gehaltsgruppe: | K4 |
| Versicherungsnummer: | 230408659 |
| Bankleitzahl: | 256 050 30 |
| Kontonummer: | 6 876 765 |

### Abrechnungsmonat: April 20..

| Bezeichnung | | Betrag in € |
|---|---|---|
| **Bezüge:** | | |
| Bruttoentgelt | | 2.300,00 |
| **Abzüge:** | | |
| Lohnsteuer | | 384,00 |
| Solidaritätszuschlag | | 21,12 |
| Kirchensteuer | | 34,56 |
| Krankenversicherung | 6,90 % | 158,66 |
| Pflegeversicherung | 0,85 % | 19,55 |
| Rentenversicherung | 9,55 % | 219,60 |
| Arbeitslosenversicherung | 3,25 % | 74,73 |
| Auszahlungsbetrag: | | 1.387,78 |

**15**

### Gesetzliche, tarifvertragliche und freiwillige Sozialleistungen

Zusätzlich zum Grundlohn bzw. -gehalt entstehen für die Arbeitgeber noch zahlreiche weitere Zusatzkosten, z. B.:

- Arbeitgeberanteile zur Sozialversicherung
- Beiträge zur Unfallversicherung
- Lohnfortzahlung im Krankheitsfall
- Urlaubsgeld

- Zulagen, z. B. für Mehrarbeit, Sonntagsarbeit, Nachtarbeit
- Prämien für Verbesserungsvorschläge
- Vermögenswirksame Leistungen des Betriebs
- 13. Monatsgehalt (Weihnachtsgeld)

# 16
# Auftragsbearbeitung

# Auftragsbearbeitung – *Order handling*

## Anfragebearbeitung

Beim Eingang einer **Anfrage** eines Kunden sind bei der Sachbearbeitung in der Verkaufsabteilung zwecks Angebotserstellung (siehe auch Lernabschnitt 6) verschiedene Prüftätigkeiten durchzuführen.

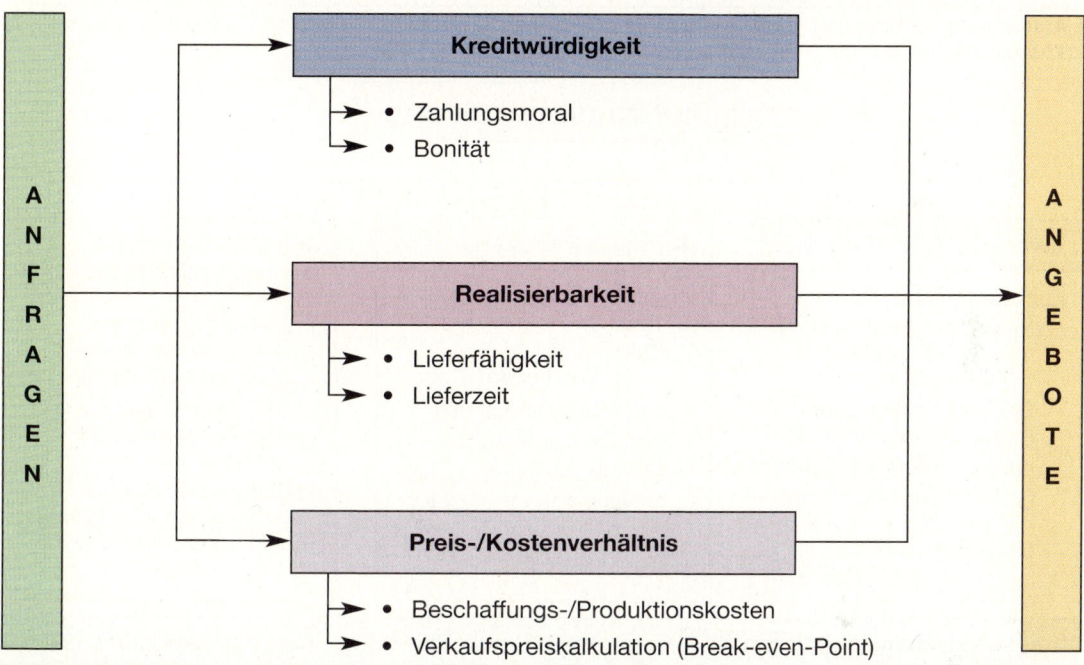

### Prüftätigkeiten des Sachbearbeiters/der Sachbearbeiterin

**ANFRAGEN**

**Kreditwürdigkeit**
- Zahlungsmoral
- Bonität

**Realisierbarkeit**
- Lieferfähigkeit
- Lieferzeit

**Preis-/Kostenverhältnis**
- Beschaffungs-/Produktionskosten
- Verkaufspreiskalkulation (Break-even-Point)

**ANGEBOTE**

## Kreditwürdigkeit

Bei der Überprüfung der Kreditwürdigkeit ist zu unterscheiden, ob es sich um einen **Alt-** oder **Neukunden** handelt. Bei einem **Altkunden** kann mithilfe der Debitorenliste die **Zahlungsmoral** (u. a. Skonto- und Ziel-ausnutzung, Zielüberschreitung, Mahnbescheide, Zwangsmaßnahmen) überprüft werden. Handelt es sich um einen **Neukunden,** dann kann mithilfe einer **externen Auskunftei** die **Bonität** überprüft werden. Bei höheren Auftragswerten entscheidet in Grenzfällen der/die Vorgesetzte, ob ein Angebot unterbreitet werden soll.

## Realisierbarkeit

Die **Lieferfähigkeit** wird in einem **Handelsunternehmen** zunächst durch Überprüfung der **Lagerbestände** kontrolliert. Folgende Fragen sind vor einer Angebotserstellung zu überprüfen:

1. Sind die gewünschten Artikel auf **Lager?**
2. Sind **Reservierungen** für andere Kunden vorhanden?
3. Sind die gewünschten Waren rechtzeitig zu **beschaffen?**

Zusätzlich zur Umsetzung der Lieferfähigkeit von Fertigprodukten in einem **Industrieunternehmen** sind noch folgende Fragen bezüglich der Umsetzung des gesamten Produktionsprozesses zu stellen:

4. Welche **Produktionsdauer** haben die angefragten Artikel?
5. Welche **Produktionsengpässe** entstehen durch ABC-Kunden?
6. Welche **Beschaffungszeiten** bestehen z. B. für Fremdbauteile?

Die **Lieferzeit** eines angefragten Produktes ergibt sich aus allen Tätigkeiten bis zur Warenverpackung und der Transportdauer. In einem Industrieunternehmen spielen auch Fragen der **Kapazitätsauslastung** für die Angebotserteilung eine Rolle.

## Preis-/Kostenverhältnis

Der Verkaufspreis des Produktes, das dem Kunden angeboten wird, soll mindestens **kostendeckend** sein. Er sollte sowohl die Beschaffungs- bzw. Produktions- als auch die Verwaltungs- und Vertriebskosten decken sowie einen Gewinnzuschlag enthalten.

16

# Auftragsbearbeitung – *Order handling*

## Auftragsabwicklung

### Begriff

Die Auftragsabwicklung stellt einen „Prozess zur Erfüllung von **Kundenaufträgen** ab Lager vom Zeitpunkt der Kundenbestellung bis zum Eingang der Rechnung beim Kunden"[1] dar.

### Teilfunktionen der Auftragsabwicklung

Die Auftragsabwicklung setzt sich aus den Teilfunktionen Auftragsübermittlung, Auftragsbearbeitung, Auftragszusammenstellung und Versand zusammen.

### Auftragsabwicklung

| Auftragsübermittlung | Auftragsbearbeitung | Auftragszusammen-stellung und Versand |
|---|---|---|
| Zum Beispiel durch:<br>– formlose schriftliche oder mündliche Bestellung durch Kunden<br>– Bestellannahme durch Außendienstmitarbeiter<br>– automatisierte Bestellsysteme (Einzelhandelsketten)<br>– Internet (E-commerce) | Überprüfung der Kundenaufträge im Hinblick auf (zum Beispiel):<br>– Preiskonditionen<br>– Lieferungsmodalitäten<br>– Bonität des Kunden<br>– Einplanung in das Logistiksystem | – Zusammenstellung der Güter im Lager (Kommissionierung)<br>– Anfertigung und Zusammenstellung der Versandpapiere<br>– Güterversand durch firmeneigenen Fuhrpark oder externe Transportträger |

### Auftragsabwicklungsfunktionen bei Lagerfertigung nach Phasen der Auftragsabwicklung (Beispiel)[2]

| | | Auftragsüber-mittlungsphase | Auftrags-prüfungsphase | Auftragsdispositions- und Leistungserbringungsphase | Fakturierungs-phase |
|---|---|---|---|---|---|
| **Koordinationsfunktionen der Auftragsabwicklung** | Auftragsnetz definieren | Auftragsnetz erzeugen | Auftragsnetz aktualisieren | Auftragsnetz aktualisieren | Auftragsnetz aktualisieren |
| | Aufträge erteilen | Auftrag an Unternehmen erteilen | Auftragsprüfungsaufträge erteilen<br>Auftragsbestätigung erteilen | Kommissionier- und Versandauftrag erteilen | Fakturierungsauftrag erteilen |
| | Aufträge leiten | | Auftrag priorisieren | Priorisierung überprüfen | |
| | Aufgabenausführung steuern | | | Kommissionieraufträge reihen<br>Auslieferungstour planen | |
| | Aufträge überwachen | | | Liefertermineinhaltung überprüfen | |
| | Prozessübergreifend koordinieren | | Produkte reservieren | | |
| **Fachfunktionen der Auftragsabwicklung** | | | Bonität prüfen<br>Auftragsmodalitäten prüfen<br>Liefermodalitäten prüfen | | Vorfakturierung durchführen<br>Nachfakturierung durchführen |
| **Tätigkeiten der Leistungserbringer** | | | | kommissionieren<br>verpacken<br>versenden | |

1 aus: Gabler Lexikon, 15. Aufl., Wiesbaden 2000, S. 232
2 aus: Rohweder, D.: Informationstechnologie und Auftragsabwicklung, Berlin 1996, Seite 162 f.

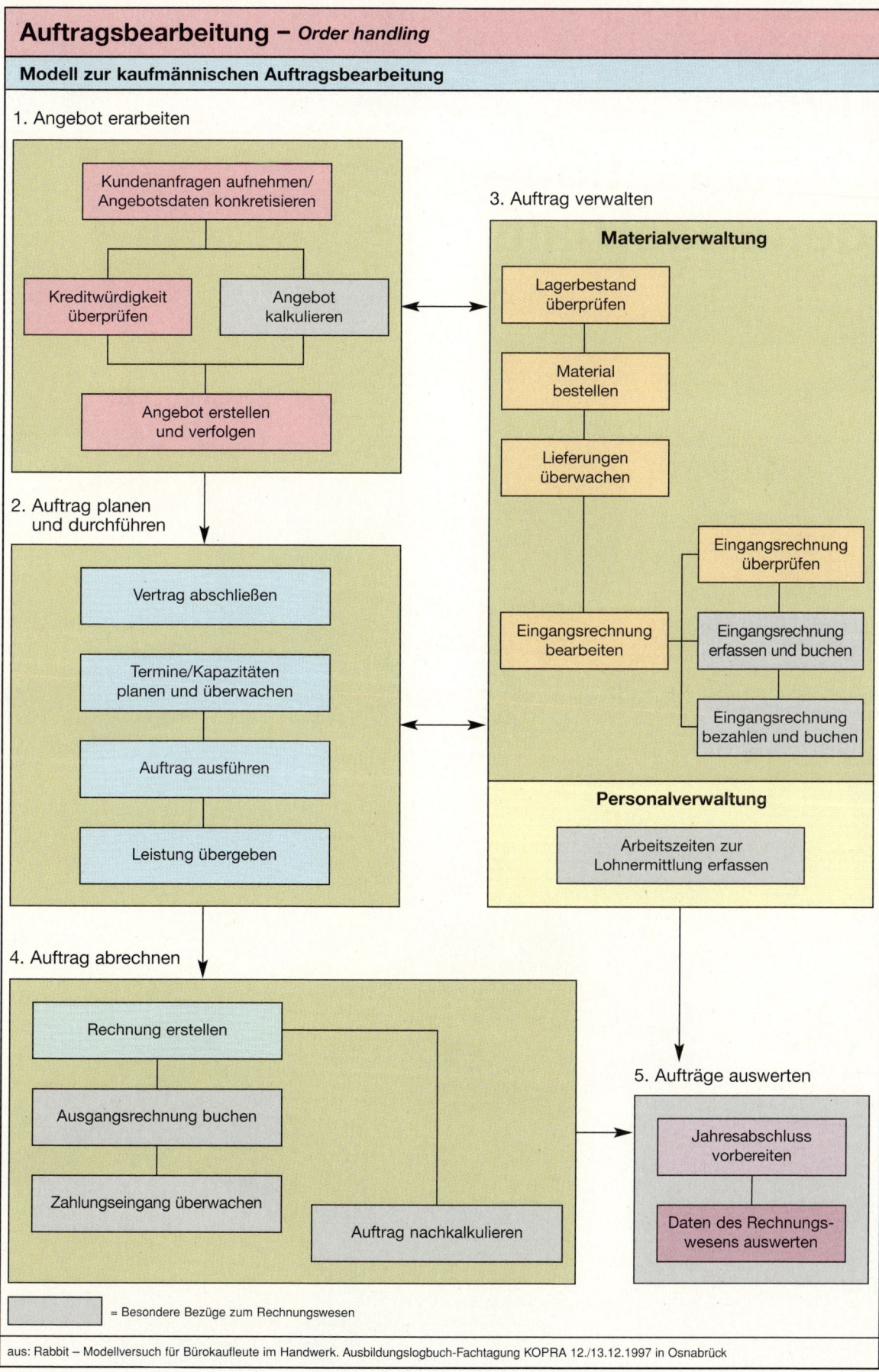

# Auftragsbearbeitung – *Order handling*

## Modell zur kaufmännischen Auftragsbearbeitung

**1. Angebot erarbeiten**

- Kundenanfragen aufnehmen/ Angebotsdaten konkretisieren
- Kreditwürdigkeit überprüfen
- Angebot kalkulieren
- Angebot erstellen und verfolgen

**2. Auftrag planen und durchführen**

- Vertrag abschließen
- Termine/Kapazitäten planen und überwachen
- Auftrag ausführen
- Leistung übergeben

**3. Auftrag verwalten**

**Materialverwaltung**

- Lagerbestand überprüfen
- Material bestellen
- Lieferungen überwachen
- Eingangsrechnung bearbeiten
- Eingangsrechnung überprüfen
- Eingangsrechnung erfassen und buchen
- Eingangsrechnung bezahlen und buchen

**Personalverwaltung**

- Arbeitszeiten zur Lohnermittlung erfassen

**4. Auftrag abrechnen**

- Rechnung erstellen
- Ausgangsrechnung buchen
- Zahlungseingang überwachen
- Auftrag nachkalkulieren

**5. Aufträge auswerten**

- Jahresabschluss vorbereiten
- Daten des Rechnungswesens auswerten

▨ = Besondere Bezüge zum Rechnungswesen

16

aus: Rabbit – Modellversuch für Bürokaufleute im Handwerk. Ausbildungslogbuch-Fachtagung KOPRA 12./13.12.1997 in Osnabrück

# 17 Organisation der Lagerhaltung

# Lagerhaltung – *Stockkeeping*

## Überbrückungsfunktionen

**Überbrückung von ...**

### Zeitproblemen

– zwischen der Beschaffung des Lagergutes und dessen Weiterverkauf (Handelsbetrieb)
– zwischen der Beschaffung des Lagergutes und dessen Verwendung bei der Produktion (Industriebetrieb)

### Raumproblemen

– zur Herstellung der Lieferfähigkeit vor Ort (Handelsbetrieb)
– zur Aufrechterhaltung der Produktionsfähigkeit vor Ort (Industriebetrieb)

### Mengenproblemen

– zur Herstellung der Lieferfähigkeit in ausreichenden Mengen
– zur Schaffung eines Spielraumes bei erhöhter Nachfrage

### Preisproblemen

– zur Nutzung von Mengenrabatten
– zur Inanspruchnahme von Sonderangeboten
– zur Vorbeugung gegen vorhersehbare Preiserhöhungen

## Zielkonflikte

**Ziele der Lagerhaltung**

**Leistungsziele**

| ertragswirtschaftlich | kostenwirtschaftlich |
|---|---|
| Möglichst hohe Liefer- bzw. Produktionsbereitschaft | Möglichst geringe Kapitalbindung |
| – ständige Bereitschaft zur Erfüllung der Kundennachfrage (Handelsbetrieb)<br>– ständige Gewährleistung eines reibungslosen Produktionsablaufes (Industriebetrieb) | – niedriger Kapitalbedarf<br>– geringe Zinskosten<br>– geringe Lagerkosten |

**Zielkonflikt**

**Spekulationsziele**

| ertragswirtschaftlich | kostenwirtschaftlich |
|---|---|
| Erwartung von Warenpreiserhöhungen | Erwartung von Kostensteigerungen |

17

aus: Bentin, Margit u. a.: Handlungsorientierte Materialien zur Allgemeinen Wirtschaftslehre, Beschaffung, Lehrerband, 1. Auflage, Braunschweig 1994, S. 125 f.

# Lagerkennziffern – *Inventory turnover ratios*

**Lagerbestandskarte**

| Artikel-Nr.: 04-0187 | Artikelbezeichnung: Recycling-Kopierpapier A4 80 g | Einheit: 1000 Blatt |
|---|---|---|
| Mindestbestand: 40 Einheiten | Meldebestand: 120 Einheiten | Höchstbestand: 1500 Einheiten |

| Lagerbewegung | | | | Bedarfsmeldung | | |
|---|---|---|---|---|---|---|
| Datum | Beleg-Nr. | Eingang | Ausgang | Bestand | Datum | angef. Menge | Unterschrift |

| Datum | Beleg-Nr. | Eingang | Ausgang | Bestand | Datum | angef. Menge | Unterschrift |
|---|---|---|---|---|---|---|---|
| 31. 12. | | | | 600 | | | |
| 07. 01. | | | 125 | 475 | | | |
| 12. 01. | | | 100 | 375 | | | |
| 18. 01. | | | 250 | 125 | 13. 01. | 1200 | Wo |
| 21. 01. | | | 75 | 50 | | | |
| 22. 01. | | 1.200 | 200 | 1.050 | | | |
| 28. 01. | | | 150 | 900 | | | |
| 02. 02. | | | 200 | 700 | | | |

**Unterlagen aus der Buchhaltung**

S Gewinn- und Verlustkonto H

Wareneinsatz | Verkaufserlöse

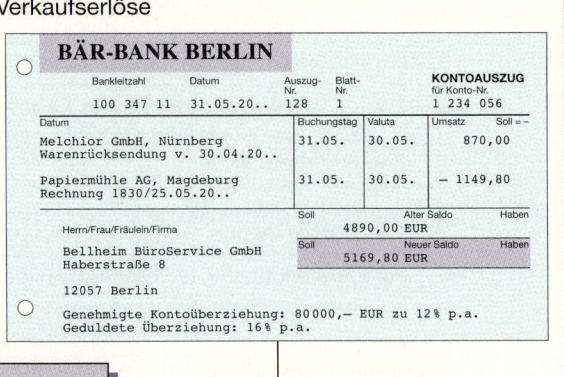

Aus der Lagerbestandskarte sich ergebende Monatsendbestände (Einheiten):

| | | | |
|---|---|---|---|
| Februar | 325 | August | 775 |
| März | 465 | September | 550 |
| April | 420 | Oktober | 820 |
| Mai | 275 | November | 615 |
| Juni | 515 | Dezember | 670 |
| Juli | 220 | | |

**Lagerkennziffern**

| Formeln | | Rechenbeispiele |
|---|---|---|

**Durchschnittlicher monatlicher Lagerbestand***

$$= \frac{\text{Anfangsbestand} + 12 \text{ Monatsbestände}}{13} = \frac{600\,000 + 6\,550\,000}{13} = 550\,000$$

Der durchschnittliche monatliche Lagerbestand beträgt 550 000 Stück. Das sind bei einem Einstandspreis von 10,85 € je 1000 Stück 5.967,50 €.

**Umschlagshäufigkeit**

$$= \frac{\text{Wareneinsatz pro Jahr}}{\text{durchschnittlicher Lagerbestand}} = \frac{107\,415,00}{5\,967,50} = 18$$

Der durchschnittliche Lagerbestand wird 18-mal pro Jahr umgeschlagen.

**Durchschnittliche Lagerdauer**

$$= \frac{360}{\text{Umschlagshäufigkeit}} = \frac{360}{18} = 20$$

Die durchschnittliche Lagerdauer beträgt 20 Tage.

**Lagerzinssatz**

$$= \frac{\text{Jahreszinssatz} \cdot \text{durchschnittliche Lagerdauer}}{360} = \frac{12 \cdot 20}{360} \triangleq 0,67$$

Für die Berechnung des Lagerzinssatzes wird der Zinssatz für eine kurzfristige Kontoüberziehung bei der Bank zugrunde gelegt. Der Zinssatz beträgt 0,67 %.

**Lagerzinskosten**

$$= \text{Lagerzinssatz} \cdot \text{durchschnittlicher Lagerbestand} = \frac{0,67 \cdot 5967,50}{100} \triangleq 39,98$$

Die Lagerzinskosten für das Produkt betragen 39,98 € pro Jahr.

*Es gibt auch andere Zeiteinteilungen, z. B. quartalsmäßig, jährlich.

aus: Bentin, Margit u. a.: Handlungsorientierte Materialien zur Allgemeinen Wirtschaftslehre, Beschaffung, Lehrerb., 1. Aufl., Braunschweig 1994, S. 127 f.

**17**

# Lagerbestandsgrößen – *Inventory size*

| **Mindestbestand (Eiserner Bestand)** | **Höchstbestand** |
|---|---|
| Er gibt die Vorratsmenge an, die nur bei außerordentlichen Lieferschwierigkeiten (z. B. Streik, Naturkatastrophen) in Anspruch genommen werden darf. Dazu muss der zu überbrückende Zeitraum geschätzt und als Rechengröße festgelegt werden. | Er gibt die Warenmenge an, die höchstens eingelagert werden kann (z. B. abhängig von Lagerkapazität, Verderb). |

**Meldebestand**

| | |
|---|---|
| Er gibt die Warenmenge an, bei der die Lagerverwaltung der Einkaufsabteilung mitteilt, dass Ware | nachbestellt werden muss. |

**Meldebestand = (durchschnittlicher Tagesabsatz · Lieferzeit) + Mindestbestand**

aus: Bentin, Margit u. a.: Handlungsorientierte Materialien in Wirtschaft und Verwaltung, Beschaffung, 3. Auflage, Darmstadt 2001, S. 45

3525226

# Ziele der Lagerhaltung – *Aims of stock keeping*

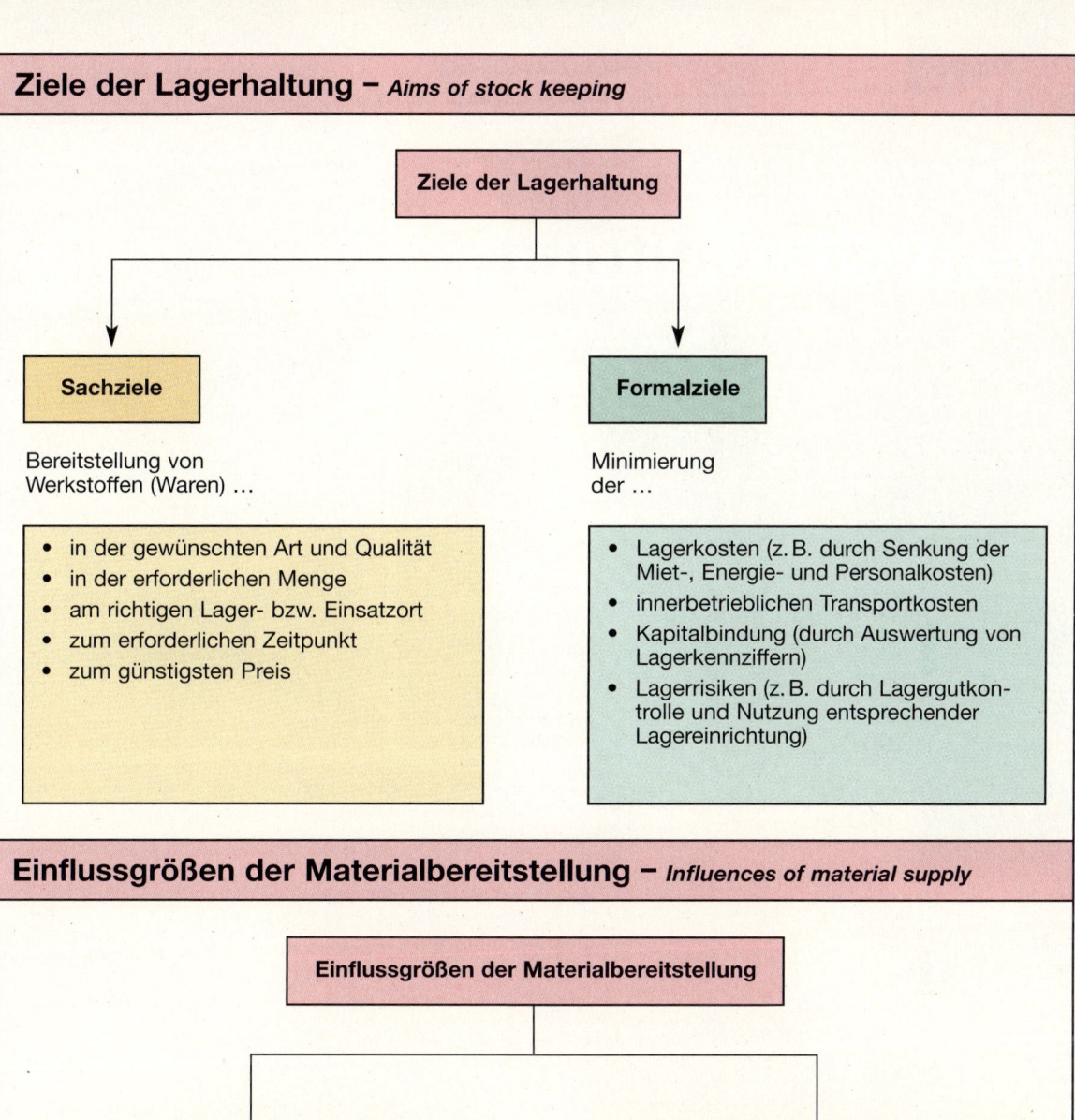

**Ziele der Lagerhaltung**

**Sachziele**

Bereitstellung von
Werkstoffen (Waren) …

- in der gewünschten Art und Qualität
- in der erforderlichen Menge
- am richtigen Lager- bzw. Einsatzort
- zum erforderlichen Zeitpunkt
- zum günstigsten Preis

**Formalziele**

Minimierung
der …

- Lagerkosten (z. B. durch Senkung der Miet-, Energie- und Personalkosten)
- innerbetrieblichen Transportkosten
- Kapitalbindung (durch Auswertung von Lagerkennziffern)
- Lagerrisiken (z. B. durch Lagergutkontrolle und Nutzung entsprechender Lagereinrichtung)

# Einflussgrößen der Materialbereitstellung – *Influences of material supply*

**Einflussgrößen der Materialbereitstellung**

**Außerbetriebliche Marktdaten**

- Beschaffungsmarktverhältnisse, zum Beispiel:
  - Marktmacht der Lieferanten
  - saisonale Schwankungen von Preisen bzw. Mengen
- Absatzmarktverhältnisse, zum Beispiel:
  - Marktmacht der Mitbewerber
  - saisonale Schwankungen von Preisen und Mengen

**Innerbetriebliche Unternehmensdaten**

- Erzeugnisprogramm, zum Beispiel:
  - breites oder schmales Sortiment
  - tiefes oder flaches Sortiment
- Kapazitätsauslastung, zum Beispiel:
  - hohe oder niedrige Auslastung
  - gleichmäßige oder situative Auslastung
- Finanzlage, zum Beispiel:
  - sichere oder unsichere Liquiditätsverhältnisse

17

# 18
# Textverarbeitung

# Organisation der Textverarbeitung – *Organization of word processing*

## Normung im Büro

Unter Normung versteht man die planmäßige, durch die interessierten Kreise gemeinschaftlich durchgeführte Vereinheitlichung von materiellen und immateriellen Gegenständen zum Nutzen der Allgemeinheit. Hintergründe für Normung insbesondere in der Zeit der Globalisierung sind die rationelle, weltweite Fertigung, die schnelle weltweite Ersatzteilbeschaffung, der daraus resultierende geringe Lagerbestand und die damit verbundene Kostensenkung bei Unternehmen. Normung im bürowirtschaftlichen Ablauf erleichtert ebenfalls die Zusammenarbeit und ermöglicht eine schnelle Bearbeitung.

## Begriffe

Das Deutsche Institut für Normung e.V. in Berlin (DIN) vereint Hersteller, Händler und Verbraucher in den deutschen Normenausschüssen. Dieses Gremium berät über Notwendigkeit und Anwendung der Normung z.B. im Büro und gibt dann gemeinsam einen so genannten „Gelbdruck" im DIN heraus, der dann künftig auch verbindlich ist. ISO (International Standardisation Organization) umfasst die internationale Normung und gewinnt im globalen Wettbewerb immer stärker an Bedeutung.

## Überblick über die wichtigsten Normen im Bürobereich

| | |
|---|---|
| DIN 476 – Papierendformat | DIN 5007 – Alphabetische Ordnung von Namen |
| DIN 676 – Geschäftsbrief (Einzelvordruck) | DIN 5008 – Schreib- und Gestaltungsregeln für die |
| DIN 678 – Briefhüllen | Textverarbeitung |
| DIN 680 – Briefhüllen | DIN 5009 – Regeln für das Fonodiktat |

## Rationelle Formen der Textverarbeitung

| Form der Texterstellung | Anwendungsbereich | Effizienz beim Einsatz |
|---|---|---|
| Vorlage in Langschrift | Außerhalb des Büros aufgezeichnete Reden und Gedanken | Seltenerer Einsatz, daher auch teuer |
| Diktat über den PC | Beantwortung von Kundenanfragen | Hohe Kosten durch gleichzeitigen Personeneinsatz |
| Fonodiktat | Zeitversetztes Diktieren (außerhalb der Geschäftszeiten möglich), z.B. Schriftsätze, Verträge | Diktant und Schreibkraft müssen die Regeln DIN 5009 beherrschen, um rationell arbeiten zu können |
| Stichwortbrief | Schnelle Abgaben von Angeboten und Kundenanfragen | Die Bearbeitung erfolgt sehr schnell, allerdings oft unpersönlich |
| Aktennotiz/Telefonnotiz | Telefongespräche | Beweisführung; rationelle Weitergabe von Informationen |
| Vordrucke | Reisevordrucke, Faxdeckblätter, Kurzbriefe, Urlaubsanträge | Rationelle Bearbeitung möglich, schnelle Bearbeitung |
| Schemabriefe | Mahnungen, Einladungen | Schnelle und rationelle Bearbeitung möglich |

**Beispiel:**

| Vor- und Zuname (Maschinen- oder Druckschrift): | Abteilung: | Telefon: |
|---|---|---|

# Nachricht

**Ihr Antrag**

auf ☐ **Erholungsurlaub**    ☐ **Sonderurlaub**    ☐ **Arbeitsbefreiung**

| für den | bis | = Arbeitstage: |
|---|---|---|

ist ☐ **genehmigt**    ☐ **nicht genehmigt.**    Resturlaub 20_____ = _____ Arbeitstage

**18**

# Organisation der Textverarbeitung – *Organization of word processing*

## Textbausteine

Textbausteine sollen helfen durch vorformulierte Standardsätze den routinierten Schriftwechsel zu rationalisieren.

**Vorgehensweise:**
- Schriftgutanalyse: Ein Team einer Abteilung trägt den Schriftwechsel dieser Abteilung inhaltlich zusammen.
- Der Schriftwechsel wird gegliedert, ganze Sätze werden formuliert.
- Aus den Sätzen und Absätzen wird ein Texthandbuch erstellt; aus dem Texthandbuch werden die entsprechenden Nummern den Textbausteinen zugeordnet.
- Die Sachbearbeiter suchen bei Routineschriftwechsel die Abschnitte aus dem Texthandbuch zusammen und schreiben die Ziffern auf den so genannten Schreibauftrag.
- Die Sekretärin erstellt den Brief.

## Serienbriefe

Massenschriftstücke wie z. B. Werbeschreiben, Einladungen können rationell verschickt werden.

**Vorgehensweise:**
- In einer Datenbank werden die Anschriften und die persönlichen Anreden aller Personen erfasst.
- Danach werden so genannte Haltepunkte für die Anschrift und die Anrede gesetzt.
- Der Brief wird im Textverarbeitungssystem geschrieben.
- Die Funktion „Serienbriefe" steuert durch die Mischfunktion die Anschriftdatenbank mit der Serienbriefdatei und erstellt daraus die fertigen Serienbriefe.

  → Datenbankinhalte + Brief = Serienbrief

Geschäftsbrief A4 mit Kommunikationszeile, Form B, DIN 676

aus: Breitkreutz, Rainer und Richter, Klaus: Gutes Deutsch – Gute Briefe. 21. Aufl., Darmstadt 2002, S. 15

18

3525230

# Textverarbeitung – *Word processing*

## Fonodiktat

Das Fonodiktat ist ein örtlich und zeitlich unabhängiges Diktat, das eine klare Sprache erfordert und nach bestimmten Regeln erfolgt. Die Diktierregeln sind in der Norm DIN 5009 festgelegt. Sowohl der Diktierende als auch die Schreibkraft sollten diese Regeln kennen und anwenden.

## Diktierregeln nach DIN 5009

**Anweisungen** sind Hinweise für Hervorhebungen (z. B. Wechsel der Schriftart) oder das Buchstabieren. Sie sind am Anfang mit dem Wort „Stopp" und am Ende mit dem Wort „Text" gekennzeichnet.

**Beispiel:**
Beim Diktieren sollte man immer deutlich – Stopp fett deutlich – Text sprechen. – Punkt

## Buchstabiertafeln

Beim Diktieren sollte man immer die amtlichen Buchstabiertafeln beachten:

| Inland | | Ausland | |
|---|---|---|---|
| A = Anton | O = Otto | A = Amsterdam | N = New York |
| Ä = Ärger | Ö = Ökonom | B = Baltimore | O = Oslo |
| B = Berta | P = Paula | C = Casablanca | P = Paris |
| C = Cäsar | Q = Quelle | D = Dänemark | Q = Quebec |
| Ch = Charlotte | R = Richard | E = Edison | R = Roma |
| D = Dora | S = Samuel | F = Florida | S = Santiago |
| E = Emil | Sch = Schule | G = Gallipoli | T = Tripoli |
| F = Friedrich | ß = Eszett | H = Havana | U = Upsala |
| G = Gustav | T = Theodor | I = Italia | V = Valencia |
| H = Heinrich | U = Ulrich | J = Jerusalem | W = Washington |
| I = Ida | Ü = Übermut | K = Kilogramme | X = Xanthippe |
| J = Julius | V = Viktor | L = Liverpool | Y = Yokohama |
| K = Kaufmann | W = Wilhelm | M = Madagaskar | Z = Zürich |
| L = Ludwig | X = Xanthippe | | |
| M = Martha | Y = Ypsilon | | |
| N = Nordpol | Z = Zacharias | | |

## Konstanten

Konstanten sind feste Benennungen aus dem Duden und der Norm DIN 5008, die sowohl Anweisungen darstellen als auch zur besseren Verständigung dienen, z. B. Satzzeichen, Hinweise auf die Form, Hinweise auf den Ablauf.

## Diktiersysteme

Das Diktieren kann mit Bürodiktiergeräten, Taschendiktiergeräten oder Spracherkennungssystemen erfolgen. Bürodiktiergeräte und Taschendiktiergeräte arbeiten sowohl analog als auch digital. Bei der digitalen Sprachverarbeitung wird das gesprochene Wort als Datei auf einem speziellen Datenträger gespeichert und kann individuell bearbeitet werden.

## Spracherkennungssysteme

Bei der Spracherkennung wird nach dem Diktat ein Such- und Vergleichsprozess mit schon gespeicherten Wörtern durchgeführt, anschließend können Korrekturen vorgenommen werden. Mittlerweile ist die kontinuierliche Spracherkennung gut entwickelt, bei der ein fließendes und natürliches Sprechen möglich ist.

18

## Textverarbeitung am PC – *Word processing with the personal computer*

### 10-Finger-Tastschreiben

Auf dem Tastenfeld hat jeder Finger seinen festen Platz. Aus der Grundstellung a s d f j k l ö werden alle Schreib- und Funktionstasten bedient.

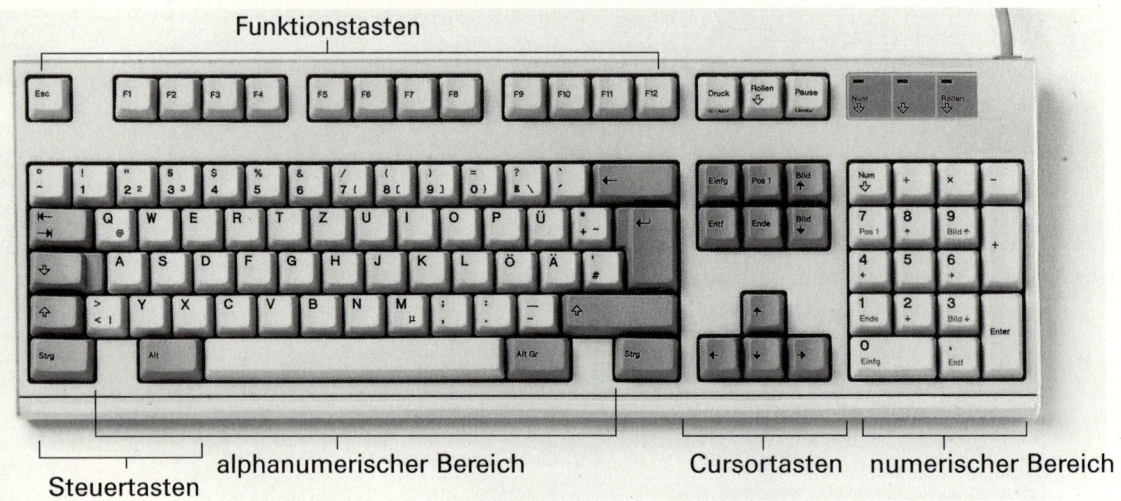

Funktionstasten

Steuertasten · alphanumerischer Bereich · Cursortasten · numerischer Bereich

### Übungsablauf

Der nachfolgende Übungsablauf stellt die Erarbeitung der Tastatur dar. Jede Grifffolge ist aus der Grundstellung heraus so lange zu üben, bis der Bewegungsablauf automatisiert und Griffe „blind" gegriffen werden können.

**Grundstellung**
aaa sss ddd fff jjj kkk lll ööö asa ada afa aja aka ala aöa sds sfs sjs sks sls sös dad das daf daj
dak dal daö fas fad fass faj fak fal fall lak jak jall jaffa kalla all fall dass jass sad falk

**Erarbeitung g und h**
lag sah gah aha fahl kahl klag gas hall hass gall haha gala hak

**Erarbeitung e und i, r und u, w und o und q und p**
frei die dei sei sie jei kei lei reif rief frei freude friede jule welle wie weil wo wer war prall
quell quall qquer quirl wahr porös posse power ruder luder klag klag half kulg fuhr ölig lisa löwe

**Erarbeitung von t und z, Komma**
das, dies, ist, wo, dort, dort, fort, zwei, rief, folge, klage, juli, kuli, fruit, ruder, zur, zeige, hart

**Erarbeitung von v und m, b und n**
viel, mehr, banane, nunmehr, meist alles, ganz bunt, ganz viel, dann ist, darum gekommen

**Großschreibung**
Für Großbuchstaben der rechten Hand dient der linke Umschalter, für Großbuchstaben der linken Hand dient der rechte Umschalter. Dabei wird der Umschalter niedergedrückt, der Großbuchstabe mit der rechten Hand niedergedrückt und dann der Umschalter wieder losgelassen.
Die Wolle ist geliefert, am Kai befinden sich die meisten Fische, die besten Angebote sind hier, sie malte ihm ein hervorragendes Bild, daher sollte er sich jetzt keine Sorgen machen

**Erarbeitung von Punkt und Doppelpunkt und Semikolon und Bindestrich (I)**
Die Umstellung auf Euro erfolgte in den folgenden Ländern: Finnland, Deutschland, Portugal, Luxemburg, Griechenland, Spanien, Frankreich, Niederlande, Belgien, Österreich, Italien, Irland; Schweden und Großbritannien sind bereit, Euro-Scheine anzunehmen.

**Erarbeitung von c und x und y und Bindestrich (II)**
Die Boxer kamen total cool aus dem Ring. Das Publikum konnte durch den Ein- und Ausgang des Stadions die Zeremonie verfolgen und alle Boys in ihren Ausgangsboxen bewundern. Das Spiel Spanien – Finnland endete unentschieden. Anschließend konnten die Besucher mit dem Intercity-Express nach New York fahren und den Harry-Potter-Film im Kino ansehen.

**18**

3525232

# Textverarbeitung am PC – *Word processing with the personal computer*

## Übungsablauf

### Erarbeitung von a und ü und ß und ? und ˝ und !
Wo? Wer? Wie? Warum? Weshalb? Wieso? Womit? Wie war es hier? Warum war er dort? Vielen Dank für das Geschenk! Alles Gute für dieses Jahr! Alle schreiben mit „Roxy"-Füller.

### Erarbeitung der Zahlen 1 und 2, 3 und 0, 4 und 9, Zeichen § = $)
1 Baum, 2 Gärten, in § 3 stehen die nachfolgenden Rechte, §§ 49, 34 beinhalten alle wichtigen Einzelheiten, EZB = Europäische Zentralbank, 12.000 $, a) Europäische Gemeinschaft, b) Mitgliedsländer, c) geschichtliche Entwicklung, d) Osterweiterung, e) Weiterentwicklung

### Erarbeiten der Zahlen 4 und 8, 6 und 7, Zeichen % ( & /
4 Finger, 6 Jahre, 84 Cent, 6 Euro, 7 cm, die Preise haben sich um 47 % erhöht, die EZB (Europäische Zentralbank) hat ihren Sitz in Frankfurt/Main. Die Firma Weber & Palmu bietet ihre Waren den Kunden im europäischen Wirtschaftsraum an. Das Verfahren Weber ./. Ande ist abgeschlossen.

### Erarbeitung von ' ` † * Akzenten
Anette von Droste-Hülshoff (*1797 †1848) war eine berühmte deutsche Dichterin.
Wie gehts dir? „Die Landschaft 'Kusamu' ist wirklich wunderschön!" Café, Ampère, Nîmes,
Die Temperatur in Rovaniemi (Nordfinnland) lag bei – 40 °C, der Winkel hat 45°.

## Autorenkorrektur gemäß DIN 16511

Wenn Schreibfehler, Formfehler oder nachträgliche Änderungen auf dem Ausdruck vorgenommen werden, bezeichnet man diese Änderungen als „Autorenkorrektur". Die Korrekturzeichen sind genormt, um eine einheitliche Vorgehensweise zu ermöglichen. Jedes eingezeichnete Korrekturzeichen wird auf dem Rand wiederholt und die erforderliche Änderung ist rechts neben das wiederholte Korrekturzeichen zu schreiben.

| Beispiel: | Korrekturzeichen: | Erklärung: |
|---|---|---|
| Ersätzen | / e | Falsches Zeichen ersetzen |
| Andere Schriftart | ～～ | Es wird eine andere Schrift verlangt. |
| Falsche Bachstiben | / u ⟋ a | Falsche Buchstaben werden ersetzt. |
| Fehlende Bustaben | / uch | Fehlende Buchstaben werden angezeigt. |
| Überflüüüssige Buchstaben | ⊢—/ ⸿ | Das Zeichen ⸿ (deleatur = es werde getilgt) wird angemerkt. |
| Vertsellet Buchstaben | ⊓st ⊓te | Sie werden am Rand gekennzeichnet. |
| Fehlende Zwischenräume | ⋎ | Sie werden am Rand vermerkt. |
| Das Anhängen von Absätzen | | Absätze, die zusammengehören, werden am Rand gekennzeichnet. |
| kann so erfolgen. | | |

## Textbeispiel

Der Europäische Computer-Führerschein, abgekürzt ECDL
ist der beliebteste Nachweis über umfassende Kenntnisse
im IT-Bereich. Er ist heute für das berufliche Weiterkommen
fast unentbehrlich und umfasst sieben Module: 1. Grundlagen der Informationstechnologie: Hard- und Software, Sicherheit, Copyright
2. Computerbenutzung und Dateiverwaltung, 3. Textverarbeitung,
Clipart, Tabellen, Seriendruck, 4. Tebellenkalkulation, 5. Datenbanken, 6. Präsentationen für Folieen, Diagramme, Bildschirmpräsentationen, Ausdruck, 7. Informations- und Kommunikationsnetze:
Navigieren im Internet, E-Mail-Funktionen.

/ L,
/ ⸿
/ t,
/ a
/ ⸿

**18**

# Textverarbeitung – Befehle am PC – *Word processing*

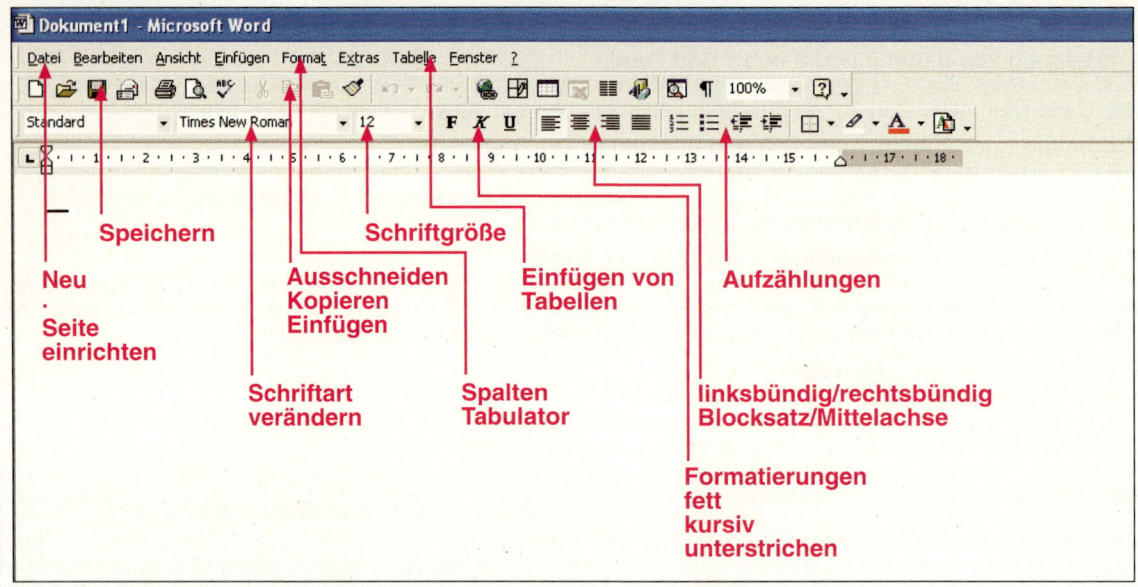

**Neu**
.
**Seite einrichten**

**Speichern**

**Schriftgröße**

**Ausschneiden Kopieren Einfügen**

**Einfügen von Tabellen**

**Aufzählungen**

**Schriftart verändern**

**Spalten Tabulator**

**linksbündig/rechtsbündig Blocksatz/Mittelachse**

**Formatierungen fett kursiv unterstrichen**

## Formatierung mithilfe des Textverarbeitungsprogramms – Beispiel

Dieser Text ist zunächst einzugeben und dann mithilfe des Textverarbeitungsprogramms entsprechend zu formatieren:

# Im Nordosten Europas ...

*Um welches Land handelt es sich?*

In Europa sind nur Spanien, Frankreich, Deutschland und Schweden flächenmäßig größer. Und wer hat schon 60 000 Seen im Land? Das nördliche Viertel des Landes liegt nördlich des Polarkreises – nur Island liegt noch nördlicher. Und Sibirien, Alaska, Südgrönland findet man auf dem Globus auf der derselben Höhe. Im Juli liegen die Temperaturen zwischen 13 und 20 °C, im Februar zeigt das Thermometer auch mal – 40 °C. Hier leben 17 Einwohner pro Quadratkilometer.

Dieses Land hat das früheste Frauenwahlrecht in Europa; auch der Verteidigungsminister ist eine Frau. Die Musikwelt kennt *Jean Sibelius* und die Kunstwelt **Alvar Aalto.** Weltberühmt sind auch Janne Arhunen und Mika Häkkinen. Und nicht zu vergessen: NOKIA, die ehemalige Fabrik für Gummistiefel. Das Klima formt Land und Leute, es prägt die Landschaften und es prägt die Lebensart. Klare Linien kennzeichen die finnische Lebenskultur.

Die Namen sagen etwas über die Sprache aus. Die Sprache gehört zur finno-ugrischen Sprachenfamilie, zu der auch das Estnische und das Ungarische gehören. Die Kinder können nach der Schule die folgenden Sprachen:

- Muttersprache
- Schwedisch
- Englisch
- Deutsch
- Spanisch, Französisch oder Russisch

Und nicht zuletzt das Saunaleben. Der Begriff Sauna umfasst Erholung und Entspannung pur. In jeder Wohnung findet man sie, die trockene und heiße Sauna. Man unterscheidet folgende Arten:

| Sauna-Art | Anwendung |
|---|---|
| Wohnungs-Sauna | jeden zweiten Tag, praktisch, jedoch wenig Abkühlung |
| Block-Sauna | einmal wöchentlich, bevorzugt im Sommerhaus, See zur Abkühlung |
| Rauch-Sauna | einmal jährlich, lange Vorbereitung, bevorzugt im Sommer |

Und nun: gute Reise oder auf finnisch hyvää matka!!

**18**

3525234

# Textverarbeitung – Vordrucke – *Word processing – forms*

Vordrucke erleichtern die Arbeitsabläufe im Büro. Sie rationalisieren den Schriftverkehr durch Leitwörter, die sicherstellen, dass keine wichtigen Informationen vergessen werden. Vordrucke sind nicht anzuwenden für persönliche Schreiben wie z.B. Bewerbungsabsagen, Einladungen oder Gratulationsschreiben.

## Anforderungen an Vordrucke

- übersichtlich
- ablaufgerecht (logischer Aufbau)
- DIN-gerecht (Eintragungen sollen mit dem PC vorgenommen werden)
- schreibgerecht (handschriftliche Eintragungen sollen möglich sein)

## Vordruckarten

Extern:
- Rechnung
- Bestellung
- Lieferschein
- Quittung

Intern:
- Reisekostenabrechnung
- Urlaubsschein
- Kurzmitteilung
- Telefonnotiz

**Beispiel:**

**Lieferschein**

Nr.

vom

| Unser Zeichen | Hausruf | Ihr Angebot vom | |
|---|---|---|---|
| Versandart | frei | unfrei | Verpackungsart | Liefertermin |

| Pos. | Sachnummer | Bezeichnung der Lieferung/Leistung | Menge und Einheit | € |
|---|---|---|---|---|
| | | | | |

| Anschrift | E-Mail wwww. | Tel.: Fax: |
|---|---|---|

**18**

# DIN 5008

Geschäftsbriefe sollten formgerecht nach den Vorgaben der DIN 5008 erstellt werden:

❶ Der **Briefkopf** enthält die Firma des Absenders, häufig wird zusätzlich ein werbewirksames Firmenlogo hinzugefügt.

❷ Oberhalb des Anschriftfeldes erscheint die **Postanschrift des Absenders.**

❸ Inhalte des neunzeiligen **Anschriftfeldes:**

– in der ersten Zeile werden – soweit notwendig – postalische Vermerke, z. B. die Versendungsform („Übergabe-Einschreiben") genannt;

– nach einer Leerzeile beginnt in der dritten Zeile die Empfängerbezeichnung;

– unter der Empfängerbezeichnung folgen Postfach oder Straße und Hausnummer; die Postfachnummer ist von rechts beginnend zweistellig zu gliedern;

– nach einer Leerzeile werden Postleitzahl und Bestimmungsort genannt; bei Auslandsanschriften werden Bestimmungsort und -land in Großbuchstaben geschrieben;

❹ Inhalte der **Bezugszeichenzeile:**

– in Kurzform Zeichen (in der Regel Buchstaben), die zur Identifizierung des Schreibens dienen („Ihr Zeichen" bzw. „Unser Zeichen");

– Daten des vorangegangenen Schriftverkehrs („Ihre Nachricht vom" bzw. „unsere Nachricht vom");

– Telefonnummer (funktionsbezogen gegliedert, z. B.: 0531 12345);

– Absendedatum in numerischer (z. B.: 2002-10-04) oder alphanumerischer Schreibung (z. B. 4. Oktober 2002).

Neben der Bezugszeichenzeile können weitere Kommunikationsangaben in einer **Kommunikationszeile rechts neben dem Anschriftfeld** genannt werden. Möglich ist auch ein eigenständiger **Informationsblock** rechts neben dem Anschriftfeld.

❺ Nach zwei Leerzeilen folgt der **Betreff,** der den Inhalt des Briefes in Kurzform nennt, um z. B. die Postverteilung in der Poststelle von Großunternehmen zu beschleunigen. Der Betreff wird in der Regel in Fettdruck geschrieben.

❻ Nach zwei Leerzeilen wird die **Anrede** formuliert, die in der Regel mit einem Komma schließt.

❼ Nach einer Leerzeile beginnt der eigentliche **Brieftext.** Längere Textteile sind sinnvoll durch Absätze zu untergliedern. Nach jedem Absatz ist eine Leerzeile einzuplanen.

❽ Nach einer Leerzeile erscheint die **Grußformel,** die stets mit einem Großbuchstaben beginnt.

❾ Nach einer Leerzeile wird die **Firma des Absenders** genannt. Darunter ist Platz für die handschriftliche Unterschrift des Unterzeichners zu lassen, eventuell erfolgt zusätzlich eine maschinenschriftliche Namenswiedergabe des Unterzeichners.

❿ In Fettdruck erscheinen in der Regel **Anlagen-** bzw. **Verteilervermerke.**

⓫ Der **Brieffuß** enthält in vorgedruckter Form **Geschäftsangaben** des Absenders (vgl. § 37 a bzw. § 125 a HGB).

**18**

---

❶ BELLHEIM-BÜROSERVICE GMBH

❷ BELLHEIM-BÜROSERVICE GMBH · Postfach 13 31 · 12055 Berlin
Übergabe-Einschreiben

Haberstraße
12075 Berlin

❸ OfficeCom AG
Frau Petra Glan
Hansestraße 120

38112 Braunschweig

| ❹ Ihr Zeichen, Ihre Nachricht vom | Unser Zeichen, unsere Nachricht vom | ☎ 030 23537- Apparat | Berlin |
|---|---|---|---|
| gl-bi 0.-09-11 | me-be | 3467 | 20..-10-03 |

❺ **2. Mahnung**

❻ Sehr geehrte Frau Glan,

❼ xxxxxxxxxxxxxxxxxxxxxxxxxxxxxxxxxxxxxxxxxxxxxxxxxxxxxxxx xxxxxxxxxxxxxxxxxxxxxxxxxxxxxxxxxxxxxxxxxxxxxxxxxx.

xxxxxxxxxxxxxxxxxxxxxxxxxxxxxxxxxxxxxxxxxxxxxxxxxxxxxxxx xxxxxxxxxxxxxxxxxxxxxxxxxxxxxxxxxxxxxxxxxxxxxxxxxxxxxxxx xxxxxxxxxxxxxx.

xxxxxxxxxxxxxxxxxxxxxxxxxxxxxxxxxxxxxxxxxxxxxxx xxxxxxxxxxxxxxxxxxxxxxxxxxxxxxxxxxxxxxxxxxxxxxxxxx

xxxxxxxxxxxxxxxxxxxxxxxxxxxxxxxxxxxxxxxxxxxxxxxxxxxxxxxx xxxxxxxxxxxxxxxxxxxxxxxxxxxxxxxxxxxxxxxx

❽ Mit freundlichen Grüßen

❾ Bellheim-BüroService GMBH

ppa.

Siegfried Merkel

❿ **Anlage**

| ⓫ Bellheim-BüroService GmbH Haberstraße 8 12057 Berlin | Telefon: 030 23537-0 Telefax: 030 23537-99 Internet: www.bellheim.de | BÄR-Bank Berlin BLZ 100 347 11 Konto-Nr. 1234 056 | Geschäftsführerin: Ulrike Jürgens Berlin HRB 56 894 USt-IdNr. DE 811 918 273 |
|---|---|---|---|

3525236

# Reprografie – *Repro photography*

Die Reprografie ist ein Sammelbegriff für Vervielfältigungen, wie z. B. Drucken und Kopieren.

## Kopieren

In der Praxis wird das elektrostatische Kopieren nach der indirekten Methode angewandt:

1. Die Kopier-Trommel wird elektrostatisch aufgeladen (entweder positiv oder negativ).
2. Danach wird sie belichtet.
3. Es entsteht ein „elektrisches" latentes Bild der Vorlage.
4. Toner (entweder positiv oder negativ) aus Pulver oder einer Flüssigkeit wird zugeführt. Der Toner muss anders als die Trommel geladen sein, damit Toner auf das Papier gelangen kann.
5. Das Bild wird entwickelt und der Toner bleibt an den Stellen mit der entsprechenden Aufladung haften; das Tonerbild wird auf das Papier gebrannt.
6. Jetzt wird die Trommel von dem restlichen Toner gereinigt.

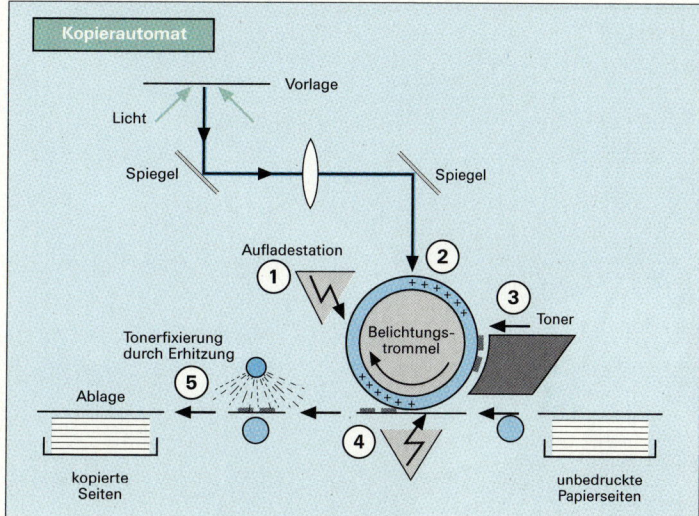

Zusatzfunktionen von Kopiergeräten:
- Zoomen (Einrichtungen zum Vergrößern und Verkleinern von Originalvorlagen)
- Sortieren, Lochen, Heften
- Automatischer Einzug der Vorlagen
- Automatisches Wenden der Vorlagen
- Vor- und Rückseite kopieren
- Randversetzen
- Farbkopieren durch Anwendung mehrfarbigen Toners
- Duplexkopieren zum Kopieren von Buchseiten
- Editieren zum Festlegen des zu kopierenden Ausschnitts bei einer Vorlage

## Drucken

In der Praxis wird das Drucken mit einer Bürodruckmaschine nach DIN 9775 und die Ausgabe von Daten über einen Drucker nach DIN 9784 unterschieden.

## Büro-Offsetdruckverfahren

Dieses Verfahren wird hauptsächlich bei großen Mengen verwendet und basiert auf der physikalischen Tatsache, dass Fett und Wasser sich abstoßen. Die Kombination von Kopiergerät und Büro-Offsetdrucker ist sehr wirtschaftlich: Mit dem Kopiergerät wird die Druckform erstellt, die dann die Grundlage für den Büro-Offsetdruck bildet:

1. Die Druckvorlage (Papier- oder Metallfolie) wird mit der beschrifteten Seite nach außen auf den Folienzylinder gespannt.
2. Das Feuchtwerk befeuchtet die Druckvorlage dann mit Wasser, das an den nicht beschrifteten Stellen haften bleibt, von den beschrifteten perlt es ab.
3. Die Druckvorlage wird nun seitenverkehrt auf einen Gummituchzylinder übertragen; das Papier wird zugeführt.
4. Der Gegendruckzylinder drückt das Papier gegen den Gummituchzylinder; es entsteht ein Abdruck.

## Wirtschaftlichkeit der Reprografie

Folgende Wirtschaftlichkeitskriterien müssen bei der Auswahl Druck versus Kopie berücksichtigt werden:
- Auflagenhöhe
- Qualität
- Kosten des Drucks
- Druckgeschwindigkeit
- Anschaffungskosten

**18**

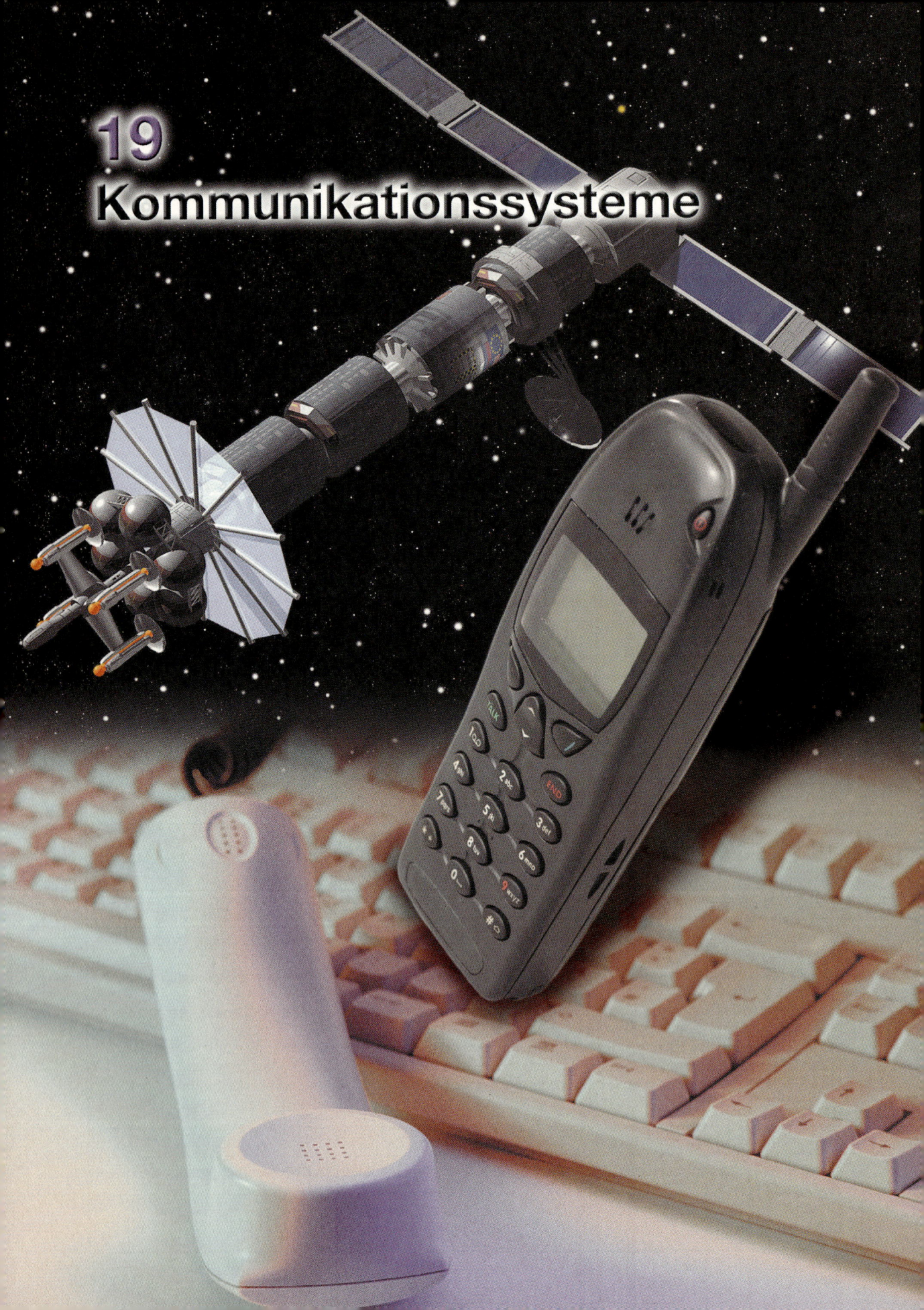

# 19 Kommunikationssysteme

# Innerbetriebliche Kommunikation – *Inplant communication*

| Begriff | Notwendigkeit |
|---|---|
| Als innerbetriebliche Kommunikation bezeichnet man die Kommunikation innerhalb eines Unternehmens, z. B. zwischen einzelnen Abteilungen, einzelnen Sachbearbeitern oder der Geschäftsführung und den Abteilungen. | Eine gut funktionierende innerbetriebliche Kommunikation stellt die Voraussetzung dar, damit in einem Unternehmen erfolgreich und effektiv gearbeitet werden kann. Kommunikationsstörungen haben zur Folge, dass der reibungslose Betriebsablauf gestört wird. |

## Einfaches Kommunikationsmodell

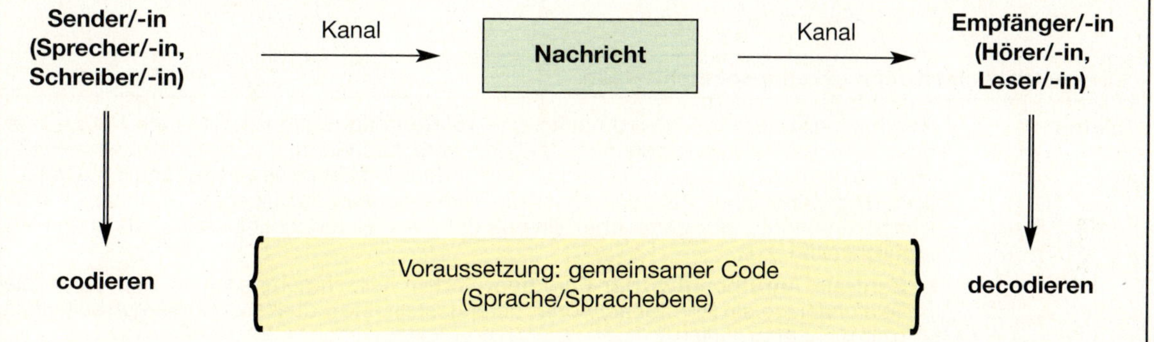

**Sender/-in** (Sprecher/-in, Schreiber/-in) → *Kanal* → **Nachricht** → *Kanal* → **Empfänger/-in** (Hörer/-in, Leser/-in)

**codieren**

Voraussetzung: gemeinsamer Code (Sprache/Sprachebene)

**decodieren**

## Die vier Seiten (Aspekte) einer Nachricht

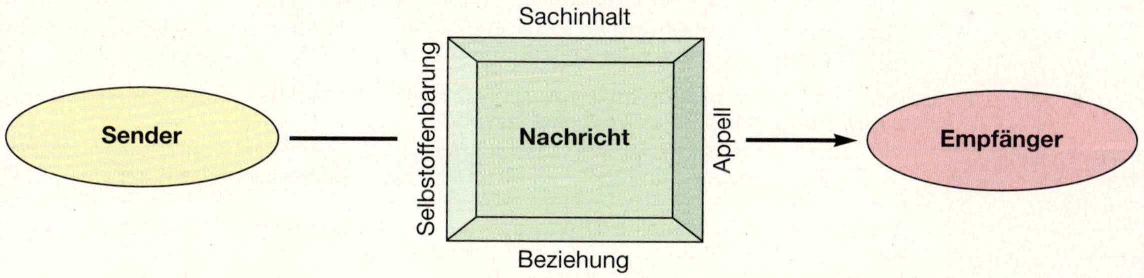

Sachinhalt

**Sender** — Selbstoffenbarung — **Nachricht** — Appell — **Empfänger**

Beziehung

| 1. Sachinhalt | (oder: Worüber ich informiere) | Zunächst enthält die Nachricht eine Sachinformation. |
|---|---|---|
| 2. Selbstoffenbarung | (oder: Was ich von mir selbst kundgebe) | In jeder Nachricht stecken nicht nur Informationen über die mitgeteilten Sachinhalte, sondern auch Informationen über die Person des Senders. |
| 3. Beziehung | (oder: Was ich von dir halte und wie wir zueinander stehen) | Aus der Nachricht geht ferner hervor, wie der Sender zum Empfänger steht, was er von ihm hält. Oft zeigt sich dies in der gewählten Formulierung, im Tonfall und anderen nichtsprachlichen Begleitsignalen. |
| 4. Appell | (oder: Wozu ich dich veranlassen möchte) | Kaum etwas wird „nur so" gesagt – fast alle Nachrichten haben die Funktion, auf den Empfänger *Einfluss zu nehmen*. |

aus: Friedemann Schulz von Thun: Miteinander reden 1. Rowohlt, Reinbek bei Hamburg, 35. Aufl., Nov. 2001, S. 26 ff.

**19**

# Innerbetriebliche Kommunikation – *Inplant communication*

## Direkte und indirekte Kommunikation

Die Kommunikation innerhalb eines Unternehmens kann direkt oder indirekt erfolgen:

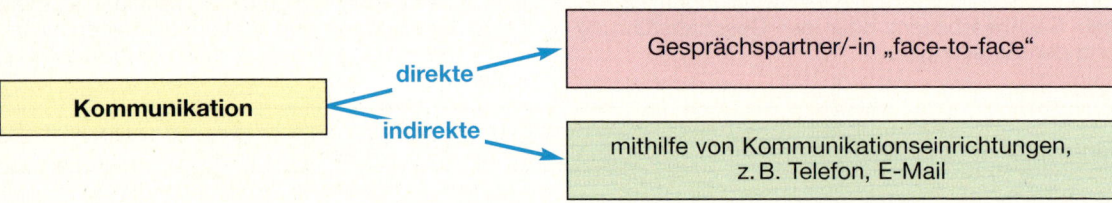

## Innerbetriebliche Kommunikationseinrichtungen

| | |
|---|---|
| **Telefon** | Innerhalb eines Betriebes wird häufig eine **Telefonanlage** eingesetzt (auch *Hausanlage* oder *Nebenstellenanlage* genannt). Telefongespräche innerhalb eines Betriebes verursachen keine Verbindungskosten und sind an jedem Anschluss jederzeit möglich. Gegenüber dem öffentlichen Telefonnetz ist die Vertraulichkeit der Gespräche höher (Abhörsicherheit) und es gibt gegenüber einem normalen Telefonanschluss oftmals erweiterte Möglichkeiten, z.B.: <br><br> • **Zentrale Anrufbeantworter-Funktion:** Jedem Teilnehmeranschluss wird durch die Telefonanlage ein Anrufbeantworter bereitgestellt. Individuelle Geräte am Arbeitsplatz sind nicht erforderlich. <br> • **Konferenzschaltung:** Zu einem normalen Telefongespräch kann ein dritter Gesprächsteilnehmer hinzugefügt werden (Dreierkonferenz). <br> • **Makeln:** Von jedem Apparat kann ein Telefongespräch innerhalb des Betriebes direkt weitervermittelt werden. <br> • **Rufumleitung:** Rufe auf einen zeitweise unbesetzten Apparat können automatisch an eine Vertreterin/einen Vertreter weitergegeben werden. <br> • **Rufgruppen:** Ein Anruf wird an alle Apparate einer Arbeitsgruppe gegeben. Der erste Apparat aus der Gruppe, der abgenommen wird, erhält das Gespräch. <br><br> Zeitgemäße Telefonanlagen bieten Anschluss an das integrierte Sprach-Daten-Telefonnetz *ISDN* (**I**ntegrated **S**ervices **D**igital **N**etwork). |

| **Sprech-<br>anlage** | **Wechselsprechanlage** | **Gegensprechanlage** |
|---|---|---|
| | – Bedienen einer Sprechtaste ist erforderlich <br> Das Gerät funktioniert abwechselnd als Mikrofon oder als Lautsprecher. | – Keine Sprechtaste; Sprechen und Hören sind gleichzeitig möglich |

| | |
|---|---|
| **Rufanlage** | – Lautsprecher in verschiedenen Betriebsbereichen <br> – Durchsagen von einer Zentrale aus <br> – Einsatz: z.B. in Warenhäusern <br> – Rückruf per Telefon |
| **Pieper/<br>Pager** | – Mobiles Empfangsgerät (Funk), das bei Anruf ein akustisches Signal abgibt und die Trägerin/den Träger so zum Anruf eines Telefonanschlusses oder zum Aufsuchen eines vereinbarten Treffpunktes im Gebäude auffordert (sog. „Anpiepen"). <br> – Übermittlung der Anrufernummer oder einer kurzen Textnachricht in einem Anzeigefeld am Gerät möglich |
| **E-Mail** | Versenden und Empfangen elektronischer Post <br> Voraussetzung:    • Elektronische Postadresse und E-Mail-Server <br>                • Zugangsgerät (z.B. Arbeitsplatzcomputer) <br><br> Merkmale:    • digitale Bearbeitung ist möglich <br>             • schnelle Übermittlung <br>             • Übermittlung zu jeder Tageszeit <br>             • papierlose Kommunikation ist möglich |

**19**

3525240

# Innerbetriebliche Kommunikation – *Inplant communication*

## Innerbetriebliche Kommunikationseinrichtungen

| Intranet | Auf leistungsfähigen, mit viel Speicherplatz ausgestatteten Computern (sog. Servern) werden für den Geschäftsbetrieb notwendige Software-Programme vorgehalten, die vom Arbeitsplatz-Computer aus genutzt werden können.<br><br>Die Server sind in der Regel im Rechenzentrum eines Unternehmens untergebracht. Die speziellen Software-Programme können üblicherweise mithilfe so genannter Internet-Browser genutzt werden. | Voraussetzung für den Betrieb eines Intranets ist das Vorhandensein eines lokalen Datennetzes (LAN = Local Area Network) und die Mitarbeiter/-innen müssen über einen an das LAN angeschlossenen Arbeitsplatzcomputer verfügen.<br><br>Neben Zugang zu Daten und Dokumenten bieten Intranets üblicherweise auch gemeinsame Nutzung von Druckern, E-Mail und computergestütztes Fax. |
|---|---|---|

## Intranet – Beispiel

Das Beispielunternehmen betreibt ein eigenes Rechenzentrum. Alle Abteilungen des Unternehmens sind durch Intranet-Server und E-Mail im LAN direkt miteinander verbunden und teilen Funktionen wie Fax und Drucker. Da ein Internetzugang vorhanden ist, können alle Stationen das Internet gemeinsam nutzen.

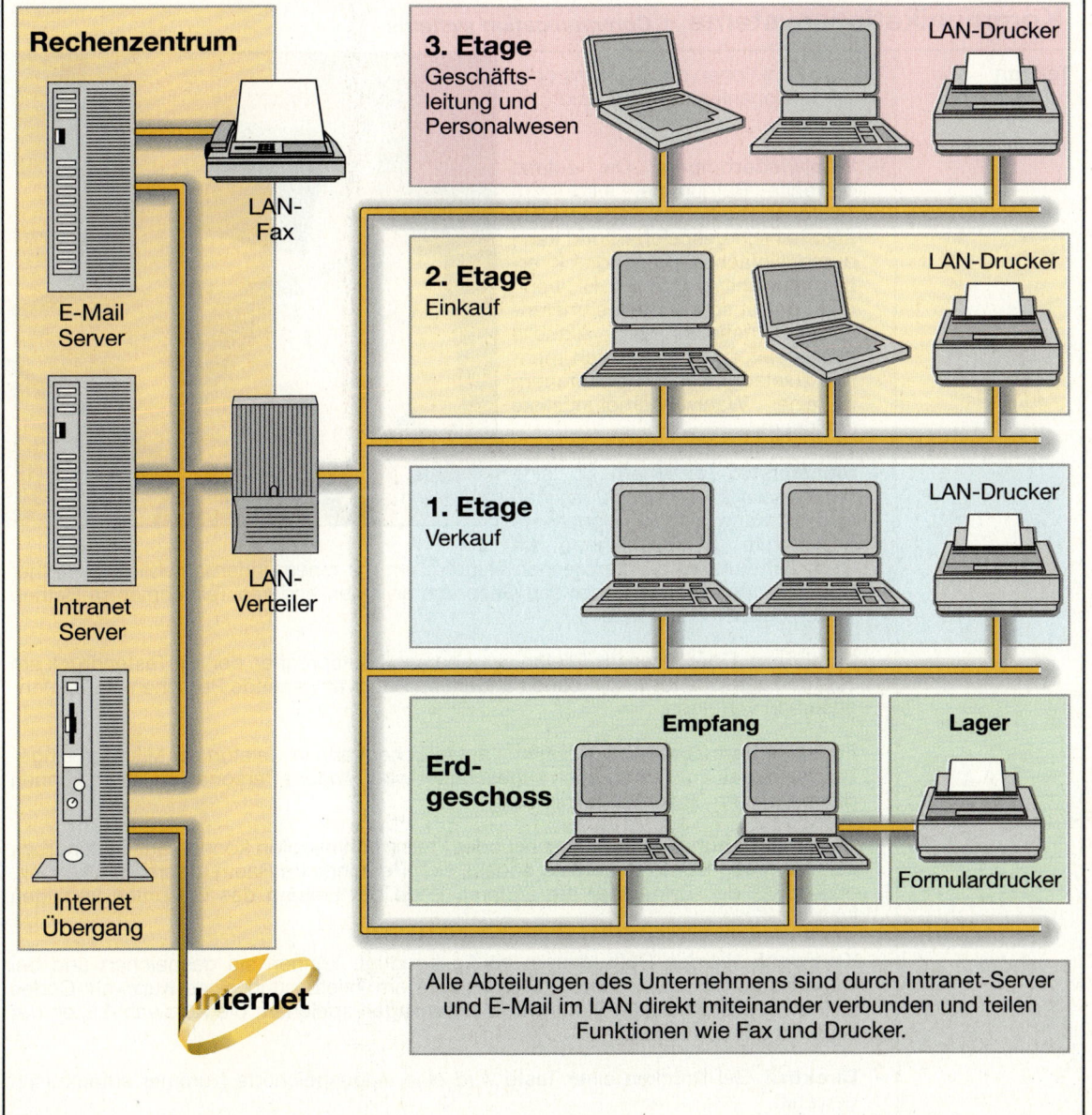

**Rechenzentrum**

E-Mail Server

Intranet Server

Internet Übergang

LAN-Fax

LAN-Verteiler

**Internet**

**3. Etage**
Geschäftsleitung und Personalwesen

LAN-Drucker

**2. Etage**
Einkauf

LAN-Drucker

**1. Etage**
Verkauf

LAN-Drucker

**Erdgeschoss**

**Empfang**

**Lager**

Formulardrucker

Alle Abteilungen des Unternehmens sind durch Intranet-Server und E-Mail im LAN direkt miteinander verbunden und teilen Funktionen wie Fax und Drucker.

**19**

# Außerbetriebliche Kommunikation – *External communication*

## Begriff

Fast alle Unternehmen haben vielfältige Kontakte zu anderen nationalen und internationalen Unternehmen und Körperschaften. Die Unternehmen pflegen externe Kommunikation zur Abwicklung von elementaren Funktionen wie Einkauf, Verkauf und Zahlungsverkehr.

## Notwendigkeit

Aufgrund der zunehmenden Firmenverflechtungen (Globalisierung) ist die außerbetriebliche Kommunikation von besonderer Bedeutung, um die Geschäftsbeziehungen zu pflegen, zu vertiefen und zu erweitern. Moderne Produktionsmethoden, wie z. B. Just-in-time-Fertigung, setzen eine schnelle und reibungslose außerbetriebliche Kommunikation zwingend voraus.

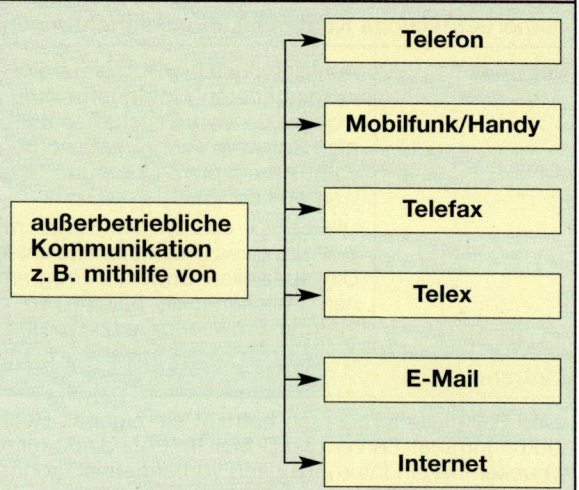

**außerbetriebliche Kommunikation z. B. mithilfe von**

- Telefon
- Mobilfunk/Handy
- Telefax
- Telex
- E-Mail
- Internet

# Kommunikationssysteme – *Communication systems*

**Telefon**

Weitere Funktionen des Telefons oder einer Telefonanlage (siehe auch S. 240) sind:

– **Wahlwiederholung:** Die zuletzt gewählte Rufnummer wird vom Telefonapparat am Arbeitsplatz automatisch gespeichert und kann durch einfachen Tastendruck erneut gewählt werden, z. B. wenn der gewünschte Teilnehmeranschluss besetzt war. Aktuelle ISDN-Telefone können auch mehrere zuletzt gewählte Rufnummern in einer Wahlwiederholungsliste speichern.

– **Signaltaste:** An einem an eine Telefonanlage angeschlossenen Apparat kann mit der Signaltaste (meist mit „R" bezeichnet) ein Gespräch kurzzeitig unterbrochen werden, um mit einem innerbetrieblichen Partner Rücksprache zu halten oder das Gespräch an einen anderen Teilnehmer im Betrieb weiterzugeben (vgl. makeln).

– **Lauthören:** Über einen im Telefon eingebauten Lautsprecher, der auf Tastendruck am Telefon zugeschaltet wird, können andere im Raum anwesende Personen ein Telefongespräch verfolgen.

– **Freisprechen:** Zusätzlich zu einem Lautsprecher kann im Telefon ein Mikrofon eingebaut sein, das auf Tastendruck zugeschaltet wird. Andere Personen im Raum können dann auch am Gespräch teilnehmen.

– **Stummschaltung:** Sprechmuschel oder Freisprechmikrofon können auf Tastendruck kurzzeitig abgeschaltet werden, sodass sich Personen im Raum unterhalten können, ohne dass der Teilnehmer am anderen Ende der Leitung das Gespräch verfolgen kann.

– **Kurzwahl:** Werden Rufnummern häufig benötigt, können sie gespeichert und bei Bedarf durch Drücken einer Funktionstaste am Telefon und eines Kurzwahl-Codes schnell gewählt werden. Moderne Telefonanlagen speichern die Kurzwahl-Listen der Teilnehmer auch zentral.

– **Direktruf:** Bei Drücken einer Taste wird eine eingespeicherte Nummer automatisch gewählt.

**19**

# Kommunikationssysteme – *Communication systems*

## ISDN (Integrated Services Digital Network/diensteintegrierendes digitales Kommunikationsnetz)

ISDN ist die auf dem Telefonnetz aufbauende Vielzweck-Übertragungstechnik für Sprache (Telefon), Texte, Datenübertragung und Bildinformationen (Telefax). Gegenüber der herkömmlichen Übertragungstechnik im Telefonnetz ergeben sich Vorteile bzgl. der Übertragungsqualität und bei Daten und Bildern bzgl. der Übertragungsgeschwindigkeit. Mit einem ISDN-Anschluss können mehrere Verbindungen gleichzeitig genutzt werden.

ISDN wurde 1989 in Deutschland erstmals flächendeckend angeboten und die Nutzung ist seit 1992 sprunghaft angestiegen. Seit 1994 wird in Europa ein einheitlicher ISDN-Standard verwendet (sog. Euro-ISDN), sodass überall in Europa einheitliche Anschlussbedingungen für ISDN-Endgeräte vorliegen.

ISDN-Versionen mit teils unterschiedlichen Anschlussbedingungen sind weltweit verfügbar und mit der europäischen ISDN-Version verträglich, sodass zurzeit ISDN-Kommunikation nahezu weltumspannend möglich ist.

## ISDN: Anschlussarten

### Basisanschluss

→ **Standard-Leistungsumfang:**
Ein Anschluss, zwei Leitungen, drei Nummern (maximal zwei gleichzeitige Verbindungen)

→ **Mehrgeräteanschluss:** Direktanschluss von bis zu acht Endgeräten an einen ISDN-Basisanschluss (z. B. Telefonanlage, 2 x Fax-Gerät, 5 x Büro-PC)

→ **Anlagenanschluss:** Nur für ältere Telefonanlagen geeignet; es lässt sich am Basisanschluss ein einzelnes Endgerät betreiben

### Primärmultiplex-Anschluss

→ Maximal 30 gleichzeitige Verbindungen, ein einzelnes Endgerät

→ Telefonanlagen mit sehr vielen Teilnehmern

→ Zugangsanschlüsse von Internet-Providern

→ PC-Einwahlpunkte in Firmennetze für Reisende und Heimarbeiter

**Vorteile** von ISDN gegenüber herkömmlichen Telefonanschlüssen sind z. B.:

- hohe Qualität der Sprachübertragung durch Digitalisierung (kein Rauschen, unverzerrte Stimmwiedergabe)
- sehr schneller Verbindungsaufbau zu anderen ISDN-Teilnehmern
- bei Verwendung für Datenübermittlung und Fax: hohe Übertragungsgeschwindigkeit = kurze Verbindungszeit

Durch schnellen Verbindungsaufbau, hohe Übertragungsqualität und hohe Übertragungsgeschwindigkeit können Zeit und Kosten eingespart werden.

Beim Mehrgeräteanschluss ist die Kommunikation der direkt angeschlossenen Geräte untereinander nur über die Vermittlungsstelle des Dienstanbieters möglich. Ein ISDN-Anschluss ist daher kein Ersatz für eine Telefonanlage oder ein lokales Netzwerk.

## ISDN: Anschlussarten

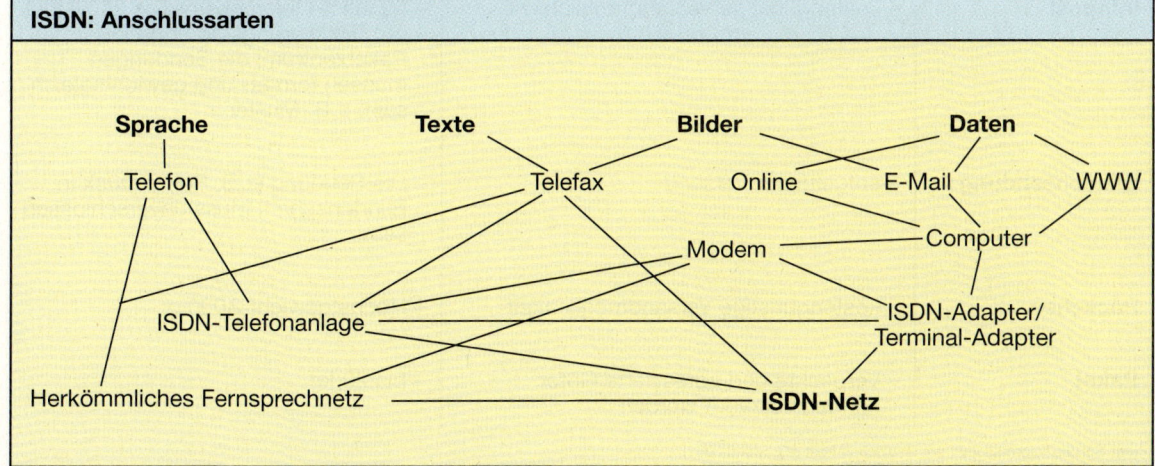

19

# Kommunikationssysteme – *Communication systems*

## Telefax (Fax)

Laut Duden handelt es sich bei dem Begriff Telefax um ein Kunstwort, das so viel bedeutet wie „Fernkopien". Gebräuchlich ist auch die Kurzform Fax. Das Original (z. B. Text, Grafik, Bild) wird zeilenweise abgetastet („gescannt") und über das Telefonnetz übertragen. Faxgeräte enthalten für die Übertragung im Telefonnetz ein Modem oder eine ISDN-Anschlusseinheit. Telefaxe haben in der Regel rechtliche Verbindlichkeit, z. B. darf eine Abmahnung per Fax erfolgen.

**Voraussetzung für den Betrieb:**
* Faxgerät und Telefon- oder ISDN-Anschluss

**Vorteile:**
* originalgetreue und schnelle Übertragung
* geringe Übertragungskosten (1-minütiges Fax ca. 0,10 €)

## Briefpost

Trotz der elektronischen und datentechnischen Möglichkeiten ist die Briefpost für die Unternehmen von großer Bedeutung, vor allem im Kontakt mit Privatkunden.

| Versendungsart | Vorteile | Merkmale |
|---|---|---|
| **Brief**<br><br>**Beispiel:**<br>– Standardbrief<br>– Kompaktbrief<br>– Großbrief<br>– Maxibrief | – schnelle Zustellung | – Gewichtshöchstgrenze<br>– Größenhöchstgrenze<br>– Briefe sollen verschlossen sein<br><br>bis 20 g<br>bis 50 g<br>bis 500 g<br>bis 1 000 g |
| **Postkarte** | – schnelle Zustellung | – einteilige Karte aus Papier oder Karton |
| **Büchersendung** | – kostengünstige Versandmöglichkeit | – Bücher, Broschüren, Notenblätter, Landkarten |
| **Infobrief** | – kostengünstige Versandmöglichkeit | – Mindestmenge 50 inhaltsgleiche Sendungen, z. B. Werbebrief, Katalog |
| **Infopost** | – kostengünstige Versandmöglichkeit | – Mindest-Lieferungsmenge 250 Stück pro Einlieferungstag und Ziel-Paketzentrum; die Sendungen müssen format- und gewichtsgleich sein, z. B. Muster |
| **Blindensendung** | – entgeltfreier Versand | – Die Sendung (z. B. Schriftstück in Blindenschrift) muss unverschlossen sein |
| **Päckchen** | – kostengünstige Versandmöglichkeit | – Höchstgewicht 2 000 g |
| **Paket** | – Verpackte und adressierte Güter können versandt werden | – bis 20 kg |

(vgl. Service-Informationen der Deutschen Post AG, Stand 2001)

**19**

3525244

# Kommunikationssysteme – *Communication systems*

## Videokonferenz

Die Konferenzteilnehmer/-innen können sich sehen und hören, obwohl sie sich an verschiedenen Orten befinden.

Alle Teilnehmer können von ihrem Arbeitsort aus teilnehmen. Es entstehen keine Reisekosten und Arbeitsausfälle durch Reisetätigkeit können vermieden werden.

Durch Hinzunahme von Bildinformationen und durch das sichtbare Gegenüber wird fast die Qualität persönlicher Zusammenkünfte erreicht.

## Voraussetzungen

(Auf beiden Seiten einer Verbindung jeweils:)
- Videokonferenzraum mit Kommunikationsanschlüssen
- Einheitliches bzw. passendes Videokonferenzsystem
- Farbfernsehkameras (feste und bewegliche)
- Dokumenten-Kamera
- Besonders beleuchteter Dokumententisch
- Eigenbild-Kontrollmonitore
- Mikrofone
- Konferenztisch mit Steuerpult
- Empfangsbildschirme

### Übertragung
- Über das Telefonnetz:
  Es werden mehrere ISDN-Anschlüsse gebündelt. Mit zwei bis vier auf diese Weise gleichzeitig genutzten Anschlüssen (= bis zu acht gleichzeitige Telefonverbindungen über ISDN) lassen sich qualitativ hochwertige Videokonferenz-Sitzungen betreiben.
- Über das unternehmenseigene Datennetz:
  Nutzung vorhandener Datenleitungen innerhalb des Unternehmens (nur in sehr großen Unternehmen und/oder bei sehr häufiger Nutzung)

## Kosten

Durch die Nutzung eines Videokonferenzsystems entstehen hohe Investitions- und Betriebskosten. Die Betriebskosten entstehen – neben der technischen Instandhaltung durch geschultes Personal – hauptsächlich als Verbindungskosten. Während der Dauer einer Videokonferenz muss eine leistungsfähige Verbindung zwischen beiden Verbindungspartnern ununterbrochen bestehen.

Im Fall der Verbindung über ISDN entstehen Kosten durch die mehrfachen lang andauernden parallel bestehenden Telefonverbindungen.

Im Fall der Nutzung bestehender Datenleitungen (auch: Onlineverbindung, Standleitung), muss die notwendige Verbindungskapazität zusätzlich zum ständigen Bedarf bereitgehalten werden, wodurch sich die fixen Leitungskosten erhöhen.

Bei unregelmäßiger oder regelmäßig kurzer Nutzung werden bedarfsgerechte ISDN-Verbindungen bevorzugt.

### Beispiel:
Tägliche einstündige Produktionsbesprechung der Fertigungsleiter eines Industriebetriebes zwischen den Standorten Kiel und München. Verwendung von ISDN zur Hauptzeit. Inlandstarif der Deutschen Telekom AG (T-ISDN Standard, Stand Januar 2002): 0,0921 €/Min.

Bei zwei gebündelten ISDN-Standardanschlüssen (entspricht vier Kanälen) ergeben sich in einem Monat Verbindungskosten von

21 Arbeitstage · 4 Verbindungen
· 60 Minuten · 0,0921 €/Min.
= 464,18 €/Monat

**19**

# 20
# Datenverarbeitung

# Aufbau und Funktion eines Datenverarbeitungssystems –
## *Structure and function of a data processing system*

## Einsatzgebiete der elektronischen Datenverarbeitung (EDV)

- Bearbeitung von gleichartigen Belegen oder Schriftstücken
- Bei sich häufig wiederholenden und schematisierbaren Arbeiten
- Verarbeitung großer Datenmengen

- Durchführung von umfangreichen Rechenoperationen mit langen Bearbeitungszeiten
- Ermöglichung eines schnelleren Informationsaustausches

## Das EVA-Prinzip

Die Verarbeitung von Daten verläuft in den drei Phasen: **Eingabe, Verarbeitung** und **Ausgabe.** Dieser Prozess wird kurz als **EVA-Prinzip** bezeichnet.

**Beispiel: Mensch**

**Beispiel: Computer**

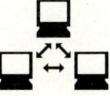

| | | |
|---|---|---|
| Svens Freundin ruft an und fragt ihn: „Kommst du mit ins Kino?" | **Eingabe** | Bestelldaten werden über die Tastatur eingegeben. |
| Sven überlegt, ob er ins Kino geht. Er stellt fest, dass er Zeit und Lust hat. | **Verarbeitung** | Der Computer holt die Artikelpreise von der Festplatte und berechnet den Gesamtpreis. |
| Sven antwortet: „Ich komme mit." | **Ausgabe** | Am Bildschirm wird der Preis angezeigt und über den Laserdrucker ausgegeben. |

## Grundeinheiten eines EDV-Systems

**Bestandteile eines Computersystems**

### Hardware
- Gesamtheit aller physikalisch existierenden Bestandteile des Computers

  „Alles, was man anfassen kann."

### Software
- Alle Programme

  „Alles, was man nicht anfassen kann."

## Hardware

| Eingabegeräte | Ausgabegeräte |
|---|---|
| Eingabegeräte sind Schnittstellen, um Daten in eine Form zu bringen, die der Computer weiterverarbeiten kann. Das sind z. B. Tastatur, Maus, Trackball, Scanner oder Barcodeleser. In Zukunft werden sich diese Schnittstellen immer weiter dem Menschen anpassen, z. B. Spracheingaben anstatt Tastatureingaben. | Ausgabegeräte sind Schnittstellen, um Daten in eine Form zu bringen, die vom Menschen weiterverarbeitet werden können. Das sind z. B. Monitore oder Drucker. |

**20**

# Aufbau und Funktion eines Datenverarbeitungssystems –
## Structure and function of a data processing system

## Hardware

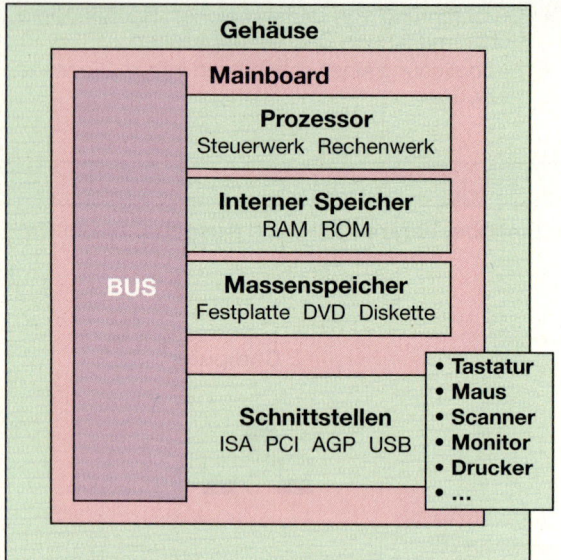

**Gehäuse**

**Mainboard**

**Prozessor**
Steuerwerk Rechenwerk

**Interner Speicher**
RAM ROM

**Massenspeicher**
Festplatte DVD Diskette

**Schnittstellen**
ISA PCI AGP USB

BUS

- Tastatur
- Maus
- Scanner
- Monitor
- Drucker
- …

- Der **Prozessor,** auch Zentraleinheit (CPU = Central Processing Unit) genannt, ist für die Verarbeitung der Daten zuständig. Er überwacht und steuert alle anderen Komponenten. Wichtige Bestandteile sind Steuer- und Rechenwerk.

  - Das **Steuerwerk** steuert die Reihenfolge der Befehle eines Programms. Es entschlüsselt die Befehle und gibt anschließend die für die Ausführung der Befehle erforderlichen digitalen Signale weiter.

  - Das **Rechenwerk** übernimmt auf Anweisung des Steuerwerks Berechnungen und führt Vergleiche durch. Dabei werden alle Rechenvorgänge in einfachste Additionen aufgelöst, die das Rechenwerk extrem schnell ausführt.

- **Interne-** und **externe Speicher (Massenspeicher)** übernehmen die Speicherung von Daten und Programmen.

- **Schnittstellen** sind Verbindungseinrichtungen zwischen verschiedenen Komponenten bzw. auch zwischen Computern an sich, z.B.:
  – ISA (Industrial Standard Architecture), ein Standard-Bussystem,
  – die AGP-Schnittstelle (Accelerated Graphics Port), die speziell für die Verbindung zu Grafikkarten entwickelt wurde,
  – PCI (Peripheral Component Interface), eine Schnittstelle für Erweiterungssteckkarten, beispielsweise Netzwerk- oder Soundkarten,
  – USB (Universal Serial Bus), eine universelle Schnittstelle für den Anschluss externer Geräte.

- Ein **Bus** ist ein Verbindungssystem von parallelen Leitungen zur Übertragung von Daten zwischen einzelnen Systemkomponenten, z.B. zwischen Prozessor, Hauptspeicher, Schnittstellen und Erweiterungskarten. Die Schnelligkeit des Busses ist ein wesentlicher Faktor für die Schnelligkeit des gesamten Systems. Sie hängt von der Taktzeit (Zeitspanne, die zur Abarbeitung von Befehlen zur Verfügung steht) und der Busbreite (Anzahl der parallelen Datenleitungen) ab.

- Ein **Mainboard** (Motherboard, Hauptplatine) ist eine Kunststoffplatte (eine so genannte Platine), die sich im Computergehäuse befindet und auf bzw. in der alle Komponenten des PCs stecken bzw. angeschlossen sind (z.B. Prozessor, RAM, Grafikkarte usw., aber auch Festplatte, Diskettenlaufwerk). Das Mainboard bildet das zentrale Element, auf dem über einen Bus alles zusammenläuft und von dem alles gesteuert wird.

## Peripherieeinheiten

Peripherie: Englische Bezeichnung für Umgebung. Peripheriegeräte sind alle an die Zentraleinheit angeschlossenen Ein- und Ausgabegeräte, externe Speicher und sonstige Datenendeinrichtungen. Allgemein werden als Peripherie auch Geräte bezeichnet, die an den Computer angeschlossen sind.

## Speichermedien und Geräte

Auf Speichermedien werden Daten und Programme in einer computerlesbaren Form abgelegt. Das kann dauerhaft erfolgen oder nur als Zwischenspeicherung.

Bei der Verarbeitung der Daten müssen diese und das dafür nötige Programm schnell verfügbar sein.

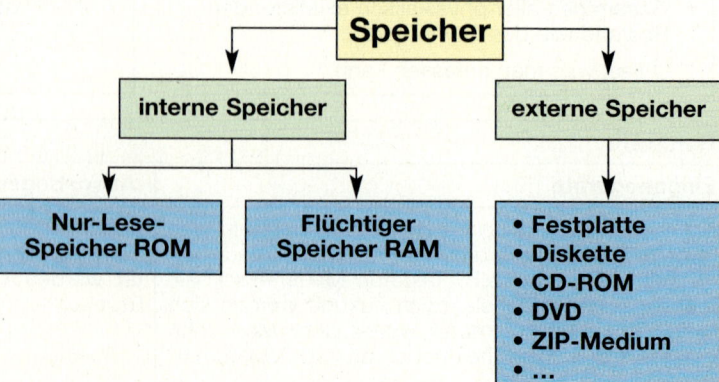

**Speicher**

**interne Speicher**

**externe Speicher**

**Nur-Lese-Speicher ROM**

**Flüchtiger Speicher RAM**

- Festplatte
- Diskette
- CD-ROM
- DVD
- ZIP-Medium
- …

**20**

# Aufbau und Funktion eines Datenverarbeitungssystems –
*Structure and function of a data processing system*

## Hardware

### Speichermedien und Geräte

Deshalb werden im **internen Speicher** neben den ablaufenden Programmen die aktuell benötigten Daten gespeichert. Bei der Abarbeitung eines Programms holen Steuer- und Rechenwerk Befehle und Daten schrittweise aus dem inneren Speicher und verarbeiten diese. Der Speicher besteht aus zwei Teilen: Dem RAM- und dem ROM-Speicher.

Der **RAM-Speicher** (RAM = Random Access Memory) oder Hauptspeicher wird häufig auch als flüchtiger Speicher bezeichnet. Durch das Unterbrechen der Stromzufuhr beim Ausschalten der EDV-Anlage geht der Inhalt dieses Speichers verloren. In ihm befinden sich die aktuell benötigten Programme und Daten. Werden beispielsweise die Daten geändert, so ändert sich auch der Inhalt des RAM-Speichers. Der Inhalt dieses Speichers kann sowohl gelesen als auch verändert werden.

Der Inhalt des **ROM-Speichers** (ROM = Read Only Memory) kann nur gelesen werden. Die hier abgelegten Informationen sind folglich unveränderbar. Da der ROM-Speicher seinen Inhalt nicht verliert, wenn der Strom abgeschaltet wird, wird er vom Hersteller genutzt, um hier die zum elementaren Betrieb nötigen Informationen und Programme abzulegen.

Unter externen Speichern **(Massenspeicher)** ist eine Zusammenfassung aller Speicherarten zu verstehen, die Daten dauerhaft speichern können. Häufig können die Daten auch wieder gelöscht werden, wie bei Festplatten. Allerdings gibt es auch Massenspeicher, die eine Nur-Lese-Option haben, z. B. CD-ROMs.

### Festplatte
Eine Festplatte, auch Harddisk (HD) genannt, ist für die Speicherung größerer Datenmengen bestimmt. Sie ist zwar viel langsamer als der Arbeitsspeicher (RAM), die gespeicherten Daten bleiben aber auch dann erhalten, wenn der Computer ausgeschaltet wird.

### CD-ROM
Bei einer CD-ROM (CD – Compact Disk) können mithilfe eines Laserstrahls digital abgespeicherte Daten gelesen werden. Die Daten auf einer CD-ROM können nicht verändert werden (vgl. ROM). Die Speicherkapazität beträgt ungefähr 800 MB.

### CD-R
Weiterentwicklung der CD-ROM, bei der mit einem Laserstrahl die Oberfläche einmalig verändert werden kann, sodass Daten abgespeichert werden können. Nach dem „Brennen" kann jedes CD-ROM- oder DVD-Laufwerk diese Daten auslesen. Ein Ändern der Daten nach dem erstmaligen Beschreiben ist allerdings nicht mehr möglich.

### Diskette
Eine Diskette ist eine flexible, magnetisch beschichtete Folienscheibe in einem Kunststoffgehäuse. Durch magnetische Veränderung der Oberfläche werden die Daten gespeichert. Disketten haben eine geringe Speicherkapazität von 1,44 MB.

### ZIP-Medium
Ein Laufwerk, das wechselbare Medien (vgl. Disketten) mit Speicherkapazitäten bis 250 MB beschreibt.

### CD-RW
Wie die CD-R. Allerdings ist die Oberfläche der CD so gestaltet, dass die CD-RW mehrmals beschrieben werden kann.

### DVD/DVD-RW
DVD (Digital Versatile Disc) ist ein universeller Multimediastandard, der sich durch eine hohe Speicherkapazität auszeichnet (bis zu 17 GB). Er wird in Zukunft Videokassetten, CD-ROMs und PC-Wechselplatten usw. ablösen, da DVDs auch mit speziellen Rekordern selbst bespielt werden können.

## Kapazität von Speichermedien

| 1 Bit | | | 1 Wert (0 oder 1) | |
|---|---|---|---|---|
| **1 Byte** | | = 8 Bit | 8 Werte = 1 Zeichen | 1 Buchstabe |
| **1 Kilobyte** | 1 KB | = $2^{10}$ Byte =1024 Byte | 1024 Zeichen | ca. 1/3 Seite eines Buches |
| **1 Megabyte** | 1 MB | = $2^{20}$ Byte = 1024 KB | etwas mehr als 1 Million Zeichen | ca. 400 Seiten eines Buches (ohne Grafiken usw.) |
| **1 Gigabyte** | 1 GB | = $2^{30}$ Byte = 1024 MB | etwas mehr als 1 Milliarde Zeichen | ca. 700 Bücher mit je 500 Seiten |

**20**

# Aufbau und Funktion eines Datenverarbeitungssystems –
## Structure and function of a data processing system

### Interne Darstellung von Informationen

Menschen bedienen sich bei ihrer Kommunikation einer Vielzahl von Worten, Symbolen, Gesten usw. Diese Möglichkeiten hat der Computer zunächst nicht. Hier wird mit zwei Spannungszuständen (niedrige und hohe Spannung) gearbeitet. Der hohen Spannung wird 0 und der niedrigen 1 zugeordnet. So können alle Informationen, ähnlich des Morsens, mit dieser zweiwertigen Logik (Dualsystem) verschlüsselt (codiert) werden.

- **Bit:** binary digit (Binäre Ziffer) ist die kleinste Speichereinheit. Sie kann nur die Werte 0 bzw. 1 enthalten. Erst die Kombination mehrerer Bits macht es möglich, Zeichen darzustellen.

- **Byte:** besteht aus 8 Bit. Dies ist die kleinste adressierbare Speichereinheit, weil die heute gebräuchlichen Codes auf einer Kombination von 8 Bit beruhen.

- **Code:** Verschlüsselungsverfahren, das jedem Byte ein bestimmtes Zeichen zuordnet. Die Zuordnung wird von den Hard- und Softwareherstellern übernommen.

Der **ASCII-Code** (American Standard Code For Information Interchange) ist der bekannteste. Dabei werden die Zahlen 0 bis 255 als Dualzahlen verschlüsselt und einem Zeichen zugeordnet.

| Beim Menschen: Zeichen | Verschlüsselung im ASCII-Code: Dezimalzahl | Computer intern: Dualzahl |
|---|---|---|
| A | 65 | 0100 0001 |
| B | 66 | 0100 0010 |

### Software

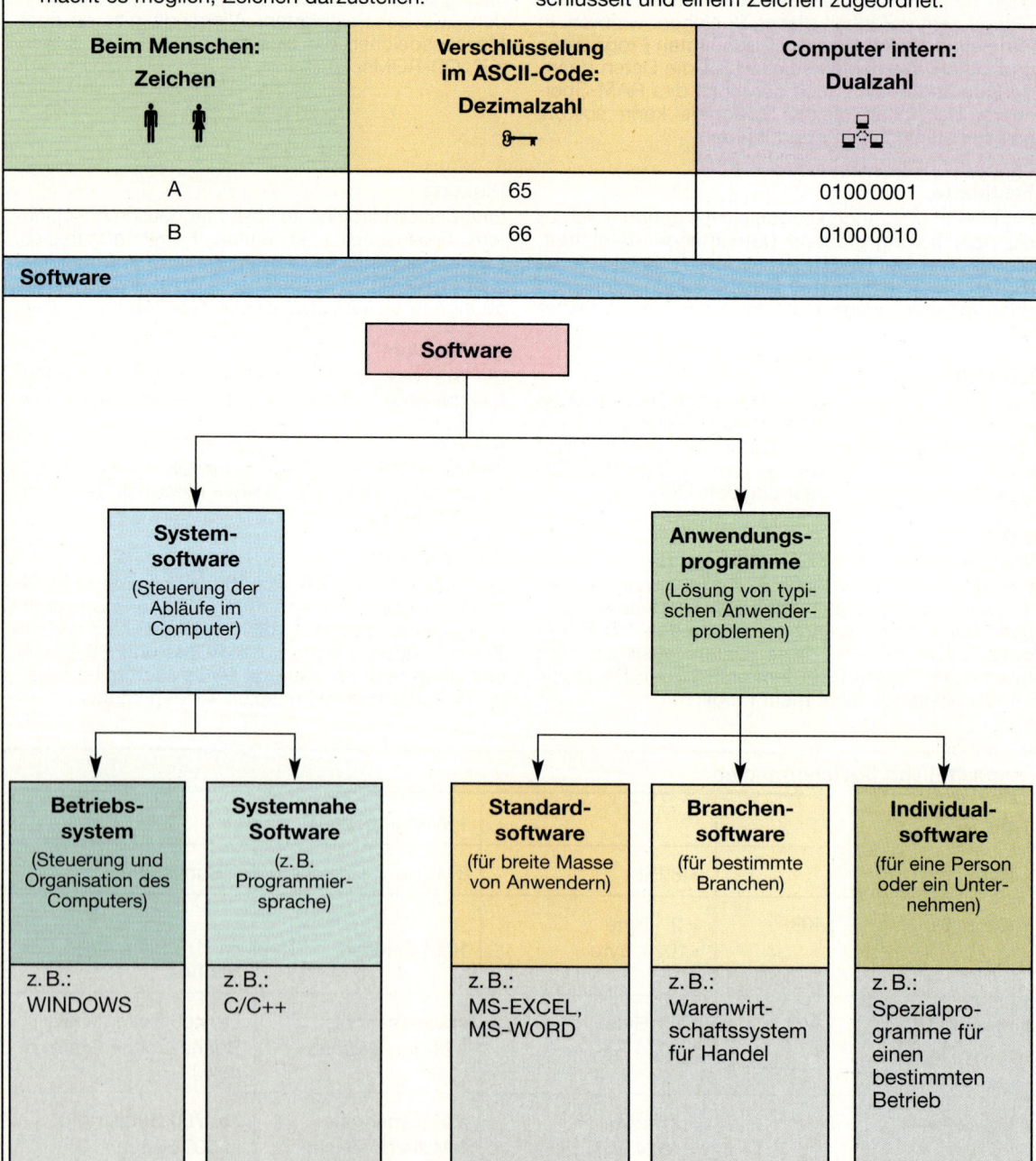

# Arbeiten mit einem Betriebssystem – *Working with an operating system*

## Aufgaben

Das **Betriebssystem** gehört zur Systemsoftware.
Es besteht aus einer Gruppe von Programmen, die …
– den internen und externen Speicher verwalten,
– geringe Hard- und Softwareunterschiede anpassen,

– Kommunikation mit dem Benutzer ermöglichen,
– die Bestandteile der Zentraleinheit verwalten,
– die Peripheriegeräte steuern,
– den Systemstart durchführen.

## Benutzeroberfläche

Das Betriebssystem kommt mit dem Benutzer über die Benutzeroberfläche in Kontakt. Dabei können die Anweisungen auf zwei verschiedene Arten übermittelt werden:

| Kommandosprache | grafische Benutzeroberfläche |
|---|---|
| Die gewünschte Anweisung wird dem Betriebssystem in Form von **Kommandos** (Worten) mitgeteilt. Dabei müssen die Benutzer viele Kommandos auswendig kennen und diese fehlerfrei eingeben, sonst kann das Betriebssystem die Kommandos nicht entschlüsseln und ausführen. <br> MS-DOS (Microsoft Disk Operating System) wird über die Kommandosprache bedient. | Den Benutzern werden auf dem Bildschirm vom Betriebssystem **Icons** (Symbolbilder) angeboten, die beim Anklicken durch die Maus oder durch einen Tastendruck den entsprechenden Befehl an das Betriebssystem weitergeben. <br> Alle WINDOWS-Versionen unterstützen grafische Benutzeroberflächen. |

## Systemstart von WINDOWS 2000

Nach dem Einschalten des Computers mit dem Netzschalter (Kaltstart) findet folgender Prozess statt:
**1. Stufe:** Das BIOS (= **B**asic **I**nput **O**utput **S**ystem, ein Programm, welches im ROM-Speicher steht) wird gestartet und sorgt für die Einleitung der weiteren Stufen.

**2. Stufe:** Im Selbsttest wird die Hardware auf Funktionstüchtigkeit überprüft.
**3. Stufe:** Windows 2000 wird gebootet, d. h., es wird in den Arbeitsspeicher geladen.
**4. Stufe:** Start von Windows 2000.

## Schnell- und Funktionstasten *(shortcuts and function keys)*

| | | |
|---|---|---|
| Alt | | Menü-Ebene aktivieren |
| Alt | Buchst. | Menü öffnen |
| Alt | leer | Systemmenü öffnen |
| Alt | - | Systemmenü öffnen |
| Alt | Esc | Task-Leiste einschalten |
| Strg | Tab | Wechsel zwischen verschiedenen Fenstern |
| | Tab | Wechsel zwischen Verzeichnis- und Dateifenstern |

## Datenträger- und Dateioperationen unter WINDOWS 2000

| Verschieben oder Kopieren eines Ordners oder einer Datei | Diskette formatieren |
|---|---|
| Im Desktop (Startmenü/Programme/Windows-Explorer) Ordner oder Datei markieren, rechte Maustaste → Kontextmenü: Ausschneiden oder Kopieren <br> Zielordner oder -laufwerk markieren, rechte Maustaste → Kontextmenü; Einfügen | Diskette in Laufwerk A: einlegen <br> Symbol: Arbeitsplatz, Laufwerk A:, rechte Maustaste → Kontextmenü wird geöffnet <br> Formatieren/Art der Formatierung (auswählen), Schaltfläche: Starten |

| Diskette kopieren | Start eines Programms |
|---|---|
| Quelldiskette in Laufwerk A: einlegen <br> Symbol: Arbeitsplatz, Laufwerk A:, rechte Maustaste → Kontextmenü wird geöffnet <br> Diskette kopieren/Quell- und Ziellaufwerk bestimmen, Schaltfläche: Starten <br> weiteren Anweisungen folgen | Doppelklick auf das Programmsymbol auf dem Desktop (sofern das Symbol dort angelegt ist) <br> Startbutton → Programme → Name des Programms |

**20**

# Entwickeln von Algorithmen – *Setting up of algorithmus*

| Begriff | Vorgehen |
|---|---|
| Algorithmus → Exakte Vorschrift, die bei geeigneten Eingabedaten zwangsläufig zu korrekten Ausgabedaten führt. | **E**ingabe: $x = 3, y = 4$<br>**V**erarbeitung (mit einem Algorithmus): $z = x + y$ (hier: $z = 3 + 4$)<br>**A**usgabe: $z = 7$ |

## Stufen der Softwareerstellung

| | |
|---|---|
| **Problemstellung** | Aufgabenstellung mit Auftraggeber abstimmen |
| **Problemanalyse** | Eingabedaten festlegen<br>Reihenfolge und Art der Verarbeitung festlegen<br>Ausgabedaten festlegen |
| **Entwurf** | Aufbau der Bildschirmmaske<br>Gestaltung der Druckausgabe (z. B. Briefe, Berichte, Tabellen)<br>Darstellung der für die Verarbeitung benötigten Algorithmen z. B. mit Struktogrammen |
| **Implementierung (Einbau)** | Erstellung und Installation eines lauffähigen Programms, Datenbankanwendung usw. |
| **Systemtest** | Testen der erstellten Software (z. B. Programm, Datenbankanwendung) |
| **Abschlussphase** | Einsatz und Wartung der erstellten Software Dokumentation<br>Erstellen einer Bedienungsanweisung |

## Algorithmische Grundstrukturen

| Struktur | Beschreibung | Struktogramm | Beispiele |
|---|---|---|---|
| **Folge (Sequenz)** | Aneinanderreihung von mehreren Anweisungen | 1. Anweisung<br>2. Anweisung<br>3. Anweisung | **in EXCEL:**<br>=SUMME(B3:B9)<br>=B10-C10<br>=B11*8 |
| **Auswahl (Selektion)** | **Zweiseitige Auswahl:**<br>In Abhängigkeit von der Erfüllung einer Bedingung werden zwei Alternativen ausgewählt. | Bedingung erfüllt?<br>ja / nein<br>1. Anweisung / 2. Anweisung | **in EXCEL:**<br>=WENN(B12>1000; 5; 10) |
| | **Fallunterscheidung:**<br>In Abhängigkeit von der Erfüllung einer Bedingung werden mehrere Alternativen (Fälle) ausgewählt. | Fall?<br>= 1 / = 2 / = 3<br>1. Anw. / 2. Anw. / 3. Anw. | **in C:**<br>switch(UstSatz)<br>{case 1:<br>Ust=Wert*0.16; break;<br>case 2:<br>Ust=Wert*0.07; break;<br>case 3:<br>Ust=0:} |
| **Wiederholung (Iteration)** | Eine Folge von Anweisungen wird so oft wiederholt, solange bzw. bis eine Bedingung erfüllt ist.<br><br>z. B. fußgesteuerte **Schleife** | 1. Anweisung<br>2. Anweisung<br>3. Anweisung<br>Wiederholung, solange Bedingung erfüllt | **in C:**<br>do<br>{<br>    x=x+1;<br>    printf(„%i",x);<br>}<br>while(x < 10); |

**20**

3525252

# Tabellenkalkulation am Beispiel von EXCEL

## Begriff

Daten werden in Form von Tabellen erfasst und mithilfe von mathematischen und anderen Funktionen verarbeitet. Bei einer Änderung der Daten werden die Ergebnisse und Analysen automatisch angepasst. Die Ergebnisse und Analysen können anschließend grafisch ansprechend aufbereitet werden, denn die meisten modernen Tabellenkalkulationsprogramme (z. B. EXCEL 2000) verfügen über Grafiktools.

Diese Standardsoftware findet weite Verbreitung und wird betriebswirtschaftlich beispielsweise für Angebotsvergleiche, Kalkulationen oder zur Erstellung von Statistiken eingesetzt.

## Adressierung

Um in Formeln auf Daten aus Zellen oder Bereichen zugreifen zu können, müssen die Zellen mit einer **Adresse** versehen werden. Durch die **Adressierung** werden also Bezüge zu anderen Zellen hergestellt.

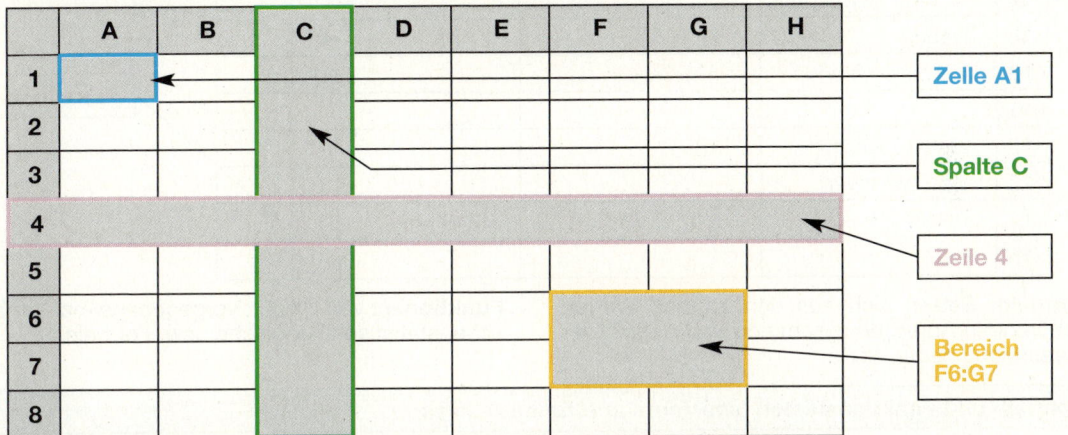

| absolute Adressierung | Beim Kopieren verändert EXCEL die Adresse einer Zelle nicht. Sie bleibt konstant (absolut). Dafür muss aber diese Zelladresse mit $-Zeichen versehen werden. | |
|---|---|---|

|   | A |
|---|---|
| 1 | 100 |
| 2 | =$A$1+1 |
| 3 | =$A$1+1 |

Wert in A2 und A3 → 101

| relative Adressierung | Beim Kopieren verändert EXCEL automatisch die Adresse einer Zelle relativ (im Verhältnis) zur ursprünglichen Zelle. |
|---|---|

|   | A |
|---|---|
| 1 | 100 |
| 2 | =A1+1 |
| 3 | =B2+1 |

Wert in A2 → 101
Wert in A3 → 102

| Adressierung über den Namen | Die Zelle, die kopiert oder in einer Formel verwendet werden soll, wird vorher mit einem Namen versehen. Beim Kopieren wird dann dieser Name beibehalten. |
|---|---|

|   | A |
|---|---|
| 1 | 100 |
| 2 | Umsatz |
| 3 | Umsatz |

Name in A2 → Umsatz
Name in A3 → Umsatz
Name in A3 → Umsatz

20

# Tabellenkalkulation am Beispiel von EXCEL

## Inhalte von Zellen

|    | A | B | C | D |
|----|---|---|---|---|
| 1  |   | **Angebotsvergleich** |   |   |
| 2  |   |   |   |   |
| 3  |   | Kunze KG | Meier GmbH |   |
| 4  | Listeneinkaufspreis | 10000 | 11500 |   |
| 5  | Rabatt in % | 10 | 12 |   |
| 6  | Bezugskosten | 150 | 200 |   |
| 7  |   |   |   |   |
| 8  | Listeneinkaufspreis | =B4 | =C4 |   |
| 9  | – Rabatt | =B4*B5/100 | =C4*C5/100 |   |
| 10 | Zieleinkaufspreis | =B8-B9 | =C8-C9 |   |
| 11 |   |   |   |   |
| 12 | Zieleinkaufspreis | =B10 | =C10 |   |
| 13 | + Bezugskosten | =B6 | =C6 |   |
| 14 | Bezugspreis | =SUMME(B12:B13) | =SUMME(C12:C13) |   |
| 15 |   |   |   |   |

Texte → (Zeile 3)

Werte → (Zeile 5)

Formeln → (Zeile 8/9)

Funktionen → (Zeile 14)

**Formeln:** Setzen sich aus den zu den Werten gehörenden Adressen zusammen und dienen der Berechnung neuer Werte.

**Funktionen:** von EXCEL vorgegebene mathematische, statistische, logische usw. Formeln.

## Schnell- und Funktionstasten *(shortcuts and function keys)*

| Taste(n) | Funktion |
|----------|----------|
| ⇧ F10 | Kontextmenü einschalten |
| F2 | Bearbeitungszeile aktivieren |
| F4 | Zellbezug (absolut/relativ) ändern |
| Strg F6 | Wechsel zwischen zwei Fenstern |
| Strg Bild → / Bild ↑ | Wechsel zwischen den Blättern einer Mappe |
| Esc | Wechsel vom Diagramm zur Tabelle |
| F8 | Markierung – Bereichserweiterung |
| ⇧ F8 | Markierung – Mehrfachauswahl |
| Strg ⇧ * | Markierung – aktueller Datenblock |
| Strg ⇧ leer | Markierung – ganze Tabelle |
| Strg leer | Markierung – Spalte |
| ⇧ leer | Markierung – Zeile |
| Tab | Zellen ansteuern |
| ⇧ Tab | Zellen ansteuern (rückwärts) |
| Alt ← | Rückgängigmachen der Änderung/Lösung |
| Strg C | Kopieren |
| Strg V | Einfügen |
| Strg X | Ausschneiden |
| Strg S | Speichern |
| Strg Z | Rückgängigmachen der letzten Aktion |

**20**

3525254

# Tabellenkalkulation am Beispiel von EXCEL

## Wesentliche Funktionen

| | |
|---|---|
| **Summe**<br><br>Mathematische Funktion zum Addieren von Werten | **=SUMME(Zahl1; Zahl2; …)**<br><br>**Zahl1; Zahl2; …:** Hier können entweder die Adressen der Zellen durch ";" getrennt oder ein Bereich angegeben werden. |
| **Mittelwert**<br><br>Statistikfunktion liefert den Mittelwert aus einem Bereich | **=MITTELWERT(Zahl1; Zahl2; …)**<br><br>**Zahl1; Zahl2; …:** Hier können entweder die Adressen der Zellen durch ";" getrennt oder ein Bereich angegeben werden. |
| **Minimum**<br><br>Statistikfunktion liefert den kleinsten Wert aus einem Bereich | **=MIN(Zahl1; Zahl2; …)**<br><br>**Zahl1; Zahl2; …:** Hier können entweder die Adressen der Zellen durch ";" getrennt oder ein Bereich angegeben werden. |
| **Maximum**<br><br>Statistikfunktion liefert den größten Wert aus einem Bereich | **=MAX(Zahl1; Zahl2; …)**<br><br>**Zahl1; Zahl2; …:** Hier können entweder die Adressen der Zellen durch ";" getrennt oder ein Bereich angegeben werden. |
| **Wenn**<br><br>Logikfunktion, mit der Fallunterscheidungen durchgeführt werden können | **=WENN(Prüfung; Dann_Wert; Sonst_Wert)**<br><br>**Prüfung:** Es wird geprüft, ob eine Bedingung erfüllt ist.<br><br>**Dann_Wert:** Der Wert oder Ausdruck, der ausgegeben wird, wenn die Bedingung erfüllt ist<br><br>**Sonst_Wert:** Der Wert oder Ausdruck, der ausgegeben wird, wenn die Bedingung nicht erfüllt ist |
| **Zählen wenn**<br><br>Statistikfunktion, die alle Zellen eines Bereiches zählt, deren Inhalt mit dem Suchkriterium übereinstimmen | **=ZÄHLENWENN(Bereich; Suchkriterium)**<br><br>**Bereich:** Mehrere zusammenhängende Zellen<br><br>**Suchkriterium:** Wert oder Text, nach dem gesucht werden soll |
| **Sverweis (Suchfunktion)**<br><br>Datenbankfunktion, die aus einer Liste (Matrix) bestimmte Daten (Suchkriterium) heraussucht und zugehörige Daten (Spaltenindex) anzeigt | **=SVERWEIS(Suchkriterium; Matrix; Spaltenindex; Bereich_Verweis)**<br><br>**Suchkriterium:** Wert oder Text, nach dem in der 1. Spalte der Matrix gesucht werden soll<br><br>**Matrix:** Bereich, in dem Wert oder Text gesucht werden soll<br><br>**Spaltenindex:** Nummer der Spalte, aus der ein Wert oder Text zu dem gesuchten Feldinhalt geliefert wird<br><br>**Bereich_Verweis:** (optional) ist ein Wahrheitswert, der angibt, ob genau das Suchkriterium gefunden wurde<br><br>WAHR: Wurde keine genaue Übereinstimmung gefunden, wird der nächstkleinere Wert als Grundlage genommen<br><br>FALSCH: Zeigt nur genaue Übereinstimmung an, sonst #NV |

## Erstellen eines Diagramms mit dem Diagramm-Assistenten

- Markieren des gewünschten Bereichs
- Menüpunkte: Einfügen/Diagramm/Auf dieses Blatt **oder** Schaltfläche Diagramm

**1. Stufe:** Diagramm-Assistent – Schritt 1 von 4 – Diagrammtyp. Aus 14 Diagrammtypen kann der gewünschte ausgewählt werden.

**2. Stufe:** Diagramm-Assistent – Schritt 2 von 4 – Diagramm-Quelldaten. Hier kann der Datenbereich geändert werden.

**3. Stufe:** Diagramm-Assistent – Schritt 3 von 4 – Diagrammoptionen. Verschiedene Beschriftungen (z. B. Diagrammtitel oder Achsenbeschriftungen), Gitternetzlinien usw. können hier ausgewählt werden.

**4. Stufe:** Diagramm-Aissistent – Schritt 4 von 4 – Diagramm-Platzierung. Es kann ausgewählt werden, ob das Diagramm auf ein eigenes Blatt oder in der aktiven Tabelle platziert wird.

**20**

# Tabellenkalkulation am Beispiel von EXCEL

## Geschäftsgrafik

Die mit EXCEL ausgewerteten Daten einer Tabelle können in Form von Diagrammen grafisch ansprechend aufbereitet werden. Dies vereinfacht die Interpretation betriebswirtschaftlicher Zusammenhänge.

## Darstellungsarten

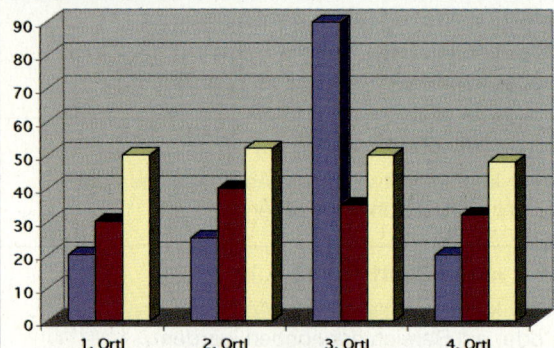

**Säulendiagramm**
ermöglicht Vergleiche verschiedener Perioden bzw. Zeitpunkte

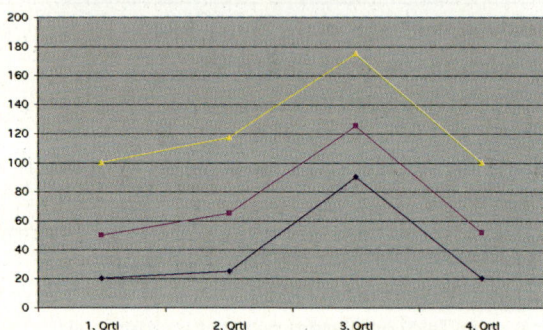

**Kurvendiagramm**
ermöglicht das Aufzeigen von Entwicklungen in einem bestimmten Zeitraum

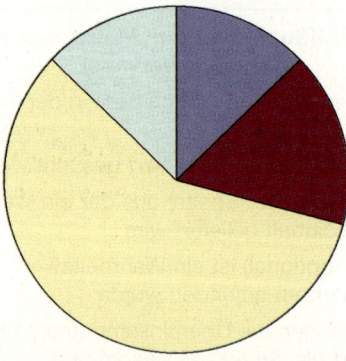

**Torten- oder Kreisdiagramm**
ermöglicht Vergleich von Teilgrößen mit dem Gesamten

# Datenbanken am Beispiel von ACCESS

## Nachteile traditioneller Datenverwaltung

- **Redundanz:** Für jedes Programm werden Daten getrennt in Dateien gespeichert. Diese Vorgehensweise führt zur Mehrfachspeicherung von bestimmten Daten, z. B. werden Kundendaten für ein Fakturierungsprogramm und ein Buchführungsprogramm benötigt und in verschiedenen· programmabhängigen Dateien gespeichert. Diese Redundanz führt zu einem unnötig hohen Bedarf an Speicherplatz.

- **Dateninkonsistenz:** Bei Änderungen von mehrfach in verschiedenen Dateien gespeicherten Daten besteht die Gefahr, dass nicht alle Daten einheitlich aktualisiert werden.

- **Datei-Programm-Abhängigkeit:** Muss z. B. durch Gesetzesänderungen der Aufbau einer Datei verändert werden, müssen auch die dazugehörigen Programme angepasst werden.

20

# Datenbanken am Beispiel von ACCESS

| Begriff | Vorteile |
|---|---|
| Datenbanken haben die Aufgabe, Daten strukturiert zu erfassen und zu verwalten. Bei relationalen Datenbanken können Daten aus mehreren Tabellen miteinander verknüpft werden. | • keine Mehrfachspeicherung gleicher Daten (Redundanz)<br>• Speicherung der Daten in der Datenbank unabhängig vom Anwendungsprogramm<br>• leichtere Datenpflege |

## Aufbau einer Datenbank

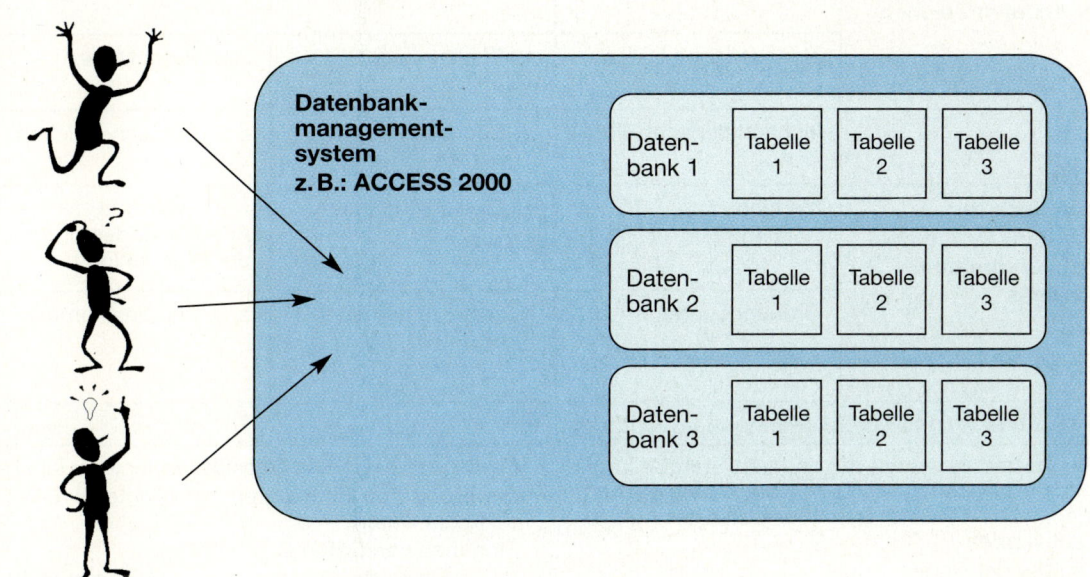

Benutzerinnen/
Benutzer

## Aufbau einer Datei

Bei der Übertragung von Daten auf Karteikarten in eine Datenbanktabelle gelten folgende Zusammenhänge:

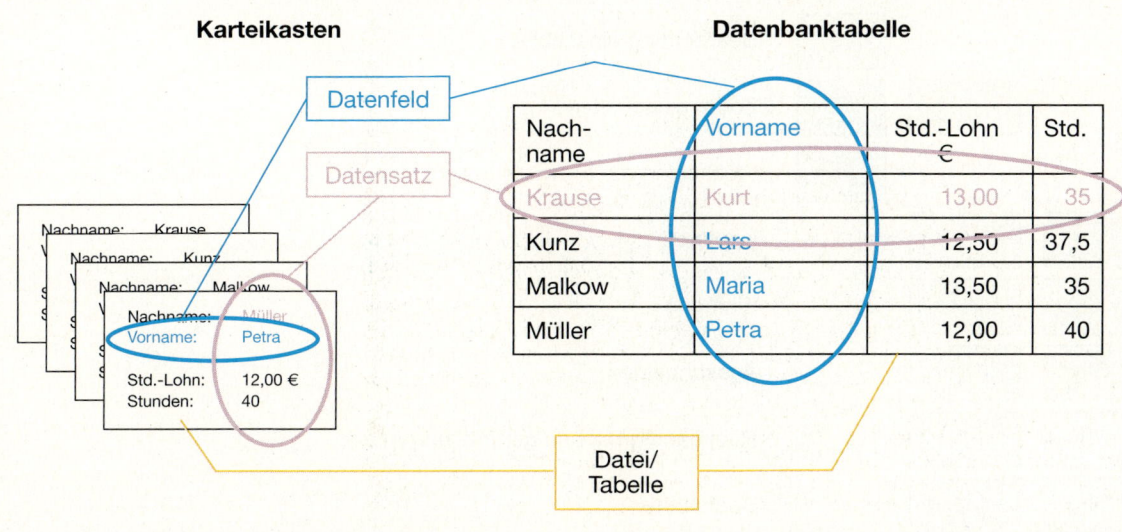

## Datenbanken am Beispiel von ACCESS

### Datenarten

| | | | |
|---|---|---|---|
| **Daten nach der Häufigkeit der Änderung** | Stammdaten | • Sie bleiben über einen längeren Zeitraum oder immer unverändert. | z. B. Artikelnummer und Artikelbezeichnung |
| | Bewegungsdaten | • Sie werden häufig geändert. | z. B. Artikelzu- und -abgänge, Zahlungsein- und -ausgänge |
| **Daten nach Art der verwendeten Zeichen** | numerische Daten | • Zahlen | z. B. 12,50 |
| | alphabetische Daten | • Buchstaben | z. B. Petra Müller |
| | alphanumerische Daten | • Buchstaben und Zahlen | z. B. Autokennzeichen |
| **Daten nach der Aufgabe während des Datenverarbeitungsprozesses** | Mengen-/ Rechendaten | • für Berechnungen | z. B. geleistete Arbeitsstunden und der Stundenlohn |
| | Ordnungsdaten | • zum Suchen oder Sortieren | z. B. Personalnummer |

### Entwurf und Anlage einer Datenbankanwendung

Im Gegensatz zur Arbeit mit anderen Standardprogrammen, bei denen die Daten direkt eingegeben werden, muss bei einer Datenbank erst der Aufbau geplant werden:
- Analyse der Daten
- Datenmodellierung z. B. mithilfe eines Entity-Relationship-Diagramms **(ERM),** d. h., die Daten und die Beziehungen zwischen ihnen werden grafisch dargestellt
- Erstellen von Tabellen, Festlegung der Datenstruktur und Festlegung der Beziehungen zwischen den Tabellen

- Festlegung eines Primärschlüssels für jede Tabelle
- Erstellung von Formularen zur leichteren Erfassung der Daten
- Eingeben von Daten in Tabellen
- Verknüpfung der Daten aus verschiedenen Tabellen
- Formulierung von Abfragen zur Auswertung der gespeicherten Daten
- Präsentation der Daten über einen Bericht

### Schnell- und Funktionstasten *(shortcuts and function keys)*

| | | |
|---|---|---|
| | F2 | Bearbeitung einschalten |
| ⇧ | F2 | Zoom einschalten |
| | F6 | Wechsel in die Entwurfsansicht |
| Strg | C | Kopieren |
| Strg | V | Einfügen |
| Strg | X | Ausschneiden |
| Strg | Z | Rückgängigmachen der letzten Aktion |
| Strg | S | Speichern |

**20**

3525258

# Datenbanken am Beispiel von ACCESS

## Struktur einer ACCESS-Datenbankanwendung

| Tabellen | Abfragen |
|---|---|
| Eine Tabelle bildet Gegenstände der Wirklichkeit ab. Dabei werden die Daten ähnlich wie bei der Tabellenkalkulation eingegeben. Beispielsweise wird eine Tabelle zur Erfassung von Personaldaten (Nachname, Vorname, Stundenlohn, Wochenarbeitszeit) angelegt. | Mit Abfragen können die Daten nach verschiedenen Kriterien sortiert (z. B. aufsteigend, absteigend) oder selektiert (ausgesucht) werden. Mithilfe einer Abfrage könnten beispielsweise alle Angestellten ermittelt werden, die mehr als 12,50 € pro Stunde verdienen. |

| Formulare | Berichte |
|---|---|
| Formulare erleichtern beispielsweise die Eingabe der Daten. Sie können aber auch zur Ansicht und Bearbeitung der Daten verwendet werden. Sie können automatisch vom Programm oder mit Unterstützung des Assistenten schnell erstellt werden. | Daten können in Berichten zusammengefasst und grafisch ansprechend aufbereitet werden. Diese können dann über den Drucker ausgegeben und/oder in der Datenbank/Datei gespeichert werden. |

| Makros | Module |
|---|---|
| Makros enthalten eine Zusammenstellung von Anweisungen, die häufig wiederkehrende Arbeiten auflistet. Somit werden diese Arbeiten automatisiert. | Module sind kleine mit Visual Basic erstellte Programme, mit denen man die Möglichkeiten einer Datenbankanwendung erweitern kann. |

## Datenfelder und Felddatentypen

| | | |
|---|---|---|
| **Text** | Eingabe von Texten oder Zeichenketten | bis 255 Zeichen |
| **Memo** | Längere Zeichenketten | ca. 32 000 Zeichen |
| **Zahl** | Numerische Daten. Dieser Datentyp bietet zahlreiche Einstellungsmöglichkeiten. Es kann beispielsweise die Zahl der Nachkommastellen festgelegt werden. | 1–16 Byte |
| **Datum/Zeit** | Eingabe von Datum und/oder Uhrzeit mit verschiedenen Formaten (z. B. 12.05.2002, 2002-05-12) | |
| **Währung** | Ähnlich wie Zahl, aber Formate mit Währungssymbolen wählbar | |
| **AutoWert** | Eindeutige, fortlaufende Zahl, die jeweils von ACCESS um 1 erhöht wird. Wird ein neuer Datensatz in die Tabelle eingetragen, weist ACCESS eine Zufallszahl zu. Auto-Werte können nicht geändert werden. | |
| **Ja/Nein** | Zum Speichern beispielsweise von Bildern, Klängen oder in anderen Programmen erstellter Daten | 1 Bit |
| **OLE-Objekt** | Felder enthalten nur zwei Werte, beispielsweise Ein/Aus, Wahr/Falsch, Ja/Nein | bis 1 GB |
| **Hyperlink** | Verknüpfung mit einer beliebigen Datei oder einer Seite im Internet | bis 64 000 Zeichen |

## Datenaustausch

| Daten aus **ACCESS** in **EXCEL** weiterbearbeiten | Daten aus **EXCEL** in **ACCESS** weiterbearbeiten |
|---|---|
| • Cursor muss sich in der zu bearbeitenden Tabelle oder Abfrage befinden.<br>• Anklicken des EXCEL-Symboles in ACCESS.<br>• EXCEL wird automatisch geöffnet und die Abfrage oder Tabelle erstellt. | • Öffnen der Datenbank in Access, in der sich die gewünschte Tabelle befindet.<br>• In Access: Einfügen → Tabelle → Tabelle importieren.<br>• Angeben des Dateityps (EXCEL), Pfades und Dateinamens, Importieren anklicken.<br>• Im Dialogfeld angeben, ob die erste Reihe Feldnamen enthält.<br>• Ein Assistent leitet dann durch die Erstellung des Grundlayouts der Tabelle. |

**20**

# Datenbanken am Beispiel von ACCESS

## Primärschlüssel

Stellt ein Datenfeld zur Verfügung, das die Datensätze durchnummeriert. Er dient der eindeutigen Abgrenzung der Datensätze und ermöglicht die Verknüpfung mehrerer Dateien.

## Operatoren

| Logische Operatoren | Und | logisches Und |
|---|---|---|
| | Oder | inklusives Oder |
| | ExOder | exklusives Oder |
| | Nicht | logisches Nicht |
| Arithmetische Operatoren | + | addieren |
| | – | subtrahieren |
| | * | multiplizieren |
| | / | dividieren |
| | ^ | potenzieren |
| Vergleichs-operatoren | = | gleich |
| | <> | ungleich |
| | < | kleiner als |
| | <= | kleiner oder gleich |
| | > | größer als |
| | >= | größer oder gleich |

## Ändern der Tabellenstruktur

Unter Umständen (z. B. weil neue Daten in eine Tabelle aufgenommen werden sollen) ist es nötig, eine bereits festgelegte Tabellenstruktur zu verändern. Folgende Änderungen sind denkbar:

- Datenfeldspalte einfügen
- Datenfeldname ändern
- Datenfeldspalte löschen
- Reihenfolge der Datenfelder ändern
- Datenfeldlänge ändern
- Datenfeldtyp ändern
- Datenfeldzeile einfügen
- Datenfeldzeile löschen

Problematisch sind Änderungen der Tabellenstruktur, wenn bereits Daten eingegeben worden sind. Diese bereits gespeicherten Daten werden durch die Änderung der Tabellenstruktur eventuell gelöscht.

**Beispiele** in Access:

| | |
|---|---|
| Datenfeldzeile löschen | 1. In der Entwurfsansicht Zeile markieren, die gelöscht werden soll.<br>2. -> BEARBEITEN<br>    -> DATENSATZ LÖSCHEN<br><br>oder Taste \| Entf \| betätigen |
| Datenfeldspalte einfügen | 1. In der Entwurfsansicht die Spalte markieren, vor der die neue Spalte eingefügt werden soll.<br>2. -> BEARBEITEN<br>3.     -> EINFÜGEN<br>4.         -> SPALTE |

**20**

3525260

# Datenbanken am Beispiel von ACCESS

## Grundoperationen

### Datenbank anlegen

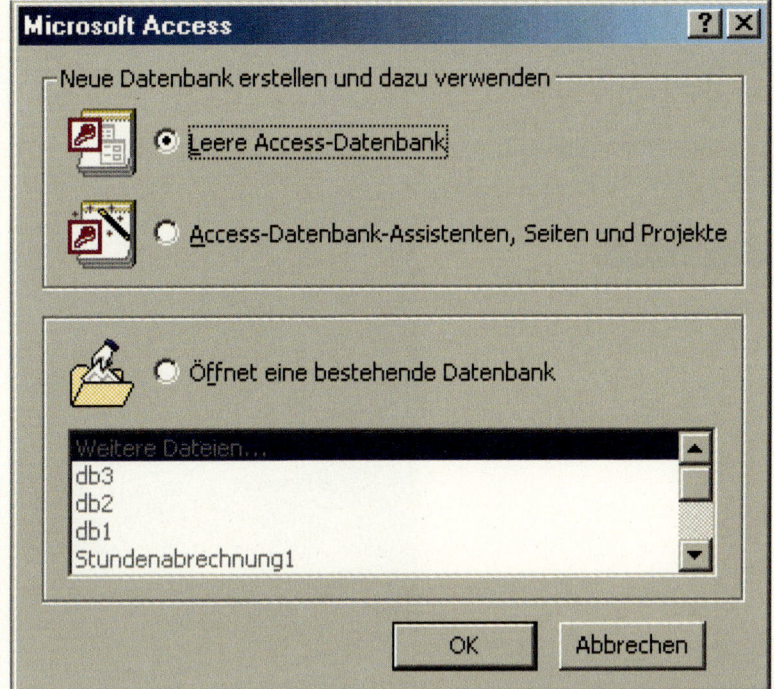

- ACCESS aufrufen
- Neue Datenbank erstellen und dazu verwenden:
  Leere ACCESS-Datenbank,
  OK

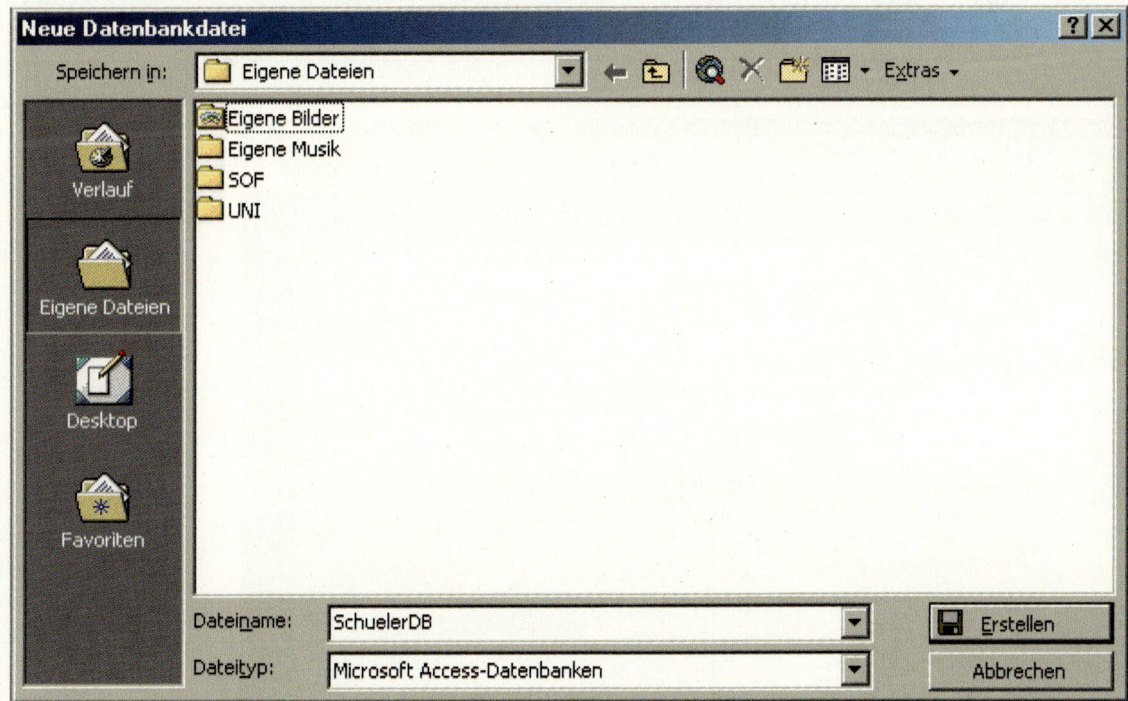

- Dateiname (Name der Datenbank) eingeben
- Schaltfläche: Erstellen

**20**

# Datenbanken am Beispiel von ACCESS

## Grundoperationen

### Tabelle anlegen

- Bereich: Erstellt eine Tabelle in der Entwurfsansicht, Schaltfläche: Öffnen oder Schaltfläche: doppelter Mausklick

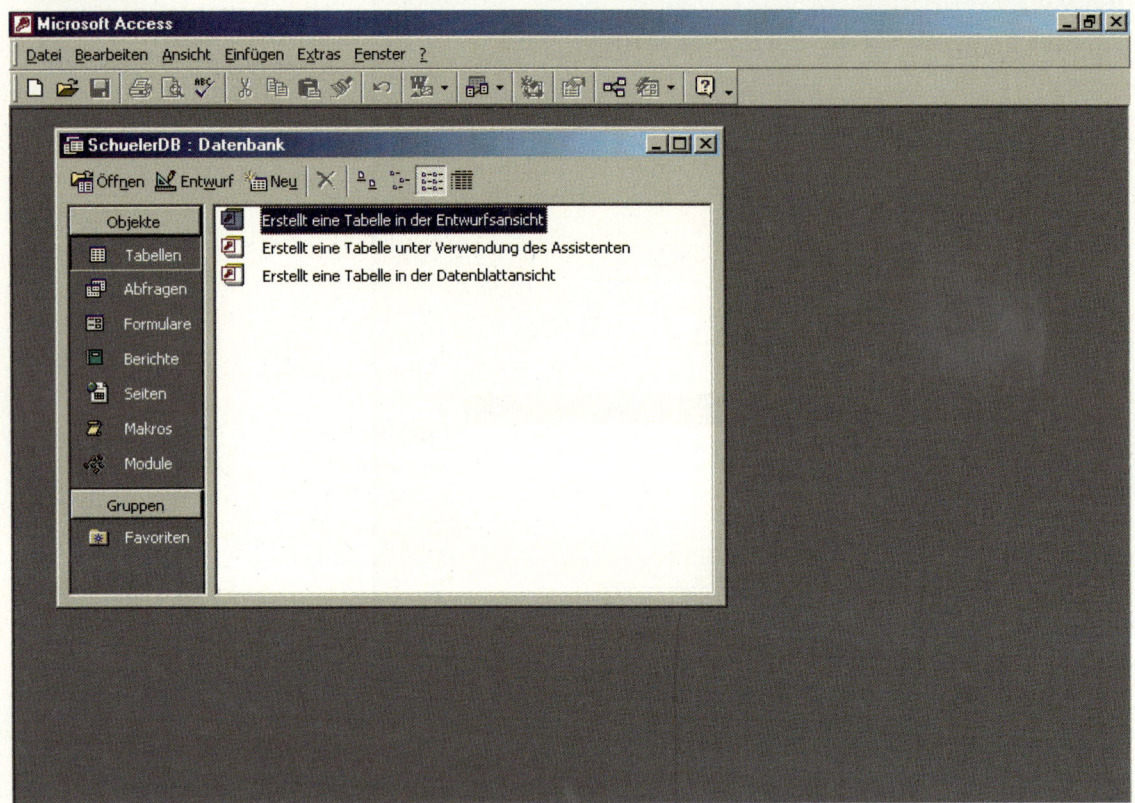

### Festlegung des Aufbaus der gewünschten Tabelle

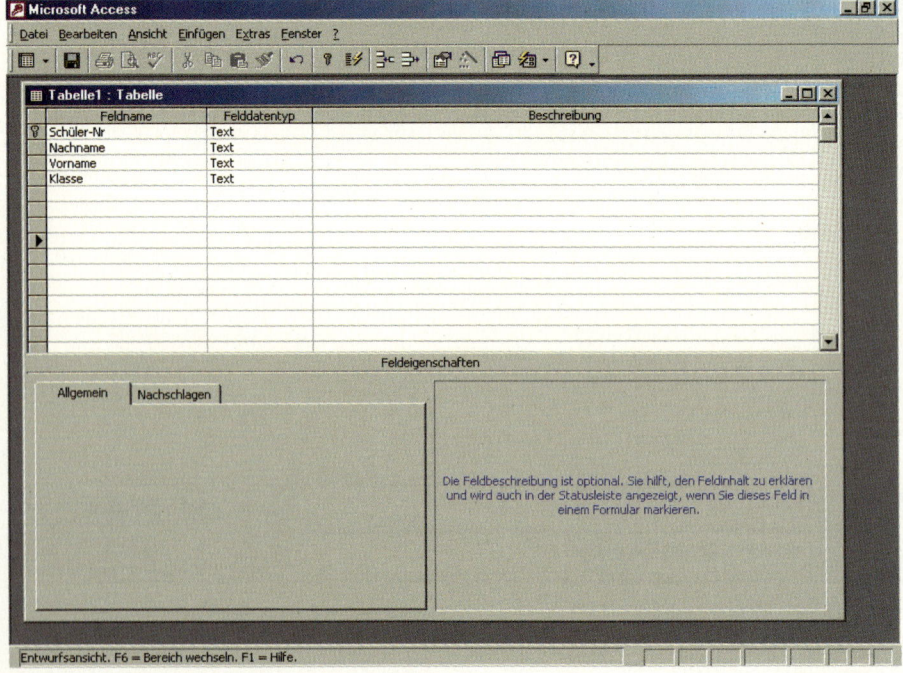

- Feldnamen eingeben

- Felddatentypen festlegen

- Primärschlüssel festlegen

- Menü: Datei/ Schließen

- Tabellennamen eingeben

20

# Datenbanken am Beispiel von ACCESS

## Grundoperationen

### Daten eingeben

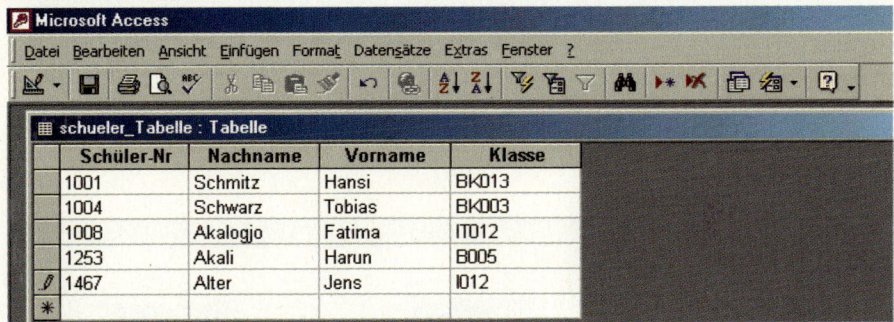

- in das Datenbankfenster gehen
- Markieren der gewünschten Tabelle
- Eingeben der Daten in die Tabelle
- Menü: Datei/Schließen

### Löschen von Daten

- In das Datenbankfenster gehen
- Markieren der gewünschten Tabelle, Schaltfläche: Öffnen
- Markieren der zu löschenden Datensätze

- Menü: Bearbeiten/Löschen **oder** Menü: Bearbeiten/Ausschneiden **oder** Taste: Entf
- Schaltfläche: Ja

### Ändern von Daten

- In das Datenbankfenster gehen
- Markieren der gewünschten Tabelle, Schaltfläche: Öffnen

- Markieren des zu verändernden Datensatzes (ein Feld) und Überschreiben durch den gewünschten Inhalt

### Verknüpfen von Tabellen

Ein Hilfsmittel zum Entwurf relationaler Datenbanken ist das Entity-Relationship-Modell **(ERM).** Aus dem ER-Modell können die notwendigen ACCESS-Tabellen abgeleitet werden.

**Beispiel:**

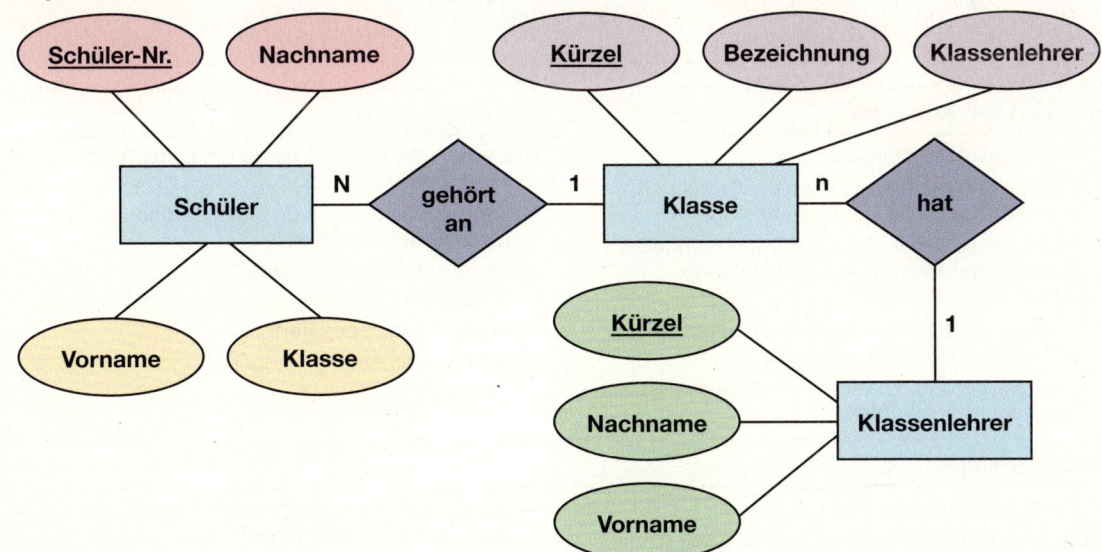

- Eine Relation (Entität, Tabelle) hat einen eindeutigen Namen, z. B. **Klasse.**
- Eine Relation hat mehrere Attribute (Eigenschaften), z. B. **Nachname.**
- Eine Relation hat einen Primärschlüssel, der jeden Datensatz eindeutig identifiziert, z. B. **Schüler-Nr.**

- Die Entitäten sind über Beziehungen miteinander verknüpft, z. B. hat jede Klasse einen Klassenlehrer.
- Die Beziehungstypen ergeben sich aus den mengenmäßigen Zusammenhängen zwischen den einzelnen Elementen, z. B. gehören viele Schüler einer Klasse an (n-zu-1-Beziehung).

**20**

# Datenbanken am Beispiel von ACCESS

## Grundoperationen

### Verknüpfen von Tabellen

- In das Datenbankfenster gehen
- Menü: Extras/Beziehungen
- gewünschte Tabellen markieren und mit der Schaltfläche: Hinzufügen auswählen
- Schaltfläche: Schließen

- Mit der Maus das gewünschte Datenfeld in der ersten Tabelle markieren und mit gedrückter linker Maustaste auf das gewünschte Datenfeld der zweiten Tabelle fahren
- Schaltfläche: Erstellen, Menü: Datei/Schließen

**Beispiel:**

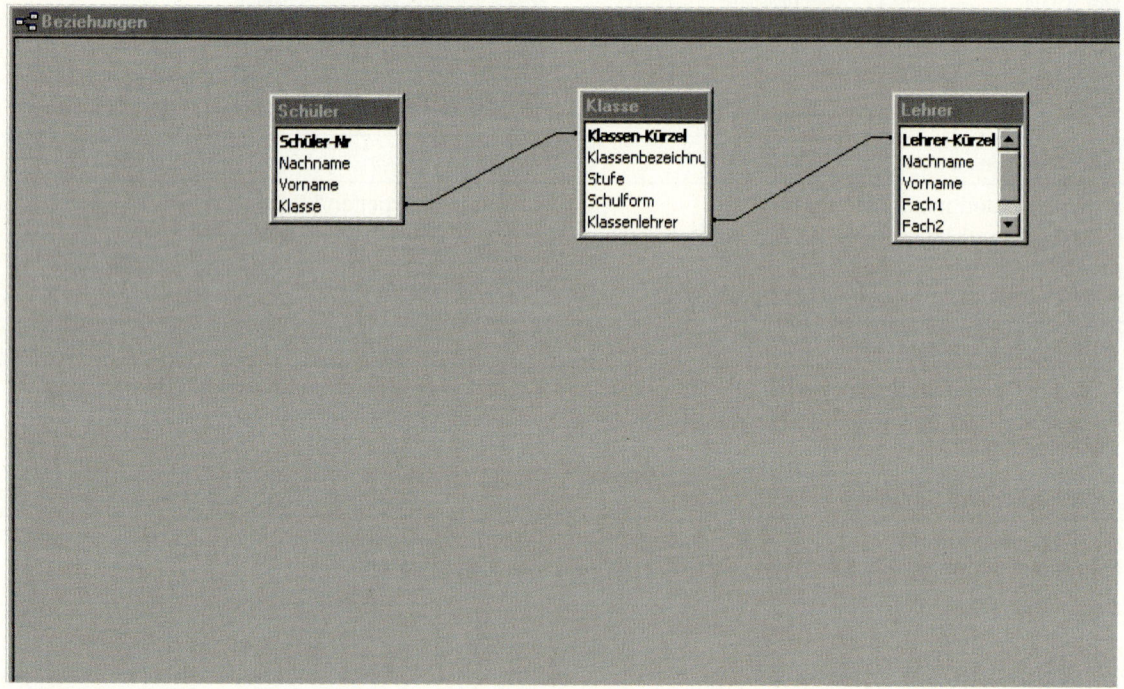

### Erstellen von Abfragen

- In das Datenbankfenster gehen
- Schaltfläche: Abfragen, Bereich. Erstellt eine neue Abfrage in der Entwurfsansicht
- Gewünschte Tabelle bzw. Abfrage markieren, Schaltfläche: Hinzufügen, Schaltfläche: Schließen
- Mit Listenpfeil jeweils das gewünschte Datenfeld in die Zeile: Feld eintragen
- Zeile: Sortierung, Listenpfeil anklicken und Sortierkriterium auswählen

- Zeile: Anzeigen ✔ , wenn die Datenfelder angezeigt werden sollen
- Zeile: Kriterium gewünschte Bedingungen (mit Operatoren) eingeben
- Menü: Abfrage/Ausführen bzw. Ansicht/Datenblattansicht, um das Ergebnis zu betrachten
- Menü: Datei/Speichern
- Namen der Abfrage eingeben
- Menü: Datei/Schließen

### Bericht erstellen

- In das Datenbankfenster gehen
- Bereich: Berichte, Schaltfläche: Erstellt einen Bericht unter Verwendung des Assistenten

- Auswählen der gewünschten Tabelle/Abfrage usw., Schaltfläche: Weiter
- Anweisungen des Assistenten folgen
- Schaltfläche: Fertigstellen

### Sortieren von Daten

- In das Datenbankfenster gehen
- Markieren der gewünschten Tabelle, Schaltfläche: Öffnen

- Menü: Datensätze/Sortierung/Aufsteigend **oder** Menü: Datensätze/Sortierung/Absteigend

**20**

3525264

# Powerpoint

## Begriff

Bei **Powerpoint** handelt es sich um ein Programm, das besonders für die visuelle Darstellung verschiedener Sachverhalte geeignet ist. Powerpoint bietet viele Vorlagen und Hilfen für die Gestaltung.

Powerpoint-Dateien bestehen aus mehreren Arbeitsblättern, die Folien genannt werden. Die **Folien** können nicht nur gedruckt werden, sondern auch direkt vom PC/Laptop als sog. Bildschirmshow über ein Projektionsgerät (Beamer) wiedergegeben werden.

## Anwendungsmöglichkeiten

- Präsentation von Arbeitsergebnissen
- Grafische Darstellung von Arbeitsabläufen
- Erstellen von Schemazeichnungen
- Erstellen von Übersichten, z. B. Organigrammen

- Zusammenfassen und anschauliches Aufbereiten von Daten aus anderen Programmen

## Bedienungselemente

# Powerpoint-Anwendungsmöglichkeiten

## Beispiel: Standortübersicht

## Beispiel: Umsatzbericht

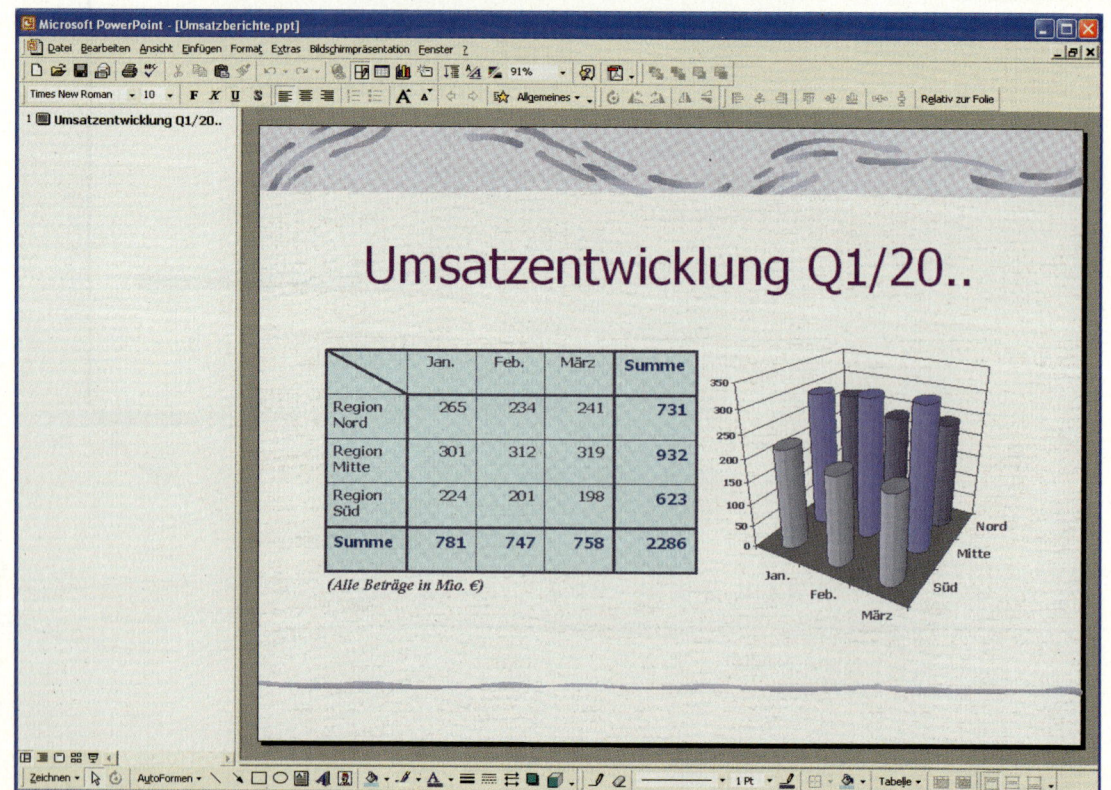

3525266

# Powerpoint-Anwendungsmöglichkeiten

## Beispiel: Organigramm

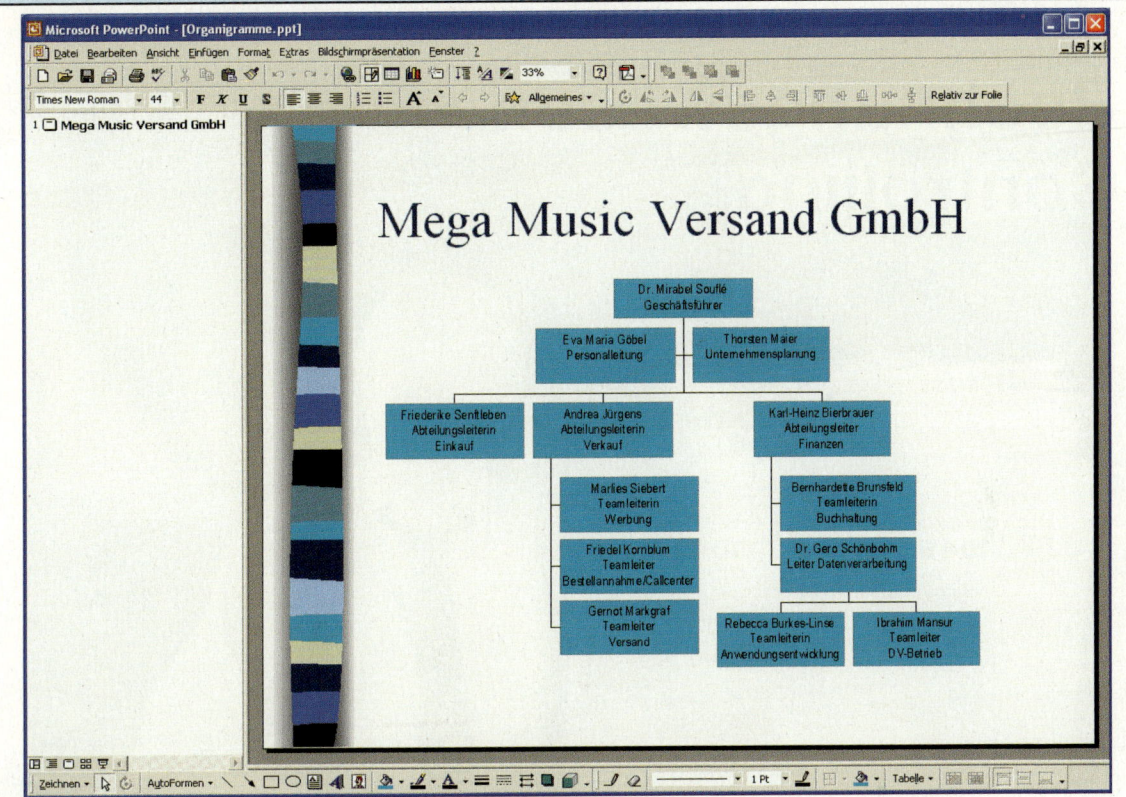

## Beispiel: Verfahrensbeschreibung

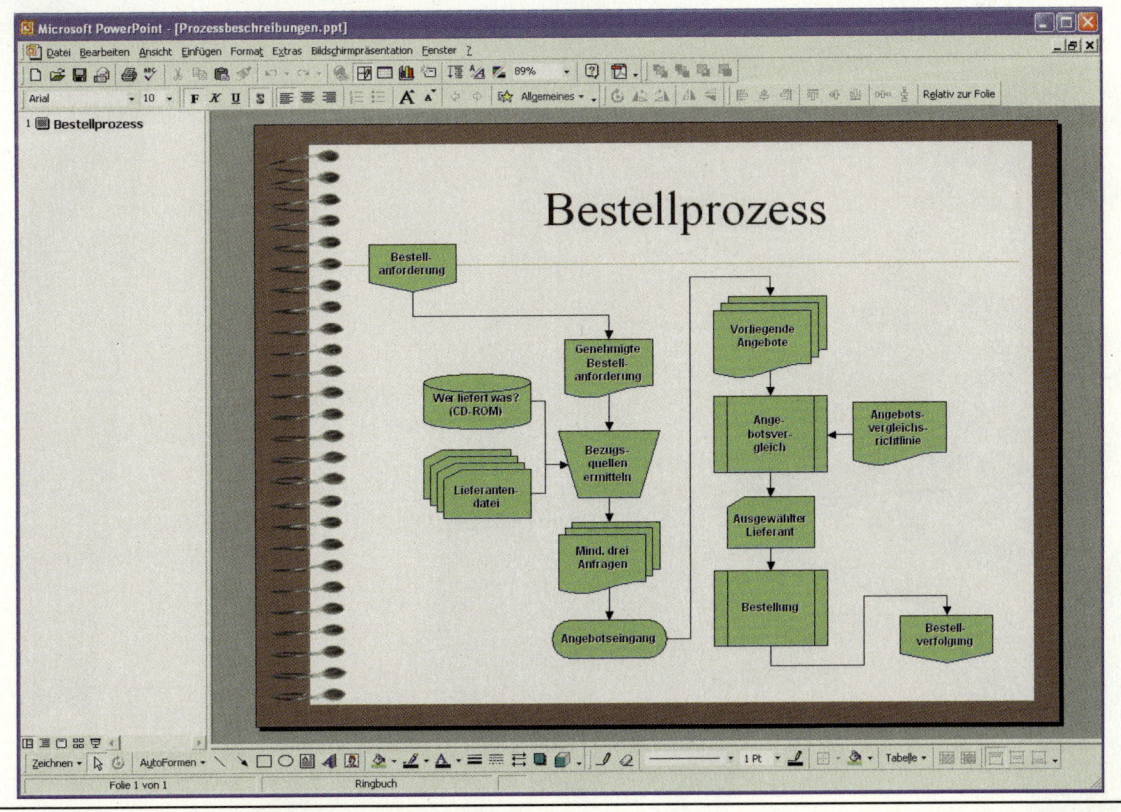

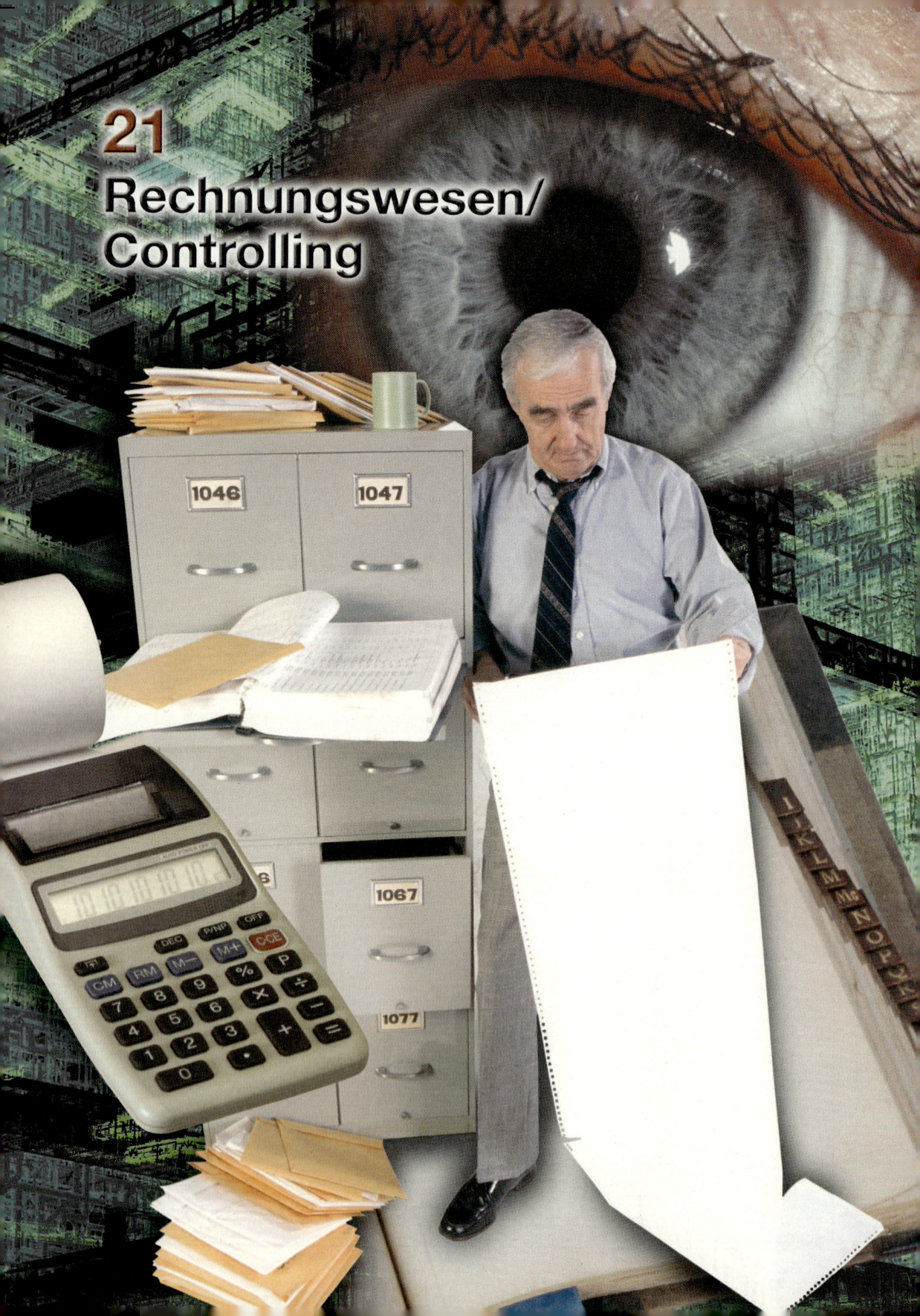

# 21
# Rechnungswesen/
# Controlling

## Das Modellunternehmen – *The model company*

# OfficeCom AG

| | |
|---|---|
| Name | OfficeCom AG |
| Sitz | Hansestraße 120, 38112 Braunschweig |
| Amtsgericht | Braunschweig |
| Handelsregister Nr. | HRB 126 |
| Telefon | 0531 3648941 |
| Telefax | 0531 4766083 |
| Aufsichtsratsvorsitzender | Dr. Frank Richter |
| Vorstand | Herbert Hauser, Frauke Schönau, Dr. Carla Seltig |
| Gegenstand | Herstellung und Vertrieb von Büromöbeln und Zubehör |
| Geschäftsjahr | 1. Januar bis 31. Dezember |
| Bankverbindung | Hartbank Braunschweig, Konto-Nr. 21 345 839 BLZ 270 500 08 |
| USt-IDNr. | DE 328 495 331 |
| Produkte (Fertigerzeugnisse) | Schreibtische Aktenschränke Schreibtischsessel |
| Werkstoffe Rohstoffe Hilfsstoffe Betriebsstoffe Fremdbauteile | Holz, Edelstahlrohre Schrauben, Kleinteile, Lacke Strom, Gas, Wasser, Heizöl, Schmierstoffe Gasdruckfedern, Stuhlrollen, Hängeregister |
| Handelswaren | Schreibtischlampen, Schreibtischsets, Faxgeräte, Drucker, Telefonapparate |
| Mitarbeiter/-innen | 195 Facharbeiter/-innen 47 Ungelernte und Angelernte 60 Angestellte |
| Maschinen | NC-gesteuerte Maschinen Roboter Montagebänder |

21

# Rechnungswesen in verschiedenen Lebenssituationen –
## *Accountancy in everyday situations*

## Rechnungswesen in privaten Haushalten

**Beispiel:**

| Haushaltsbuch | Monat Mai in € |
|---|---:|
| **A. Einnahmen** | |
|    1. Gehalt | 2.100 |
|    2. Kindergeld | 150 |
|      Gesamt | 2.250 |
| **B. Ausgaben** | |
|    1. Lebensmittel | 580 |
|    2. Bekleidung | 210 |
|    3. Miete | 490 |
|    4. Mietnebenkosten | 100 |
|    5. Anschaffungen | 300 |
|    6. Gesundheits- und Körperpflege | 45 |
|    7. Verkehrsmittel und Information | 163 |
|    8. Bildung, Unterhaltung, Freizeit | 78 |
|    9. Urlaub | 0 |
|      Gesamt | 1.966 |
| **C. Sparen** | 284 |

Informationen über

- Art, Höhe und Struktur der monatlichen Einnahmen und Ausgaben
- Einnahmen- oder Ausgabenüberschuss

## Rechnungswesen öffentlicher Haushalte

**Beispiel:**

Informationen über

- Herkunft und Verwendung der Steuereinnahmen
- Vergleich mit dem Vorjahr
- Prozentuale Veränderungen gegenüber dem Vorjahr

## Rechnungswesen der Volkswirtschaft

**Beispiel:**

Informationen über

- Entwicklungen der Wirtschaft, gemessen am nominalen oder realen Bruttoinlandsprodukt (BIP)
- Entstehung, Verwendung und Verteilung des BIP

(Zum BIP siehe auch S. 131)

**21**

3525270

# Bereiche und Aufgaben des betrieblichen Rechnungswesens
*Roles and areas of a company's accountancy*

## Begriff

- Betriebliches Rechnungswesen als **Tätigkeit** ist das systematische zahlenmäßige Erfassen, Aufbereiten, Analysieren, Auswerten und Darstellen von Zahlen als Mengen- und Wertgrößen aller wirtschaftlichen Tatbestände eines Betriebes und seiner Beziehungen zu anderen Betrieben.

- Betriebliches Rechnungswesen als das **Ergebnis einer Tätigkeit** ist nach H. K. Weber ein System von Zahlen über den einzelnen Betrieb und seine Beziehungen zu anderen Wirtschaftssubjekten.

  aus: Weber, Helmut Kurt: Betriebswirtschaftliches Rechnungswesen, Band 1: Bilanz und Erfolgsrechnung, 3. Auflage, München 1988, S. 2

## Allgemeine Aufgaben

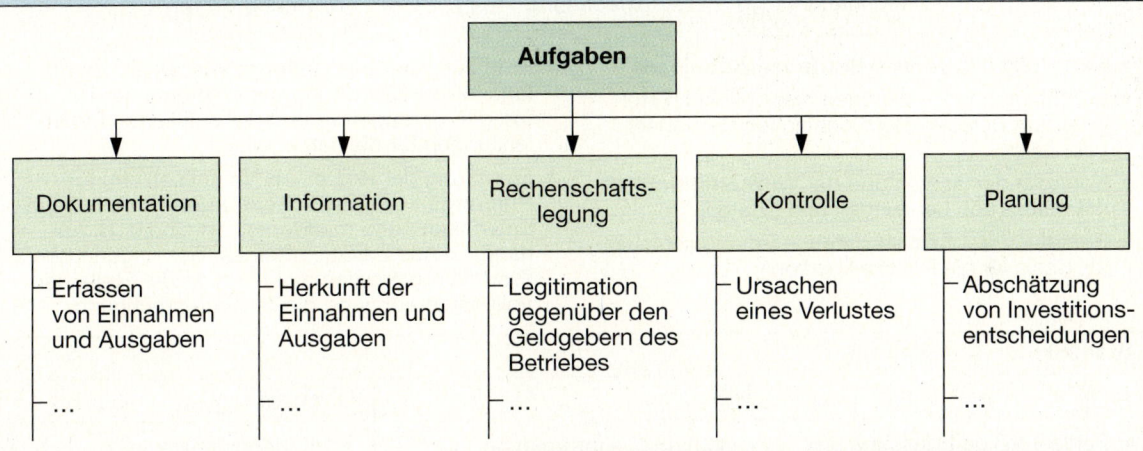

**Aufgaben**

| Dokumentation | Information | Rechenschafts-legung | Kontrolle | Planung |
|---|---|---|---|---|
| Erfassen von Einnahmen und Ausgaben | Herkunft der Einnahmen und Ausgaben | Legitimation gegenüber den Geldgebern des Betriebes | Ursachen eines Verlustes | Abschätzung von Investitions-entscheidungen |
| … | … | … | … | … |

## Teilbereiche

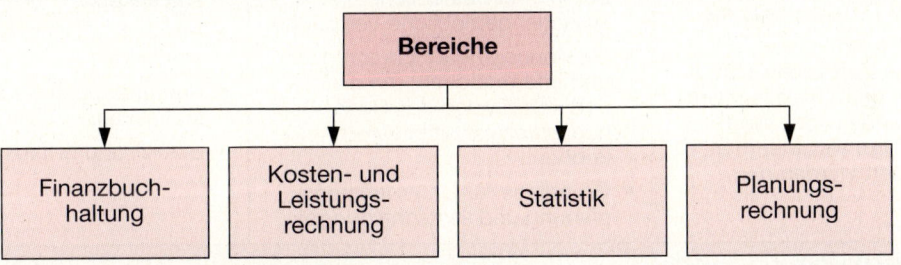

**Bereiche**

| Finanzbuch-haltung | Kosten- und Leistungs-rechnung | Statistik | Planungs-rechnung |
|---|---|---|---|

## Finanzbuchhaltung

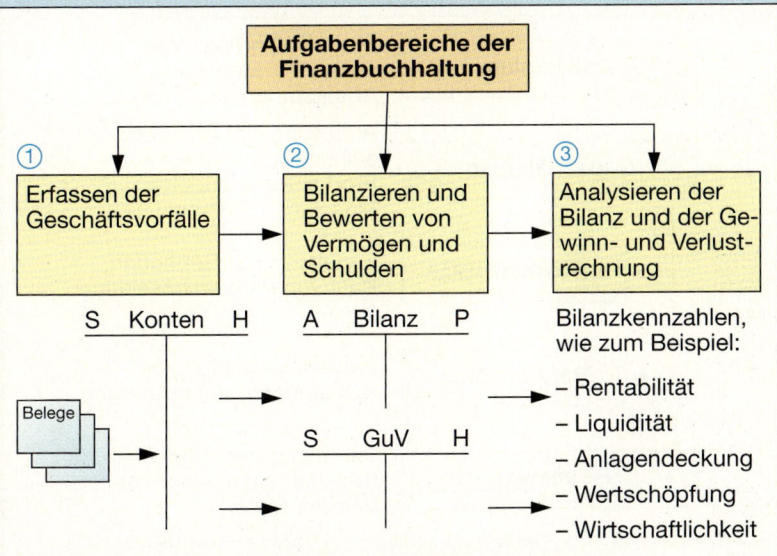

**Aufgabenbereiche der Finanzbuchhaltung**

① Erfassen der Geschäftsvorfälle
② Bilanzieren und Bewerten von Vermögen und Schulden
③ Analysieren der Bilanz und der Gewinn- und Verlustrechnung

S   Konten   H

A   Bilanz   P

S   GuV   H

Belege

Bilanzkennzahlen, wie zum Beispiel:

- Rentabilität
- Liquidität
- Anlagendeckung
- Wertschöpfung
- Wirtschaftlichkeit

① Erfassung aller wirtschaftlich relevanten Geschäftsvorfälle wie Einkäufe, Verkäufe, Gehaltszahlungen u. a. m. auf Konten.

② Erstellung der Bilanz, aus der die Bestände der verschiedenen betrieblichen Vermögensgegenstände, der Schulden und des Eigenkapitals hervorgehen, und der Gewinn- u. Verlustrechnung (GuV) als Gegenüberstellung von Erträgen und Aufwendungen.

③ Analyse von Bilanz und Gewinn- und Verlustrechnung mithilfe von Bilanzkennzahlen.

aus: Hübscher, Heinrich u. a.: IT-Kompendium, 1. Aufl., Braunschweig 2001, S. 381

**21**

# Bereiche und Aufgaben des betrieblichen Rechnungswesens
*Roles and areas of a company's accountancy*

## Kosten- und Leistungsrechnung

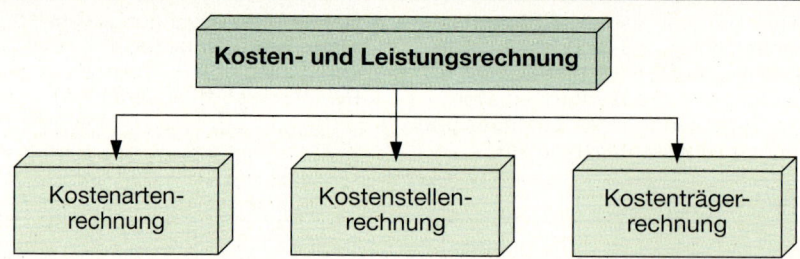

- Ermittlung des **Jahres-Betriebsergebnisses**
- Ermittlung des kurzfristigen betrieblichen Erfolges, zum Beispiel des monatlichen Betriebsergebnisses
- Kontrolle der Kosten und der **Wirtschaftlichkeit** (Verhältnis von Leistungen und Kosten)
- Ermittlung der **Selbstkosten** je Erzeugniseinheit als Basis für die Preiskalkulation

- Ermittlung der **Herstellungskosten** als Grundlage für die Bewertung der unfertigen und fertigen Erzeugnisse und der aktivierten Eigenleistungen für die Jahresbilanz
- Ermittlung der Kosten als Voraussetzung für **Planungen und Entscheidungen.** Sofern diese Entscheidungen marktorientiert sind (z. B. Annahme eines Zusatzauftrages, Bereinigung des Produktionsprogrammes), tritt an die Stelle der Vollkostenrechnung die Teilkostenrechnung.

## Statistik

| Begriffe | Ziele | Beispiele |
|---|---|---|
| • Zahlenmäßige Erfassung und Analyse von Massenerscheinungen im Sinne großer Mengen – als Tätigkeit oder als Ergebnis dieser Tätigkeit;<br><br>• in neuerer Zeit auch Analyse von Stichproben kleinen Umfanges, sodass das Wort „Masse" nur als „Mehrheit" interpretiert werden darf. | • Betriebliche Information;<br><br>• Kontrolle der Wirtschaftlichkeit durch innerbetriebliche und zwischenbetriebliche Vergleiche;<br><br>• Gewinnung neuer Erkenntnisse und Informationen, die die anderen Zweige des Rechnungswesens nicht liefern können;<br><br>• Grundlage für Unternehmensplanung und -entscheidungen. | • Vertriebsstatistiken;<br><br>• Beschaffungs- und Lagerstatistiken;<br><br>• Produktions- und Kostenstatistiken;<br><br>• Personal-, Lohn- und Gehaltsstatistiken;<br><br>• Bilanz- und Erfolgsstatistiken. |

## Planungsrechnung

| Begriff | Beispiel | |
|---|---|---|
| • Planung ist die gedankliche Vorwegnahme zukünftigen Handelns.<br><br>• Planungsgrundlagen sind<br> – Informationen (Zahlen) der Finanzbuchhaltung, der Kosten- und Leistungsrechnung und der Statistik,<br> – zusätzliche Informationen über die zur Wahl stehenden technischen Verfahren, über Leistungsfähigkeit und Verhalten der Konkurrenz, Verbraucherverhalten, allgemeine Wirtschaftslage und anderes mehr.<br><br>• Der betriebliche Gesamtplan setzt sich aus einer Vielzahl von Einzelplänen zusammen. | **Absatzplan** | Markteinführung eines neuen PC-Modells, Absatzprognose: 2 Jahre. |
| | **Kapazitätsplan** | Aufteilung des Absatzplanes auf einzelne Zeiträume, Produktionsstandorte, Maschinen, Personal usw. |
| | **Investitionsplan** | Erstellung von Gebäuden, Kauf von Produktionsanlagen. |
| | **Personalplan** | Personaleinstellungen, -schulungen, -umsetzungen. |
| | **Finanzplan** | Ermittlung des Finanzbedarfs, Beschaffung eigener oder fremder Mittel. |

vgl. Schneider, Peter J. u. a.: Entscheidungsfeld Betrieb, 1. Auflage, Darmstadt 1997, S. 27

aus: Hübscher, Heinrich u. a.: IT-Kompendium, 1. Aufl., Braunschweig 2001, S. 382

21

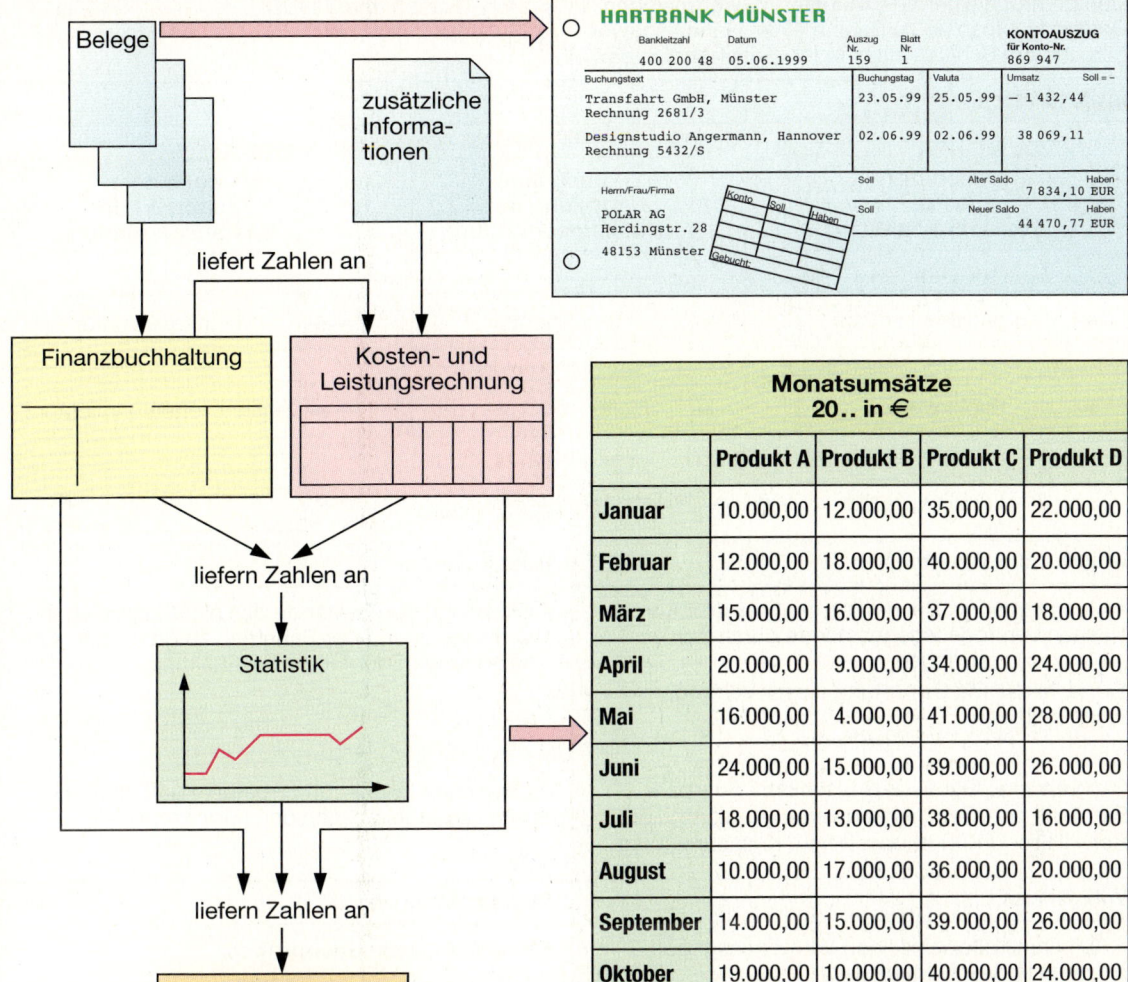

| Monatsumsätze 20.. in € | | | |
| --- | --- | --- | --- |
| | **Produkt A** | **Produkt B** | **Produkt C** | **Produkt D** |
| **Januar** | 10.000,00 | 12.000,00 | 35.000,00 | 22.000,00 |
| **Februar** | 12.000,00 | 18.000,00 | 40.000,00 | 20.000,00 |
| **März** | 15.000,00 | 16.000,00 | 37.000,00 | 18.000,00 |
| **April** | 20.000,00 | 9.000,00 | 34.000,00 | 24.000,00 |
| **Mai** | 16.000,00 | 4.000,00 | 41.000,00 | 28.000,00 |
| **Juni** | 24.000,00 | 15.000,00 | 39.000,00 | 26.000,00 |
| **Juli** | 18.000,00 | 13.000,00 | 38.000,00 | 16.000,00 |
| **August** | 10.000,00 | 17.000,00 | 36.000,00 | 20.000,00 |
| **September** | 14.000,00 | 15.000,00 | 39.000,00 | 26.000,00 |
| **Oktober** | 19.000,00 | 10.000,00 | 40.000,00 | 24.000,00 |
| **November** | 20.000,00 | 11.000,00 | 33.000,00 | 21.000,00 |
| **Dezember** | 21.000,00 | 14.000,00 | 36.000,00 | 20.000,00 |

vgl. Scharf, Dirk: Einführung in das betriebliche Rechnungwesen und statistische Grundlagen, Wiesbaden 1997, S. 41

# Gründe der Finanzbuchhaltung – *Reasons of financial bookkeeping*

### Wirtschaftliche Gründe

- Ermittlung von Vermögen und Schulden und deren Veränderungen
- Bereitstellung von Zahlen für die Kosten- und Preiskalkulation
- Bewertung der unfertigen und fertigen Erzeugnisse sowie der Eigenleistungen
- Kontrolle der Kosten und der Wirtschaftlichkeit
- Entscheidungsgrundlage für Externe wie Banken, Kunden, Lieferanten, Gesellschafter, Finanzbehörden

### Rechtliche Gründe

- § 238 Abs. 1 HGB: *„Jeder Kaufmann ist verpflichtet Bücher zu führen und in diesen seine Handelsgeschäfte und die Lage seines Vermögens nach den Grundsätzen ordnungsmäßiger Buchführung ersichtlich zu machen."*
- § 5 Abs. 1 EStG: *„Bei Gewerbetreibenden, die aufgrund gesetzlicher Vorschriften verpflichtet sind Bücher zu führen und regelmäßig Abschlüsse zu machen, …, ist für den Schluss des Wirtschaftsjahres das Betriebsvermögen anzusetzen …, das nach den handelsrechtlichen Grundsätzen ordnungsmäßiger Buchführung auszuweisen ist."*
- § 140 f. AO i. V. m. § 141 AO

aus: Hübscher, Heinrich u. a.: IT-Kompendium, 1. Aufl., Braunschweig 2001, S. 383

**21**

# Inventur – *Physical inventory*

| Begriff | Rechtliche Grundlagen |
|---|---|
| Durchführung einer art-, mengen- u. wertmäßigen Bestandsaufnahme zu Beginn eines Handelsgewerbes und am Schluss eines jeden Geschäftsjahres. | § 240 Absatz 1 und 2 HGB<br>§ 141 f. AO |

## Inventurarten

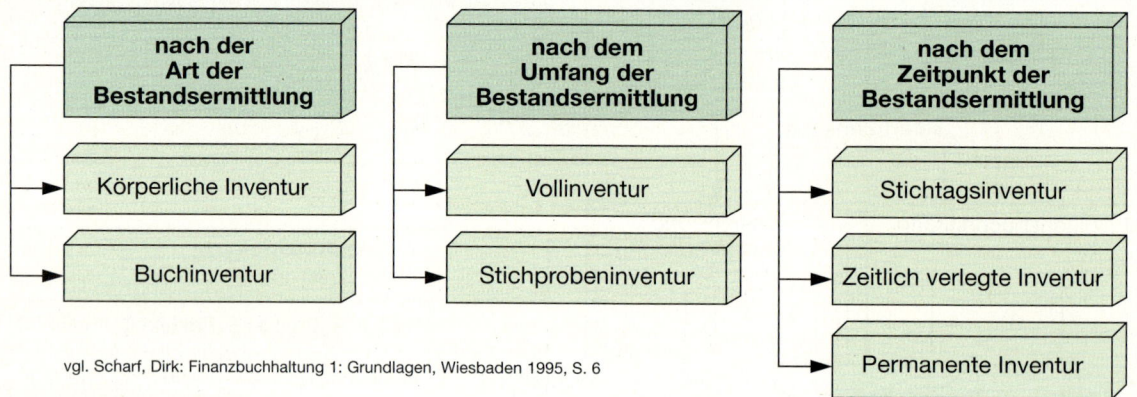

vgl. Scharf, Dirk: Finanzbuchhaltung 1: Grundlagen, Wiesbaden 1995, S. 6

---

### Körperliche Inventur

- Mengenmäßige Bestandsaufnahme aller körperlichen Vermögensgegenstände durch Zählen, Messen und Wiegen
- Anschließende Bewertung dieser Vermögensgegenstände

**Beispiele:**
Grundstücke, Gebäude, Maschinen, Fuhrpark, Betriebs- und Geschäftsausstattung, Vorräte an Roh-, Hilfs- und Betriebsstoffen, Kassenbestand

### Buchinventur

- Ermittlung der Bestände des nichtkörperlichen Vermögens und der Schulden aufgrund der Aufzeichnungen der Finanzbuchhaltung

**Beispiele:**
Forderungen, Bank- und Postbankguthaben, Darlehen, Hypothekenschulden, Eigenkapital

---

### Vollinventur

- Aufnahme **aller** einzelnen Vermögensgegenstände und Schuldenteile
- im Regelfall nach § 240 Abs. 1 und 2 HGB

### Stichprobeninventur

- Inventur mittels **Stichproben**
- Aus Vereinfachungsgründen
- Voraussetzung: Erfüllung der Bedingungen nach § 241 Abs. 1 HGB

---

### Stichtagsinventur

- Inventur zum Bilanzstichtag (= Ende des Geschäftsjahres)
- Durchführung zeitnah, das heißt in der Regel innerhalb zehn Tagen vor oder nach dem Bilanzstichtag (Abschnitt 30 Abs. 1 EStR)
- Berücksichtigung von Bestandsveränderungen zwischen dem Tag der Bestandsaufnahme und dem Bilanzstichtag durch Rückrechnung bzw. Fortschreibung
- Organisatorische und arbeitstechnische Probleme durch großen Arbeitsanfall innerhalb weniger Tage

### Zeitlich verlegte Inventur

- Durchführung der körperlichen Inventur nach § 241 Abs. 3 HGB bzw. nach Abschnitt 30 Abs. 3 EStR
  - innerhalb der letzten **drei Monate vor dem Bilanzstichtag** oder
  - innerhalb **zwei Monaten nach dem Bilanzstichtag**
- Inventur nach dem Bilanzstichtag:
  Alle Zugänge seit dem Bilanzstichtag werden vom Wert des Aufnahmetages abgezogen, alle Abgänge zugezählt. → **Rückrechnung**
- Inventur vor dem Bilanzstichtag:
  Alle Zugänge zwischen Aufnahmetag und Bilanzstichtag werden dem Wert am Aufnahmetag zugerechnet. Alle Abgänge werden vom Wert des Aufnahmetages abgezogen. → **Fortschreibung**

---

aus: Hübscher, Heinrich u. a.: IT-Kompendium, 1. Aufl., Braunschweig 2001, S. 384 f.

3525274

# Inventur – *Physical inventory*

## Permanente Inventur

- Ermittlung des Vermögensbestandes nach Art, Menge und Wert lediglich anhand von Lager- und Anlagekarteien (§ 241 Abs. 2 HGB und Abschnitt 30 Abs. 2 EStR)

- Voraussetzung:
  Laufende Aufzeichnung aller Zu- und Abgänge in diesen Karteien

- Überprüfung der Bestände gemäß Buchhaltung auf Übereinstimmung mit den Istbeständen durch körperliche Inventur einmal im Wirtschaftsjahr, wobei der Zeitpunkt dafür frei wählbar ist (Abschnitt 30 Abs. 2 Ziff. 2 EStR)

- Zeitliche Entzerrung des Arbeitsanfalles, da die Prüfung nicht für alle Bestände gleichzeitig vorgenommen werden muss

## Organisatorischer Ablauf

**Beispiel:** Körperliche Inventur

- Bestimmung des Inventurleiters

- Aufstellung eines Aufnahmeplans mit Festlegung der Inventurbereiche und der personellen Besetzung der Aufnahmegruppen

- Erstellung von Aufnahmevordrucken und -richtlinien

- Festlegung des Inventurzeitpunktes bzw. -zeitraumes

- Stichproben durch Aufsichtspersonen

- Mengenmäßige Bestandsaufnahme („einer zählt, einer schreibt")

- Unterschrift der aufnehmenden Personen

- Sammeln der ausgefüllten Vordrucke

- Bewertung der einzelnen mengenmäßig erfassten Positionen

- Feststellung von Inventurdifferenzen durch Vergleich der Inventurbestände mit den Buchbeständen

- (Buchung der Inventurdifferenzen)

# Inventar – *List of assets and liabilities*

## Begriff

- Ergebnis der Inventur

- Ausführliches Verzeichnis aller Vermögensteile und Schulden eines Unternehmens am Bilanzstichtag

## Materielle Anforderungen

- **Vollständigkeit:**
  Alle und nur tatsächlich vorhandenen Vermögenswerte und Schulden sind im Inventarverzeichnis enthalten

- **Richtigkeit:**
  Die nachprüfbaren Angaben über Bezeichnung der Vermögens- bzw. Schuldenart, Menge, Zustandsbeschreibung, Einzelwert und Gesamtwert entsprechen den Tatsachen (ergibt sich aus § 238 Abs. 1 HGB).

## Formelle Anforderungen

- **Dauer des Geschäftsjahres:**
  Zwölf Monate dürfen nicht überschritten werden.

- **Zulässigkeit des angewandten Inventurverfahrens**

- **Unterzeichnung:**
  Die Aufnahmeblätter und das Inventar sind von den jeweils Verantwortlichen zu unterzeichnen, nicht vom Kaufmann selbst.

- **Aufbewahrungsfrist:**
  Das Inventar einschließlich aller Unterlagen, insbesondere der Aufnahmelisten, ist zehn Jahre lang aufzubewahren (§ 257 Abs. 4 HGB).

**21**

vgl.: Hübscher, Heinrich u. a.: IT-Kompendium, 1. Aufl., Braunschweig 2001, S. 385

# Inventar – *List of assets and liabilities*

## Aufbau

**Beispiel:**

### Inventar
des OfficeCom AG in Braunschweig für den 31. Dezember 20..

| | € | € |
|---|---:|---:|
| **A. Vermögen** | | |
| **I. Anlagevermögen** | | |
| 1. Gebäude | | |
| – Fabrikgebäude | 1.460.300 | |
| – Verwaltungsgebäude | 879.000 | |
| – Lagergebäude | 120.000 | 2.459.300 |
| 2. Maschinen lt. Anlagenverzeichnis 1 | | 360.550 |
| 3. Werkzeuge lt. Anlagenverzeichnis 2 | | 48.986 |
| 4. Betriebs- und Geschäftsausstattung lt. Anlagenverzeichnis 3 | | 50.100 |
| 5. Fuhrpark | | |
| – Lkw lt. Anlagenverzeichnis 4 | 210.000 | |
| – Pkw lt. Anlagenverzeichnis 5 | 198.000 | 408.000 |
| | | |
| **II. Umlaufvermögen** | | |
| 1. Rohstoffe lt. Verzeichnis 6 | | 370.800 |
| 2. Hilfsstoffe lt. Verzeichnis 7 | | 103.490 |
| 3. Betriebsstoffe lt. Verzeichnis 8 | | 21.000 |
| 4. Unfertige Erzeugnisse lt. Verzeichnis 9 | | 80.100 |
| 5. Fertige Erzeugnisse lt. Verzeichnis 10 | | 216.800 |
| 6. Forderungen an Kunden | | |
| – F. Schmitz, Hannover | 63.200 | |
| – P. Gardener, Hamburg | 124.000 | |
| – K. Laube, München | 4.300 | 191.500 |
| 7. Kassenbestand | | 3.560 |
| 8. Bankguthaben | | |
| – Nord/LB Hannover | 380.000 | |
| – Deutsche Bank Frankfurt | 210.000 | 590.000 |
| Summe des Vermögens | | 4.904.186 |
| | | |
| **B. Schulden** | | |
| **I. Langfristige Schulden** | | |
| 1. Hypothek der Volksbank Braunschweig | | 1.600.000 |
| 2. Darlehen der Nord/LB Hannover | | 720.000 |
| | | |
| **II. Kurzfristige Schulden** | | |
| 1. Verbindlichkeiten an Lieferer | | |
| – H. Mannig, München | 160.000 | |
| – M. Kern, Karlsruhe | 69.540 | 229.540 |
| 2. Sonstige Verbindlichkeiten | | 34.980 |
| Summe der Schulden | | 2.584.520 |
| | | |
| **C. Ermittlung des Reinvermögens** | | |
| Summe des Vermögens | | 4.904.186 |
| – Summe der Schulden | | 2.584.520 |
| = Reinvermögen (Eigenkapital) | | 2.319.666 |
| | | |

vgl. Scharf, Dirk: Finanzbuchhaltung 1: Grundlagen, Wiesbaden 1995, S. 9

aus: Hübscher, Heinrich u. a.: IT-Kompendium, 1. Aufl., Braunschweig 2001, S. 386

21

3525276

## Inventar – *List of assets and liabilities*

### Begriffe

- **Anlagevermögen (AV):**
  Langfristige Nutzung
  **Beispiele:**
  Grundstücke, Gebäude, Maschinen, Fuhrpark, Betriebs- und Geschäftsausstattung, Beteiligungen, Wertpapiere des AV

- **Umlaufvermögen (UV):**
  Ständige Veränderung in Menge und Zusammensetzung
  **Beispiele:**
  Vorräte an Werkstoffen sowie unfertigen und fertigen Erzeugnissen, Forderungen aus Lieferungen und Leistungen, Bankguthaben, Kassenbestand

- **Langfristige Schulden**
  **Beispiele:**
  Hypothekenschulden, Darlehensschulden

- **Kurzfristige Schulden**
  **Beispiele:**
  Verbindlichkeiten aus Lieferungen und Leistungen, Steuerverbindlichkeiten

- **Reinvermögen oder Eigenkapital (EK)**
  Vermögen – Schulden

### Form

- Staffelform
- Dreispaltig

### Gliederungsprinzipien

- **Vermögen:**
  Zunehmende Liquidität (Flüssigkeit)
- **Schulden:**
  Abnehmende Fristigkeit (Fälligkeit)

## Bilanz – *Balance sheet*

| Rechtsgrundlage | Begriff | Form |
|---|---|---|
| • § 242 Absatz 1 HGB | • Kurz gefasste Übersicht des umfangreichen Inventars<br><br>• bi – doppelt, lanx – Schale | • Gegenüberstellung von Aktiva und Passiva<br>– in Staffelform oder<br>– in Kontoform |

### Aufbau

| Aktiva | Bilanz | Passiva |
|---|---|---|
| Anlagevermögen | Eigenkapital | |
| Umlaufvermögen | Fremdkapital (Schulden) | |

### Interpretation der Bilanz

- **Aktivseite**
  – Vermögensformen (i. d. R. konkret)
  – Investitionen
  – Mittelverwendung

- **Passivseite**
  – Kapitalarten (abstrakt)
  – Finanzierung
  – Mittelherkunft

### Bilanzgleichungen

Vermögen = Kapital

Anlage- + Umlaufvermögen = Eigen- + Fremdkapital

Vermögen – Fremdkapital = Eigenkapital

Vermögen – Eigenkapital = Fremdkapital

aus: Hübscher, Heinrich u. a.: IT-Kompendium, 1. Aufl., Braunschweig 2001, S. 387

**21**

## Bilanz – *Balance sheet*

**Beispiel:**

| Aktiva | Bilanz<br>OfficeCom AG in Braunschweig zum 31. Dezember 20.. in € | | Passiva | |
|---|---|---|---|---|
| **I. Anlagevermögen** | | **I. Eigenkapital** | | 2.319.666 |
| 1. Gebäude | 2.459.300 | | | |
| 2. Maschinen | 360.550 | **II. Fremdkapital** | | |
| 3. Werkzeuge | 48.986 | 1. Hypotheken | | 1.600.000 |
| 4. Betriebs- und Geschäfts-<br>ausstattung | 50.100 | 2. Darlehen | | 720.000 |
| 5. Fuhrpark | 408.000 | 3. Verbindlichkeiten aus Liefe-<br>rungen und Leistungen | | 229.540 |
| **II. Umlaufvermögen** | | 4. Sonstige Verbindlichkeiten | | 34.980 |
| 1. Rohstoffe | 370.800 | | | |
| 2. Hilfsstoffe | 103.490 | | | |
| 3. Betriebsstoffe | 21.000 | | | |
| 4. Unfertige Erzeugnisse | 80.100 | | | |
| 5. Fertige Erzeugnisse | 216.800 | | | |
| 6. Forderungen aus Liefe-<br>rungen und Leistungen | 191.500 | | | |
| 7. Kassenbestand | 3.560 | | | |
| 8. Bankguthaben | 590.000 | | | |
| vgl. Scharf, Dirk: Finanzbuchhaltung 1:<br>Grundlagen, Wiesbaden 1995, S. 10 | **4.904.186** | | | **4.904.186** |

### Vergleich Inventar – Bilanz

| Inventar | Bilanz |
|---|---|
| • Ausführliche, umfangreiche Darstellung der ein-<br>zelnen Vermögens- und Schuldenwerte | • Kurz gefasste Darstellung des Vermögens und<br>des Kapitals |
| • Angabe von Mengen, Einzelwerten und Gesamt-<br>werten der einzelnen Vermögens- und Schulden-<br>arten | • Nur Angabe der Gesamtwerte der Hauptpositio-<br>nen der verschiedenen Bilanzposten |
| • Darstellung in Staffelform | • Darstellung in Kontoform |

| Gliederungsprinzipien | Formelle Anforderungen |
|---|---|
| • **Aktiva:**<br>Nach zunehmender Liquidität<br><br>• **Passiva:**<br>Nach abnehmender Fristigkeit | • **Unterzeichnung:**<br>Einzelunternehmung ⇒ Inhaber persönlich<br>OHG ⇒ alle Gesellschafter<br>KG ⇒ alle persönlich haftenden Gesellschafter<br>AG ⇒ alle Mitglieder des Vorstands<br>GmbH ⇒ alle Geschäftsführer<br><br>• **Aufbewahrungsfrist:**<br>Zehn Jahre (§ 257 Absatz 4 HGB). |

### Erfolgsermittlung durch Kapitalvergleich

| Beispiel: | | |
|---|---|---|
| | Eigenkapital am Ende des Berichtsjahres | 2.319.666 € |
| + | Privatentnahmen des Berichtsjahres | 48.000 € |
| – | Privateinlagen des Berichtsjahres | 200.000 € |
| = | Korrigiertes Eigenkapital des Berichtsjahres | 2.167.666 € |
| – | Eigenkapital des Vorjahres | 2.000.000 € |
| = | Gewinn/Verlust des Berichtsjahres | 167.666 € (Gewinn) |

aus: Hübscher, Heinrich u. a.: IT-Kompendium, 1. Aufl., Braunschweig 2001, S. 388

**21**

# Bilanz nach HGB – *Balance sheet of HGB*

Mindestgliederung für große und mittelgroße Kapitalgesellschaften nach § 266 Absatz 2 und 3 HGB

| Aktivseite | Bilanz | Passivseite |
|---|---|---|

**A. Anlagevermögen**

  **I. Immaterielle Vermögensgegenstände:**

    1. Konzessionen, gewerbliche Schutzrechte und ähnliche Rechte und Werte sowie Lizenzen an solchen Rechten u. Werten;

    2. Geschäfts- oder Firmenwert;

    3. geleistete Anzahlungen.

  **II. Sachanlagen:**

    1. Grundstücke, grundstücksgleiche Rechte und Bauten einschließlich der Bauten auf fremden Grundstücken;

    2. technische Anlagen und Maschinen;

    3. andere Anlagen, Betriebs- u. Geschäftsausstattung;

    4. geleistete Anzahlungen und Anlagen im Bau.

  **III. Finanzanlagen:**

    1. Anteile an verbundenen Unternehmen;

    2. Ausleihungen an verbundene Unternehmen;

    3. Beteiligungen;

    4. Ausleihungen an Unternehmen, mit denen ein Beteiligungsverhältnis besteht;

    5. Wertpapiere des Anlagevermögens;

    6. sonstige Ausleihungen.

**B. Umlaufvermögen**

  **I. Vorräte:**

    1. Roh-, Hilfs- und Betriebsstoffe;

    2. unfertige Erzeugnisse, unfertige Leistungen;

    3. fertige Erzeugnisse und Waren;

    4. geleistete Anzahlungen.

  **II. Forderungen und sonstige Vermögensgegenstände:**

    1. Forderungen aus Lieferungen und Leistungen;

    2. Forderungen gegen verbundene Unternehmen;

    3. Forderungen geg. Unternehmen, mit denen ein Beteiligungsverhältnis besteht;

    4. sonstige Vermögensgegenstände.

  **III. Wertpapiere:**

    1. Anteile an verbundenen Unternehmen;

    2. eigene Anteile;

    3. sonstige Wertpapiere.

  **IV.** Schecks, Kassenbestand, Bundesbank- und Postbankguthaben, Guthaben bei Kreditinstituten.

**C. Rechnungsabgrenzungsposten**

---

**A. Eigenkapital**

  **I. Gezeichnetes Kapital**

  **II. Kapitalrücklage**

  **III. Gewinnrücklagen:**

    1. Gesetzliche Rücklage;

    2. Rücklage für eigene Anteile;

    3. satzungsmäßige Rücklage;

    4. andere Gewinnrücklagen.

  **IV. Gewinnvortrag/Verlustvortrag**

  **V. Jahresüberschuss/Jahresfehlbetrag**

**B. Rückstellungen**

    1. Rückstellungen für Pensionen und ähnliche Verpflichtungen;

    2. Steuerrückstellungen;

    3. sonstige Rückstellungen.

**C. Verbindlichkeiten**

    1. Anleihen, davon konvertibel;

    2. Verbindlichkeiten gegenüber Kreditinstituten;

    3. erhaltene Anzahlungen auf Bestellungen;

    4. Verbindlichkeiten aus Lieferungen und Leistungen;

    5. Verbindlichkeiten aus der Annahme gezogener Wechsel und der Ausstellung eigener Wechsel;

    6. Verbindlichkeiten gegenüber verbundenen Unternehmen;

    7. Verbindlichkeiten gegenüber Unternehmen, mit denen ein Beteiligungsverhältnis besteht;

    8. sonstige Verbindlichkeiten, davon aus Steuern, davon im Rahmen der sozialen Sicherheit.

**D. Rechnungsabgrenzungsposten**

21

# Bestandskonten – *Asset accounts*

## Wertänderungen in der Bilanz

Bilanzpositionen verändern sich in der laufenden Periode aufgrund von Geschäftsvorfällen. Die **Bilanzwaage**, in der die aktiven und die passiven Bestandskonten nebeneinander aufgeführt werden, zeigt die veränderten Bestände der Bilanzpositionen nach jedem Geschäftsvorfall.

| Arten von Wertänderungen | Wirkung auf die Bilanzsumme | Beispiele für Geschäftsvorfälle |
|---|---|---|
| • Aktivtausch | Bilanzsumme bleibt unverändert | Kauf eines Pkw gegen Bankscheck (30.000,00 €) |
| • Passivtausch | Bilanzsumme bleibt unverändert | Kurzfristige Verbindlichkeit wird in Darlehen umgeschuldet (10.000,00 €) |
| • Aktiv-Passiv-Mehrung | Bilanzsumme wird größer | Einkauf von Rohstoffen auf Ziel (25.000,00 €) |
| • Aktiv-Passiv-Minderung | Bilanzsumme wird kleiner | Tilgung eines Darlehens durch Banküberweisung (5.000,00 €) |

## Bilanzwaage

**Beispiel:**

| | Aktiva | | | | Bilanz (in t.€) | | | | Passiva |
|---|---|---|---|---|---|---|---|---|---|
| Fall | Maschinen | Fuhrpark | Rohstoffe | Bankguthaben | Bilanzsumme | Eigenkapital | Darlehen | Verbindlichkeiten | Bilanzsumme |
| Ausgangslage | 420 | 60 | 230 | 40 | 750 | 200 | 400 | 150 | 750 |
| 1 | 420 | 90 | 230 | 10 | 750 | 200 | 400 | 150 | 750 |
| 2 | 420 | 90 | 230 | 10 | 750 | 200 | 410 | 140 | 750 |
| 3 | 420 | 90 | 255 | 10 | 775 | 200 | 410 | 165 | 775 |
| 4 | 420 | 90 | 255 | 5 | 770 | 200 | 405 | 165 | 770 |

vgl. Scharf, Dirk: Finanzbuchhaltung 1: Grundlagen, Wiesbaden 1995, S. 14

## Auflösung der Bilanz in Bestandskonten

Würde nach jedem Geschäftsvorfall eine neue Bilanz erstellt (siehe Bilanzwaage), so entspräche die Zahl der Bilanzen eines Geschäftsjahres der i.d.R. sehr großen Zahl an Geschäftsvorfällen.
Der Aufwand wäre beträchtlich.
Daher wird die Bilanz in T-Konten zerlegt.
Die linke Seite jedes Kontos wird mit „Soll", die rechte mit „Haben" bezeichnet.

## Einrichtung der Bestandskonten

- Benennung der Konten entsprechend der Bilanzpositionen
- Eintragen der Anfangsbestände in die Konten, ablesbar aus der Eröffnungsbilanz des lfd. Jahres (= Schlussbilanz des vergangenen Jahres)

## Formelle Anforderungen

- Anfangsbestände der Vermögensposten ⇒ Sollseite der aktiven Bestandskonten
- Anfangsbestände der Kapitalposten ⇒ Habenseite der passiven Bestandskonten

aus: Hübscher, Heinrich u. a.: IT-Kompendium, 1. Aufl., Braunschweig 2001, S. 390

## Bestandskonten – *Asset accounts*

### Beispiel für eröffnete Bestandskonten

| Aktiva | Eröffnungsbilanz (in t.€) | | Passiva |
|---|---|---|---|
| Maschinen | 420 | Eigenkapital | 200 |
| Fuhrpark | 60 | Darlehen | 400 |
| Rohstoffe | 230 | Verbindlichkeiten | 150 |
| Bankguthaben | 40 | | |
| | 750 | | 750 |

| Soll | Maschinen | Haben |
|---|---|---|
| AB | 420 | |

| Soll | Eigenkapital | Haben |
|---|---|---|
| | AB | 200 |

| Soll | Fuhrpark | Haben |
|---|---|---|
| AB | 60 | |

| Soll | Darlehen | Haben |
|---|---|---|
| | AB | 400 |

| Soll | Rohstoffe | Haben |
|---|---|---|
| AB | 230 | |

| Soll | Verbindlichkeiten | Haben |
|---|---|---|
| | AB | 150 |

| Soll | Bankguthaben | Haben |
|---|---|---|
| AB | 40 | |

vgl. Scharf, Dirk: Finanzbuchhaltung 1: Grundlagen, Wiesbaden 1995, S. 16

### Erfassung von Geschäftsvorfällen

**Beispiel:**

## Autohaus **Schnell**

OfficeCom AG
Hansestraße 120
38112 Braunschweig

Rechnungs-Nr.: 4756 vom 20..-09-23

1 Pkw Mercedes E 200   30.000,00 €

Betrag durch Verrechnungsscheck erhalten

*Unterschrift*

**Fragen**

1. Welche Konten werden von dem Geschäftsvorfall berührt?

2. Um welche Art von Konto handelt es sich jeweils?

3. Welche Art von Veränderung findet auf den Konten jeweils statt?

4. Auf welcher Seite des jeweiligen Kontos ist die Veränderung zu erfassen?

**Antworten**

| Konto Fuhrpark | Konto Bankguthaben |
|---|---|
| ⇩ | ⇩ |
| Aktives Bestandskonto | Aktives Bestandskonto |
| ⇩ | ⇩ |
| Zugang | Abgang |
| ⇩ | ⇩ |
| Sollseite | Habenseite |

**Aktive Bestandskonten:**
Zugänge auf der Sollseite
Abgänge auf der Habenseite

**Passive Bestandskonten:**
Zugänge auf der Habenseite
Abgänge auf der Sollseite

vgl. Hübscher, Heinrich u. a.: IT-Kompendium, 1. Aufl., Braunschweig 2001, S. 391

**21**

# Bestandskonten – *Asset accounts*

## Kontenabschluss

- Errechnung der Endbestände (Salden) in den Konten:

  Anfangsbestand
  + Zugänge
  − Abgänge
  = Endbestand (Saldo)

- Eintragung der Salden auf der jeweils „schwächeren" Seite der Konten zum wertmäßigen Ausgleich von Soll- und Habenseite

- Zusammenfassung der Endbestände in der Schlussbilanz

## Abgeschlossene Konten/Schlussbilanz

**Beispiel:**

| Soll | Maschinen | | Haben |
|------|-----------|------|------|
| AB | 420 | EB | 420 |

| Soll | Eigenkapital | | Haben |
|------|-----------|------|------|
| EB | 200 | AB | 200 |

| Soll | Fuhrpark | | Haben |
|------|-----------|------|------|
| AB | 60 | EB | 90 |
| Zug. | 30 | | |
| | 90 | | 90 |

| Soll | Darlehen | | Haben |
|------|-----------|------|------|
| Abg. | 5 | AB | 400 |
| EB | 405 | Zug. | 10 |
| | 410 | | 410 |

| Soll | Rohstoffe | | Haben |
|------|-----------|------|------|
| AB | 230 | EB | 255 |
| Zug. | 25 | | |
| | 255 | | 255 |

| Soll | Verbindlichkeiten | | Haben |
|------|-----------|------|------|
| Abg. | 10 | AB | 150 |
| EB | 165 | Zug. | 25 |
| | 175 | | 175 |

| Soll | Bankguthaben | | Haben |
|------|-----------|------|------|
| AB | 40 | Abg. | 30 |
| | | Abg. | 5 |
| | | EB | 5 |
| | 40 | | 40 |

vgl. Scharf, Dirk: Finanzbuchhaltung 1: Grundlagen, Wiesbaden 1995, S. 18

| Aktiva | Schlussbilanz (in t.€) | | Passiva |
|--------|------|------------------|------|
| Maschinen | 420 | Eigenkapital | 200 |
| Fuhrpark | 90 | Darlehen | 405 |
| Rohstoffe | 255 | Verbindlichkeiten | 165 |
| Bankguthaben | 5 | | |
| | 770 | | 770 |

## Kontenbewegungen

| Soll | Aktive Bestandskonten | Haben |
|------|------|------|
| Anfangsbestand | | Abgänge |
| Zugänge | | Endbestand (= Saldo) |

| Soll | Passive Bestandskonten | Haben |
|------|------|------|
| Abgänge | | Anfangsbestand |
| Endbestand (= Saldo) | | Zugänge |

aus: Hübscher, Heinrich u. a.: IT-Kompendium, 1. Aufl., Braunschweig 2001, S. 392

**21**

# Buchungssatz – *Entry formula*

| Einfacher Buchungssatz | Zusammengesetzter Buchungssatz |
|---|---|

**Geschäftsvorfall (Beispiel):**

Die OfficeCom AG kauft für die Lagerverwaltung einen neuen PC im Wert von 2.500,00 € auf Ziel.

**Vorüberlegungen zur Buchung:**

- Konto Betriebs- und Geschäftsausstattung – aktives Bestandskonto – Zugang – Sollseite
- Konto Verbindlichkeiten aus Lieferungen und Leistungen (LL) – passives Bestandskonto – Zugang – Habenseite

**Buchungssatz:**

| Buchung | Soll | Haben |
|---|---|---|
| Betriebs- und Geschäftsausstattung an Verbindlichkeiten | 2.500,00 € | 2.500,00 € |

**Erläuterung:**

- Der einfache Buchungssatz ist die Kurzfassung der Vorüberlegungen zur Buchung eines Geschäftsvorfalls, bei dem nur zwei Konten angesprochen werden.
- Zuerst wird das Konto mit der Sollbuchung, anschließend das Konto mit der Habenbuchung genannt, verbunden durch das Wort „an".

**Beispiele:**

Die OfficeCom AG kauft Rohstoffe im Wert 16.000,00 € gegen Bankscheck.

| Buchung | Soll | Haben |
|---|---|---|
| Rohstoffe an Bankguthaben | 16.000,00 € | 16.000,00 € |

Die OfficeCom AG bezahlt eine Liefererrechnung über 12.343,00 € durch Banküberweisung.

| Buchung | Soll | Haben |
|---|---|---|
| Verbindlichkeiten an Bankguthaben | 12.343,00 € | 12.343,00 € |

Die OfficeCom AG nimmt einen Kredit über 50.000,00 € bei ihrer Hausbank auf und lässt den Betrag dem Geschäftskonto gutschreiben.

| Buchung | Soll | Haben |
|---|---|---|
| Bankguthaben an Darlehen | 50.000,00 € | 50.000,00 € |

**Geschäftsvorfall (Beispiel):**

Die OfficeCom AG kauft eine Drehbank im Wert von 20.000,00 €; 5.000,00 € werden sofort mit Scheck bezahlt, der Rest ist in zwei Wochen fällig.

**Vorüberlegungen zur Buchung:**

- Konto Maschinen – aktives Bestandskonto – Zugang – Sollseite
- Konto Bankguthaben – aktives Bestandskonto – Abgang – Habenseite
- Konto Verbindlichkeiten – passives Bestandskonto – Zugang – Habenseite

**Buchungssatz:**

| Buchung | Soll | Haben |
|---|---|---|
| Maschinen an Bankguthaben an Verbindlichkeiten | 20.000,00 € | 5.000,00 € 15.000,00 € |

**Erläuterung:**

- Beim zusammengesetzten Buchungssatz werden mehr als zwei Konten angesprochen.
- Zuerst werden die Konten mit den Sollbuchungen, anschließend die Konten mit den Habenbuchungen genannt, verbunden durch das Wort „an".
- Der Wert der Sollbuchungen muss dem Wert der Habenbuchungen entsprechen.

**Beispiele:**

Die OfficeCom AG verkauft einen gebrauchten Geschäfts-Pkw für 1.500,00 € an einen Mitarbeiter, der 500,00 € bar und den Rest mit einem Bankscheck bezahlt.

| Buchung | Soll | Haben |
|---|---|---|
| Kasse Bankguthaben an Fuhrpark | 500,00 € 1.000,00 € | 1.500,00 € |

Die OfficeCom AG begleicht die Rechnung eines Lieferers über 9.364,00 € zum Teil durch Banküberweisung (2.364,00 €). Für den Restbetrag bittet sie den Lieferer um Verlängerung des Zahlungszieles um zwei Jahre. Der Lieferer ist damit einverstanden; daher wandelt die OfficeCom AG die Restschuld in ein Darlehen um.

| Buchung | Soll | Haben |
|---|---|---|
| Verbindlichkeiten an Bankguthaben an Darlehen | 9.364,00 € | 2.364,00 € 7.000,00 € |

21

## Erfolgskonten – *Nominal accounts*

### Aufwendungen

| Begriff | Arten | Bilanzielle Auswirkung |
|---|---|---|
| Bewerteter Verzehr an Gütern und Leistungen eines Unternehmens in einer Abrechnungsperiode | z. B.: Personalaufwendungen<br>Materialaufwendungen<br>Abschreibungen<br>sonstige Aufwendungen | Minderung des Eigenkapitals auf der Sollseite des Kontos „Eigenkapital" |

**Buchung**

- Auf **Aufwandskonten** (Unterkonten des Kontos „Eigenkapital")
- Benannt nach der entsprechenden Aufwandsart
- Auf der Sollseite des jeweiligen Kontos

**Beispiel:**

Lohnzahlung über 10.000,00 € durch Banküberweisung:

| | | |
|---|---|---|
| Löhne | 10.000,00 € | |
| an Bankguthaben | | 10.000,00 € |

### Erträge

| Begriff | Arten | Bilanzielle Auswirkung |
|---|---|---|
| Erfolgswirksame Wertzuflüsse eines Unternehmens in einer Abrechnungsperiode | z. B.: Umsatzerlöse<br>Zinserträge<br>Mieterträge | Mehrung des Eigenkapitals auf der Habenseite des Kontos „Eigenkapital" |

**Buchung**

- Auf **Ertragskonten** (Unterkonten des Kontos „Eigenkapital")
- Benannt nach der entsprechenden Ertragsart
- Auf der Habenseite des jeweiligen Kontos

**Beispiel:**

Verkauf von Fertigerzeugnissen über 40.000,00 € auf Ziel:

| | | |
|---|---|---|
| Forderungen | 40.000,00 € | |
| an Umsatzerlöse | | 40.000,00 € |

## Gewinn- und Verlustkonto (GuV) – *Profit and loss accounts*

| Begriff | Aufgabe |
|---|---|
| • Abschlusskonto der Erfolgskonten<br>• Gegenüberstellung<br>  – der Aufwendungen (Sollseite) und<br>  – der Erträge (Habenseite) | Ermittlung des Unternehmenserfolgs:<br>Erträge > Aufwendungen ⇒ Gewinn<br>Aufwendungen > Erträge ⇒ Verlust |

**Buchungen**

- Abschluss der Aufwandskonten: GuV an Aufwandskonten
- Abschluss der Ertragskonten: Ertragskonten an GuV

- Abschluss des Kontos GuV
  – für den Fall eines Gewinnes: GuV an Eigenkapital
  – für den Fall eines Verlustes: Eigenkapital an GuV

**Gewinnfall**

| Soll | Gewinn- und Verlustkonto | Haben |
|---|---|---|
| Aufwendungen | | Erträge |
| Gewinn | | |

| Soll | Eigenkapital | Haben |
|---|---|---|
| Schlusskapital | | Anfangskapital |
| | | Gewinn |

**Verlustfall**

| Soll | Gewinn- und Verlustkonto | Haben |
|---|---|---|
| Aufwendungen | | Erträge |
| | | Verlust |

| Soll | Eigenkapital | Haben |
|---|---|---|
| Verlust | | Anfangskapital |
| Schlusskapital | | |

vgl. Scharf, Dirk: Finanzbuchhaltung 1: Grundlagen, Wiesbaden 1995, S. 27

aus: Hübscher, Heinrich u. a.: IT-Kompendium, 1. Aufl., Braunschweig 2001, S. 398

**21**

# Gewinn- und Verlustrechnung nach HGB – *Profit and loss accounts*

## Gewinn- und Verlustrechnung nach dem Gesamtkostenverfahren

Mindestgliederung nach § 275 Absatz 2 HGB

1. Umsatzerlöse

2. Erhöhung oder Verminderung des Bestands an fertigen und unfertigen Erzeugnissen

3. Andere aktivierte Eigenleistungen

4. Sonstige betriebliche Erträge

5. Materialaufwand:
   a) Aufwendungen für Roh-, Hilfs- und Betriebsstoffe und für bezogene Waren
   b) Aufwendungen für bezogene Leistungen

6. Personalaufwand:
   a) Löhne und Gehälter
   b) Soziale Abgaben und Aufwendungen für Altersversorgung und für Unterstützung, davon für Altersversorgung

7. Abschreibungen:
   a) Auf immaterielle Vermögensgegenstände des Anlagevermögens und Sachanlagen sowie auf aktivierte Aufwendungen für die Ingangsetzung und Erweiterung des Geschäftsbetriebs
   b) Auf Vermögensgegenstände des Umlaufvermögens, soweit diese die in der Kapitalgesellschaft üblichen Abschreibungen überschreiten

8. Sonstige betriebliche Aufwendungen

9. Erträge aus Beteiligungen, davon aus verbundenen Unternehmen

10. Erträge aus anderen Wertpapieren und Ausleihungen des Finanzanlagevermögens, davon aus verbundenen Unternehmen

11. Sonstige Zinsen und ähnliche Erträge, davon aus verbundenen Unternehmen

12. Abschreibungen auf Finanzanlagen und auf Wertpapiere des Umlaufvermögens

13. Zinsen und ähnliche Aufwendungen, davon an verbundene Unternehmen

14. Ergebnis der gewöhnlichen Geschäftstätigkeit

15. Außerordentliche Erträge

16. Außerordentliche Aufwendungen

17. Außerordentliches Ergebnis

18. Steuern vom Einkommen und vom Ertrag

19. Sonstige Steuern

20. Jahresüberschuss/Jahresfehlbetrag

## Gewinn- und Verlustrechnung nach dem Umsatzkostenverfahren

Mindestgliederung nach § 275 Absatz 3 HGB

1. Umsatzerlöse

2. Herstellungskosten der zur Erzielung der Umsatzerlöse erbrachten Leistungen

3. Bruttoergebnis vom Umsatz

4. Vertriebskosten

5. Allgemeine Verwaltungskosten

6. Sonstige betriebliche Erträge

7. Sonstige betriebliche Aufwendungen

8. Erträge aus Beteiligungen, davon aus verbundenen Unternehmen

9. Erträge aus anderen Wertpapieren und Ausleihungen des Finanzanlagevermögens, davon aus verbundenen Unternehmen

10. Sonstige Zinsen und ähnliche Erträge, davon aus verbundenen Unternehmen

11. Abschreibungen auf Finanzanlagen und auf Wertpapiere des Umlaufvermögens

12. Zinsen und ähnliche Aufwendungen, davon an verbundene Unternehmen

13. Ergebnis der gewöhnlichen Geschäftstätigkeit

14. Außerordentliche Erträge

15. Außerordentliche Aufwendungen

16. Außerordentliches Ergebnis

17. Steuern vom Einkommen und vom Ertrag

18. Sonstige Steuern

19. Jahresüberschuss/Jahresfehlbetrag

21

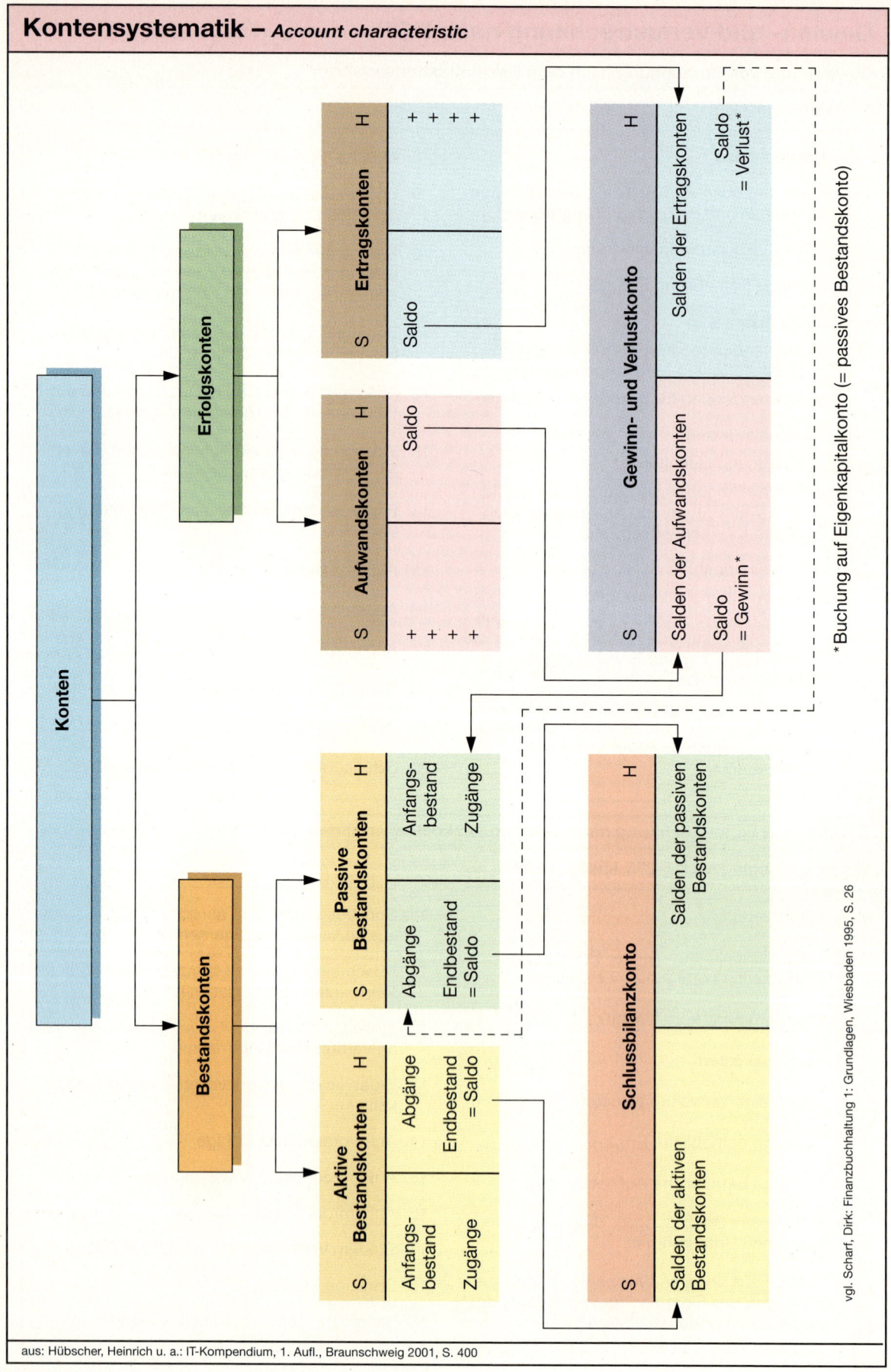

aus: Hübscher, Heinrich u. a.: IT-Kompendium, 1. Aufl., Braunschweig 2001, S. 400

3525286

# Umsatzsteuer – *Turnover tax*

## Rechtliche Grundlage

### § 1 UStG:

*(1) Der Umsatzsteuer unterliegen (im Wesentlichen, d. V.) 1. die Lieferungen und sonstigen Leistungen, die ein Unternehmer im Inland gegen Entgelt im Rahmen seines Unternehmens ausführt … 2. der Eigenverbrauch im Inland … 4. die Einfuhr von Gegenständen aus dem Drittlandsgebiet (Nicht-EU-Länder, d. V.) in das Inland …*

## Steuerart/Steuersätze

- **Verkehrsteuer**, ihrer Wirkung nach jedoch Verbrauchsteuer, da letztlich der Endverbraucher mit der Steuer belastet wird.
- **Allgemeiner Steuersatz**: 16 % (§ 12 Absatz 1 UStG)
- **Ermäßigter Steuersatz**: 7 % (§ 12 Absatz 2 UStG); gilt unter anderem für Lebensmittel und Druckerzeugnisse (vgl. im Einzelnen „Liste der dem ermäßigten Steuersatz unterliegenden Gegenstände" – Anhang zu § 12 Absatz 2 UStG).

## Wesen

**Beispiel** eines dreistufigen Güterweges mit Mehrwertsteuer (MWSt):
Herstellung und Verkauf eines PC-Terminals – Ausführung Buche

| Umsatzstufe | Verkaufspreis netto | – Einkaufspreis netto | = Mehrwert | MWSt = 16 % des Mehrwertes |
|---|---|---|---|---|
| 1. Sägewerk | 200 € | 0 € | 200 € | 32 € |
| 2. Holzgroßhandlg. | 300 € | 200 € | 100 € | 16 € |
| 3. Möbelfabrik | 800 € | 300 € | 500 € | 80 € |
| 4. Endverbraucher | zahlt und trägt | | 800 € | 128 € |

**Beispiel** eines dreistufigen Güterweges mit Vorsteuerabzug (USt – VSt):

| Umsatzstufe | Rechnung an Stufe | Erhaltene USt von Stufe | – Gezahlte VSt an Stufe | = Zahllast an das Finanzamt |
|---|---|---|---|---|
| 1. Sägewerk | 2: Nettowert 200 € / + 16 % USt 32 € / = Rg.-betrag 232 € | 2: 32 € | – | 32 € |
| 2. Holzgroßhandlg. | 3: Nettowert 300 € / + 16 % USt 48 € / = Rg.-betrag 348 € | 3: 48 € | 1: 32 € | 16 € |
| 3. Möbelfabrik | 4: Nettowert 800 € / + 16 % USt 128 € / = Rg.-betrag 928 € | 4: 128 € | 2: 48 € | 80 € |
| 4. Endverbraucher | zahlt an Stufe 3: Nettowert 800 € / + 16 % USt 128 € / = Rg.-betrag 928 € | | | ∑ 128 € |

## Buchung beim Einkauf (Kreditorenbuchhaltung)

**Beispiel:**
Zieleinkauf von 10 ISDN-Karten für den Internetzugang, Nettowert pro Stück: 69,50 €
+ 16 % USt

**Buchungssatz:**

| | | |
|---|---|---|
| Fremdbauteile | 695,00 € | |
| Vorsteuer | 111,20 € | |
| an Verbindlichkeiten | | 806,20 € |

## Buchung beim Verkauf (Debitorenbuchhaltung)

**Beispiel:**
Barverkauf von zwei PCs einschließlich Monitor, Nettowert pro Stück: 1.460,00 €
+ 16 % USt

**Buchungssatz:**

| | | |
|---|---|---|
| Kasse | 3.387,20 € | |
| an Umsatzerlöse | | 2.920,00 € |
| an Umsatzsteuer | | 467,20 € |

## Ermittlung und Überweisung der Zahllast

**Beispiel:**
Am Monatsende weisen die Konten „Vorsteuer" und „Umsatzsteuer" die folgenden Beträge auf:

| S | VSt | H | S | USt | H |
|---|---|---|---|---|---|
| 3.620 € | | | | | 4.135 € |

**Buchung zur Ermittlung der Zahllast:**

| | | |
|---|---|---|
| Umsatzsteuer | 3.620,00 € | |
| an Vorsteuer | | 3.620,00 € |

**Buchung zur Überweisung der Zahllast an das Finanzamt:**
(4.135,00 € – 3.620,00 € = 515,00 €)

| | | |
|---|---|---|
| Umsatzsteuer | 515,00 € | |
| an Bank | | 515,00 € |

21

aus: Hübscher, Heinrich u. a.: IT-Kompendium, 1. Aufl., Braunschweig 2001, S. 402

## Privatkonto – *Private account*

| Kontoart | Aufgaben | Wirkungen |
|---|---|---|
| • Konto des Einzelunternehmers bzw. der Vollhafter von Personengesellschaften<br>• Passives Bestandskonto<br>• Unterkonto des Kontos „Eigenkapital" | • Erfassung privater Entnahmen, zum Beispiel Geld für Lebens- und Krankenversicherung, für Urlaubsreisen usw. und Entnahmen von Waren<br>• Erfassung privater Kapitaleinlagen in das Unternehmen aus dem Privatvermögen | • **Privatentnahmen** mindern das Eigenkapital<br>• **Privateinlagen** erhöhen das Eigenkapital |

### Geschäftsvorfälle

| Soll | Privat | Haben |
|---|---|---|
| • Geldentnahmen für private Zwecke | • Geldeinlagen aus Privatvermögen | |
| • Sachentnahmen für private Zwecke | • Sacheinlagen aus Privatvermögen | |
| • Private Inanspruchnahme betrieblicher Leistungen | | |
| • Private Nutzung betrieblicher Einrichtungen | | |
| • Saldo (Privateinlagen > Privatentnahmen) | • Saldo (Privateinlagen < Privatentnahmen) | |

### Buchungen

#### Geldeinlagen

**Beispiel:**

Der Inhaber eines Unternehmens steckt eine Erbschaft in Höhe von 250.000,00 € in seinen Betrieb.

**Buchungssatz:**

| | | |
|---|---|---|
| Bank | 250.000,00 € | |
| an Privat | | 250.000,00 € |

#### Sacheinlagen

**Beispiel:**

Bei Gründung einer OHG bringt ein Komplementär ein Grundstück im Wert von 500.000,00 € in das Unternehmen ein.

**Buchungssatz:**

| | | |
|---|---|---|
| Grundstücke | 500.000,00 € | |
| an Privat | | 500.000,00 € |

#### Geldentnahmen

**Beispiel:**

Für eine Urlaubsreise entnimmt der Geschäftsinhaber der Kasse 3.000,00 €.

**Buchungssatz:**

| | | |
|---|---|---|
| Privat | 3.000,00 € | |
| an Kasse | | 3.000,00 € |

#### Sachentnahmen

• Entnahmen von Erzeugnissen und Handelswaren durch den Unternehmer sind umsatzsteuerpflichtiger Eigenverbrauch (§ 1 UStG).

• „Umsatzsteuerpflichtiger Eigenverbrauch" ist ein Ertragskonto; Abschluss über GuV-Konto

**Beispiel:**

Der Inhaber einer Möbelfabrik entnimmt für sein Wohnzimmer einen Esstisch im Nettowert von 1.500,00 € zuzüglich 16 % USt.

**Buchungssatz:**

| | | |
|---|---|---|
| Privat | 1.740,00 € | |
| an steuerpflichtiger Eigenverbrauch | | 1.500,00 € |
| an USt | | 240,00 € |

21

3525288

# Privatkonto – *Private account*

## Private Inanspruchnahme betrieblicher Leistungen

Die private Inanspruchnahme von Leistungen stellt umsatzsteuerpflichtigen Eigenverbrauch dar.

**Beispiel:**
Ein Bauunternehmer lässt von Dachdeckern seines Unternehmens das Dach seines Wohnhauses neu decken; Kosten: 13.200,00 €

**Buchungssatz:**

| | | |
|---|---|---|
| Privat | 15.312,00 € | |
| an steuerpflichtiger Eigenverbrauch | | 13.200,00 € |
| an Umsatzsteuer | | 2.112,00 € |

## Private Nutzung betrieblicher Einrichtungen

- Die private Nutzung betrieblicher Einrichtungen gehört ebenfalls zum Eigenverbrauch.
- Mit VSt belastete Kosten führen zu steuerpflichtigem Eigenverbrauch.
- Nicht mit VSt belastete Kosten sind steuerfreier Eigenverbrauch

**Beispiel:**
Der Unternehmer nutzt den Geschäfts-Pkw gemäß Fahrtenbuch zu 30 % für private Zwecke; mit VSt belastete Gesamtkosten wie Abschreibungen, Benzin: 5.000,00 €; nicht mit VSt belastete Kosten wie Kfz-Steuer und -Versicherung: 750,00 €.
(Die dargestellte Besteuerung gilt für Geschäftsfahrzeuge, die vor dem 1. April 1999 angeschafft wurden. Danach entfällt die Besteuerung für die private Nutzung. Dafür wird der Vorsteuerabzug für Anschaffung, Miete und Betriebskosten privat genutzter Geschäftsfahrzeuge gemäß § 15 Abs. 1 b UStG auf 50 % verringert.)

**Buchungssätze:**

| | | |
|---|---|---|
| Privat | 1.740,00 € | |
| an steuerpflichtiger Eigenverbrauch | | 1.500,00 € |
| an Umsatzsteuer | | 240,00 € |
| Privat | 225,00 € | |
| an steuerfreier Eigenverbrauch | | 225,00 € |

## Private Nutzung des Geschäftstelefons

- Die private Nutzung des Geschäftstelefons ist gemäß BFH-Urteil vom 23. September 1993 kein steuerpflichtiger Eigenverbrauch.
- Die auf dem Konto „Porto, Telefon, Telefax" gebuchten Kosten und die VSt sind nur zu korrigieren.

**Beispiel:**
Gebuchte Telefonkosten netto gesamt: 5.650,00 € zzgl. 16 % USt; Privatanteil gemäß Gebührenzähler: 15 %

**Buchungssatz:**

| | | |
|---|---|---|
| Privat | 983,10 € | |
| an Porto, Telefon, Telefax | | 847,50 € |
| an Vorsteuer | | 135,60 € |

## Abschlussbuchungen

- Konto „Steuerpflichtiger Eigenverbrauch"
  ➜ Steuerpflichtiger Eigenverbrauch an GuV

- Konto „Steuerfreier Eigenverbrauch"
  ➜ Steuerfreier Eigenverbrauch an GuV

- Konto „Privat"
  Privateinlagen > Privatentnahmen    ➜ Privat an Eigenkapital
  Privateinlagen < Privatentnahmen    ➜ Eigenkapital an Privat

| Soll | Privat | Haben |
|---|---|---|
| Privatentnahmen | Privateinlagen | |
| Private Nutzung | Entnahmeüberschuss | |

| Soll | Eigenkapital | Haben |
|---|---|---|
| Entnahmeüberschuss | Anfangsbestand | |
| Endbestand | | |

| Soll | Privat | Haben |
|---|---|---|
| Privatentnahmen Private Nutzung Einlagenüberschuss | Privateinlagen | |

| Soll | Eigenkapital | Haben |
|---|---|---|
| Endbestand | Anfangsbestand | |
| | Einlagenüberschuss | |

21

## Organisation der Buchführung – *Organization of bookkeeping*

### Schritte zur Erfassung von Geschäftsvorfällen

1. Schritt:
Kontierung der **Belege**

2. Schritt:
Buchungen im **Grundbuch**

3. Schritt:
Buchungen im **Hauptbuch**

vgl. Grosser, Irmgard u. a.: Industriebuchführung und Bilanz Schritt für Schritt, Wuppertal 1983, S. 39

### Belege

#### Arten

- **Interne Belege**
  (Eigenbelege)

  **Im** Unternehmen selbst
  erstellte Belege

  **Zum Beispiel:**
  – Durchschriften von Ausgangs-
     rechnungen
  – Quittungsdurchschriften
  – Gutschriftsanzeigen an Kunden
  – Begleitbriefe zu selbst ausge-
     stellten Schecks
  – Lohn- und Gehaltslisten
  – Materialentnahmescheine

- **Externe Belege**
  (Fremdbelege)

  **Von außen** in das Unternehmen gelangte Belege

  **Zum Beispiel:**
  – Eingangsrechnungen
  – Quittungen
  – Kontoauszüge der Kredit-
     institute
  – Gutschriftsanzeigen von Liefe-
     rern für Preisnachlässe u. Boni
  – Begleitbriefe zu erhaltenen
     Schecks

- **Ersatzbelege**
  (Notbelege)

  **Ersatz** für abhanden gekom-
  mene Belege

  – **Nicht erhältliche** Fremdbelege,
     z. B. über ein von einer öffent-
     lichen Telefonzelle aus geführtes
     Telefonat

#### Bearbeitung

- **Überprüfen** auf sachliche und rechnerische
  Richtigkeit
- **Sortieren** nach Belegarten, zum Beispiel nach
  Eingangsrechnungen, Ausgangsrechnungen usw.
- Fortlaufend **nummerieren**

- **Vorkontieren** mithilfe eines Kontierungsstem-
  pels auf der Grundlage des Kontenplans
- **Ablegen** nach der Buchung und sechs Jahre
  lang (§ 257 HGB) aufbewahren

**Beispiel:**

**Celler Maschinenfabrik**　　ER 48

OfficeCom AG
Hansestraße 120

38112 Braunschweig

Rechnungs-Nr.: 25 678　　　　20..-04-12

1 St. Drehbank　　20.000,00 €

Zahlbar 5.000,00 € sofort per Scheck
Rest in zwei Wochen

| Konto | Soll | Haben |
|---|---|---|
| Maschinen | 20.000,00 | |
| Bankguthaben | | 5.000,00 |
| Verbindlichk. | | 15.000,00 |
| Gebucht: 20..-04-16　J IV/3 ka | | |

| Konto | Soll | Haben |
|---|---|---|
| Maschinen | 20.000,00 | |
| Bankguthaben | | 5.000,00 |
| Verbindlichkeiten | | 15.000,00 |
| Gebucht: 20..-04-16　J IV/3 ka | | |

J IV/3: Die Buchung erfolgte im Journal (Grundbuch) für April auf Seite 3

ka:　Kurzzeichen des Buchhalters

aus: Hübscher, Heinrich u. a.: IT-Kompendium, 1. Aufl., Braunschweig 2001, S. 396

**21**

3525290

# Organisation der Buchführung – *Organization of bookkeeping*

## Grundbuch

**Begriff:**

- Tagebuch oder Journal (jour [frz.] = Tag)

- Buchungen in zeitlicher (chronologischer) Reihenfolge mit folgenden Angaben:
  - Belegdatum,
  - Belegnummer,
  - Buchungssatz und Buchungstext,
  - Euro-Beträge der Soll- und der Habenbuchung.

**Beispiel:**

| Seite 9 | | Grundbuch April 20.. | | |
|---|---|---|---|---|
| Beleg-datum | Beleg-Nr. | Buchungssatz/-text | Soll | Haben |
| 20. 4. | ER 48 | Maschinen | 20.000,00 | |
| | | an Bankguthaben | | 5.000,00 |
| | | an Verbindlichkeiten | | 15.000,00 |
| | | Kauf einer Drehbank von Celler Maschinenfabrik Rechnungs-Nr.: 25 678 | | |
| 21. 4. | ER 49 | Betriebs- und Geschäftsaus-stattung | 2.000,00 | |
| | | an Bankguthaben | | 2.000,00 |
| | | Kauf eines PC von Compufix Rechnungs-Nr.: 123 | | |
| . . . | . . . | | | |

## Hauptbuch

**Begriff:**

- Gesamtheit aller Konten des betrieblichen Kontenplans

- Buchen der Geschäftsvorfälle nach sachlichen Gesichtspunkten

- Durch Saldierung in den Konten ist der jeweilige Stand der einzelnen Vermögensteile und Schuldenarten jederzeit schnell ermittelbar

**Beispiel:**

| Konto Bankguthaben | | | | Betrag | |
|---|---|---|---|---|---|
| Datum | Beleg-Nr. | Buchungstext | Gegen-konto | Soll | Haben |
| 20. 4. | ER 48 | Verrechnungsscheck an Celler Maschinen-fabrik | Verbind-lichkeit. | – | 5.000,00 |
| . . . | . . . | ... | | | |

## Nebenbücher

Nebenbücher dienen der Erläuterung bestimmter Sachkonten des Hauptbuches:

- **Kontokorrentbuch**
  (Buch der Geschäftsfreunde)

  - **Debitorenbuchhaltung** ⇒ erfasst Forderungen an Kunden

  - **Kreditorenbuchhaltung** ⇒ erfasst Verbindlichkeiten gegenüber Lieferern

- **Lager„kartei"**
  erfasst Zugänge, Abgänge und Bestände der einzelnen Materialarten

- **Anlagen„kartei"**
  weist Zugänge, Abschreibungen und Abgänge der einzelnen Güter des Anlagevermögens aus

- **Lohn- und Gehaltslisten**
  nehmen die Lohn- und Gehaltsabrechnungen der Mitarbeiter auf

21

aus: Hübscher, Heinrich u. a.: IT-Kompendium, 1. Aufl., Braunschweig 2001, S. 397

# Organisation der Buchführung – *Organization of bookkeeping*

## Industrie-Kontenrahmen (IKR) – 1987 herausgegeben vom Bundesverband der Deutschen Industrie

### Kontenklassen

| AKTIVA | | PASSIVA | |
|---|---|---|---|

**0  Immaterielle Vermögensgegenstände u. Sachanlagen**

**00  Ausstehende Einlagen**
- 000  Ausstehende Einlagen

**01  Frei**

*Immaterielle Vermögensgegenstände*

**02  Konzessionen, gewerbliche Schutzrechte u. ähnliche Rechte und Werte sowie Lizenzen an solchen Rechten und Werten**
- 020  Konzessionen

**03  Geschäfts- oder Firmenwert**
- 030  Geschäfts- oder Firmenwert

**04  Frei**

*Sachanlagen*

**05  Grundstücke, grundstücksgleiche Rechte und Bauten einschließlich der Bauten auf fremden Grundstücken**
- 050  Unbebaute Grundstücke
- 051  Bebaute Grundstücke
- 053  Betriebsgebäude
- 054  Verwaltungsgebäude
- 055  Andere Bauten
- 056  Grundstückseinrichtungen
- 057  Gebäudeeinrichtungen
- 059  Wohngebäude

**06  Frei**

**07  Technische Anlagen und Maschinen**
- 070  Anlagen und Maschinen der Energieversorgung
- 071  Anlagen der Materiallagerung und -bereitstellung
- 072  Anlagen und Maschinen der mechanischen Materialbearbeitung, -verarbeitung und -umwandlung
- 073  Anlagen für Wärme-, Kälte- und chemische Prozesse sowie ähnliche Anlagen
- 074  Anlagen für Arbeitssicherheit und Umweltschutz
- 075  Transportanlagen und ähnliche Betriebsvorrichtungen
- 076  Verpackungsanlagen und -maschinen
- 077  Sonstige Anlagen und Maschinen
- 078  Reservemaschinen und -anlagenteile
- 079  Geringwertige Anlagen und Maschinen

**08  Andere Anlagen, Betriebs- und Geschäftsausstattung**
- 080  Andere Anlagen
- 081  Werkstätteneinrichtung
- 082  Werkzeuge, Werksgeräte und Modelle, Prüf- und Messmittel
- 083  Lager- und Transporteinrichtungen
- 084  Fuhrpark
- 085  Sonstige Betriebsausstattung
- 086  Büromaschinen, Organisationsmittel und Kommunikationsanlagen
- 087  Büromöbel und sonstige Geschäftsausstattung
- 088  Reserveteile für Betriebs- und Geschäftsausstattung
- 089  Geringwertige Vermögensgegenstände der Betriebs- und Geschäftsausstattung

**09  Geleistete Anzahlungen und Anlagen in Bau**
- 090  Geleistete Anzahlungen auf Sachanlagen
- 095  Anlagen im Bau

**1  Finanzanlagen**

**10  bis 12 Frei**

**13  Beteiligungen**

**14  Frei**

**15  Wertpapiere des Anlagevermög.**
- 150  Wertpapiere des Anlagevermögens

**16  Sonstige Finanzanlagen**
- 160  Sonstige Finanzanlagen

**17  bis 19 Frei**

**2  Umlaufvermögen und aktive Rechnungsabgrenzung**

*Vorräte*

**20  Roh-, Hilfs- und Betriebsstoffe**
- 200  Rohstoffe/Fertigungsmaterial
  - 2001  Bezugskosten
  - 2002  Nachlässe
- 201  Vorprodukte/Fremdbauteile
  - 2011  Bezugskosten
  - 2012  Nachlässe
- 202  Hilfsstoffe
  - 2021  Bezugskosten
  - 2022  Nachlässe
- 203  Betriebsstoffe
  - 2031  Bezugskosten
  - 2032  Nachlässe
- 207  Sonstiges Material
  - 2071  Bezugskosten
  - 2072  Nachlässe

**21  Unfertige Erzeugnisse, unfertige Leistungen**
- 210  Unfertige Erzeugnisse
- 219  Unfertige Leistungen

**22  Fertige Erzeugnisse und Waren**
- 220  Fertige Erzeugnisse
- 228  Waren (Handelswaren)
  - 2281  Bezugskosten
  - 2282  Nachlässe

**23  Geleistete Anzahlungen auf Vorräte**
- 230  Geleistete Anzahlungen auf Vorräte

*Forderungen und sonstige Vermögensgegenstände (24 – 26)*

**24  Forderungen aus Lieferungen und Leistungen**
- 240  Forderungen aus Lieferungen und Leistungen
- 245  Wechselforderungen aus Lieferungen und Leistungen (Besitzerwechsel)
- 247  Zweifelhafte Forderungen
- 248  Protestwechsel

**25  Frei**

**26  Sonstige Vermögensgegenstände**
- 260  Vorsteuer
- 263  Sonstige Forderungen an Finanzbehörden
- 265  Forderungen an Mitarbeiter
- 269  Übrige sonstige Forderungen

**27  Wertpapiere des Umlaufvermögens**
- 270  Wertpapiere des Umlaufvermögens

**28  Flüssige Mittel**
- 280  Guthaben bei Kreditinstituten
- 284
- 285  Postgiro
- 286  Schecks
- 287  Bundesbank
- 288  Kasse
- 289  Nebenkassen

**29  Aktive Rechnungsabgrenzung und Bilanzfehlbetrag**
- 290  Aktive Jahresabgrenzung
- 292  Umsatzsteuer auf erhaltene Anzahlungen
- 299  (nicht durch Eigenkapital gedeckter Fehlbetrag)

**3  Eigenkapital und Rückstellungen**

*Eigenkapital*

**30  Eigenkapital/Gezeichnetes Kapital**

**Bei Einzelkaufleuten:**
- 300  Eigenkapital
  - 3001  Privatkonto

**Bei Personengesellschaften:**
- 300  Kapital Gesellschafter A
  - 3001  Privatkonto A
- 301  Kapital Gesellschafter B
  - 3011  Privatkonto B
- 307  Kommanditkapital Gesellschafter C
- 308  Kommanditkapital Gesellschafter D

**Bei Kapitalgesellschaften:**
- 300  Gezeichnetes Kapital (Gundkapital/Stammkapital)

**31  Kapitalrücklage**
- 310  Kapitalrücklage

**32  Gewinnrücklagen**
- 321  Gesetzliche Rücklagen
- 323  Satzungsmäßige Rücklagen
- 324  Andere Gewinnrücklagen

**33  Ergebnisverwendung**
- 331  Jahresergebnis des Vorjahres
- 332  Ergebnisvortrag aus früheren Perioden
- 334  Veränderung der Gewinnrücklagen vor Bilanzergebnis
- 335  Bilanzgewinn/Bilanzverlust
- 336  Ergebnisausschüttung
- 339  Ergebnisvortrag auf neue Rechnung

**34  Jahresüberschuss/Jahresfehlbetrag**
- 340  Jahresüberschuss/Jahresfehlbetrag

**35  Sonderposten mit Rücklageanteil**
- 350  Sonderposten mit Rücklageanteil

**36  Wertberichtigungen**
(Bei Kapitalgesellschaften als Passivposten der Bilanz nicht mehr zulässig)
- 361  – zu Sachanlagen
- 365  – zu Finanzanlagen
- 367  Einzelwertberichtigung zu Forderungen
- 368  Pauschalwertberichtigung zu Forderungen

*Rückstellungen*

**37  Rückstellungen für Pensionen und ähnliche Verpflichtungen**
- 370  Rückstellungen für Pensionen und ähnliche Verpflichtungen

**38  Steuerrückstellungen**
- 380  Steuerrückstellungen

**39  Sonstige Rückstellungen**
- 391  – für Gewährleistung
- 393  – für andere ungewisse Verbindlichkeiten
- 397  – für drohende Verluste aus schwebenden Geschäften
- 399  – für Aufwendungen

**4  Verbindlichkeiten u. passive Rechnungsabgrenzung**

**40  Frei**

**41  Anleihen**
- 410  Anleihen

**42  Verbindlichkeiten gegenüber Kreditinstituten**
- 420  Kurzfristige Bankverbindlichkeiten
- 425  Langfristige Bankverbindlichkeiten

**43  Erhaltene Anzahlungen auf Bestellungen**
- 430  Erhaltene Anzahlungen

**44  Verbindlichkeiten aus Lieferungen und Leistungen**
- 440  Verbindlichkeiten aus Lieferungen und Leistungen

**45  Wechselverbindlichkeiten**
- 450  Schuldwechsel

**46  und 47 Frei**

**48  Sonstige Verbindlichkeiten**
- 480  Umsatzsteuer
- 483  Sonstige Verbindlichkeiten gegenüber Finanzbehörden
- 484  Verbindlichkeiten gegenüber Sozialversicherungsträgern
- 485  Verbindlichkeiten gegenüber Mitarbeitern
- 486  Verbindlichkeiten aus vermögenswirksamen Leistungen
- 487  Verbindlichkeiten gegenüber Gesellschaftern (Dividende)
- 489  Übrige sonstige Verbindlichkeiten

**49  Passive Rechnungsabgrenzung**
- 490  Passive Jahresabgrenzung

aus: Hübscher, Heinrich u. a.: IT-Kompendium, 1. Aufl., Braunschweig 2001, S. 394

# Organisation der Buchführung – *Organization of bookkeeping*

## Industrie-Kontenrahmen (IKR) – 1987 herausgegeben vom Bundesverband der Deutschen Industrie

### Kontenklassen

| Erträge | Aufwendungen | Ergebnisrechnungen |
|---|---|---|

## 5 Erträge

**50 Umsatzerlöse für eigene Erzeugnisse u. andere Leistungen**
- 500 Umsatzerlöse für eigene Erzeugnisse
  - 5001 Erlösberichtigungen
- 505 Umsatzerlöse für andere eigene Leistungen
  - 5051 Erlösberichtigungen

**51 Umsatzerlöse für Waren und sonstige Umsatzerlöse**
- 510 Umsatzerlöse für Waren
  - 5101 Erlösberichtigungen
- 519 Sonstige Umsatzerlöse
  - 5191 Erlösberichtigungen

**52 Erhöhung oder Verminderung des Bestandes an unfertigen und fertigen Erzeugnissen**
- 520 Bestandsveränderungen
  - 5201 Bestandsveränderungen an unfertigen Erzeugnissen und nicht abgerechneten Leistungen
  - 5202 Bestandsveränderungen an fertigen Erzeugnissen

**53 Andere aktivierte Eigenleistungen**
- 530 Aktivierte Eigenleistungen

**54 Sonstige betriebliche Erträge**
- 540 Mieterträge
- 541 Sonstige Erlöse (z.B. aus Provisionen oder Anlageabgängen)
- 542 Eigenverbrauch
- 543 Andere sonstige betriebliche Erträge
- 544 Erträge aus Werterhöhungen von Gegenständen des Anlagevermögens (Zuschreibungen)
- 545 Erträge aus der Auflösung oder Herabsetzung von Wertberichtigungen auf Forderungen
- 546 Erträge aus dem Abgang von Vermögensgegenständen
- 548 Erträge aus der Herabsetzung von Rückstellungen
- 549 Periodenfremde Erträge

**55 Erträge aus Beteiligungen**
- 550 Erträge aus Beteiligungen

**56 Erträge aus anderen Wertpapieren und Ausleihungen des Finanzanlagevermögens**
- 560 Erträge aus anderen Finanzanlagen

**57 Sonstige Zinsen und ähnliche Erträge**
- 571 Zinserträge
- 573 Diskonterträge
- 578 Erträge aus Wertpapieren des Umlaufvermögens
- 579 Sonstige zinsähnliche Erträge

**58 Außerordentliche Erträge**
- 580 Außerordentliche Erträge

**59 Frei**

aus: Hübscher, Heinrich u. a.: IT-Kompendium, 1. Aufl., Braunschweig 2001, S. 395

## 6 Betriebliche Aufwendungen

*Materialaufwand*

**60 Aufwendungen für Roh-, Hilfs- und Betriebsstoffe und für bezogene Waren**
- 600 Aufwendungen für Rohstoffe/Fertigungsmatrial
- 601 Aufwendungen für Vorprodukte/Fremdbauteile
- 602 Aufwendg. für Hilfsstoffe
- 603 Aufwendungen für Betriebsstoffe/Verbrauchswerkzeuge
- 604 Verpackungsmaterial
- 605 Energie
- 606 Reparaturmaterial
- 607 Aufwendungen für sonstiges Material
- 608 Aufwendungen für Waren

**61 Aufwendungen für bezogene Leistungen**
- 610 Fremdleistungen für Erzeugnisse und andere Umsatzleistungen
- 614 Frachten und Nebenkosten
- 615 Vertriebsprovisionen
- 616 Fremdinstandhaltung
- 617 Sonstige Aufwendungen für bezogene Leistungen

*Personalaufwand*

**62 Löhne**
- 620 Löhne einschl. tariflicher, vertraglicher oder arbeitsbedingter Zulagen
- 621 Urlaubs- u. Weihnachtsgeld
- 622 Sonstige tarifliche oder vertragliche Aufwendungen für Lohnempfänger
- 623 Freiwillige Zuwendungen
- 625 Sachbezüge
- 626 Vergütungen an gewerbliche Auszubildende

**63 Gehälter**
- 630 Gehälter und Zulagen
- 631 Urlaubs- u. Weihnachtsgeld
- 632 Sonstige tarifliche oder vertragliche Aufwendungen
- 633 Freiwillige Zuwendungen
- 635 Sachbezüge
- 636 Vergütung. an Auszubildende

**64 Sonstige Abgaben und Aufwendungen für Altersversorgung und für Unterstützung**
- 640 Arbeitgeberanteil zur Sozialversicherung (Lohnbereich)
- 641 Arbeitgeberanteil zur Sozialversich. (Gehaltsbereich)
- 642 Beiträge zur Berufsgenossenschaft
- 644 Aufwendg. für Altersversorg.
- 645 Aufwendg. für Unterstützung

**65 Abschreibungen**
*Abschreibungen auf Anlagevermögen*
- 651 Abschreibungen auf immaterielle Vermögensgegenstände des Anlagevermögens
- 652 Abschreib. auf Sachanlagen
- 654 Abschreibungen auf geringwertige Wirtschaftsgüter
- 655 Außerplanmäßige Abschreibungen auf Sachanlagen
- 657 Unüblich hohe Abschreibungen auf Umlaufvermögen

**66 Sonstig. Personalaufwendungen**
- 660 Aufwendungen für Personaleinstellung
- 661 Aufwendungen für übernommene Fahrtkosten
- 662 Aufwendungen für Werksarzt und Arbeitssicherheit
- 663 Personenbezogene Versicherungen
- 664 Aufwendungen für Fort- u. Weiterbildung
- 665 Aufwendg. für Dienstjubiläen
- 666 Aufwendungen für Belegschaftsveranstaltungen
- 667 Aufwendungen für Werksküche u. Sozialeinrichtungen
- 668 Ausgleichsabgabe nach dem Schwerbehindertengesetz
- 669 Übrige sonstige Personalaufwendungen

**67 Aufwendung. für d. Inanspruchnahme von Rechten u. Diensten**
- 670 Mieten, Pachten
- 671 Leasing
- 672 Lizenzen und Konzessionen
- 673 Gebühren
- 675 Kosten des Geldverkehrs
- 676 Provisionsaufwendungen (außer Vertriebsprovisionen)
- 677 Rechts- u. Beratungskosten

**68 Aufwendungen für Kommunikation (Dokumentation, Information, Reisen, Werbung)**
- 680 Büromaterial
- 681 Zeitungen und Fachliteratur
- 682 Postgebühren
- 685 Reisekosten
- 686 Bewirtung und Präsentation
- 687 Werbung
- 688 Spenden

**69 Aufwendungen für Beiträge u. Sonstiges sowie Wertkorrekturen und periodenfremde Aufwendungen**
- 690 Versicherungsbeiträge
- 692 Beiträge zu Wirtschaftsverbänden u. Berufsvertretung
- 693 Verluste aus Schadensfällen
- 694 Sonstige Aufwendungen
- 695 Abschreibung. auf Forderung
- 696 Verluste aus d. Abgang von Vermögensgegenständen
- 698 Zuführung zu Rückstellungen für Gewährleistung
- 699 Periodenfremde Aufwendung.

## 7 Weitere Aufwendungen

**70 Betriebliche Steuern**
- 700 Gewerbekapitalsteuer
- 701 Vermögensteuer
- 702 Grundsteuer
- 703 Kraftfahrzeugsteuer
- 707 Ausfuhrzölle
- 708 Verbrauchsteuern
- 709 Sonstig. betriebliche Steuern

**71 bis 73 Frei**

**74 Abschreibungen auf Finanzanlagen und auf Wertpapiere des Umlaufvermögens und Verluste aus entsprechenden Abgängen**
- 740 Abschreib. auf Finanzanlag.
- 742 Abschreibung. auf Wertpapiere des Umlaufvermögens
- 745 Verluste aus dem Abgang von Finanzanlagen
- 746 Verluste aus d. Abgang von Wertpapieren d. Umlaufverm.

**75 Zinsen u. ähnliche Aufwendung.**
- 751 Zinsaufwendungen
- 753 Diskontaufwendungen
- 759 Sonst. zinsähnlich. Aufwendg.

**76 Außerordentliche Aufwendung.**
- 760 Außerordentliche Aufwendg.

**77 Steuern v. Einkommen u. Ertrag**
- 770 Gewerbeertragsteuer
- 771 Körperschaftsteuer
- 772 Kapitalertragsteuer

**78 und 79 Frei**

## 8 Ergebnisrechnungen

**80 Eröffnung/Abschluss**
- 800 Eröffnungsbilanzkonto
- 801 Schlussbilanzkonto
- 802 GuV-Konto Gesamtkostenverfahren
- 803 GuV-Konto Umsatzkostenverfahren

*Konten der Kostenbereiche für die GuV im Umsatzkostenverfahren*

**81 Herstellungskosten**

**82 Vertriebskosten**

**83 Allgemeine Verwaltungskosten**

**84 Sonstige betriebliche Aufwendungen**

*Konten der kurzfristigen Erfolgsrechnung (KER) für innerjährige Rechnungsperioden (Monat, Quartal oder Halbjahr)*

**85 Korrekturkonten zu d. Erträgen der Kontenklasse 5**

**86 Korrekturkonten zu den Aufwendungen der Kontenklasse 6**

**87 Korrekturkonten zu den Aufwendungen der Kontenklasse 7**

**88 Kurzfristige Erfolgsrechnung (KER)**
- 880 Geamtkostenverfahren
- 881 Umsatzkostenverfahren

**89 Innerjährige Rechnungsabgrenzung**
- 890 aktive Rechnungsabgrenzung
- 895 passive Rechnungsabgrenzung

### Kosten- und Leistungsrechnung

## 9 Kosten- und Leistungsrechnung (KLR)

**90 Unternehmensbezogene Abgrenzungen (neutrale Aufwendungen und Erträge)**

**91 Kostenrechnerische Korrekturen**

**92 Kostenarten u. Leistungsarten**

**93 Kostenstellen**

**94 Kostenträger**

**95 Fertige Erzeugnisse**

**96 Interne Lieferungen und Leistungen sowie deren Kosten**

**97 Umsatzkosten**

**98 Umsatzleistungen**

**99 Ergebnisausweise**

(In der Praxis wird die KLR gewöhnlich tabellarisch durchgeführt.)

21

# Organisation der Buchführung – *Organization of bookkeeping*

## Kontenrahmen

- **Systematische Gliederung** aller **Konten** der Betriebe einer Branche, zum Beispiel für Industriebetriebe der Industriekontenrahmen
- Gliederung nach dem **Abschlussgliederungsprinzip** (im Hinblick auf den Jahresabschluss)

- Aufbau nach dem **dekadischen System** in
  - 10 Kontenklassen; je Klasse in
  - 10 Kontengruppen; je Gruppe in
  - 10 Kontenarten; je Art in
  - 10 Kontenunterarten; jede Unterart …

## Abschlussgliederungsprinzip

| Soll | | 8010 Schlussbilanzkonto | | Haben |
|---|---|---|---|---|
| Konten-klasse | Aktiva | Passiva | | Konten-klasse |
| 0 | Immaterielle Vermögensgegenstände und Sachanlagen | Eigenkapital, Wertberichtigungen und Rückstellungen | | 3 |
| 1 | Finanzanlagen | Verbindlichkeiten und passive Rechnungsabgrenzung | | 4 |
| 2 | Umlaufvermögen und aktive Rechnungsabgrenzung | | | |

| Soll | | 8020 Gewinn- und Verlustkonto | | Haben |
|---|---|---|---|---|
| Konten-klasse | Aufwendungen | Erträge | | Konten-klasse |
| 6 | Betriebliche Aufwendungen | Erträge | | 5 |
| 7 | Weitere Aufwendungen | | | |

## Kontenplan

- **Betriebsindividuelle Ausgestaltung** des Kontenrahmens
- Aufbau ebenfalls nach dem **dekadischen System**

- Nicht benötigte Konten werden weggelassen, zusätzliche Konten eingefügt
- Im Buchungssatz tritt an die Stelle der Kontobezeichnung die **Kontonummer.**

# Grundsätze ordnungsmäßiger Buchführung (GoB)
*Principles of correct bookkeeping*

- Um die Handelsgeschäfte und die Lage des Vermögens ersichtlich zu machen, sind Handelsbücher zu führen (§ 238 Abs. 1 HGB).
- Hierzu ist ein Buchführungssystem zu verwenden, wobei sowohl die einfache als auch die doppelte Buchführung dem Anspruch der Nachprüfbarkeit Genüge tun würden.
- Im Falle der doppelten Buchführung sind die Geschäftsvorfälle in zeitlicher Reihenfolge im Journal oder Grundbuch und nach sachlichen Gesichtspunkten im Hauptbuch auf Sachkonten sowie in Nebenbüchern, wie z. B. Kassenbuch, Lagerbuch, Kontokorrentbuch aufzuzeichnen.
- Die Bücher sind in einer lebenden Sprache zu führen (§ 239 Abs. 1 HGB).
- Die Aufstellung des Jahresabschlusses erfolgt in deutscher Sprache und die Bewertung in Euro (§ 244 HGB).
- Die Eintragungen in die Handelsbücher sind zeitgerecht und geordnet vorzunehmen (§ 239 Abs. 2 HGB).

- Eintragungen dürfen nur so geändert werden, dass der urspüngliche Inhalt noch feststellbar ist (§ 239 Abs. 3 HGB).
- Allen Buchungen müssen Belege zugrunde liegen.
- Handelsbücher, Inventare, Bilanzen und Lageberichte müssen 10 Jahre, Handelsbriefe, Buchungsbelege und sonstige Unterlagen sechs Jahre aufbewahrt werden (§ 257 HGB).
- Die Dauer des Geschäftsjahres darf 12 Monate nicht überschreiten (§ 240 Abs. 2 HGB).
- Die Beachtung des Stichtagsprinzips (Bewertung der Vermögensgegenstände und der Schulden zum Abschlussstichtag) nach § 252 Abs. 1 Ziff. 3 HGB soll die Berücksichtigung zukünftiger Ereignisse ausschließen.
- Grundsätzlich gilt für die einzelnen Vermögensgegenstände und die Schulden das Prinzip der Einzelbewertung.

21

aus: Hübscher, Heinrich u. a.: IT-Kompendium, 1. Aufl., Braunschweig 2001, S. 384 und 393

# Beschaffung von Werkstoffen – *Purchasing of materials*

## Werkstoffarten

**Werkstoffe**

| **Rohstoffe** | **Hilfsstoffe** | **Betriebsstoffe** | **Fremdbauteile** |
|---|---|---|---|
| gehen direkt in das Produkt ein und bilden den Hauptbestandteil | gehen direkt in das Produkt ein und bilden den Nebenbestandteil | gehen nicht in das Produkt ein, nur – wie Roh- und Hilfsstoffe auch – als Kosten | gehen als fertige Komponenten ohne weitere Bearbeitung in das Produkt ein |

## Bewertung zum Zeitpunkt der Beschaffung

Anschaffungspreis netto (ohne USt) → Listeneinkaufspreis

+ Anschaffungsnebenkosten netto (ohne USt) → z. B. Einfuhrzoll, Transport-, Verpackungskosten, Provisionen

– Anschaffungspreisminderungen → z. B. Rabatt, sonstiger Preisnachlass, Bonus, Skonto

= Aktivierungspflichtige Anschaffungskosten → Wert, mit dem die Werkstoffe letztendlich auf den entsprechenden aktiven Bestandskonten ausgewiesen werden müssen

## Beispiele für Einkaufsbelege

### Eingangsrechnung für Rohstoffe

**KNABER OHG**

Knaber OHG • Dreieichweg 8 • 21029 Hamburg

OfficeCom AG
Hansestraße 120

38112 Braunschweig

Dreieichweg 8
21029 Hamburg
Tel.: 040 7342856
Fax: 040 7342858
E-Mail: knaber.aber@t-online
Internet: www.knaber-aber.de

| Ihre Bestellung vom | Liefertermin | Lieferung durch | Vertreter | Kunden-Nr. |
|---|---|---|---|---|
| ..-02-07 | ..-03-01 | Spedition | – | 18-9-1943 |

| Lieferanschrift | Auftrags-Nr. | Datum |
|---|---|---|
| OfficeCom AG Hansastraße 120 38112 Braunschweig | 123/13 | ..-02-08 |
| | Rechnungs-Nr. 2338/M | Datum ..-03-01 |

| Menge | Artikelbezeichnung | Einzelpreis | Gesamtpreis |
|---|---|---|---|
| 800 St. | Edelstahlrohr, 710 mm lang, Ø 80 mm | 102,00 € | 81.600,00 € |
| | Rabatt: 8 % | | 6.528,00 € |
| | | | 75.072,00 € |
| | 16 % Umsatzsteuer | | 12.011,52 € |
| | | | 87.083,52 € |

Zahlungsbedingungen:
2 % Skonto, zahlbar innerhalb 14 Tagen nach Lieferung;
netto Kasse, zahlbar innerhalb 4 Wochen nach Lieferung.

Bankverbindung: Knaber OHG, Hamburger Sparkasse, Konto 15 264 869, BLZ 270 100 00

USt-IDNr. WK 450 432 629

nach: Scharf, Dirk: Praxis der Buchführung. Beschaffung, Absatz und Finanzierung, Wiesbaden 1997, S. 5

### Eingangsrechnung für Frachtkosten

**Transfahrt AG**

Transfahrt AG • Siemensstr. 110 • 21029 Hamburg

OfficeCom AG
Hansestraße 120

38112 Braunschweig

Tel.: 040 334455
Fax: 040 234518
E-Mail: transf-ag@t-online
Internet: www.transf-ag.de

**Rechnung** Nr. 4498/5

| Ihr Auftrag vom | Liefertermin | Kunden-Nr. | Rechnungsdatum |
|---|---|---|---|
| ..-02-25 | ..-03-01 | 1369 | ..-03-01 |

Lieferanschrift
OfficeCom AG
Hansastraße 120
38112 Braunschweig

**Gemäß Frachttabelle berechnen wir für o. a. Auftrag**

| | | |
|---|---|---|
| Lieferung von nach | 800 St. Edelstahlrohre Hamburg Braunschweig | 2.120,33 € |
| | 16 % Umsatzsteuer | 339,25 € |
| | | 2.459,58 € |

Zahlung: sofort ohne Abzug

Bär-Bank Hamburg, Konto 34 759 265, BLZ 270 100 49, USt-IDNr. Z 456 741 443
Transfahrt AG, Sitz Hamburg, Amtsgericht Hamburg, Handelsregister Nr. HRB 639

nach: Scharf, Dirk: Praxis der Buchführung. Beschaffung, Absatz und Finanzierung, Wiesbaden 1997, S. 7

## Konten

| Für jede Werkstoffart wird ein **aktives Bestandskonto** geführt: | Für jedes Werkstoffkonto wird ein **Unterkonto** für die gesonderte Erfassung der Bezugskosten geführt: | Jedes Werkstoffkonto erhält ein **Unterkonto** zur Erfassung der nachträglichen Anschaffungspreisminderungen: |
|---|---|---|
| „Rohstoffe" | „Bezugskosten für Rohstoffe" | „Nachlässe für Rohstoffe" |
| „Hilfsstoffe" | „Bezugskosten für Hilfsstoffe" | „Nachlässe für Hilfsstoffe" |
| „Betriebsstoffe" | „Bezugskosten für Betriebsstoffe" | „Nachlässe für Betriebsstoffe" |
| „Fremdbauteile" | „Bezugskosten für Fremdbauteile" | „Nachlässe für Fremdbauteile" |

**21**

# Beschaffung von Werkstoffen – *Purchasing of materials*

## Buchungen

### Anschaffungskosten/Sofortrabatte

Sofortrabatte des Lieferers mindern im Vorhinein den Listeneinkaufspreis und werden nicht gebucht

**Beispiel:**

Eingangsrechnung für Rohstoffe

| | | |
|---|---|---|
| Rohstoffe | 75.072,00 € | |
| Vorsteuer | 12.011,52 € | |
| an Verbindlichkeiten | | 87.083,52 € |

### Anschaffungsnebenkosten

**Beispiel:**

Eingangsrechnung für Frachtkosten

Bezugskosten für

| | | |
|---|---|---|
| Rohstoffe | 2.120,33 € | |
| Vorsteuer | 339,25 € | |
| an Verbindlichkeiten | | 2.459,58 € |

### Nachträgliche Anschaffungspreisminderungen

**Beispiel:**

Skonto auf die Eingangsrechnung für Rohstoffe

**Nettobuchung:**

| | | |
|---|---|---|
| Verbindlichkeiten | 87.083,52 € | |
| an Nachlässe für | | |
| Rohstoffe | | 1.501,44 € |
| an Vorsteuer | | 240,23 € |
| an Bankguthaben | | 85.341,85 € |

**Bruttobuchung:**

| | | |
|---|---|---|
| Verbindlichkeiten | 87.083,52 € | |
| an Nachlässe für | | |
| Rohstoffe | | 1.741,67 € |
| an Bank | | 85.341,85 € |

Steuerkorrekturbuchung am Monatsende:

| | | |
|---|---|---|
| Nachlässe für | | |
| Rohstoffe | 240,23 € | |
| an Vorsteuer | | 240,23 € |

Analog werden sonstige Preisnachlässe – z. B. aufgrund von Mängelrügen – und Boni gebucht.

## Abschluss der Unterkonten

- Konto „Bezugskosten für Rohstoffe" über das Konto „Rohstoffe"

**Beispiel:**

| | | |
|---|---|---|
| Rohstoffe | 2.120,33 € | |
| an Bezugskosten für | | |
| Rohstoffe | | 2.120,33 € |

- Konto „Nachlässe für Rohstoffe" über das Konto „Rohstoffe"

**Beispiel:**

| | | |
|---|---|---|
| Nachlässe für | | |
| Rohstoffe | 1.501,44 € | |
| an Rohstoffe | | 1.501,44 € |

## Aktivierungspflichtige Anschaffungskosten

### Beispielrechnung

Aus den Belegen der S. 295 errechnen sich die aktivierungspflichtigen Anschaffungskosten wie folgt:

| | | |
|---|---|---|
| | Anschaffungspreis netto | 81.600,00 € |
| + | Anschaffungsnebenkosten (Frachtkosten netto) | 2.120,33 € |
| = | Zwischensumme | 83.720,33 € |
| − | Anschaffungspreisminderungen | |
| | Rabatt (8 % von 81.600,00 €) | 6.528,00 € |
| | Skonto (2 % von 75.072,00 €) | 1.501,44 € |
| = | Aktivierungspflichtige Anschaffungskosten | 75.690,89 € |

### Kontenausweis

Auf dem Konto „Rohstoffe" ergeben sich nach Abschluss der Unterkonten „Bezugskosten für Rohstoffe" und „Nachlässe für Rohstoffe" per Saldo die aktivierungspflichtigen Anschaffungskosten:

| Soll | | **Rohstoffe** | | Haben |
|---|---|---|---|---|
| Verbind-lichkeiten | 75.072,00 | Nachlässe für Rohstoffe | | 1.501,44 |
| Bezugsk. f. Rohstoffe | 2.120,33 | | | |

| Soll | | **Nachlässe für Rohstoffe** | | Haben |
|---|---|---|---|---|
| Rohstoffe | 1.501,44 | Verbind-lichkeiten | | 1.501,44 |

| Soll | | **Bezugskosten für Rohstoffe** | | Haben |
|---|---|---|---|---|
| Verbind-lichkeiten | 2.120,33 | Rohstoffe | | 2.120,33 |

vgl. Scharf, Dirk: Praxis der Buchführung, Beschaffung, Absatz und Finanzierung, Wiesbaden 1997, S. 9

**21**

3525296

## Beschaffung von Werkstoffen – *Purchasing of materials*

### Rücksendungen

- Aufgrund einer Gutschriftsanzeige wird die Minderung direkt auf dem entsprechenden Bestandskonto auf der Habenseite netto gebucht, da sich der Bestand der jeweiligen Werkstoffart mengen- und wertmäßig verringert.
- Die Vorsteuer ist zu korrigieren.
- Die Verbindlichkeiten nehmen ab.

**Beispiel:**

Aufgrund der Gutschriftsanzeige wird gebucht:

| | | |
|---|---|---|
| Verbindlichkeiten | 217,71 € | |
| an Rohstoffe | | 187,68 € |
| an Vorsteuer | | 30,03 € |

**KNABER OHG**

Knaber OHG • Dreieichweg 8 • 21029 Hamburg

OfficeCom AG
Hansestraße 120

38112 Braunschweig

Dreieichweg 8
21029 Hamburg
Tel.: 040 7342856
Fax: 040 7342858
E-Mail: knaber.aber@t-online
Internet: www.knaber-aber.de

Datum
..-03-03

**Gutschriftanzeige – Auftrags-Nr.: 123/13 vom 7. Februar ..**

Sehr geehrte Damen und Herren,

aufgrund der von Ihnen an uns gemäß telefonischer Vereinbarung vom 2. März .. zurückgesandten mangelhaften 2 Edelstahlrohre aus Auftrag 123/13 vom 7. Februar .. (Einzelpreis 102,00 € abzüglich 8 % Rabatt) im Gesamtwert von 187,68 € zuzüglich 16 % Umsatzsteuer erhalten Sie eine Gutschrift in gleicher Höhe.

Wir bitten um gleich lautende Buchung.

Mit freundlichen Grüßen

Knaber OHG

i. A. Heffemann

Bankverbindung:
Hamburger
Sparkasse,
Konto 15 264 869,
BLZ 270 100 00

Knaber OHG,
Sitz Hamburg,
Amtsgericht Hamburg,
Handelsregister
Nr. HRA 967

**USt-IDNr. DE 450 432 629**

vgl. Scharf, Dirk: Praxis der Buchführung, Beschaffung, Absatz und Finanzierung, Wiesbaden 1997, S. 10

## Verbrauch von Werkstoffen – *Using of materials*

### Werkstoffverbrauch mithilfe von Materialentnahmescheinen

- Lfd. Ermittlung des Materialverbrauchs anhand von Belegen
- Lfd. Buchung des Werkstoffverbrauchs auf den Aufwandskonten „Aufwendungen für Rohstoffe", „Aufwendungen für Hilfsstoffe", „Aufwendungen für Betriebsstoffe", „Aufwendungen für Fremdbauteile"

**Beispiel:**

Aufgrund des Materialentnahmescheins wird gebucht:

| | | |
|---|---|---|
| Rohstoffaufwendungen | 3.784,40 € | |
| an Rohstoffe | | 3.784,40 € |

**OfficeCom AG** — **Materialentnahmeschein**

| Stückzahl | Fertig.-anfang | Bereitstellung | Liefertermin | Kolonne | Auftrags-Nr. | Kostenstelle |
|---|---|---|---|---|---|---|
| 10 | 9 | 14 | 18 | 2 | 1800 703 | 24 |

| Sachbearbeiter TB | Winkler | erstellt ..-02-15 | **Benennung** | | Zeichnung-Nr. Z 96 | |
| Sachbearbeiter AV | Hiesch | erstellt ..-03-04 | Schreibtisch Modell St 34 | | Montage-Hinweis | |

| Ersatz für | | Ursprung | | Ersetzt durch | Mat. | Seite |

| Gew. | Mat. KZ | Stück-zahl | Benennung/Abmessung | Pos. Pl. V | Teile-Zchng.-Nr. DIN | Mat.-Güte DIN | Kauf-teil | Disp. E | Disp. AV |
|---|---|---|---|---|---|---|---|---|---|
| | | 40 | Edelstahlrohre | 20 | 12-200-20/22 | 9627 K | K | | |
| | | | 710 mm lang, Ø 80 mm | | | | | | |
| | | | | | | | | | |
| | | | | | | | | | |

Ausgabedatum: _____

Ausgeber: _____

Empfänger: _____

Nur für die Buchhaltung

Preis je Stück: 94,61 €

Gesamtpreis: 3.784,40 €

Vgl. Scharf, Dirk: Praxis der Buchführung, Beschaffung, Absatz und Finanzierung, Wiesbaden 1997, S. 12

21

## Verbrauch von Werkstoffen – *Using of materials*

### Werkstoffverbrauch durch Inventur

- Einmalige Ermittlung des Werkstoffverbrauchs am Ende einer Rechnungsperiode (Monat, Quartal, Jahr) auf der Grundlage der Inventur

- Berechnung:

  Anfangsbestand
  + Zugänge
  – Endbestand lt. Inventur

  = Verbrauch

**Beispiel:**

Für den Werkstoff Heizöl ergeben sich aufgrund der Inventur für das Quartal 1. April bis 30. Juni 20.. folgende Zahlen:

|   | | |
|---|---|---:|
| | Anfangsbestand | 2.000,00 € |
| + | Zugänge | 25.000,00 € |
| – | Endbestand lt. Inventur | 17.500,00 € |
| = | Verbrauch | 9.500,00 € |

Buchung:
Betriebsstoffaufwendungen 9.500,00 €
an Betriebsstoffe 9.500,00 €

### Schematische Darstellung des Kontos „Rohstoffe"

| Soll | Rohstoffe | Haben |
|---|---|---|
| • Anfangsbestand (aus der Eröffnungsbilanz) | • Verbrauch (Rohstoffaufwendungen) | |
| • Einkäufe | • Preisnachlässe, Skonti (aus dem Unterkonto „Nachlässe für Rohstoffe") | |
| • Bezugskosten (aus dem Unterkonto „Bezugskosten für Rohstoffe") | • Rücksendungen | |
| | • Endbestand (gemäß Inventur) | |

Analoge Darstellungen ergeben sich für die Konten „Hilfsstoffe", „Betriebsstoffe" und „Fremdbauteile".

### Beispiel

Aufgrund der Buchungen auf den vorangegangenen Seiten 296 bis 297 ergeben sich auf dem Konto „Rohstoffe" die folgenden Zahlen, wobei ein Anfangsbestand von 6.500,00 € angenommen wird:

| Soll | | Rohstoffe | Haben |
|---|---:|---|---:|
| EBK | 6.500,00 | Rohstoffaufwendungen | 3.784,40 |
| Verbindlichkeiten | 75.072,00 | Nachlässe für Rohstoffe | 1.501,44 |
| Bezugskosten für Rohstoffe | 2.120,33 | Verbindlichkeiten | 187,68 |

| Soll | Bezugskosten für Rohstoffe | | Haben |
|---|---:|---|---:|
| Verbindlich-keiten | 2.120,33 | Rohstoffe | 2.120,33 |

| Soll | Nachlässe für Rohstoffe | | Haben |
|---|---:|---|---:|
| Rohstoffe | 1.501,44 | Verbindlich-keiten | 1.501,44 |

| Soll | Anwendungen für Rohstoffe | Haben |
|---|---:|---|
| Rohstoffe | 3.784,40 | |

Analoge Buchungen sind auf den Konten „Hilfsstoffe", „Betriebskosten" und „Fremdbauteile" mit ihren entsprechenden Unterkonten zu finden.

21

3525298

# Verkauf von Fertigerzeugnissen – *Sale of finished goods*

## Buchungen im Überblick

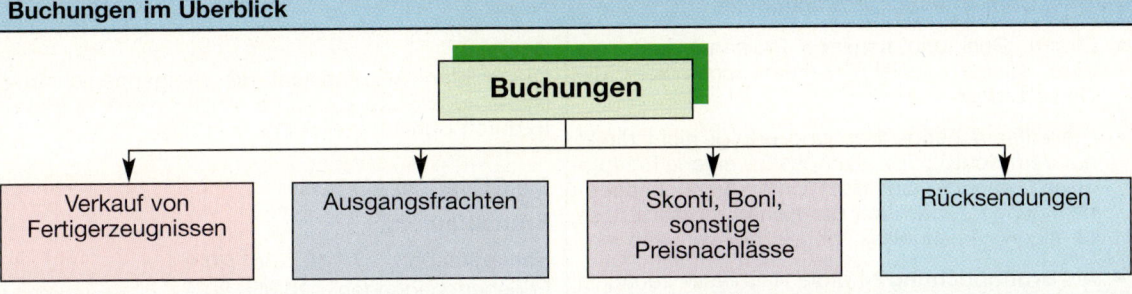

```
                        Buchungen
     ┌──────────────┬──────────────┬──────────────┐
  Verkauf von    Ausgangsfrachten  Skonti, Boni,   Rücksendungen
  Fertigerzeugnissen                sonstige
                                    Preisnachlässe
```

## Konten

Für die Buchungen werden die folgenden zusätzlichen Konten benötigt:

- Umsatzerlöse für eigene Erzeugnisse → Ertragskonto
- Frachten und Nebenkosten → Aufwandskonto
- Erlösberichtigungen → Unterkonto des Kontos „Umsatzerlöse für eigene Erzeugnisse"

## Beispiele für Verkaufsbelege

### Ausgangsrechnung für Fertigerzeugnisse

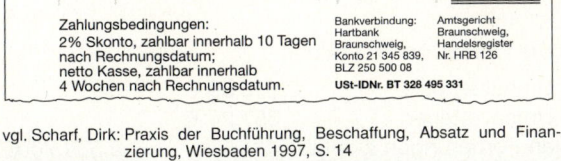

vgl. Scharf, Dirk: Praxis der Buchführung, Beschaffung, Absatz und Finanzierung, Wiesbaden 1997, S. 14

### Eingangsrechnung für Frachtkosten

vgl. Scharf, Dirk: Praxis der Buchführung, Beschaffung, Absatz und Finanzierung, Wiesbaden 1997, S. 15

## Buchungen

### Verkauf der eigenen Erzeugnisse

Sofortrabatte (z. B. Mengen-, Sonder-, Wiederverkäuferrabatte) werden in der Buchhaltung nicht erfasst, da sie im Vorhinein die Verkaufserlöse mindern.

**Beispiel:**

Die OfficeCom AG bucht den Verkauf von Schreibtischen aufgrund des o. a. Belegs.

**Buchungssatz:**

Forderungen a. LL            517.940,00 €
an Umsatzerlöse f. e. E.                    446.500,00 €
an Umsatzsteuer                             71.440,00 €

### Ausgangsfrachten

Vom Verkäufer zu tragende Transportkosten werden auf dem Aufwandskonto „Frachten und Nebenkosten" gebucht:

**Beispiel:**

Da die OfficeCom AG die Schreibtische frei Haus liefert, trägt sie die Transportkosten und bucht den o. a. Beleg.

**Buchungssatz:**

Frachten und
Nebenkosten                 4.360,00 €
Vorsteuer                     697,60 €
an Verbindlichkeiten a. LL                  5.057,60 €

21

# Verkauf von Fertigerzeugnissen – *Sale of finished goods*

## Skonti, Boni, sonstige Preisnachlässe

- Skonti, Boni und sonstige Preisnachlässe, die dem Kunden gewährt werden, schmälern die Umsatzerlöse.

- Die entsprechende Buchung erfolgt nicht direkt auf dem Konto „Umsatzerlöse für eigene Erzeugnisse", sondern auf dem Unterkonto „Erlösberichtigungen", das über das Konto „Umsatzerlöse für eigene Erzeugnisse" abgeschlossen wird.

- Als **Bruttobuchung** sind die Nachlässe zunächst mit ihrem Bruttowert (also einschließlich Umsatzsteuer) auf dem Konto „Erlösberichtigungen" zu buchen. **Später**, am Monatsende, ist die Umsatzsteuer zu korrigieren.

- Als **Nettobuchung** sind die Nachlässe mit ihrem Nettowert, also ohne Umsatzsteuer, auf dem Konto „Erlösberichtigungen" zu buchen. **Gleichzeitig** ist die Korrekturbuchung der Umsatzsteuer vorzunehmen.

**Beispiel:**

Die Telefon AG begleicht die Ausgangsrechnung (siehe auch Seite 299) unter Abzug von 2 % Skonto durch Banküberweisung.

Die OfficeCom AG bucht:

**Bruttobuchung:**

| | | |
|---|---|---|
| Bankguthaben | 507.581,20 € | |
| Erlösberichtigungen | 10.358,80 € | |
| an Forderungen aus LL | | 517.940,00 € |

Berechnung des Umsatzsteueranteils:
116 % = 10.358,80 €
16 % = x €

$$x = \frac{10.358,80\ € \cdot 16\ \%}{116\ \%} = \underline{1.428,80\ €}$$

Buchung zur Korrektur der Umsatzsteuer:

| | | |
|---|---|---|
| Umsatzsteuer | 1.428,80 € | |
| an Erlösberichtigungen | | 1.428,80 € |

**Nettobuchung:**

| | | |
|---|---|---|
| Bankguthaben | 507.581,20 € | |
| Erlösberichtigungen | 8.930,00 € | |
| Umsatzsteuer | 1.428,80 € | |
| an Forderungen aus LL | | 517.940,00 € |

## Rücksendungen

- Durch die Rücksendung verkaufter Fertigerzeugnisse, z. B. wegen mangelhafter Lieferung, verringern sich die Umsatzerlöse.

- Die Buchung erfolgt auf der Sollseite des Kontos „Umsatzerlöse" als Nettobuchung.

- Die Umsatzsteuer ist anteilig zu korrigieren.

- Die Forderungen aus Lieferungen und Leistungen verringern sich um den Bruttowert der zurückgesandten Erzeugnisse.

**Beispiel:**

Wegen gravierender Mängel sendet die Telefon AG einen Schreibtisch an die OfficeCom AG zurück und erhält dafür eine Gutschrift über 2.232,50 € zuzüglich 16 % Umsatzsteuer.

Die OfficeCom AG bucht:

| | | |
|---|---|---|
| Umsatzerlöse | 2.232,50 € | |
| Umsatzsteuer | 357,20 € | |
| an Forderungen aus LL | | 2.589,70 € |

## Schematische Darstellung des Kontos „Umsatzerlöse für eigene Erzeugnisse"

| Soll | Umsatzerlöse für eigene Erzeugnisse | Haben |
|---|---|---|
| • Rücksendungen (Nettowert) | • Verkäufe (Nettowert) | |
| • Erlösberichtigungen (aus dem Unterkonto „Erlösberichtigungen") | | |

**Beispiel:**

Aufgrund der Buchungen auf den Seiten 299 und 300 ergeben sich auf dem Konto „Umsatzerlöse für eigene Erzeugnisse" folgende Zahlen:

| Soll | Umsatzerlöse für eigene Erzeugnisse | Haben |
|---|---|---|
| Forderungen a. LL | 2.232,50 | Forderungen a. LL |
| Erlösberichtigungen | 8.930,00 | 446.500,00 |

21

3525300

# Bestandsveränderungen – *Changes in stock*

## Ausgangssituation: Produktionsmenge = Absatzmenge

Stimmen in einem Industriebetrieb Produktions- und Absatzmenge der fertigen Erzeugnisse in einer Abrechnungsperiode überein, ergibt sich der betriebliche Erfolg aus der Gegenüberstellung der Umsatzerlöse der abgesetzten (verkauften) Menge und den Herstellungsaufwendungen der gleich großen produzierten Menge der Abrechnungsperiode. Als klassische Beispiele können Produktion und Absatz von Strom bzw. Fernwärme genannt werden. Hier gibt es keine Lagerbestände unfertiger oder fertiger, aber noch nicht abgesetzter Produkte.

## Beispiel

Für Produktion und Absatz von Computertischen liegen in der Abrechnungsperiode 01 der Office Com AG die folgenden Zahlen vor:

| Produzierte Menge: | 500 Stück |
|---|---|
| Herstellungsaufwendungen gesamt: | 40.000,00 € |
| Herstellungsaufwendungen pro Stück: | 80,00 € |
| **Abgesetzte Menge:** | **500 Stück** |
| Absatzpreis pro Stück | 120,00 € |
| Umsatzerlöse: | 60.000,00 € |

| Soll | Diverse Aufwendungen | | Haben |
|---|---|---|---|
| 40.000,00 | GuV-Konto | 40.000,00 |
| 40.000,00 | | 40.000,00 |

| Soll | Umsatzerlöse | | Haben |
|---|---|---|---|
| GuV-Konto | 60.000,00 | | 60.000,00 |
| | 60.000,00 | | 60.000,00 |

| Soll | Gewinn- und Verlustkonto | | Haben |
|---|---|---|---|
| Herstellungsaufwendungen (wie z. B. Material, Löhne, Abschreibungen) | 40.000,00 | Umsatzerlöse | 60.000,00 |
| Eigenkapital (Gewinn) | 20.000,00 | | |
| | 60.000,00 | | 60.000,00 |

## Folgesituation 1: Produktionsmenge > Absatzmenge: Bestandsmehrungen

- Ist die Produktionsmenge einer Abrechnungsperiode größer als die Absatzmenge, erhöht der nicht verkaufte Teil den Lagerbestand an fertigen Erzeugnissen.

- Dadurch stimmt die Produktionsmenge, die den in der laufenden Abrechnungsperiode gebuchten Herstellungsaufwendungen zugrunde liegt, nicht mit der abgesetzten Menge der Umsatzerlöse überein.

- Um den betrieblichen Erfolg zu ermitteln, müssen die Herstellungsaufwendungen und die Umsatzerlöse auf dieselbe Menge bezogen werden.

- Dafür werden entweder die Herstellungsaufwendungen – bei gleichen Umsatzerlösen – um den Herstellungswert des Mehrbestandes gekürzt **(Umsatzkostenverfahren)**

- oder die Umsatzerlöse werden – bei gleichen Herstellungsaufwendungen – um den Herstellungswert des Mehrbestandes erhöht **(Gesamtkostenverfahren).**

- Der Mehrbestand wird nicht direkt auf dem Gewinn- und Verlustkonto erfasst, sondern auf dem Zwischenkonto **„Bestandsveränderungen an fertigen Erzeugnissen"**, das den Charakter eines Erfolgskontos hat: Mit seiner Hilfe wird der Erfolg korrigiert (richtig ermittelt).[1]

## Beispiel

Für Produktion und Absatz der Computertische weist die OfficeCom AG in der Abrechnungsperiode 02 folgende Zahlen aus:

| Produzierte Menge: | 500 Stück |
|---|---|
| Herstellungsaufwendungen gesamt: | 40.000,00 € |
| Herstellungsaufwendungen pro Stück: | 80,00 € |
| **Abgesetzte Menge:** | **400 Stück** |
| Absatzpreis pro Stück: | 120,00 € |
| Umsatzerlöse: | 48.000,00 € |

## Erfolgsermittlung (Gesamtkostenverfahren)

| | | | |
|---|---|---|---|
| Umsatzerlöse | 400 St. · 120,00 € | = | 48.000,00 € |
| + Wert des Mehrbestandes | 100 St. · 80,00 € | = | 8.000,00 € |
| = Gesamtleistung | 500 St. | = | 56.000,00 € |
| − Herstellungsaufwendungen | 500 St. · 80,00 € | = | 40.000,00 € |
| = Gewinn | | | 16.000,00 € |

21

---

[1] Die Bestandsveränderungen unfertiger Erzeugnisse werden in gleicher Weise buchhalterisch behandelt; als Zwischenkonto fungiert das Konto „Bestandsveränderungen an unfertigen Erzeugnissen".

# Bestandsveränderungen – *Changes in stock*

## Buchungssätze

**1. Abschluss der Aufwandskonten:**
GuV-Konto 40.000,00 €
an Diverse Aufwendungen 40.000,00 €

**2. Abschluss des Kontos „Umsatzerlöse":**
Umsatzerlöse 48.000,00 €
an GuV-Konto 48.000,00 €

**3. Buchung der Bestandsmehrung:**
Fertige Erzeugnisse 8.000,00 €
an Bestandsveränderung
fertiger Erzeugnisse 8.000,00 €

**4. Abschluss des Kontos „Fertige Erzeugnisse"**
Schlussbilanzkonto 8.000,00 €
an Fertige Erzeugnisse 8.000,00 €

**5. Abschluss des Kontos „Bestands-
veränderungen fertiger Erzeugnisse":**
Bestandsveränderungen
fertiger Erzeugnisse 8.000,00 €
an GuV-Konto 8.000,00 €

## Darstellung der Konten

| Soll | Diverse Aufwendungen | | Haben |
|---|---|---|---|
| | 40.000 | 1. GuV-Konto | 40.000 |

| Soll | GuV-Konto | | Haben |
|---|---|---|---|
| 1. Diverse Auf-wendungen | 40.000 | 2. Umsatzerlöse | 48.000 |
| **EK (Gewinn)** | **16.000** | 5. Bestands-veränderungen | 8.000 |
| | 56.000 | | 56.000 |

| Soll | Umsatzerlöse | | Haben |
|---|---|---|---|
| 2. GuV-Konto | 48.000 | | 48.000 |

| Soll | Fertige Erzeugnisse | | Haben |
|---|---|---|---|
| 3. Bestands-veränderungen | 8.000 | 4. SBK | 8.000 |

| Soll | Bestandsveränderungen fertiger Erzeugnisse | | Haben |
|---|---|---|---|
| 5. GuV-Konto | 8.000 | 4. Fertige Erzeugnisse | 8.000 |

| Soll | Schlussbilanzkonto | | Haben |
|---|---|---|---|
| 4. Fertige Erzeugnisse | 8.000 | | |

## Schematische Darstellung des Gewinn- und Verlustkontos

| Soll | Gewinn- und Verlustkonto | Haben |
|---|---|---|
| Aufwendungen für die hergestellten fertigen und unfertigen Erzeugnisse der Abrechnungsperiode | Umsatzerlöse der verkauften fertigen Erzeugnisse der Abrechnungsperiode: **Absatzleistung** |  |
|  | + Bestandsmehrungen an unfertigen und fertigen Erzeugnissen (= Aufwendungen für die in dieser Abrechnungsperiode hergestellten, aber noch nicht verkauften unfertigen und fertigen Erzeugnisse): **Lagerleistung** |  |

## Folgesituation 2: Produktionsmenge < Absatzmenge: Bestandsminderung

**21**

Übersteigt die Absatzmenge der Abrechnungsperiode die Produktionsmenge, muss auf die in der/den Vorperiode/n gebildeten Lagerbestände zurückgegriffen werden.

Der betriebliche Erfolg ergibt sich nach dem Gesamtkostenverfahren dadurch, dass von den Umsatzerlösen die Herstellungsaufwendungen der Abrechnungsperiode sowie der Herstellungswert der vom Lager genommenen Mengeneinheiten abgezogen werden.

3525302

# Bestandsveränderungen – *Changes in stock*

## Beispiel

Wird das Beispiel der OfficeCom AG der vorangegangenen Seite fortgeführt, ergeben sich für die Abrechnungsperiode 03 folgende Daten:

| | |
|---|---:|
| **Produzierte Menge:** | **500 Stück** |
| Herstellungsaufwendungen gesamt: | 40.000,00 € |
| Herstellungsaufwendungen pro Stück: | 80,00 € |
| **Abgesetzte Menge:** | **560 Stück** |
| Absatzpreis pro Stück: | 120,00 € |
| Umsatzerlöse | 67.200,00 € |

## Erfolgsermittlung (Gesamtkostenverfahren)

| | | |
|---|---|---:|
| Umsatzerlöse | 560 St. · 120,00 € = | 67.200,00 € |
| – Herstellungsaufwendungen | 500 St. · 80,00 € = | 40.000,00 € |
| – Wert des Minderbestandes | 60 St. · 80,00 € = | 4.800,00 € |
| = Gewinn | | 22.400,00 € |

## Buchungssätze

**1. Abschluss der Aufwandskonten:**
GuV-Konto          40.000,00 €
an Diverse Aufwendungen          40.000,00 €

**2. Abschluss des Kontos „Umsatzerlöse":**
Umsatzerlöse          67.200,00 €
an GuV-Konto          67.200,00 €

**3. Buchung der Bestandsminderung:**
Bestandsveränderungen
fertiger Erzeugnisse   4.800,00 €
an Fertige Erzeugnisse          4.800,00 €

**4. Abschluss des Kontos „Fertige Erzeugnisse":**
Schlussbilanzkonto   3.200,00 €
an Fertige Erzeugnisse          3.200,00 €

**5. Abschluss des Kontos „Bestandsveränderungen fertiger Erzeugnisse":**
GuV-Konto          4.800,00 €
an Bestandsveränderungen
fertiger Erzeugnisse          4.800,00 €

## Darstellung der Konten

| Soll | **Diverse Aufwendungen** | | Haben |
|---|---|---|---:|
| | 40.000 | 1. GuV-Konto | 40.000 |

| Soll | **Umsatzerlöse** | | Haben |
|---|---|---|---:|
| 2. GuV-Konto | 67.200 | | 67.200 |

| Soll | **Bestandsveränderungen fertiger Erzeugnisse** | | Haben |
|---|---|---|---:|
| 3. Fertige Erzeugnisse | 4.800 | 5. GuV-Konto | 4.800 |

| Soll | **Fertige Erzeugnisse** | | Haben |
|---|---|---|---:|
| EBK | 8.000 | 3. Bestandsveränderungen | 4.800 |
| | | 4. SBK | 3.200 |
| | 8.000 | | 8.000 |

| Soll | **GuV-Konto** | | Haben |
|---|---|---|---:|
| 1. Diverse Aufwendungen | 40.000 | 2. Umsatzerlöse | 67.200 |
| 5. Bestandsveränderungen | 4.800 | | |
| **EK (Gewinn)** | **22.400** | | |
| | 67.200 | | 67.200 |

| Soll | **Schlussbilanzkonto** | | Haben |
|---|---|---|---:|
| 4. Fertige Erzeugnisse | 3.200 | | |

## Schematische Darstellung des Gewinn- und Verlustkontos

| Soll | **Gewinn- und Verlustkonto** | Haben |
|---|---|---|
| Aufwendungen für die hergestellten fertigen und unfertigen Erzeugnisse der Abrechnungsperiode | | Umsatzerlöse der verkauften fertigen Erzeugnisse der Abrechnungsperiode: Absatzleistung |
| + Bestandsminderungen an unfertigen und fertigen Erzeugnissen (= Aufwendungen für die in vergangenen Abrechnungsperioden hergestellten und in dieser Abrechnungsperiode fertig gestellten unfertigen und verkauften fertigen Erzeugnisse | | |

# Beschaffung und Verkauf von Handelswaren – *Purchasing and sales of goods*

## Begriff Handelswaren

1. Produkte, die ein Unternehmen beschafft und ohne Be- oder Verarbeitung weiterverkauft
2. Abrundung des Verkaufssortiments

**Beispiel:**

Die OfficeCom AG führt neben den Produkten der eigenen Fertigung (Schreibtische, Aktenschränke usw.) u. a. noch die Handelswaren Telefonapparate und Faxgeräte in ihrem Absatzprogramm.

## Konten

- Bestandskonto „**Handelswaren**"
  - → für die Beschaffung
  - → Abschluss über „SBK"

- Ertragskonto „**Umsatzerlöse für Handelswaren**"
  - → für den Verkauf
  - → Abschluss über „GuV-Konto"

- Aufwandskonto „**Aufwendungen für Handelswaren**"
  - → für den Wareneinsatz
  - → Abschluss über „GuV-Konto"

## Beispiel

Am Anfang des Jahres 20.. betrug der Wert des Bestandes an Handelswaren der OfficeCom AG 85.000,00 €. Im Laufe des Jahres 20.. kaufte die OfficeCom AG Handelswaren für 800.000,00 € zuzüglich 16 % USt auf Ziel.

Andererseits betrugen die Verkäufe dieser Handelswaren in 20.. (ebenfalls auf Ziel) 1.300.000,00 € zuzüglich 16 % USt.

Der Endbestand der Handelswaren per 31.12.20.. hatte gemäß Inventur einen Wert in Höhe von 56.000,00 €.

(Die Buchungen der Einkäufe und Verkäufe sind in diesem Beispiel summarisch vorzunehmen; der Wareneinsatz ist aufgrund der Inventur zu buchen.)

## Buchungen

**1. Einkäufe auf Ziel**

| | | |
|---|---:|---:|
| Handelswaren | 800.000,00 € | |
| Vorsteuer | 128.000,00 € | |
| an Verbindlichkeiten | | 928.000,00 € |

**2. Verkäufe auf Ziel**

| | | |
|---|---:|---:|
| Forderungen a. LL | 1.508.000,00 € | |
| an Umsatzerlöse für Handelswaren | | 1.300.000,00 € |
| an Umsatzsteuer | | 208.000,00 € |

**3. Wareneinsatz (Umsatz zu Einstandspreisen)**

| | |
|---|---:|
| Anfangsbestand | 85.000,00 € |
| + Einkäufe | 800.000,00 € |
| – Endbestand lt. Inventur | 56.000,00 € |
| = Wareneinsatz | 829.000,00 € |

| | | |
|---|---:|---:|
| Aufwendungen für Handelswaren | 829.000,00 € | |
| an Handelswaren | | 829.000,00 € |

## Begriff Warenrohgewinn

- Umsatzerlöse aus Handelswaren
- – Aufwendungen für Handelswaren

  = Warenrohgewinn

- Der Warenrohgewinn ergibt sich aus der Gegenüberstellung von Umsatzerlösen aus Handelswaren und Aufwendungen für Handelswaren im Gewinn- und Verlustkonto.

**Beispiel:**

Die OfficeCom AG erzielte im Jahr 20.. folgenden Warenrohgewinn:

| | |
|---|---:|
| Umsatzerlöse aus Handelswaren | 1.300.000,00 € |
| – Aufwendungen für Handelswaren | 829.000,00 € |
| = Warenrohgewinn | 471.000,00 € |

## Sonstige Buchungen

Analog zu den Buchungen beim Einkauf von Werkstoffen sind beim Einkauf von Handelswaren auf entsprechenden Konten zu buchen:
- Bezugskosten
- Rücksendungen
- Preisnachlässe, Boni, Skonti
  (Siehe S. 295 ff.)

Analog zu den Buchungen beim Verkauf von Fertigerzeugnissen sind beim Verkauf von Handelswaren auf entsprechenden Konten zu buchen:
- Transportkosten
- Rücksendungen
- Preisnachlässe, Boni, Skonti
  (Siehe S. 299 ff.)

21

# Kalkulation – *Calculation*

## Bezugspreiskalkulation

### Kalkulationsschema

Gilt für den Einkauf von Roh-, Hilfs- und Betriebsstoffen, Fremdbauteilen und Handelswaren

|   | Listeneinkaufspreis |
|---|---|
| – | Liefererrabatt (v. H.)* |
| = | Zieleinkaufspreis |
| – | Liefererskonto (v. H.)* |
| + | Einkaufskosten |
| = | Bareinkaufspreis |
| + | Bezugskosten |
| = | Einstandspreis (Bezugspreis) |

**Einkaufskosten** sind zum Beispiel:
– Provision für Kommissionär
– Maklergebühren
– sonstige kleine Kosten

**Bezugskosten** sind zum Beispiel:
– Fracht, Hausfracht (Rollgeld)
– Kosten für Wiegen, Verladen, Verpackung
– Zoll
– Transportversicherung

### Beispiel

Die OfficeCom AG handelt u. a. mit Faxgeräten, z. B. Typ FA 456. Die InterTEL AG in Hamburg liefert diese Faxgeräte zu folgenden Konditionen: Listenverkaufspreis netto: 135,00 €; bei Abnahme von 200 St. und mehr: 10 % Rabatt; Zahlungsbedingungen: 10 Tage mit 3 % Skonto, vier Wochen ohne Abzug; Fracht- und Verpackungskosten für 200 St.: 220,00 €. Die OfficeCom AG, die grundsätzlich Skonto abzieht, kauft 250 Faxgeräte. Der Einstandspreis errechnet sich wie folgt:

|   | | | |
|---|---|---|---|
|   | Listeneinkaufspreis | 135,00 € | 100 % |
| – | Liefererrabatt (v. H.)* | 13,50 € | – 10 % |
| = | Zieleinkaufspreis | 121,50 € | = 90 % → 100 % |
| – | Liefererskonto (v. H.)* | 3,65 € | – 3 % |
| + | Einkaufskosten | – | = 97 % |
| = | Bareinkaufspreis | 117,85 € | |
| + | Bezugskosten | 1,10 € | |
| = | Einstandspreis (Bezugspreis) | 118,95 € | |

**Prozentrechnung/Dreisatz**

Liefererrabatt:

$$100 \% = 135,00 €$$
$$10 \% = x €$$

$$x = \frac{135,00 € \cdot 10 \%}{100 \%}$$

$$x = 13,50 €$$

Liefererskonto:

$$100 \% = 121,50 €$$
$$3 \% = x €$$

$$x = \frac{121,50 € \cdot 3 \%}{100 \%}$$

$$x = 3,65 €$$

## Absatzpreiskalkulation für Handelswaren

### Kalkulationsschema

|   | Einstandspreis (Bezugspreis) |
|---|---|
| + | Handlungskosten (v. H.) |
| = | Selbstkostenpreis |
| + | Gewinn (v. H.) |
| = | Barverkaufspreis |
| + | Kundenskonto (i. H.)* |
| = | Zielverkaufspreis |
| + | Kundenrabatt (i. H.) |
| = | Listenverkaufspreis (netto) |

\* v. H.: vom Hundert (Grundwert)
  i. H.: im Hundert (verminderter Grundwert)

**Handlungskosten** sind Kosten, die durch Lagerung und Verkauf der Handelswaren entstehen, wie zum Beispiel:
– Löhne, Gehälter des Lagerpersonals
– Abschreibungen auf das Lagergebäude und die Lagereinrichtung
– Transport- und Verpackungskosten
– anteilige Verwaltungskosten
– Zinsen für das in den Handelswaren gebundene Kapital

**Gewinn** ist ein Entgelt für
– in das Unternehmen eingebrachte Eigenkapital (Eigenkapitalverzinsung)
– die Arbeit des Unternehmers (Unternehmerlohn)
– das Risiko der Kapitalanlage im eigenen Unternehmen (Risikoprämie)

**21**

# Kalkulation – *Calculation*

## Zuschlagssätze

| Handlungskostenzuschlagssatz (HKZ) | Gewinnzuschlagssatz (GZ) |
|---|---|
| $$HKZ = \frac{\text{Handlungskosten der vergangenen Periode}}{\text{Wareneinsatz der vergangenen Periode}} \cdot 100$$ | Jeder Unternehmer entwickelt eigene Vorstellungen über die Höhe der drei Gewinnkomponenten (siehe auch S. 305) unter Berücksichtigung der Durchsetzbarkeit am Markt. |
| Die Handlungskosten werden mithilfe des HKZ dem Einstandspreis hinzugerechnet, wobei der Einstandspreis 100 % beträgt. | Der Gewinn wird mithilfe des GZ dem Selbstkostenpreis hinzugerechnet, wobei der Selbstkostenpreis 100 % beträgt. |

| Kundenskonto | Kundenrabatt |
|---|---|
| $$\text{Skontobetrag in €} = \frac{\text{Barverkaufspreis in € · Skontosatz in \%}}{(100\,\% - \text{Skontosatz in \%})}$$ | $$\text{Rabattbetrag in €} = \frac{\text{Zielverkaufspreis in € · Rabattsatz in \%}}{(100\,\% - \text{Rabattsatz in \%})}$$ |

## Beispiel

Um den Listenverkaufspreis für ein Faxgerät, z. B. Typ FA 456, auf der Grundlage eines Einstandspreises von 118,95 € (siehe auch S. 305) zu berechnen, kalkuliert die OfficeCom AG mit 18 % Handlungskosten, 8 % Gewinn, 3 % Kundenskonto und 10 % Kundenrabatt:

|   | | | |
|---|---|---|---|
|   | Einstandspreis | 118,95 € | | 100 % |
| + | Handlungskosten | 21,41 € | (v. H.) | + 18 % |
| = | Selbstkostenpreis | 140,36 € | | = 118 % → 100 % |
| + | Gewinn | 11,23 € | (v. H.) | + 8 % |
| = | Barverkaufspreis | 151,59 € | | = 108 % → 97 % |
| + | Kundenskonto | 4,69 € | (v. H.) | + 3 % |
| = | Zielverkaufspreis | 156,28 € | | = 100 % → 90 % |
| + | Kundenrabatt | 17,36 € | (v. H.) | + 10 % |
| = | Listenverkaufspreis | 173,64 € | | = 100 % |

### Prozentrechnung/Dreisatz

| Handlungskosten: | Gewinn: | Kundenskonto: | Kundenrabatt: |
|---|---|---|---|
| 100 % = 118,95 € | 100 % = 140,36 € | 97 % = 151,59 € | 90 % = 156,28 € |
| 18 % = x € | 8 % = x € | 3 % = x € | 10 % = x € |
| $$x = \frac{118,95\,€ \cdot 18\,\%}{100\,\%}$$ | $$x = \frac{140,36\,€ \cdot 8\,\%}{100\,\%}$$ | $$x = \frac{151,59\,€ \cdot 3\,\%}{97\,\%}$$ | $$x = \frac{156,28\,€ \cdot 10\,\%}{90\,\%}$$ |
| x = 21,41 € | x = 11,23 € | x = 4,69 € | x = 17,36 € |

## Kalkulationszuschlagssatz

- Die Kalkulation des Listenverkaufspreises kann vereinfacht werden, wenn die Prozentsätze für die Handlungskosten, den Gewinn, den Kundenskonto und den Kundenrabatt bekannt sind.

- Die Vereinfachung besteht darin, dass diese vier Prozentsätze zu einer Größe, dem **Kalkulationszuschlagssatz,** zusammengefasst werden.
- Die Zusammenfassung ergibt sich nicht aus der Addition der einzelnen Prozentsätze, sondern aus dem Kalkulationsschema.

**Der Listenverkaufspreis wird dann folgendermaßen kalkuliert:**

**Listenverkaufspreis = Einstandspreis · (1 + Kalkulationszuschlagssatz)**

21

3525306

# Kalkulation – *Calculation*

## *Bedingung:* Prozentsätze sind bekannt

Sind nur die Prozentsätze für Handlungskosten, Gewinn, Kundenskonto und Kundenrabatt bekannt, wird der Einstandspreis gleich 100 Geldeinheiten (GE) gesetzt und der Listenverkaufspreis mithilfe des Kalkulationsschemas errechnet.

**Kalkulationszuschlagssatz = Listenverkaufspreis – Einstandspreis**

**Beispiel:**

Es gelten die Prozentsätze aus dem Beispiel auf S. 306:

| | | | |
|---|---|---|---|
| Einstandspreis | 100,00 GE | | 100 % |
| + Handlungskosten | 18,00 GE (v. H.) | | + 18 % |
| = Selbstkostenpreis | 118,00 GE | | = 118 % → |

| 100 % |
|---|
| + 8 % |
| = 108 % → |

| 97 % |
|---|
| + 3 % |
| = 100 % → |

| 90 % |
|---|
| + 10 % |
| = 100 % |

| | |
|---|---|
| + Gewinn | 9,44 GE (v. H.) |
| = Barverkaufspreis | 127,44 GE |
| + Kundenskonto | 3,94 GE (v. H.) |
| = Zielverkaufspreis | 131,38 GE |
| + Kundenrabatt | 14,60 GE (v. H.) |
| = Listenverkaufspreis | 145,98 GE |

Kalkulationszuschlagssatz = 145,98 GE – 100,00 GE = 45,98 GE = 45,98 %.

## *Bedingung:* Einkaufspreis und Listenverkaufspreis sind bekannt

Auf der Grundlage des bekannten Einstandspreises wird der Listenverkaufspreis mithilfe der ebenfalls bekannten Prozentsätze – wie auf S. 306 dargestellt – kalkuliert. Der Kalkulationszuschlagssatz errechnet sich dann wie folgt:

$$\text{Kalkulationszuschlagssatz} = \frac{(\text{Listenverkaufspreis} - \text{Einstandspreis}) \cdot 100}{\text{Einstandspreis}}$$

**Beispiel:**

Der Einstandspreis für das Faxgerät FA 456 beträgt 118,95 €. Werden 18 % Handlungskosten, 8 % Gewinn, 3 % Kundenskonto und 19 % Kundenrabatt berücksichtigt, ergibt sich ein Listenverkaufspreis von 173,64 € (siehe Berechnung S. 306).

$$\text{Kalkulationszuschlagssatz} = \frac{(173{,}64 \text{ €} - 118{,}95 \text{ €}) \cdot 100}{118{,}95 \text{ €}} = 45{,}98 \text{ %}$$

## Kalkulationsfaktor

- Der Kalkulationsfaktor dient ebenfalls der Vereinfachung der Kalkulation.
- Er ist eine Zahl, die, multipliziert mit dem Einstandspreis, den Listenverkaufspreis ergibt.

$$\text{Kalkulationsfaktor} = \frac{\text{Listenverkaufspreis}}{\text{Einstandspreis}}$$

**Beispiel:**

Einstandspreis für das Faxgerät FA 456: 118,95 €
Listenverkaufspreis: 173,64 €

$$\text{Kalkulationsfaktor} = \frac{173{,}64 \text{ €}}{118{,}95 \text{ €}} = 1{,}4598$$

Handelt die OfficeCom AG auch mit Telefonapparaten, für die der Einstandspreis 85,00 € beträgt und gelten die gleichen Zuschlagssätze wie für ein Faxgerät, z. B. FA 456, ergibt sich der Listenverkaufspreis für den Telefonapparat wie folgt:

Listenverkaufspreis = 85,00 € · 1,4598 = 124,08 €

**21**

# Kalkulation – *Calculation*

## Handelsspanne

- Wird der Listenverkaufspreis durch den Markt bestimmt (konkurrenzorientierter Preis), möchte der Unternehmer wissen, ob er die ihm von den Lieferern angebotenen Einstandspreise – unter Berücksichtigung seiner Vorstellungen über die eigenen Handlungskosten-, Gewinn-, Skonto- und Rabatt-Zuschlagssätze – bezahlen kann.

- Zur schnellen Überprüfung zieht er vom vorgegebenen Verkaufs- oder Marktpreis einen bestimmten Prozentsatz ab und gelangt so zu einem Einstandspreis, den er gerade noch bereit ist zu bezahlen. Dieser Prozentsatz, bezogen auf den Verkaufspreis, wird **Handelsspanne** genannt.

- Bei gegebenen Zuschlagssätzen errechnet sich die Handelsspanne, indem vom Verkaufspreis aus rückwärts zum Einstandspreis kalkuliert wird, wobei der Listenverkaufspreis 100,00 GE gesetzt wird.

> **Handelsspanne = Listenverkaufspreis – Einstandspreis**

**Beispiel:**

Die OfficeCom AG kalkuliert mit (siehe S. 306)

- Handlungskosten: 18 %
- Gewinn: 8 %
- Kundenskonto: 3 %
- Kundenrabatt: 5 %

|   | | | |
|---|---|---|---|
| | Listenverkaufspreis | 100,00 GE | 100 % |
| – | Kundenrabatt | 10,00 GE (v. H.) | – 10 % |
| = | Zielverkaufspreis | 90,00 GE | = 90 % → 100 % |
| – | Kundenskonto | 2,70 GE (v. H.) | – 3 % |
| = | Barverkaufspreis | 87,30 GE | = 97 % → 108 % |
| – | Gewinn | 6,47 GE (a. H.)* | – 8 % |
| = | Selbstkostenpreis | 80,83 GE | = 100 % → 118 % |
| – | Handlungskosten | 12,33 GE (a. H.)* | – 18 % |
| = | Einstandspreis | 68,50 GE | = 100 % |

\* a. H.: auf Hundert (vermehrter Grundwert)

|   | | |
|---|---|---|
| | Listenverkaufspreis | 100,00 GE |
| – | Einstandspreis | 68,50 GE |
| = | Handelsspanne | 31,50 GE |

Die Handelsspanne beträgt 31,50 %, da der Listenverkaufspreis 100,00 GE gesetzt wurde.

**Beispiel:**

Handelt die OfficeCom AG mit Telefonapparaten, für die auf dem Absatzmarkt ein Preis von maximal 115,00 € zu erzielen ist, darf der Einstandspreis bei einer Handelsspanne von 31,50 % höchstens 79,92 € betragen:

Maximaler Einstandspreis =
115,00 € – (115,00 € · 31,50 %) = 78,78 €

## Zuschlagskalkulation von unfertigen und fertigen Erzeugnissen

### Kalkulationsschema

|   | | |
|---|---|---|
| | Materialeinzelkosten | |
| + | Materialgemeinkosten | |
| = | | Materialkosten (I) |
| | Fertigungseinzelkosten | |
| + | Fertigungsgemeinkosten | |
| = | | Fertigungskosten (II) |
| = | | Herstellkosten (I + II) |
| + | | Verwaltungsgemeinkosten |
| + | | Vertriebsgemeinkosten |
| = | | Selbstkosten |

(Siehe hierzu im Einzelnen S. 359).

**21**

# Zahlungsverkehr/Finanzwirtschaft – *Payments/financial management*

## Skonto

### Begriff und Bedeutung

- Preisnachlass für vorzeitige Zahlung innerhalb einer bestimmten Frist
- Vom Lieferer gewährter Skonto mindert die Anschaffungskosten.*
- Dem Kunden gewährter Skonto schmälert die Erlöse.*

  * Zu den entsprechenden Buchungen siehe Seiten 296 und 300.

- Die Gewährung eines Zahlungsziels entspricht der Bewilligung eines Kredites. Daher ist der Skonto, der im Zuge der Kalkulation bereits in den Verkaufspreis eingerechnet wurde (siehe S. 305 ff.), nichts anderes als Zinsen für den kostenpflichtigen Zeitraum des Zahlungsziels.

### Effektivzinssatz

Der Lieferantenkredit ist ein i. d. R. sehr teurer Kredit.

**Beispiel:**

Die Zahlungsbedingung der Knaber OHG (siehe Beleg S. 295) lautet:

Zahlbar innerhalb 14 Tagen nach Lieferung mit 2 % Skonto
Zahlbar innerhalb 6 Wochen nach Lieferung netto Kasse

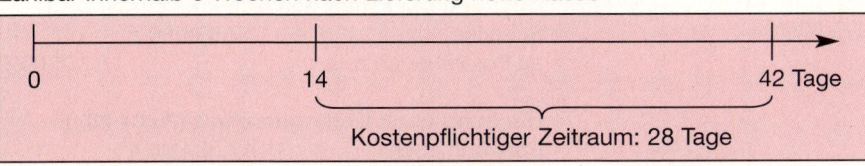

Der in den Verkaufspreis eingerechnete Zinssatz (Skonto) gilt für 28 Tage; das entspricht einem Jahreszinssatz (**Effektivzinssatz**) von 25,71 %.

28 Tage = 2 %
360 Tage = x %

$$x = \frac{2\ \% \cdot 360\ \text{Tage}}{28\ \text{Tage}} = \underline{\underline{25,71\ \%}}$$

### Finanzierungserfolg

Möchte der Käufer einer Ware den ihm vom Lieferer gewährten Skonto abziehen, verfügt aber zu diesem Zeitpunkt nicht über die entsprechenden Geldmittel, stellt sich ihm die Frage, ob er für diesen Zweck bei seiner Hausbank einen Kredit aufnehmen soll, für den Zinsen zu zahlen sind.

Die **Kreditaufnahme lohnt,** wenn

| **Abzugsbetrag für Skonto (Ertrag) > zu zahlende Kreditzinsen (Aufwand)** |
|---|

oder

| **Effektivzinssatz (des Skonto) > Kreditzinssatz der Bank** |
|---|

**Beispiel:**
- Der Rechnungsbetrag der Knaber OHG (siehe Beleg S. 295) lautet auf 87.083,00 €
- Zahlungsbedingungen: Zahlbar innerhalb 14 Tagen nach Lieferung mit 2 % Skonto
  Zahlbar innerhalb 6 Wochen nach Lieferung netto Kasse
- Zinssatz der Bank für einen Kontokorrentkredit: 15 % p. a.

Skontobetrag: 2 % von 87.083,00 € = $\underline{1.741,66\ €}$

Überweisungsbetrag = Kreditbetrag: 87.083,00 € – 1.741,66 € = $\underline{85.341,34\ €}$

Kreditzinsen für 28 Tage: $Z = \dfrac{85.341,34\ € \cdot 15 \cdot 28\ \text{Tage}}{100 \cdot 360\ \text{Tage}} = \underline{995,65\ €}$

Finanzierungserfolg (Gewinn) = 1.741,66 € – 995,65 € = $\underline{764,01\ €}$

21

## Schecks

### Eigene Schecks

- Sie dienen dem Unternehmen zum Ausgleich von z. B. Liefererrechnungen (Eingangsrechnungen).
- Sie werden erst gebucht, wenn die eigene Hausbank das Konto des Unternehmens belastet.
- Buchungsbeleg ist der Kontoauszug.

**Beispiel:**
Die OfficeCom AG begleicht die Rechnung eines Lieferers über 5.645,00 € mit einem Verrechnungsscheck.

**Buchungssatz:**

| | |
|---|---|
| Verbindlichkeiten a. LL | 5.645,00 € |
| an Bankguthaben | 5.645,00 € |

### Fremde Schecks

- Unternehmen erhalten z. B. von Kunden Schecks zum Ausgleich von Ausgangsrechnungen.
- Sie werden in größeren Unternehmen häufig zum Zeitpunkt des Eingangs zunächst auf dem **aktiven Bestandskonto „Schecks"** erfasst.
- Bei Gutschrift des Betrages auf dem Bankkonto erfolgt die Umbuchung vom Konto „Schecks" auf das Konto „Bankguthaben".

**Beispiel:**
Die OfficeCom AG erhält zum Ausgleich einer Rechnung am 19. April 20.. von einem Kunden einen Verrechnungsscheck über 17.834,00 €, der am 25. April 20.. gutgeschrieben wird.

**Buchung bei Erhalt des Schecks (19.04.20..):**

| | |
|---|---|
| Schecks | 17.834,00 € |
| an Forderungen a. LL | 17.834,00 € |

**Buchung nach Kontogutschrift (25.04.20..):**

| | |
|---|---|
| Bankguthaben | 17.834,00 € |
| an Schecks | 17.834,00 € |

## Wechsel

Der Wechsel ist eine Urkunde, in der der Lieferer den Käufer auffordert, an einem bestimmten Ort (Zahlungsort) zu einem bestimmten Termin (Verfalltag) an eine bestimmte Person (z. B. Aussteller) einen bestimmten Geldbetrag (Wechselsumme) zu zahlen (siehe auch S. 98).

**Beispiel:**
Die OfficeCom AG verkauft am 16. April 20.. gegen Wechsel 50 Faxgeräte Modell FA 429 zum Preis von 258,60 € pro Stück zuzüglich 16 % USt an den Einzelhändler FISCHER-ELEKTRONIK e. K. in Hannover. Der Rechnung ist der gezogene Wechsel (siehe Abbildungen) mit einer Laufzeit von 91 Tagen beigefügt, den FISCHER-ELEKTRONIK e. K. unterschrieben an die OfficeCom AG zurücksendet.

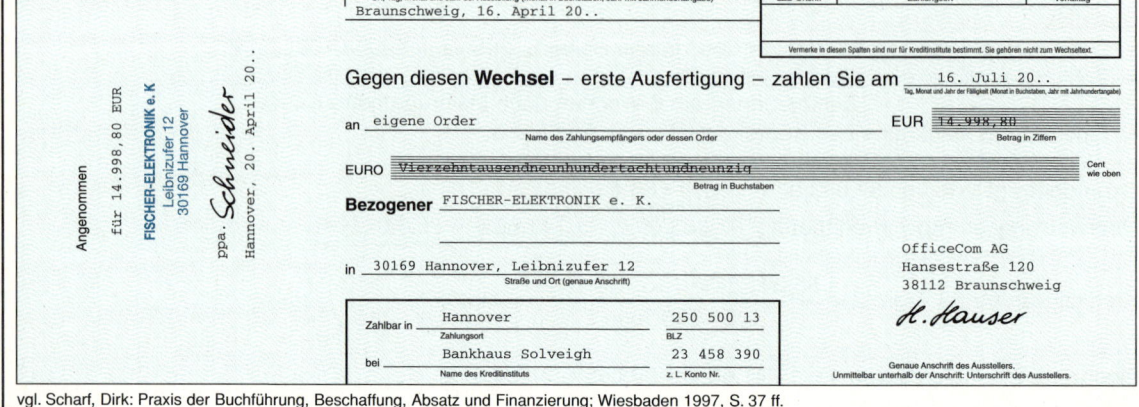

vgl. Scharf, Dirk: Praxis der Buchführung, Beschaffung, Absatz und Finanzierung; Wiesbaden 1997, S. 37 ff.

# Zahlungsverkehr/Finanzwirtschaft – *Payments/financial management*

## Buchung des akzeptierten Wechsels

- Der Lieferer (OfficeCom AG) erlangt durch den Verkauf von Gütern gegen Wechsel (Akzept) eine **Wechselforderung,** die auf dem **aktiven Bestandskonto „Besitzwechsel"** zu buchen ist.

- Für den Käufer (FISCHER-ELEKTRONIK e. K.) entsteht eine **Wechselschuld,** die auf dem **passiven Bestandskonto „Schuldwechsel"** gebucht wird.

### Beispiel:

Auf der Grundlage der beiden Belege der OfficeCom AG (siehe Ausgangsrechnung und Akzept auf S. 310) buchen die OfficeCom AG und FISCHER-ELEKTRONIK e. K.:

**Buchungssatz** des Lieferers (OfficeCom AG):

| | | |
|---|---|---|
| Besitzwechsel | 14.998,80 € | |
| an Umsatzerlöse aus Handelswaren | | 12.930,00 € |
| an Umsatzsteuer | | 2.068,80 € |

**Buchungssatz** des Käufers (FISCHER-ELEKTRONIK e. K.):

| | | |
|---|---|---|
| Waren | 12.930,00 € | |
| Vorsteuer | 2.068,80 € | |
| an Schuldwechsel | | 14.998,80 € |

## Diskont

### Begriff

- Die Einräumung eines Zahlungsziels bedeutet Gewährung eines Kredites.
- Die auf den Kredit zu zahlenden Zinsen werden – i. V. m. einem Akzept – als Diskont bezeichnet.
- Der Aussteller belastet den Bezogenen mit dem Diskont, indem der entsprechende Betrag
  - gleich in die Wechselsumme mit eingerechnet oder
  - gesondert in Rechnung gestellt wird.

### Berechnung

$$\text{Diskont} = \frac{\overset{\text{Wechsel-}}{\underset{\text{(ohne Diskont)}}{\text{summe}}} \cdot \overset{\text{Diskont-}}{\text{satz}} \cdot \overset{\text{Diskont-}}{\text{tage}}}{100 \cdot 365 \text{ Tage}}$$

### Beispiel:

Die OfficeCom AG stellt FISCHER-ELEKTRONIK e. K. für den Wechsel (siehe S. 310) 4,5 % Diskont in Rechnung:

$$\text{Diskont} = \frac{14.998,80 \text{ € } \cdot 4,5 \cdot 91 \text{ Tage}}{100 \cdot 365 \text{ Tage}} = \underline{\underline{168,27 \text{ €}}}$$

## Buchungen

**Buchungssatz** des Lieferers (OfficeCom AG):

| | | |
|---|---|---|
| Forderungen a. LL | 168,27 € | |
| an Diskonterträge | | 168,27 € |

**Buchungssatz** des Käufers (FISCHER-ELEKTRONIK e. K.):

| | | |
|---|---|---|
| Diskontaufwendungen | 168,27 € | |
| an Verbindlichkeiten a. LL | | 168,27 € |

## Verwendungsmöglichkeiten des Wechsels

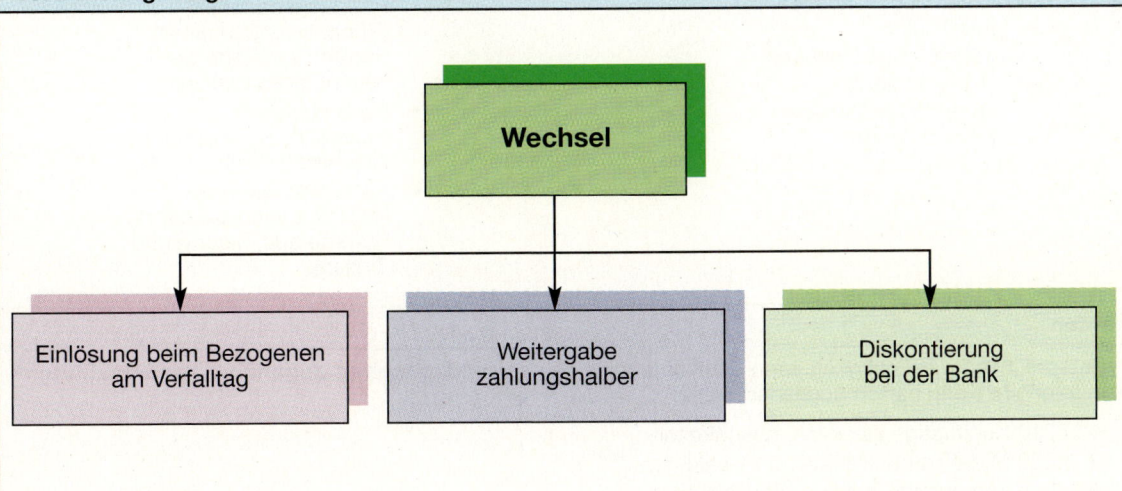

vgl. hierzu auch S. 98

## Zahlungsverkehr/Finanzwirtschaft – *Payments/financial management*

### Einlösung des Wechsels beim Bezogenen

**Beispiel:**

Der Wechselinhaber – hier OfficeCom AG – präsentiert dem Bezogenen – FISCHER-ELEKTRONIK e.K. – am Verfalltag den Wechsel, den dieser bar einlöst (siehe Wechselformular S. 310).
Der Bezogene behält den Wechsel als Beleg. Wechselforderung bzw. -schuld sind erloschen.

OfficeCom AG (Lieferer) **bucht:**

| | | |
|---|---|---|
| Kasse | 14.998,80 € | |
| an Besitzwechsel | | 14.998,80 € |

FISCHER-ELEKTRONIK e.K. (Kunde) **bucht:**

| | | |
|---|---|---|
| Schuldwechsel | 14.998,80 € | |
| an Kasse | | 14.998,80 € |

### Weitergabe des Wechsels zahlungshalber

**Beispiel:**

Die OfficeCom AG hat vom Lampenhaus Licht-LUX KG Schreibtischlampen im Wert von 14.000,00 € zuzüglich 16 % USt gekauft. Die Rechnung vom 9. April 20.., fällig am 26. April 20.. ohne Abzug, begleicht die OfficeCom AG vereinbarungsgemäß mit dem Wechsel, den sie auf FISCHER-ELEKTRONIK e.K. gezogen hat (siehe S. 310). Der Restbetrag wird durch Banküberweisung bezahlt.

OfficeCom AG **bucht:**

| | | |
|---|---|---|
| Verbindlichkeiten | 16.704,00 € | |
| an Besitzwechsel | | 14.998,80 € |
| an Bankguthaben | | 1.705,20 € |

### Diskontierung des Wechsels

**Beispiel:**

Die OfficeCom AG verkauft am 20. April 20.. den Wechsel (siehe S. 310) an ihre Hausbank, der Hartbank Braunschweig (Diskontierung). Die Bank berechnet 5 % Diskont für 87 Tage sowie 8,00 € Spesen. Beide Beträge werden von der Wechselsumme abgezogen; der verbleibende Betrag wird dem Geschäftskonto der OfficeCom AG gutgeschrieben.

OfficeCom AG **bucht:**

| | | |
|---|---|---|
| Bankguthaben | 14.812,05 € | |
| Nebenkosten des Geldverkehrs | 8,00 € | |
| Diskontaufwendungen | 178,75 € | |
| an Besitzwechsel | | 14.998,80 € |

### Darlehensarten

```
                    ┌─────────────────┐
                    │ Darlehensarten  │
                    └─────────────────┘
              ┌───────────┴───────────┐
   ┌────────────────────┐   ┌────────────────────┐
   │ nach der Fristigkeit│   │ nach Art der Tilgung│
   └────────────────────┘   └────────────────────┘
```

- Kurzfristige Darlehen (bis 1 Jahr)
- Mittelfristige Darlehen (1 bis 5 Jahre)
- Langfristige Darlehen (über 5 Jahre)

- Fälligkeitsdarlehen (Rückzahlung in einer Summe am Ende der vereinbarten Laufzeit)
- Ratendarlehen (Rückzahlung in jährlich gleichen Raten)
- Annuitätendarlehen (jährlich gleich bleibende Summe aus Tilgung und Zinsen)

### Konten

- Entsprechend der Fristigkeit kann die Kontengruppe **„Verbindlichkeiten gegenüber Kreditinstituten"** in folgende Kontenarten gegliedert werden:

  → 4210 Kurzfristige Bankverbindlichkeiten
  → 4230 Mittelfristige Bankverbindlichkeiten
  → 4250 Langfristige Bankverbindlichkeiten

- In der Jahresbilanz werden sämtliche Darlehen in einer Summe unter der Position **„Verbindlichkeiten gegenüber Kreditinstituten"** ausgewiesen.

21

# Zahlungsverkehr/Finanzwirtschaft – *Payments/financial management*

## Kreditsicherung

Kredite können auf unterschiediche Weise abgesichert werden*. Zu unterscheiden sind:

- Personalkredite
- Realkredite

\* Siehe hierzu im Einzelnen S. 113

## Aufnahme einer Grundschuld

### Begriff

Eine **Grundschuld** ist ein Pfandrecht an einem Grundstück, durch das der Gläubiger berechtigt ist sich in Höhe einer Geldsumme aus dem Grundstück zu befriedigen.

Einer Bank dient eine Grundschuld zur **dinglichen Sicherung** eines Darlehens, das zu ganz bestimmten Konditionen gewährt wird (siehe auch S. 113)

### Beispiel:

Zur Finanzierung einer Erweiterungsinvestition erhält die OfficeCom AG von der Hartbank Braunschweig am 1. Januar 20.. eine Grundschuld in Höhe von 1.200.000,00 € zu folgenden Konditionen:

| | |
|---|---|
| Nominalbetrag: | 1.200.000,00 € |
| Auszahlung: | 95 % |
| Rückzahlung: | 100 % |
| Laufzeit der Grundschuld: | 25 Jahre |
| Dauer der Zinsbindung: | 10 Jahre |
| Zinssatz: | 6,65 % |

| | |
|---|---|
| Zinszahlungen: | halbjährlich nachschüssig, erstmals am 30.06.20.. |
| Tilgung: | wird zunächst ausgesetzt; erfolgt nach 25 Jahren in einer Summe (Fälligkeitsdarlehen) |

Erläuterung der Finanzierungsbedingungen:

**Nominalbetrag:**
Dieser Betrag (hier: 1.200.000,00 €) ist zu verzinsen.

**Auszahlungsbetrag:**
Von der vereinbarten Kreditsumme werden nur 95 % (hier: 1.140.000,00 €) ausgezahlt. Die Differenz von 5 % (hier: 60.000,00 €) wird als Disagio oder Damnum (Abgeld) bezeichnet und von der Bank gleich einbehalten. Das Disagio stellt vorweggenommene Zinsaufwendungen dar, die **steuerrechtlich** über die Zeit der Zinsbindungsdauer gleichmäßig zu verteilen sind. **Handelsrechtlich** kann das Disagio im Jahr der Darlehensaufnahme in voller Höhe als Zinsaufwand gebucht oder – wie im Steuerrecht – über die Dauer der Zinsbindung verteilt werden. Für das Disagio besteht also steuerrechtlich eine Aktivierungspflicht, handelsrechtlich dagegen ein Aktivierungsauswahlrecht.

Durch dieses Disagio kann die laufende (hier: halbjährliche) Zinsbelastung verringert werden. Hätte die OfficeCom AG eine 100%ige Auszahlung des beantragten Kredites gewünscht, wäre der Zinssatz, der jetzt 6,55 % beträgt, um ungefähr 0,5 % (= 5 %, verteilt auf die 10 Jahre der Zinsbindung) auf 7,05 %* gestiegen. Das hätte die halbjährliche Zinsbelastung entsprechend erhöht.

**Rückzahlung 100 %:**
Nicht der Auszahlungsbetrag, sondern der Nominalbetrag (hier: 1.200.000,00 €) ist zurückzuzahlen.

**Dauer der Zinsbindung:**
Unabhängig davon, ob während der Zeit der Zinsbindung (hier: 10 Jahre) die Kreditzinssätze steigen oder fallen, berechnet die Bank immer den gleichen Zinssatz (hier: 6,65 %). Dadurch kann der Kreditnehmer mit konstanten Zinszahlungen kalkulieren. Nach Ablauf der Zinsbindungsdauer werden zwischen Kreditgeber und Kreditnehmer neue Konditionen für den abzüglich der Tilgungsraten verbleibenden Kredit (z. B. Dauer der weiteren Zinsbindung, Höhe des Zinssatzes, mögliches neues Disagio) ausgehandelt.

**Zinssatz:**
Der Zinssatz bezieht sich auf den Nominalbetrag.

**Zinszahlung:**
Halbjährlich nachschüssig bedeutet, dass die erstmalige Zinszahlung sechs Monate nach der Kreditaufnahme und dann im Halbjahrestakt erfolgt.

**Tilgung:**
Die Rückzahlung der Grundschuld erfolgt häufig in jährlichen Raten von 1 % oder 2 % der Kreditsumme. In diesem Beispiel wurde eine Aussetzung der Tilgung vereinbart, d. h., während der Laufzeit der Grundschuld erfolgt keine Rückzahlung. Es handelt sich also um ein Fälligkeitsdarlehen.

\* Versicherungsmathematisch ergibt sich ein geringfügig anderer Prozentsatz.

21

# Zahlungsverkehr/Finanzwirtschaft – *Payments/financial management*

## Buchung der Kreditaufnahme

**Beispiel:**
Der Auszahlungsbetrag in Höhe von 1.140.000,00 € wird dem Bankkonto der OfficeCom AG gutgeschrieben.

Das Disagio von 60.000,00 € wird auf dem aktiven Bestandskonto **„Aktive Rechnungsabgrenzung"** (ARA) erfasst.
(Siehe hierzu ausführlich das Kapitel zu zeitlichen Abgrenzungen auf S. 327 ff.).

**Buchungssatz** per 1. Januar 20..

| | | |
|---|---|---|
| Bankguthaben | 1.140.000,00 € | |
| ARA | 60.000,00 € | |
| an Langfristige Bankverbindlichkeiten | | 1.200.000,00 € |

## Laufende Zinszahlungen

Die laufenden Zinsen werden mithilfe der Tageszinsformel errechnet:

$$\text{Zinsen} = \frac{\text{Kapital} \cdot \text{Zinssatz} \cdot \text{Tage}}{100 \cdot 365 \text{ Tage}}$$

Die Zinsen werden auf dem Konto **„Zinsaufwendungen"** erfasst.

**Beispiel:**
Auf den Nominalbetrag von 1.200.000,00 € sind für den Zeitraum 1. Januar 20.. bis 30. Juni 20.. Zinsen in Höhe von 6,55 % p.a. durch Banküberweisung zu zahlen.

$$Z = \frac{1.200.000,00 \text{ €} \cdot 6,55 \cdot 180 \text{ Tage}}{100 \cdot 365 \text{ Tage}} = 38.761,64 \text{ €}$$

**Buchungssatz:**

| | | |
|---|---|---|
| Zinsaufwendungen | 38.761,64 € | |
| an Bankguthaben | | 38.761,64 € |

## Disagio

Das Disagio ist am Ende des Jahres zeitanteilig als Zinsaufwand (siehe S. 313) zu buchen.
Der zeitanteilige Zinsaufwand errechnet sich wie folgt:

$$\frac{\text{Zinsaufwand}}{\text{der Periode}} = \frac{\text{Disagio}}{\text{Dauer der Zinsbindung}}$$

Die Zinsen werden auf dem Konto **„Zinsaufwendungen"** erfasst.

**Beispiel:**

$$\frac{\text{Zinsaufwand}}{\text{per}}_{\text{31. Dezember 20..}} = \frac{60.000,00 \text{ €}}{10 \text{ Jahre}} = 6.000,00 \text{ €/Jahr}$$

**Buchungssatz** per 31. Dezember 20..:

| | | |
|---|---|---|
| Zinsaufwendungen | 6.000,00 € | |
| an Aktive Rechnungsabgrenzung | | 6.000,00 € |

## Tilgung der Grundschuld

Fälligkeitsdarlehen werden am Ende der vereinbarten Laufzeit in einer Summe zurückgezahlt.

**Beispiel:**
Die OfficeCom AG zahlt die Grundschuld am Ende der Laufzeit an die Hartbank Braunschweig durch Banküberweisung zurück.

**Buchungssatz:**

| | | |
|---|---|---|
| Langfristige Bankverbindlichkeiten | 1.200.000,00 € | |
| an Bankguthaben | | 1.200.000,00 € |

### Hartbank Braunschweig

**KONTOAUSZUG**

| Bankleitzahl | Datum | Auszug Nr. | Blatt Nr. | für Konto-Nr. |
|---|---|---|---|---|
| 250 500 08 | ..-12-31 | 174 | 1 | 21 345 839 |

| Buchungstext | Buchungstag | Valuta | Umsatz | Soll = – |
|---|---|---|---|---|
| Hartbank Braunschweig Tilgung Grundschuld vom ..-01-01 | ..-12-31 | ..-12-31 | – 1.200.000,00 | |

Herrn/Frau/Firma

OfficeCom AG
Hansastraße 120

38112 Braunschweig

| Soll | Alter Saldo | Haben |
|---|---|---|
| | | 1.243.000,00 € |

| Soll | Neuer Saldo | Haben |
|---|---|---|
| | | 43.000,00 € |

**21**

3525314

## Personalwirtschaft – *Staff management*

### Lohn- bzw. Gehaltsabrechnung

  Bruttolohn/-gehalt*
- Lohnsteuer
- Solidaritätszuschlag (5,5 % der Lohnsteuer)
- ggfs. Kirchensteuer (8 bzw. 9 % der Lohnsteuer, je nach Bundesland)
- Arbeitnehmeranteil an der Sozialversicherung (Kranken-, Pflege-, Arbeitslosen- und Rentenversicherung; siehe Sozialversicherungstabelle)

= Nettolohn/-gehalt

(* Zu den einzelnen Gliedern der Lohn- bzw. Gehaltsabrechnung sowie ihrer Berechnung siehe ausführlich S. 217 ff.)

**Beispiel:**

Monika Weber, wohnhaft in Braunschweig, ist Sachbearbeiterin in der Einkaufsabteilung der OfficeCom AG. Sie ist verheiratet, evangelisch, hat zwei schulpflichtige Kinder und ist zurzeit Alleinverdienerin in der Familie.
Ihr Tarifgehalt beträgt monatlich 2.356,50 €.

Gehaltsabrechnung für Mai 20..:

|  |  |
|---|---:|
| Bruttogehalt | 2.346,50 € |
| – Lohnsteuer | 144,50 € |
| – Solidaritätszuschlag | 0,00 € |
| – Kirchensteuer | 0,00 € |
| – Arbeitnehmeranteil zur Sozialversicherung | 482,41 € |
| = Nettogehalt (Auszahlungsbetrag) | 1.719,59 € |

### Konten

- Bruttolöhne bzw. Bruttogehälter werden auf den Aufwandskonten **„Löhne"** bzw. **„Gehälter"** gebucht.

- Lohnsteuer, Solidaritätszuschlag und Kirchensteuer werden vom Arbeitgeber für den Arbeitnehmer bis zum 10. des folgenden Monats an das Finanzamt abgeführt. Bis dahin werden die entsprechenden Beträge auf das passive Bestandskonto **„Sonstige Verbindlichkeiten gegenüber Finanzbehörden"** (kurz: FB-Verbindlichkeiten) gebucht.

- Der Arbeitgeber behält ebenfalls den Arbeitnehmeranteil zur Sozialversicherung ein und führt ihn bis zum 15. des folgenden Monats zusammen mit dem Arbeitgeberanteil an die Krankenkasse des Arbeitnehmers ab. Bis dahin werden diese Beträge auf dem passiven Bestandskonto **„Verbindlichkeiten gegenüber Sozialversicherungsträgern"** (kurz: SV-Verbindlichkeiten) erfasst.

- Der Arbeitgeberanteil zur Sozialversicherung ist ein Kostenfaktor für das Unternehmen; daher muss er als Aufwand auf dem Aufwandskonto **„Arbeitgeberanteil zur Sozialversicherung"** gebucht werden.

### Buchungen

**Beispiel:**

Die Gehaltsabrechnung für Monika Weber für den Monat Mai 20.. wird in der Finanzbuchhaltung der OfficeCom AG **gebucht:**

(1) Banküberweisung des Gehaltes Ende Mai 20..:

| Gehälter | 2.346,50 € |  |
|---|---|---:|
| an FB-Verbindlichkeiten |  | 144,50 € |
| an SV-Verbindlichkeiten |  | 482,41 € |
| an Bankguthaben |  | 1.719,59 € |

(2) Arbeitgeberanteil zur Sozialversicherung:

| Arbeitgeberanteil zur Sozialversicherung | 482,41 € |  |
|---|---|---:|
| an SV-Verbindlichkeiten |  | 482,41 € |

(3) Banküberweisung von Lohn- und Kirchensteuer sowie Solidaritätszuschlag am 10. Juni 20..:

| FB-Verbindlichkeiten | 144,50 € |  |
|---|---|---:|
| an Bankguthaben |  | 144,50 € |

(4) Banküberweisung der Sozialversicherungsbeiträge am 15. Juni 20..:

| SV-Verbindlichkeiten | 964,82 € |  |
|---|---|---:|
| an Bankguthaben |  | 964,82 € |

**21**

# Personalwirtschaft – *Staff management*

## Vorschüsse

- Vorschüsse, die in einer Entgeltperiode (z. B. Monat) an Mitarbeiter gezahlt werden, stellen für das Unternehmen Forderungen dar, die auf dem aktiven Bestandskonto **„Forderungen an Mitarbeiter"** erfasst werden.

- Am Ende der Entgeltperiode werden die Vorschüsse mit den Auszahlungsbeträgen verrechnet, sodass sich diese in entsprechender Höhe verringern.

**Beispiel:**
Monika Weber erhält am 10. Juni 20.. einen Barvorschuss in Höhe von 200,00 €.

**Buchungssatz** bei Zahlung des Vorschusses:
| | | |
|---|---|---|
| Forderungen an Mitarbeiter | 200,00 € | |
| an Kasse | | 200,00 € |

**Buchungssatz** per 30. Juni 20..:
| | | |
|---|---|---|
| Gehälter | 2.346,50 € | |
| an FB-Verbindlichkeiten | | 144,50 € |
| an SV-Verbindlichkeiten | | 482,41 € |
| an Forderungen an Mitarbeiter | | 200,00 € |
| an Bankguthaben | | 1.519,59 € |

**Übrige Buchungen** der Gehaltsabrechnung: siehe die Ziffern (2), (3) und (4) auf S. 315

## Vermögenswirksame Leistungen

Die nach dem dritten Vermögensbildungsgesetz vom 1. Januar 1999 vermögenswirksam angelegten und staatlich geförderten Sparleistungen* können auf verschiedene Weise aufgebracht werden:
(* Zum vermögenswirksamen Sparen siehe ausführlich S. 218)

– allein vom Arbeitnehmer,
– allein vom Arbeitgeber oder
– von beiden gemeinsam zu bestimmten Anteilen.

## Konten

- Sofern der Arbeitgeber die Sparleistung (mit) aufbringt, erhöhen sich die Personalkosten des Unternehmens und zugleich das lohnsteuerpflichtige Entgelt des Arbeitnehmers. Der Arbeitgeberanteil wird auf dem Aufwandskonto **„Sonstige tarifliche oder vertragliche Aufwendungen"** gebucht; er kann auch direkt auf den Konten „Löhne" oder „Gehälter" erfasst werden.

- Die Sparleistung ist vom Arbeitgeber an das vom Arbeitnehmer gewählte Anlageinstitut abzuführen. Solange die Überweisung noch nicht erfolgt ist, werden diese Beträge auf dem passiven Bestandskonto **„Verbindlichkeiten aus vermögenswirksamen Leistungen"** (kurz: VL-Verbindlichkeiten) gebucht.

## Beispiel

Monika Weber erhält aufgrund des Tarifvertrages zusätzlich zu ihrem Bruttogehalt von 2.346,50 € vom Arbeitgeber noch 39,00 € vermögenswirksame Leistung, die zusammen mit ihrem Eigenanteil an der Sparleistung von ebenfalls 39,00 € auf ihr Konto bei der Bausparkasse zu überweisen ist.

**Gehaltsabrechnung:**
| | | |
|---|---|---|
| | Bruttogehalt | 2.346,50 € |
| + | Vermögenswirksame Leistung des Arbeitgebers | 39,00 € |
| = | Lohnsteuer- und sozialversicherungspflichtiges Gehalt | 2.385,50 € |
| – | Lohn- und Kirchensteuer sowie Solidaritätszuschlag | 153,33 € |
| – | Arbeitnehmeranteil an der Sozialversicherung | 490,43 € |
| – | Vermögenswirksame Sparleistung | 78,00 € |
| = | Nettogehalt (Auszahlungsbetrag) | 1.663,74 € |

**Buchungen Ende des Monats:**
| | | |
|---|---|---|
| Gehälter | 2.346,50 € | |
| Sonstige tarifliche oder vertragliche Aufwendungen | 39,00 € | |
| an FB-Verbindlichkeiten | | 153,33 € |
| an SV-Verbindlichkeiten | | 490,43 € |
| an VL-Verbindlichkeiten | | 78,00 € |
| an Bankguthaben | | 1.663,74 € |
| Arbeitgeberanteil zur Sozialversicherung | 490,43 € | |
| an SV-Verbindlichkeiten | | 490,43 € |

**Buchungen im folgenden Monat:**
| | | |
|---|---|---|
| FB-Verbindlichkeiten | 153,33 € | |
| an Bankguthaben | | 153,33 € |
| SV-Verbindlichkeiten | 980,86 € | |
| an Bankguthaben | | 980,86 € |
| VL-Verbindlichkeiten | 78,00 € | |
| an Bankguthaben | | 78,00 € |

**21**

# Anlagenwirtschaft – *Assets management*

## Anlagevermögen

Zum Anlagevermögen eines Unternehmens gehören alle Vermögensgegenstände, die nach § 247 Absatz 2 HGB dazu bestimmt sind, dem Geschäftsbetrieb auf Dauer zu dienen.

Das Anlagevermögen gliedert sich nach § 266 Abs. 2 HGB in folgende Gruppen (siehe auch S. 279):

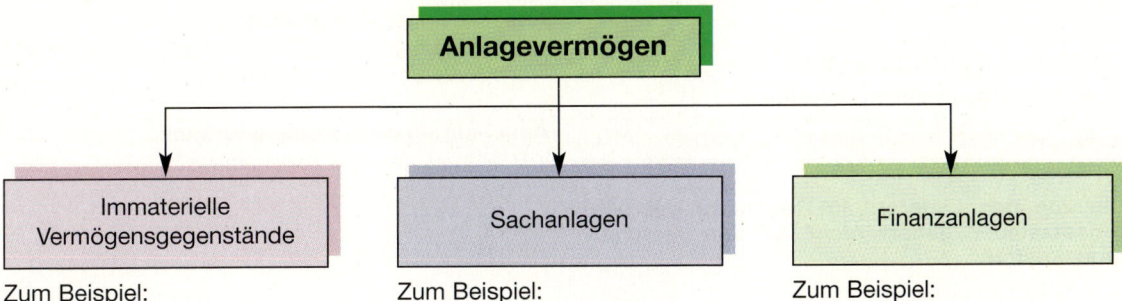

| Immaterielle Vermögensgegenstände | Sachanlagen | Finanzanlagen |
|---|---|---|
| Zum Beispiel: <br>• Konzessionen <br>• Lizenzen <br>• Geschäfts- oder Firmenwert | Zum Beispiel: <br>• Grundstücke und Bauten <br>• Technische Anlagen und Maschinen <br>• Betriebs- und Geschäftsausstattung | Zum Beispiel: <br>• Beteiligungen <br>• Wertpapiere des Anlagevermögens <br>• Sonstige Ausleihungen |

## Sachanlagenkartei

Die einzelnen Sachanlagegruppen wie z. B. technische Anlagen und Maschinen oder Betriebs- und Geschäftsausstattung bestehen aus einer Vielzahl von Einzelgegenständen bzw. -werten. Um eine bessere wirtschaftliche Kontrolle über die verschiedenen Anlagegüter zu haben und die Abschreibungen (siehe S. 319 f.) korrekt ermitteln zu können, ist eine gesonderte Anlagenbuchführung notwendig.

Jedes Sachanlagegut wird daher in einer Anlagenkarte erfasst. Alle Anlagenkarten ergeben die Anlagenkartei oder – im PC – die Anlagendatei.

Eine **Anlagenkarte** kann folgendes Aussehen haben:

| Inventar-/Bilanzposition: Technische Anlagen und Maschinen | | Menge: 1 | Anlagenkarte Nr. 136 |
|---|---|---|---|
| Bezeichnung: Hobelmaschine KU 40 | | | **OfficeCom AG** |
| Standort: <br>Fertigung | Kostenstelle: <br>110 | Lieferant: <br>Kurt Utzinger e. K. | Hansestraße 120 <br>38112 Braunschweig |
| Anschaffungsdatum: <br>20..-02-25 | Anschaffungskosten: <br>15.817,76 € * | | |
| Nutzungsdauer: <br>10 Jahre | Voraussichtlicher Schrottwert: <br>– | | Abschreibungsmethode: <br>linear <br>Abschreibungssatz: <br>10 % |

| Buchungsdatum | Beleg-Nr. | Buchungstext | Betrag in € | Buchwert |
|---|---|---|---|---|
| 20..-02-26 | ER 324 | Lieferung | 15.817,76 | |
| 20..-12-31 | 7510 | Abschreibung | 1.581,78 | 14.235,98 |
| | | | | |
| | | | | |
| | | | | |
| | | | | |
| | | | | |

\* Siehe S. 318

21

# Anlagenwirtschaft – *Assets management*

## Aktivierungspflichtige Anschaffungskosten

Nach § 255 Absatz 1 HGB sind die Güter des Sach-anlagevermögens zum Zeitpunkt der Anschaffung mit ihren Anschaffungskosten zu buchen (zu akti-vieren).

|   | |
|---|---|
| | Anschaffungspreis (netto) |
| + | Anschaffungsnebenkosten |
| − | Anschaffungskostenminderungen |
| = | Aktivierungspflichtige Anschaffungskosten (AK) |

**Die von den Lieferern in Rechnung gestellte Umsatzsteuer gehört *nicht* zu den Anschaffungskosten!**

**Sachanlagen:**
z. B. Grundstücke, Gebäude, Maschinen, Fuhrpark, Betriebs- und Geschäftsausstattung

**Anschaffungsnebenkosten:**
z. B. Fundamentierungskosten, Vermessungskosten, Transportkosten, Montagekosten

**Anschaffungskostenminderungen:**
z. B. Rabatt, Skonto, Preisnachlass

### Beispiel:

Die OfficeCom AG kauft von der Maschinenfabrik Kurt Utzinger e. K. eine Hobelmaschine und erhält nach Aufstellung und Montage am 25. Februar 20.. folgende Rechnung, die am 5. März 20.. unter Abzug von 2 % Skonto durch Banküberweisung beglichen wird:

Außerdem schickt die Scharte KG für die Erstellung eines Fundamentes eine Rechnung, die ebenfalls durch Banküberweisung bezahlt wird:

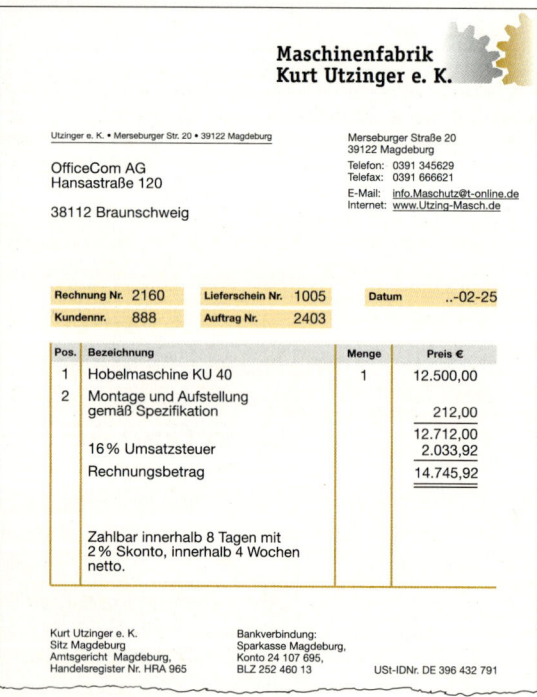

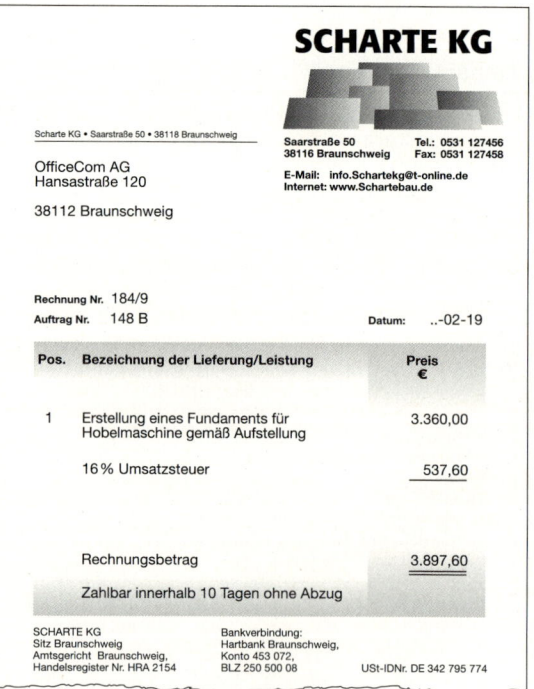

Errechnung der aktivierungspflichtigen Anschaffungskosten:

|   | | | |
|---|---|---:|---:|
| | Anschaffungspreis (netto) | | 12.500,00 € |
| + | Anschaffungsnebenkosten | | |
| | Montage und Aufstellung (netto) | 212,00 € | |
| | Erstellung eines Fundamentes (netto) | 3.360,00 € | 3.572,00 € |
| − | Anschaffungskostenminderungen | | |
| | Skonto (netto: 2 % von 12.712,00 €) | | 254,24 € |
| = | Aktivierungspflichtige Anschaffungskosten | | 15.817,76 € |

Dieser Betrag muss sich als Saldo auf dem aktiven Bestandskonto „Technische Anlagen und Maschinen" ergeben.

**21**

# Anlagenwirtschaft – *Assets management*

## Buchung der aktivierungspflichtigen Anschaffungskosten

**Buchung der Eingangsrechnung der Maschinenfabrik Kurt Utzinger e. K.:**

| | | |
|---|---|---|
| Technische Anlagen und Maschinen | 12.712,00 € | |
| Vorsteuer | 2.033,92 € | |
| an Verbindlichkeiten a. LL | | 14.745,92 € |

**Buchung der Eingangsrechnung der SCHARTE KG:**

| | | |
|---|---|---|
| Technische Anlagen und Maschinen | 3.360,00 € | |
| Vorsteuer | 537,60 € | |
| an Verbindlichkeiten a. LL | | 3.897,60 € |

**Buchung des Rechnungsausgleichs an die Maschinenfabrik Kurt Utzinger e. K. mit Abzug von 2 % Skonto:**

| | | |
|---|---|---|
| Verbindlichkeiten a. LL | 14.745,92 € | |
| an Technische Anlagen und Maschinen | | 254,24 € |
| an Vorsteuer | | 40,68 € |
| an Bankguthaben | | 14.451,00 € |

**Buchung des Rechnungsausgleichs an die SCHARTE KG ohne Abzug:**

| | | |
|---|---|---|
| Verbindlichkeiten a. LL | 3.897,60 € | |
| an Bankguthaben | | 3.897,60 € |

Der Saldo auf dem Konto „Technische Anlagen und Maschinen" ergibt die aktivierungspflichtigen Anschaffungskosten:

| Soll | Technische Anlagen und Maschinen | | Haben |
|---|---|---|---|
| Verbindlichkeiten a. LL | 12.712,00 € | Verbindlichkeiten a. LL | 254,24 € |
| Verbindlichkeiten a. LL | 3.360,00 € | | |

## Abschreibung

### Rechtliche Grundlage

**§ 253 Abs. 2 Satz 1 und 2 HGB:**
*„Bei Vermögensgegenständen des Anlagevermögens, deren Nutzung zeitlich begrenzt ist, sind die Anschaffungs- oder Herstellungskosten um planmäßige Abschreibungen zu vermindern.*
*Der Plan muss die Anschaffungs- oder Herstellungskosten auf die Geschäftsjahre verteilen, in denen der Vermögensgegenstand voraussichtlich genutzt werden kann."*
(Der steuerrechtliche Begriff für Abschreibung ist „Absetzung für Abnutzung" – AfA)

### Wirtschaftliche Gründe

... für planmäßige Abschreibung

- Technischer Verschleiß durch ständigen Gebrauch
- Natürlicher Verschleiß durch zeitabhängige Faktoren (z. B. Verrosten)
- Substanzabbau in Rohstoffgewinnungsbetrieben

... für außerplanmäßige Abschreibung

- Technischer Fortschritt bei Fertigungsanlagen
- Bedarfsverschiebungen auf dem Absatzmarkt
- Preisverfall auf dem Beschaffungsmarkt

Aufwand

## Methoden der planmäßigen Abschreibung

### Lineare Abschreibung

- Jährliche Abschreibung von den Anschaffungs- oder Herstellungskosten

- Abschreibung in gleich bleibenden Jahresbeträgen

- Jährlicher Abschreibungsbetrag =

$$\frac{\text{Anschaffungs- oder Herstellungskosten}}{\text{Betriebsgewöhnliche Nutzungsdauer}}$$

- Abschreibungsprozentsatz =

$$\frac{100\ \%}{\text{Betriebsgewöhnliche Nutzungsdauer}}$$

**Beispiel:**
Anschaffungskosten einer Maschine: 50.000,00 €
Betriebsgewöhnliche Nutzungsdauer: 8 Jahre

| Ende des Jahres | Abschreibungsbetrag in € | Buchwert in € |
|---|---|---|
| 1 | 6.250,00 | 43.750,00 |
| 2 | 6.250,00 | 37.500,00 |
| 3 | 6.250,00 | 31.250,00 |
| 4 | 6.250,00 | 25.000,00 |
| 5 | 6.250,00 | 18.750,00 |
| 6 | 6.250,00 | 12.500,00 |
| 7 | 6.250,00 | 6.250,00 |
| 8 | 6.250,00 | 0 |

**21**

# Anlagenwirtschaft – *Assets management*

## Degressive Abschreibung

- Jährliche Abschreibung vom Buch- oder Restwert
- Abschreibung in fallenden Jahresbeträgen
- Maximale Abschreibungshöhe nach § 7 Absatz 2 EStG:
  - Das Zweifache der linearen Abschreibung
  - maximal 20 %

**Beispiel:**

Anschaffungskosten einer Maschine: 50.000,00 €
Betriebsgewöhnliche Nutzungsdauer: 12,5 Jahre
→ Maximale Abschreibung: 16 %

| Ende des Jahres | Abschreibungsbetrag in € | Buchwert in € |
|---|---|---|
| 1 | 8.000,00 | 42.000,00 |
| 2 | 6.720,00 | 35.280,00 |
| 3 | 5.644,80 | 29.635,20 |
| 4 | 4.741,63 | 24.893,57 |
| 5 | 3.982,97 | 20.910,60 |
| 6 | 3.345,70 | 17.564,90 |
| 7 | 2.810,38 | 14.754,52 |
| 8 | 2.360,72 | 12.393,79 |
| ⋮ | ⋮ | ⋮ |
| 13 | 493,64 | 5.676,87 |

## Wechsel der Abschreibungsmethode

- Nach § 7 Absatz 3 EStF ist ein Wechsel der Abschreibungsmethode von degressiver zu linearer Abschreibung möglich, nicht jedoch umgekehrt.
- Der ökonomisch sinnvolle Zeitpunkt für den Wechsel ist gegeben, wenn

$$\frac{\text{Restwert (zum Zeitpunkt des Wechsels)}}{\text{Restnutzungsdauer}} > \text{Abschreibungsbetrag bei fortgeführter degressiver Abschreibung}$$

- Vorteile des Methodenwechsels:
  - Der Anlagegegenstand ist am Ende der Nutzungsdauer auf den Wert Null abgeschrieben.
  - Der lineare Abschreibungsbetrag und damit der gewinnmindernde Aufwand ist vom Zeitpunkt des Wechsels an höher als der degressive (Steuerersparnis).

## Abschreibung nach Leistungseinheiten

$$\text{Jahresabschreibungsbetrag} = \frac{\text{Anschaffungs- oder Herstellungskosten}}{\text{Voraussichtliche Gesamtleistung während der betriebsgewöhnlichen Nutzungsdauer}} \cdot \text{tatsächlich erbrachte Jahresleistung}$$

**Beispiel:**

Anschaffungskosten eines Lkw: 82.000,00 €
Betriebsgewöhnliche Nutzungsdauer: 5 Jahre
Voraussichtliche Gesamtleistung: 320 000 km
Tatsächliche Leistung im ersten Jahr: 66 000 km

Abschreibungsbetrag im ersten Jahr:

$$\frac{82.000,00 \text{ €}}{320\,000 \text{ km}} \cdot 66\,000 \text{ km} = \underline{16.912,50 \text{ €}}$$

## Buchung der Abschreibung

## Direkte Abschreibung

- Die Abschreibung wird direkt auf dem entsprechenden Sachanlagekonto vorgenommen.
- Dadurch wird auf dem Sachanlagekonto und im Schlussbilanzkonto nur der jeweilige Rest- oder Buchwert ausgewiesen.

**Beispiel:**

Ein Pkw, Anschaffungskosten 25.000,00 €, wird fünf Jahre linear abgeschrieben.

**Buchungssatz:**

Abschreibungen auf Sachanlagen  5.000,00 €
an Fuhrpark                                        5.000,00 €

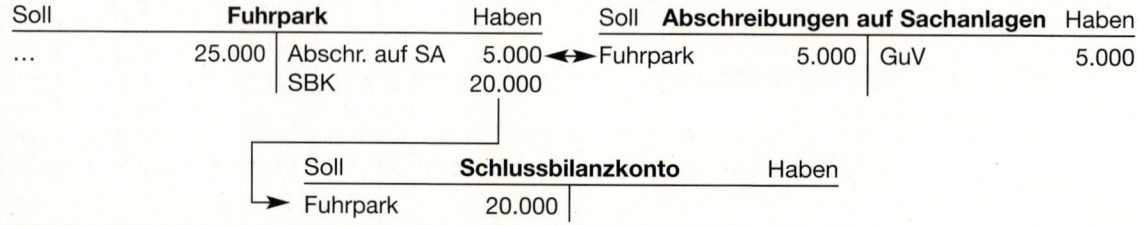

# Anlagenwirtschaft – *Assets management*

## Indirekte Abschreibung

- Die Abschreibung wird nicht direkt auf dem Sachanlagekonto, sondern „indirekt" auf dem passiven „Bestands"konto **„Wertberichtigungen zu Sachanlagen"** gebucht. Dieses Konto ist ein **Korrekturposten** zu den Sachanlagekonten; es ist daher weder Eigen- noch Fremdkapitalkonto.
- Das Sachanlagegut wird auf dem Sachanlagekonto und im SBK immer mit den Anschaffungskosten ausgewiesen, während auf der Habenseite des SBK die bisher vorgenommenen Abschreibungen zu finden sind.
- Der Buchwert ergibt sich im SBK als Saldo zwischen Sachanlagekonto (Anschaffungskosten) und „Wertberichtigungen zu Sachanlagen".
- Durch die indirekte Abschreibung wird die Bilanzsumme unnötig „aufgebläht".

**Beispiel:**

Ein Computersystem, Anschaffungskosten 6.000,00 €, wird vier Jahre linear abgeschrieben.

**Buchungssatz der Abschreibung:**

| | | |
|---|---|---|
| Abschreibungen auf SA | 1.500,00 € | |
| an Wertberichtigungen zu SA | | 1.500,00 € |

**Abschlussbuchungen:**

| | | |
|---|---|---|
| Gewinn- und Verlustkonto | 1.500,00 € | |
| an Abschreibungen auf SA | | 1.500,00 € |
| | | |
| Wertberichtigungen zu SA | 1.500,00 € | |
| an Schlussbilanzkonto | | 1.500,00 € |
| | | |
| Schlussbilanzkonto | 6.000,00 € | |
| an Betriebs- und Geschäftsausstattung | | 6.000,00 € |

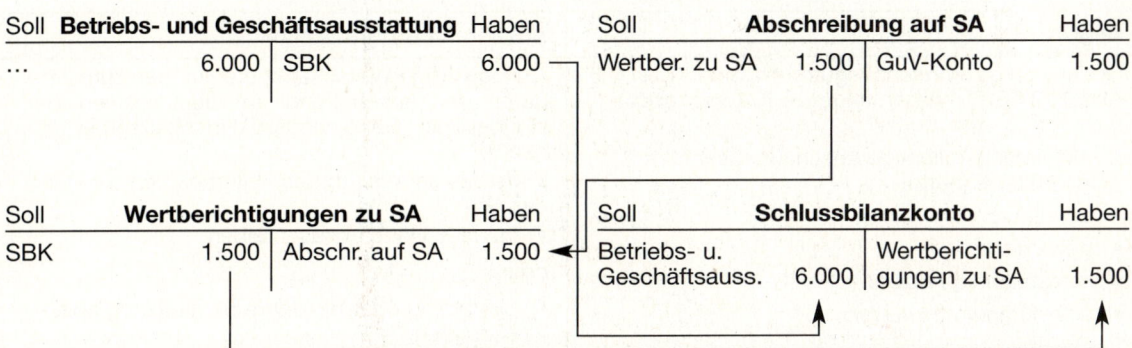

| Soll | **Betriebs- und Geschäftsausstattung** | Haben |
|---|---|---|
| ... 6.000 | SBK | 6.000 |

| Soll | **Abschreibung auf SA** | Haben |
|---|---|---|
| Wertber. zu SA 1.500 | GuV-Konto | 1.500 |

| Soll | **Wertberichtigungen zu SA** | Haben |
|---|---|---|
| SBK 1.500 | Abschr. auf SA | 1.500 |

| Soll | **Schlussbilanzkonto** | Haben |
|---|---|---|
| Betriebs- u. Geschäftsauss. 6.000 | Wertberichtigungen zu SA | 1.500 |

## Erinnerungswert

Am Ende der Nutzungsdauer ist das Anlagegut bei linearer Abschreibung auf den Wert Null abgeschrieben. Wird das Anlagegut jedoch über das Ende der Nutzungsdauer hinaus im Betrieb verwendet, ist es in der Bilanz mit einem **Erinnerungswert von 1,00 €** in der Bilanz auszuweisen. Daher ist die Abschreibung im letzten Jahr der geplanten Nutzungsdauer um 1,00 € geringer anzusetzen.

**Beispiel:**

Wird das Computersystem auch noch im fünften Jahr genutzt, sind am Ende des vierten Jahres nur 1.499,00 € abzuschreiben. Die Wertberichtigungen zu Sachanlagen betragen am Ende des vierten Jahres insgesamt 5.999,00 €. Als Saldo ergäbe sich dann im SBK der Erinnerungswert von 1,00 € (6.000,00 € – 5.999,00 €). Würde das Computersystem auch noch im sechsten Jahr genutzt, würde am Ende des fünften Jahres nicht mehr abgeschrieben.

## Verkauf gebrauchter Anlagen

- Der Verkauf gebrauchter Anlagegüter ist ein steuerpflichtiger Umsatz, der zunächst auf dem Zwischenkonto **„Erlöse aus Anlagenabgängen"** zu buchen ist.
- Die Höhe der Umsatzsteuer richtet sich nach dem Nettoverkaufspreis.
- **Nettoverkaufspreis > Buchwert:** Der Ertrag ist auf dem Konto **„Erträge aus Vermögensabgang"** zu buchen.

- **Nettoverkaufspreis < Buchwert:** Der Aufwand ist auf dem Konto **„Verluste aus Vermögensabgang"** zu buchen.
- Da Anlagegüter i. d. R. in der laufenden Periode verkauft werden, muss der Buchwert zum Zeitpunkt des Verkaufs ermittelt werden. Hierfür ist das Anlagegut **zeitanteilig** bis auf den vollen vorhergehenden Monat planmäßig **abzuschreiben**.

21

# Anlagenwirtschaft – *Assets management*

## Verkauf gebrauchter Anlagen

### Beispiel:

Die OfficeCom AG verkauft am 9. Oktober 20.. eine nicht mehr benötigte Drehbank an einen Werksangehörigen zum Preis von 650,00 € netto zuzüglich 16 % USt (Barverkauf).

Der Buchwert betrug am 1. Januar desselben Jahres 1.500,00 €, der lineare Jahresabschreibungs-betrag 900,00 €.

Ermittlung des Buchwertes zum Zeitpunkt des Verkaufs:

|   | Buchwert am 1. Januar 20.. | 1.500,00 € |
|---|---|---|
| – | Zeitanteilige Abschreibung (9/12 von 900 €) | 675,00 € |
| = | Buchwert zum 9. Oktober 20.. | 825,00 € |
| – | Nettoverkaufspreis | 650,00 € |
| = | Aufwand aus Vermögensabgang | 175,00 € |

### Buchungssätze:

Buchung der zeitanteiligen Abschreibung:

| Abschreibungen auf SA | 675,00 € | |
|---|---|---|
| an Technische Anlagen und Maschinen | | 675,00 € |

Buchung des Barverkaufs:

| Kasse | 754,00 € | |
|---|---|---|
| an Erlöse aus Anlagenabgängen | | 650,00 € |
| an Umsatzsteuer | | 104,00 € |

Ausbuchung des Buchwertes:

| Erlöse aus Anlagenabgängen | 650,00 € | |
|---|---|---|
| Verluste aus Vermögensabgang | 175,00 € | |
| an Technische Anlagen und Maschinen | | 825,00 € |

## Geringwertige Wirtschaftsgüter (GWG)

### Begriff

Geringwertige Wirtschaftsgüter im Sinne des § 6 Absatz 2 EStG müssen folgende Kriterien erfüllen:

- Aktivierungspflichtige Anschaffungskosten ≤ 410,00 € (netto)
- abnutzbar
- beweglich
- selbstständig nutzbar
- selbstständig bewertbar

### Abschreibungswahlrecht

Geringwertige Wirtschaftsgüter werden zum Zeitpunkt der Anschaffung auf dem aktiven Bestandskonto „Geringwertige Wirtschaftsgüter" gebucht.

Ende des Jahres hat das Unternehmen die Wahl, das GWG

- in voller Höhe abzuschreiben

oder

- planmäßig über die Jahre der Nutzung abzuschreiben.

Die gewählte Methode hängt von der erwarteten Gewinnsituation (Steuerersparnis!) ab.

### Beispiel

Die OfficeCom AG kauft am 12. Februar 20.. für den Konferenzraum eine neue Deckenbeleuchtung auf Ziel, Listenverkaufspreis netto 491,00 €; der Lieferer gewährt 15 % Rabatt und 3 % Skonto bei Zahlung innerhalb 10 Tagen.

Ermittlung der aktivierungspflichtigen Anschaffungskosten:

|   | Listenpreis netto | 491,00 € |
|---|---|---|
| – | 15 % Rabatt | 73,65 € |
| = | | 417,35 € |
| – | 3 % Skonto | 12,52 € |
| = | aktivierungspflichtige AK | 404,83 € |

(Geringwertige Wirtschaftsgüter bis 60,00 € werden sofort als Aufwand gebucht, z.B. ein Taschenrechner für 55,00 € auf dem Aufwandskonto „Büromaterial".)

### Buchungssätze:

Buchung des Zielkaufs:

| Geringwertige Wirtschaftsgüter | 417,35 € | |
|---|---|---|
| Vorsteuer | 66,78 € | |
| an Verbindlichkeiten a. LL | | 484,13 € |

Buchung des Rechnungsausgleichs unter Abzug von Skonto:

| Verbindlichkeiten | 484,13 € | |
|---|---|---|
| an Vorsteuer | | 2,00 € |
| an Geringwertige Wirtschaftsgüter | | 12,52 € |
| an Bankguthaben | | 469,61 € |

Buchung per 31. Dezember 20.. bei **Vollabschreibung:**

| Abschreibungen auf GWG | 404,83 € | |
|---|---|---|
| an Geringwertige Wirtschaftsgüter | | 404,83 € |

**21**

3525322

# Statistik – *Statistics*

## Begriff

Unter dem Begriff Statistik wird vielfach die zahlenmäßige Erfassung und Analyse von **Massenerscheinungen** im Sinne großer Mengen verstanden, womit einerseits die Tätigkeit selbst, andererseits das Ergebnis dieser Tätigkeit gemeint sein kann. In neuerer Zeit bedeutet Statistik aber auch die Analyse von Stichproben kleinen Umfanges, sodass das Wort „Masse" heute nur als **„Mehrheit"** interpretiert werden darf.

**Beispiel:**

Das Ergebnis der Bundestagswahl steht erst dann endgültig fest, wenn die Stimmen **aller** Wähler in allen Wahlkreisen ausgezählt sind (**Masse** der Wähler). Annähernd richtige Ergebnisse liegen aber schon viel früher vor, nämlich wenn aufgrund der Auszählergebnisse weniger Wahlkreise und damit **weniger** Wähler (**Stichproben**) bereits ca. 30 Minuten nach dem Schließen der Wahllokale diese Teilergebnisse mit bestimmten statistischen Rechenverfahren auf das gesamte Bundesgebiet hochgerechnet werden.

## Anforderungen an statistische Maßzahlen

- Maß- oder Kennzahlen bilden die Grundlage dafür, einen bestimmten Sachverhalt quantitativ, also mithilfe von Zahlen, darzustellen.
- Sie müssen eindeutig definiert sein.
- Aufbau und Eignung einer Maßzahl haben ihren Ausgangspunkt in der aus ihr erwachsenden sachlichen Fragestellung.

**Beispiel:**

Welches Transportmittel ist sicherer, die Eisenbahn oder das Flugzeug?

Es ist eine Maßzahl zu finden, mit der die Unfallhäufigkeit und damit die unterschiedliche Sicherheit der beiden Verkehrsmittel verglichen werden kann.

*Frage 1:* Sollen bei den Unfällen nur die Toten oder auch die Verletzten gezählt werden?

*Frage 2:* Worauf soll die Zahl der Toten bzw. die Zahl der Toten einschließlich der Verletzten bezogen werden? Welche Größe dient also als Maßzahl für den Umfang der Reisetätigkeit?

Als Maßzahl hierfür die „Zahl der Reisenden" zu nehmen, ist nicht befriedigend. Ob ein Reisender A von Braunschweig über Würzburg nach München fährt oder ob der Reisende A von Braunschweig nach Würzburg fährt, dort aussteigt und der Reisende B den Platz von A einnimmt und nach München fährt – das Risiko eines Unfalls auf der Strecke Braunschweig – München ist gleich hoch. Nur haben wir als Bezugsgröße im ersten Fall einen Reisenden, im zweiten Fall zwei. Als Maß für den Umfang der Reisetätigkeit kommt daher nicht die Zahl der Reisenden, sondern die Zahl der „Personen-km" in Betracht.

## Arten von Maßzahlen

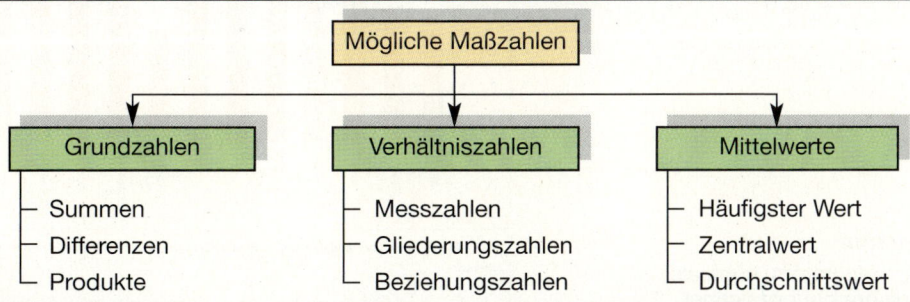

## Grundzahlen

- Sie sind absolute Zahlen zur Darstellung quantitativer Sachverhalte.
- Sie erhalten ihre Bedeutung, wenn sie mit anderen absoluten Zahlen ins Verhältnis gesetzt werden. (→ Verhältniszahlen).

**Beispiel:**

Gewinn der OfficeCom AG im Jahr 20..: 2 Mio. €
Gewinn des Konkurrenzunternehmens: 3 Mio. €

$$\text{Eigenkapitalrentabilität} = \frac{\text{Gewinn}}{\text{Eigenkapital}} \cdot 100$$

OfficeCom AG: 2 Mio. € : 20 Mio. € · 100 = 10 %
Konkurrent:   3 Mio. € : 35 Mio. € · 100 = 8,6 %

Ergebnis: Die Verzinsung des Eigenkapitals bei der OfficeCom AG ist höher.

vgl. Scharf, Dirk: Einführung in das betriebliche Rechnungswesen und statistische Grundlagen, Wiesbaden 1997, S. 26 f.

**21**

# Statistik – *Statistics*

## Verhältniszahlen

Sie ergeben sich dadurch, dass zwei in einem sachlichen Zusammenhang stehende Maßzahlen zueinander ins Verhältnis gesetzt werden. Das Ergebnis ist der Quotient (die Verhältniszahl).

**Beispiel:**

$$\frac{\text{Zahl der Toten und Verletzten pro Jahr}}{\text{Zahl der gefahrenen Eisenbahnkilometer pro Jahr}}$$

## Messzahlen

- Eine Reihe gleichartiger Größen wird auf eine dieser Größen als gemeinsame Basis bezogen, zum Beispiel Monatsumsätze von Produkten.

- Messzahlen eignen sich gut zur Darstellung der zeitlichen Entwicklung von Sachverhalten.

## Darstellungsformen von Messzahlen

### Tabelle

Anforderungsmerkmale zur Gestaltung gemäß Normblatt DIN 55301 sind u. a.

- Gliederung in Zeilen und Spalten, deren Kreuzung Fächer ergeben;
- Kennzeichnung der Zeileninhalte in der Vorspalte, der Spalteninhalte im Tabellenkopf;
- Beschreibung des dargestellten Sachverhaltes in einer Überschrift mit örtlicher/zeitlicher Abgrenzung.

**Beispiel:**

| Monatsumsätze Handelswaren der OfficeCom AG im Jahr 20.. in tausend € | | | | | |
|---|---|---|---|---|---|
| | **Lampen** | **Telefone** | **Drucker** | **Faxgeräte** | **Gesamt** |
| **Januar** | 10 | 12 | 35 | 22 | 79 |
| **Februar** | 12 | 18 | 40 | 20 | 90 |
| **März** | 15 | 16 | 37 | 18 | 86 |
| **April** | 20 | 9 | 34 | 24 | 87 |
| **Mai** | 16 | 4 | 41 | 28 | 89 |
| **Juni** | 24 | 15 | 39 | 26 | 104 |
| **Juli** | 18 | 13 | 38 | 16 | 85 |
| **August** | 10 | 17 | 36 | 20 | 83 |
| **September** | 14 | 15 | 39 | 26 | 94 |
| **Oktober** | 19 | 10 | 40 | 24 | 93 |
| **November** | 20 | 11 | 33 | 21 | 85 |
| **Dezember** | 21 | 14 | 36 | 20 | 91 |
| | 199 | 154 | 448 | 265 | 1.066 |

### Säulendiagramm

- Eignet sich zur Darstellung der zeitlichen Entwicklung nur einer Zahlenreihe;
- Beschreibung des dargestellten Sachverhaltes mit einer Überschrift;
- Benennung der Achsen.

**Beispiel:**

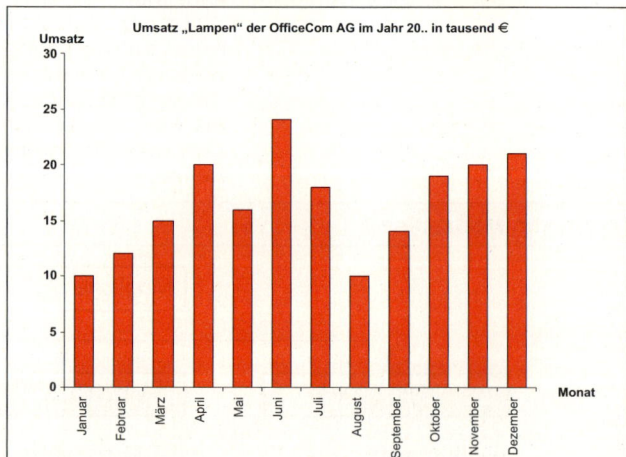

Umsatz „Lampen" der OfficeCom AG im Jahr 20.. in tausend €

### Liniendiagramm

- Diese Art Diagramm, auch als Kurvendiagramm bezeichnet, ist geeignet die zeitliche Entwicklung eines Sachverhaltes, der mehrere Zahlenreihen umfasst, übersichtlich darzustellen.

**Beispiel:**

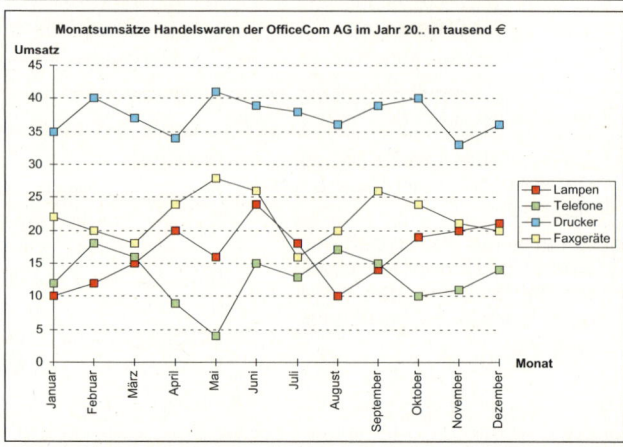

Monatsumsätze Handelswaren der OfficeCom AG im Jahr 20.. in tausend €

vgl. Hübscher, Heinrich u. a.: IT-Kompendium, Braunschweig 2001, S. 427 f.

**21**

3525324

# Statistik – *Statistics*

## Gliederungszahlen

- Wird eine Reihe von Teilgrößen durch eine übergeordnete Größe als gemeinsame Basis dividiert und mit Hundert multipliziert, sind die Ergebnisse Prozentzahlen, die als Gliederungs- oder Strukturzahlen bezeichnet werden.

- Gliederungszahl (in %) $= \dfrac{\text{Teilgröße (Einzelposition)}}{\text{Übergeordnete Größe (Summe der Einzelpositionen)}} \cdot 100$

- Mit ihrer Hilfe wird die Struktur der Gesamtheit deutlich.

## Anwendungsbeispiele für Gliederungszahlen

### Kreisdiagramme-Umsatzstruktur

- Sie machen Strukturunterschiede auch bei starker Größenvariation deutlich.
- Kleine Anteile sind noch deutlich sichtbar.
- Besondere Kreissegmente können herausgezogen werden.

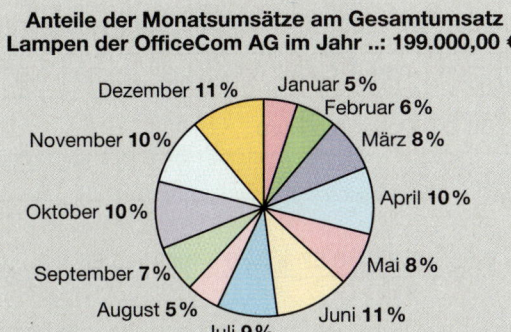

Anteile der Monatsumsätze am Gesamtumsatz Lampen der OfficeCom AG im Jahr ..: 199.000,00 €

Januar 5 % · Februar 6 % · März 8 % · April 10 % · Mai 8 % · Juni 11 % · Juli 9 % · August 5 % · September 7 % · Oktober 10 % · November 10 % · Dezember 11 %

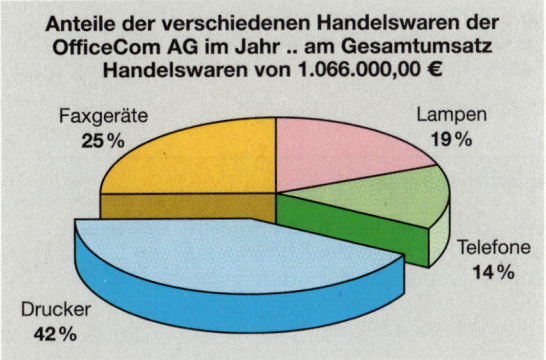

Anteile der verschiedenen Handelswaren der OfficeCom AG im Jahr .. am Gesamtumsatz Handelswaren von 1.066.000,00 €

Faxgeräte 25 % · Lampen 19 % · Telefone 14 % · Drucker 42 %

vgl. Scharf, Dirk: Einführung in das betriebliche Rechnungswesen und statistische Grundlagen, Wiesbaden 1997, S. 33 ff.

## Strukturbilanz

| Aktiva | Strukturbilanz der OfficeCom AG per 31.12.20.. | | Passiva | | |
|---|---|---|---|---|---|
| | € | % | | € | % |
| Anlagevermögen | 300.000,00 | 27,27 | Eigenkapital | 240.000,00 | 21,82 |
| Umlaufvermögen | 800.000,00 | 72,73 | Fremdkapital | 860.000,00 | 78,18 |
| | 1.100.000,00 | 100,00 | | 1.100.000,00 | 100,00 |

## Beziehungszahlen

- Bei ihnen werden zwei verschiedene Größen, die in einem sachlich sinnvollen Zusammenhang stehen, zueinander ins Verhältnis gesetzt.

## Anwendungsbeispiele aus dem Rechnungswesen

### Analyse der Bilanz

$$\text{Barliquidität} = \frac{\text{Flüssige Mittel}}{\text{Kurzfristige Verbindlichkeiten}} \cdot 100$$

$$\text{Anlagendeckungsgrad I} = \frac{\text{Eigenkapital}}{\text{Anlagevermögen}} \cdot 100$$

### Analyse der Gewinn- und Verlustrechnung

$$\text{Wirtschaftlichkeit} = \frac{\text{Erträge}}{\text{Aufwendungen}}$$

$$\text{Personalintensität} = \frac{\text{Personalaufwand}}{\text{Betriebsaufwendungen}}$$

### Analyse der Bilanz i. V. m. der GuV-Rechnung

$$\text{Eigenkapitalrentabilität} = \frac{\text{Gewinn}}{\text{Eigenkapital}} \cdot 100$$

$$\text{Umschlagshäufigkeit der Forderungen} = \frac{\text{Umsatzerlöse}}{\text{durchschnittlicher Forderungsbestand}}$$

### Kosten- und Leistungsrechnung

$$\text{Leistungsergiebigkeit} = \frac{\text{Leistungen}}{\text{Kosten}}$$

$$\text{Stückkosten} = \frac{\text{Gesamtkosten}}{\text{Produktionsmenge}}$$

aus: Hübscher, Heinrich u. a.: IT-Kompendium, Braunschweig 2001, S. 428

21

## Statistik – *Statistics*

### Mittelwerte

#### Häufigster Wert

Er ist der in einer beliebigen Zahlenreihe am häufigsten vorkommende Wert (dichtester Wert oder Modus).

**Beispiel:**

Der Wechselkurs des Euro zum US-Dollar hatte an neun aufeinander folgenden Tagen die angegebenen Werte:

| Tag | 1 | 2 | 3 | 4 | 5 | 6 | 7 | 8 | 9 |
|------|------|------|------|------|------|------|------|------|------|
| Kurs | 0,88 | 0,86 | 0,87 | 0,85 | 0,84 | 0,87 | 0,86 | 0,89 | 0,86 |

Der häufigste Wert ist der Kurs 0,86 US-Dollar pro Euro.

#### Zentralwert

Er teilt eine der Größe nach geordnete Zahlenreihe (auf- oder absteigend) und liegt in der Mitte dieser Zahlenreihe (Median).

**Beispiel:**

Die Wechselkurse werden der Größe nach aufsteigend geordnet:

| Kurs | 0,84 | 0,85 | 0,85 | 0,86 | 0,86 | 0,87 | 0,87 | 0,88 | 0,89 |
|------|------|------|------|------|------|------|------|------|------|

Der Zentralwert ist 0,86 US-Dollar pro Euro.

#### Durchschnittswert

Der einfache Durchschnittswert errechnet sich aus der Summe der Zahlenwerte, dividiert durch die Anzahl der Zahlenwerte (einfaches arithmetisches Mittel).

**Beispiel:**

$$\frac{0{,}88 + 0{,}86 + 0{,}87 + 0{,}85 + 0{,}84 + 0{,}87 + 0{,}86 + 0{,}89 + 0{,}86}{9} = 0{,}864$$

Der Durchschnittskurs eines Euro betrug im Untersuchungszeitraum von neun Tagen 0,864 US-Dollar.

## Jahresabschluss – *Annual balance*

### Bestandteile des Jahresabschlusses

**Jahresabschluss**

**bei Einzelunternehmen und Personengesellschaften (§ 242 HGB)**

- Bilanz
- Gewinn- und Verlustrechnung

**bei Kapitalgesellschaften (§ 242 HGB i. V. m. § 264 Absatz 1 HGB):**

- Bilanz
- Gewinn- und Verlustrechnung
- Anhang (erläutert bestimmte Einzelposten der Bilanz und der Gewinn- und Verlustrechnung)

### Wichtige Jahresabschlussarbeiten

- Aufwendungen und Erträge zeitlich abgrenzen, um den Erfolg periodengerecht zu ermitteln
- Inventur vor dem Kontenabschluss durchführen und das Inventar aufstellen sowie die Vermögensteile und die Schulden bewerten
- Mithilfe der Hauptabschlussübersicht die Konten probeweise abschließen
- Vorbereitende Abschlussbuchungen vornehmen
  - Inventurdifferenzen erfassen (Inventurwert weicht vom Buchwert ab)
  - Unterkonten über die entsprechenden Hauptkonten abschließen
  - i. V. m. der Bewertung z. B. Abschreibungen auf Sachanlagen und auf Forderungen buchen
  - Bilanz und Gewinn- und Verlustrechnung entsprechend den Gliederungsvorschriften des HGB sowie – bei Kapitalgesellschaften – den Anhang ordnungsmäßig erstellen

**21**

3525326

# Zeitliche Abgrenzung – *Deferrals and accruals*

## Zielsetzung

- Der Unternehmenserfolg muss periodengerecht und damit periodenvergleichbar ermittelt werden.

- Dafür sind die Aufwendungen und Erträge dem Geschäftsjahr zuzuordnen, zu dem sie **wirtschaftlich** gehören, unabhängig von den Zeitpunkten der entsprechenden Zahlungen (vgl. auch § 252 Absatz 1 Ziffer 5 HGB).

## Posten der zeitlichen Abgrenzung

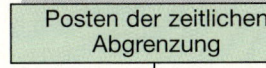

```
                    Posten der zeitlichen
                        Abgrenzung
```

**Antizipative\* Posten**

- Sonstige Forderungen
- Sonstige Verbindlichkeiten

\* antizipieren: vorwegnehmen

**Transitorische\* Posten**

- Aktiver Rechnungsabgrenzungsposten
- Passiver Rechnungsabgrenzungsposten

\* transire (lat.): hinübergehen

## Sonstige Forderungen

Erträge, die wirtschaftlich *vollständig* oder *teilweise* das alte Jahr betreffen, die aber erst im neuen Jahr zu einer Einnahme führen, stellen für das Unternehmen per 31. Dezember des alten Jahres vollständig oder anteilig eine **Geldforderung** dar, die auf dem aktiven Bestandskonto **„Sonstige Forderungen"** zu buchen ist. Die Ertragswirksamkeit für das alte Jahr wird damit vorweggenommen, antizipiert.

**Beispiel:**

Die OfficeCom AG erhält die Dezembermiete für den vermieteten Teil des Verwaltungsgebäudes in Höhe von 5.600,00 € erst im Januar des folgenden Jahres durch Banküberweisung.

**Buchungen:**

(1) Zeitliche Abgrenzung per 31. Dezember des alten Jahres:
Sonstige Forderungen an Mieterträge          5.600,00 €

(2) Abschlussbuchungen per 31. Dezember des alten Jahres:
Schlussbilanzkonto an Sonstige Forderungen    5.600,00 €
Mieterträge an Gewinn- und Verlustkonto       5.600,00 €

(3) Eröffnungsbuchung per 1. Januar des folgenden Jahres:
Sonstige Forderungen an Eröffnungsbilanzkonto  5.600,00 €

(4) Zahlungsausgleich im neuen Jahr:
Bankguthaben an Sonstige Forderungen          5.600,00 €

## Sonstige Verbindlichkeiten

Aufwendungen, die wirtschaftlich *vollständig* oder *teilweise* das alte Jahr betreffen, die aber erst im neuen Jahr zu einer Ausgabe führen, stellen für das Unternehmen per 31. Dezember des alten Jahres vollständig oder teilweise eine **Geldverbindlichkeit** dar, die auf dem passiven Bestandskonto **„Sonstige Verbindlichkeiten"** zu buchen ist. Die Aufwandswirksamkeit für das alte Jahr wird damit vorweggenommen.

**Beispiel:**

Die OfficeCom AG muss vierteljährlich nachträglich fällige Zinsen für die Zeit von November bis Januar in Höhe von 2.535,00 € für ein aufgenommenes Darlehen am 31. Januar des folgenden Jahres zahlen.

**Buchungen:**

(1) Zeitliche Abgrenzung per 31. Dezember des alten Jahres:
Zinsaufwendungen an Sonstige Verbindlichkeiten  1.690,00 €

(2) Abschlussbuchungen per 31. Dezember des alten Jahres:
Sonstige Verbindlichkeiten an Schlussbilanzkonto  1.690,00 €
Gewinn- und Verlustkonto an Zinsaufwendungen      1.690,00 €

(3) Eröffnungsbuchung per 1. Januar des folgenden Jahres:
Eröffnungsbilanzkonto an Sonstige Verbindlichkeiten 1.690,00 €

(4) Zinszahlung am 31. Januar des neuen Jahres:
Sonstige Verbindlichkeiten        1.690,00 €
Zinsaufwendungen                    845,00 €
an Bankguthaben                                  2.535,00 €

**21**

# Zeitliche Abgrenzung – *Deferrals and accruals*

## Darstellung des Beispiels zu „Sonstige Verbindlichkeiten" auf Konten

### Buchungen im alten Jahr:

| Soll | Sonstige Verbindlichkeiten | Haben | | Soll | Zinsaufwendungen | Haben |
|---|---|---|---|---|---|---|
| 2. SBK | 1.690 | 1. Zinsaufw. 1.690 | | 1. Sonst. Verb. 1.690 | | 2. GuV-Konto 1.690 |

| Soll | Schlussbilanzkonto | Haben | | Soll | Gewinn- und Verlustkonto | Haben |
|---|---|---|---|---|---|---|
| | | 2. Sonst. Verb. 1.690 | | 2. Zinsaufw. 1.690 | | |

### Buchungen im neuen Jahr:

| Soll | Zinsaufwendungen | Haben | | Soll | Eröffnungsbilanzkonto | Haben |
|---|---|---|---|---|---|---|
| 4. Bankguthaben 845 | | | | 3. Sonst. Verb. 1.690 | | |

| Soll | Sonstige Verbindlichkeiten | Haben | | Soll | Bankguthaben | Haben |
|---|---|---|---|---|---|---|
| 4. Bankguthaben 1.690 | | 3. EBK 1.690 | | | | 4. Zinsaufw./ Sonst. Verb. 2.535 |

## Aktive Rechnungsabgrenzung

Aufwendungen, die wirtschaftlich *vollständig* oder *teilweise* das neue Jahr betreffen, die aber schon im alten Jahr zu einer Ausgabe führten, stellen für das Unternehmen per 31. Dezember des alten Jahres eine vollständige oder anteilige **Sach- oder Leistungsforderung** dar, die auf dem aktiven Bestandskonto **„Aktive Rechnungsabgrenzung"** (ARA) zu buchen ist. Die Aufwandswirksamkeit wird damit in das neue Jahr hinübergenommen.

**Beispiel:**

Die OfficeCom AG bezahlt die Januarmiete des kommenden Jahres für eine Lagerhalle über 1.660,00 € bereits am 29. Dezember des alten Jahres durch Banküberweisung.

**Buchungen:**

(1) Mietzahlung am 29. Dezember des alten Jahres:
Aktive Rechnungsabgrenzung an Bankguthaben     1.660,00 €

(2) Abschlussbuchung per 31. Dezember des alten Jahres:
Schlussbilanzkonto an Aktive Rechnungsabgrenzung 1.600,00 €

(3) Eröffnungsbuchung per 1. Januar des neuen Jahres:
Aktive Rechnungsabgrenzung an
Eröffnungsbilanzkonto     1.600,00 €

(4) Buchung des Mietaufwandes per 1. Januar des neuen Jahres:
Mieten, Pachten an Aktive Rechnungsabgrenzung     1.600,00 €

## Passive Rechnungsabgrenzung

Erträge, die wirtschaftlich *vollständig* oder *teilweise* das neue Jahr betreffen, die aber schon im alten Jahr zu einer Einnahme führten, stellen für das Unternehmen per 31. Dezember des alten Jahres eine vollständige oder anteilige **Sach- oder Leistungsverbindlichkeit** dar, die auf dem passiven Bestandskonto **„Passive Rechnungsabgrenzung"** (PRA) zu buchen ist. Die Ertragswirksamkeit wird damit in das neue Jahr hinübergenommen.

**Beispiel:**

Die OfficeCom AG erhält am 1. November für ein vergebenes Darlehen die Zinsen für das kommende Quartal (November bis Januar) in Höhe von 3.870,00 € im Voraus dem Bankkonto gutgeschrieben.

**Buchungen:**

(1) Zinszahlung am 1. November des alten Jahres:
Bankguthaben     3.870,00 €
an Zinserträge     2.580,00 €
an Passive Rechnungsabgrenzung     1.290,00 €

(2) Abschlussbuchungen per 31. Dezember des alten Jahres:
Passive Rechnungsabgrenzung an Schlussbilanzkonto 1.290,00 €
Zinserträge an Gewinn- und Verlustkonto     2.580,00 €

(3) Eröffnungsbuchung per 1. Januar des neuen Jahres:
Eröffnungsbilanzkonto
an Passive Rechnungsabgrenzung     1.290,00 €

(4) Buchung des anteiligen Zinsertrages des neuen Jahres:
Passive Rechnungsabgrenzung an Zinserträge     1.290,00 €

21

3525328

# Zeitliche Abgrenzung – *Deferrals and accruals*

## Darstellung des Beispiels zu „Passive Rechnungsabgrenzung" auf Konten

**Buchungen im alten Jahr:**

| Soll | **Bankguthaben** | | Haben |
|---|---|---|---|
| 1. Zinserträge/ PRA | 3.780 | | |

| Soll | **Zinsaufwendungen** | | Haben |
|---|---|---|---|
| 2. GuV-Konto | 2.580 | 1. Bankguthaben | 2.580 |

| Soll | **Passive Rechnungsabgrenzung** | | Haben |
|---|---|---|---|
| 2. SBK | 1.290 | 1. Bankguthaben | 1.290 |

| Soll | **Gewinn- und Verlustkonto** | | Haben |
|---|---|---|---|
| | | 2. Zinserträge | 2.580 |

| Soll | **Schlussbilanzkonto** | | Haben |
|---|---|---|---|
| | | 2. PRA | 1.290 |

**Buchungen im neuen Jahr:**

| Soll | **Eröffnungsbilanz** | | Haben |
|---|---|---|---|
| 3. PRA | 1.290 | | |

| Soll | **Zinserträge** | | Haben |
|---|---|---|---|
| | | 4. PRA | 1.290 |

| Soll | **Passive Rechnungsabgrenzung** | | Haben |
|---|---|---|---|
| 4. Zinserträge | 1.290 | 3. EBK | 1.290 |

## Fälle der zeitlichen Abgrenzung

| Im alten Jahr | Im neuen Jahr | Buchungen zur zeitlichen Abgrenzung |
|---|---|---|
| Aufwand | Ausgabe | Aufwandskonto an Sonstige Verbindlichkeiten |
| Ertrag | Einnahme | Sonstige Forderungen an Ertragskonto |
| Ausgabe | Aufwand | Aktive Rechnungsabgrenzung an Finanzkonto |
| Einnahme | Ertrag | Finanzkonto an Passive Rechnungsabgrenzung |

## Rückstellungen

- Rückstellungen sind **Verbindlichkeiten** für (geschätzte) **Aufwendungen,** die am Bilanzstichtag ihrem Grunde nach feststehen, nicht aber in ihrer Höhe und/oder Fälligkeit.
- In § 249 HGB ist geregelt, für welche Zwecke Rückstellungen gebildet werden müssen bzw. gebildet werden können.
- In der Bilanz sind auf der **Passivseite** auszuweisen
  - Pensionsrückstellungen,
  - Steuerrückstellungen,
  - Sonstige Rückstellungen.
- Sind im neuen/späteren Jahr
  - tatsächliche Kosten > Rückstellung
    → periodenfremder Aufwand
  - tatsächliche Kosten < Rückstellung
    → Ertrag aus der Auflösung der Rückstellung

**Beispiel:**

Die OfficeCom AG führt mit einem Lieferer einen Prozess, dessen Ausgang per 31. Dezember ungewiss ist. Vorsichtshalber rechnet die OfficeCom AG mit 2.500,00 € Prozesskosten. Bei Abschluss des Prozesses im neuen Jahr entstehen tatsächlich Kosten in Höhe von 2.300,00 €.

**Buchung per 31. Dezember des alten Jahres:**

| Rechts- und Beratungskosten | 2.500,00 € | |
|---|---|---|
| an Sonstige Rückstellungen | | 2.500,00 € |

**Buchung nach Abschluss des Prozesses im neuen Jahr:**

| Sonstige Rückstellungen | 2.500,00 € | |
|---|---|---|
| an Bankguthaben | | 2.300,00 € |
| an Erträge aus der Auflösung von Rückstellungen | | 200,00 € |

**21**

## Bewertung von Forderungen – *Valuation of debts*

### Forderungsarten und Wertansätze am Bilanzstichtag

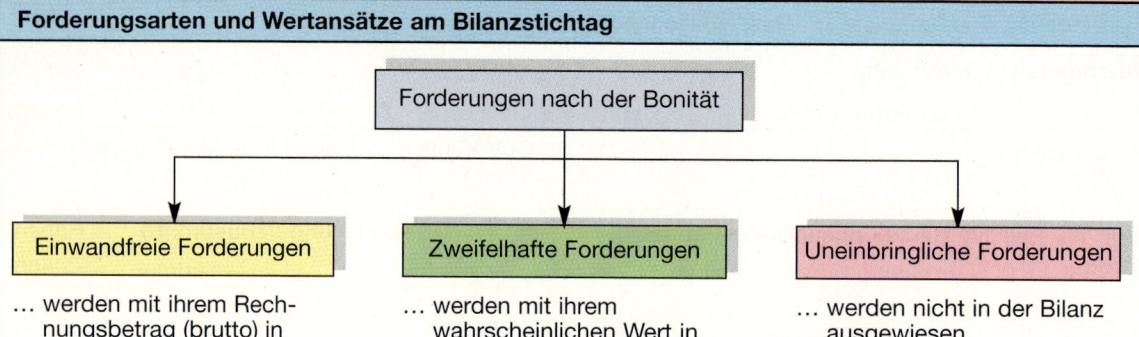

Forderungen nach der Bonität

**Einwandfreie Forderungen**

... werden mit ihrem Rechnungsbetrag (brutto) in der Bilanz ausgewiesen.

**Zweifelhafte Forderungen**

... werden mit ihrem wahrscheinlichen Wert in der Bilanz ausgewiesen (indirekte Abschreibung).

**Uneinbringliche Forderungen**

... werden nicht in der Bilanz ausgewiesen (direkte Abschreibung).

### Uneinbringliche Forderungen

- Forderungen gelten als uneinbringlich, wenn ihr (teilweiser) **Ausfall gewiss** ist, z.B. wenn ein Kunde die Zahlung einstellt.

- Derartige Forderungen sind zunächst von den einwandfreien („guten") Forderungen zu trennen, indem sie auf das aktive Bestandskonto **„Zweifelhafte Forderungen"** umgebucht werden.

- Anschließend sind sie **direkt** auf dem Konto „Zweifelhafte Forderungen" **abzuschreiben**. Das entsprechende Aufwandskonto heißt **„Abschreibungen auf Forderungen"**. Die Abschreibung wird vom **Nettowert** der Forderung berechnet.

- Da durch den Forderungsausfall *das vereinbarte Entgelt für eine steuerpflichtige Lieferung oder sonstige Leistung uneinbringlich geworden ist"* (§ 17 Absatz 2 Ziffer 1 UStG), ist die **Umsatzsteuer** in entsprechender Höhe zu **korrigieren**. Das Finanzamt erstattet also die vorher zu viel berechnete bzw. schon abgeführte Umsatzsteuer.

**Beispiel:**

Die OfficeCom AG hat Aktenschränke im Wert von 15.700,00 € zuzüglich 16 % USt an einen Kunden auf Ziel verkauft. Am 15. März 20.. erfährt die OfficeCom AG, dass der Kunde das Insolvenzverfahren beantragt hat, das jedoch nach Prüfung vom zuständigen Insolvenzgericht am 19. Juli 20.. mangels Masse eingestellt wird. Damit kann die OfficeCom AG davon ausgehen, dass die Forderung verloren, uneinbringlich ist.

**Buchungen:**

Umbuchung der Forderung am 15. März 20..:
Zweifelhafte Forderungen 18.212,00 €
an Forderungen a. LL        18.212,00 €

Direkte Abschreibung der Forderung einschließlich USt-Korrektur am 19. Juli 20..:

Abschreibungen auf
Forderungen                15.700,00 €
Umsatzsteuer                2.512,00 €
an Zweifelhafte Forderungen     18.212,00 €

### Zweifelhafte Forderungen

#### Entstehung der Einzelwertberichtigung zu Forderungen

- Einzelne Forderungen gelten als zweifelhaft, wenn ihr (teilweiser) **Ausfall am Bilanzstichtag wahrscheinlich** ist, z.B. wenn bei einem Kunden das Insolvenzverfahren eröffnet ist.

- Derartige Forderungen sind ebenfalls auf das aktive Bestandskonto „Zweifelhafte Forderungen" umzubuchen.

- Anschließend sind sie **indirekt** auf dem **passiven** „Bestands"konto **„Einzelwertberichtigung zu Forderungen"** in Höhe des mutmaßlichen Ausfalls abzuschreiben. Die Gegenbuchung erfolgt auf dem Aufwandskonto **„Einstellung in die Einzelwertberichtigung"**. Die Abschreibung wird vom **Nettowert** der Forderung berechnet.

- Das Konto „Einzelwertberichtigung zu Forderungen" ist ein **Korrekturposten** zum Konto „Zweifelhafte Forderungen".

- Die USt-Korrektur darf noch **nicht** erfolgen, da die endgültige Höhe des Ausfalls am Bilanzstichtag nicht feststeht.

**Beispiel:**

Per 31. Dezember 20.. beträgt der Forderungsstand der OfficeCom AG 230.000,00 €. Darin enthalten ist eine Forderung über 32.480,00 € an den Kunden Miller GmbH, über deren Vermögen das Insolvenzverfahren eröffnet wurde. Der Insolvenzverwalter rechnet für die OfficeCom AG mit einer Insolvenzquote von 20 %. Das bedeutet einen mutmaßlichen Forderungsausfall von 80 %.

**Buchungen per 31. Dezenber 20..:**

(1) Umbuchung der zweifelhaften Forderung
Zweifelhafte Forderungen 32.480,00 €
an Forderungen a. LL        32.480,00 €

(2) Indirekte Abschreibung der zweifelhaften Forderung (80 % von 28.000 €):
Einstellung in die
Einzelwertberichtigung     22.400,00 €
an Einzelwertberichtigung
zu Forderungen             22.400,00 €

**21**

3525330

## Bewertung von Forderungen – *Valuation of debts*

### Darstellung des Beispiels zu „Einzelwertberichtigung zu Forderungen" auf Konten

| Soll | Forderungen | | Haben |
|---|---|---|---|
| ... | 230.000 | 1. Zweifelhafte Forderungen | 32.480 |
| | | SBK | 197.520 |

| Soll | Einstellung in die EWB | | Haben |
|---|---|---|---|
| 2. EWB zu Forderungen | 22.400 | GuV-Konto | 22.400 |

| Soll | Zweifelhafte Forderungen | | Haben |
|---|---|---|---|
| 1. Forderungen | 32.480 | SBK | 32.480 |

| Soll | EWB zu Forderungen | | Haben |
|---|---|---|---|
| SBK | 22.400 | 2. Einst. in die EWB | 22.400 |

| Soll | Schlussbilanzkonto | | Haben |
|---|---|---|---|
| Forderungen | 197.520 | EWB zu Forderungen | 22.400 |
| Zweifelhafte Forderungen | 32.480 | | |

| Soll | Gewinn- und Verlustkonto | | Haben |
|---|---|---|---|
| Einstellung in die EWB | 22.400 | | |

### Direkte Abschreibung des tatsächlichen Ausfalls der einzeln wertberichtigten Forderung

- Steht im neuen Jahr der **tatsächliche Ausfall** der Forderung, für die Ende des vergangenen Jahres eine Wertberichtigung vorgenommen wurde, fest, ist diese Forderung **direkt** über das Konto „Abschreibungen auf Forderungen" **abzuschreiben.**
- Die Umsatzsteuer ist in entsprechender Höhe zu korrigieren.
- Auf diese Weise werden alle Forderungsausfälle, die zu einer Minderung der Umsatzsteuer führen, ausschließlich auf dem Konto „Abschreibungen auf Forderungen" erfasst, das mit einer Umsatzsteuerautomatik versehen ist. Dadurch wird eine EDV-gerechte Umsatzsteuerverprobung ermöglicht.
- Die für die zweifelhafte Forderung gebildete Einzelwertberichtigung bleibt bis zum Jahresende unberührt.

**Beispiel:**

Am 17. Oktober 20.. (des folgenden Jahres) ist das Insolvenzverfahren der Miller GmbH (siehe S. 330) abgeschlossen. Die Insolvenzquote beträgt 15 %. Der entsprechende Betrag wird auf das Bankkonto der OfficeCom AG überwiesen.

| | | |
|---|---|---|
| | Zweifelhafte Forderung: | 32.480,00 € |
| − | Banküberweisung (15 %) | 4.872,00 € |
| = | tatsächlicher Ausfall (brutto) | 27.608,00 € |
| − | USt-Korrektur | 3.808,00 € |
| = | tatsächlicher Ausfall (netto) (direkte Abschreibung) | 23.800,00 € |

**Die OfficeCom AG bucht am 17. Oktober 20..:**

| | |
|---|---|
| Bankguthaben | 4.872,00 € |
| Abschreibungen auf Forderungen | 23.800,00 € |
| Umsatzsteuer | 3.808,00 € |
| an Zweifelhafte Forderungen | 32.480,00 € |

### Auflösung der alten und Bildung einer neuen Einzelwertberichtigung zu Forderungen

- In der betrieblichen Praxis wird per 31. Dezember des neuen Jahres die Einzelwertberichtigung zu Forderungen aus dem alten Jahr **ertragswirksam aufgelöst.**
- Anschließend werden wieder – wie am Ende des vorangegangenen Jahres – alle bestehenden Forderungen im Hinblick auf ihre Bonität untersucht. Zweifelhafte Forderungen werden **wieder** umgebucht und in Höhe ihres mutmaßlichen Ausfalls **indirekt abgeschrieben.** Auf diese Weise wird der entsprechende Aufwand („Verlust") in dem Jahr gebucht, dem er wirtschaftlich zuzuordnen ist.

**Beispiel:**

Die Einzelwertberichtigung der OfficeCom AG aus dem vorangegangenen Jahr über 22.400,00 € wird aufgelöst.

**Buchung:**

| | |
|---|---|
| EWB zu Forderungen | 22.400,00 € |
| an Erträge aus der Auflösung von Wertberichtigungen auf Forderungen | 22.400,00 € |

Unter dem Forderungsbestand der OfficeCom AG per 31. Dezember von 650.000,00 € befinden sich Forderungen in Höhe von 46.400,00 €, die vermutlich zu 70 % ausfallen werden.

**Buchungen:**
Siehe S. 330 unten

# Bewertung von Vorräten – *Valuation of stock*

## Vorräte

Zu den Vorräten eines Industrie-betriebs gehören:

- Bestände an Roh-, Hilfs- und Betriebsstoffen,
- Bestände an Fremdbauteilen,
- Bestände an Handelswaren,
- Bestände an unfertigen und fertigen Erzeugnissen.

## Bewertungsgrundsätze

- Grundsätzlich gilt das Prinzip der **Einzelbewertung.**
- Unter bestimmten Bedingungen lässt der Gesetzgeber so genannte **Sammelbewertungsverfahren** zu.
- Wird eines der Sammelbewertungsverfahren angewendet, muss der so ermittelte Wert des Endbestandes noch mit dem am Bilanzstichtag geltenden Tageswert verglichen werden:

  → Ist der Tageswert niedriger als der Wert gemäß Sammelbewertungsverfahren, muss der **Tageswert** in der Bilanz angesetzt werden.

  → Ist der Tageswert höher als der Wert nach dem Sammelbewertungsverfahren, muss mit dem Wert des Sammelbewertungsverfahrens bilanziert werden **(strenges Niederstwertprinzip).**

## Verfahren der Sammelbewertung

Bewertung der Vorräte nach dem ...

**Festwertverfahren**

**Verfahren der Durchschnittspreisbewertung**
- Gewogener Durchschnitt
- Permanenter gewogener Durchschnitt

**Verbrauchsfolgeverfahren**
- Last in – first out (Lifo)
- First in – first out (Fifo)
- Highest in – first out (Hifo)

## Festwert

Die Bestände von Werkstoffen und Handelswaren können nach § 240 Abs. 3 HGB mit einem Festwert in der Bilanz angesetzt werden, wenn folgende Bedingungen erfüllt sind:

- Größe, Wert und Zusammensetzung der Bestände dürfen sich nur geringfügig verändern.
- Der Gesamtwert ist für das Unternehmen von nachrangiger Bedeutung.
- Die Vermögensgegenstände müssen regelmäßig ersetzt werden.

**Beispiele:**
- „Eiserne Bestände" der Roh-, Hilfs- und Betriebsstoffe sowie der Handelswaren und Fremdbauteile
- Geschirr der Kantine

## Gewogener Durchschnitt

Nach § 240 Abs. 4 HGB können *„gleichartige Vermögensgegenstände des Vorratsvermögens ... jeweils zu einer Gruppe zusammengefasst und mit dem gewogenen Durchschnittswert angesetzt werden."*

Der durchschnittliche Anschaffungswert des Endbestandes lt. Inventur ergibt sich aus dem gewogenen Durchschnittspreis pro Mengeneinheit, multipliziert mit den Mengeneinheiten des Endbestandes gemäß Inventur.

**Beispiel:**

|  | Menge in t | Preis/t in € | Menge · Preis |
|---|---|---|---|
| Jahres-AB | 10 | 9,00 | 90,00 |
| Zugang Februar | 15 | 8,00 | 120,00 |
| Zugang April | 12 | 10,00 | 120,00 |
| Zugang Juli | 18 | 9,00 | 162,00 |
| Zugang Oktober | 25 | 12,00 | 300,00 |
| Summe | 80 | | 792,00 |
| Verbrauch | 60 | | |
| Jahres-EB | 20 | | |

Durchschnittlicher Anschaffungspreis/t: 792,00 € : 80 t = 9,90 €/t
Durchschnittlicher Anschaffungswert des Endbestandes lt. Inventur:
20 t · 9,90 €/t = 198,00 €

Beträgt der Tageswert am Bilanzstichtag 9,70 €, ist der Endbestand mit 194,00 € in der Bilanz auszuweisen.

21

3525332

# Bewertung von Vorräten – *Valuation of stock*

## Permanenter gewogener Durchschnitt

- Nach jedem Zugang – also laufend oder permanent – wird der Gesamtwert des sich dann ergebenden neuen Bestandes ermittelt.
- Jeder Abgang oder Verbrauch wird mit den sich jeweils ergebenden durchschnittlichen Anschaffungskosten bewertet.
- Mit der letzten Lagerbestandsänderung ergibt sich der Wert des Endbestandes zu durchschnittlichen Anschaffungskosten, der noch mit dem Tageswert zu vergleichen ist.
- Gegenüber der einmaligen Durchschnittsbewertung ist das Ergebnis der permanenten Durchschnittsbewertung genauer.

**Beispiel:**

|  | Menge in t | Preis/t in € | Menge · Preis |
|---|---|---|---|
| Jahres-AB | 10 | 9,00 | 90,00 |
| Zugang Februar | 15 | 8,00 | 120,00 |
| Bestand | 25 | 8,40 | 210,00 |
| Abgang Februar | 12 | 8,40 | 100,80 |
| Bestand | 13 | 8,40 | 109,20 |
| Zugang April | 12 | 10,00 | 120,00 |
| Bestand | 25 | 9,17 | 229,20 |
| Abgang April | 16 | 9,17 | 146,72 |
| Bestand | 9 | 9,16 | 82,48 |
| Zugang Juli | 18 | 9,00 | 162,00 |
| Bestand | 27 | 9,05 | 244,48 |
| Abgang August | 20 | 9,05 | 181,00 |
| Bestand | 7 | 9,07 | 63,48 |
| Zugang Oktober | 25 | 12,00 | 300,00 |
| Bestand | 32 | 11,36 | 363,48 |
| Abgang November | 12 | 11,36 | 136,32 |
| **Endbestand 31.12.** | **20** | **11,36** | **227,16** |

## Verbrauchsfolgeverfahren

### Lifo-Verfahren

- Last in – first out heißt, dass die zuletzt gekauften Vorräte zuerst in der Fertigung verbraucht bzw. verkauft werden.
- Umkehrschluss: Die zuerst gekauften Vorräte liegen noch auf Lager und sind für die Bilanz zu bewerten.
- Der nach dem Lifo-Verfahren ermittelte Wert ist noch mit dem Tageswert zu vergleichen.
- Das Lifo-Verfahren ist handels- und steuerrechtlich zulässig.

**Beispiel:**

Auf der Grundlage des Zahlenbeispiels auf S. 332 ergibt sich der folgende vorläufige Bilanzansatz:

| 10 t · 9,00 € | = | 90,00 € |
|---|---|---|
| 10 t · 8,00 € | = | 80,00 € |
| 20 t | = | 170,00 € |

### Fifo-Verfahren

- First in – first out heißt, dass die zuerst gekauften Vorräte auch zuerst in der Fertigung verbraucht oder verkauft werden.
- Umkehrschluss: Die zuletzt gekauften Vorräte liegen am Bilanzstichtag noch auf Lager.
- Der nach dem Fifo-Verfahren ermittelte Wert ist noch mit dem Tageswert zu vergleichen.
- Das Fifo-Verfahren ist nur handelsrechtlich zulässig.

**Beispiel:**

Auf der Grundlage des Zahlenbeispiels auf S. 332 ergibt sich der folgende vorläufige Bilanzansatz:

20 t · 12,00 € = 240,00 €

### Hifo-Verfahren

- Highest in – first out heißt, dass die Vorräte mit den höchsten Anschaffungskosten zuerst verbraucht oder verkauft werden.
- Umkehrschluss: Die Vorräte mit den niedrigeren Anschaffungskosten liegen noch auf Lager.
- Der nach dem Hifo-Verfahren ermittelte Wert ist noch mit dem Tageswert zu vergleichen.
- Das Hifo-Verfahren ist nur handelsrechtlich zulässig.

**Beispiel:**

Auf der Grundlage des Zahlenbeispiels auf S. 332 ergibt sich der folgende vorläufige Bilanzansatz:

| 15 t · 8,00 € | = | 120,00 € |
|---|---|---|
| 5 t · 9,00 € | = | 45,00 € |
| 20 t | = | 165,00 € |

# Bewertung von Verbindlichkeiten/Rückstellungen – *Valuation of liabilities*

- **Verbindlichkeiten** aus Lieferungen und Leistungen sind mit ihrem Zahlungs- oder Rechnungs- oder Bruttobetrag (also einschließlich Umsatzsteuer) in der Bilanz auszuweisen.

- *Rückstellungen* sind mit solchen Beträgen in der Bilanz anzusetzen, die gemäß § 253 Abs. 1 HGB „… *nach vernünftiger kaufmännischer Beurteilung notwendig …*" sind.

  (Zu Begriff, Arten und Buchung von Rückstellungen siehe S. 329)

**21**

# Hauptabschlussübersicht – *Preparing the annual balance*

| Begriff | Gründe |
|---|---|
| Bevor zum Ende eines Geschäftsjahres sämtliche Konten abgeschlossen werden, wird in der Praxis meist erst ein Probeabschluss auf einem besonderen Formblatt, das als **Hauptabschlussübersicht** bezeichnet wird, gemacht. | • Überprüfung der Richtigkeit der Buchungen während des Geschäftsjahres<br>• Buchung von Abweichungen zwischen Inventur- und Buchbeständen<br>• Klärung von Bewertungsfragen<br>• Durchführung bisher nicht vorgenommener Buchungen, wie z. B. Abschreibungen auf Anlagen und auf Forderungen<br>• Buchung der zeitlichen Abgrenzungen |

## Beispiel

Hauptabschlussübersicht der OfficeCom AG zum 31. Dezember 20.. in €

| Konto-Nr. | Konto | Summenbilanz Soll | Summenbilanz Haben | Saldenbilanz I Soll | Saldenbilanz I Haben | Umbuchungen Soll | Umbuchungen Haben | Saldenbilanz II Soll | Saldenbilanz II Haben | Inventurbilanz Aktiva | Inventurbilanz Passiva | Erfolgsbilanz Aufwendungen | Erfolgsbilanz Erträge |
|---|---|---|---|---|---|---|---|---|---|---|---|---|---|
| 051 | Bebaute Grundstücke | 250.000 | | 250.000 | | | 10.000 | 240.000 | | 240.000 | | | |
| 07 | Maschinen | 130.000 | 20.000 | 110.000 | | | 30.000 | 80.000 | | 80.000 | | | |
| 08 | Geschäftsausstattung | 48.000 | 13.000 | 35.000 | | | 2.000 | 33.000 | | 33.000 | | | |
| 084 | Fuhrpark | 36.000 | 9.000 | 27.000 | | | 12.000 | 15.000 | | 15.000 | | | |
| 200 | Rohstoffe | 123.000 | 102.100 | 20.900 | | | | 20.900 | | 20.900 | | | |
| 202 | Hilfsstoffe | 68.500 | 42.500 | 26.000 | | | | 26.000 | | 26.000 | | | |
| 21 | Unfertige Erzeugnisse | 84.500 | | 84.500 | | | 7.000 | 77.500 | | 77.500 | | | |
| 22 | Fertige Erzeugnisse | 51.000 | | 51.000 | | 15.000 | | 66.000 | | 66.000 | | | |
| 24 | Forderungen a.LL | 272.600 | 218.300 | 54.300 | | | 5.300 | 49.000 | | 49.000 | | | |
| 260 | Vorsteuer | 17.200 | 800 | 16.400 | | | 16.400 | | | | | | |
| 280 | Bankguthaben | 179.200 | 143.700 | 35.500 | | 5.300 | | 40.800 | | 40.800 | | | |
| 288 | Kasse | 14.800 | 7.300 | 7.500 | | | | 7.500 | | 7.500 | | | |
| 3000 | Gezeichnetes Kapital | | 100.000 | | 100.000 | | | | 100.000 | | 100.000 | | |
| 31 | Kapitalrücklage | | 150.000 | | 150.000 | | | | 150.000 | | 150.000 | | |
| 32 | Gewinnrücklagen | | 97.300 | | 97.300 | | | | 97.300 | | 97.300 | | |
| 4250 | Langfristige Bankverbindlichkeiten | 50.000 | 300.000 | | 250.000 | | | | 250.000 | | 250.000 | | |
| 44 | Verbindlichkeiten a.LL | 142.200 | 178.400 | | 36.200 | | | | 36.200 | | 36.200 | | |
| 480 | Umsatzsteuer | 1.300 | 20.800 | | 19.500 | 16.400 | | | 3.100 | | 3.100 | | |
| 510 | Umsatzerlöse | | 228.000 | | 228.000 | 13.000 | | | 215.000 | | | | 215.000 |
| 5001 | Erlösberichtigungen | 13.000 | | 13.000 | | | 13.000 | | | | | | |
| 52 | Bestandsveränderungen | | | | | 7.000 | 15.000 | | 8.000 | | | | 8.000 |
| 600 | Rohstoffaufwendungen | 102.100 | | 102.100 | | | | 102.100 | | | | 102.100 | |
| 602 | Hilfsstoffaufwendungen | 42.500 | | 42.500 | | | | 42.500 | | | | 42.500 | |
| 652 | Abschreibungen | | | | | 54.000 | | 54.000 | | | | 54.000 | |
| 751 | Zinsaufwendungen | 5.300 | | 5.300 | | | | 5.300 | | | | 5.300 | |
| | | 1.631.200 | 1.631.200 | 881.000 | 881.000 | 110.700 | 110.700 | 859.600 | 859.600 | 655.700 | 636.600 | 203.900 | 223.000 |
| | | | | | | | | | | | 19.100 | 19.100 | |
| | | | | | | | | | | 655.700 | 655.700 | 223.000 | 223.000 |

vgl. Scharf, Dirk: Finanzbuchhaltung II: Weiterführende Buchungen, 1. Aufl., Wiesbaden 1995, S. 66

21

3525334

# Hauptabschlussübersicht – *Preparing the annual balance*

## Aufbau und Vorgehensweise

### Spalten 1 und 2:

Diese Spalten nehmen die Kontennummern und Kontenbezeichnungen aller im laufenden Geschäftsjahr verwendeten Bestands- und Erfolgskonten auf.

### Spalte 3: Summenbilanz

In ihr werden die Summen der Soll- und Habenseite aller Konten, die sich jeweils aus Anfangsbestand sowie Zugängen und Abgängen ergeben, erfasst.

**Beispiel:**

Das Konto „07 Maschinen" weist zum Ende des Jahres, vor der Buchung der planmäßigen Abschreibung, folgende Werte in € auf:

| Soll | | 07 Maschinen | Haben |
|------|------|------|------|
| EBK | 90.000 | Erlöse aus | |
| Verbindlichk. | 30.000 | Anlageabgängen | 20.000 |
| Bankguthaben | 10.000 | | |
| Summe | 130.000 | Summe | 20.000 |

Analog wird bei sämtlichen anderen Konten verfahren.

Da bei der Buchung der einzelnen Geschäftsvorfälle der Wert der Sollbuchung(en) immer dem Wert der Habenbuchung(en) entspricht, muss die Summe der Sollseite der Summenbilanz mit der Summe der Habenseite übereinstimmen (rechnerische Richtigkeit der Buchungen).

### Spalte 4: Saldenbilanz I

Die Salden der einzelnen Konten werden errechnet und in die Saldenbilanz I eingetragen, jetzt allerdings nicht, wie sonst beim Kontenabschluss, auf der „schwächeren" Seite, sondern auf der Seite, auf der der Saldo auch in der Schlussbilanz stehen würde – daher auch der Name Salden**bilanz**.

**Beispiel:**

Für das Konto „07 Maschinen" ergibt sich ein Saldo von 110.000,00 €, der in der Saldenbilanz I auf der Sollseite einzutragen ist.

### Spalte 5: Umbuchungen

In dieser Spalte sind alle vorbereitenden Abschlussbuchungen nach den Regeln der doppelten Buchführung vorzunehmen:

- Abschreibungen auf Anlagen und Umlaufvermögen
- Bestandsveränderungen an Roh-, Hilfs- und Betriebsstoffen, sofern die Stoffaufwendungen noch nicht gebucht wurden
- Bestandsveränderungen an unfertigen und fertigen Erzeugnissen
- zeitliche Abgrenzungen einschließlich Rückstellungen
- Differenzen zwischen Buch- und Inventurbeständen
- Bewertungskorrekturen
- Abschluss von Unterkonten über Hauptkonten
- Verrechnung der Konten „Vorsteuer" und „Umsatzsteuer"

**Beispiel:**

Die planmäßigen Abschreibungen betragen auf bebaute Grundstücke 10.000,00 €, auf Maschinen 30.000,00 €, auf Geschäftsausstattung 2.000,00 € und auf Fuhrpark 12.000,00 €.

Die Buchung in der Spalte Umbuchungen lautet:

| Abschreibungen auf Sachanlagen | 54.000,00 € | |
|------|------|------|
| an Bebaute Grundstücke | | 10.000,00 € |
| an Maschinen | | 30.000,00 € |
| an Geschäftsausstattung | | 2.000,00 € |
| an Fuhrpark | | 12.000,00 € |

### Spalte 6: Saldenbilanz II

Aus den Salden der Saldenbilanz I und den Zahlen der Spalte Umbuchungen sind die endgültigen Salden zu bilden und in die Saldenbilanz II einzutragen.

**Beispiel:**

Der Saldo des Kontos „07 Maschinen" in der Saldenbilanz II in Höhe von 80.000,00 € ergibt sich aus dem Saldo der Saldenbilanz I von 110.000,00 € und den Abschreibungen auf Maschinen von 30.000,00 €.

### Spalte 7: Inventurbilanz

Die Salden der Bestandskonten werden aus der Saldenbilanz II in die Inventurbilanz übertragen (nicht gebucht!). Sie sind die endgültigen Bilanzansätze, die mit den bewerteten Beständen des Inventars übereinstimmen. Der Saldo von Aktiva und Passiva in Höhe von 19.100,00 € ist das Unternehmensergebnis; er ergibt sich deshalb, weil das „Gewinn- und Verlustkonto" nicht über das Konto „Gewinnrücklagen" (Eigenkapital) abgeschlossen wurde.

### Spalte 8: Erfolgsbilanz

Sie entspricht der Gewinn- und Verlustrechnung und nimmt die Salden sämtlicher Erfolgskonten der Saldenbilanz II auf. Der Saldo zwischen Erträgen und Aufwendungen ist wiederum das Unternehmensergebnis in Höhe von 19.100,00 €.

Auf der Grundlage der Hauptabschlussübersicht erfolgt dann der eigentliche Abschluss der Bestands- und Erfolgskonten der Finanzbuchhaltung.

**21**

# Analyse des Jahresabschlusses – *Analysis of the annual balance*

## Ziel

- Aufbereitung des Zahlenmaterials aus Bilanz, Gewinn- und Verlustkonto, Anhang und Lagebericht, um einen komprimierten Einblick in die Vermögens-, Finanz- und Ertragslage des Unternehmens zu ermöglichen

- Auswertung des aufbereiteten Zahlenmaterials mithilfe so genannter Bilanzkennziffern, um die Lage des Unternehmens im Zeitablauf und mit anderen Unternehmen vergleichen zu können

## Aufbereitung der Bilanz (Bilanzanalyse)

- **Bereinigung** von Bilanzpositionen, wie z. B. Verrechnung (Saldierung) der Wertberichtigungen zu Forderungen mit den zweifelhaften Forderungen oder Wertberichtigungen zu Sachanlagen mit den entsprechenden Sachanlagekonten
- **Umgruppierung** von Bilanzpositionen; so gehört z. B. der Posten der Aktiven Rechnungsabgrenzung zu den Forderungen a. LL, der Posten der passiven Rechnungsabgrenzung zu den Verbindlichkeiten a. LL. Der Rücklagenanteil des Jahresüberschusses ist Eigenkapital, der auszuschüttende Teil des Bilanzgewinnes (Dividende) gehört zu den Verbindlichkeiten.

- Erstellung einer **Strukturbilanz:**
  Bilanzpositionen werden nach bestimmten Kriterien zu Gruppen zusammengefasst. Der Ausweis der einzelnen Posten bzw. Postengruppen erfolgt in absoluten Beträgen (also in €) und in Prozentzahlen, bezogen auf die bereinigte Bilanzsumme.

  Um einen Zeitvergleich anstellen zu können werden in der Strukturbilanz die Zahlen und Prozentsätze des Berichtsjahres und die des Vorjahres ausgewiesen.

### Beispiel:

Der folgenden Strukturbilanz der OfficeCom AG liegen für das Berichtsjahr die Zahlen aus der Inventurbilanz der Hauptabschlussübersicht S. 334 zugrunde. Der dort ausgewiesene Gewinn von 19.100,00 € wird wie folgt verwendet: Gewinnrücklage 9.100,00 €, auszuschüttende Dividende 10.000,00 €. Die Zahlen des Vorjahres sind angenommene Werte.

Strukturbilanz der OfficeCom AG zum 31. Dezember 20..

| Aktiva | Berichtsjahr | | Vorjahr | | Passiva | Berichtsjahr | | Vorjahr | |
|---|---|---|---|---|---|---|---|---|---|
| | in tausend € | in % | in tausend € | in % | | in tausend € | in % | in tausend € | in % |
| Sachanlagen | 368,0 | 56,1 | 380,0 | 60,5 | Gezeichnetes Kapital | 100,0 | 15,3 | 100,0 | 15,9 |
| **Anlagevermögen** | **368,0** | **56,1** | **380,0** | **60,5** | Rücklagen | 256,4 | 39,1 | 247,3 | 39,4 |
| Vorräte | 190,4 | 29,0 | 170,9 | 27,2 | **Eigenkapital** | **356,4** | **54,4** | **347,3** | **55,3** |
| Forderungen | 89,0 | 13,6 | 71,5 | 11,3 | Darlehen | 250,0 | 38,1 | 240,0 | 38,2 |
| Liquide Mittel | 8,3 | 1,3 | 6,0 | 1,0 | Verbindlichkeiten | 49,3 | 7,5 | 41,1 | 6,5 |
| **Umlaufvermögen** | **287,7** | **43,9** | **248,4** | **39,5** | **Fremdkapital** | **299,3** | **45,6** | **281,1** | **44,7** |
| Gesamtvermögen | 655,7 | 100,0 | 628,4 | 100,0 | Gesamtkapital | 655,7 | 100,0 | 628,4 | 100,0 |

## Auswertung der Bilanz mithilfe ausgesuchter Bilanzkennziffern

Die Bilanz – wie auch die Gewinn- und Verlustrechnung – wird mithilfe so genannter Bilanzkennzahlen ausgewertet.

## Vermögensstruktur oder Konstitution

Die Vermögensstruktur eines Unternehmens hängt von der Branche und dem Grad der Mechanisierung und Automation ab. Sie beeinflusst die Anpassungsfähigkeit des Unternehmens.

### Kennziffern (Beispiele):

$$\text{Anlagenintensität} = \frac{\text{Anlagevermögen}}{\text{Gesamtvermögen}} \cdot 100$$

$$\text{Forderungsquote} = \frac{\text{Forderungen}}{\text{Gesamtvermögen}} \cdot 100$$

### Beispiele:

Aufgrund der Strukturbilanz ergeben sich für die OfficeCom AG folgende Werte:

**Anlagenintensität**

Berichtsjahr:
$$\frac{368 \cdot 100}{655,7} = 56,1\ \%$$

Vorjahr:
$$\frac{380 \cdot 100}{628,4} = 60,5\ \%$$

**Forderungsquote**

Berichtsjahr:
$$\frac{89 \cdot 100}{655,7} = 13,6\ \%$$

Vorjahr:
$$\frac{71,5 \cdot 100}{628,4} = 11,4\ \%$$

21

3525336

# Analyse des Jahresabschlusses – *Analysis of the annual balance*

## Kapitalstruktur oder Finanzierung

Die Kapitalstruktur zeigt, mit welchen Mitteln (eigenen und fremden, langfristigen und kurzfristigen) das Vermögen finanziert wurde. Sie gibt u. a. Aufschluss über den Haftungsumfang, die Kreditwürdigkeit und Krisenfestigkeit sowie die finanzielle Unabhängigkeit des Unternehmens.

**Kennziffern (Beispiele):**

$$\text{Grad der finanziellen Unabhängigkeit} = \frac{\text{Eigenkapital}}{\text{Gesamtkapital}} \cdot 100$$

$$\text{Anteil des kurzfristigen Fremdkapitals} = \frac{\text{kfr. Fremdkapital}}{\text{Gesamtkapital}} \cdot 100$$

**Beispiele:**
Für die OfficeCom AG werden folgende Werte anhand der Strukturbilanz ermittelt:

**Grad der finanziellen Unabhängigkeit**

Berichtsjahr:
$$\frac{356,4 \cdot 100}{655,7} = 54,4\ \%$$

Vorjahr:
$$\frac{347,3 \cdot 100}{628,4} = 55,3\ \%$$

**Anteil des kurzfristigen Fremdkapitals**

Berichtsjahr:
$$\frac{49,3 \cdot 100}{655,7} = 7,5\ \%$$

Vorjahr:
$$\frac{41,1 \cdot 100}{628,4} = 6,5\ \%$$

## Anlagendeckung oder Investierung

Der Finanzierungsumfang des Anlagevermögens durch langfristiges Kapital (Deckung) zeigt die Finanzierungssolidität und -stabilität des Unternehmens. Das Anlagevermögen – und die „Eisernen Bestände" der Vorräte – soll durch langfristiges Kapital finanziert werden („Goldene Bilanzregel").

**Kennziffern:**

$$\text{Deckungsgrad I} = \frac{\text{Eigenkapital}}{\text{Anlagevermögen}} \cdot 100$$

$$\text{Deckungsgrad II} = \frac{\text{Eigenkapital} + \text{langfr. Fremdkapital}}{\text{Anlagevermögen}} \cdot 100$$

**Beispiele:**
Mithilfe der Strukturbilanz ergeben sich für die OfficeCom AG folgende Deckungsgrade:

**Deckungsgrad I**

Berichtsjahr:
$$\frac{356,4 \cdot 100}{368} = 96,8\ \%$$

Vorjahr:
$$\frac{347,3 \cdot 100}{380} = 91,4\ \%$$

**Deckungsgrad II**

Berichtsjahr:
$$\frac{606,4 \cdot 100}{368} = 164,8\ \%$$

Vorjahr:
$$\frac{587,3 \cdot 100}{380} = 154,6\ \%$$

## Liquidität

Die Liquidität zeigt die Fähigkeit des Unternehmens an, jederzeit die kurzfristigen Verbindlichkeiten bezahlen zu können. Sie ist insofern bedeutsam, als Zahlungsunfähigkeit die Einleitung eines Insolvenzverfahrens (siehe dazu S. 120 f.) zur Folge hat.

**Kennziffern:**

$$\text{Liquiditätsgrad I (Barliquidität)} = \frac{\text{Liquide Mittel}}{\text{Kurzfr. Verbindlichkeiten}} \cdot 100$$

Faustregel: mindestens 20 % Deckung

$$\text{Liquiditätsgrad II (Einzugsbedingte Liquidität)} = \frac{\text{Liquide Mittel} + \text{Forderungen a. LL}}{\text{Kurzfr. Verbindlichkeiten}} \cdot 100$$

Faustregel: mindestens 100 % Deckung

$$\text{Liquiditätsgrad III (Umsatzbedingte Liquidität)} = \frac{\text{Umlaufvermögen}}{\text{Kurzfr. Verbindlichkeiten}} \cdot 100$$

Faustregel: mindestens 200 % Deckung

**Beispiele:**
Den Liquiditätsstatus der OfficeCom AG zeigen – auf der Grundlage der Strukturbilanz – die folgenden Zahlen:

**Liquiditätsgrad I**

Berichtsjahr:
$$\frac{8,3 \cdot 100}{49,3} = 16,8\ \%$$

Vorjahr:
$$\frac{6 \cdot 100}{41,1} = 14,6\ \%$$

**Liquiditätsgrad II**

Berichtsjahr:
$$\frac{(8,3 + 89) \cdot 100}{49,3} = 197\ \%$$

Vorjahr:
$$\frac{(6 + 71,5) \cdot 100}{41,1} = 188,6\ \%$$

**Liquiditätsgrad III**

Berichtsjahr:
$$\frac{287,7 \cdot 100}{49,3} = 583,6\ \%$$

Vorjahr:
$$\frac{248,4 \cdot 100}{41,1} = 604,4\ \%$$

21

# Analyse des Jahresabschlusses – *Analysis of the annual balance*

## Rentabilität

Die Rentabilität ist die innerbetriebliche Verzinsung des eingesetzten Kapitals, die den Erfolg des Unternehmens zum Ausdruck bringt. Die Erfolgsentwicklung ist u. a. bedeutsam für das Verhalten bestehender und zukünftiger Teilhaber bzw. Investoren, Kunden und Lieferern.

**Kennziffern:**

$$\text{Rentabilität des Eigenkapitals} = \frac{\text{Bereinigter Unternehmensgewinn}^1}{\text{Durchschnittliches Eigenkapital}^2} \cdot 100$$

$$\text{Rentabilität des Gesamtkapitals} = \frac{\text{Bereinigter Unternehmensgewinn} + \text{Fremdkapitalzinsen}}{\text{Durchschnittliches Gesamtkapital}} \cdot 100$$

$$\text{Rentabilität des Umsatzes} = \frac{\text{Bereinigter Unternehmensgewinn}}{\text{Umsatz}} \cdot 100$$

[1]
```
  Unternehmensgewinn
– außerordentliche Erträge
+ außerordentliche Aufwendungen
= Bereinigter Unternehmensgewinn
```

[2]  Durchschnittliches Eigenkapital

$$= \frac{\text{Eigenkapital am 1. Jan.} + \text{Eigenkapital am 31. Dez.}}{2}$$

**Beispiele:**

Für die OfficeCom AG ergeben sich aus der Strukturbilanz folgende Zahlen:

Durchschnittliches Eigenkapital in tausend Euro im Berichtsjahr:
(347,3 + 356,4) : 2 = 351,85

Durchschnittliches Gesamtkapital in tausend Euro im Berichtsjahr:
(628,4 + 655,7) : 2 = 642,05

Im Berichtsjahr betragen der Gewinn 19.100,00 €, der Umsatz 215.000,00 € und die Zinsaufwendungen 5.300,00 € (siehe Hauptabschlussübersicht auf Seite 334). Außerordentliche Aufwendungen und Erträge liegen nicht vor.

Für das Berichtsjahr ergeben sich die folgende Prozentzahlen:

**Rentabilität des Eigenkapitals**

$$\frac{19,1 \cdot 100}{351,85} = 5,4\ \%$$

**Rentabilität des Gesamtkapitals**

$$\frac{(19,1 \cdot 5,3) \cdot 100}{642,05} = 3,8\ \%$$

**Rentabilität des Umsatzes**

$$\frac{19,1 \cdot 100}{215} = 8,9\ \%$$

## Cashflow

Der Cashflow (Kassenfluss oder Liquiditätszufluss) drückt die Selbstfinanzierungskraft eines Unternehmens aus. Er gibt an, welche selbst erwirtschafteten Mittel des Geschäftsjahres dem Unternehmen für Investitionen, Schuldentilgung und Gewinnausschüttung zur Verfügung stehen.

**Kennziffer (Beispiel):**

```
  Jahresüberschuss (Gewinn)
+ Abschreibungen auf Anlagen
+ Zuführungen zu den langfristigen Rückstellungen
= Cashflow
```

**Beispiel:**

Für die OfficeCom AG ergibt sich gemäß Hauptabschlussübersicht auf S. 334 folgender Cashflow (Rückstellungen wurden nicht gebildet; die Abschreibungen beinhalten nur solche auf Anlagen.):

**Cashflow**

Berichtsjahr:

|   |   |
|---|---:|
| Gewinn | 19.100,00 € |
| + Abschreibungen auf Anlagen | 54.000,00 € |
| = Cashflow | 73.100,00 € |

## Wirtschaftlichkeit

Unter Wirtschaftlichkeit wird das Verhältnis von Aufwendungen und Erträgen verstanden. Der Aussagewert ist gering, da die Unternehmen nicht nach maximaler Wirtschaftlichkeit, sondern nach hoher Rentabilität streben.

**Kennziffer (Beispiel):**

$$\text{Aufwandsergiebigkeit} = \frac{\text{Aufwendungen}}{\text{Erträge}}$$

**Beispiel:**

Die OfficeCom AG berechnet die Wirtschaftlichkeit auf der Grundlage der Hauptabschlussübersicht auf S. 334:

**Aufwandsergiebigkeit**

Berichtsjahr:

$$\frac{203,9}{223} = 0,9$$

1,00 € Ertrag wurde mit 90 Cent Aufwand erzielt.

21

3525338

# Buchführung mit einem Finanzbuchhaltungsprogramm
**— Bookkeeping with a financial accounting programme**

## Programm

Auf dem Softwaremarkt gibt es eine Vielzahl von Finanzbuchhaltungsprogrammen. Welches Programm von einem Unternehmen gekauft und installiert wird, hängt u.a. von der Branchenzugehörigkeit, den Anschaffungskosten, der Bedienungsfreundlichkeit und der Wartungsmöglichkeit ab. Ein in der Praxis weit verbreitetes Finanzbuchhaltungsprogramm ist z.B. KHK-Classic-Line.

## Datenbestand

**Stammdaten, z.B.:**

- Kontenplan
- Bilanzgliederung
- Gliederung der Gewinn- und Verlustrechnung
- Sachkontenzuordnung zur Bilanz und GuV-Rechnung
- Debitorenkonten
- Kreditorenkonten
- Umsatzsteuerschlüssel
- Bankverbindungen

**Bewegungsdaten, z.B.:**

- Buchungsdatum
- Belegnummer
- Belegdatum
- Sollkonto
- Habenkonto
- Buchungstext
- Umsatzsteuerschlüssel
- Offene-Posten-Schlüssel

## Buchungserfassung

**Stapelbuchungen:**

Bei so genannten Stapelbuchungen werden die Geschäftsvorfälle nicht direkt im Dialog auf den Konten gebucht, sondern werden zunächst „gestapelt". Der Vorteil ist, dass nach einer solchen Buchungserfassung die Buchungssätze noch korrigiert, gelöscht oder ergänzt werden können. Die eigentliche Buchung auf den Konten erfolgt dann später. Sie darf aufgrund der Grundsätze ordnungsmäßiger Buchführung nicht mehr verändert werden.

**Dialogbuchungen:**

Bei Dialogbuchungen werden die Geschäftsvorfälle sofort nach Eingabe der Buchungssätze auf den Konten in der Regel unwiderruflich gebucht. Fehlerhafte Eingaben können noch über Stornobuchungen berichtigt werden.

## Journal

Nachdem die Buchungen auf den Konten durchgeführt und gesichert worden sind, lässt sich ein Buchungsjournal (Grundbuch) ausdrucken. Das Journal ist das aufbewahrungspflichtige Dokument über die verarbeiteten Buchungen.

```
JOURNAL                                                                OfficeCom
                                                               31.01...   Seite    5

Buchung  Beleg-----------Konto-----------       Betrag        Steuer-----------Buchungstext---------
Datum    Nummer   Datum  Buchung  Gegen    Soll       Haben   Art        Betrag

31.01...   1001   08.01...  6000   2000  19.325,00                                  Materialentnahme
31.01...   1001   08.01...  2000   6000            19.325,00                        Materialentnahme
31.01...   1002   12.01...  2404   5100    400,00                                   AR Karl Blasius KG
31.01...   1002   12.01...  5100   2404               344,83  Ust 16 %    55,17     AR Karl Blasius KG
31.01...  871230  31.01...  4800                       55,17  Umsatzsteuer 16 %

S U M M E                                19.725,00  19.725,00
```

## Auswertungen und Jahresabschluss

Zur Auswertung der Buchhaltung können Saldenlisten der einzelnen Konten, Umsatzstatistiken, die Umsatzsteuervoranmeldung sowie Bilanz- und GuV-Auswertungen ausgegeben werden.

Außerdem ist ein Monats- und Jahresabschluss möglich, nach dem aber alle Konteneintragungen gelöscht werden und die Salden fortgeschrieben werden.

**21**

## Kosten- und Leistungsrechnung – *Cost and performance accounting*

### Abgrenzung von der Finanzbuchhaltung

**Rechnungskreis I**

Finanzbuchhaltung

**Rechnungskreis II**

Kosten- und
Leistungsrechnung

… ist eine **externe** Rechnung, die überwiegend die finanziellen Beziehungen zwischen dem Unternehmen und der Außenwelt (z. B. Kunden, Lieferern) erfasst;

… ist eine unternehmensbezogene Rechnung, die **alle** Erträge und Aufwendungen einer Abrechnungsperiode, unabhängig von ihrem Entstehungsgrund, aufzeichnet;

… ermittelt aus deren Gegenüberstellung in der Gewinn- und Verlustrechnung das **Gesamtergebnis** der Unternehmung;

… wird auf Konten durchgeführt;

… unterliegt gesetzlichen Vorschriften wie dem HGB, EStG, UStG usw.

… ist eine **interne** Rechnung, die der Planung, Steuerung und Kontrolle dient;

… ist eine betriebsbezogene Rechnung, die nur die Erträge (Leistungen) und Aufwendungen (Kosten) einer Abrechnungsperiode erfasst, die in engem Zusammenhang mit dem eigentlichen **Betriebszweck** – in einem Industriebetrieb Beschaffung, Produktion und Absatz – stehen;

… ermittelt aus der Gegenüberstellung von Leistungen und Kosten das **Betriebsergebnis;**

… wird i. d. R. außerhalb der Konten durchgeführt;

… unterliegt keinen gesetzlichen Vorschriften.

### Aufgaben

- Ermittlung des bewerteten mengenmäßigen Verbrauchs an Werkstoffen und der bewerteten zeitlichen Inanspruchnahme von Betriebsmitteln und Arbeitnehmern (Kostenarten) einer Abrechnungsperiode (Monat, Quartal)

- Ermittlung der Kosten in den einzelnen Kostenstellen als Grundlage für die Kostenkalkulation der Produkte bzw. Dienstleistungen (Kostenträger)

- Kontrolle der Kostenentwicklung in den Kostenstellen

- Ermittlung der Herstellungskosten als Grundlage für die Bewertung der Lagerbestände an unfertigen und fertigen Erzeugnissen und selbst erstellter Anlagen (aktivierte Eigenleistungen) für die Bilanz

- Errechnung der Selbstkosten der Produkte als Grundlage für die Absatzpreiskalkulation sowie für die Ermittlung der langfristigen und kurzfristigen Preisuntergrenzen

- Kontrolle der Wirtschaftlichkeit durch Gegenüberstellung von Leistungen und Kosten

Kennzahl der Wirtschaftlichkeit: $\dfrac{\text{Leistungen}}{\text{Kosten}}$

- Ermittlung des Jahres-Betriebsergebnisses (Leistungen minus Kosten) als der Teil des Unternehmensergebnisses, der auf die eigentliche betriebliche Tätigkeit zurückzuführen ist

- Durchführung kurzfristiger, z.B. monatlicher Erfolgsrechnungen und Darstellung der Anteile einzelner Produkte bzw. Produktgruppen am Betriebserfolg

- Lieferung von Grundlagen für Planungen und Entscheidungen der Unternehmensleitung, z.B. Wahl des optimalen Fertigungsverfahrens, Eigenfertigung oder Fremdbezug von Produkten (make or buy), Kauf oder Leasing von Anlagegütern, Annahme eines Zusatzauftrages

21

# Kostenrechnung (Kostenarten, -stellen, -träger)

*Cost accounting (cost types, cost centres, cost objectives)*

## Übersicht über die Kosten- und Leistungsrechnung

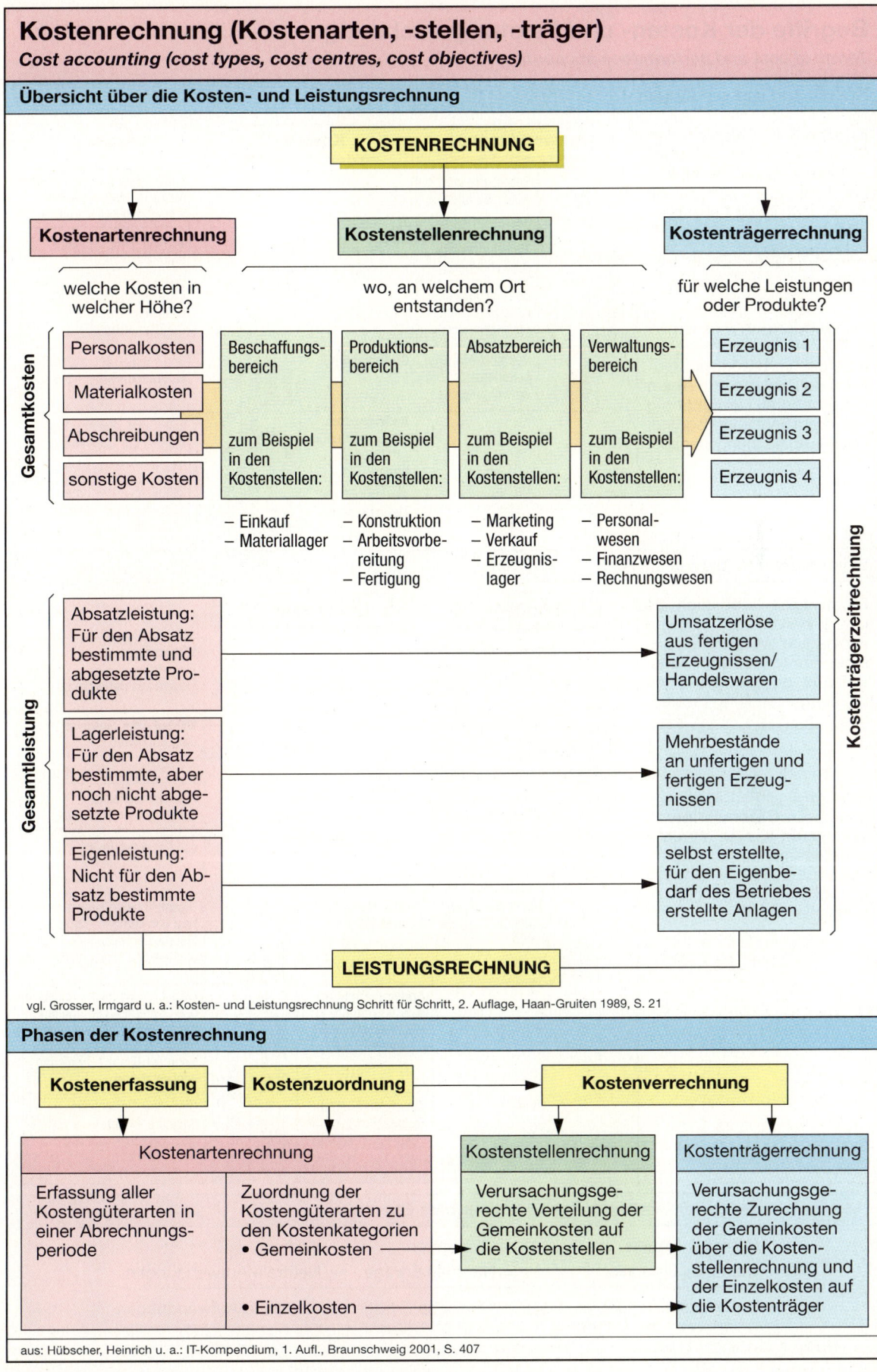

**KOSTENRECHNUNG**

| Kostenartenrechnung | Kostenstellenrechnung | Kostenträgerrechnung |
|---|---|---|
| welche Kosten in welcher Höhe? | wo, an welchem Ort entstanden? | für welche Leistungen oder Produkte? |

**Gesamtkosten**

- Personalkosten
- Materialkosten
- Abschreibungen
- sonstige Kosten

**Beschaffungsbereich** zum Beispiel in den Kostenstellen:
– Einkauf
– Materiallager

**Produktionsbereich** zum Beispiel in den Kostenstellen:
– Konstruktion
– Arbeitsvorbereitung
– Fertigung

**Absatzbereich** zum Beispiel in den Kostenstellen:
– Marketing
– Verkauf
– Erzeugnislager

**Verwaltungsbereich** zum Beispiel in den Kostenstellen:
– Personalwesen
– Finanzwesen
– Rechnungswesen

- Erzeugnis 1
- Erzeugnis 2
- Erzeugnis 3
- Erzeugnis 4

**Gesamtleistung**

**Absatzleistung:** Für den Absatz bestimmte und abgesetzte Produkte → **Umsatzerlöse** aus fertigen Erzeugnissen/ Handelswaren

**Lagerleistung:** Für den Absatz bestimmte, aber noch nicht abgesetzte Produkte → **Mehrbestände** an unfertigen und fertigen Erzeugnissen

**Eigenleistung:** Nicht für den Absatz bestimmte Produkte → **selbst erstellte,** für den Eigenbedarf des Betriebes erstellte Anlagen

**Kostenträgerzeitrechnung**

**LEISTUNGSRECHNUNG**

vgl. Grosser, Irmgard u. a.: Kosten- und Leistungsrechnung Schritt für Schritt, 2. Auflage, Haan-Gruiten 1989, S. 21

## Phasen der Kostenrechnung

**Kostenerfassung** → **Kostenzuordnung** → **Kostenverrechnung**

| Kostenartenrechnung | | Kostenstellenrechnung | Kostenträgerrechnung |
|---|---|---|---|
| Erfassung aller Kostengüterarten in einer Abrechnungsperiode | Zuordnung der Kostengüterarten zu den Kostenkategorien • Gemeinkosten • Einzelkosten | Verursachungsgerechte Verteilung der Gemeinkosten auf die Kostenstellen | Verursachungsgerechte Zurechnung der Gemeinkosten über die Kostenstellenrechnung und der Einzelkosten auf die Kostenträger |

aus: Hübscher, Heinrich u. a.: IT-Kompendium, 1. Aufl., Braunschweig 2001, S. 407

**21**

# Begriffe der Kosten- und Leistungsrechnung

*Terms of cost and performance accounting*

## Kosten und Aufwendungen

**Kosten** = in Geldeinheiten (GE) bewerteter mengenmäßiger Verbrauch an Gütern und Leistungen zum Zweck der betrieblichen Leistungserstellung in einer Abrechnungsperiode.

**Aufwendungen** = gesamter in GE bewerteter mengenmäßiger Verbrauch an Gütern und Leistungen in einem Unternehmen, unabhängig von ihrem Entstehungsgrund, in einer Abrechnungsperiode.

| Aufwendungen | | Kosten | | Beispiele: |
|---|---|---|---|---|
| Neutrale Aufwendungen | Aufwendungen, nicht Kosten | Betriebsfremde Aufwendungen | | Abschreibungen auf Finanzanlagen, Instandhaltung von Werkswohnungen |
| | | Betriebsbezogene, außerordentliche Aufwendungen | | Verkauf einer Drehbank unter Buchwert |
| | Aufwend., ungleich Kosten | Betriebsbezogene, periodenfremde Aufwendungen | | Gewerbesteuernachzahlung, bilanzielle Abschreibungen auf Sachanlagen |
| Aufwend., gleich Kosten | | Betriebsbezogene, periodenbezogene Aufwendungen = | Grundkosten — Kosten, gleich Aufwend. | Roh-, Hilfs-, Betriebsstoffverbrauch, Fertigungslöhne |
| | | | Anderskosten oder bewertungsverschiedene Kosten — Kosten, ungleich Aufwend. — Kalkulatorische Kosten | kalkulatorische Abschreibungen auf Sachanlagen, kalkulatorische Wagnisse |
| | | | wesensmäßige Zusatzkosten — Kosten, nicht Aufwend. — Kalkulatorische Kosten | kalkulatorischer Unternehmerlohn, kalkulatorische Zinsen |

aus: Scharf, Dirk: Grundzüge des betrieblichen Rechnungswesens, 3. Auflage, Wiesbaden 1997, S. 26

## Leistungen und Erträge

**Leistungen** = lediglich die in GE bewerteten erfolgswirksamen Wertezuflüsse in einer Abrechnungsperiode, die aus der betrieblichen Leistungserstellung resultieren.

**Erträge** = alle erfolgswirksamen, in GE bewerteten Wertezuflüsse in einem Unternehmen, unabhängig von ihrem Entstehungsgrund, in einer Abrechnungsperiode.

| Erträge | | Leistungen | | Beispiele: |
|---|---|---|---|---|
| Neutrale Erträge | Erträge, nicht Leistungen | Betriebsfremde Erträge | | Mieterträge, Zinserträge, Erträge aus Beteiligungen |
| | | Betriebsbezogene, außerordentliche Erträge | | Verkauf einer Maschine über Buchwert |
| | Erträge, ungleich Leistungen | Betriebsbezogene, periodenfremde Erträge | | Rückzahlung einer ausgebuchten Forderung, Erträge aus der Auflösung von Rückstellungen |
| Erträge, gleich Leistungen | | Betriebsbezogene, periodenbezogene Erträge = | Grundleistungen (Grunderlöse) — Leistungen, gleich Erträge | Umsatzerlöse aus dem Verkauf von Fertigerzeugnissen, Mehrbestände an unfertigen und fertigen Erzeugnissen |
| | | | Andersleistungen oder bewertungsverschiedene Erlöse (Anderserlöse) — Leistungen, ungleich Erträge — Kalkulatorische Leistungen | Erhöhung des nach Handels- und Steuerrecht ermittelten Wertes der unfertigen und fertigen Erzeugnisse, wenn sie in der Bilanz sehr niedrig angesetzt sind |
| | | | Zusatzleistungen (Zusatzerlöse) — Leistungen, nicht Erträge — Kalkulatorische Leistungen | Originärer Firmenwert, originäre Patente |

aus: Scharf, Dirk: Grundzüge des betrieblichen Rechnungswesens, 3. Auflage, Wiesbaden 1997, S. 26

## Unternehmensergebnis, Betriebsergebnis, Neutrales Ergebnis

|   |   |   |   |
|---|---|---|---|
| | Betriebsergebnis | = Leistungen | – Kosten |
| + | Neutrales Ergebnis | = Neutrale Erträge | – Neutrale Aufwendungen |
| = | Unternehmensergebnis | = sämtliche Erträge | – sämtliche Aufwendungen |

aus: Hübscher, Heinrich u. a.: IT-Kompendium, 1. Aufl., Braunschweig 2001, S. 404

21

3525342

# Abgrenzungsrechnung – *Calculation of deferrals and accruals*

## Aufgabe

- Grundlage der Kosten- und Leistungsrechnung ist die Gewinn- und Verlustrechnung aus der Finanzbuchhaltung.

- Aus den Aufwendungen und Erträgen der Gewinn- und Verlustrechnung werden mithilfe der Abgrenzungsrechnung die neutralen Aufwendungen und die neutralen Erträge herausgefiltert und damit von den Kosten und Leistungen getrennt (unternehmensbezogene Abgrenzung).

- Die Abgrenzungsrechnung wird außerhalb der Finanzbuchhaltung auf einem Formblatt, das als **Ergebnistabelle** bezeichnet wird, durchgeführt.

- Die Ergebnistabelle besteht aus zwei Teilen.

  - Im linken Teil werden der Inhalt des Gewinn- und Verlustkontos in Staffelform dargestellt und das Gesamtergebnis des Unternehmens ausgewiesen (Rechnungskreis I).

  - Der rechte Teil dient der Kosten- und Leistungsrechnung (Rechnungskreis II) mit den Bereichen „Unternehmensbezogene Abgrenzung" – hier wird das neutrale Ergebnis ausgewiesen – und „Betriebsergebnisrechnung" – hier wird das Betriebsergebnis ermittelt.

## Beispiel Gewinn- und Verlustkonto

Das Gewinn- und Verlustkonto der OfficeCom AG weist per 31. Dezember 20.. folgende Zahlen aus:

| Soll | Gewinn- und Verlustkonto der OfficeCom AG per 31. Dezember 20.. in | | Haben |
|---|---:|---|---:|
| Aufwendungen für Rohstoffe | 3.480.000,00 | Umsatzerlöse aus fertigen Erzeugnissen | 9.363.600,00 |
| Aufwendungen für Hilfsstoffe | 465.600,00 | Umsatzerlöse aus Handelswaren | 3.100.290,00 |
| Aufwendungen für Betriebsstoffe | 66.490,00 | Mehrbestand an unfertigen und fertigen Erzeugnissen | 43.000,00 |
| Fertigungslöhne | 690.205,00 | Zinserträge | 39.170,00 |
| Hilfslöhne | 46.225,00 | Mieterträge | 120.000,00 |
| Gehälter | 73.000,00 | | |
| Arbeitgeberanteil zur Sozialversicherung | 285.324,00 | | |
| Abschreibungen auf Sachanlagen[1] | 4.230.680,00 | | |
| Verluste aus dem Abgang von Gegenständen des Anlagevermögens | 126.500,00 | | |
| Verluste aus dem Abgang von Gegenständen des Umlaufvermögens[2] | 26.130,00 | | |
| Abschreibungen auf Forderungen | 89.420,00 | | |
| Zinsaufwendungen | 68.930,00 | | |
| Steuern[3] | 6.320,00 | | |
| Fremdinstandhaltungen[4] | 23.510,00 | | |
| Sonstige Aufwendungen[5] | 39.180,00 | | |
| Jahresüberschuss (Gewinn) | 2.948.546,00 | | |
| | 12.666.060,00 | | 12.666.060 |

**Zusatzinformationen:**

[1] davon entfallen auf vermietete Büroetagen 10 %

[2] Abschreibungen auf Wertpapiere

[3] Gewerbesteuer, Kfz-Steuer

[4] 3.900,00 € entfallen auf Instandhaltungen der vermieteten Büroetagen

[5] Büromaterial, Werbeaufwendungen, Transportkosten

Auf der Grundlage der hier dargestellten Gewinn- und Verlustrechnung wird auf den folgenden Seiten die Abgrenzungsrechnung schrittweise entwickelt, die schließlich in die endgültige Ergebnistabelle auf Seite 350 mündet.

vgl.: Bentin, Margit u. a.: Handlungsorientierte Materialien zur Allgemeinen Wirtschaftslehre, Lehrerband Absatz, 1. Auflage, Braunschweig 1996, S. 69

21

# Unternehmensbezogene Abgrenzung – *Company-based deferrals and accrualts*

## Beispiel Ergebnistabelle mit unternehmensbezogener Abgrenzung

Auf der Grundlage des Gewinn- und Verlustkontos der OfficeCom AG und der Zusatzinformationen (siehe S. 343) wird die folgende **vorläufige** Ergebnistabelle, die die unternehmensbezogene Abgrenzung zeigt, erstellt:

| Vorläufige Ergebnistabelle in € | | | | | | |
|---|---|---|---|---|---|---|
| Finanzbuchhaltung | | | Kosten- und Leistungsrechnung | | | |
| Gesamtergebnisrechnung (GuV) der Finanzbuchhaltung | | | Abgrenzungs-rechnung | | Betriebsergebnis-rechnung | |
| | | | Unternehmensbe-zogene Abgren-zungen | | | |
| Konto | Aufwen-dungen | Erträge | Neutrale Aufwen-dungen | Neutrale Erträge | Kosten | Leis-tungen |
| Umsatzerlöse aus fertigen Erzeugnissen | | 9.363.600,00 | | | | 9.363.600,00 |
| Umsatzerlöse aus Handelswaren | | 3.100.290,00 | | | | 3.100.290,00 |
| Mehrbestand an unfertigen/ fertigen Erzeugnissen | | 43.000,00 | | | | 43.000,00 |
| Zinserträge | | 39.170,00 | | 39.170,00 | | |
| Mieterträge | | 120.000,00 | | 120.000,00 | | |
| Aufwendungen für Rohstoffe | 3.480.000,00 | | | | 3.480.000,00 | |
| Aufwendungen für Hilfsstoffe | 465.600,00 | | | | 465.600,00 | |
| Aufwendungen für Betriebsstoffe | 66.490,00 | | | | 66.490,00 | |
| Fertigungslöhne | 690.205,00 | | | | 690.205,00 | |
| Hilfslöhne | 46.225,00 | | | | 46.225,00 | |
| Gehälter | 73.000,00 | | | | 73.000,00 | |
| Arbeitgeberanteil zur Sozialversicherung | 285.324,00 | | | | 285.324,00 | |
| Abschreibungen auf Sachanlagen | 4.230.680,00 | | 423.068,00 | | 3.807.612,00 | |
| Verluste aus dem Abgang von Gegenständen des Anlage-vermögens | 126.500,00 | | 126.500,00 | | | |
| Verluste aus dem Abgang von Gegenständen des Umlaufvermögens | 26.130,00 | | 26.130,00 | | | |
| Abschreibungen auf Forderungen | 89.420,00 | | | | 89.420,00 | |
| Zinsaufwendungen | 68.930,00 | | | | 68.930,00 | |
| Steuern | 6.320,00 | | | | 6.320,00 | |
| Fremdinstandhaltungen | 23.510,00 | | 3.900,00 | | 19.610,00 | |
| Sonstige Aufwendungen | 39.180,00 | | | | 39.180,00 | |
| | 9.717.514,00 | 12.666.060,00 | 579.598,00 | 159.170,00 | 9.137.916,00 | 12.506.890,00 |
| | **2.948.546,00** | | | 420.428,00 | **3.368.974,00** | |
| | 12.666.060,00 | 12.666.060,00 | 579.598,00 | 579.598,00 | 12.506.890,00 | 12.506.890,00 |
| | **Gesamtergebnis** | | **Neutrales Ergebnis** | | **Betriebsergebnis** | |

Abstimmung der Ergebnisse:
Gesamtergebnis der Finanzbuchhaltung (Rechnungskreis I):      2.948.546,00 € (Gewinn)
   Neutrales Ergebnis:     – 420.428,00 € (Neutraler Verlust)
+  Betriebsergebnis:     +3.368.974,00 € (Betriebsgewinn)
=  Gesamtergebnis Rechnungskreis II     2.948.546,00 € (Gewinn)

In der Spalte „Unternehmensbezogene Abgrenzung" werden solche Erträge und Aufwendungen erfasst, die nichts mit dem eigentlichen Geschäftszweck des Unternehmens – Geschäftszweck der OfficeCom AG: Herstellung und Vertrieb von Büromöbeln und Zubehör – zu tun haben.

**21**

3525344

# Kostenrechnerische Korrekturen – *Cost accounting corrections*

## Gründe

**Nicht alle betriebsbedingten Aufwendungen aus der Finanzbuchhaltung** können einfach in die Betriebsergebnisrechnung übernommen werden, obwohl sie aus dem eigentlichen Geschäftszweck resultieren – sie **entsprechen nicht den Anforderungen der Kosten- und Leistungsrechnung.**

Zum Beispiel werden Maschinen häufig für die Bilanz degressiv abgeschrieben, um den steuerlichen Vorteil hoher Aufwendungen nutzen zu können. Der so ermittelte Abschreibungsbetrag ist aus verschiedenen Gründen für die Kosten- und Leistungsrechnung ungeeignet, u. a. deshalb, weil sich die Abschreibungsbeträge von Jahr zu Jahr ändern und sich damit einer kostenrechnerischen Planbarkeit und Vergleichbarkeit für die Kalkulation entziehen. Außerdem haben steuerliche Gründe für die Abschreibungshöhe nichts mit der tatsächlichen Abnutzung der Maschinen zu tun.

## Korrekturbedürftige Aufwendungen

Für die Kosten- und Leistungsrechnung sind daher folgende Aufwendungen der Finanzbuchhaltung zu korrigieren und als kalkulatorische Kosten anzusetzen:

| | | |
|---|---|---|
| • Abschreibungen auf Sachanlagen | → | **Kalkulatorische Abschreibungen** |
| • Eingetretene Wagnisse wie Abschreibungen auf Forderungen | → | **Kalkulatorische Wagnisse** |
| • Zinsaufwendungen | → | **Kalkulatorische Zinsen** |

In Einzelunternehmen und Personengesellschaften wird zusätzlich noch ein **kalkulatorischer Unternehmerlohn** in der Kosten- und Leistungsrechnung angesetzt, für den in der Finanzbuchhaltung kein entsprechender Aufwand angesetzt werden darf.

## Auswirkung auf die Ergebnistabelle

Die Ergebnistabelle wird um die Doppelspalte „Kostenrechnerische Korrekturen" im Bereich Abgrenzungsrechnung erweitert. Die Erläuterung erfolgt in Verbindung mit den folgenden Beispielen.

# Kalkulatorische Abschreibungen – *Imputed depreciations*

In der Kosten- und Leistungsrechnung ist allein der Betriebszweck Gegenstand der Betrachtung. Daher müssen die in der Gewinn- u. Verlustrechnung der Finanzbuchhaltung ausgewiesenen Abschreibungen auf Sachanlagen (bilanzielle Abschreibungen) für die Kosten- und Leistungsrechnung mit einem anderen Wert (kalkulatorische Abschreibungen) angesetzt werden.
Die folgende Gegenüberstellung zeigt die unterschiedlichen Bewertungsgrundlagen:

| Bilanzielle Abschreibungen = neutrale Aufwendungen | Kalkulatorische Abschreibungen = Kosten |
|---|---|
| – werden von **allen** Gegenständen des abnutzbaren Anlagevermögens berechnet; | – werden vom **betriebsnotwendigen** abnutzbaren Anlagevermögen berechnet; |
| – werden höchstens von den **Herstellungs- bzw. Anschaffungskosten** berechnet (nominale Kapitalerhaltung); | – werden vom **Wiederbeschaffungswert** berechnet (reale Kapitalerhaltung); |
| – werden nach steuerlich. Gesichtspunkten, **weitgehend unabhängig vom tatsächlichen Werteverzehr,** ermittelt (möglichst hohe, gewinnmindernde Aufwendungen); | – sollen dem **tatsächlichen Werteverzehr** entsprechen; |
| – werden häufig zu Beginn der Nutzung wegen steuerlicher Vorteile nach der **degressiven** Methode errechnet; | – werden häufig wegen gleichmäßig hoher Kosten im Zeitvergleich nach der **linearen** Methode errechnet; |
| – beeinflussen das **Neutrale Ergebnis** und das **Gesamtergebnis.** | – beeinflussen nur das **Betriebsergebnis,** sind bezüglich des Gesamtergebnisses erfolgsneutral. |

aus: Bentin, Margit u. a.: Handlungsorientierte Materialien zur Allgemeinen Wirtschaftslehre, Lehrerband Absatz, 1. Auflage, Braunschweig 1996, S. 56

**Beispiel 1:**

Im Januar 20.. kaufte die OfficeCom AG eine neue NC-gesteuerte Fräsmaschine, Anschaffungskosten 125.000,00 €. Für die bilanzielle Abschreibung wurde – nach Rücksprache mit dem Finanzamt – die Nutzungsdauer auf 8 Jahre festgelegt. Die Maschine wird höchstmöglich degressiv abgeschrieben.

→ **Bilanzieller Abschreibungsbetrag** im ersten Jahr der Nutzung: 25.000,00 € (20 % von 125.000,00 €)

Für die kalkulatorische Abschreibung wurden der Wiederbeschaffungswert auf 125 % der Anschaffungskosten und die Nutzungsdauer auf 10 Jahre geschätzt. Die Maschine wird linear abgeschrieben.

→ **Kalkulatorischer Abschreibungsbetrag:** 15.625,00 € (10 % von 156.250,00 €)

**21**

# Kalkulatorische Abschreibungen – *Imputed depreciations*

**Beispiel 2:**

Die kalkulatorischen Abschreibungen der OfficeCom AG betragen per 31. Dezember 20.. 4.670.320,00 €, die bilanziellen Abschreibungen auf das betriebsnotwendige abnutzbare Sachanlagevermögen gemäß Ergebnistabelle auf S. 344 3.807.612,00 €.

Behandlung in der Ergebnistabelle:

| Ergebnistabelle in € | | | | | | | | |
|---|---|---|---|---|---|---|---|---|
| Finanzbuchhaltung | | | Kosten- und Leistungsrechnung | | | | | |
| Gesamtergebnisrechnung (GuV) der Finanzbuchhaltung | | | Abgrenzungsrechnung | | | | Betriebsergebnis-rechnung | |
| | | | Unternehmensbezo-gene Abgrenzungen | | Kostenrechnerische Korrekturen | | | |
| Konto | Aufwen-dungen | Erträge | Neutrale Aufwen-dungen | Neutrale Erträge | Betrieb-liche Auf-wendun-gen | Ver-rechnete Kosten | Kosten | Leistun-gen |
| Abschrei-bungen auf Sach-anlagen | 4.230.680,00 | | 423.068,00 | | 3.807.612,00 | 4.670.320,00 | 4.670.320,00 | |

**Erläuterung:**

- Die gesamten bilanziellen Abschreibungen auf Sachanlagen wurden zunächst aufgespalten in einen nicht betriebsbedingten oder neutralen Teil (423.068 €) und einen betriebsbedingten Teil (3.807.612 €). Die betriebsbedingten Abschreibungen werden jetzt jedoch nicht in die Betriebsergebnisrechnung übernommen, sondern in der Spalte „Kostenrechnerische Korrekturen" unter „Betriebliche Aufwendungen" ausgewiesen.

- Die kalkulatorischen Abschreibungen (4.670.320 €) werden in der „Betriebsergebnisrechnung" unter „Kosten" ausgewiesen und mindern so das Betriebsergebnis. Damit sie jedoch das Gesamtergebnis nicht beeinflussen, werden sie als „Ertrag" in der Spalte „Verrechnete Kosten" „gegengebucht".

# Kalkulatorische Wagnisse – *Imputed risks*

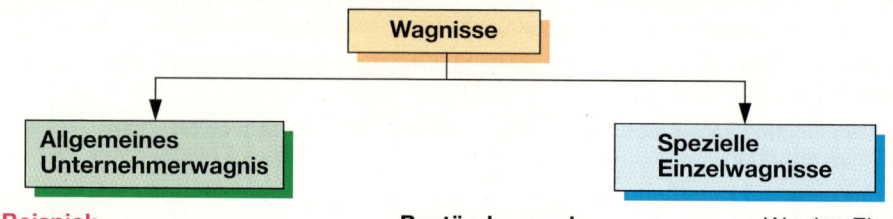

**Allgemeines Unternehmerwagnis**

**Beispiel:**

Fehleinschätzung des Absatzmarktes
→ nicht kalkulierbar
→ daher nicht Gegenstand der KLR

Diese Verluste sind aus dem Eigenkapital abzudecken.

**Spezielle Einzelwagnisse**

- **Beständewagnis** (z. B. Verlust an Vorräten durch Verderb, Schwund, Veralten)
- **Fertigungswagnis** (z. B. Mehrkosten aufgrund von Arbeitsfehlern)
- **Anlagenwagnis** (z. B. Verluste durch Schadensfälle)
- **Entwicklungswagnis** (z. B. Verluste aus fehlgeschlagenen Produktentwicklungen)
- **Vertriebswagnis** (z. B. Ausfälle bei Kundenforderungen)
- **Gewährleistungswagnis** (z. B. kostenlose Ersatzlieferung)

Werden Einzelwagnisse durch Versicherungen abgedeckt (z. B. Brandschäden), gehen die entsprechenden **Versicherungsprämien** in die Kosten ein (fremdversicherte Einzelwagnisse).

Für Einzelwagnisse, die nicht fremdversichert werden können (z. B. Währungsverluste), werden in der Kostenrechnung **kalkulatorische Kosten** angesetzt (selbstversicherte Einzelwagnisse).

aus: Hübscher, Heinrich u. a.: IT-Kompendium, 1. Auflage, Braunschweig 2001, S. 405

**Beispiel 1:**

Die Ausfallzeit der Maschinen an 240 Arbeitstagen beträgt durchschnittlich 0,5 Std. pro Tag zum Stundensatz von 26,00 €.

→ **Kalkulatorischen Kosten** des Fertigungswagnisses: 240 · 0,5 · 26,00 = 3.120,00 €.

21

3525346

## Kalkulatorische Wagnisse – *Imputed risks*

**Beispiel 2:**

Die kalkulatorischen Wagnisse (Vertriebswagnis) der OfficeCom AG wurden für das Jahr 20.. mit 25.000,00 € angesetzt. Die tatsächlichen Forderungsausfälle betrugen gemäß Gewinn- und Verlustkonto auf S. 343 89.420,00 €.

Behandlung in der Ergebnistabelle:

| Ergebnistabelle in € | | | | | | | |
|---|---|---|---|---|---|---|---|
| Finanzbuchhaltung | | | Kosten- und Leistungsrechnung | | | | |
| Gesamtergebnisrechnung (GuV) der Finanzbuchhaltung | | | Abgrenzungsrechnung | | | | Betriebsergebnis-rechnung |
| | | | Unternehmensbezo-gene Abgrenzungen | | Kostenrechnerische Korrekturen | | |
| Konto | Aufwen-dungen | Erträge | Neutrale Aufwen-dungen | Neutrale Erträge | Betrieb-liche Auf-wendun-gen | Ver-rechnete Kosten | Kosten | Leistun-gen |
| Abschrei-bungen auf Forde-rungen | 89.420,00 | | | | 89.420,00 | 25.000,00 | 25.000,00 | |

Erläuterung:

- Die tatsächlichen Kosten des Vertriebswagnis-ses spiegeln sich in den Abschreibungen auf For-derungen wider. Da sie mit 89.420,00 € im Jahr 20.. außerordentlich hoch sind und von Jahr zu Jahr in ihrer Höhe schwanken, können sie nicht als Kosten in die Betriebsergebnisrechnung ein-fließen. Sie sind daher als betrieblicher Aufwand unter „Kostenrechnerische Korrekturen" zu er-fassen.

- Die kalkulatorischen Wagnisse in Höhe von 25.000,00 € werden als Kosten in der Betriebs-ergebnisrechnung erfasst und mindern so das Betriebsergebnis. Gleichzeitig werden sie als „Ertrag" in der Spalte „Kostenrechnerische Kor-rekturen" unter „Verrechnete Kosten" „gegen-gebucht". Dadurch wirken sie sich nur auf das Betriebsergebnis aus.

- Das Neutrale Ergebnis wird in Höhe der Differenz 89.420,00 € minus 25.000,00 € gleich 64.420,00 € verringert. Da das Gesamtergebnis die Summe aus Betriebsergebnis und Neutralem Ergebnis ist, wird das Gesamtergebnis mit den tatsächli-chen Aufwendungen von 89.420,00 € belastet.

## Kalkulatorische Zinsen – *Imputed interest*

In der Geschäftsbuchhaltung führt der Einsatz von Fremdkapital zu Zinszahlungen bzw. -aufwendun-gen. Dabei kann allerdings nicht gesagt werden, ob mit diesem Fremdkapital betriebsnotwendiges Vermögen oder nichtbetriebsnotwendiges Vermö-gen finanziert wurde. Mithin kann auch nicht ge-sagt werden, welcher Anteil der Zinszahlungen den Kosten, welcher den neutralen Aufwendungen zu-zurechnen ist.

Der Einsatz von Eigenkapital im Betrieb verursacht dagegen keine Zinsaufwendungen; da er jedoch eine anderweitige Verwendung ausschließt, z. B. Wertpapieranlage, entgeht dem Eigenkapitalgeber ein Nutzen insofern, als er auf entsprechende Zins-erträge bei anderweitiger Verwendung verzichtet. Dieser Nutzenentgang wird als Opportunitätskos-ten bezeichnet. Allerdings könnte aus demselben Grund wie bei den Fremdkapitalzinsen nicht gesagt werden, welcher Anteil des entgangenen Nutzens als Kosten und welcher als neutraler Aufwand an-zusehen ist. Hieraus folgt, dass die in der Gewinn- und Verlustrechnung der Geschäftsbuchhaltung ausgewiesenen Zinsaufwendungen nicht in die Kosten- und Leistungsrechnung übernommen wer-den dürfen.

Für die Kosten- und Leistungsrechnung werden die kalkulatorischen Zinsen wie folgt berechnet:

| |
|---|
| Betriebsnotwendiges Anlagevermögen (Wiederbeschaffungskosten – kalkulatorische Ab-schreibungen) |
| + Betriebsnotwendiges Umlaufvermögen [(Anfangsbestand + Endbestand) : 2] |
| = Betriebsnotwendiges Vermögen |
| – Abzugskapital (zinslos überlassenes Fremdkapital) |
| = **Betriebsnotwendiges Kapital** |
| · landesüblicher durchschnittlicher Zinssatz für langfristige Darlehen |
| = **kalkulatorische Zinsen** |

aus: Hübscher, Heinrich u. a.: IT-Kompendium, 1. Auflage, Braunschweig 2001, S. 406

**21**

## Kalkulatorische Zinsen – *Imputed interest*

| Zinsaufwendungen<br>= neutrale Aufwendungen | Kalkulatorische Zinsen<br>= Kosten |
|---|---|
| – sind die in der laufenden Periode gezahlten Zinsen für **Fremdkapital** gemäß Gewinn- und Verlustrechnung; | – werden berechnet vom **betriebsnotwendigen Kapital;** |
| – beeinflussen das **Neutrale Ergebnis** und das **Gesamtergebnis.** | – beeinflussen nur das **Betriebsergebnis,** sind bezüglich des Gesamtergebnisses erfolgsneutral. |

### Beispiel 1:

| Aktiva | Bilanz in € | | Passiva |
|---|---:|---|---:|
| Bebaute Grundstücke | 300.000 | Eigenkapital | 300.000 |
| Maschinen | 440.000 | Darlehen | 800.000 |
| Betriebs- und Geschäftsausstattung | 80.000 | Verbindlichkeiten a. LL | 325.000 |
| Rohstoffe | 450.000 | Erhaltene Anzahlungen | 65.000 |
| Forderungen a. LL | 150.000 | | |
| Liquide Mittel | 70.000 | | |
| | 1.490.000 | | 1.490.000 |

Zusatzinformationen zu den Aktiva:
Der kalkulatorische Restwert der bebauten Grundstücke beträgt 400.000,00 €. Davon sind bebaute Grundstücke im Wert von 60.000,00 € vermietet. Der kalkulatorische Restwert der Maschinen beläuft sich auf 600.000,00 €, da für die Bilanz aus steuerlichen Gründen höher abgeschrieben wurde. Kalkulatorischer Restwert der Betriebs- und Geschäftsausstattung: 100.000,00 €. Der Rohstoffbestand ist am Bilanzstichtag überhöht, der Durchschnittsbestand beträgt monatlich 300.000,00 €. Die Bestände der Forderungen und der liquiden Mittel entsprechen den Durchschnittsbeständen.

Zusatzinformationen zu den Passiva:
Für die Darlehen sind 9 % Zinsen zu zahlen. Die Lieferantenkredite werden in voller Höhe unter Verzicht auf einen möglichen Skontoabzug in Anspruch genommen. Die Anzahlungen der Kunden stehen zinslos zur Verfügung.

Für die Berechnung der kalkulatorischen Zinsen wird ein durchschnittlicher Zinssatz für langfristiges Fremdkapital von 12 % zugrunde gelegt.

**Berechnung kalkulatorische Zinsen:**

| | | |
|---|---|---:|
| | Bebaute Grundstücke | 340.000 € |
| + | Maschinen | 600.000 € |
| + | Betriebs- und Geschäftsausstattung | 100.000 € |
| + | Rohstoffe | 300.000 € |
| + | Forderungen | 150.000 € |
| + | Liquide Mittel | 70.000 € |
| = | Betriebsnotwendiges Vermögen | 1.560.000 € |
| – | Anzahlungen | 65.000 € |
| = | Betriebsnotwendiges Kapital | 1.495.000 € |

davon 12 %:
**➔ Kalkulatorische Zinsen**        179.400 €

**Berechnung Zinsaufwendungen:**

| | |
|---|---:|
| Darlehen | 800.000 € |
| davon 9 % | |
| **➔ Zinsaufwendungen** | 72.000 € |

**21**

### Beispiel 2:

Die kalkulatorischen Zinsen der OfficeCom AG wurden für das Jahr 20.. mit 112.450,00 € angesetzt. Im selben Jahr wurden gemäß Gewinn- und Verlustkonto auf S. 343 Zinsen in Höhe von 68.930,00 € gezahlt.

## Kalkulatorische Zinsen – *Imputed interest*

Behandlung in der Ergebnistabelle:

| Ergebnistabelle in € | | | | | | | |
|---|---|---|---|---|---|---|---|
| Finanzbuchhaltung | | | Kosten- und Leistungsrechnung | | | | |
| Gesamtergebnisrechnung (GuV) der Finanzbuchhaltung | | | Abgrenzungsrechnung | | | | Betriebsergebnis-rechnung |
| | | | Unternehmensbezo-gene Abgrenzungen | | Kostenrechnerische Korrekturen | | |
| Konto | Aufwen-dungen | Erträge | Neutrale Aufwen-dungen | Neutrale Erträge | Betrieb-liche Auf-wendun-gen | Ver-rechnete Kosten | Kosten | Leistun-gen |
| Zinsauf-wendungen | 68.930,00 | | | | 68.930,00 | 112.450,00 | 112.450,00 | |

Erläuterung:

- Die tatsächlich gezahlten Zinsen des Jahres 20.. gemäß Gewinn- und Verlustkonto werden in der Abgrenzungsrechnung unter „Kostenrechneri-sche Korrekturen" in der Spalte „Betriebliche Aufwendungen" ausgewiesen.
- Die kalkulatorischen Zinsen in Höhe von 112.450,00 € werden in der Spalte „Kosten" der Betriebsergebnisrechnung erfasst und als „Ertrag" in der Spalte „Kostenrechnerische Kor-rekturen" unter „Verrechnete Kosten" „gegenge-

bucht". Dadurch beeinflussen sie nur das Betriebsergebnis, nicht aber das Gesamtergeb-nis.
- Das Neutrale Ergebnis verbessert sich in Höhe der Differenz von 112.450,00 € minus 68.930,00 € gleich 43.520,00 €. Da das Gesamtergebnis die Summe aus Betriebsergebnis und Neutralem Ergebnis ist, wird das Gesamtergebnis nur in Höhe der tatsächlich gezahlten Zinsen von 68.930,00 € belastet.

## Kalkulatorischer Unternehmerlohn – *Imputed earnings of the management*

- In Kapitalgesellschaften erhalten Vorstandsmit-glieder (z. B. Aktiengesellschaft) und Geschäfts-führer (GmbH) für ihre Arbeitsleistung Gehälter, die in der Finanzbuchhaltung dieser Unterneh-mungen als gewinnmindernder Aufwand ge-bucht und in gleicher Höhe in die Kosten- und Leistungsrechnung übernommen werden.
- Für die Arbeitsleistung geschäftsführender Inha-ber von Einzelunternehmungen und Gesellschaf-ter von Personengesellschaften (OHG und KG) dürfen nach Handels- und Steuerrecht keine ge-winnmindernde Aufwendungen geltend gemacht werden. Die Arbeitsleistung ist vielmehr aus dem Gewinn abzugelten.

aus: Hübscher, Heinrich u. a.: IT-Kompendium, 1. Auflage, Braunschweig 2001, S. 406

- Bei Einzelunternehmungen und Personengesell-schaften können die vollhaftenden Geschäftsin-haber aufgrund ihrer unternehmerischen Tätig-keit in der Kosten- und Leistungsrechnung einen so genannten kalkulatorischen Unternehmerlohn ansetzen – als Ausgleich für Nutzenentgang. Dadurch werden zudem die Kostenstrukturen und Betriebsergebnisrechnungen von Unterneh-mungen unterschiedlicher Rechtsform vergleich-bar.
- Die Höhe des kalkulatorischen Unternehmerloh-nes könnte sich nach den Gehältern leitender Angestellter in vergleichbaren Positionen richten.

**Beispiel:**

Ein Einzelunternehmer setzt für seine Arbeit als kalkulatorischen Unternehmerlohn 150.000,00 € an.

Behandlung in der Ergebnistabelle:

| Ergebnistabelle in € | | | | | | | |
|---|---|---|---|---|---|---|---|
| Finanzbuchhaltung | | | Kosten- und Leistungsrechnung | | | | |
| Gesamtergebnisrechnung (GuV) der Finanzbuchhaltung | | | Abgrenzungsrechnung | | | | Betriebsergebnis-rechnung |
| | | | Unternehmensbezo-gene Abgrenzungen | | Kostenrechnerische Korrekturen | | |
| Konto | Aufwen-dungen | Erträge | Neutrale Aufwen-dungen | Neutrale Erträge | Betrieb-liche Auf-wendun-gen | Ver-rechnete Kosten | Kosten | Leistun-gen |
| Unterneh-merlohn | | | | | | 150.000,00 | 150.000,00 | |

Erläuterung:

- Da keine gewinnmindernde Aufwendungen für die unternehmerische Arbeit geltend gemacht werden dürfen, ist im Gewinn- und Verlustkonto kein entsprechender Aufwand ausgewiesen.

- Das Betriebsergebnis verringert sich um 150.000 €, während sich – durch die „Gegenbuchung" – das Neutrale Ergebnis um den gleichen Betrag ver-bessert. Das Gesamtergebnis bleibt dadurch unberührt.

**21**

## Ergebnistabelle – *Table of results*

**Beispiel:**

Auf der Grundlage des Gewinn- und Verlustkontos auf S. 343 sowie den vorangegangenen Beispielen zu den kalkulatorischen Kosten ergibt sich für die OfficeCom AG zum 31. Dezember 20.. folgende **endgültige Ergebnistabelle:**

### Ergebnistabelle in €

| Konto | Finanzbuchhaltung – Gesamtergebnisrechnung (GuV) | | Abgrenzungsrechnung – Unternehmensbezogene Abgrenzungen | | Abgrenzungsrechnung – Kostenrechnerische Korrekturen | | Betriebsergebnisrechnung | |
| | Aufwendungen | Erträge | Neutrale Aufwendungen | Neutrale Erträge | Betriebliche Aufwendungen | Verrechnete Kosten | Kosten | Leistungen |
|---|---|---|---|---|---|---|---|---|
| Umsatzerlöse aus fertigen Erzeugnissen | | 9.363.600,00 | | | | | | 9.363.600,00 |
| Umsatzerlöse aus Handelswaren | | 3.100.290,00 | | | | | | 3.100.290,00 |
| Mehrbestand an unfertigen/fertigen Erzeugnissen | | 43.000,00 | | | | | | 43.000,00 |
| Zinserträge | | 39.170,00 | | 39.170,00 | | | | |
| Mieterträge | | 120.000,00 | | 120.000,00 | | | | |
| Aufwendungen für Rohstoffe | 3.480.000,00 | | | | | | 3.480.000,00 | |
| Aufwendungen für Hilfsstoffe | 465.600,00 | | | | | | 465.600,00 | |
| Aufwendungen für Betriebsstoffe | 66.490,00 | | | | | | 66.490,00 | |
| Fertigungslöhne | 690.205,00 | | | | | | 690.205,00 | |
| Hilfslöhne | 46.225,00 | | | | | | 46.225,00 | |
| Gehälter | 73.000,00 | | | | | | 73.000,00 | |
| Arbeitgeberanteil zur Sozialversicherung | 285.324,00 | | | | | | 285.324,00 | |
| Abschreibungen auf Sachanlagen | 4.230.680,00 | | 423.068,00 | | 3.807.612,00 | 4.670.320,00 | 4.670.320,00 | |
| Verluste aus dem Abgang von Gegenständen des Anlagevermögens | 126.500,00 | | 126.500,00 | | | | | |
| Verluste aus dem Abgang von Gegenständen des Umlaufvermögens | 26.130,00 | | 26.130,00 | | | | | |
| Abschreibungen auf Forderungen | 89.420,00 | | | | 89.420,00 | 25.000,00 | 25.000,00 | |
| Zinsaufwendungen | 68.930,00 | | | | 68.930,00 | 112.450,00 | 112.450,00 | |
| Steuern | 6.320,00 | | | | | | 6.320,00 | |
| Fremdinstandhaltungen | 23.510,00 | | 3.900,00 | | | | 19.610,00 | |
| Sonstige Aufwendungen | 39.180,00 | | | | | | 39.180,00 | |
| | 9.717.514,00 | 12.666.060,00 | 579.598,00 | 159.170,00 | 3.965.962,00 | 4.807.770,00 | 9.979.724,00 | 12.506.890,00 |
| | **2.948.546,00** | | | 420.428,00 | **841.808,00** | | **2.527.166,00** | |
| | 12.666.060,00 | 12.666.060,00 | 579.598,00 | 579.598,00 | 4.807.770,00 | 4.807.770,00 | 12.506.890,00 | 12.506.890,00 |
| | **Gesamtergebnis** | | Ergebnis der unternehmensbezogenen Abgrenzungen | | Ergebnis der kostenrechnerischen Korrekturen | | **Betriebsergebnis** | |
| | | | **Neutrales Ergebnis** | | | | | |

Kosten- und Leistungsrechnung

---

Abstimmung der Ergebnisse:

| | |
|---|---:|
| Betriebsergebnis | 2.527.166,00 € |
|    Ergebnis der unternehmensbezogenen Abgrenzungen | – 420.428,00 € |
|    Ergebnis der kostenrechnerischen Korrekturen | 841.808,00 € |
| + Neutrales Ergebnis | 421.380,00 € |
| = Gesamtergebnis | 2.948.546,00 € |

**21**

# Kostenartenrechnung – *Cost type accounting*

## Einteilung der Kosten

Die Kostenartenrechnung erfasst die in einem Betrieb entstandenen Kostengüterarten, die nach verschiedenen Kriterien eingeteilt werden können, für eine bestimmte Abrechnungsperiode (Monat, Quartal, Jahr):

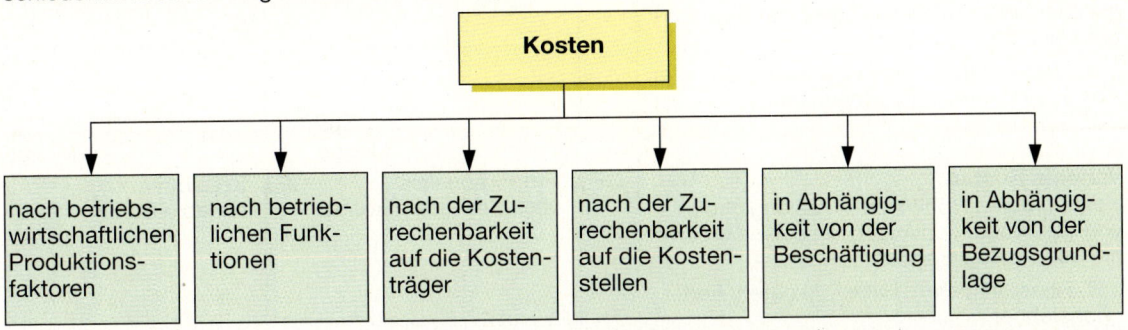

| Kosten |
|---|

- nach betriebswirtschaftlichen Produktionsfaktoren
- nach betrieblichen Funktionen
- nach der Zurechenbarkeit auf die Kostenträger
- nach der Zurechenbarkeit auf die Kostenstellen
- in Abhängigkeit von der Beschäftigung
- in Abhängigkeit von der Bezugsgrundlage

## Kosten auf der Grundlage der betriebswirtschaftlichen Produktionsfaktoren (Kostengüterarten)

| | **Beispiele:** |
|---|---|
| • **Werkstoffkosten** | Verbrauch von Roh- und Hilfsstoffen |
| • **Personalkosten** | Fertigungslöhne, Gehälter |
| • **Betriebsmittelkosten** | Abschreibungen auf Anlagen, Zinsen |
| • **Finanzierungskosten** | Abschlussprovisionen, Disagio |
| • **Fremdleistungskosten** | Telefonkosten, Kosten der Müllabfuhr |
| • **Abgaben mit Kostencharakter** | Gewerbesteuer, Kfz-Steuer |

## Kosten auf der Grundlage der betrieblichen Funktionen

- • **Beschaffungskosten**
- • **Produktions- oder Fertigungskosten**
- • **Absatz- oder Vertriebskosten**
- • **Verwaltungskosten**
- • **Lagerkosten**
- • **Finanzierungskosten**

## Kosten in Abhängigkeit von ihrer Zurechenbarkeit auf die Kostenträger

• **Einzelkosten:**
Kosten, die direkt den Kostenträgern zugerechnet werden können.

**Beispiele:**
Rohstoffkosten und Fremdbauteile aufgrund von Konstruktionszeichnungen u. Materialentnahmescheinen;
Fertigungslöhne aufgrund von Zeitmessungen und Lohnscheinen.

• **Gemeinkosten:**
Kosten, die nicht direkt, sondern nur mithilfe von Verteilungsschlüsseln über die Kostenstellenrechnung den Kostenträgern zugerechnet werden können.

**Beispiele:**
Gehälter der Angestellten, lineare Abschreibungen auf Maschinen und Gebäude, Hilfslöhne.

## Kosten in Abhängigkeit von ihrer Zurechenbarkeit auf die Kostenstellen

• **Kostenstelleneinzelkosten:**
Gemeinkosten in Bezug auf die Kostenträger, die den Kostenstellen direkt zugerechnet werden können.

**Beispiele:**
Hilfslöhne aufgrund von Stempelkarten, Gehälter aufgrund von Gehaltslisten des Personalbüros, Abschreibungen auf Maschinen.

• **Kostenstellengemeinkosten:**
Gemeinkosten in Bezug auf die Kostenträger, die den Kostenstellen nicht direkt, sondern nur mithilfe von Verteilungsschlüsseln zugerechnet werden können.

**Beispiele:**
Heiz- und Stromkosten, wenn die Kostenstellen über keine eigenen Zähler verfügen, Gehälter von Meistern, die mehrere Arbeitsplätze (Kostenstellen) betreuen.

aus: Hübscher, Heinrich u. a.: IT-Kompendium, 1. Aufl., Braunschweig 2001, S. 408

21

# Kostenartenrechnung – *Cost type accounting*

## Kosten in Abhängigkeit von der Beschäftigung

**Fixe Kosten:**
Kosten, die unabhängig von der Produktionsmenge in einer Abrechnungsperiode in gleicher Höhe anfallen (Kosten der Betriebsbereitschaft),

z. B. Mietkosten für eine Lagerhalle, Gehälter, Abschreibungen auf Sachanlagen.

**Variable Kosten:**
Kosten, deren Höhe sich in Abhängigkeit von der Produktionsmenge in einer Abrechnungsperiode verändert,

z. B. Rohstoffkosten, Hilfsstoffkosten, Fertigungslöhne.

GE: Geldeinheiten

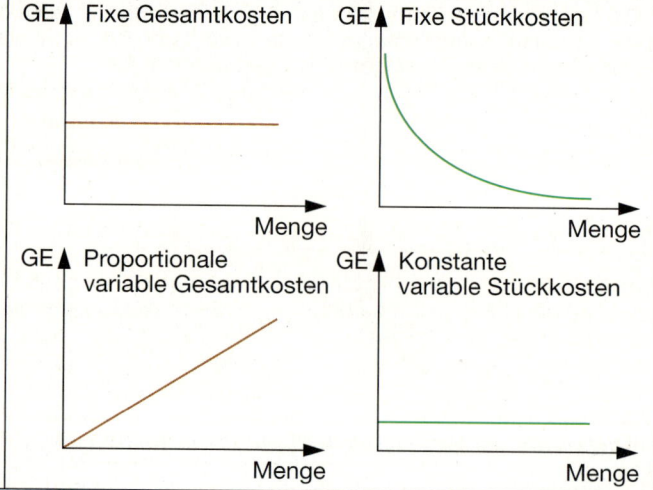

## Kosten in Abhängigkeit von der Bezugsgrundlage

**Gesamt- oder Periodenkosten:**
Kosten, die insgesamt in einer Abrechnungsperiode anfallen,

z. B. im Monat, im Quartal, im Jahr.

**Stückkosten oder Kosten pro Leistungseinheit:**

z. B. Kosten pro Stück, pro Liter.

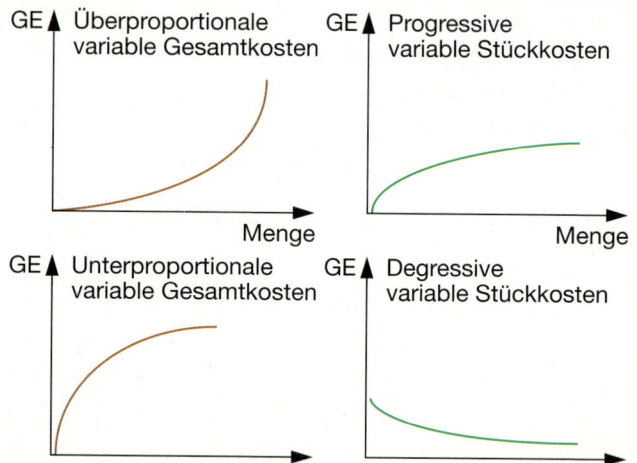

## Gesetz der Massenproduktion

Gesamtkostenfunktion bei proportionalen variablen Kosten:

$$K = K_f + K_v(x)$$
$$K = K_f + k_v \cdot x$$

Stückkostenfunktion bei proportionalen variablen Kosten:

$$k = \frac{K}{x}$$
$$k = \frac{K_f}{x} + k_v$$

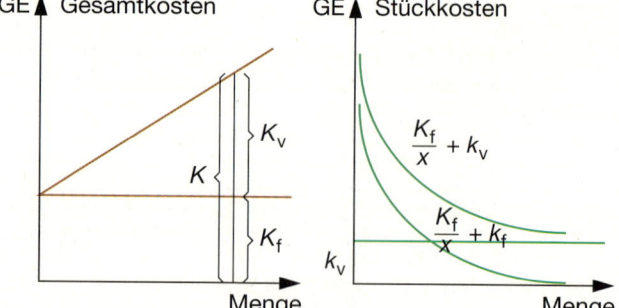

**Die (fixen) Stückkosten nehmen mit zunehmender Produktionsmenge ab.**

GE: Geldeinheiten
$K$ : Gesamtkosten pro Periode
$K_f$ : Fixe Kosten pro Periode
$K_v$ : Variable Kosten pro Periode

$x$ : Produktionsmenge
$k$ : Kosten pro Mengeneinheit
$k_v$ : Variable Kosten pro Mengeneinheit
$k_f$ : Fixe Kosten pro Mengeneinheit

aus: Hübscher, Heinrich u. a.: IT-Kompendium, 1. Aufl., Braunschweig 2001, S. 409

21

3525352

# Kostenstellenrechnung – *Cost centre accounting*

## Aufgaben

- Ermittlung der Kosten einer Abrechnungsperiode in den verschiedenen Kostenstellen des Betriebes.
- Notwendige Schnittstelle zwischen Kostenarten- und Kostenträgerrechnung.
- Grundlage für die Zurechnung der Gemeinkosten auf die hergestellten Produkte (Kostenträger).
- Kontrolle der Kosten und der Wirtschaftlichkeit in den Kostenstellen.

## Kostenstellen

- Orte, an denen die Kosten entstehen.
- Zurechnungseinheiten, deren Bildung nur dann erforderlich ist, wenn mehrere Erzeugnisse einen Betrieb ungleichmäßig in Anspruch nehmen.
- Sie können einen Arbeitsplatz, eine Unterabteilung, eine Abteilung oder einen aus den betrieblichen Funktionen abgeleiteten Betriebsbereich umfassen.

## Einteilung der Kostenstellen

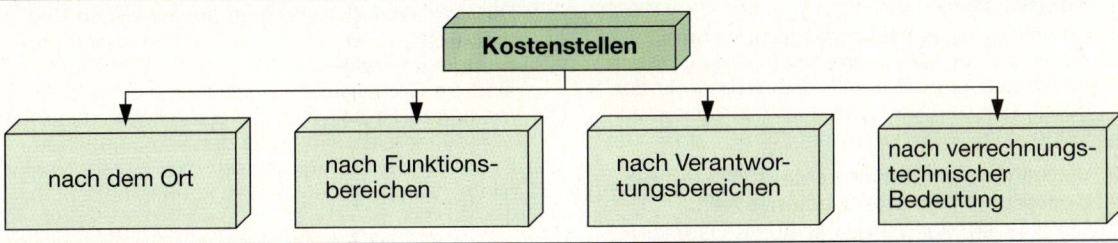

## Kostenstellen nach dem Ort

- Zusammenfassung räumlich abgegrenzter Betriebsteile mit jeweils einheitlichen Aufgaben

  oder

- Zusammenfassung unterschiedlicher Arbeitsgänge, die abrechnungstechnisch gleich behandelt werden können,

  oder

- Bildung eines einheitlichen räumlich abgegrenzten Verantwortungsbereichs, der aus Kontrollgründen als Ganzes abgerechnet werden soll.

## Kostenstellen nach Funktionsbereichen

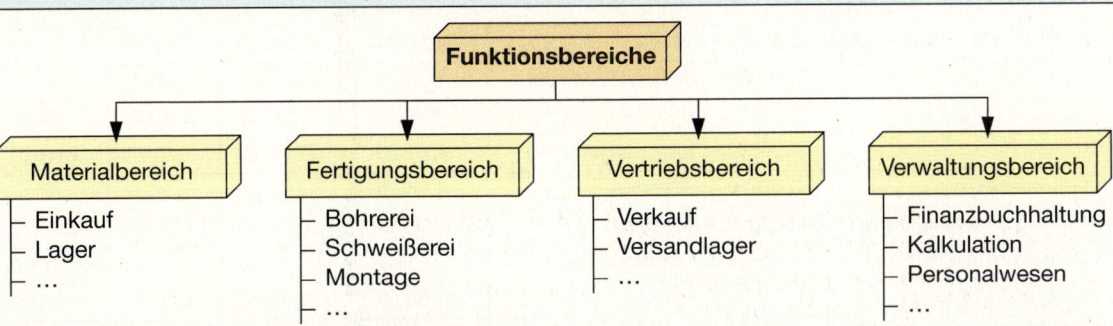

## Kostenstellen nach Verantwortungsbereichen

Die Kostenstellenbildung nach Verantwortungsbereichen deckt sich im Regelfall mit der nach Funktionsbereichen.

## Kostenstellen nach verrechnungstechnischer Bedeutung

- **Selbstständige Stellen od. Hauptkostenstellen:** Ihre Kosten werden den Kostenträgern unmittelbar zugerechnet.

  **Beispiele:**
  Einkauf, Lager, Fertigung, Verkauf, Versand, Werbung, Buchhaltung, Personal, allg. Verwaltung.

- **Unselbstständige Stellen:**
  - **Hilfskostenstellen** erbringen Leistungen für Hauptkostenstellen; ihre Kosten werden den Hauptkostenstellen zugerechnet.

    **Beispiele:**
    Arbeitsvorbereitung für die Fertigung, Werkzeugmacherei für die Fertigung.
  - **Allgemeine Kostenstellen** erbringen Leistungen für alle übrigen Kostenstellen; ihre Kosten werden den Hilfs- und Hauptkostenstellen zugerechnet.

    **Beispiele:**
    Telefonzentrale, Archiv, werkseigenes Kraftwerk, Fuhrpark.

21

aus: Hübscher, Heinrich u. a.: IT-Kompendium, 1. Aufl., Braunschweig 2001, S. 410

# Durchführung der Kostenstellenrechnung
*Accomplishment of cost centre accounting*

Sie wird monatlich und jährlich in der Regel tabellarisch mithilfe des so genannten Betriebsabrechnungsbogens (BAB) durchgeführt u. vollzieht sich in fünf Schritten:

1. **Erstellung des „Betriebsabrechnungsbogen".**
   Der Betriebsabrechnungsbogen (BAB) ist eine tabellarische Darstellung der Kostenstellenrechnung, der senkrecht nach Gemeinkostenarten und waagerecht nach Kostenbereichen bzw. Kostenstellen gegliedert ist.

2. **Überprüfung sämtlicher Kostenarten im Hinblick auf ihre Zurechenbarkeit auf die Kostenträger.**
   Sämtliche Kosten werden daraufhin untersucht, ob sie sich den Erzeugnissen (= Kostenträgern) direkt zurechnen lassen (= Einzelkosten) oder ob sie sich den Kostenträgern nicht direkt zurechnen lassen (= Gemeinkosten).

3. **Verteilung der Gemeinkostenarten auf die Kostenbereiche oder Kostenstellen.**
   Die auf die Erzeugnisse bezogenen Gemeinkosten können entweder Kostenstelleneinzelkosten sein, die den Kostenstellen direkt mithilfe von Belegen zugerechnet werden. Kostenstellengemeinkosten hingegen werden mithilfe von Verteilungsschlüsseln auf die Kostenstellen aufgeteilt.

4. **Ermittlung der Gemeinkostensummen für die Kostenbereiche oder Kostenstellen.**
   Addition der Gemeinkostenbeträge für jeden Kostenbereich bzw. jede Kostenstelle.

5. **Errechnung der so genannten Gemeinkostenzuschlagssätze der Kostenbereiche.**
   Die Gemeinkostensummen der jeweiligen Kostenbereiche werden zu bestimmten Zuschlagsgrundlagen ins Verhältnis gesetzt. Das Ergebnis sind die Gemeinkostenzuschlagssätze (s. S. 355), mit deren Hilfe die in den Kostenstellen des BAB ermittelten Gemeinkosten den verschiedenen Kostenträgern (Erzeugnissen bzw. Erzeugniseinheiten) zugerechnet werden können (s. S. 359).

## Betriebsabrechnungsbogen (BAB)

**Beispiel: BAB der OfficeCom AG**

| Gemeinkostenarten | Zahlenwerte des KLR-Bereichs in € | Verteilungsgrundlagen | Kosten der Kostenstellen in € | | | |
|---|---|---|---|---|---|---|
| | | | I Material | II Fertigung | III Verwaltung | IV Vertrieb |
| Aufwendungen für Hilfsstoffe | 465.600,00 | Materialentnahmescheine | 34.920,00 | 349.200,00 | 11.640,00 | 69.840,00 |
| Aufwendungen für Betriebsstoffe | 66.490,00 | Umbauter Raum in m$^3$ | 2.092,66 | 61.071,32 | 1.637,73 | 1.688,29 |
| Hilfslöhne | 46.225,00 | Lohn- und Gehaltsliste | 2.890,00 | 25.560,00 | 17.015,00 | 760,00 |
| Gehälter | 73.000,00 | Lohn- und Gehaltsliste | 8.770,00 | 27.890,00 | 29.350,00 | 6.990,00 |
| soziale Aufwendungen | 42.026,80 | Hilfslöhne/Gehälter | 4.110,15 | 18.841,12 | 16.343,66 | 2.731,87 |
| Kalkulatorische Abschreibungen | 4.670.320,00 | Anlagenkartei | 700.548,00 | 3.035.708,00 | 700.548,00 | 233.516,00 |
| Kalkulatorische Wagniskosten | 25.000,00 | Kostenstelle Vertrieb | 0,00 | 0,00 | 0,00 | 25.000,00 |
| Kalkulatorische Zinsen | 112.450,00 | Betriebsnotw. Kapital | 16.867,50 | 73.092,50 | 16.867,50 | 5.622,50 |
| Steuern | 6.320,00 | Steuergegenstände | 1.264,00 | 2.528,00 | 1.896,00 | 632,00 |
| Fremdinstandhaltungen | 23.510,00 | Rechnungen | 4.702,00 | 12.538,67 | 4.702,00 | 1.567,33 |
| sonstige Aufwendungen | 39.180,00 | Rechnungen u. a. | 5.597,14 | 8.395,71 | 8.395,72 | 16.791,43 |
| | | | | | | |
| Summe | 5.570.121,80 | | 781.761,45 | 3.614.825,32 | 808.395,61 | 365.139,42 |
| | | Zuschlagsgrundlage: | Fertigungsmaterial | Fertigungslöhne einschließlich anteiliger sozialer Aufwendungen | Herstellkosten des Umsatzes | |
| | | | 3.480.000,00 | 933.502,20 | 8.767.088,97 | |
| | | Gemeinkostenzuschlagssatz: | 22,46 % | 387,23 % | 9,22 % | 4,16 % |

aus: Hübscher, Heinrich u. a.: IT-Kompendium, 1. Aufl., Braunschweig 2001, S. 411

21

# Ermittlung der Gemeinkostenzuschlagssätze

*Determination of overhead surcharge rate*

Die Berechnung der Gemeinkostenzuschlagssätze wird auf der Grundlage der im Betriebsabrechnungsbogen ermittelten Gemeinkostensummen vorgenommen. Dabei werden die Gemeinkosten- summen der einzelnen Kostenbereiche auf jeweils gesonderte Zuschlagsgrundlagen bezogen. (Die folgenden Beispiele beziehen sich auf den BAB, siehe S. 354)

## Materialgemeinkostenzuschlagssatz (MGKZ)

$$MGKZ = \frac{\text{Materialgemeinkosten}}{\text{Fertigungsmaterial}} \cdot 100$$

Es wird unterstellt, dass sich die Gemeinkosten des Materialbereichs im gleichen Verhältnis wie die Materialeinzelkosten (Fertigungsmaterial, z. B. Verbrauch der Rohstoffe) entwickeln.

**Beispiel:**

$$MGKZ = \frac{781.761,45 \text{ €}}{3.480.000,00 \text{ €}} \cdot 100 = 22,46 \text{ %}$$

Bei einem Rohstoffverbrauch (Einzelkosten) von 100,00 € fallen noch zusätzlich Materialgemeinkosten in Höhe von 22,46 € an.

## Fertigungsgemeinkostenzuschlagssatz (FGKZ)

$$FGKZ = \frac{\text{Fertigungsgemeinkosten}}{\text{Fertigungslöhne}} \cdot 100$$

Die Gemeinkosten des Fertigungsbereichs entwickeln sich ebenfalls proportional zu den Fertigungseinzelkosten (= Fertigungslöhne).

**Beispiel:**

$$FGKZ = \frac{3.614.825,32 \text{ €}}{933.502,20 \text{ €}} \cdot 100 = 387,23 \text{ %}$$

100,00 € an Fertigungslöhnen (Einzelkosten) führen noch zu zusätzlichen Gemeinkosten im Fertigungsbereich in Höhe von 387,23 €.

## Vertriebsgemeinkostenzuschlagssatz (VtrGKZ)

$$VtrGKZ = \frac{\text{Vertriebsgemeinkosten}}{\text{Herstellkosten des Umsatzes}} \cdot 100$$

Die Vertriebsgemeinkosten werden nicht von den erzeugten, sondern von den abgesetzten Produkten verursacht. Daher werden die Vertriebsgemeinkosten nicht zu den Herstellkosten der in der Periode erzeugten Produkte ins Verhältnis gesetzt, sondern zu den Herstellkosten der in der Periode verkauften – umgesetzten – Produkte.

Die **Herstellkosten des Umsatzes** errechnen sich wie folgt:

Fertigungsmaterial
+ Materialgemeinkosten
= Materialkosten (I)

Fertigungslöhne
+ Fertigungsgemeinkosten
= Fertigungskosten (II)

I + II = Herstellkosten der Erzeugung

– Bestandsmehrungen an unfertigen/ fertigen Erzeugnissen
+ Bestandsminderungen an unfertigen/ fertigen Erzeugnissen

**= Herstellkosten des Umsatzes**

**Beispiel:**

| | |
|---|---:|
| Fertigungsmaterial | 3.480.000,00 € |
| + Materialgemeinkosten | 781.761,45 € |
| = Materialkosten (I) | 4.261.761,45 € |
| Fertigungslöhne | 933.502,20 € |
| + Fertigungsgemeinkosten | 3.614.825,32 € |
| = Fertigungskosten (II) | 4.548.327,52 € |
| I + II = Herstellkosten der Erzeugung | 8.810.088,97 € |
| – Bestandsmehrungen an unfertigen/fertigen Erzeugnissen | 46.000,00 € |
| + Bestandsminderungen an unfertigen/fertigen Erzeugnissen | 3.000,00 € |
| **= Herstellkosten d. Umsatzes** | **8.767.088,97 €** |

$$VtrGKZ = \frac{365.139,42 \text{ €}}{8.767.088,97 \text{ €}} \cdot 100 = 4,16 \text{ %}$$

Umgesetzte, verkaufte Erzeugnisse im Wert von 100,00 € verursachen an Vertriebsgemeinkosten zusätzlich 4,16 €.

## Verwaltungsgemeinkostenzuschlagssatz (VwGKZ)

$$VwGKZ = \frac{\text{Verwaltungsgemeinkosten}}{\text{Herstellkosten des Umsatzes}} \cdot 100$$

Der Einfachheit halber werden die Verwaltungsgemeinkosten häufig ebenfalls auf die Herstellkosten des Umsatzes bezogen.

**Beispiel:**

$$VwGKZ = \frac{808.395,61 \text{ €}}{8.767.088,97 \text{ €}} \cdot 100 = 9,22 \text{ %}$$

100,00 € umgesetzter Erzeugnisse verursachen 9,22 € an Verwaltungsgemeinkosten.

**21**

aus: Hübscher, Heinrich u. a.: IT-Kompendium, 1. Auflage, Braunschweig 2001, S. 412

# Kostenträgerrechnung – *Cost objective accounting*

| Definition | Ziel |
|---|---|
| Unter **Kostenträger** sind die in einem Industriebetrieb in einer Abrechnungsperiode hergestellten Produkte zu verstehen. Der Begriff „Kostenträger" entspricht damit dem Begriff „Leistung". In manchen Wirtschaftszweigen ist ein Kostenträger gleichzeitig Kostenstelle, so etwa in der Bauindustrie das zu errichtende Bauwerk. | Eine wesentliche Aufgabe der Kosten- und Leistungsrechnung besteht darin, die in einem Betrieb entstandenen Kosten den hergestellten Produkten (Kostenträgern) verursachungsgerecht zuzurechnen – **Kostenträgerrechnung.** |

## Rechnungssysteme der Kostenträgerrechnung

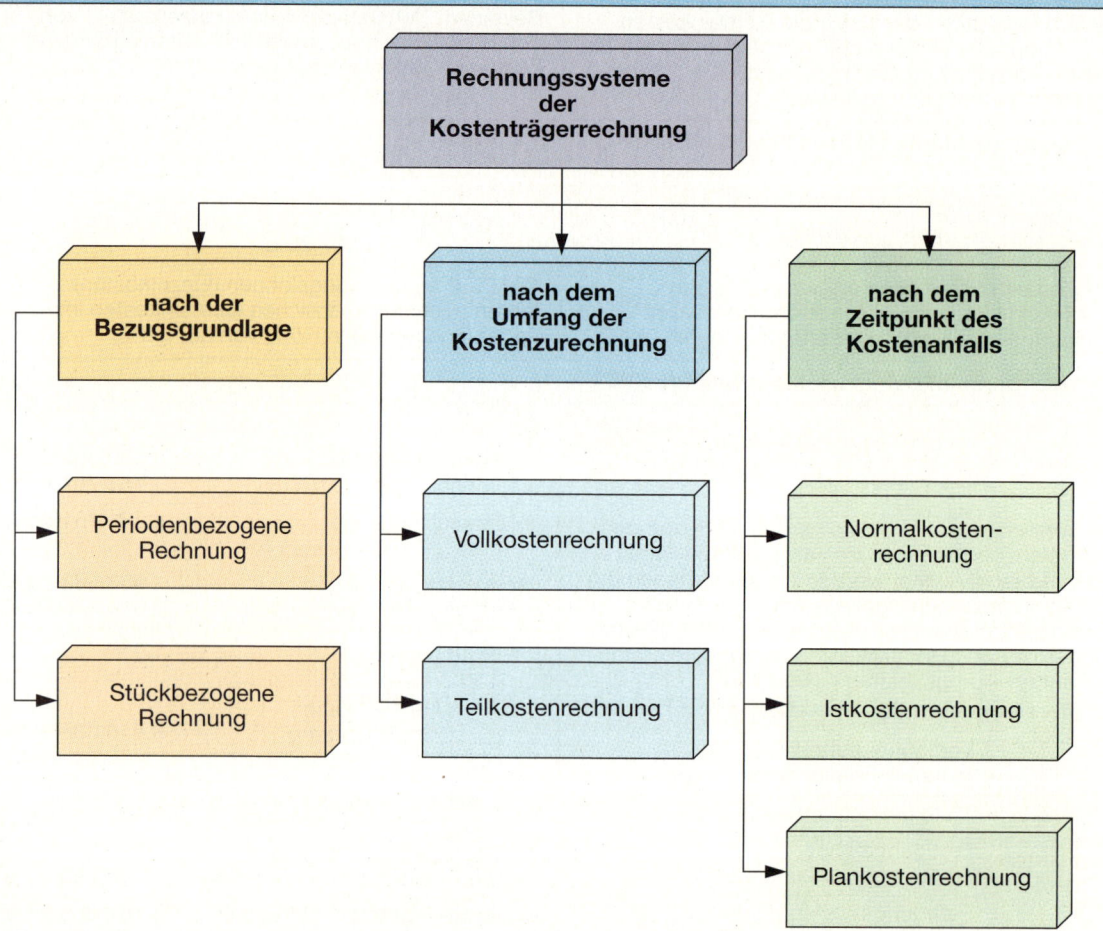

aus: Scharf, Dirk: Einführung in das betriebliche Rechnungswesen und statistische Grundlagen, Wiesbaden 1997, S. 21

## Kostenträgerrechnung als periodenbezogene Vollkostenrechnung (Kostenträgerzeitrechnung)

- Werden sämtliche Kosten einer Abrechnungsperiode auf die Produkte verteilt, so wird von einer **Kostenträgerzeitrechnung** auf Vollkostenbasis gesprochen.

- Die **Einzelkosten** wie Fertigungsmaterial und Fertigungslöhne werden den Produkten anhand von Belegen (Stücklisten, Materialentnahmescheine, Lohnscheine, Arbeitskarten) direkt zugerechnet.

- Die **Gemeinkosten** werden über die Kostenstellenrechnung mithilfe der im BAB errechneten Gemeinkostenzuschlagssätze anteilig (indirekt) auf die Produkte aufgeteilt.

- Das Ergebnis dieser Kostenverteilung wird auf dem so genannten **Kostenträgerblatt,** das auch als BAB II bezeichnet wird, festgehalten.

- Werden dann noch die Umsatzerlöse der Produkte derselben Abrechnungsperiode den Kosten gegenübergestellt, können die Anteile der verschiedenen Produkte am **Betriebsergebnis** ermittelt werden.

- Dadurch wird die Kostenträgerrechnung zu einer **Ergebnisrechnung** ausgeweitet.

aus: Hübscher, Heinrich u. a.: IT-Kompendium, 1. Aufl., Braunschweig 2001, S. 413

21

3525356

## Kostenträgerblatt – *Cost objective sheet*

**Beispiel:**

**Kostenträgerblatt der OfficeCom AG**

Die Zahlen des Kostenträgerblattes basieren auf dem BAB (**siehe** S. 354) und den Gemeinkostenzuschlagssätzen (**siehe** S. 355).

| Kalkulationsschema | Zuschlags-sätze gemäß BAB in % | Istkosten gesamt | Kosten der Kostenträger in € | | |
| --- | --- | --- | --- | --- | --- |
| | | | Schreib-tisch-sessel | Akten-schränke | Schreib-tische |
| 1 Fertigungsmaterial | | 3.480.000,00 | 383.500,00 | 2.678.000,00 | 418.500,00 |
| 2 Materialgemeinkosten | 22,46 % | 781.761,45 | 86.151,01 | 601.596,89 | 94.013,55 |
| 3 Materialkosten (1 + 2) | | 4.261.761,45 | 469.651,01 | 3.279.596,89 | 512.513,55 |
| 4 Fertigungslöhne | | 933.502,20 | 76.600,00 | 751.400,00 | 105.502,20 |
| 5 Fertigungsgemeinkosten | 387,23 % | 3.614.825,32 | 296.620,21 | 2.909.666,14 | 408.538,97 |
| 6 Fertigungskosten (4 + 5) | | 4.548.327,52 | 373.220,21 | 3.661.066,14 | 514.041,17 |
| 7 Herstellkosten der Erzeugung (3 + 6) | | 8.810.088,97 | 842.871,22 | 6.940.663,03 | 1.026.554,72 |
| 8 Mehrbestand unfertige Erzeugnisse | | 46.000,00 | 15.000,00 | 11.000,00 | 20.000,00 |
| 9 Minderbestand fertige Erzeugnisse | | 3.000,00 | 1.000,00 | 1.000,00 | 1.000,00 |
| 10 Herstellkosten des Umsatzes (7 – 8 + 9) | | 8.767.088,97 | 828.871,22 | 6.930.663,03 | 1.007.554,72 |
| 11 Verwaltungsgemeinkosten | 9,22 % | 808.395,61 | 76.428,55 | 639.062,47 | 92.904,59 |
| 12 Vertriebsgemeinkosten | 4,16 % | 365.139,42 | 34.521,56 | 288.654,34 | 41.963,52 |
| 13 Selbstkosten des Umsatzes (10 + 11 + 12) | | 9.940.624,00 | 939.821,33 | 7.858.379,84 | 1.142.422,83 |
| 14 Umsatzerlöse | | 12.463.890,00 | 1.221.767,72 | 10.215.893,80 | 1.026.228,48 |
| 15 Betriebsergebnis (14 – 13) | | 2.523.266,00 | 281.946,39 | 2.357.513,96 | – 116.194,35 |

aus: Scharf, Dirk: Einführung in das betriebliche Rechnungswesen und statistische Grundlagen, Wiesbaden 1997, S. 22

## Informationen aus dem Kostenträgerblatt

- Höhe der Materialkosten je Kostenträger
- Höhe der Fertigungskosten je Kostenträger
- Höhe der Herstellkosten der Erzeugung je Kostenträger
- Höhe der Herstellkosten des Umsatzes je Kostenträger
- Höhe der Selbstkosten des Umsatzes je Kostenträger
- Anteil jedes Kostenträgers am Betriebsergebnis (unter Einbeziehung der Umsatzerlöse)

## Kostenträgerrechnung als stückbezogene Vollkostenrechnung (= Kostenträgerstückrechnung oder Kalkulation)

- Werden die Selbstkosten für eine Leistungseinheit (z. B. Kosten pro Stück oder pro Tonne oder pro Meter) ermittelt, so handelt es sich um die **Kostenträgerstückrechnung,** die dem Begriff der **Kalkulation** entspricht.
- Werden noch Gewinnzuschlag, Rabatt und Skonto in die Rechnung einbezogen, so wird die Kostenkalkulation zu einer **Angebotspreiskalkulation** ausgeweitet.
- Je nach vorliegenden Produktions-, Fertigungsorganisations- und Absatzverhältnissen (z. B. Einproduktarten- oder Mehrproduktartenunternehmung) kommen unterschiedliche **Kalkulationsverfahren** zum Einsatz.

21

aus: Hübscher, Heinrich u. a.: IT-Kompendium, 1. Aufl., Braunschweig 2001, S. 414

# Kalkulationsverfahren – *Calculation techniques*

## Divisionskalkulation

Betriebe, die nur **ein einzelnes Produkt** in großen Stückzahlen herstellen, wenden zur Ermittlung der Selbstkosten einer Mengeneinheit die Divisionskalkulation an. Dabei werden sämtliche Kosten einer Abrechnungsperiode durch die hergestellte (und abgesetzte) Menge der Abrechnungsperiode geteilt. Dieses einfache Kalkulationsverfahren kann deshalb eingesetzt werden, weil sämtliche Kosten durch dieses eine Produkt verursacht werden.

### Kalkulationsschema der Divisionskalkulation:

$$\text{Selbstkosten pro Mengeneinheit} = \frac{\text{Gesamtkosten der Abrechnungsperiode}}{\text{Produktionsmenge der Abrechnungsperiode}}$$

**Beispiel:**

Eine Mühle produziert nur eine Mehlsorte, z. B. Typ 408. In der Abrechnungsperiode entstanden folgende Kosten:

| | |
|---|---|
| Rohstoffverbrauch | 168.470,00 € |
| Löhne | 75.735,00 € |
| Sonstige Herstellkosten | 36.150,00 € |
| Verwaltungs- und Vertriebsgemeinkosten | 25.645,00 € |

Produzierte und verkaufte Menge der Abrechnungsperiode: 7 634 dz

$$\text{Selbstkosten pro dz} = \frac{306.000,00 \text{ €}}{7\,634 \text{ dz}} = \underline{40,08 \text{ €/dz}}$$

## Äquivalenzzifferkalkulation

- Sie ist eine besondere Form der Divisionskalkulation, die bei Sortenfertigung angewandt werden kann.

- Produkte der Sortenfertigung sind rohstoff- und herstellungsverwandt, z. B. Bleche oder Spanplatten mit unterschiedlichen Stärken, Ziegelsteine mit unterschiedlichen Abmessungen.

- Der von Sorte zu Sorte unterschiedliche Kostenanfall wird in Kostenverhältniszahlen (**Äquivalenzziffern**) ausgedrückt, die möglichst der tatsächlichen Kostenverursachung der einzelnen Sorten gerecht werden sollen.

### Verfahren der Äquivalenzziffernkalkulation:

(1) Art der Äquivalenzziffern bestimmen

(2) Äquivalenzziffern berechnen

(3) Produktionsmenge einer Sorte, multipliziert mit der Äquivalenzziffer der Sorte, ergibt die Rechnungseinheiten der Sorte. Diese Rechnung wird für jede Sorte durchgeführt.

(4) Gesamtkosten, dividiert durch die Summe der Rechnungseinheiten aller Sorten, ergibt die Kosten pro Rechnungseinheit.

(5) Kosten pro Rechnungseinheit, multipliziert mit den Rechnungseinheiten pro Sorte, ergibt die Kostensumme einer Sorte. Diese Rechnung wird für jede Sorte durchgeführt.

(6) Kostensumme einer Sorte, dividiert durch die Produktions- und Absatzmenge der Sorte, ergibt die Kosten pro Mengeneinheit dieser Sorte.

**Beispiel:**

Eine Fabrik für Kunststofffenster stellt drei Varianten eines bestimmten Fenstertyps her. Folgende Zahlen liegen vor:

| Variante | Ferti-gungs-minu-ten pro Stück | Glasfläche in cm² pro Stück | Menge in Stück | Ver-kaufs-preis in € pro Stück |
|---|---|---|---|---|
| A | 8 | 4 800 (60 · 80) | 200 | 180 |
| B | 9 | 6 000 (75 · 80) | 600 | 270 |
| C | 9 | 8 400 (105 · 80) | 800 | 400 |

Die Gesamtkosten der Periode betragen 850.000,00 €.

(1) Die Kostenaufteilung kann im Verhältnis der Glasflächen erfolgen. Da die Höhe der Fenster (80 cm) bei allen Varianten gleich ist, wird die Breite als Kostenverhältniszahl gewählt.

(2) Als Basis wird die Breite 75 cm gewählt. Die Äquivalenzziffern (Ä) betragen:

$\ddot{A}_A = 60 \text{ cm} : 75 \text{ cm} = 0,8$

$\ddot{A}_B = 75 \text{ cm} : 75 \text{ cm} = 1,0$

$\ddot{A}_C = 105 \text{ cm} : 75 \text{ cm} = 1,4$

(3) Rechnungseinheiten (RE):

$RE_A = 200 \text{ St.} \cdot 0,8 = 160$

$RE_B = 600 \text{ St.} \cdot 1,0 = 600$

$\underline{RE_C = 800 \text{ St.} \cdot 1,4 = 1.120}$

Summe RE $= 1.880$

(4) Kosten pro Recheneinheit:

$850.000,00 \text{ €} : 1.880 \text{ RE} = \underline{452,13 \text{ €/RE}}$

(5) Kostensummen pro Sorte (K):

$K_A = 160 \text{ RE} \cdot 452,13 \text{ €/RE} = 72.340,80 \text{ €}$

$K_B = 600 \text{ RE} \cdot 452,13 \text{ €/RE} = 271.278,00 \text{ €}$

$K_C = 1.120 \text{ RE} \cdot 452,13 \text{ €/RE} = 506.385,60 \text{ €}$

(6) Kosten pro Mengeneinheit jeder Sorte (k):

$k_A = 72.340,80 \text{ €} : 200 \text{ St.} = 361,70 \text{ €}$

$k_B = 271.278,00 \text{ €} : 600 \text{ St.} = 452,13 \text{ €}$

$k_C = 506.385,60 \text{ €} : 800 \text{ St.} = 632,98 \text{ €}$

21

3525358

# Kalkulationsverfahren – *Calculation techniques*

## Zuschlagskalkulation

In Betrieben, die **mehrere unterschiedliche Produkte** herstellen, stellt die Zuschlagskalkulation ein geeignetes Verfahren dar, um die Selbstkosten für eine Mengeneinheit des jeweiligen Produkts zu ermitteln. Ausgehend von den Einzelkosten (Fertigungsmaterial und Fertigungslöhne) werden dem Kostenträger schrittweise die Gemeinkosten mithilfe der Gemeinkostenzuschlagssätze aus dem BAB bis zu den Selbstkosten hinzugerechnet.

### Kalkulationsschema der Zuschlagskalkulation:

1.    Fertigungsmaterialkosten (gemäß Stückliste)
2. + Materialgemeinkosten   (...% gemäß BAB)
3. = **Materialkosten (1. + 2.)**
4.    Fertigungslöhne      (gemäß Lohnschein)
5. + Fertigungsgemeinkosten (...% gemäß BAB)
6. + Sondereinzelkosten der Fertigung     (gemäß Auftrag)
7. = **Fertigungskosten (4. + 5. + 6.)**
8. = **Herstellkosten (3. + 7.)**
9. + Verwaltungsgemeinkosten (...% gemäß BAB)
10. + Vertriebsgemeinkosten   (...% gemäß BAB)
11. + Sondereinzelkosten des Vertriebs    (gemäß Einzelnachweis)
12. = **Selbstkosten des Kostenträgers (8. + 9. + 10. + 11.)**

**Beispiel:**

Die OfficeCom AG kalkuliert die Selbstkosten eines Schreibtisches, z. B. Modell ST 02.

– Die Stückliste weist für den Schreibtisch Fertigungsmaterial im Wert von 280,00 € aus;
– die Fertigungslöhne betragen gemäß Lohnscheinen 310,00 €;
– die Gemeinkostenzuschlagssätze sind dem BAB auf S. 354 zu entnehmen.

| | | |
|---|---|---:|
| | Fertigungsmaterial | 280,00 € |
| + | Materialgemeinkosten (22,46 %) | 62,89 € |
| = | Materialkosten | 342,89 € |
| | Fertigungslöhne | 310,00 € |
| + | Fertigungsgemeinkosten (387,23 %) | 1.200,41 € |
| = | Fertigungskosten | 1.510,41 € |
| = | Herstellkosten | 1.853,30 € |
| + | Verwaltungsgemeinkosten (9,22 %) | 170,87 € |
| + | Vertriebsgemeinkosten (4,16 %) | 77,10 € |
| = | Selbstkosten | 2.101,27 € |

# Unterschied zwischen Vollkostenrechnung und Teilkostenrechnung
## – *Difference between total cost and direct costing*

| Vollkostenrechnung | Teilkostenrechnung |
|---|---|
| Die Vollkostenrechnung verteilt **sämtliche Kosten** einer Abrechnungsperiode auf die Kostenträger (Kostenträgerzeitrechnung) bzw. ermittelt die Selbstkosten pro Mengeneinheit (Kostenträgerstückrechnung oder Kalkulation). | Die Teilkostenrechnung rechnet, je nach angewandtem Teilkostenrechnungssystem, dem Kostenträger nur **Teile der insgesamt angefallenen Kosten** zu: Entweder nur die variablen Kosten oder die Einzelkosten. |

### Kritik an der Vollkostenrechnung

- Die Gemeinkosten werden nicht nach dem in der Kostenrechnung geltenden Verursachungsprinzip den Kostenträgern zugerechnet, sondern mithilfe von Verteilungsschlüsseln auf die Kostenträger verteilt.
- Die Fixkosten (häufig Gemeinkosten) werden über die Gemeinkostenzuschlagssätze proportionalisiert: Steigen etwa die Fertigungseinzelkosten (Fertigungslöhne) aufgrund steigender Beschäftigung, so steigen proportional die Fertigungsgemeinkosten (z. B. Abschreibungen auf Anlagen), da die Fertigungsgemeinkosten mithilfe von durchschnittlichen, vergangenheitsbezogenen

Normalgemeinkostenzuschlagssätzen den Kostenträgern zugeschlagen werden.
Die Kostenträger werden also, unabhängig von der Höhe der Beschäftigung, mit einem festen Fixkostenanteil belastet, obwohl mit zunehmender Beschäftigung der Fixkostenanteil pro Erzeugniseinheit abnimmt bzw. mit abnehmender Beschäftigung zunimmt. Dieser Kostenentwicklung wird bei der Vollkostenrechnung nicht Rechnung getragen.

- Schließlich bestehen erhebliche Zweifel an der Brauchbarkeit der Vollkostenrechnung als Grundlage für Unternehmensentscheidungen.

### Systeme der Teilkostenrechnung

- Teilkostenrechnung auf der Grundlage von variablen und fixen Kosten
  - mit globaler Fixkostenbehandlung (einfaches Direct Costing),
  - mit differenzierender Fixkostenbehandlung (stufenweise Fixkostendeckung).

- Teilkostenrechnung auf der Grundlage von Einzelkosten und Gemeinkosten
  - mit globaler Gemeinkostenbehandlung,
  - mit differenzierender Gemeinkostenbehandlung (Teilkostenrechnung nach Paul Riebel).

vgl.: Hübscher, Heinrich u. a.: IT-Kompendium, 1. Auflage, Braunschweig 2001, S. 415

**21**

# Deckungsbeitragsrechnung – *Contribution margin accounting*

## Begriff Deckungsbeitrag

Die Teilkostenrechnung auf der Grundlage von variablen und fixen Kosten wird als Deckungsbeitragsrechnung bezeichnet. Zieht man von den Umsatzerlösen der verschiedenen Produkte die jeweiligen variablen Kosten ab, erhält man den so genannten Deckungsbeitrag, der dazu dient, die gesamten Fixkosten zu decken und darüber hinaus noch einen Gewinn zu erzielen.

## Anwendungsbereiche der Deckungsbeitragsrechnung

Unternehmensentscheidungen wie zum Beispiel
- Erweiterung oder Bereinigung des Produktionsprogramms,
- Annahme oder Ablehnung eines Zusatzauftrages,
- Ermittlung der kurzfristigen Preisuntergrenze,
- Gestaltung des optimalen Sortiments,
- Analyse der Gewinnschwelle.

## Deckungsbeitragsrechnung mit globaler Fixkostenbehandlung (Direct Costing)

### Periodenbezogene Deckungsbeitragsrechnung

Umsatzerlöse des Produktes der Abrechnungsperiode
− Variable Kosten des Produktes der Abrechnungsperiode

**= Deckungsbeitrag des Produktes der Abrechnungsperiode**

Summe der Deckungsbeiträge aller Produkte der Abrechnungsperiode
− Gesamte Fixkosten der Abrechnungsperiode

= Betriebsergebnis

**Beispiel (in €):**

|  | Schreibtischsessel | Aktenschränke | Schreibtische | Gesamt |
|---|---|---|---|---|
| Umsatzerlöse | 1.221.767,72 | 10.215.893,80 | 1.026.228,48 |  |
| − Variable Kosten | 432.317,81 | 3.614.854,73 | 525.514,50 |  |
| = Deckungsbeitrag | 789.449,91 | 6.601.039,07 | 500.713,98 | 7.891.202,96 |
| − Fixe Kosten |  |  |  | 5.367.936,96 |
| = Betriebsergebnis |  |  |  | 2.523.266,00 |

### Stückbezogene Deckungsbeitragsrechnung

Verkaufspreis/Mengeneinheit
− Variable Kosten/Mengeneinheit

= Deckungsbeitrag/Mengeneinheit

**Beispiel:**

| Verkaufspreis/Mengeneinheit | 324,00 € |
|---|---|
| − Variable Kosten/Mengeneinheit | 198,00 € |
| = Deckungsbeitrag/Mengeneinheit | 126,00 € |

## Deckungsbeitragsrechnung mit stufenweiser Fixkostendeckung

Umsatzerlöse
− Variable Kosten

= Deckungsbeitrag I

− Erzeugnisfixe Kosten

= Deckungsbeitrag II

− Erzeugnisgruppenfixe Kosten

= Deckungsbeitrag III

− Kostenstellenfixe Kosten

= Deckungsbeitrag IV

− Bereichsfixe Kosten

= Deckungsbeitrag V

− Unternehmensfixe Kosten

= Betriebsergebnis

**Beispiel** (in tausend €):

|  | A | B | C | D | Gesamt |
|---|---|---|---|---|---|
| Umsatzerlöse | 180 | 140 | 50 | 360 | 730 |
| − Variable Kosten | 140 | 85 | 52 | 306 | 583 |
| = Deckungsbeitrag I | 40 | 55 | − 2 | 54 | 147 |
| − Erzeugnisfixe Kosten | 8 | 5 | 3 | 10 | 26 |
| = Deckungsbeitrag II | 32 | 50 | − 5 | 44 | 121 |
|  | 82 |  | 39 |  |  |
| − Bereichsfixe Kosten | 34 |  | 18 |  | 52 |
| = Deckungsbeitrag IV | 48 |  | 21 |  | 69 |
| − Unternehmensfixe Kosten |  |  |  |  | 48 |
| = Betriebsergebnis |  |  |  |  | 21 |

**21**

vgl. Hübscher, Heinrich u. a.: IT-Kompendium, 1. Aufl., Braunschweig 2001, S. 416

# Normalkosten-/Istkostenrechnung – *Ordinary cost -/actual cost accounting*

| Normalkostenrechnung | Istkostenrechnung |
|---|---|
| • Rechnung, die auf den Kosten **vergangener Abrechnungsperioden** basiert.<br>• **Normalgemeinkosten** sind Gemeinkosten, die bei der Angebotskalkulation mithilfe von Normalgemeinkostenzuschlagssätzen in den Selbstkosten- bzw. Angebotspreis eingerechnet werden.<br>• **Normalgemeinkostenzuschlagssätze** ergeben sich als Durchschnittswerte von Istgemeinkostenzuschlagssätzen mehrerer vergangener Abrechnungsperioden. | • **Gegenwartsbezogene** Rechnung, die die Kosten der laufenden Abrechnungsperiode erfasst und auswertet.<br>• **Istgemeinkosten** sind Gemeinkosten, die in der laufenden Abrechnungsperiode entstanden sind und im BAB ausgewiesen werden.<br>• **Istgemeinkostenzuschlagssätze** werden errechnet, indem die Istgemeinkosten der Kostenstellen bzw. Kostenbereiche im BAB in Beziehung gesetzt werden zu den entsprechenden Zuschlagsgrundlagen (siehe S. 355). |
| **Kostenüberdeckung** (in €) | **Kostenunterdeckung** (in €) |
| Normalgemeinkosten > Istgemeinkosten<br>(kalkulierte)　　　(tatsächlich entstandene) | Normalgemeinkosten < Istgemeinkosten<br>(kalkulierte)　　　(tatsächlich entstandene) |

## Kostenüber-, -unterdeckung

**Beispiel:**

Die Zahlen des folgenden Beispiels basieren auf den Zahlen des Kostenträgerblattes von Seite 357.

### Kostenüberdeckung/Kostenunterdeckung (in €)

Normalgemeinkostenzuschlagssätze:

| | |
|---|---|
| Materialbereich:　23,61 % | Verwaltungsbereich: 9,37 % |
| Fertigungsbereich: 375,00 % | Vertriebsbereich:　4,19 % |

| Kalkulationsschema | Istkostenrechnung gemäß BAB Monat Mai 01 | Normalkostenrechnung (kalkuliert für Monat Mai 01) | Kostenüberdeckung (+) Kostenunterdeckung (–) | |
|---|---|---|---|---|
| Fertigungsmaterial | 3.480.000,00 | 3.480.000,00 | | |
| Materialgemeinkosten | 781.761,45 | 821.628,00 | | |
| Materialkosten | 4.261.761,45 | 4.301.628,00 | 39.866,55 | Materialbereich |
| Fertigungslöhne | 933.502,20 | 933.502,20 | | |
| Fertigungsgemeinkosten | 3.614.825,32 | 3.500.633,25 | | |
| Fertigungskosten | 4.548.327,52 | 4.434.135,45 | –114.192,07 | Fertigungsbereich |
| Herstellkosten der Erzeugung | 8.810.088,97 | 8.735.763,45 | | |
| Bestandsmehrungen unfertige Erzeugnisse | – 46.000,00 | – 46 000,00 | | |
| Bestandsminderungen fertige Erzeugnisse | 3.000,00 | 3.000,00 | | |
| Herstellkosten des Umsatzes | 8.767.088,97 | 8.692.763,45 | | |
| Verwaltungsgemeinkosten | 808.395,61 | 814.511,94 | 6.116,33 | Verwaltungsbereich |
| Vertriebsgemeinkosten | 365.139,42 | 364.226,79 | – 912,63 | Vertriebsbereich |
| Selbstkosten des Umsatzes | 9.940.624,00 | 9.871.502,18 | – 69.121,82 | Gesamt |

aus: Hübscher, Heinrich u. a.: IT-Kompendium, 1. Auflage, Braunschweig 2001, S. 417

**21**

# Planungsrechnung/Controlling – *Budgeting / Controlling*

## Begriff

- Ursprünglich Kontrolle bzw. Überwachung des betrieblichen Leistungsprozesses
- Heute Informations-, Entscheidungs- und Führungsinstrument durch ergebnisorientierte Planung, Steuerung und Überwachung des Unternehmens in allen seinen Bereichen und Ebenen
- **Operatives Controlling:**
  - Vollzugsüberwachung und Abweichungsanalyse
  - beruht weitgehend auf quantitativen Informationen
- **Strategisches Controlling:**
  - Erweiterung des operativen Controlling
  - Planung unterstützende und reflektierende Funktion
  - Einbeziehung langfristiger, qualitativer Informationen

## Controlling als Regelkreissystem

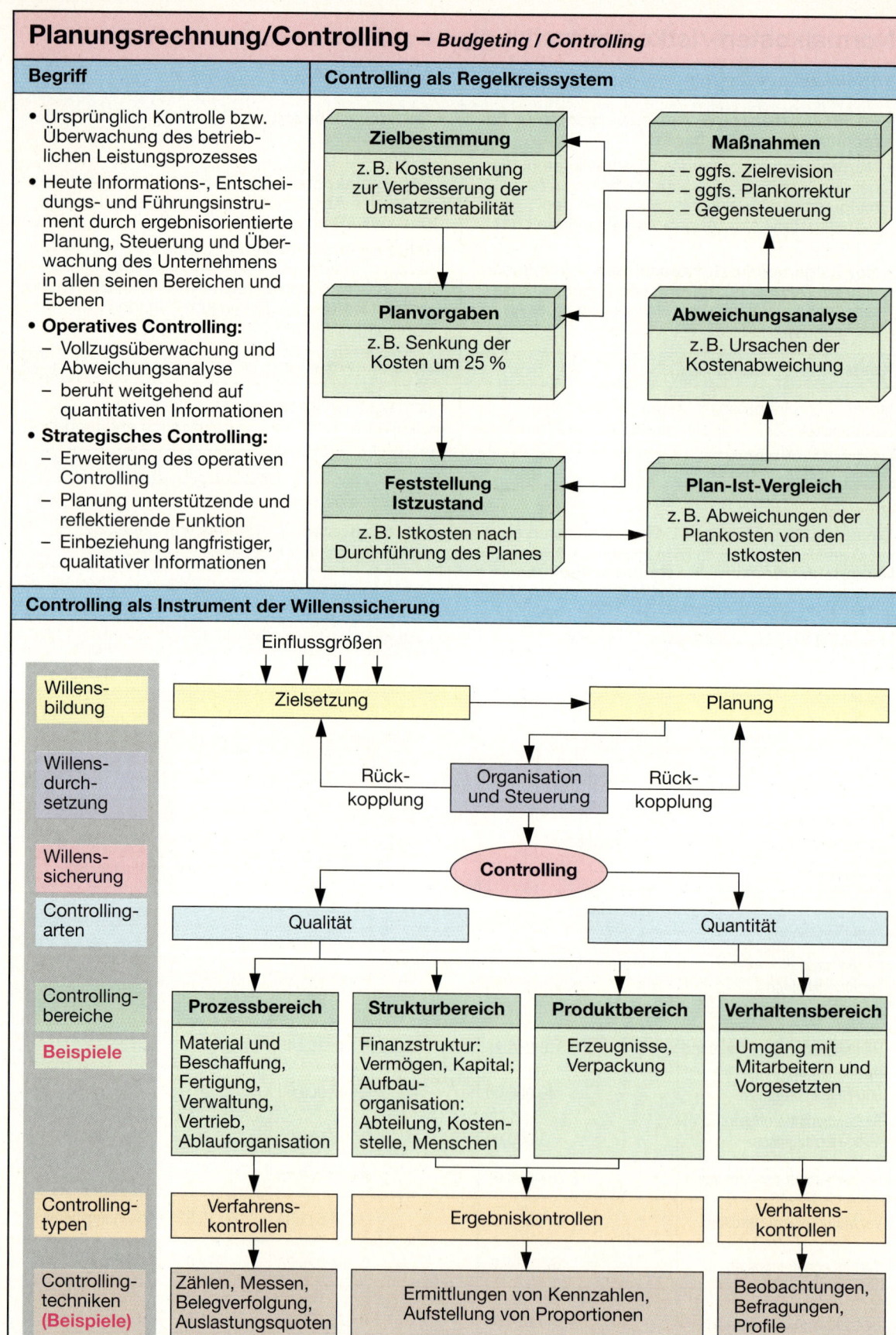

## Controlling als Instrument der Willenssicherung

vgl. Scharf, Dirk: Grundzüge des betrieblichen Rechnungswesens, 3. Auflage, Wiesbaden 1997, S. 55

aus: Hübscher, Heinrich u. a.: IT-Kompendium, 1. Auflage, Braunschweig 2001, S. 425

21

3525362

# Plankostenrechnung – *Standard costing*

## Verfahren der Kostenkontrolle (Vergleiche)

| Istkosten mit Istkosten | Istkosten mit Normalkosten | Istkosten mit Plankosten |
|---|---|---|
| • Vergangenheitsbezogene Rechnung<br>• Anteile von Einflussgrößen möglicher Kostendifferenzen wie z.B. Veränderungen der Beschäftigung, der Beschaffungspreise, der Tariflöhne und -gehälter oder des Werkstoffverbrauchs sind kaum ermittelbar<br>• Damit sind Verantwortlichkeiten für Kostendifferenzen nicht zurechenbar | • Vergangenheitsbezogene Rechnung<br>• Feststellbar sind nur Kostenüber- bzw. -unterdeckungen<br>• Kostenschwankungen vergangener Perioden werden wegen der Durchschnittsbildung der Normalgemeinkosten nur nivelliert, nicht beseitigt | • Zukunftsorientierte Rechnung<br>Vergleich von Kosten, die<br>• auf technischer Grundlage unter Beteiligung von REFA-Ingenieuren, Mitarbeitern der Abteilungen Arbeitsvorbereitung, Kostenrechnung und Konstruktion geplant und vorgegeben und mit den Istkosten verglichen werden<br>Kostenabweichungen werden<br>• auf ihre Ursachen zurückgeführt, Verantwortlichkeiten zugewiesen |

## Elemente der Plankostenrechnung

- **Bildung von Kostenstellen** → Eindeutige Abgrenzung zur Kostenkontrolle und Zuweisung von Verantwortung.

- **Bestimmung der Abrechnungsperiode** → Geschäftsjahr, Halbjahr, Quartal oder Monat.

- **Ermittlung der Kostengüterarten** → Werkstoff-, Personalkosten, Abschreibungen usw. je Kostenstelle.

- **Festlegung der Planbeschäftigung** → Höhe der Menge jeder Kostenstelle, bei der die Kosten geplant werden, orientiert
  – an der Kapazität jeder einzelnen Kostenstelle,
  – an der Kapazität der Kostenstelle, die den betrieblichen Engpass bildet.

- **Festlegung der Planbezugsgröße** → Input-Größen wie Fertigungsstunden, Maschinenstunden, Rohstoffverbrauch; Output-Größe: Produktionsmenge.

- **Festlegung der Planpreise** → Bewertung der Mengengerüste der Kostengüterarten mit Verrechnungspreisen bzw. Verrechnungslohnsätzen.

- **Planung der Materialeinzelkosten** → Verbrauch des Fertigungsmaterials (aufgrund von Konstruktionszeichnungen und Stücklisten) bei Planbeschäftigung, bewertet mit Verrechnungspreisen.

- **Planung der Fertigungseinzelkosten** → Vorgabezeiten der Fertigung (aufgrund von Arbeitszeitstudien) bei Planbeschäftigung, bewertet mit den zugehörigen Verrechnungslohnsätzen.

- **Planung der Sondereinzelkosten der Fertigung** → Zum Beispiel spezielle Werkzeuge, Modellkosten.

- **Planung der Sondereinzelkosten des Vertriebs** → Zum Beispiel Transportversicherung, Abschlussprovision.

- **Planung der Gemeinkosten** → Feststellung der Verbrauchsmengen und Arbeitszeiten der einzelnen Gemeinkostenarten bei Planbeschäftigung in jeder Kostenstelle und Bewertung mit den entsprechenden Verrechnungspreisen bzw. -lohnsätzen.

- **Ermittlung der Basisplankosten** → Summe der geplanten Kosten in einer Kostenstelle bei Planbeschäftigung.

- **Ermittlung des Plankostenverrechnungssatzes (PVS)** → PVS = Basisplankosten der Kostenstelle dividiert durch Planbeschäftigung der Kostenstelle.

aus: Hübscher, Heinrich u. a.: IT-Kompendium, 1. Auflage, Braunschweig 2001, S. 418

21

# Verfahren der Plankostenrechnung – *Standard costing process*

## Starre Plankostenrechnung

### Verrechnete Plankosten

Verrechnete Plankosten = PVS · Istbeschäftigung

**Beispiel:**

Die Kostenstelle „Bohrerei" plant mit folgenden Größen:

Planbeschäftigung: 4 000 Mengeneinheiten (ME)
Plankosten: 45.000 Geldeinheiten (GE)

$$PVS = \frac{45.000 \text{ GE}}{4\,000 \text{ ME}} \qquad PVS = 11,25\,\frac{GE}{ME}$$

Istbeschäftigung: 3 850 ME

**Verrechnete Plankosten:**

11,25 GE/ME · 3 850 ME = 43.312,50 GE

### Kurve der verrechneten Plankosten

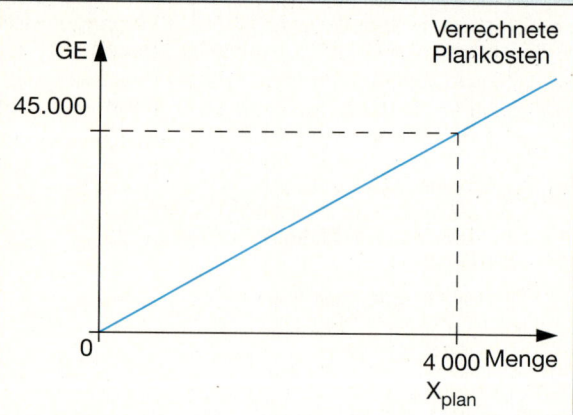

## Vergleich Istkosten mit verrechneten Plankosten

- Werden die Mengengerüste sowohl der Plankosten als auch der Istkosten mit Verrechnungspreisen bzw. -lohnsätzen bewertet, beruhen Abweichungen zwischen Istkosten und verrechneten Plankosten auf Minder- oder Mehrverbrauch an Werkstoffen und/oder Arbeitsstunden (Verbrauchsabweichung) sowie auf geringerer oder höherer Beschäftigung als geplant (Beschäftigungsabweichung).
- Keine Aussage über die Anteile von Verbrauchs- und Beschäftigungsabweichung an der Gesamtabweichung möglich.
- Im Plankostenverrechnungssatz wird nicht berücksichtigt, dass der darin enthaltene Fixkostenanteil mit zunehmender/abnehmender Beschäftigung abnimmt/zunimmt.

**Beispiel:**

| | |
|---|---|
| Istbeschäftigung: | 3 850 ME |
| Istkosten: | 44.600,00 GE |
| – Verrechnete Plankosten bei Istbeschäftigung | 43.312,50 GE |
| Kostenabweichung | 1.287,50 GE |

Die verrechneten Plankosten sind zu niedrig angesetzt, da der Fixkostenanteil im Plankostenverrechnungssatz auf eine Planbeschäftigung von 4 000 ME berechnet wurde; die Istbeschäftigung ist jedoch geringer.

## Flexible Plankostenrechnung

### Sollkosten

- Sollkosten sind die auf die Istbeschäftigung ($X_\text{ist}$) umgerechneten Plankosten.
- Plankosten werden unterschieden in fixe und variable Plankosten ($K_\text{plan} = K_\text{fplan} + K_\text{vplan}$).
- Einzelkosten können als variabel angesehen werden; Gemeinkosten müssen auf variablen bzw. fixen Charakter untersucht und ggf. mithilfe von Kostenauflösungsverfahren in fixe und variable Bestandteile zerlegt werden.
- Die Funktion der Sollkosten ist linear:

$$K_\text{Soll} = K_\text{f} + k_\text{v} \cdot X_\text{ist}$$

$$K_\text{f} = K_\text{fplan}$$

$$k_\text{v} = \frac{K_\text{vplan}}{X_\text{plan}}$$

### Kurve der Sollkosten

**Beispiel:**

$X_\text{plan}$: 4 000 ME
$K_\text{plan}$: 45.000 GE
$K_\text{fplan}$: 9.000 GE

$$k_\text{v}: \quad \frac{36.000 \text{ GE}}{4\,000 \text{ ME}} = 9\,\frac{GE}{ME}$$

$K_\text{Soll} = 9.000 + 9\,X_\text{ist}$

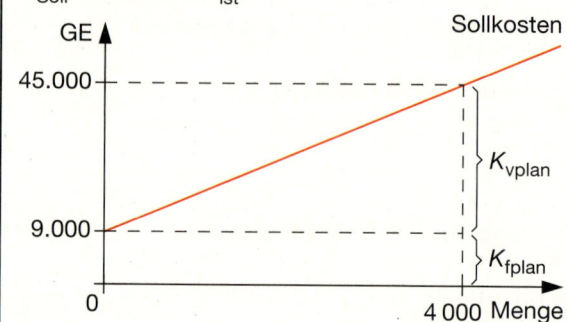

**21**

aus: Hübscher, Heinrich u. a.: IT-Kompendium, 1. Auflage, Braunschweig 2001, S. 419

3525364

# Analyse der Kostenabweichungen – *Analysis of cost deviations*

- **Preis- und Lohnsatzabweichung:**

  Die Istpreise und -lohnsätze weichen von den Planpreisen und -lohnsätzen ab. Diese Kostenabweichung kann aus der Abweichungsanalyse herausgehalten werden, wenn die Verbrauchsmengen und -zeiten bei Istbeschäftigung wie bei Planbeschäftigung mit den gleichen Verrechnungspreisen und -lohnsätzen bewertet werden.

- **Beschäftigungsabweichung:**

  Die Istbeschäftigung weicht von der Planbeschäftigung ab.

  | |
  |---|
  |  Verrechnete Plankosten (bei Istbeschäftigung) |
  | – Sollkosten (bei Istbeschäftigung) |
  |  Beschäftigungsabweichung |

- **Verbrauchsabweichung:**

  Der Istverbrauch an Mengen und Zeiten weicht vom Planverbrauch ab.

  | |
  |---|
  |  Sollkosten (bei Istbeschäftigung) |
  | – Istkosten (bei Istbeschäftigung) |
  |  Verbrauchsabweichung |

- **Gesamtabweichung:**

  | |
  |---|
  |  Beschäftigungsabweichung |
  | + Verbrauchsabweichung |
  |  Gesamtabweichung |

**Beispiel:**

| | | | |
|---|---|---|---|
| $X_{plan}$: | 4 000 ME | $X_{ist}$: | 2 500 ME |
| $K_{plan}$: | 45.000 GE | $K_{ist}$: | 33.000 GE |
| $K_{fplan}$: | 9.000 GE | $K_{soll}$: | 31.500 GE |
| $K_{vplan}$: | 36.000 GE | | |
| PVS: | 11,25 GE | | |

Verrechnete Plankosten: 28.125 GE

| | |
|---|---|
| Beschäftigungsabweichung | = – 3.375 GE |
| (28 125 GE – 31 500 GE) | |
| + Verbrauchsabweichung | = – 1.500 GE |
| (31 500 GE – 33 000 GE) | |
| Gesamtabweichung | = – 4.875 GE |

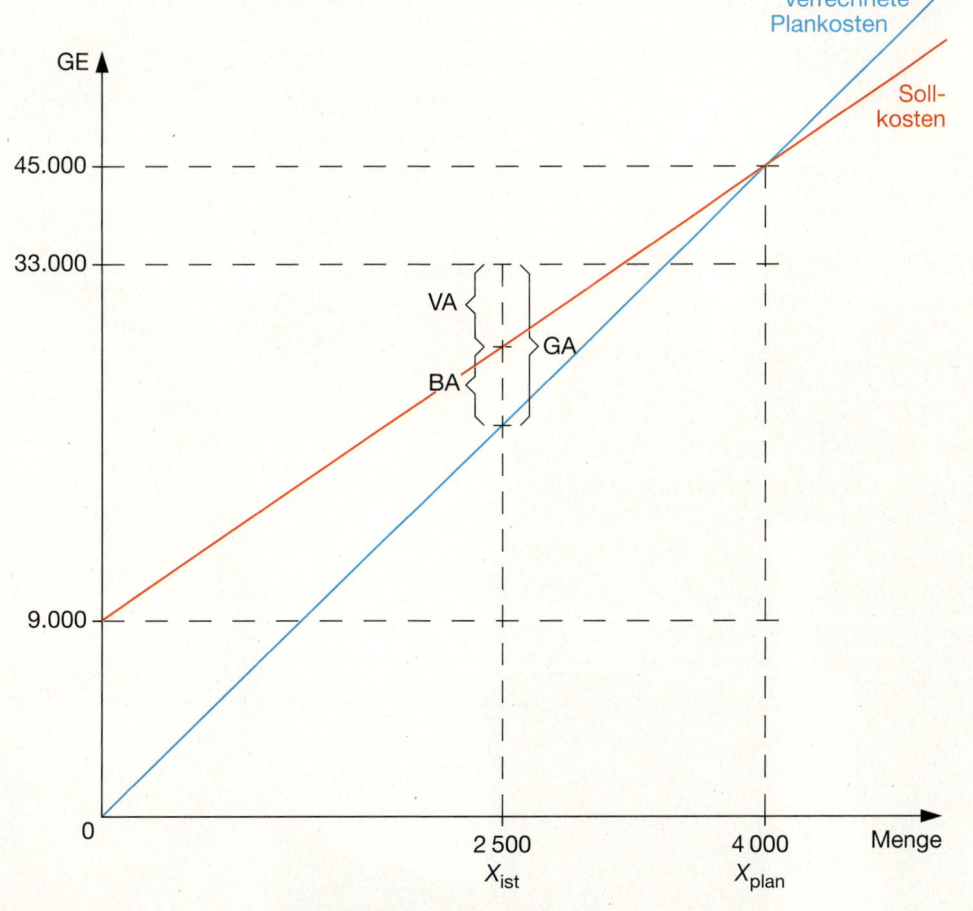

aus: Hübscher, Heinrich u. a.: IT-Kompendium, 1. Auflage, Braunschweig 2001, S. 420

21

# 22
# Fachliches Englisch

① 

# HERSHAM PAPERS
**32 Vaux Crescent**
**Walton-on-Thames**
**SURREY KT12 4HD**

②
③

```
Your ref.:        Our ref.: GG
16 March 20-
```

④

```
Messrs Fell & Franklin (Builders)
12 Cottimore Avenue
Walton-on-Thames
SURREY
KT12 5FG
```

⑤
⑥

```
Dear Sirs,

Enquiry
```

⑦

```
xxxxxxxxxxxxxxxxxxxxxxxxxxxxxxxxxxxxxxxxxxxxxxxxxxx
xxxxxxxxxxxxxxxxxxxxxxxxxxxxxxxxxxxxxxxxxxxxxxxxxxx
xxxxxxxxxxxxxxxxxxxxxxxxxxxxxxxxxxxxxxxxxxxxxxxxxxx
xxxxxxxxxxxxxxxxxxxxxxxxxxxxxxxxxxxxxxxxxxxxxxxxxxx
xxxxxxxxxxxxxxxxxxxxxxxxxxxxxxxxxxxxxxxxxxxxxxxxxxx
xxxxxxxxxxxxxxxxxxxxxxxxxxxxxxxxxxxxxxxxxxxxxxxxxxx
xxxxxxxxxxxxxxxxxxxxxxxxxxxxxxxxxxxxxxxxxxxxxxxxxxx
```

⑧

```
Yours faithfully,
```

⑨

*C. F. Green*

⑩

```
C. F. Green
Hersham Papers
```

⑪

```
Enc.
```

⑫

```
2/4
```

**Hersham Papers**   32 Vaux Crescent   Telephone: 09 33 22 44 68   Registered in England
Registered Office   Walton-on-Thames   Fax:     09 33 26 55 67   No. 210 27 83
                 SURREY KT12 4HD

Vgl.: Hemmer-Hiltenkamp, M., Kavanagh, P., Bentin, M. u. a.: Purchasing.
Practical Business Studies, Braunschweig 1997, S. 21

**22**

# Business letter – *Geschäftsbrief*

## Layout of the letter [1]

① Letterhead: Briefkopf
② Reference line/code: Bezugszeichenzeile
③ Date of the letter: Briefdatum
④ Recipient's/addressee's name and address: Adresse des Empfängers
⑤ Salutation: Anrede
⑥ Subject line: Betreffzeile
⑦ Main body of the letter: Textteil
⑧ Complimentary close: Grußformel
⑨ Signature: Unterschrift
⑩ Sender's name: Name des Absenders
⑪ Enclosures line: Anlagen
⑫ Copies to …: Verteiler

## Salutations [2]

| Salutations | Complimentary closes |
|---|---|
| Dear Mr Miller | → Yours sincerely |
| Dear Mrs Brown | → Yours sincerely |
| Dear Sir | → Yours faithfully |
| Dear Sirs | → Yours faithfully |
| Dear Madam | → Yours faithfully |

## Enquiry [3]

### I. The commercial and legal importance of the enquiry

The purpose of an enquiry is to obtain information. It serves to begin a commercial relationship and is without obligation.

**Informal enquiry:** This is the most common form of enquiry and is used in the retail trade. A person enters a shop and asks about a certain article and its price.

**General enquiry:** The request for general information and perhaps also samples. You want to know what the company can supply and its prices.

**Specific enquiry:** In this form of enquiry you ask for detailed information about a specific product including samples.

### II. The contents of an enquiry

1. reason for the enquiry
2. description of the goods
3. quantity
4. quality
5. price, discounts, etc.
6. kind of packing
7. time of delivery
8. terms of payment
9. terms of delivery

## Offer [4]

### I. The commercial and legal meaning of the offer

An offer can be submitted orally or in writing. Making an offer the seller expresses his intention to conclude a contract of sale provided that his offer is accepted by the buyer.

In addition to the offer most British companies enclose their general terms of business and sale which become part of the contract when they are sent to the buyer together with the offer and the seller can prove that the buyer has come to know them. Thus the companies have, for example, the possibility to exclude being made responsible for any kind of damage occuring.

#### Acceptance and cancellation

An offer has to be accepted within a certain time, otherwise it will expire. If there is no time mentioned the seller is supposed to be bound to it for an appropriate period of time.

An offer can be cancelled at any time unless it is accepted.

The buyer can accept the offer until it expires by being cancelled. The seller has to make sure that the cancellation reaches the customer. On the contrary, the acceptance of the offer by the buyer (order) has only to be posted to be valid and result in the conclusion of a contract of sale.

#### Exhibited articles

Window-displays or advertisements in newspapers and magazines are no offers; they are only exhibitions/displays addressed to the public, i.e. general information on the product or service.

### II. Composition and contents of the offer

1. Reference to the enquiry (solicited offer) or presentation of the company (unsolicited offer)
2. Description of the range of products
3. Quotation of the terms of sale (prices, terms of delivery and payment, (legal) domicile, (cash) discount)
4. Polite final sentence (expressing the hope that the customer will place an order)

[1] und [2] aus: Hübscher, Heinrich u. a.: IT-Kompendium. 1. Aufl., Braunschweig 2001, S. 326
[3] und [4] aus: Hemmer-Hiltenkamp, M., Kavanagh, P., Bentin, M. u. a.: Purchasing. Practical Business Studies, Braunschweig 1997, S. 20 und S. 32

**22**

# Buying and selling – *Kaufen und Verkaufen*

## Terms and Methods of Payment (in the home market)

**Payment**

| **before** delivery | **on** delivery | **after** delivery |
|---|---|---|
| examples: | examples: | examples: |
| – prepayment | – cash | – 3 months' credit |
| – 50% deposit | – cash on delivery | – within 8 days less 3% cash |
| – 50% on delivery | | discount or 30 days net |

## Payment by cheque

| drawee/account holder's bank | ← cheque → seller's bank |
|---|---|

drawee/account holder's bank
— cheque →
← electronic cash —
seller's bank

statement of account with debit note

statement of account with credit note

cheque

drawer/buyer — cheque → seller

## The Order

### I. The Legal Side of the Order

The order is the acceptance of the offer by the buyer. An order without a preceeding offer is not legally binding for the seller. It can be placed both in writing or orally. In case of an oral order an immediate written confirmation is necessary in order to avoid misunderstandings.

In case of a written order the buyer only has to post it in order to conclude a contract of sale. There needn't be any proof of the seller's receipt of it. The mere posting of the order concludes the contract of sale.

**An order based on an offer**

A contract of sale is concluded. The company placing the order refers to the offer received. Both parties agree mutually.

**An order without preceding offer**

The order must contain exact information. It is only binding for the buyer. The supplier can refuse/reject it. Only one party is bound to it, the other party can agree either through its confirmation or its delivery/supply of the goods.

**Cancellation**

The cancellation must be received not later than the receipt of the order, e.g. by telephone or fax. For the acceptance of the canncellation of the order, the buyer must prove that the seller has received it.

### II. Composition and Contents of the Order

1. seller
2. buyer
3. reference to the offer
4. description of the goods
5. quantity
6. price
7. packing
8. despatch (form of transport)
9. terms of payment and delivery
10. date of delivery
11. marking
12. remarks
13. place of fulfilment
14. court of jurisdiction
15. inspection
16. despatch note
17. amicable arbitration
18. date
19. signatures of both parties

aus: Hemmer-Hiltenkamp, M., Kavanagh, P., Bentin, M. u. a.: Purchasing. Practical Business Studies. Braunschweig 1997, S. 34, 43 u. 59

22

## Sales calculation

### Relationship between the purchase and sales calcuation

The mathematical calculation of the purchase price is known as the **purchase calculation.** It is as important as the **sales calculation** which is used to work out the company's own **list sales price.**

The company has to take into account that all the costs of the company are covered and an appropriate profit can be made. In practice, the purchase price and the sales price are seen as being dependent on each other and are often worked out with reference to each other.

Steps of the
### SALES CALCULATION

**Example:**
### SALES CALCULATION

### HANDLING CHARGES (HC)

A percentage rate added to meet the costs of the company. The HC are added in percent to the purchase price and the result is the cost price.

| | | | |
|---|---|---|---|
| purchase price | : £ 200.00 | ≙ | 100% |
| + **HC** 20% | : £ 40.00 | ≙ | 20% |
| cost price | : £ 240.00 | ≙ | 120% |

### PROFIT MARGIN

A percentage addition which considers the profit. It is added in percent to the cost price and the result is the cash sales price.

| | | | |
|---|---|---|---|
| cost price | : £ 240.00 | ≙ | 100% |
| + **profit** 10% | : £ 24.00 | ≙ | 10% |
| cash sales price | : £ 264.00 | ≙ | 110% |

### THE CUSTOMER'S DISCOUNT

A cash discount is a percentage reduction of the price which is expected by the customers when they pay cash. It is added in percent to the cash sales price and the result is the target sales price. The same form of calculation is used for the list sales price calculation when discount is granted.

| | | | |
|---|---|---|---|
| cash sales price | : £ 264.00 | ≙ | 97% |
| + **cash discount** 3% | : £ 8.16 | ≙ | 3% |
| target sales price | : £ 272.16 | ≙ | 100% |
| target sales price | : £ 272.16 | ≙ | 95% |
| + **discount** | : £ 14.32 | ≙ | 5% |
| list sales price | : £ 286.48 | ≙ | 100% |

**Percentage calculation for the**
**CUSTOMER'S CASH DISCOUNT:**

97%  ≙  £ 264.00
3%  ≙  £  x

$$x = \frac{264 \cdot 3}{97} = 8.16$$

THE CUSTOMER'S
CASH DISCOUNT  =  £ 8.16

**Percentage calculation for the**
**CUSTOMER'S DISCOUNT:**

95%  ≙  £ 272.16
5%  ≙  £  x

$$x = \frac{272.16 \cdot 5}{95} = 14.32$$

THE CUSTOMER'S
DISCOUNT  =  £ 14.32

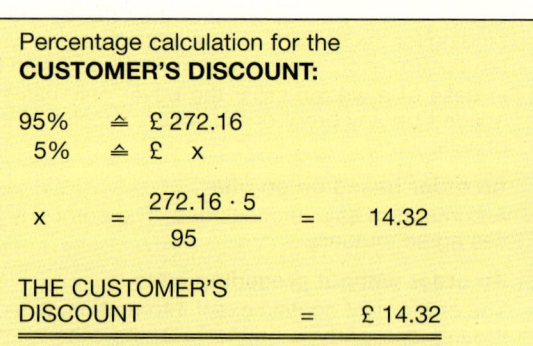

**PAPER MILLS PLC**     12 Kings Road     SURREY     Tel.: 0932 831578
Hersham     KT12 5FH     Fax: 0932 831590

MoDo Received:

for:  ☐ Managing Director
☒ Purchasing Department
☐ Sales Department
☐ Warehouse Department
☒ Administration Department

MoDo Office Service Ltd
Rosemount Avenue
West Byfleet
SURREY KT12 6LE

### Sales invoice

| Customer's order number | Our Order No. | Supplying Sales Office | Customer No. | Invoice Date | Invoice No. | Page |
|---|---|---|---|---|---|---|
| | 3710 | Hersham | 19230 | 20 May 20.. | 178-006-9 | 1 |

| Quantity | Description | Size | Subs | Weight/Unit | Price £/Unit | Qty. Disc % | Value |
|---|---|---|---|---|---|---|---|
| 100 | Recycled copy paper -grey- | A4 | | 2.8 kg | 4.71 | 3 | 456.87 |

aus: Hemmer-Hiltenkamp, M., Kavanagh, P., Bentin, M. u. a.: Purchasing. Practical business Studies. Braunschweig 1997, S. 38 u. 58

# Buying and selling – *Kaufen und Verkaufen*

## Sales Contract

### I. The Legal Side of a Contract

- A sales contract is a bi- or multilateral agreement with legal status.
- The mutual agreement of the parties to a contract are called *OFFER and ORDER*.
- Under a contract both parties seller and buyer have rights and liabilities.
  The rights of one party are often the liabilities of the other, for example:

**Punctual delivery**
seller: It is his liability to deliver punctually.
buyer: He has the right to demand a punctual delivery.

**Punctual payment**
seller: He has the right to demand a punctual payment.
buyer: It is his liability to pay punctually.

The **conclusion of a contract** can be done in more than one way.
1. The seller makes a firm offer and the buyer accepts it unconditionally.
2. The buyer sends an order to the seller and the seller confirms it.
3. The seller sends unordered goods to the buyer and the buyer pays for them if he likes them.
The contract can be concluded verbally or in writing. It is general practice to make contracts in writing in order to avoid disputes between the two practies.

### II. The Liabilities of the Transaction

#### a) The creation of a contract

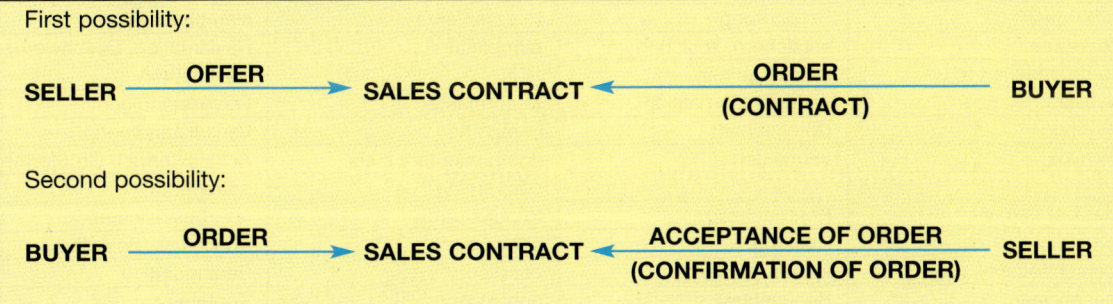

A contract is concluded when both parties come to a mutual agreement.

#### b) The liabilities of the seller and the buyer

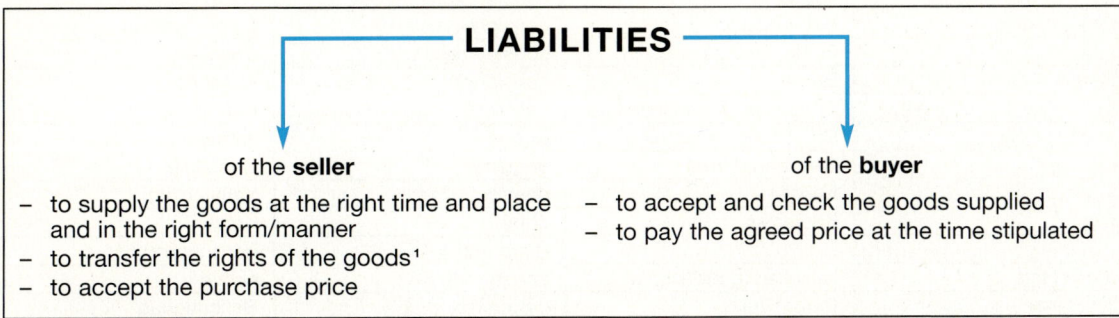

---

1 If the company's general terms of business do not include a clause referring to the ownership of the goods the property is automatically transferred on the conclusion of the contract.

aus: Hemmer-Hiltenkamp, M., Kavanagh, P., Bentin, M. u. a.: Purchasing. Practical Business Studies. Braunschweig 1997, S. 47

**22**

## Business terms

| | | | |
|---|---|---|---|
| **a**bout | circa | carbon copy paper | Durchschlagpapier |
| abroad | im/ins Ausland | carriage forward | unfrei |
| acceptance | Akzeptierung | carriage paid | frachtfrei |
| accountant | Buchhalter/-in | carrier | Frachtführer |
| accounting | Buchhaltung | in case of | im Fall |
| to acknowledge | bestätigen | cash discount | Skonto |
| acknowledgement of order | Auftragsbestätigung | cash payment | Barzahlung |
| act of God | höhere Gewalt | cash sales price | Barverkaufspreis |
| to add | hinzufügen | catalogue | Katalog |
| addition | Hinzufügung | cause | Grund |
| administration | Verwaltung | to cause | verursachen |
| to advertise for | werben für | chairman | Vorsitzender |
| advertisement | Werbeanzeige | Chamber of Commerce | Industrie- und Handels- |
| advertising | Werbung | | kammer |
| advice | Avis, Avisierung | cheap | billig |
| to advise | avisieren | to check | prüfen |
| affair | Geschäft | cheque | Scheck |
| agency | Vertretung, Agentur, Firma | choice | Auswahl |
| agent | Vertreter/-in | circular | Rundschreiben |
| agreement | Zustimmung | colleague | Kollege/Kollegin |
| to agree | zustimmen | to collect | sammeln, eintreiben |
| airline | Fluggesellschaft | collection | Inkasso |
| airport | Flughafen | coloured | farbig |
| air waybill | Luftfrachtbrief | commercial | wirtschaftlich |
| amount | Summe, Betrag | commission | Provision |
| applicable | anwendbar | communication | Kommunikation |
| appointment | Termin | company | Firma |
| appropriate | angemessen | comparison | Vergleich |
| approximately | ungefähr | competition | Konkurrenz |
| arbitration | Schlichtung | to complain | sich beschweren |
| to assure | versichern, zusichern | complaint | Reklamation, Beschwerde, |
| to be attached to | beigefügt sein | | Mängelrüge |
| available | verfügbar, erhältlich | to complete | vervollständigen |
| average | Durchschnitt | completion | Vervollständigung |
| to avoid | vermeiden | complimentary close | Schlussformel, Grußformel |
| | | concerning | betreffend |
| **b**ank statement | Kontoauszug | to conclude | ab-, beschließen |
| bankrupt | Bankrott | conclusion | Abschluss, Beschluss |
| bearer security | Inhaberpapier | condition | Bedingung |
| beneficiary | Begünstiger | conference | Konferenz |
| bilateral | bilateral, zweiseitig | to confirm | bestätigen |
| bill of exchange | Wechsel | confirmation | Bestätigung |
| bill of lading | Konnossement | to consider | in Erwägung ziehen, nach- |
| binding | verbindlich | | denken über |
| board of management | Vorstand | considerable | beträchtlich |
| book-keeping | Buchhaltung | consignee | Empfänger/-in |
| branch | Filiale, Zweigstelle | consignment | Sendung |
| breach | Bruch | consignor | Absender |
| British Consulate General | Britisches Generalkonsulat | contact | Kontakt |
| brochure | Broschüre, Prospekt | to contain | enthalten |
| business | Geschäft, Firma | container | Container |
| button | Knopf | contract of sale | Kaufvertrag |
| buyer | Käufer/-in | copy | Kopie |
| | | to correct | berichtigen |
| to **c**alculate | kalkulieren, berechnen | correct | richtig |
| calculation | Berechnung | correction | Berichtigung |
| calculator | Taschenrechner | to cover | decken |
| caller | Anrufer/-in | crash | Zusammenstoß |
| to cancel | annulieren | credit | Kredit |
| cancellation | Annullierung | current account | Girokonto |
| capital letters | Großbuchstaben | customer | Kunde/Kundin |

**22**

## Business terms

| | | | |
|---|---|---|---|
| **d**amage | Schaden | envelope | Briefumschlag |
| data | Daten | equipment | Ausstattung |
| dated | datiert | especially | besonders |
| date of birth | Geburtsdatum | essential | wesentlich |
| date of issue | Ausstellungsdatum | establishment | Schaffung, Gründung |
| dated | datiert | to estimate | schätzen |
| debate | Debatte | estimation | Schätzung |
| debtor | Schuldner | Europe | Europa |
| debts | Schulden | European | europäisch |
| to decide | beschließen | evaluation | Einschätzung |
| deficit | Defizit | examination | Prüfung |
| delay | Verspätung | excess | Über-, Mehr-, |
| delay in delivery | Lieferungsverzug | exchange office | Wechselstube |
| to delete | löschen | to exclude | ausschließen |
| to deliver | liefern | to exhibit | ausstellen |
| delivery | Lieferung | to expect | erwarten, vermuten |
| demand | Nachfrage | at somebody's expense | auf Kosten, zulasten von |
| to demand | fordern | expensive | teuer |
| department | Abteilung | experience | Erfahrung |
| departure | Abflug | to expire | auslaufen |
| dependent on | abhängig von | expiry | Ablauf |
| to describe | beschreiben | exporter | Exporteur |
| description | Beschreibung | extension No. | Apparat ... No. |
| desk | Schreibtisch | external | extern |
| despatch note | Lieferschein | ex works | ab Werk |
| destination | Ziel | | |
| detail | Detail | **f**acility | Einrichtung, Möglichkeit |
| to develop | entwickeln | in fact | tatsächlich, eigentlich |
| development | Entwicklung | factory | Fabrik |
| diagram | Diagramm | fair | Messe |
| diary | Terminkalender | fax machine | Faxgerät |
| difference | Unterschied | file | Aktenordner |
| different | unterschiedlich | filing | Ablage |
| direction | Richtung | finance department | Finanzabteilung |
| directly | direkt | firm | Firma |
| discount | Rabatt | firm | fest |
| to discuss | diskutieren | flight | Flug |
| discussion | Diskussion | to fly | fliegen |
| disk drive | Diskettenlaufwerk | foreign exchange | Devisen |
| dispatch | Versand | foreign trade | Außenhandel |
| to dispatch | versenden | for the attention of | zu Händen von |
| distinction | Unterschied | to forward | transportieren |
| distribution | Vertrieb | forwarding agent | Spediteur |
| document | Dokument | free border | frei Grenze |
| documentary credit | Akkreditiv | freight | Fracht |
| dozen | Dutzend | freight charges | Transportkosten |
| draft | Wechsel, Entwurf | freight forwarding agency | Spedition |
| drawer | Aussteller (von Wechseln) | further | weitere(s, r) |
| drawer | Schublade | | |
| drawing | Zeichnung | to **g**ain | gewinnen |
| due | fällig | general | allgemein |
| duplicate | Duplikat | goods | Waren, Güter |
| during | während | government | Regierung |
| | | to grant | bewilligen |
| **e**conomy | Wirtschaft | grateful | dankbar |
| effect | Wirkung, Auswirkung | greeting | Gruß(-formel) |
| to employ | einstellen | gross weight | Bruttogewicht |
| employee | Angestellter | ground floor | Erdgeschoss |
| to enclose | beifügen | to grow, grew, grown | wachsen |
| enclosures | Anlagen | guarantee | Aval, Garantie |
| enquiry | Anfrage | to guess | glauben, annehmen |

## Business terms

| | | | |
|---|---|---|---|
| **h**alf | Hälfte | **l**ocal | örtlich |
| to happen | passieren | to look forward to | sich freuen auf |
| harbour | Hafen | lorry | Lastwagen, LKW |
| haulage company/haulier | Fuhrunternehmer/-in | to lose, lost, lost | verlieren |
| headquarters | Zentrale | loss | Verlust |
| to hold (the line) | bleiben (am Apparat) | Ltd. | GmbH |
| hole punch | Locher | | |
| home market | Binnenmarkt | **m**ail | Post |
| home trade | Binnenhandel | mail order house | Versandhaus |
| | | main | Haupt- |
| **i**llustration | Abbildung, Zeichnung | manner | Art |
| immediate(ly) | sofort | to manufacture | herstellen |
| to imply | einschließen | manufacturer | Hersteller |
| important | wichtig | map | Skizze, Karte, Stadtplan |
| importer | Importeur | to be marked with | gekennzeichnet sein mit |
| impossible | unmöglich | marketing | Marketing |
| to improve | verbessern | marking | Kennzeichnung |
| improvement | Verbesserung | matter | Angelegenheit |
| to include | einschließen | maturity | Fälligkeit |
| including | einschließlich | to mean | bedeuten |
| incomplete | unvollständig | meaning | Bedeutung |
| to increase | erhöhen | in the meantime | in der Zwischenzeit |
| to indorse | indossieren | measure | Maß |
| indorsement | Indossament | to measure | messen |
| influence | Einfluss | meeting | Besprechung, Sitzung |
| to influence | beeinflussen | member | Mitglied |
| to inform | informieren | memo | Notiz, Merkzettel |
| information | Auskunft, Information | to mention | erwähnen |
| inside address | Empfängeranschrift | mere | bloß |
| instalment | Rate | method | Methode, Varfahren |
| instead of | anstatt | missing | fehlend |
| instruction | Anweisung | misunderstanding | Missverständnis |
| to be interested in | interessiert sein an | monthly | monatlich |
| interest rate | Zinssatz | motorway | Autobahn |
| interview | (Vorstellungs-)Gespräch | multilateral | multilateral, mehrseitig |
| to introduce somebody | jemanden vorstellen | mutual | gegenseitig |
| introduction | Vorstellung, Einführung, Einleitung | | |
| | | **n**ear | nahe, bei |
| invitation | Einladung | nearly | beinahe, fast |
| to invite | einladen | necessary | notwendig |
| invoice | Rechnung, Faktura | next to | neben |
| to issue | ausstellen, herausgeben | note | Notiz |
| item | Artikel | notepad | Notizblock |
| | | to notify | bekannt machen |
| to **j**oin | beginnen, Arbeit aufnehmen | nowadays | heutzutage |
| journey | Reise, Fahrt | | |
| to judge | beurteilen | **o**bliged | verpflichtet |
| jurisdiction | Rechtsprechung | to obtain | erhalten |
| | | to occur | passieren, sich ereignen |
| **k**ind | Art, Sorte | of course | natürlich, selbstverständlich |
| to know, knew, known | wissen | offer | Angebot |
| knowledge | Wissen, Kentnis | office | Büro |
| | | office furniture | Büromöbel |
| (un-)**l**abelled | (un-)beschriftet | on board | an Bord |
| legal | rechtlich | on board bill of lading | Bordkonnsossement |
| letterhead | Briefkopf | on receipt | nach Erhalt |
| letter of application | Bewerbungsbrief | opposite | gegenüber |
| liability | Haftung, Verpflichtung | orally | mündlich |
| link | Verbindung | order | Auftrag |
| list sales price | Listenverkaufspreis | organization chart | Organisationsübersicht |
| to load | (be-)laden | to organize | organisieren |

**22**

# Business terms

| | | | |
|---|---|---|---|
| original | Original | proof | Beweis |
| outdoor service | Außendienst | property | Eigentum |
| outside | außerhalb | proposal | Vorschlag |
| outstanding | ausstehend | proprietor | Eigentümer/-in |
| overdraft | Überziehung | to prove | beweisen |
| overdue | überfällig | to provide | liefern |
| overhead projector | Tageslicht-, Overheadprojektor | public limited company | AG |
| oversight | Versehen | punctual | pünktlich |
| ownership | Eigentum | purchase | Kauf |
| | | to purchase | kaufen |
| to **p**ack | packen | purchase price | Einkaufspreis |
| package | Paket | purchasing department | Einkaufsabteilung |
| packaging department | Verpackungsabteilung | to put a caller through | einen Anrufer durchstellen |
| paper clip | Büroklammer | | |
| paragraph | Absatz, Abschnitt | **q**uantity | Menge |
| parcel | Paket | quarter | Viertel |
| parent company | Muttergesellschaft | quotation | Kostenvorschlag |
| participant | Teilnehmer/-in | to quote | nennen, angeben |
| particularly | besonders | | |
| partner | Gesellschafter | **r**ail | Schiene |
| partnership | OGH | railway | Bahn |
| passenger | Passagier, Fluggast | rail waybill | Bahnfrachtbrief |
| passport | Reisepass | range | Sortiment, Verkaufsprogramm |
| to pass something on | etwas weiterleiten | raw materials | Rohstoffe |
| pay | Lohn, Gehalt | to reach | erreichen |
| to pay, paid, paid | bezahlen | reaction | Reaktion |
| payable | zahlbar | really | wirklich |
| payment | Bezahlung | reason | Grund |
| per cent | Prozent | receipt | Erhalt |
| percentage | Prozentsatz | to receive | erhalten, bekommen |
| to permit | erlauben | recent | letzte(r, s) |
| personnel | Personal | recently | neulich, kürzlich |
| personnel manager | Personalleiter/-in | reception | Empfang, Rezeption |
| to persuade | überreden | receptionist | Empfangsdame(-herr) |
| phone call | Anruf | to recommend | empfehlen |
| photocopier | Fotokopierer | reference number | (Akten-)Zeichen, Kennziffer |
| place of fulfilment | Erfüllungsort | to refuse | ablehnen |
| plan | Plan | to regard | betrachten |
| popular | beliebt | with regard to | im Hinblick auf |
| port | Hafen | relationship | Beziehung |
| power cable | Stromkabel | reliable | zuverlässig |
| to precceed | vorausgehen | to remain | bleiben |
| to prepare | vorbereiten | remark | Bemerkung |
| prepayment | Vorauszahlung | reminder | Mahnung |
| to prevent | verhindern | to repair | reparieren |
| price | Preis | reply | Antwort |
| price list | Preisliste | report | Bericht |
| price reduction | Preisreduzierung | representative | Vertreter/-in |
| to print | drucken | on request | auf Anfrage |
| printer | Drucker | to request | bitten |
| private limited company | GmbH | to require | benötigen |
| procedure | Vorgang | to be responsible for | verantwortlich sein für |
| to produce | produzieren | responsibility | Verantwortung |
| producer | Hersteller | result | Ergebnis |
| product | Produkt | retailer | Einzelhändler/-in |
| production manager | Produktionsleiter/-in | retail trade | Einzelhandel |
| profit margin | Gewinnmarge | risk | Risiko |
| progress | Fortschritt | to risk | riskieren |
| project | Projekt | | |
| promise | Versprechen | **s**alary | Gehalt |
| to promise | versprechen | sales calculation | Handelskalkulation |

**22**

# Business terms

| | | | |
|---|---|---|---|
| sales department | Verkaufsabteilung | total | Endsumme, Gesamtpreis |
| sales office | Verkaufsbüro | tour | Rundfahrt |
| salesperson | Verkäufer/-in | trade fair | Handelsmesse |
| salutation | Anrede | traffic | Verkehr |
| sample | Muster | traffic lights | Ampel |
| satisfied | zufrieden | to train | ausbilden |
| schedule | Zeitplan | trainee | Auszubildende/r |
| sea | Meer | training | Ausbildung |
| secret | geheim | to transfer | übertragen |
| secretary | Sekretär/-in | to transmit | übertragen |
| section | Abteilung | transport | Transport |
| to seem | scheinen | trial order | Probeauftrag |
| to select | auswählen | truck | LKW |
| to sell, sold, sold | verkaufen | true | richtig |
| seller | Verkäufer/-in | turnover | Probeauftrag |
| separate | getrennt | to type | tippen, eingeben |
| serious | ernst | | |
| shareholder | Aktionär/-in | **u**nconditionally | bedingungslos |
| ship | Schiff | undamaged | unbeschädigt |
| shipping documents | Frachtpapiere | undermentioned | unten genannt |
| shortly | in Kürze | unfortunately | leider |
| at sight | bei Sicht | unit price | Stückpreis |
| signature | Unterschrift | to unload | entladen |
| size | Größe | until | bis |
| sole proprietorship | Einzelunternehmung | urgent | dringend |
| to solve | lösen | to use | benutzen |
| spare part | Ersatzteil | user's handbook | Benutzerhandbuch |
| specialist | Spezialist | usual | gewöhnlich |
| staff | Personal, Mitarbeiter (Pl.) | usually | normalerweise |
| to stagnate | stagnieren | | |
| staple | Heftklammer | **v**alid | gültig |
| stapler | Hefter | validity | Gültigkeit |
| steamer | Dampfer | value | Wert |
| to stipulate | vereinbaren, festlegen | van | Lieferwagen, Transporter |
| stock level | Warenbestand | various | verschieden |
| stock list | Warenliste | VAT (value added tax) | Mehrwertsteuer, Umsatzsteuer |
| store | Lager | vehicle | Fahrzeug |
| to store | lagern | via | durch, über |
| subject | Thema, Fachgebiet | video camera | Videokamera |
| subject line | Betreff | video recorder | Videorekorder |
| to succeed | Erfolg haben | view | Blick, Ausblick |
| successful | erfolgreich | virtually | tatsächlich |
| to suggest | vorschlagen | | |
| suggestion | Vorschlag | **w**arehouse | Lager |
| suitable | passend | wastepaper bin | Papierkorb |
| supervisory board | Aufsichtsrat | to weigh | wiegen |
| supplier | Anbieter/-in, Lieferer | weight | Gewicht |
| to supply | liefern | to welcome | begrüßen, empfangen |
| to suppose | glauben, annehmen | while | während |
| surprise | Überraschung | wholesale company | Großhandelsfirma |
| | | wholesaler | Großhändler/-in |
| to **t**ake into account | in Betracht ziehen | wordprocessing | Textverarbeitung |
| to take/leave a message | eine Nachricht aufnehmen/ hinterlassen | worried | besorgt, beunruhigt |
| | | worth | Wert |
| target sales price | Zielverkaufspreis | to be worth | etwas wert sein |
| task | Aufgabe | | |
| telephone answering machine | Anrufbeantworter | **y**et | schon, bereits |
| terms | Bedingungen | Yours faithfully | Mit freundlichen Grüßen |
| terms of delivery | Lieferungsbedingungen | Yours sincereley | Mit freundlichen Grüßen |
| terms of payment | Zahlungsbedingungen | | |
| timetable | Fahrplan | **Z**IP code | Postleitzahl |

22

3525376

## Business terms

| | | | |
|---|---|---|---|
| **A**bbildung | illustration | Ausstattung | equipment |
| abfahren, fliegen | to leave, to depart | ausstehend | outstanding |
| Abflug | departure | etw. ausstellen | to exhibit |
| abhängig von | dependent on | einen Wechsel ausstellen | to draw |
| Ablage | filing | Aussteller/-in (eines Wechsels) | drawer |
| ablehnen | to refuse | | |
| Ableitung | department, section | Ausstellungsdatum | date of issue |
| ab-, beschließen | to conclude | Auswahl | choice |
| Absatz, Abschnitt | paragraph | auswählen | to choose, to select |
| Abschluss | conclusion | Auszubildende/r | trainee |
| Absender/-in | consignor | Auswirkung | effect |
| ab Werk | ex works | Autobahn | motorway |
| Agentur | agency | Aval | guarantee |
| Akkreditiv | letter of credit | Avis, Avisierung | advice |
| Aktenordner | file | avisieren | to advise |
| Aktenzeichen | reference number | | |
| Aktie | share | **B**ahn | railway |
| Aktiengesellschaft | public limited company | Bahnfrachtbrief | rail waybill |
| Aktionär/-in | shareholder | Bankrott | bankruptcy |
| Akzeptierung | acceptance | Barverkaufspreis | cash sales price |
| allgemein | general | Barzahlung | cash payment |
| Ampel | traffic light | bedeuten | to mean |
| Anbieter/-in | supplier | Bedeutung | meaning |
| Anfrage | enquiry | Bedingung | term, condition |
| auf Anfrage | on request | bedingungslos | unconditionally |
| angeben | to give, to indicate, to quote | beeinflussen | to influence |
| Angebot | offer | begrüßen | to welcome |
| Angelegenheit | matter | Begünstigte/r | beneficiary |
| angemessen | appropriate | beifügen | to enclose |
| Angestellte/r | employee | beigefügt sein | to be attached to |
| Anlagen | enclosures | beinahe | nearly |
| etwas annehmen | to suppose, to presume, to guess | bekannt machen | to notify |
| | | bekommen | to get, to receive, to obtain |
| annulieren | to cancel | (be-)laden | to load |
| Annulierung | cancellation | beliebt | popular |
| Anrede | salutation | Bemerkung | remark |
| Anruf | phone call | benötigen | to require |
| Anrufbeantworter | telephone answering machine | benutzen | to use |
| | | Benutzerhandbuch | user's manual |
| Anrufer, -in | caller | berechnen | to calculate |
| einen Anrufer durchstellen | to put a caller through | Bericht | report |
| anstatt | instead of | berichtigen | to correct |
| Antwort | reply | Berichtigung | correction |
| Anweisung | instruction | beschließen | to decide |
| anwendbar | applicable | beschreiben | to describe |
| Apparat Nr. … | extension No. … | Beschreibung | desription |
| Art | kind, manner | Beschwerde | complaint |
| Artikel | item | sich beschweren | to complain |
| Aufgabe | task | besonders | especially, particularly |
| Aufsichtsrat | supervisory board | besorgt | worried |
| Auftrag | order | Besprechung | meeting |
| Auftragsbestätigung | acknowledgement of order | bestätigen | to confirm/to acknowledge |
| ausbilden | to train | Bestätigung | confirmation/acknowledgement |
| Ausbildung | training | | |
| Auskunft | information | Besteuerung | taxation |
| im/ins Ausland | abroad | bestreiten | to contest |
| auslaufen (Kredit, usw.) | to expire | beträchtlich | considerable |
| auswählen | to choose, to select | in Betracht ziehen | to take into account |
| Außendienst | outdoor service | Betrag | amount |
| Außenhandel | foreign trade | Betreff | subject line |
| außerhalb | outside | betreffend | concerning |

22

# Business terms

| | | | |
|---|---|---|---|
| beurteilen | to judge | Drucker | printer |
| Bevölkerung | population | Duplikat | duplicate |
| bevorzugen | to prefer | durch | via |
| Beweis | proof | Durchschlagpapier | carbon copy paper |
| beweisen | to prove | Durchschnitt | average |
| Bewerbungsbrief | letter of application | Dutzend | dozen |
| bewilligen | to grant | | |
| bezahlen | to pay, paid, paid | **E**igentum | property |
| Bezahlung | payment | Eigentümer | proprietor |
| bezeichnen | to describe | Einfluss | influence |
| Beziehung | relationship | einführen | to import |
| bilateral | bilateral | Einführung | introduction |
| Binnenhandel | home trade | Einfuhrgenehmigung | import permit |
| Binnenmarkt | home market | Einfuhrzoll | import duty |
| bis | until | Eingangsbestätigung | acknowledgement of receipt |
| Bitte | request | einkaufen | to buy, to purchase |
| bitten | to request | Einkaufsabteilung | purchasing department |
| bleiben | to remain | Einkaufspreis | purchase price |
| (am Apparat) bleiben | to hold the line | einladen | to invite |
| Blick | view | Einleitung | introduction |
| bloß | mere | Einrichtung | facility |
| an Bord | on board | einschließen | to imply, to include |
| Bordkonnossement | on board bill of lading | Einschreibebrief | registered delivery |
| Briefkopf | letterhead | einsortieren | to sort |
| Briefumschlag | envelope | jdn. einstellen | to employ |
| Britisches Generalkonsulat | British Consulate General | Einstellung | employment |
| Broschüre | brochure | Einzelhandel | retail trade |
| Bruch | breach | Einzelhändler/-in | retailer |
| Bruttogewicht | gross weight | Einzelunternehmung | sole proprietorship |
| Buchhalter/-in | accountant | Empfang | reception |
| Buchhaltung | book-keeping | Empfänger/-in | consignee |
| Büro | office | Empfängeranschrift | inside address |
| Büroklammer | paper clip | Empfangsdame(-herr) | receptionist |
| Büromöbel | office furniture | empfehlen | to recommend |
| | | Endsumme | total (amount) |
| **c**irca | about | enthalten | to contain |
| Courtage | commission | entladen | to unload |
| Computersprache | computer language | entwickeln | to develop |
| Chef | boss | Entwicklung | development |
| Container | container | Erdgeschoss | ground floor |
| | | sich ereignen | to occur |
| **D**ampfer | steamship, steamer | Erfahrung | experience |
| dankbar | grateful | Erfolg | success |
| darauffolgend | following | Erfolg haben | to succeed, to have success |
| darstellen | to show | erfolgreich | successful |
| Daten | data | Erfüllungsort | place of fulfilment |
| datiert | dated | Ergebnis | result |
| dauern | to last, to go on | Erhalt | receipt |
| Debatte | debate | nach Erhalt | on receipt |
| Debitor | debtor | erhalten | to obtain, to receive |
| decken | to cover | erhältlich | available |
| Deckung | cover | erhöhen | to increase |
| Defizit | deficit | erlauben | to permit |
| Detail | detail | Erlaubnis | permission |
| Devisen | foreign currency | ernst | serious |
| Diagramm | diagramm | erreichen | to reach |
| Diskettenlaufwerk | disk drive | Ersatzteil | spare part |
| Diskussion | discussion | in Erwägung ziehen | to consider |
| diskutieren | to discuss | erwähnen | to mention |
| dringend | urgent | erwarten | to expert |
| drucken | to print | Erweiterung | enlargement |

**22**

## Business terms

| | | | |
|---|---|---|---|
| erwerben | to acquire | Grußformel | complimentary close |
| erwünscht | desired | gültig | valid |
| Erzeugerland | country of origin | Gültigkeit | validity |
| Etat | budget | Güter | goods |
| Exporteur/-in | exporter | | |
| Exportgeschäft | export business | **H**afen | harbour, port |
| extern | external | Hälfte | half |
| | | Handelsabkommen | trade agreement |
| **F**abrik | factory | Handelsartikel | commodity |
| Fahrkarte | ticket | Handelskalkulation | sales calculation |
| Fahrzeug | vehicle | Handelskammer | Chamber of Commerce |
| im Fall | in case of | Handelsrecht | commercial law |
| fällig | due | Handwerk | trade |
| Fälligkeit | maturity | zu Händen von | for the attention of |
| Faxgerät | fax machine | Haupt- | main |
| fest | firm | Hauptversammlung | general meeting |
| Finanzabteilung | finance department | Hefter | stapler |
| Firma | firm, company | Heftklammer | staple |
| fliegen | to fly | herausgeben | to issue |
| Flug | flight | Herkunftsland | country of origin |
| Fluggast | passenger | herstellen | to produce |
| Fluggesellschaft | airline | Hersteller/-in | producer |
| Flughafen | airport | Herstellung | production |
| fordern | to demand | Herstellungskosten | production costs |
| fortentwickeln | to develop | heutzutage | nowadays |
| Fortschritt | progress | im Hinblick auf | with regard to |
| Fotokopierer | photocopier | hinzufügen | to add |
| Fracht | freight | Hinzufügung | addition |
| frachtfrei | carriage paid | höhere Gewalt | Act of God |
| Frachtführer/-in | carrier | Hypothek | mortgage |
| Frachtpapiere | shipping documents | | |
| frei Grenze | free border | **I**mporteur/-in | importer |
| sich freuen auf | to look forward to | Indossament | endorsement |
| Fuhrunternehmer/-in | haulage company, haulier | indossieren | to endorse |
| Fuhrunternehmen | haulage company | Industrie- und Handels-<br>kammer | Chamber of Commerce |
| **G**eburtsdatum | date of birth | Information | information |
| gegenseitig | mutual | informieren | to inform |
| gegenüber | opposite | Inhaberpapier | bearer security |
| Gehalt | salary | Inkasso | collection |
| geheim | secret | interessiert sein an | to be interested in |
| gekennzeichnet mit | to be marked with | | |
| Geschäft | business | **k**alkulieren | to calculate |
| Gesellschafter/-in | partner | Karte (geogr.) | map |
| Gesellschaft mit<br>beschränkter Haftung | private limited company<br>(Ltd.) | Katalog | catalogue |
| | | Kauf | purchase |
| Gesprächsnotiz | memo(-randum) | kaufen | to buy, bought, bought |
| getrennt | separate | Käufer/-in | buyer |
| Gewinn | profit | Kaufvertrag | sales contract |
| gewinnen | to gain | Kenntnis | knowledge |
| Gewinnspanne | profit margin | Kennzeichnung | marking |
| gewöhnlich | usual | Knopf | button |
| glauben | to guess, to believe,<br>to suppose | Kollege/Kollegin | colleague |
| | | Kommunikation | communication |
| Großbuchstaben | capital letters | Konferenz | conference |
| Größe | size | Konkurrent | competitor |
| Großhandel | wholesale trade | Konkurrenz | competition |
| Großhändler/-in | wholesaler | Konnossement | bill of lading |
| Grund | cause, reason | Kontakt | contact |
| Mit freundlichen Grüßen | Yours faithfully – yours<br>sincerely | Kopie | copy |
| | | auf Kosten von | at somebody's expense |

22

# Business terms

| | | | |
|---|---|---|---|
| Kostenvoranschlag | quotation | organisieren | to organize |
| Kredit | credit | Original | original |
| Kunde | customer | örtlich | local |
| in Kürze | shortly | | |
| kürzlich | recently | **p**acken | to pack |
| | | Paket | package, parcel |
| **L**ager | warehouse | Papierkorb | wastepaper bin |
| lagern | to store | Passagier | passenger |
| Lagerung | storage | passieren | to occur, to happen |
| Lastwagen | lorry | Personal | personnel, staff |
| leider | unfortunately | Personalleiter/-in | personnel manager |
| letzte(r, s) | final, last, recent | Plan | plan |
| Lieferant/-in | supplier | Post | mail |
| liefern | to deliver, to supply, to provide | Postleitzahl | ZIP code |
| | | Preis | price |
| Lieferschein | despatch note | Preisliste | price list |
| Lieferung | delivery | Preisreduzierung | price reduction |
| Lieferungsbedingungen | terms of delivery | Probeauftrag | trial order |
| Lieferungsverzug | delay in delivery | Produkt | product |
| Listenverkaufspreis | list sales price | Produktionsleiter/-in | production manager |
| Locher | hole punch | produzieren | to produce |
| Lohn | wage | Projekt | project |
| löschen | to delete | Prospekt | brochure |
| lösen | to solve | Provision | commission |
| Luftfrachtbrief | air waybill | Prozent | per cent |
| | | Prozentsatz | percentage |
| **M**ahnung | reminder | prüfen | to check |
| Mängelrüge | complaint | pünktlich | punctual |
| Marketing | marketing | | |
| Maß | measure | **R**abatt | discount |
| Meer | sea | Rate | instalment |
| Mehrwertsteuer | value added tax (VAT) | reagieren | to react |
| Menge | quantity | Reaktion | reaction |
| Messe | fair | Rechnung | invoice |
| messen | to measure | rechtlich | legal |
| Methode | method | Rechtsprechung | jurisdiction |
| Missverständnis | misunderstanding | Regierung | government |
| Mitarbeiter (Pl.) | staff | Reise | journey |
| Mitglied | member | Reisepass | passport |
| Möglichkeit | facility | Reklamation | complaint |
| monatlich | monthly | richtig | true, right |
| multilateral | multilateral | Richtung | direction |
| mündlich | orally | Risiko | risk |
| Muster | sample | riskieren | to risk |
| Muttergesellschaft | parent company | Rohstoffe | raw materials |
| | | Rundfahrt | tour |
| **n**achdenken über | to consider | Rundschreiben | circular |
| eine Nachricht aufnehmen/ hinterlassen | to take/leave a message | | |
| | | **s**ammeln | to collect |
| nahe | near | Schaden | damage |
| natürlich | of course | schätzen | to estimate |
| neben | next to | Scheck | cheque |
| nennen | to give, to indicate, to quote | scheinen | to seem |
| neulich | recently | Schiene | rail |
| normalerweise | normally | Schiff | ship |
| Notiz | note | Schlichtung | arbitration |
| Notizblock | notepad | Schlussformel | complimentary close |
| notwendig | necessary | schon | yet |
| | | Schreibtisch | desk |
| **O**HG | partnership | Schublade | drawer |
| Organisationsübersicht | organization chart | selbstverständlich | of course |

**22**

# Business terms

| | | | |
|---|---|---|---|
| Sendung | consignment | Versehen | oversight |
| Skizze | map | versenden | to despatch/dispatch |
| Skonto | cash discount | versichern | to assure |
| Sortiment | range | Verspätung | delay |
| Spedition | forwarding agency | versprechen | to promise |
| Stadtplan | map | Versprechen | promise |
| stagnieren | to stagnate | Vertreter/-in | agent, representative |
| Stromkabel | power cable | Vertretung | agency |
| Stückpreis | unit price | Vertrieb | distribution |
| | | verursachen | to cause |
| **T**ageslichtprojektor | overhead projector | vervollständigen | to complete |
| Taschenrechner | calculator | Vervollständigung | completion |
| tatsächlich | in fact, virtually | Videokamera | video camera |
| Teilnehmer/-in | participant | Videorekorder | video recorder |
| Termin | appointment | vorausgehen | to preceed |
| teuer | expensive | Vorauszahlung | prepayment |
| Textverarbeitung | wordprocessing | vorbereiten | to prepare |
| Thema | subject | Vorgang | procedure |
| tippen | to type | Vorschlag | proposal |
| Transporter | van | vorschlagen | to propose |
| transportieren | to transport | Vorsitzende/r | chairman |
| | | Vorstand | board of management |
| **ü**berfällig | overdue | jdn. vorstellen | to introduce somebody |
| Überraschung | surprise | Vorstellung | introduction |
| überreden | to persuade | Vorstellungsgespräch | job interview |
| übertragen | to transmit, to transfer | | |
| Überziehung | overdraft | **w**achsen | to grow, grew, grown |
| Umsatz | turnover | während | during/while |
| Umsatzsteuer | value added tax (VAT) | Warenbestand | stock level |
| (un-)beschriftet | (un-)labelled | Warenliste | stock list |
| unfrei | carriage forward | Wechsel | draft |
| ungefähr | approximately | weitere(s, r) | further |
| unmöglich | impossible | weiterleiten | to pass on |
| unten genannt | undermentioned | Werbeanzeige | advertisement |
| Unterschied | difference | werben für | to advertise for |
| unterschiedlich | different | Werbung | advertising |
| unvollständig | incomplete | Wert | worth, value |
| | | wert sein | to be worth |
| **v**erantwortlich sein für | to be responsible for | wesentlich | essential |
| Verantwortung | responsibility | wichtig | important |
| verbessern | to improve | wiegen | to weigh |
| Verbesserung | improvement | Wirkung | effect |
| verbindlich | binding | Wirtschaft | economy, commerce |
| Verbindung | link | wirtschaftlich | commercial |
| vereinbaren | to stipulate | wissen | to know, knew, known |
| Verfahren | method | Wissen | knowledge |
| verfügbar | available | | |
| Vergleich | comparison | **Z**ahlungsbedingungen | terms of payment |
| verhindern | to prevent | Zeichnung | drawing, illustration |
| verkaufen | to sell, sold, sold | Zeitplan | schedule |
| Verkäufer/-in | seller | Zentrale | headquarters |
| Verkaufsabteilung | sales department | Zielverkaufspreis | target sales price |
| Verkaufsprogramm | range | Zinssatz | interest rate |
| Verkehr | traffic | zufrieden | content, satisfied |
| verlieren | to lose, lost, lost | Zusammenstoß | crash |
| Verlust | loss | zusichern | to assure |
| vermeiden | to avoid | zustimmen | to agree |
| Verpflichtung | liability | Zustimmung | agreement |
| Versand | despatch/dispatch | Zweigstelle | subsidiary, branch |
| Versandhaus | mail order house | zweiseitig | bilateral |
| verschieden | various | in der Zwischenzeit | in the meantime |

**22**

# English Tenses – *Zeitformen*

When talking we either speak about present, past or future events.
For each time the English language has got at least two tenses the use of which depends on the kind of action performed. Mostly it is either…

→ a repeated action or habit *or*
→ an action taking place at the moment of speaking.

The following tables give you expamles of the formation and use of English tenses:

| Simple Present | Present Continuous |
|---|---|
| *Examples:* | *Examples:* |
| a) Mr Smith works for Intercom. | He is writing a letter. |
| b) The sun rises in the east. | |
| c) He plays soccer very well. | |
| | |
| *Use in case of:* | *Use in case of:* |
| a) habit/repeated action | an action that is in progress at the moment of speaking |
| b) a fact that is always true | |
| c) ability | |
| | |
| *Signal words:* always, sometimes, never, every, day, week, … | *Signal words:* now, at this moment, … |
| | |

| Simple Past | Past Continuous |
|---|---|
| *Examples:* | *Examples:* |
| a) He usually finished work at 7 p.m. | While he was talking to a customer, the telephone rang. |
| b) He took a cigarette and lit it. | |
| | |
| *Use in case of:* | *Use in case of:* |
| a) habit in the past | an action in progress at some time in the past that had not yet been finished. |
| b) an action that began and finished in the past | |
| | |

| Present Perfect | Present Perfect Continuous |
|---|---|
| *Examples:* | *Examples:* |
| He has passed his exam. | Mary has been taking English lessons. |
| I have done my homework. | She has been living in GB. |
| | |
| *Use in case of:* | *Use in case of:* |
| an action begun in the past, the result of which can be seen in the present. | stressing the continuity of an action begun in the past, the result of which can be seen in the present. |

**22**

# English Tenses – *Zeitformen*

## Survey

| Simple Past | Present Perfect |
|---|---|
| **Examples:** | **Examples:** |
| He founded the company in 1879. | Since 1955 he has lived in London. |
| **Use in case of:** | **Use in case of:** |
| an action that took place in the past | expressing the result of an activity that was begun in the past and extends to the present |
| **Signal words:** in 1999, yesterday, last week, month, … | **Signal words:** never, ever, already, yet, … |

| Past Perfect Simple | Past Present Continuous |
|---|---|
| **Examples:** | **Examples:** |
| She had typed nearly all the letters when her boss came in. | She was tyring to translate the letter when her boss came in. |
| **Use in case of:** | **Use in case of:** |
| stressing what happened before another action in the past. | stressing what was in progress before another action took place in the past. |

| Forms of the Future | |
|---|---|
| **Examples:** | **Use:** |
| I'**ll do** my best to send you the goods in time. | **Will-future** expresses willingness, promise or determination. |
| We'**re going to** open a new branch in Cologne. | **Going to-future** expresses a personal plan or intention. |
| My boss **is coming** here this evening. | **Present continuous** expresses an arrangement. |
| He **will be working** in his office until 4.30 p.m. | **Shall/will + continuous form** expresses what is expected to happen. |
| His train **leaves** at 5.30 p.m. | **Present simple** refers to timetable information. |
| He **will have left** his office by 1.30 p.m. | **The future perfect** expresses the completion of an action in the future. |

22

# List of Irregular Verbs – *Unregelmäßige Verben*

| Infinitive | Past | Past Participle | German |
|---|---|---|---|
| be | was, were | been | sein |
| bear | bore | born | gebären |
| become | became | become | werden |
| begin | began | begun | anfangen |
| bend | bent | bent | biegen, beugen |
| bite | bit | bitten | beißen |
| blow | blew | blown | blasen |
| break | broke | broken | brechen |
| bring | brought | brought | bringen |
| broadcast | broadcast | broadcast | senden |
| build | built | built | bauen |
| burn | burnt | burnt | brennen |
| buy | bought | bought | kaufen |
| catch | caught | caught | fangen |
| choose | chose | chosen | auswählen |
| come | came | come | kommen |
| cost | cost | cost | kosten |
| cut | cut | cut | schneiden |
| do | did | done | tun |
| draw | drew | drawn | zeichnen |
| dream | dreamt/dreamed | dreamt/dreamed | träumen |
| drink | drank | drunk | trinken |
| drive | drove | driven | fahren |
| eat | ate | eaten | essen |
| fall | fell | fallen | fallen |
| feed | fed | fed | füttern |
| feel | felt | felt | fühlen |
| find | found | found | finden |
| fly | flew | flown | fliegen |
| forget | forgot | forgotten | vergessen |
| freeze | froze | frozen | frieren |
| get | got | got | bekommen |
| give | gave | given | geben |
| go | went | gone | gehen |
| grow | grew | grown | wachsen |
| hang | hung | hung | hängen |
| have | had | had | haben |
| hear | heard | heard | hören |
| hide | hid | hidden | verstecken |
| hit | hit | hit | schlagen, treffen |
| hold | held | held | halten |
| hurt | hurt | hurt | schmerzen |
| keep | kept | kept | halten |
| know | knew | known | wissen, kennen |
| lead | led | led | führen |

**22**

3525384

## List of Irregular Verbs – *Unregelmäßige Verben*

| Infinitive | Past | Past Participle | German |
|---|---|---|---|
| learn | learnt, learned | learnt, learned | lernen |
| leave | left | left | verlassen |
| lie | lay | lain | liegen |
| light | lit | lit | anzünden |
| lose | lost | lost | verlieren |
| make | made | made | machen |
| mean | meant | meant | bedeuten |
| meet | met | met | treffen |
| pay | paid | paid | bezahlen |
| put | put | put | setzen, stellen, legen |
| read | read | read | lesen |
| ride | rode | ridden | reiten, fahren |
| ring | rang | rung | klingeln |
| run | ran | run | laufen |
| say | said | said | sagen |
| see | saw | seen | sehen |
| sell | sold | sold | verkaufen |
| send | sent | sent | schicken |
| set | set | set | setzen, stellen |
| shake | shook | shaken | schütteln |
| shine | shone | shone | scheinen |
| shoot | shot | shot | schießen |
| show | showed | shown | zeigen |
| shut | shut | shut | schließen |
| sing | sang | sung | singen |
| sit | sat | sat | sitzen |
| sleep | slept | slept | schlafen |
| smell | smelt | smelt | riechen |
| speak | spoke | speaken | sprechen |
| spell | spelt | spelt | buchstabieren |
| spend | spent | spent | verbringen |
| stand | stood | stood | stehen |
| swear | swore | sworn | schwören |
| swim | swam | swum | schwimmen |
| take | took | taken | nehmen |
| teach | taught | taught | unterrichten, lehren |
| tell | told | told | erzählen |
| think | thought | thought | denken |
| throw | threw | thrown | werfen |
| understand | unterstood | understood | verstehen |
| wake up | woke up | woken | aufwachen, aufwecken |
| wear | wore | worn | tragen |
| win | won | won | gewinnen |
| write | wrote | written | schreiben |

**22**

## Maße und Gewichte – *Measures and Weights*

| | | | |
|---|---|---|---|
| 1 inch (in.) | 2,54 cm | 1 ounce (oz av.) | 28,35 g |
| 1 foot (ft) = 12 inches | 30,48 cm | 1 pound (lb av.) | 0,453 kg |
| 1 yard (yd) = 3 feet | 91,44 cm | 1 hundredweight (cwt) | 1 Zentner: |
| 1 U.S. gallon | 3,785 l | Br.: 112 pounds | 50,800 kg |
| 1 U.S. barrel | 119,210 l | Am.: 100 pounds | 45,360 kg |

## Temperatur – *Temperature*

$$°Fahrenheit (F) = (\frac{9}{5} \cdot °C) + 32 \qquad °Celsius (C) = (°F - 32) \cdot \frac{5}{9}$$

## Bruchzahlen und andere Zahlenwerte – *Fractions and Other Figures*

| | | |
|---|---|---|
| $\frac{1}{2}$ | a half | ein halb |
| $1\frac{1}{2}$ | one and a half | anderthalb |
| $2\frac{1}{2}$ | two and a half | zweieinhalb |
| $\frac{2}{3}$ | two thirds | zwei Drittel |
| $\frac{1}{4}$ | a quarter | ein Viertel |
| $\frac{3}{4}$ | three quarters | drei Viertel |
| $\frac{1}{5}$ | a fifth | ein Fünftel |
| $3\frac{4}{5}$ | three and four fifths | drei vier Fünftel |
| 0.45 | nought point four five | null Komma vier fünf |
| 2.5 | two point five | Zwei Komma fünf |
| | once | einmal |
| | twice | zweimal |
| | three (four) times | drei-(vier-)mal |
| | twice as much (many) as | zweimal (doppelt) so viele wie |
| | firstly (secondly, thirdly) | erstens (zweitens, drittens) |
| 7 + 8 = 15 | seven plus eight is fifteen | sieben plus acht ist fünfzehn |
| 9 – 4 = 5 | nine minus four is five | neun minus vier ist fünf |
| 2 x 3 = 6 | twice three is six | zweimal drei ist sechs |
| 20 : 5 = 4 | Twenty divided by five | Zwanzig geteilt durch vier ist fünf |

## Britische und amerikanische Abkürzungen – *British and American Abbreviations*

| | | | |
|---|---|---|---|
| **a** = acre | acre (4046,80 m²) | **art.** = article | Artikel |
| **AA** = anti-aircraft | Flugabwehr | **ASCII** = American Standard Code for Information Interchange | standardisierter Code zur Darstellung |
| **a.a.r.** = against all risks | Gegen jede Gefahr | | |
| **abbr.** = abbreviated | Abk. = Abkürzung | | |
| **A.B.C.** = American Broadcasting Company | Amer. Rundfunkgesellschaft | **A/S** = account sales | Verkaufsabrechnung |
| | | **ASA** = American Standards Association | Amer. Normungs- kommission |
| **A.C.** = alternating current | Wechselstrom | | |
| **Acct** = account | Konto | **attn.** = attention (of) | zu Händen (von) |
| **A.D.** = Anno Domini | im Jahre des Herrn | **av.** = average | Durchschnitt |
| **Add** = address | Adresse | **avdp.** = avoirdupois | Handelsgewicht |
| **AEC** = Atomic Energy | Atomenergiekommission | **Ave** = Avenue | Allee, Straße |
| **Aftn.** = afternoon | Nachmittag | **AWACS** = Airborne Warning and Control System | luftgestütztes Frühwarnsystem |
| **a.m.** = ante meridiem | vorm., morgens | | |
| **Amp.** = ampere | Amper | | |
| **approx.** = approximately | ungefähr | **B.A.** = British Airways | Brit. Luftfahrtgesellschaft |
| **A/P** = account purchase | Einkaufsrechnung | **b.** = born | geboren |
| **appx.** = appendix | Anhang | **B & B** = bed and breakfast | Übernachtung mit Frühstück |
| **apt.** = apartment | Wohnung | **BASIC** = beginners' all-purpose symbolic instruction code | einfache Programmiersprache |
| **A.R.C.** = American Red Cross | Amerikanisches Rotes Kreuz | | |
| **arr.** = arrival | Ankunft | | |

**22**

3525386

# Britische und amerikanische Abkürzungen – *British and American Abbreviations*

| | | | | |
|---|---|---|---|---|
| **BBC** = British Broadcasting Corporation | britische Rundfunkgesellschaft | **dec.** = deceased | gestorben |
| **bbl.** = barrel | Fass | **dep.** = departure | Abfahrt |
| **BC =** before Christ | vor Christus | **dept.** = department | Abt., Abteilung |
| **B/E** = bill of exchange | Wechsel | **dft** = draft | Tratte |
| **b/f** = brought forward | Übertrag | **dir.** = director | Direktor |
| **BFBS** = British Forces Broadcasting Service | Rundfunkanstalt der brit. Streitkräfte | **disc.** = discount | Rabatt |
| **bk** = book | Buch | **div.** = dividend | Dividende |
| **B/L** = bill of lading | Konossement | **DJ** = disc jockey | Diskjockey |
| **bls** = bales | Ballen | **Dr** = doctor | Doktor |
| **Blvd.** = Boulevard | Boulevard | **dz.** = dozen | Dutzend |
| **b.o.** = branch office | Zweigstelle | | |
| **B.o.T.** = Board of Trade | Handelsministerium | **E** = east | Osten |
| **BR** = British Rail | Brit. Eisenbahn | **E.&O.E.** = errors and omissions excepted | Irrtümer und Auslassungen vorbehalten |
| **Bros.** = Brothers | Gebrüder | **EU** = European Union | Europäische Union |
| **BSI** = British Standards Institution | Brit. Normungsorganisation | **ed.** = edited | herausgegeben |
| **BTA** = British Tourist Authority | Brit. Fremdenverkehrs-behörde | **EDP** = electronic data processing | EDV = elektronische Datenverarbeitung |
| **bu.** = bushel | Scheffel (Br.: 36,36 l, Am.: 35,24 l) | **EFTA** = European Free Trade Association | Europäische Freihandelszone |
| | | **e.g.** = exempli gratia | z. B. = zum Beispiel |
| **C** = Celsius = centigrade | Celsius | **Encl.:** = enclosures | Anlagen |
| **c** = cent(s) | Cent | **esp.** = especially | besonders |
| **C/A** = current account | Girokonto | **excl.** = excluding | ausschließlich |
| **cad** = cash against documents | Kasse gegen Dokumente | **ex int.** = ex interest | ohne Zinsen |
| **CAD** = computer-aided design | computergestütztes Entwurfszeichen | **ext.** = extension | (telef.) Apparat |
| **CAM** = computer-aided manufacture | computergestützte Fertigung | **f** = female | weiblich |
| **Can.** = Canada | Kanada | **F** = Fahrenheit | Fahrenheit |
| **CC** = city council | Stadtrat | **F.A.** = Football Association | Fußballverband |
| **cc** = cubic centimetre(s) carbon copy | Kubikzentimeter Durchschlag | **fas** = free alongside ship | frei Längsseite Schiff |
| **CD** = compact disk | CD | **FBI** = Federal Bureau of Investigation | Am.: Bundeskriminalamt |
| **cert.** = certificate | Zertifikat | **fed.** = federal | Bundes- |
| **CET** = Central European Time | MEZ, mitteleuropäische Zeit | **fig.** = figure(s) | Abb., Abbildung(en) |
| **cf.** = confer | vgl., vergleiche | **fl.** = floor | Etage |
| **ch.** = chapter | Kapitel | **fob** = free on board | frei (Schiff) |
| **C/I** = certificate of insurance | Versicherungspolice | **foll.** = following | folgend |
| **CIA** = Criminal Investigation Department | US-Geheimdienst | **for** = free on rail | frei Waggon |
| **CID** = Criminal Investigation Department | Kriminalpolizei | **FORTRAN** = formula translation | Programmiersprache |
| **cif** = cost, insurance, freight | Kosten, Versicherung und Fracht inbegriffen | **ft** = foot/feet | Fuß = 30,48 cm |
| **Co.** = company | Gesellschaft | **g** = gram(s) | g., Gramm |
| **c/o** = care of | wohnhaft bei | **gal(l).** = gallon(s) | Gallone(n), Br.: 4,546 l Am.: 3,785 l |
| **COBOL** = common business oriented language | Programmiersprache | **GATT** = General Agree-ment on Tariffs and Trade | Allgemeines Zoll- und Handelsabkommen |
| **COD cash** = collect on delivery | gegen Nachnahme | **GB** = Great Britain | Großbritannien |
| **corr.** = corresponding | entsprechend | **GCE** = General Certificate of Education | (brit. Schulabschluss-prüfung |
| **CPU** = central processing unit | Computerzentraleinheit | **GCSE** = General Certificate of Secondary Education | (brit. Schulabschluss-prüfung |
| **Ct(s)** = cent(s) | Cent | **GDP** = gross domestic product | BIP = Bruttoinlandsprodukt |
| **CV** = curriculum vitae | Lebenslauf | **gen.** = general | allgemein |
| **cwo** = cash with order | Barzahlung bei Bestellung | **GMT** = Greenwich Mean Time | WEZ = westeuropäische Zeit |
| **cwt** = hundredweight | (etwa 1) Zentner, Br.: 50,800 kg, Am.: 45,360 kg | **GNP** = gross national product | BSP = Bruttosozialprodukt |
| | | **Gov.** = goverment | Regierung |
| | | **gr.** = gross | Brutto … |

**22**

# Britische und amerikanische Abkürzungen – British and American Abbreviations

| | | | |
|---|---|---|---|
| **gr.** = grain(s) | Gewichtseinheit (0,0648 g) | **ll.** = lines | Z., Zeile(n) |
| **gr. wt.** = gross weight | Bruttogewicht | **long.** = longitude | Länge |
| | | | |
| **h** = hour | Stunde | **M** = motorway | Autobahn |
| **hf** = half | halb | **m** = metre(s) | Meter |
| **HM** = his/her majestay | Seiner/Ihrer Majestät | **MA** = Master of Arts | Magister der Philosophie |
| **HP** = horsepower | PS = Pferdestärke | **masc.** = masculine | männlich |
| **HQ** = headquarters | Hauptsitz, Hauptquartier | **MD** = medicinae doctor | Dr. der Medizin |
| **ht** = height | Höhe | **med.** = medical | medizinisch |
| | | **MEP** = Member of the European Parliment | Mitglied des Europa-parlaments |
| **IATA** = International Air Transport Association | Internationaler Luftverkehrsverband | **Messrs** = Messieurs | Sehr geehrte Herren |
| **id** = ibidem | ebd., ebenda | **mg** = milligram(s) | Milligramm |
| **IBRD** = International Bank of Reconstruction and Development | Internationale Bank für Wiederaufbau und Entwicklung, Weltbank | **ml(s).** = mile(s) | Meilen, Am. 1609,34 m |
| | | **mm** = millimeter(s) | Millimeter |
| **IC** = integrated circuit | Integrierter Schaltkreis | **MP** = Member od Parliament | Brit. Unterhausabgeordneter |
| **ID** = identification | Identizierung, Ausweis | **MP** = military police | Militärpolizei |
| **i.e.** = id est | id, idem, derselbe, dasselbe | **mph** = miles per hour | Meilen pro Stunde |
| **ill.** = illustration, illustrated | Abbildung mit Bildern versehen | **Mr** = Mister | Herr |
| | | **Mrs** = Mistress | Frau |
| **IMF** = International Monetary Fund | IWF = internationaler Währungsfonds | **Ms** | Anrede für verheiratete und unverheiratete Frauen |
| **inc.** = incorporated | eingetragen | **MSc** = Master of Science | Magister der Naturwissen-schaften |
| **incl.** = including, inclusive | einschließlich | | |
| **IOC** = International Olympic Committee | IOK = internationales olympisches Kommittee | **Mt** = Mount | Berg |
| **IOU** = I owe you | Schuldschein | **n** = north | Norden |
| **IQ** = intelligence quotient | Intelligenzquotient | **NASA** = National Aeronautics and Space Administration | Nationale Luft- und Raumfahrtbehörde |
| **IRA** = Irish Republican Army | Irisch-Republikanische Armee | | |
| **IRC** = international Red Cross | Internationales Rotes Kreuz | **NATO** = North Atlantic Treaty Organization | NATO |
| **ISBN** = international standard book number | ISBN-Nummer | **NBC** = National Broad-casting Company | Amerikanische Rundfunkgesellschaft |
| | | **neg.** = negative | negativ |
| **ISO** = International Organization of Standardization | Internationale Organisation für Standardisierung, Internationale Normen-organisation | **NHS** = National Health Service | Staatlicher Gesundheits-dienst |
| | | **No(s).** = number | Nummern |
| | | **NSB** = National Savings Bank | Postsparkasse |
| **IYHF** = International Youth Hostel Federation | Internationaler Jugendherbergsverband | **nt. wt.** = net weight | Nettogewicht |
| | | **N.Y.** = New York | New York |
| | | | |
| **J** = joule(s) | Joule | **OECD** = Organization for Economic Cooperation and Development | Organisation für wirtschaftliche Zusammenarbeit und Entwicklung |
| **JC** = Jesus Christ | Jesus Christus | | |
| **jnr./jr./jun.** = junior | jr., jun., junior | | |
| | | **OPEC** = Organization of Petrol Exporting Countries | Organisation ölexpor-tierender Länder |
| **kg** = kilogram(s) | Kilogramm | | |
| **km** = kilometer(s) | Kilometer | **opp.** = opposite | gegenüber(liegend), entgegengesetzt |
| **kn** = knot(s) | Knoten | | |
| **kph** = kilometres per hour | Kilometer pro Stunde | **oz** = ounce | Unze (28,25 g) |
| **kV** = kilovolt(s) | Kilovolt | | |
| **kW** = kilowatt(s) | Kilowatt | **p** = pence | Währungseinheit |
| | | **p.** = page | Seite |
| **L** = learner | Plakette für Fahrschüler | **p.a.** = per annum | pro Jahr |
| **l.** = left | links | **par.** = paragraph | Abschnitt |
| **£** = pound sterling | Pfund Sterling | **p.c.** = per cent | Prozent |
| **Lab.** = Labour | Labour Party | **pd** = paid | bezahlt |
| **lat.** = latitude | Breite | **p.d.** = per diem | pro Tag |
| **lb(s).** = pound(s) | brit. Pfund | **p.p.** = per procurationem | pp., ppa., per Prokura |
| **L(C)** = letter of credit | Akkreditiv | **PIN** = personal identification number | Geheimnummer |
| **LCD** = liquid crystal display | Flüssigkristallanzeige | | |
| **Lib.** = Liberal | Liberale Partei | | |

# Britische und amerikanische Abkürzungen – *British and American Abbreviations*

| | | | |
|---|---|---|---|
| **pl** = plural | Plural | **UNO** = United Nations Organization | UNO |
| **plc** = public limited company | AG | **UPI** = United Press International | am. Nachrichtenagentur |
| **PM** = Prime Minister | Premierminister | **US** = United States | Vereinigte Staaten |
| **p.m.** = post meridiem | nachmittags | **USA** = United States of America | Vereinigte Staaten von Amerika |
| **PO** = postal order    post office | Postanweisung Postamt | **USAF** = United States Air Force | Luftwaffe der Vereinigten Staaten |
| **POB** = post office box | Postfach | | |
| **POD** = pay on delivery | per Nachnahme | **V** = volt(s) | Volt |
| **pop.** = population | Bevölkerung | **VAT** = value added tax | Mehrwertsteuer |
| **PR** = public relations | Öffentlichkeitsarbeit | **VCR** = video cassette recorder | Videorecorder |
| **Pres.** = president | Präsident | **VIP** = very important person | prominente Persönlichkeit |
| **Prof.** = professor | Professor | **viz** = videlicet, namely | nämlich |
| **PS** = postscriptum | Postskriptum | **vol(s).** = volume(s) | Bd., Band, Bände |
| **PTO** = please turn over | bitte wenden | **vs.** = versus | contra, gegen |
| **pvt.** = private | Privat | **VSOP** = very special old pale | Qualitätsbezeichnung für sehr alten Weinbrand (20–25 Jahre) |
| **qr** = quarter | Viertel | **vv** = vice versa | umgekehrt |
| **quot.** = quotation | Kurs-, Preisnotierung | | |
| | | **Wash.** = Washington | Washington |
| **r** = right | rechts | **WHO** = World Health Organization | Weltgesundheits-organisation |
| **RAF** = Royal Air Force | Könglich-Britische Luftwaffe | **wks** = weeks | Wochen |
| **RAM** = random access memory | Direktzugriffsspeicher | **w/o** = without | ohne |
| **Rd** = road | Straße | **WP** = word processor | Textverarbeitungssystem |
| **ref.** = with reference to | mit Bezug auf | **w.p.m.** = words per minute | Wörter pro Minute |
| **res.** = research | Forschung | **wt.** = weight | Gewicht |
| **ret.** = retired | im Ruhestand | **WWI** = World War I | 1. Weltkrieg |
| **rm** = room | Zimmer | **WWII** = World War II | 2. Weltkrieg |
| **RN** = Royal Navy | Königlich-Britische Marine | | |
| **r.p.m.** = revolutions per minute | Umdrehungen pro Minute | **XL** = extra large | extragroß |
| **RR** = railroad | Eisenbahn | **Xmas** = Christmas | Weihnachten |
| | | **Xroads** = crossroads | Kreuzung |
| **s(ec.)** = second | Sekunde | **XS** = extra small | extraklein |
| **$** = dollar | Dollar | | |
| **sen.** = senior | der Ältere | **yd** = yard | Yard, 91,44 cm |
| **Sq.** = square | Platz | **YHA** = Youth Hostels Association | Jugendherbergsverband |
| **SS** = steamship | Dampfer | **YMCA** = Young Men's Christian Association | CVJM, Christlicher Verein Junger Männer |
| **STA** = scheduled time of arrival | planmäßige Ankunftszeit | **yr** = year | Jahr |
| **Sta.** = station | Bahnhof | **YWCA** = Young Women's Christian Association | Christlicher Verein Junger Frauen |
| **suppl.** = supplement | Nachtrag | | |
| | | | |
| **t** = ton(s) | Tonne, Br.: 1016 kg, Am.: 907,180 kg | | |
| **tbsp(s)** = tablespoon(s) | Teelöffel | | |
| **tel.** = telephone | Telefon | | |
| **TM** = trademark | Warenzeichen | | |
| **TU** = trade union | Gewerkschaft | | |
| **TUC** = Trade Union Congress | Gewerkschaftsverband | | |
| | | | |
| **UEFA** = Union of European Football Assocations | UEFA | | |
| **UFO** = unidentified flying object | Ufo | | |
| **UK** = United Kingdom | Vereinigtes Königreich | | |
| **UN** = United Nations | Vereinte Nationen | | |
| **UNESCO** = United Nations Educational, Scientific and Cultural Organization | Organisation der Vereinten Nationen für Erziehung, Wissenschaft und Kultur | | |
| **UNICEF** = United Nations Children's Fund | Kinderhilfswerk der Vereinten Nationen | | |

22

**23**

**Arbeitsmethoden im Unterricht/ Gesetzestexte (Auszüge)**

# Protokoll – *Minutes*

## Arten

Prinzipiell werden unterschieden:
- **Verlaufsprotokoll** (gibt den Verlauf eines Gesprächs oder Ablauf einer Handlung wieder)
- **Ergebnisprotokoll** (Festhalten der Gesprächsergebnisse bzw. der Handlungsergebnisse)

## Aufbau/Inhalt

### Protokollkopf

- Protokollanlass (Überschrift)
- Datum und Zeitangabe, in der Regel der Beginn (Uhrzeit)
- Ortsangabe
- Namen der anwesenden Personen (z.T. werden auch abwesende Personen genannt, eventuell unter Nennung des Fehlgrundes)
- Tagesordnungspunkte

### Protokolltext

- Ereignisse bzw. Abläufe werden beim Verlaufsprotokoll in chronologischer Form schriftlich festgehalten
- Ergebnisse werden in chronologischer Form oder nach der Wichtigkeit geordnet schriftlich fixiert

### Protokollfuß

- Ende des Gesprächs bzw. der Handlung
- eventuell Hinweis auf Anlagen
- Ort und Datum der Protokollabfassung
- Unterschrift des Protokollanten/der Protokollantin (links unten)
- Unterschrift des Gegenzeichnenden, z.B. Konferenzleiterin (rechts unten)
  Diese Unterschrift bestätigt die sachliche Richtigkeit des Protokollinhaltes.

### Sprachliche Gestaltung

- Als Tempus (Zeitraum) wird das Präsens (die Gegenwart) benutzt.
- Die direkte Rede wird mittels des Konjunktivs (Möglichkeitsform) in die indirekte Rede übertragen; ein wörtliches Zitat kann als Ausnahme benutzt werden.

**Beispiel:**

### Protokoll der Vorstandssitzung der OfficeCom AG

| | |
|---|---|
| **am:** | 15. Oktober 20.. |
| **um:** | 14:00 Uhr (Beginn) |
| **Ort:** | OfficeCom AG, Braunschweig, Konferenzsaal B/2 |
| **Awesende:** | Herr Herbert Hauser, Frau Frauke Schönau, Frau Dr. Carla Seltig |
| | Frau von Carolath (Protokollantin) |

**Tagesordnung:**
1. Bericht des Vorstandes
2. Geschäftliche Entwicklung im 3. Quartal 20..
3. Zukünftige Geschäftspolitik
4. Verschiedenes

**Zu TOP 1:** Herr Hauser begrüßt die Anwesenden und weist darauf hin, dass er heute großen Termindruck habe, deshalb müssten alle Tagesordnungspunkte bis 16 Uhr besprochen sein.

⋮
⋮

**Ende der Konferenz:** 16:45 Uhr

*von Carolath*
Protokollantin

*Hauser*
Vorsitzender

23

391

# Referat – *Paper*

## Begriff und Zielsetzung

In der schulischen und betrieblichen Aus- und Fortbildung nimmt das (Kurz-)Referat einen zentralen Stellenwert ein um wichtige Inhalte in kurzer und prägnanter Form zu vermitteln. Als Gesprächsform zählt das Referat zu den Monologen. Im Anschluss an den Vortrag tritt häufig ein Wechsel in der Gesprächsform auf, der Referent/die Referentin tritt dann in einen Dialog mit seinen/ihren Zuhörern ein.

## Vorbereitung des Referates

Damit ein Referent/eine Referentin bei der Vermittlung seiner/ihrer Aussagen einen optimalen Wirkungsgrad erreicht, sollte er/sie sich gut auf das Referat vorbereiten.

Die wichtigsten **Schritte bei der Vorbereitung** sind:

- Entsprechende Materialien zur Abfassung des Referates sind zu sammeln (z.B. Zeitungsausschnitte, Statistiken). Eine Internetrecherche (siehe S. 399) bietet sich in jedem Fall an.
- Die Inhalte der beschafften Materialien sind auf ihre Glaubwürdigkeit hin zu prüfen (vor allem wichtig bei einer Internetrecherche) und eine Gewichtung der beschafften Informationen ist vorzunehmen.
- Eine Grobgliederung ist zu erstellen, die später durch eine Feingliederung zu ergänzen ist.
- Abstrakte Inhalte sollten unter Zuhilfenahme von Beispielen verdeutlicht werden.
- Entlang der Feingliederung ist zu formulieren, auf eine adressatengemäße Ausdrucksweise ist zu achten.
- Die Länge des Referates ist angemessen zu wählen.
- Um Monotonie beim Vortragen zu verhindern sind entsprechende Textpassagen zu markieren – damit kann die Betonung bzw. das Einlegen von Sprechpausen vorbereitet werden.
- Insbesondere die Einleitung des Schlussteiles ist durch eine entsprechende Formulierung anzukündigen.
- Benötigte Medien (z.B. Beamer oder Overheadprojektor) sind zu besorgen und vorher auszuprobieren.
- Der Vortragsraum muss für das Referat angemessen ausgewählt werden (z.B. Beachtung der Akustik und der Lichtverhältnisse).
- Es ist zu entscheiden, ob ein Thesenpapier zu erstellen ist.

## Durchführung des Referates

- Ein eventuell angefertigtes Thesenpapier ist zu verteilen.
- Die Lautstärke ist entsprechend der Entfernung zu den Zuhören zu wählen; die Variierung der Lautstärke dient der Betonung.
- Das Referat ist keinesfalls monoton abzulesen, neben der Variierung durch Lautstärke, Betonung und Sprechgeschwindigkeit ist auf gelegentlichen Blickkontakt zu den Zuhörern zu achten.
- Es ist auf den gezielten Einsatz von Gestik (Körpersprache) und Mimik (Gesichtssprache) zu achten um die Aufmerksamkeit der Zuhörer zu erhöhen.
- Der Einsatz der Medien muss störungsfrei verlaufen (z.B. durch Vermeidung von störenden Nebengeräuschen).

3525392

# Diskussion – *Discussion*

| Begriff und Zielsetzung | Diskussionsleiter/-in |
|---|---|
| Eine besondere Form der Argumentation stellt die Diskussion dar, bei der sich die Diskussionsteilnehmer sprachlich über ein Thema auseinander setzen, ein Streitgespräch führen. Da sich an dieser Gruppenkommunikationsform mehrere Personen beteiligen, wird bei größeren Gruppen ein/e Diskussionsleiter/-in benötigt. | Seine/Ihre Aufgabe besteht vor allem darin, auf die Form der Diskussion Einfluss zu nehmen. Dementsprechend hat er/sie auf die richtige Reihenfolge der Redebeiträge zu achten, persönliche Beleidigungen hat er/sie zu unterbinden, die Diskussion wird von ihm/ihr eröffnet und meist mit einem Schlusswort beendet. |

## Diskussionsregeln

Von den Diskussionsteilnehmern untereinander kann erwartet werden, dass sie die Meinung des anderen achten und zumindest bereit sind, sich von anderen überzeugen zu lassen. Das bedeutet nicht, dass jede Diskussion mit einem Konsens oder einem Kompromiss enden muss.

Damit die Diskussion von allen Teilnehmern/Teilnehmerinnen als nützlich angesehen werden kann, sollten folgende Regeln eingehalten werden:

- Man muss bereit sein, allen Teilnehmern aufmerksam zuzuhören, auf jeden Fall sollte man den Gesprächspartner ausreden lassen.
- Bei längeren Ausführungen der anderen Diskussionsteilnehmer sollte man sich Notizen machen; eventuell ist der eigene Beitrag mithilfe von Stichwörtern vorzustrukturieren.
- Die gewichtigsten Argumente sollte man für die Schlussphase „aufsparen".
- Bei dem eigenen Redebeitrag sollte man sich auf die Aussagen des Vorgängers beziehen.
- Die Redebeiträge sind so kurz und anschaulich wie möglich zu halten.
- Es ist prinzipiell sachlich zu argumentieren, was nicht heißen soll, dass Gefühle ausgeklammert werden müssen; auf jeden Fall sind Kränkungen und Beleidigungen anderer zu unterlassen.

## Vorbereitung einer Diskussion

- Sammlung umfangreichen Informationsmaterials, z. B. durch eine Internetrecherche oder durch Zusammentragen von Zeitungsausschnitten
- Gegenüberstellung von Pro- und Contraargumenten aufgrund der beschafften Informationen
- Vorbereitung auf Gegenargumente, z. B. durch Emphathieübungen (sich hineinversetzen in die Gegenposition)
- Auswahl geeigneter Räume und sinnvolle Anordnung der Stühle und Tische
- Bestimmung eines/einer Diskussionsleiters/Diskussionsleiterin
- Festlegung der zur Verfügung stehenden Zeit
- Abstimmung mit Teilnehmern und/oder Beobachtern, wie mögliche Diskussionsergebnisse ausgewertet und weitergenutzt werden können

# Rollenspiel – *Role playing*

## Begriff

Das Rollenspiel ist eine Variante der Simulationsspiele. Die Rollenspielenden probieren in vorgegebenen Situationen „spielend" ihr vorhandenes Handlungsrepertoire aus und erweitern es, ohne negative Folgen befürchten zu müssen. Dabei sollen Hemmungen, besonders vor schwierigen Situationen der Realität, durch Erfolgserlebnisse im Spiel abgebaut werden. Die Rollenspielenden übernehmen dabei vor allem auch ihnen noch ungewohnte Rollen, um die gespielten Personen verstehen zu lernen und für diese zu handeln und zu entscheiden. In der Nachbereitung (Reflexion) des Rollenspiels überdenken sie ihr im Spiel gezeigtes Verhalten und bewerten es im Hinblick auf zukünftiges eigenes Tun in der Realität. Den Beobachtern des Rollenspiels kommt eine besondere Bedeutung bei der Auswertung des durchgeführten Rollenspiels zu. Gegenstand der Beobachtung können insbesondere inhaltliche oder sprachliche Gesichtspunkte sein (siehe „Beobachtung und Auswertung").

## Ziele

Das Rollenspiel dient dazu, dass Schülerinnen und Schüler…
- lernen ihre Interessen wirkungsvoll zu vertreten, indem sie ihre Meinung überzeugend darstellen,
- ihr Verhaltensrepertoire für kritische Situationen erweitern,
- ihr Selbstvertrauen steigern,
- Widersprüche eher aushalten,
- ihre Kommunikationstechniken verbessern,
- lernen sich in die Meinung anderer einzufühlen und
- damit Strategien für Konfliktlösungen entwickeln.

vgl. Steinmann, Bodo/Weber, Birgit (Hrsg.): Handlungsorientierte Methoden in der Ökonomie, Neusäß 1995, S. 30ff

## Ablaufgestaltung

| | |
|---|---|
| Alle Schüler lesen die Informationskarte | Informationsphase |
| Alle Schüler (außer den Rollenspielern) lösen die Aufgaben zur Informationskarte / Die Rollenspieler lesen ihre Rollenkarten und sammeln Argumente für das Rollenspiel | Vorbereitungsphase für das Rollenspiel |
| Die Schüler verfolgen die Diskussion der Rollenspieler (evtl. Notizen) und bilden sich eine eigene Meinung / **Das Rollenspiel** | Rollenspielphase |
| Diskussion in der Klasse über die Argumente der Rollenspieler | Diskussionsphase |
| Durch den Spielleiter, Lehrer oder andere Schüler werden die Ergebnisse der Diskussion (eine oder mehrere Lösungen) zusammengefasst. | Ergebnisphase |
| Alle Schüler lesen die Ergebnis- und Aufgabenkarte, die über den speziellen Fall hinaus allgemeine Erkenntnisse vermittelt | Generalisierungsphase |
| Zur Festigung der allgemeinen Erkenntnisse lösen die Schüler die Aufgaben der Ergebniskarte. | Transferphase |
| Die so gewonnenen Informationen und Erkenntnisse aus dem Rollenspiel ermöglichen die Lösung analoger Fallsituationen | |

aus: Kaiser, F.J.: Entscheidungstraining. Die Methoden der Entscheidungsfindung: Fallstudie-Simulation-Planspiel, Bad Heilbrunn 1973, S. 73

## Beobachtung und Auswertung

Wichtige Fragen für die Beobachter:
- Wer hat am meisten/wenigsten gesagt?
- Wann hat jemand unterbrochen, bevor die übrigen fertig waren?
- Welche Fragen/Argumente wurden überhaupt nicht beantwortet?
- Wie hat sich die allgemeine Atmosphäre während des Spiels verändert?
- Welche noch möglichen Lösungen wurden übersehen?
- Haben die Sprecher Augenkontakt behalten?

- Welche Anzeichen von Frustration, Langeweile, Enthusiasmus usw. nahmen sie wahr?
- Welche Teilnehmer hatten großen, welche geringen Einfluss?
- Wer hat die Diskussion am Thema gehalten? Wie?
- Welche Aktionen förderten die „Aufgabe" (das bearbeitete Problem), welche den „Prozess" (den Weg, wie es bearbeitet wurde)?
- Wie wurden schweigsame Zeiten aufgenommen?
- Wer hat mit wem/wer nicht mit wem gesprochen?

aus: Van Ments, Morry: Rollenspiel: effektiv. Ein Leitfaden für Lehrer, Erzieher, Ausbilder und Gruppenleiter, München 1991

# Präsentation von Gruppenarbeitsergebnissen – *Presentation of group results*

## Ziele

Sowohl bei Präsentierenden als auch bei Zuhörern sollen gefördert werden:
- Kommunikationskompetenz (z. B. Stellen und Beantworten von Verständnisfragen)
- Sozialkompetenz (z. B. diszipliniertes Zuhören und Abstimmung der Präsentationsergebnisse)
- Fachkompetenz (z. B. durch selbstständiges Formulieren von Sachverhalten)

## Tipps/Empfehlungen zur Präsentation

- Jedes Mitglied der Arbeitsgruppe soll sich an der Präsentation beteiligen.
- Der Sprechanteil jedes Einzelnen sollte ungefähr gleich groß sein.
- Jedes Mitglied der Arbeitsgruppe sollte beim Vortrag der anderen konzentriert sein, um gegebenenfalls helfen zu können.

## Inhaltliche Aspekte

Schon in der Erarbeitungsphase sollten folgende Gesichtspunkte für eine erfolgreiche Präsentation beachtet werden:
- Das Thema muss eindeutig strukturiert werden: Gliederung, Überschriften, Unterpunkte, Absätze.
- Die Problematik sollte umfassend bearbeitet worden sein, damit Hintergrundwissen vorhanden ist (Recherche, z. B. Bibliothek, Internet).
- Die Aussagen müssen eindeutig formuliert sein.
- Die schriftliche Ausarbeitung muss sprachlich korrekt sein.
- Beispiele können vor allem schwierige Sachverhalte veranschaulichen.
- Im Anschluss an die (oder während der) Präsentation sollte auf Fragen eingegangen werden.

## Gestalterische Aspekte

- Es müssen geeignete Medien benutzt werden, z. B. Tafel, Folie, Plakat, Moderationskarten, farbige Kreide, farbige Stifte, Beamer, Videorecorder, Cassettenrecorder.
- Die Schrift muss groß, deutlich und gut lesbar sein.
- Es sollen ansprechende Farbtöne verwendet werden, z. B. bei farbigen Plakaten.
- Zur Veranschaulichung eignen sich besonders Grafiken, Abbildungen, Schaubilder, Fotos, Dias und Plakate.

## Sprachliche Aspekte

- Die Stimme muss klar, laut und deutlich sein.
- Die Stimme sollte variiert werden, z. B. Betonung einzelner Wörter.
- Es sollte nicht zu schnell, aber auch nicht zu langsam gesprochen werden.
- Bei neuen Gliederungspunkten sollte eine kurze Sprechpause erfolgen.

## Gestik/Mimik

- Man sollte die Zuhörer/-innen immer ansehen (freies Sprechen).
- Für den Vortrag sollte man sich hinstellen.
- Die Körperhaltung sollte aufrecht sein, man darf weder zu steif noch zu locker wirken.
- Die Mimik muss zu dem vorgetragenen Sachverhalt passen.
- Ein freundliches Lächeln kann die Spannung lösen.

### PRÄSENTATIONSREGELN

1) Die Präsentation soll die Arbeit in der Gruppe und ihre Ergebnisse widerspiegeln. Aus diesem Grund sollten sich möglichst alle Gruppenmitglieder an der Präsentation beteiligen.

2) Benutzen Sie geeignete Medien, die Ihre Arbeitsergebnisse veranschaulichen.

3) Sprechen Sie laut und deutlich und heben Sie zentrale Aussagen durch Betonung hervor.

4) Achten Sie darauf, dass sich Ihre Präsentation an die gesamte Klasse und nicht nur an die Lehrkraft wendet – Blickrichtung und Körperhaltung beachten.

5) Geben Sie im Anschluss an die Präsentation Ihren Mitschülerinnen und Mitschülern Gelegenheit Verständnis- und gegebenenfalls Vertiefungsfragen zu stellen.

aus: Bentin, Margit u.a.: Handlungsorientierte Materialien in Wirtschaft und Verwaltung. Beschaffung. 3. Aufl., Darmstadt 2001

23

# Mind-Mapping

Mind-Mapping ist eine Arbeitsmethode oder Lerntechnik, bei der Gedanken, Ideen oder Gesprächsinhalte in ihrer Originalfassung aufgenommen werden, ohne sie sofort in eine richtige Reihenfolge zu bringen.

Mind-Maps sind Gedanken-Landkarten. Eine Gedanken-Landkarte besteht aus Haupt- und Nebenästen.

**Beispiel:**

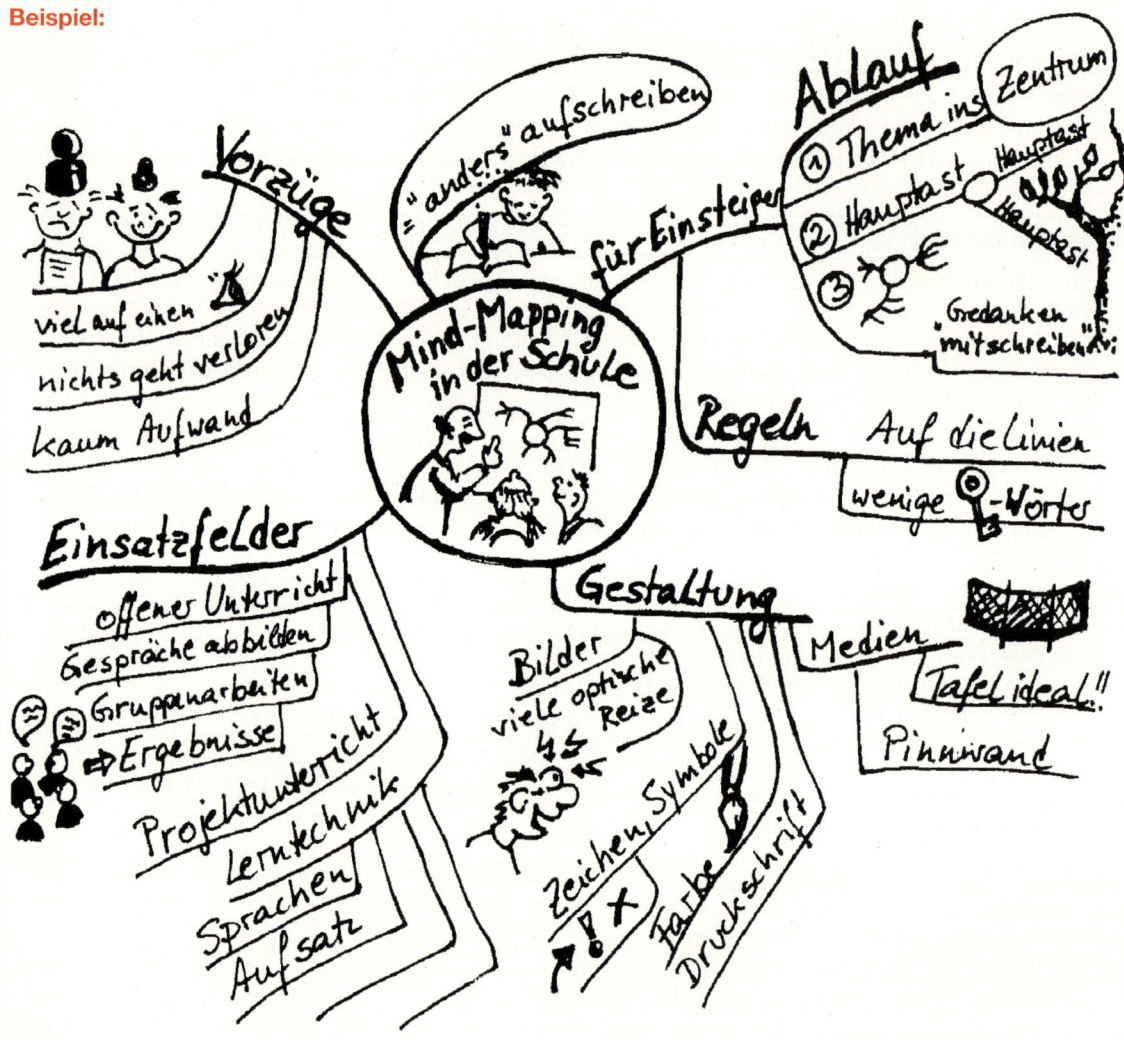

Quelle: nach Ulrich Lipp, Pädagogik Heft 10, Oktober 1994

## Ziele

- Bildhaftes Denken und durch Sprache initiiertes Denken werden sehr gut verbunden.
- Die Visualisierung erleichtert das Lernen von Inhalten und Strukturen und kommt bestimmten Lerntypen besonders entgegen (v. a. „Sehtyp").
- Die so genannte Behaltensquote erhöht sich durch die Verbindung von sehen, hören, sprechen und handeln.
- Kreativität und Kommunikationsfähigkeit werden durch das Ansprechen unterschiedlicher Sinne gefördert.

## Anwendungsmöglichkeiten

Einsatzmöglichkeiten der Methode des Mind-Mappings in Schule und Ausbildung:

- Spontanes Zusammentragen von Gedanken zu einem bestimmten Thema
- Präsentation der Ergebnisse einer Gruppenarbeit
- Erarbeiten von Problemlösungen in der Klasse/im Team, z. B. Planen von Projekten

# Mind-Mapping

## Tipps/Empfehlungen zur Erstellung von Mind-Maps

| Material | <ul><li>Farbige Stifte bzw. farbige Kreide</li><li>Tapetenrolle oder große Blätter (DIN A3)</li><li>Moderationskarten</li><li>Befestigungsmaterial, wie z. B. Pinnnadeln, Klebeband, Magnete</li><li>Wandtafel, Pinnwand oder Flipchart</li><li>PC mit entsprechender Software</li></ul> |
|---|---|
| Gestaltung | <ul><li>Groß und gut lesbar schreiben (z. B. Druckschrift)</li><li>Hauptäste nur mit Schlüsselwörtern (Normen) versehen</li><li>Waagerecht schreiben</li><li>Groß- und Kleinbuchstaben verwenden</li></ul> |

## Mind-Mapping – Vorgehensweise

1. Das Thema, Problem oder die Fragestellung wird groß in die Mitte geschrieben.
2. Die Gedanken werden notiert, wie sie kommen (Brainstorming). Schlüsselwörter werden auf Hauptästen platziert, Ergänzungen auf Nebenästen.
3. Unwichtige Äste können gestrichen, zwischen den Ästen können Verknüpfungen hergestellt werden.
4. Die Äste (Linien) sollten so angeordnet werden, dass sie waagerecht beschrieben werden können.
5. Für die anschauliche Gestaltung können auch Bilder, Zeichen oder Symbole verwendet werden.

## Mind-Mapping am PC

Die Technik des Mind-Mappings lässt sich auch am PC nutzen. Mithilfe einer Suchmaschine kann im Internet unter dem Suchbegriff „mind mapping" eine Vielzahl von Links zu WWW-Seiten gefunden werden.

**Beispiel:**

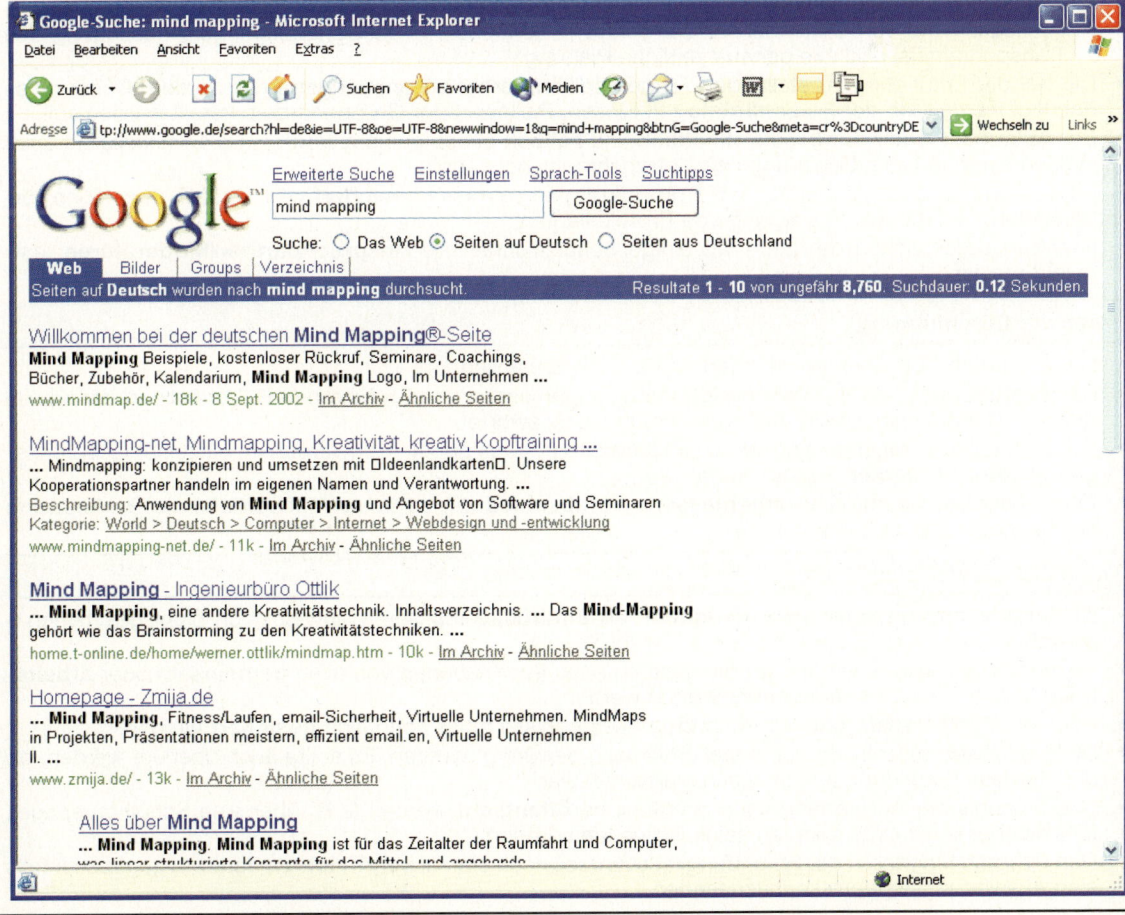

23

## Erkundung – *Investigation*

### Begriff und Zielsetzung

Von der Erkundung wird sowohl die Betriebsbesichtigung als auch das Betriebspraktikum abgegrenzt.

Während die **Betriebsbesichtigung** einen ersten, eher oberflächlichen Eindruck von dem Unternehmen vermittelt, dient das **Betriebspraktikum** dazu, Arbeitsprozesse im Unternehmen über längere Zeit beobachten und „ausprobieren" zu können.

Bei der **Erkundung** spielt die genaue Vorbereitung, z. B. durch Erstellung eines detaillierten Fragebogens, eine große Rolle. Die beschafften Informationen schließen zum einen Wissenslücken, bieten zum anderen Hilfe bei Fragen nach Zusammenhängen und ermöglichen die Initiierung von Erkenntnisprozessen. Theoretische Vorstellungen bzw. Modelle werden mit Praxiserfahrungen konfrontiert und somit überprüft.

### Phasen der Erkundung

Vorbereitungsphase (Planungsphase)

↓

Durchführungsphase (Realisierungsphase)

↓

Auswertungsphase (Reflexionsphase)

### Tipps zur Vorbereitungsphase

- Zu Beginn sollte die **Zielsetzung** der Erkundung genau festgelegt werden.
- Über das zu erkundende Unternehmen sind zunächst **Vorinformationen** einzuholen, z. B. über eine Internetrecherche (Homepage des Unternehmens) oder durch eine kurze Anfrage bei der zuständigen Kammer (z. B. IHK).
- **Organisatorische Vorbereitungen** sind zu treffen, z. B.:
  - Klärung der in Frage kommenden Gesprächspartner (Experten)
  - Festlegung der vorbereitenden Einzelschritte (z. B. Einholen von Genehmigungen, Festlegung des Transportmittels) und ihre genaue zeitliche Planung
- Die bei der Erkundung zu stellenden Fragen sollten vorher zusammengetragen werden. Dabei muss überlegt werden, ob der **Fragenkatalog** in Einzel-, Partner- oder Gruppenarbeit erstellt werden soll.
- Der **Ablauf der Erkundung** muss **inhaltlich** und **zeitlich** genau geplant werden. Dazu ist vielleicht auch eine vorherige örtliche Begehung des Unternehmens notwendig.
- Es muss vorher überlegt werden, wie **Erkundkungsergebnisse gesichert** werden (z. B. über einen vorbereiteten Fragebogen, Festlegung von Protokollanten).
- Eventuell sollen neben der Lehrkraft einige Schüler/-innen als **Ansprechpartner/Moderatoren** festgelegt werden.

### Tipps zur Durchführung

- Das **pünktliche Erscheinen** ist in jedem Fall sicherzustellen.
- Die **Begrüßungs- und Vorstellungsphase** ist angemessen durchzuführen (z. B. Vorstellung der Klasse bei allen Gesprächspartnern, Äußerung erster Dankesworte).
- Der vorbereitete Fragenkatalog ist so „abzuarbeiten", dass auf die Schwerpunkte einzelner Gesprächspartner **situativ reagiert** werden kann.
- Zum Abschluss ist auf eine **angemessene Verabschiedung** zu achten (abschließende Dankesworte sind in jedem Fall zu äußern).

### Tipps zur Auswertungsphase

- Die zusammengetragenen **Informationen** und **Eindrücke** müssen – soweit noch nicht geschehen – **gesichert** werden (z. B. über ein Gedächtnisprotokoll).
- Es muss entschieden werden, ob die gesammelten Informationen von allen **gemeinsam** oder **arbeitsteilig** (z. B. in Gruppenarbeit) **ausgewertet** werden.
- Auch die **Systematisierung** der Auswertungsergebnisse muss schriftlich **gesichert** werden.
- Die Ergebnisse sollen nicht nur inhaltlich kritisch gewürdigt werden. Es sollte auch überlegt werden, ob die Methode Erkundung angemessen eingesetzt war.
- Das Ergebnis der Auswertung kann eventuell **veröffentlicht** werden (z. B. über eine Schulhomepage), falls das besuchte Unternehmen keine Einwände vorbringt.
- Den Gesprächspartnern der Erkundung ist eventuell noch einmal **schriftlich zu danken,** gegebenenfalls sind Auswertungsergebnisse mitzusenden.

3525398

# Internetrecherche – *Internet research*

## Begriff

Umfassende Suche nach Informationen anhand von Stichworten mithilfe des elektronischen Mediums Internet

## Ziele

- Schneller und unmittelbarer Zugriff auf Informationen
- Nutzen der Vielfalt des Informationsangebotes

- Einholen der Informationen direkt vom Arbeitsplatz aus oder von zu Haus und zu jeder Zeit

## Beispiel:

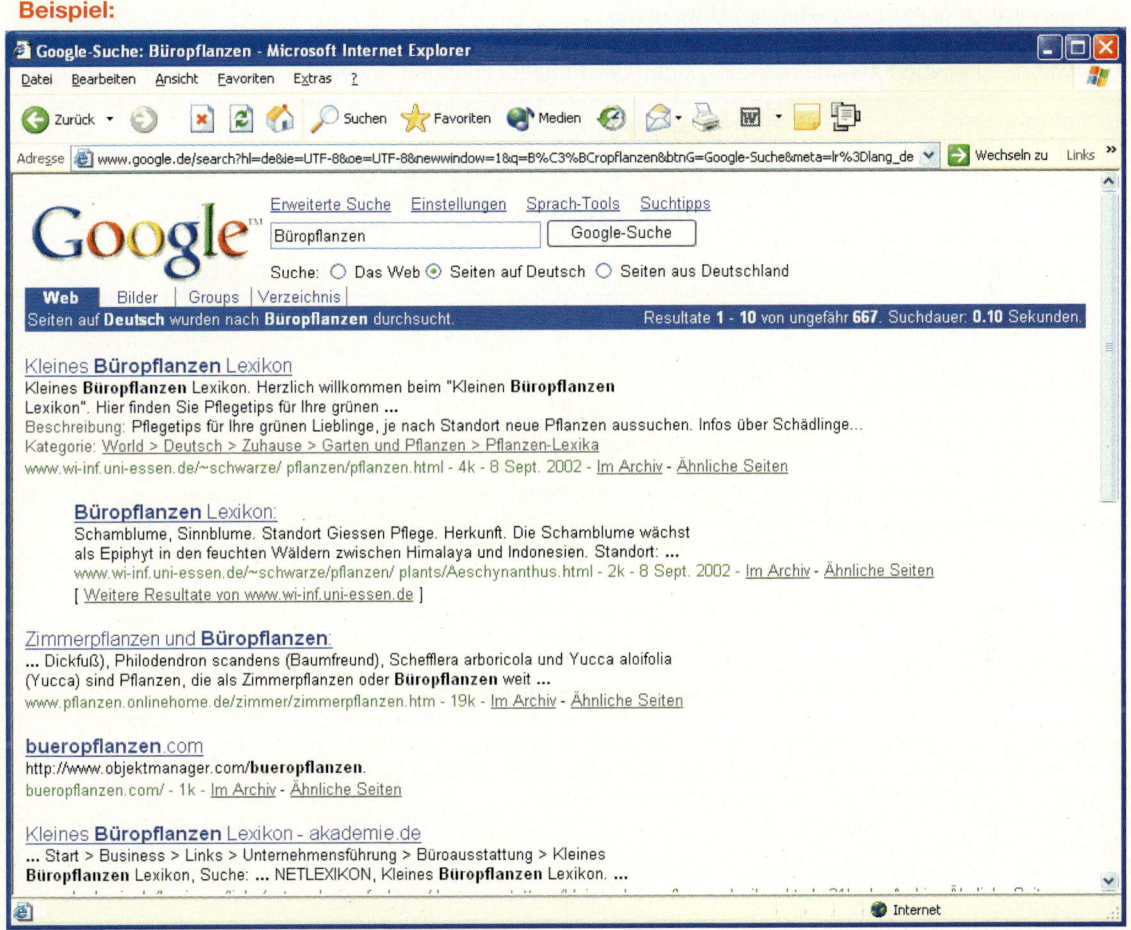

## Suchmaschinen und Nachschlagewerke

Deutschsprachige allgemeine Suchmaschinen, z. B.:
- Abacho (http://www.abacho.de)
- AltaVista (http://www.de.altavista.com)
- Fireball (http://www.fireball.de)
- Google (http://www.google.de)
- Lycos (http://www.lycos.de)
- Web.de (http://www.web.de)
- Yahoo! (http://www.yahoo.de)

Allgemeine Online-Lexika, z. B.:
- Der Brockhaus in einem Band (http://www.brockhaus.de/nachschlagen/weblinks)
- Wortschatz deutsch, holländisch, englisch, französisch (http://www.wortschatz.informatik.uni-leipzig.de)
- Wissen.de (http://www.wissen.de)
- Steuerlexikon (http://www.steuernetz.de/lexikon)
- Erklärung von juristischen Begriffen (http://www.digi-info.de/recht/lexikon)

Deutschsprache Mega-Suchmaschinen (suchen in vielen verschiedenen Suchmaschinen gleichzeitig), z. B.:
- Metacrawler (http://www.metacrawler.de)
- Metager.de (http://www.metager.de)
- Suchen.com (http://www.suchen.com)

**23**

# Projekt – *Projects*

## Begriff

Das Projekt zählt zu den so genannten methodischen Großformen des Unterrichts. Ausgehend von den Interessen der Beteiligten wird ein Thema oder Problem umfassend bearbeitet, d.h. geplant, durchgeführt und ausgewertet. Die Lehrkraft sieht sich dabei eher als Lernberater oder Moderator. Ergebnis des Projektes ist in der Regel ein Handlungsprodukt, z.B. eine erstellte Schülerzeitung.

## Ziele

- Förderung der Selbstorganisation und des Verantwortungsbewusstseins
- Herstellung von Problem- und Praxisbezug
- Realisierung fächerübergreifenden Unterrichts
- Förderung ganzheitlichen Denkens, Einbeziehen vieler Sinne
- Verstärkerung von Interaktionsbeziehungen der Projektteilnehmer/-innen

## Projektphasen

### Projektinitiative

Ausgangspunkt ist in der Regel eine Problemstellung oder eine Projektidee.

↓

### Projektskizze

Die Projektteilnehmer/-innen setzen sich mit der Projektinitiative auseinander. Ergebnis des Diskussionsprozesses ist eine gemeinsame Projektskizze, die die Absichten und Ideen kurz umreißt.

↓

### Projektplan

Ausgehend von der Projektskizze wird ein genauer Projektplan erstellt, der neben den einzelnen geplanten Projektschritten auch die Zeitplanung aufweist. Schriftlich festgehalten werden außerdem die Personen, die bestimmte Aufgaben zu übernehmen haben.

↓

### Projektdurchführung

Aufgrund des Projektplans werden die einzelnen Projektschritte durchgeführt; eventuell ergibt sich die Notwendigkeit, die Planung leicht zu verändern. In der Regel wird am Ende des Projektes ein Handlungsprodukt erstellt sein.

↓

### Projektabschluss

In der Abschlussphase wird das Handlungsprodukt vor einem ausgewählten Personenkreis (z.B. Schulöffentlichkeit, Internetbenutzer) präsentiert. Am Ende wird sicherlich der Ablauf des gesamten Projektprozesses kritisch reflektiert, sowohl inhaltlich als auch methodisch. Möglicherweise mündet das Projekt in der Absicht, längerfristig zu einem bestimmten Problem zusammenzuarbeiten (z.B. Gründung einer Arbeitsgemeinschaft).

23

3525400

# Zukunftswerkstatt – *Forward planning workshop*

## Ziele der Zukunftswerkstatt

Die Methode der Zukunftswerkstatt ist aus der kritischen Arbeit sozial engagierter Zukunftsforscher, z. B. Robert Jungk, entstanden und in die Bürgerinitiativenbewegung der 60er und 70er Jahre integriert worden. Ziel dieser Methode war es zunächst, die Demokratisierung der Gesellschaft voranzutreiben, indem die Bürger/-innen zur aktiven Mitarbeit an der Veränderung der Gesellschaft herangeführt wurden. Mit der Übernahme dieser Methode in den pädagogischen Alltag des Schul- und Ausbildungswesens steht vor allem die Förderung von Analyse- und Kritikfähigkeit sowie von Kreativität im Vordergrund; die Beteiligten sollen eigene **Zukunftsentwürfe** entwickeln. Hohe Lernaktivität soll innerhalb dieses Prozesses zu selbstbestimmtem Lernen führen.

## Ablauf der Methode

Charakteristisch für die Methode der Zukunftswerkstatt ist ihre Aufteilung in mehrere voneinander deutlich – auch zeitlich – getrennte **Phasen**:

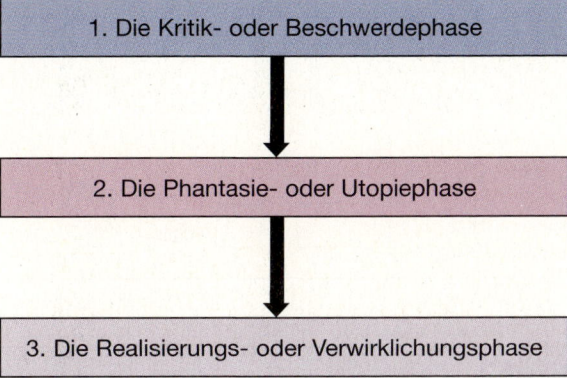

1. Die Kritik- oder Beschwerdephase

2. Die Phantasie- oder Utopiephase

3. Die Realisierungs- oder Verwirklichungsphase

Eine einleitende **Vorbereitungsphase** dient vor allem dazu, den Teilnehmenden die Methode zu erklären und benötigte Arbeitsmaterialien (z. B. Wandzeitungspapier, Schreibgeräte, Pinnwände, Moderationskarten) zu beschaffen.

Eine abschließende **Nachbereitungsphase** dient überwiegend der Auswertung, der Reflexion der Methode. Sinnvoll ist die vorherige Auswahl eines oder mehrerer Moderatoren bzw. Moderatorinnen, die möglichst bereits Erfahrungen mit der Methode gesammelt haben sollten. Ihre Aufgabe ist es, vor allem auf die Einhaltung der Spielregeln zu achten und u. U. Impulse (z. B. gezieltes Nachfragen) für den Gruppenprozess zu geben.

## Kritikphase

In dieser Phase sollen die Beteiligten Kritik am ausgewählten Thema, z. B. an der bestehenden Wirtschaftsordnung und ihren gesellschaftlichen Folgen, offen äußern. Mögliche Fragen des Moderators bzw. der Moderatorin zum Einstieg könnten sein:

- Was stört dich an der bestehenden Wirtschaftsordnung?
- Was kritisierst du an den Folgen dieser Wirtschaftsordnung?

---

*Die wichtigsten Regeln der Kritikphase*

1. Jeder Teilnehmer äußert seine Kritik, in der Regel mündlich oder schriftlich (stichwortartig z. B. auf Moderationskarten oder Wandzeitung), ohne dass andere diese Kritik kommentieren oder diskutieren. Es ist möglich, die Anzahl der Kritikpunkte pro Teilnehmer zu beschränken.

2. Die kritischen Äußerungen sollen noch keine Lösungsvorschläge enthalten.

---

aus: Böker, Jürgen u. a.: Wirtschaftspolitik/Wirtschaftsordnung, 2. Aufl., Darmstadt 2002, S. 61

23

## Zukunftswerkstatt – *Forward planning workshop*

### Kritikphase

Am Ende der Kritikphase gilt es, die vorgebrachten Kritikpunkte zu ordnen und zu systematisieren. Am einfachsten lassen sich beschriebene Moderationskarten an der Pinnwand umstecken, für verschiedene Kritikbereiche können Oberbegriffe formuliert werden. Falls die Zeit für die Durchführung der Zukunftswerkstatt begrenzt ist, ist es sinnvoll, zunächst die wichtigsten Kritikpunkte herauszustellen (z. B. durch die Vergabe von Klebepunkten). Die Anzahl der zu vergebenden Punkte pro Teilnehmer sollte dabei beschränkt werden.

Als Sitzordnung für die Kritikphase hat sich der Stuhlhalbkreis bewährt:

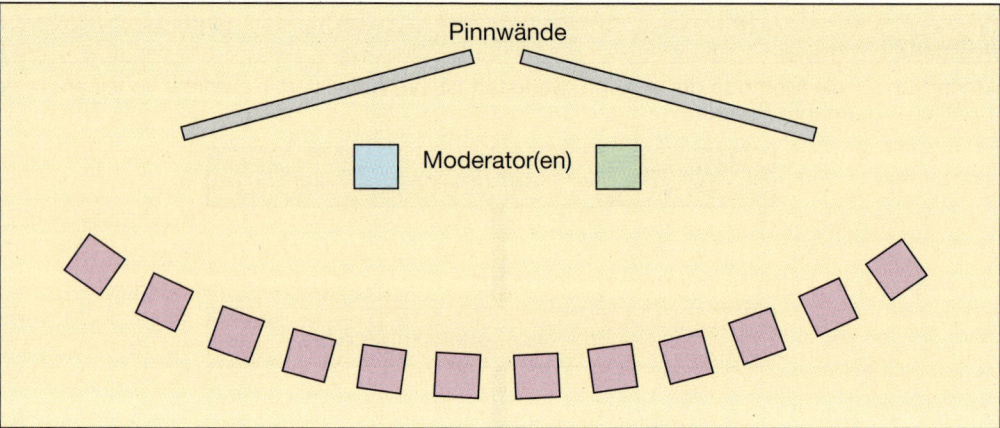

### Phantasie- oder Utopiephase

Das Ziel dieser Phase besteht darin, Ideen für wünschenwerte Zukunftsideen zu sammeln, wobei es unbedeutend ist, ob sie auch zu realisieren sind. Gesucht werden Idealvorstellungen von utopischen Entwürfen. Der Moderator bzw. die Moderatorin könnten z. B. einleitend fragen:

- Wie stellst du dir eine optimale Wirtschaftsordnung der Zukunft vor?
- Welche positiven Wesensmerkmale müsste deiner Meinung nach eine wünschenswerte Wirtschaftsordnung aufweisen?

> *Die Hauptregeln der Phantasie- oder Utopiephase*
>
> 1. „Du hast alle Macht und alles Geld dieser Welt – Alles geht".
> 2. Unsinnige Ideen sind nicht nur zugelassen, sie sind sogar erwünscht.
> 3. Eine Kommentierung oder Diskussion einzelner Ideen ist nicht erlaubt.

Um es den Teilnehmern leichter zu machen, Utopien zu beschreiben, können von den Moderatoren und Moderatorinnen bestimmte Techniken angewendet werden um eine „Phantasieathmosphäre" zu schaffen, z. B.:

- Bildung von Assoziationen (z. B. aus der Natur)
- Förderung von Übertreibungen durch Setzen von Impulsen
- Durchführung einer Phantasiereise
- Malen von Bildern
- Erstellen von Collagen
- Durchführung von Rollenspielen

Die Phantasiephase kann im Plenum, aber auch arbeitsteilig oder arbeitsgleich in Gruppenarbeit durchgeführt werden. Moderationskarten können hier dazu dienen, die Wunschvorstellungen sprachlich zu fixieren und sie anschließend zu ordnen. Falls es gewünscht wird, können die utopischen Entwürfe auch in nichtschriftlicher Form vor dem Plenum präsentiert werden (z. B. Videofilm, szenisches Spiel, Nachrichtensendung, Collage).

aus: Böker, Jürgen u. a.: Wirtschaftspolitik/Wirtschaftsordnung, 2. Aufl., Darmstadt 2002, S. 62

# Zukunftswerkstatt – *Forward planning workshop*

## Phantasie- oder Utopiephase

Wenn in der anschließenden Realisierungsphase aus Zeitgründen nicht alle Zukunftsvorstellungen berücksichtigt werden können, muss am Ende der Phantasiephase wieder eine Gewichtung, eine Auswahl einzelner Zukunftsentwürfe – z. B. durch Punktekleben – vorgenommen werden.

## Realisierungsphase

Ausgangspunkt der Realisierungsphase sind die Ergebnisse der Phantasiephase: die utopischen Entwürfe. Zum Vergleich können die Resultate der Kritikphase herangezogen werden. In der Realisierungsphase geht es darum, Wege zu finden, wie man von den gegenwärtigen – kritisierten – Zuständen zu den wünschenswerten Zukunftsvorstellungen gelangt. Verwirklichungsstrategien werden entwickelt – ob an Hand ausgewählter Schwerpunkte im Plenum oder in abgestimmter Gruppenarbeit. Der Ausgangspunkt für diese Strategien sind Ansätze in der Realität. Unterschiedliche Realisierungsmöglichkeiten können dargestellt, gegebenenfalls wieder gewichtet werden. In die Verwirklichungsphase können verschiedene Methoden integriert werden um den Praxisbezug zu erhöhen und die Ergebnisorientierung zu effektivieren. Beispiele hierfür sind:

- Durchführung von Expertengesprächen (z. B. Befragen von Politikern oder Wissenschaftlern)
- Planung und Durchführung von Fragebogenaktionen
- Analyse fachwissenschaftlicher Aufsätze

Schließlich kann die Zukunftswerkstatt auch überleiten in die Vorbereitung und Realisation eines Projektes.

In einer **Nachbereitungsphase** geht es vor allem darum, die gewonnenen Erkenntnisse zu sammeln und zu ordnen, eine abschließende **Ergebnissicherung** ist vorzunehmen. In jedem Falle sollte positive und negative Kritik zur durchgeführten Zukunftswerkstatt protokolliert und ausgewertet werden.

aus: Böker, Jürgen u. a.: Wirtschaftspolitik/Wirtschaftsordnung, 2. Aufl., Darmstadt 2002, S. 63

23

# Szenariotechnik – *Staging technique*

## Begriff

Die Szenariotechnik ist eine Methode, mit der langfristige Entwicklungen und Vorstellungen über die Zukunft im Unterricht untersucht und aufbereitet werden können.

## Ziele

- Erarbeitung von wahrscheinlichen Zukunftsentwicklungen in Wirtschaft und Gesellschaft
- Training von sachlich-analytischem Arbeiten
- Erstellung von fundierten Grundlagen um sachlogische Entscheidungen zu ermöglichen
- Förderung ganzheitlichen Denkens, Einbeziehen vieler Sinne

## Phasen

### 1. Phase: Problemanalyse

Ein wirtschaftliches oder gesellschaftliches Problem (z. B. die Entwicklung des Weltenergieverbrauchs) ist der Ausgangspunkt der Szenariomethode.

### 2. Phase: Bestimmung von Einflussbereichen und -faktoren

Unterschiedliche Einflussbereiche und -faktoren werden herausgearbeitet, die auf das ausgewählte Problem einwirken.

### 3. Phase: Entwicklung von alternativen Szenarien

Aufgrund der wahrscheinlichen Entwicklung der ausgewählten Einflussfaktoren können – je nach Gewichtung und Verknüpfung – unterschiedliche Szenarien entwickelt werden. Als drei **Grundtypen** von Szenarien werden prinzipiell unterschieden:

**„Der Szenariotrichter und die drei Grundtypen des Szenarios**

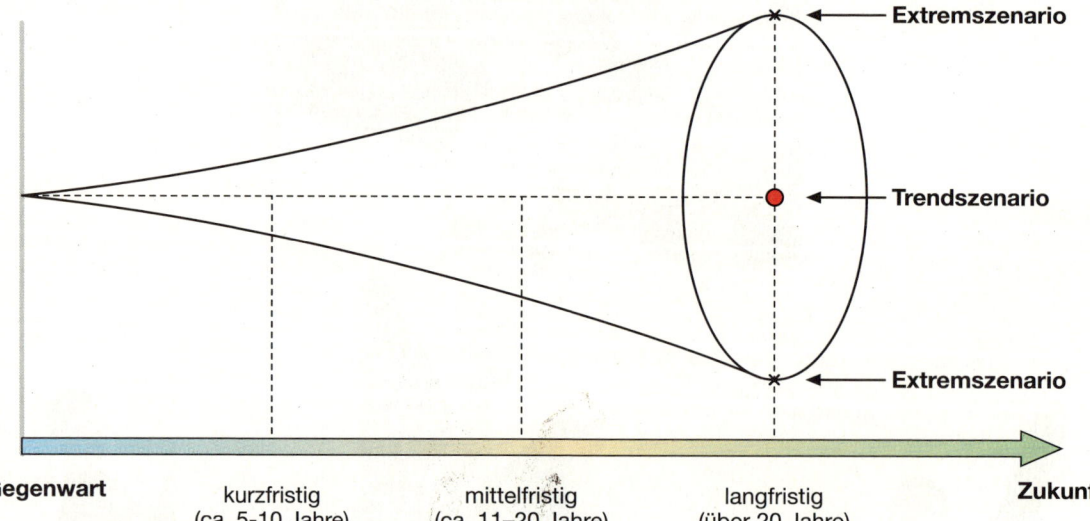

- ein positives Extremszenario: es bezeichnet die *bestmögliche* Zukunftsentwicklung,
- ein negatives Extremszenario: es bezeichnet den *schlechtest-möglichen* Entwicklungsverlauf,
- ein Trend-Szenario: es beinhaltet die *Fortschreibung* der heutigen Situation in die Zukunft.“

aus: Sander, Wolfgang (Hrsg.): Handbuch politische Bildung, Bundeszentrale für politische Bildung, Schwalbach/Ts., 1997, S. 494

### 4. Phase: Entwicklung von Handlungsstrategien

Die in der 3. Phase erstellten Szenarien zeigen unterschiedliche Entwicklungsmöglichkeiten auf. In der 4. Phase geht es darum, Handlungsstrategien zu entwickeln um unerwünschte Entwicklungen zu verhindern und positive Entwicklungsalternativen zu fördern. Am Ende der 4. Phase sollte die benutzte Methode in ihrer Gesamtheit kritisch reflektiert werden.

# Berufsbildungsgesetz (BBiG) – *Auswahl*

## Erster Teil Allgemeine Vorschriften

### BBiG § 1 Berufsbildung

(1) Berufsbildung im Sinne dieses Gesetzes sind die Berufsausbildung, die berufliche Fortbildung und die berufliche Umschulung.

(2) Die Berufsausbildung hat eine breit angelegte berufliche Grundbildung und die für die Ausübung einer qualifizierten beruflichen Tätigkeit notwendigen fachlichen Fertigkeiten und Kenntnisse in einem geordneten Ausbildungsgang zu vermitteln. Sie hat ferner den Erwerb der erforderlichen Berufserfahrungen zu ermöglichen.

(3) Die berufliche Fortbildung soll es ermöglichen, die beruflichen Kenntnisse und Fertigkeiten zu erhalten, zu erweitern, der technischen Entwicklung anzupassen oder beruflich aufzusteigen.

(4) Die berufliche Umschulung soll zu einer anderen beruflichen Tätigkeit befähigen.

(5) Berufsbildung wird durchgeführt in Betrieben der Wirtschaft, in vergleichbaren Einrichtungen außerhalb der Wirtschaft, insbesondere des öffentlichen Dienstes, der Angehörigen freier Berufe und in Haushalten (betriebliche Berufsbildung) sowie in berufsbildenden Schulen und sonstigen Berufsbildungseinrichtungen außerhalb der schulischen und betrieblichen Berufsbildung.

### BBiG § 2 Geltungsbereich

(1) Dieses Gesetz gilt für die Berufsbildung, soweit sie nicht in berufsbildenden Schulen durchgeführt wird, die den Schulgesetzen der Länder unterstehen.

(2) Dieses Gesetz gilt nicht für

1. die Berufsbildung in einem öffentlich-rechtlichen Dienstverhältnis,
2. die Berufsbildung auf Kauffahrteischiffen, die nach dem Flaggenrechtsgesetz vom 8. Februar 1951 (Bundesgesetzbl. I S. 79) die Bundesflagge führen, soweit es sich nicht um Schiffe der kleinen Hochseefischerei oder der Küstenfischerei handelt.

## Zweiter Teil Berufsausbildungsverhältnis

### BBiG § 3 Vertrag

(1) Wer einen anderen zur Berufsausbildung einstellt (Ausbildender), hat mit dem Auszubildenden einen Berufsausbildungsvertrag zu schließen.

(2) Auf den Berufsausbildungsvertrag sind, soweit sich aus seinem Wesen und Zweck und aus diesem Gesetz nichts anderes ergibt, die für den Arbeitsvertrag geltenden Rechtsvorschriften und Rechtsgrundsätze anzuwenden.

(3) Schließen Eltern mit ihrem Kind einen Berufsausbildungsvertrag, so sind sie von dem Verbot des § 181 des Bürgerlichen Gesetzbuches befreit.

(4) Ein Mangel in der Berechtigung, Auszubildende einzustellen oder auszubilden, berührt die Wirksamkeit des Berufsausbildungsvertrages nicht.

### BBiG § 4 Vertragsniederschrift

(1) Der Ausbildende hat unverzüglich nach Abschluss des Berufsausbildungsvertrages, spätestens vor Beginn der Berufsausbildung, den wesentlichen Inhalt des Vertrages schriftlich niederzulegen. In die Niederschrift sind mindestens aufzunehmen

1. Art, sachliche und zeitliche Gliederung sowie Ziel der Berufsausbildung, insbesondere die Berufstätigkeit, für die ausgebildet werden soll,
2. Beginn und Dauer der Berufsausbildung,
3. Ausbildungsmaßnahmen außerhalb der Ausbildungsstätte,
4. Dauer der regelmäßigen täglichen Ausbildungszeit,
5. Dauer der Probezeit,
6. Zahlung und Höhe der Vergütung,
7. Dauer des Urlaubs,
8. Voraussetzungen, unter denen der Berufsausbildungsvertrag gekündigt werden kann,
9. ein in allgemeiner Form gehaltener Hinweis auf die Tarifverträge, Betriebs- oder Dienstvereinbarungen, die auf das Berufsausbildungsverhältnis anzuwenden sind.

(2) Die Niederschrift ist von dem Ausbildenden, dem Auszubildenden und dessen gesetzlichem Vertreter zu unterzeichnen.

(3) Der Ausbildende hat dem Auszubildenden und dessen gesetzlichem Vertreter eine Ausfertigung der unterzeichneten Niederschrift unverzüglich auszuhändigen.

(4) Bei Änderungen des Berufsausbildungsvertrages gelten die Absätze 1 bis 3 entsprechend.

### BBiG § 5 Nichtige Vereinbarungen

(1) Eine Vereinbarung, die den Auszubildenden für die Zeit nach Beendigung des Berufsausbildungsverhältnisses in der Ausübung seiner beruflichen Tätigkeit beschränkt, ist nichtig. Dies gilt nicht, wenn sich der Auszubildende innerhalb der letzten sechs Monate des Berufsausbildungsverhältnisses dazu verpflichtet, nach dessen Beendigung mit dem Ausbildenden ein Arbeitsverhältnis einzugehen.

(2) Nichtig ist eine Vereinbarung über

1. die Verpflichtung des Auszubildenden, für die Berufsausbildung eine Entschädigung zu zahlen,
2. Vertragsstrafen,
3. den Ausschluss oder die Beschränkung von Schadensersatzansprüchen,
4. die Festsetzung der Höhe eines Schadensersatzes in Pauschbeträgen.

### BBiG § 6 Berufsausbildung

(1) Der Ausbildende hat

1. dafür zu sorgen, dass dem Auszubildenden die Fertigkeiten und Kenntnisse vermittelt werden, die zum Erreichen des Ausbildungszieles erforderlich sind, und die Berufsausbildung in einer durch ihren Zweck gebotenen Form planmäßig, zeitlich und sachlich gegliedert so durchzuführen, dass das Ausbildungsziel in der vorgesehenen Ausbildungszeit erreicht werden kann,
2. selbst auszubilden oder einen Ausbilder ausdrücklich damit zu beauftragen,
3. dem Auszubildenden kostenlos die Ausbildungsmittel, insbesondere Werkzeuge und Werkstoffe zur Verfügung zu stellen, die zur Berufsausbildung und zum Ablegen von Zwischen- und Abschlussprüfungen, auch soweit solche nach Beendigung des Berufsausbildungsverhältnisses stattfinden, erforderlich sind,
4. den Auszubildenden zum Besuch der Berufsschule sowie zum Führen von Berichtsheften anzuhalten, soweit solche im Rahmen der Berufsausbildung verlangt werden, und diese durchzusehen,
5. dafür zu sorgen, dass der Auszubildende charakterlich gefördert sowie sittlich und körperlich nicht gefährdet wird.

(2) Dem Auszubildenden dürfen nur Verrichtungen übertragen werden, die dem Ausbildungszweck dienen und seinen körperlichen Kräften angemessen sind.

### BBiG § 7 Freistellung

Der Ausbildende hat den Auszubildenden für die Teilnahme am Berufsschulunterricht und an Prüfungen freizustellen. Das Gleiche gilt, wenn Ausbildungsmaßnahmen außerhalb der Ausbildungsstätte durchzuführen sind.

**23**

# Berufsbildungsgesetz (BBiG) – *Auswahl*

## BBiG § 8 Zeugnis

(1) Der Ausbildende hat dem Auszubildenden bei Beendigung des Berufsausbildungsverhältnisses ein Zeugnis auszustellen. Hat der Ausbildende die Berufsausbildung nicht selbst durchgeführt, so soll auch der Ausbilder das Zeugnis unterschreiben.

(2) Das Zeugnis muss Angaben enthalten über Art, Dauer und Ziel der Berufsausbildung sowie über die erworbenen Fertigkeiten und Kenntnisse des Auszubildenden. Auf Verlangen des Auszubildenden sind auch Angaben über Führung, Leistung und besondere fachliche Fähigkeiten aufzunehmen.

## BBiG § 9 Verhalten während der Berufsausbildung

Der Auszubildende hat sich zu bemühen, die Fertigkeiten und Kenntnisse zu erwerben, die erforderlich sind, um das Ausbildungsziel zu erreichen. Er ist insbesondere verpflichtet,

1. die ihm im Rahmen seiner Berufsausbildung aufgetragenen Verrichtungen sorgfältig auszuführen,
2. an Ausbildungsmaßnahmen teilzunehmen, für die er nach § 7 freigestellt wird,
3. den Weisungen zu folgen, die ihm im Rahmen der Berufsausbildung vom Ausbildenden, vom Ausbilder oder von anderen weisungsberechtigten Personen erteilt werden,
4. die für die Ausbildungsstätte geltende Ordnung zu beachten,
5. Werkzeug, Maschinen und sonstige Einrichtungen pfleglich zu behandeln,
6. über Betriebs- und Geschäftsgeheimnisse Stillschweigen zu wahren.

## BBiG § 10 Vergütungsanspruch

(1) Der Ausbildende hat dem Auszubildenden eine angemessene Vergütung zu gewähren. Sie ist nach dem Lebensalter des Auszubildenden so zu bemessen, dass sie mit fortschreitender Berufsausbildung, mindestens jährlich, ansteigt.

(2) Sachleistungen können in Höhe der nach § 160 Abs. 2 der Reichsversicherungsordnung (FN: § 160 Abs. 2 RVO aufgehoben; vgl. jetzt § 17 SGB IV; abgedruckt im dtv-Band Nr. 5024 RVO) festgesetzten Sachbezugswerte angerechnet werden, jedoch nicht über fünfundsiebzig vom Hundert der Bruttovergütung hinaus.

(3) Eine über die vereinbarte regelmäßige tägliche Ausbildungszeit hinausgehende Beschäftigung ist besonders zu vergüten oder durch entsprechende Freizeit auszugleichen.

## BBiG § 11 Bemessung und Fälligkeit der Vergütung

(1) Die Vergütung bemisst sich nach Monaten. Bei Berechnung der Vergütung für einzelne Tage wird der Monat zu dreißig Tagen gerechnet.

(2) Die Vergütung für den laufenden Kalendermonat ist spätestens am letzten Arbeitstag des Monats zu zahlen.

## BBiG § 12 Fortzahlung der Vergütung

(1) Dem Auszubildenden ist die Vergütung auch zu zahlen
1. für die Zeit der Freistellung (§ 7),
2. bis zur Dauer von sechs Wochen, wenn er
   a) sich für die Berufsausbildung bereit hält, diese aber ausfällt, oder
   b) aus einem sonstigen, in seiner Person liegenden Grund unverschuldet verhindert ist, seine Pflichten aus dem Berufsausbildungsverhältnis zu erfüllen.

Wenn der Auszubildende infolge einer unverschuldeten Krankheit, einer Maßnahme der medizinischen Vorsorge oder Rehabilitation, einer Sterilisation oder eines Abbruchs der Schwangerschaft durch einen Arzt an der Berufsausbildung nicht teilnehmen kann, findet das Entgeltfortzahlungsgesetz Anwendung.

(2) Kann der Auszubildende während der Zeit, für welche die Vergütung fortzuzahlen ist, aus berechtigtem Grund Sachleistungen nicht abnehmen, so sind diese nach den Sachbezugswerten (§ 10 Abs. 2) abzugelten.

## BBiG § 13 Probezeit

Das Berufsausbildungsverhältnis beginnt mit der Probezeit. Sie muss mindestens einen Monat und darf höchstens drei Monate betragen.

## BBiG § 14 Beendigung

(1) Das Berufsausbildungsverhältnis endet mit dem Ablauf der Ausbildungszeit.

(2) Besteht der Auszubildende vor Ablauf der Ausbildungszeit die Abschlussprüfung, so endet das Berufsausbildungsverhältnis mit Bestehen der Abschlussprüfung.

(3) Besteht der Auszubildende die Abschlussprüfung nicht, so verlängert sich das Berufsausbildungsverhältnis auf sein Verlangen bis zur nächstmöglichen Wiederholungsprüfung, höchstens um ein Jahr.

## BBiG § 15 Kündigung

(1) Während der Probezeit kann das Berufsausbildungsverhältnis jederzeit ohne Einhalten einer Kündigungsfrist gekündigt werden.

(2) Nach der Probezeit kann das Berufsausbildungsverhältnis nur gekündigt werden
1. aus einem wichtigen Grund ohne Einhalten einer Kündigungsfrist,
2. vom Auszubildenden mit einer Kündigungsfrist von vier Wochen, wenn er die Berufsausbildung aufgeben oder sich für eine andere Berufstätigkeit ausbilden lassen will.

(3) Die Kündigung muss schriftlich und in den Fällen des Absatzes 2 unter Angabe der Kündigungsgründe erfolgen.

(4) Eine Kündigung aus einem wichtigen Grund ist unwirksam, wenn die ihr zugrunde liegenden Tatsachen dem zur Kündigung Berechtigten länger als zwei Wochen bekannt sind. Ist ein vorgesehenes Güteverfahren vor einer außergerichtlichen Stelle eingeleitet, so wird bis zu dessen Beendigung der Lauf dieser Frist gehemmt.

## BBiG § 16 Schadensersatz bei vorzeitiger Beendigung

(1) Wird das Berufsausbildungsverhältnis nach der Probezeit vorzeitig gelöst, so kann der Ausbildende oder der Auszubildende Ersatz des Schadens verlangen, wenn der andere den Grund für die Auflösung zu vertreten hat. Dies gilt nicht im Falle des § 15 Abs. 2 Nr. 2.

(2) Der Anspruch erlischt, wenn er nicht innerhalb von drei Monaten nach Beendigung des Berufsausbildungsverhältnisses geltend gemacht wird.

## BBiG § 17 Weiterarbeit

Wird der Auszubildende im Anschluss an das Berufsausbildungsverhältnis beschäftigt, ohne dass hierüber ausdrücklich etwas vereinbart worden ist, so gilt ein Arbeitsverhältnis auf unbestimmte Zeit als begründet.

3525406

# Jugendarbeitsschutzgesetz (JArbSchG) – *Auswahl*

## Erster Abschnitt Allgemeine Vorschriften

### JArbSchG § 1 Geltungsbereich

(1) Dieses Gesetz gilt für die Beschäftigung von Personen, die noch nicht 18 Jahre alt sind,
1. in der Berufsausbildung,
2. als Arbeitnehmer oder Heimarbeiter,
3. mit sonstigen Dienstleistungen, die der Arbeitsleistung von Arbeitnehmern oder Heimarbeitern ähnlich sind,
4. in einem der Berufsausbildung ähnlichen Ausbildungsverhältnis.

(2) Dieses Gesetz gilt nicht
1. für geringfügige Hilfeleistungen, soweit sie gelegentlich
   a) aus Gefälligkeit,
   b) auf Grund familienrechtlicher Vorschriften,
   c) in Einrichtungen der Jugendhilfe,
   d) in Einrichtungen zur Eingliederung Behinderter
   erbracht werden,
2. für die Beschäftigung durch die Personensorgeberechtigten im Familienhaushalt.

### JArbSchG § 2 Kind, Jugendlicher

(1) Kind im Sinne dieses Gesetzes ist, wer noch nicht 15 Jahre alt ist.

(2) Jugendlicher im Sinne dieses Gesetzes ist, wer 15, aber noch nicht 18 Jahre alt ist.

(3) Auf Jugendliche, die der Vollzeitschulpflicht unterliegen, finden die für Kinder geltenden Vorschriften Anwendung.

### JArbSchG § 3 Arbeitgeber

Arbeitgeber im Sinne dieses Gesetzes ist, wer ein Kind oder einen Jugendlichen gemäß § 1 beschäftigt.

### JArbSchG § 4 Arbeitszeit

(1) Tägliche Arbeitszeit ist die Zeit vom Beginn bis zum Ende der täglichen Beschäftigung ohne die Ruhepausen (§ 11).

(2) Schichtzeit ist die tägliche Arbeitszeit unter Hinzurechnung der Ruhepausen (§ 11).

(3) Im Bergbau unter Tage gilt die Schichtzeit als Arbeitszeit. Sie wird gerechnet vom Betreten des Förderkorbes bei der Einfahrt bis zum Verlassen des Förderkorbes bei der Ausfahrt oder vom Eintritt des einzelnen Beschäftigten in das Stollenmundloch bis zu seinem Wiederaustritt.

(4) Für die Berechnung der wöchentlichen Arbeitszeit ist als Woche die Zeit von Montag bis einschließlich Sonntag zugrunde zu legen. Die Arbeitszeit, die an einem Werktag infolge eines gesetzlichen Feiertags ausfällt, wird auf die wöchentliche Arbeitszeit angerechnet.

(5) Wird ein Kind oder ein Jugendlicher von mehreren Arbeitgebern beschäftigt, so werden die Arbeits- und Schichtzeiten sowie die Arbeitstage zusammengerechnet.

## Zweiter Abschnitt Beschäftigung von Kindern

### JArbSchG § 5 Verbot der Beschäftigung von Kindern

(1) Die Beschäftigung von Kindern (§ 2 Abs. 1) ist verboten.

(2) Das Verbot des Absatzes 1 gilt nicht für die Beschäftigung von Kindern
1. zum Zwecke der Beschäftigungs- und Arbeitstherapie,
2. im Rahmen des Betriebspraktikums während der Vollzeitschulpflicht,
3. in Erfüllung einer richterlichen Weisung.
   Auf die Beschäftigung finden § 7 Satz 1 Nr. 2 und die §§ 9 bis 46 entsprechende Anwendung.

(3) Das Verbot des Absatzes 1 gilt ferner nicht für die Beschäftigung von Kindern über 13 Jahre mit Einwilligung des Personensorgeberechtigten, soweit die Beschäftigung leicht und für Kinder geeignet ist. Die Beschäftigung ist leicht, wenn sie auf Grund ihrer Beschaffenheit und der besonderen Bedingungen, unter denen sie ausgeführt wird,
1. die Sicherheit, Gesundheit und Entwicklung der Kinder,
2. ihren Schulbesuch, ihre Beteiligung an Maßnahmen zur Berufswahlvorbereitung oder Berufsausbildung, die von der zuständigen Stelle anerkannt sind, und
3. ihre Fähigkeit, dem Unterricht mit Nutzen zu folgen,
nicht nachteilig beeinflusst. Die Kinder dürfen nicht mehr als zwei Stunden täglich, in landwirtschaftlichen Familienbetrieben nicht mehr als drei Stunden täglich, nicht zwischen 18 und 8 Uhr, nicht vor dem Schulunterricht und nicht während des Schulunterrichts beschäftigt werden. Auf die Beschäftigung finden die §§ 15 bis 31 entsprechende Anwendung.

(4) Das Verbot des Absatzes 1 gilt ferner nicht für die Beschäftigung von Jugendlichen (§ 2 Abs. 3) während der Schulferien für höchstens vier Wochen im Kalenderjahr. Auf die Beschäftigung finden die §§ 8 bis 31 entsprechende Anwendung.

(4a) Die Bundesregierung hat durch Rechtsverordnung mit Zustimmung des Bundesrates die Beschäftigung nach Absatz 3 näher zu bestimmen.

(4b) Der Arbeitgeber unterrichtet die Personensorgeberechtigten der von ihm beschäftigten Kinder über mögliche Gefahren sowie über alle zu ihrer Sicherheit und ihrem Gesundheitsschutz getroffenen Maßnahmen.

(5) Für Veranstaltungen kann die Aufsichtsbehörde Ausnahmen gemäß § 6 bewilligen.

### JArbSchG § 6 Behördliche Ausnahmen für Veranstaltungen

(1) Die Aufsichtsbehörde kann auf Antrag bewilligen, dass
1. bei Theatervorstellungen Kinder über sechs Jahre bis zu vier Stunden täglich in der Zeit von 10 bis 23 Uhr,
2. bei Musikaufführungen und anderen Aufführungen, bei Werbeveranstaltungen sowie bei Aufnahmen im Rundfunk (Hörfunk und Fernsehen), auf Ton- und Bildträger sowie bei Film- und Fotoaufnahmen
   a) Kinder über drei bis sechs Jahre bis zu zwei Stunden täglich in der Zeit von 8 bis 17 Uhr,
   b) Kinder über sechs Jahre bis zu drei Stunden täglich in der Zeit von 8 bis 22 Uhr
   gestaltend mitwirken und an den erforderlichen Proben teilnehmen. Eine Ausnahme darf nicht bewilligt werden für die Mitwirkung in Kabaretts, Tanzlokalen und ähnlichen Betrieben sowie auf Vergnügungsparks, Kirmessen, Jahrmärkten und bei ähnlichen Veranstaltungen, Schaustellungen oder Darbietungen.

(2) Die Aufsichtsbehörde darf nach Anhörung des zuständigen Jugendamtes die Beschäftigung nur bewilligen, wenn
1. die Personensorgeberechtigten in die Beschäftigung schriftlich eingewilligt haben,
2. der Aufsichtsbehörde eine nicht länger als vor drei Monaten ausgestellte ärztliche Bescheinigung vorgelegt wird, nach der gesundheitliche Bedenken gegen die Beschäftigung nicht bestehen,
3. die erforderlichen Vorkehrungen und Maßnahmen zum Schutze des Kindes gegen Gefahren für Leben und Gesundheit sowie zur Vermeidung einer Beeinträchtigung der körperlichen oder seelisch-geistigen Entwicklung getroffen sind,
4. Betreuung und Beaufsichtigung des Kindes bei der Beschäftigung sichergestellt sind,
5. nach Beendigung der Beschäftigung eine ununterbrochene Freizeit von mindestens 14 Stunden eingehalten wird,

23

# Jugendarbeitsschutzgesetz (JArbSchG) – *Auswahl*

6. das Fortkommen in der Schule nicht beeinträchtigt wird.

(3) Die Aufsichtsbehörde bestimmt,

1. wie lange, zu welcher Zeit und an welchem Tage das Kind beschäftigt werden darf,
2. Dauer und Lage der Ruhepausen,
3. die Höchstdauer des täglichen Aufenthalts an der Beschäftigungsstätte.

(4) Die Entscheidung der Aufsichtsbehörde ist dem Arbeitgeber schriftlich bekanntzugeben. Er darf das Kind erst nach Empfang des Bewilligungsbescheides beschäftigen.

## JArbSchG § 7 Beschäftigung von nicht vollzeitschulpflichtigen Kindern

Kinder, die der Vollzeitschulpflicht nicht mehr unterliegen, dürfen

1. im Berufsausbildungsverhältnis,
2. außerhalb eines Berufsausbildungsverhältnisses nur mit leichten und für sie geeigneten Tätigkeiten bis zu sieben Stunden täglich und 35 Stunden wöchentlich

beschäftigt werden. Auf die Beschäftigung finden die §§ 8 bis 46 entsprechende Anwendung.

### Dritter Abschnitt Beschäftigung Jugendlicher

## JArbSchG § 8 Dauer der Arbeitszeit

(1) Jugendliche dürfen nicht mehr als acht Stunden täglich und nicht mehr als 40 Stunden wöchentlich beschäftigt werden.

(2) Wenn in Verbindung mit Feiertagen an Werktagen nicht gearbeitet wird, damit die Beschäftigten eine längere zusammenhängende Freizeit haben, so darf die ausfallende Arbeitszeit auf die Werktage von fünf zusammenhängenden, die Ausfalltage einschließenden Wochen nur dergestalt verteilt werden, dass die Wochenarbeitszeit im Durchschnitt dieser fünf Wochen 40 Stunden nicht überschreitet. Die tägliche Arbeitszeit darf hierbei achteinhalb Stunden nicht überschreiten.

(2a) Wenn an einzelnen Werktagen die Arbeitszeit auf weniger als acht Stunden verkürzt ist, können die Jugendlichen an den übrigen Werktagen derselben Woche achteinhalb Stunden beschäftigt werden.

(3) In der Landwirtschaft dürfen Jugendliche über 16 Jahre während der Erntezeit nicht mehr als neun Stunden täglich und nicht mehr als 85 Stunden in der Doppelwoche beschäftigt werden.

## JArbSchG § 9 Berufsschule

(1) Der Arbeitgeber hat den Jugendlichen für die Teilnahme am Berufsschulunterricht freizustellen. Er darf den Jugendlichen nicht beschäftigen

1. vor einem vor 9 Uhr beginnenden Unterricht; dies gilt auch für Personen, die über 18 Jahre alt und noch berufsschulpflichtig sind,
2. an einem Berufsschultag mit mehr als fünf Unterrichtsstunden von mindestens je 45 Minuten, einmal in der Woche,
3. in Berufsschulwochen mit einem planmäßigen Blockunterricht von mindestens 25 Stunden an mindestens fünf Tagen; zusätzliche betriebliche Ausbildungsveranstaltungen bis zu zwei Stunden wöchentlich sind zulässig.

(2) Auf die Arbeitszeit werden angerechnet

1. Berufsschultage nach Absatz 1 Nr. 2 mit acht Stunden,
2. Berufsschulwochen nach Absatz 1 Nr. 3 mit 40 Stunden,
3. im übrigen die Unterrichtszeit einschließlich der Pausen.

(3) Ein Entgeltausfall darf durch den Besuch der Berufsschule nicht eintreten.

## JArbSchG § 10 Prüfungen und außerbetriebliche Ausbildungsmaßnahmen

(1) Der Arbeitgeber hat den Jugendlichen

1. für die Teilnahme an Prüfungen und Ausbildungsmaßnahmen, die auf Grund öffentlich-rechtlicher oder vertraglicher Bestimmungen außerhalb der Ausbildungsstätte durchzuführen sind,
2. an dem Arbeitstag, der der schriftlichen Abschlussprüfung unmittelbar vorangeht,

freizustellen.

(2) Auf die Arbeitszeit werden angerechnet

1. die Freistellung nach Absatz 1 Nr. 1 mit der Zeit der Teilnahme einschließlich der Pausen,
2. die Freistellung nach Absatz 1 Nr. 2 mit acht Stunden.

Ein Entgeltausfall darf nicht eintreten.

## JArbSchG § 11 Ruhepausen, Aufenthaltsräume

(1) Jugendlichen müssen im voraus feststehende Ruhepausen von angemessener Dauer gewährt werden. Die Ruhepausen müssen mindestens betragen

1. 30 Minuten bei einer Arbeitszeit von mehr als viereinhalb bis zu sechs Stunden,
2. 60 Minuten bei einer Arbeitszeit von mehr als sechs Stunden.

Als Ruhepause gilt nur eine Arbeitsunterbrechung von mindestens 15 Minuten.

(2) Die Ruhepausen müssen in angemessener zeitlicher Lage gewährt werden, frühestens eine Stunde nach Beginn und spätestens eine Stunde vor Ende der Arbeitszeit. Länger als viereinhalb Stunden hintereinander dürfen Jugendliche nicht ohne Ruhepause beschäftigt werden.

(3) Der Aufenthalt während der Ruhepausen in Arbeitsräumen darf den Jugendlichen nur gestattet werden, wenn die Arbeit in diesen Räumen während dieser Zeit eingestellt ist und auch sonst die notwendige Erholung nicht beeinträchtigt wird.

(4) Absatz 3 gilt nicht für den Bergbau unter Tage.

## JArbSchG § 12 Schichtzeit

Bei der Beschäftigung Jugendlicher darf die Schichtzeit (§ 4 Abs. 2) 10 Stunden, im Bergbau unter Tage 8 Stunden, im Gaststättengewerbe, in der Landwirtschaft, in der Tierhaltung, auf Bau- und Montagestellen 11 Stunden nicht überschreiten.

## JArbSchG § 13 Tägliche Freizeit

Nach Beendigung der täglichen Arbeitszeit dürfen Jugendliche nicht vor Ablauf einer ununterbrochenen Freizeit von mindestens 12 Stunden beschäftigt werden.

## JArbSchG § 14 Nachtruhe

(1) Jugendliche dürfen nur in der Zeit von 6 bis 20 Uhr beschäftigt werden.

(2) Jugendliche über 16 Jahre dürfen

1. im Gaststätten- und Schaustellergewerbe bis 22 Uhr,
2. in mehrschichtigen Betrieben bis 23 Uhr,
3. in der Landwirtschaft ab 5 Uhr oder bis 21 Uhr,
4. in Bäckereien und Konditoreien ab 5 Uhr

beschäftigt werden.

(3) Jugendliche über 17 Jahre dürfen in Bäckereien ab 4 Uhr beschäftigt werden.

(4) An dem einem Berufsschultag unmittelbar vorangehenden Tag dürfen Jugendliche auch nach Absatz 2 Nr. 1 bis 3 nicht nach 20 Uhr beschäftigt werden, wenn der Berufsschulunterricht am Berufsschultag vor 9 Uhr beginnt.

(5) Nach vorheriger Anzeige an die Aufsichtsbehörde dürfen in Betrieben, in denen die übliche Arbeitszeit aus verkehrstechnischen Gründen nach 20 Uhr endet, Jugend-

# Jugendarbeitsschutzgesetz (JArbSchG) – *Auswahl*

liche bis 21 Uhr beschäftigt werden, soweit sie hierdurch unnötige Wartezeiten vermeiden können. Nach vorheriger Anzeige an die Aufsichtsbehörde dürfen ferner in mehrschichtigen Betrieben Jugendliche über 16 Jahre ab 5.30 Uhr oder bis 23.30 Uhr beschäftigt werden, soweit sie hierdurch unnötige Wartezeiten vermeiden können.

(6) Die Aufsichtsbehörde kann bewilligen, dass Jugendliche in Betrieben, in denen die Beschäftigten in außergewöhnlichem Grade der Einwirkung von Hitze ausgesetzt sind, in der warmen Jahreszeit ab 5 Uhr beschäftigt werden.

(7) Die Aufsichtsbehörde kann auf Antrag bewilligen, dass Jugendliche bei Musikaufführungen, Theatervorstellungen und anderen Aufführungen, bei Aufnahmen im Rundfunk (Hörfunk und Fernsehen), auf Ton- und Bildträger sowie bei Film- und Fotoaufnahmen bis 23 Uhr gestaltend mitwirken. Eine Ausnahme darf nicht bewilligt werden für Veranstaltungen, Schaustellungen oder Darbietungen, bei denen die Anwesenheit Jugendlicher nach den Vorschriften des Gesetzes zum Schutze der Jugend in der Öffentlichkeit nicht gestattet werden darf. Nach Beendigung der Tätigkeit dürfen Jugendliche nicht vor Ablauf einer ununterbrochenen Freizeit von mindestens 14 Stunden beschäftigt werden.

## JArbSchG § 15 Fünf-Tage-Woche

Jugendliche dürfen nur an fünf Tagen in der Woche beschäftigt werden. Die beiden wöchentlichen Ruhetage sollen nach Möglichkeit aufeinander folgen.

## JArbSchG § 16 Samstagsruhe

(1) An Samstagen dürfen Jugendliche nicht beschäftigt werden.

(2) Zulässig ist die Beschäftigung Jugendlicher an Samstagen nur

1. in Krankenanstalten sowie in Alten-, Pflege- und Kinderheimen,
2. in offenen Verkaufsstellen, in Betrieben mit offenen Verkaufsstellen, in Bäckereien und Konditoreien, im Friseurhandwerk und im Marktverkehr,
3. im Verkehrswesen,
4. in der Landwirtschaft und Tierhaltung,
5. im Familienhaushalt,
6. im Gaststätten- und Schaustellergewerbe,
7. bei Musikaufführungen, Theatervorstellungen und anderen Aufführungen, bei Aufnahmen im Rundfunk (Hörfunk und Fernsehen), auf Ton- und Bildträger sowie bei Film- und Fotoaufnahmen,
8. bei außerbetrieblichen Ausbildungsmaßnahmen,
9. beim Sport,
10. im ärztlichen Notdienst,
11. in Reparaturwerkstätten für Kraftfahrzeuge.
    Mindestens zwei Samstage im Monat sollen beschäftigungsfrei bleiben.

(3) Werden Jugendliche am Samstag beschäftigt, ist ihnen die Fünf-Tage-Woche (§ 15) durch Freistellung an einem anderen berufsschulfreien Arbeitstag derselben Woche sicherzustellen. In Betrieben mit einem Betriebsruhetag in der Woche kann die Freistellung auch an diesem Tage erfolgen, wenn die Jugendlichen an diesem Tage keinen Berufsschulunterricht haben.

(4) Können Jugendliche in den Fällen des Absatzes 2 Nr. 2 am Samstag nicht acht Stunden beschäftigt werden, kann der Unterschied zwischen der tatsächlichen und der nach § 8 Abs. 1 höchstzulässigen Arbeitszeit an dem Tage bis 13 Uhr ausgeglichen werden, an dem die Jugendlichen nach Absatz 3 Satz 1 freizustellen sind.

## JArbSchG § 17 Sonntagsruhe

(1) An Sonntagen dürfen Jugendliche nicht beschäftigt werden.

(2) Zulässig ist Beschäftigung Jugendlicher an Sonntagen nur

1. in Krankenanstalten sowie in Alten-, Pflege- und Kinderheimen,
2. in der Landwirtschaft und Tierhaltung mit Arbeiten, die auch an Sonn- und Feiertagen naturnotwendig vorgenommen werden müssen,
3. im Familienhaushalt, wenn der Jugendliche in die häusliche Gemeinschaft aufgenommen ist,
4. im Schaustellergewerbe,
5. bei Musikaufführungen, Theatervorstellungen und anderen Aufführungen sowie bei Direktsendungen im Rundfunk (Hörfunk und Fernsehen),
6. beim Sport,
7. im ärztlichen Notdienst,
8. im Gaststättengewerbe.

Jeder zweite Sonntag soll, mindestens zwei Sonntage im Monat müssen beschäftigungsfrei bleiben.

(3) Werden Jugendliche am Sonntag beschäftigt, ist ihnen die Fünf-Tage-Woche (§ 15) durch Freistellung an einem anderen berufsschulfreien Arbeitstag derselben Woche sicherzustellen. In Betrieben mit einem Betriebsruhetag in der Woche kann die Freistellung auch an diesem Tage erfolgen, wenn die Jugendlichen an diesem Tage keinen Berufsschulunterricht haben.

## JArbSchG § 18 Feiertagsruhe

(1) Am 24. und 31. Dezember nach 14 Uhr und an gesetzlichen Feiertagen dürfen Jugendliche nicht beschäftigt werden.

(2) Zulässig ist die Beschäftigung Jugendlicher an gesetzlichen Feiertagen in den Fällen des § 17 Abs. 2, ausgenommen am 25. Dezember, am 1. Januar, am ersten Osterfeiertag und am 1. Mai.

(3) Für die Beschäftigung an einem gesetzlichen Feiertag, der auf einen Werktag fällt, ist der Jugendliche an einem anderen berufsschulfreien Arbeitstag derselben oder der folgenden Woche freizustellen. In Betrieben mit einem Betriebsruhetag in der Woche kann die Freistellung auch an diesem Tage erfolgen, wenn die Jugendlichen an diesem Tage keinen Berufsschulunterricht haben.

## JArbSchG § 19 Urlaub

(1) Der Arbeitgeber hat Jugendlichen für jedes Kalenderjahr einen bezahlten Erholungsurlaub zu gewähren.

(2) Der Urlaub beträgt jährlich

1. mindestens 30 Werktage, wenn der Jugendliche zu Beginn des Kalenderjahres noch nicht 16 Jahre alt ist,
2. mindestens 27 Werktage, wenn der Jugendliche zu Beginn des Kalenderjahres noch nicht 17 Jahre alt ist,
3. mindestens 25 Werktage, wenn der Jugendliche zu Beginn des Kalenderjahres noch nicht 18 Jahre alt ist.

Jugendliche, die im Bergbau unter Tage beschäftigt werden, erhalten in jeder Altersgruppe einen zusätzlichen Urlaub von drei Werktagen.

(3) Der Urlaub soll Berufsschülern in der Zeit der Berufsschulferien gegeben werden. Soweit er nicht in den Berufsschulferien gegeben wird, ist für jeden Berufsschultag, an dem die Berufsschule während des Urlaubs besucht wird, ein weiterer Urlaubstag zu gewähren.

(4) Im übrigen gelten für den Urlaub der Jugendlichen § 3 Abs. 2, §§ 4 bis 12 und § 13 Abs. 3 des Bundesurlaubsgesetzes. Der Auftraggeber oder Zwischenmeister hat jedoch abweichend von § 12 Nr. 1 des Bundesurlaubsgesetzes den jugendlichen Heimarbeitern für jedes Kalenderjahr einen bezahlten Erholungsurlaub entsprechend Absatz 2 zu gewähren; das Urlaubsentgelt der jugendlichen Heimarbeiter beträgt bei einem Urlaub von 30 Werktagen 11,6 vom Hundert, bei einem Urlaub von 27 Werktagen 10,3 vom Hundert und bei einem Urlaub von 25 Werktagen 9,5 vom Hundert.

**23**

# Jugendarbeitsschutzgesetz (JArbSchG) – *Auswahl*

## JArbSchG § 20 Binnenschifffahrt

In der Binnenschifffahrt gelten folgende Abweichungen:

1. Abweichend von § 12 darf die Schichtzeit Jugendlicher über 16 Jahre während der Fahrt bis auf 14 Stunden täglich ausgedehn werden, wenn ihre Arbeitszeit sechs Stunden täglich nicht überschreitet. Ihre tägliche Freizeit kann abweichend von § 13 der Ausdehung der Schichtzeit entsprechend bis auf 10 Stunden verkürzt werden.
2. Abweichend von § 14 Abs. 1 dürfen Jugendliche über 16 Jahre während der Fahrt bis 22 Uhr beschäftigt werden.
3. Abweichend von § 15, 16 Abs. 1, § 17 Abs. 1 und 18 Abs. 1 dürfen Jugendliche an jedem Tag der Woche beschäftigt werden, jedoch nicht am 24. Dezember, an den Weihnachtsfeiertagen, am 31. Dezember, am 1. Januar, an den Osterfeiertagen und am 1. Mai. Für die Beschäftigung an einem Samstag, ist ihnen je ein freier Tag zu gewähren. Diese freien Tage sind den Jugendlichen in Verbindung mit anderen freien Tagen zu gewähren, spätestens, wenn ihnen 10 freie Tage zustehen.

## JArbSchG § 21 Ausnahmen in besonderen Fällen

(1) Die §§ 8 und 11 bis 18 finden keine Anwendung auf die Beschäftigung Jugendlicher mit vorübergehenden und unaufschiebbaren Arbeiten in Notfällen, soweit erwachsene Beschäftigte nicht zur Verfügung stehen.

(2) Wird in den Fällen des Absatzes 1 über die Arbeitszeit des § 8 hinaus Mehrarbeit geleistet, so ist sie durch entsprechende Verkürzung der Arbeitszeit innerhalb der folgenden drei Wochen auszugleichen.

(3) (aufgehoben)

(…)

## JArbSchG § 22 Gefährliche Arbeiten

(1) Jugendliche dürfen nicht beschäftigt werden

1. mit Arbeiten, die ihre Leistungsfähigkeit übersteigen,
2. mit Arbeiten, bei denen sie sittlichen Gefahren ausgesetzt sind,
3. mit Arbeiten, die mit Unfallgefahren verbunden sind, von denen anzunehmen ist, dass Jugendliche sie wegen mangelnden Sicherheitsbewusstseins oder mangelnder Erfahrung nicht erkennen oder nicht abwenden können,
4. mit Arbeiten, bei denen ihre Gesundheit durch außergewöhnliche Hitze oder Kälte oder starke Nässe gefährdet wird,
5. mit Arbeiten, bei denen sie schädlichen Einwirkungen von Lärm, Erschütterungen oder Strahlen ausgesetzt sind,
6. mit Arbeiten, bei denen sie schädlichen Einwirkungen von Gefahrsstoffen im Sinne des Chemikaliengesetzes ausgesetzt sind,
7. mit Arbeiten, bei denen sie schädlichen Einwirkungen von biologischen Arbeitsstoffen im Sinne der Richtlinie 90/679/EWG des Rates vom 26. November 1990 zum Schutze der Arbeitnehmer gegen Gefährdung durch biologische Arbeitsstoffe bei der Arbeit ausgesetzt sind.

(2) Absatz 1 Nr. 3 bis 7 gilt nicht für die Beschäftigung Jugendlicher, soweit

1. dies zur Erreichung ihres Ausbildungszieles erforderlich ist,
2. ihr Schutz durch die Aufsicht eines Fachkundigen gewährleistet ist und
3. der Luftgrenzwert bei gefährlichen Stoffen (Absatz 1 Nr. 6) unterschritten wird.

Satz 1 findet keine Anwendung auf den absichtlichen Umgang mit biologischen Arbeitsstoffen der Gruppen 3 und 4 im Sinne der Richtlinie 90/679/EWG des Rates vom 26. November 1990 zum Schutze der Arbeitnehmer gegen Gefährdung durch biologische Arbeitsstoffe bei der Arbeit.

(3) Werden Jugendliche in einem Betrieb beschäftigt, für den ein Betriebsarzt oder eine Fachkraft für Arbeitssicherheit verpflichtet ist, muss ihre betriebsärztliche oder sicherheitstechnische Betreuung sichergestellt sein.

## JArbSchG § 23 Akkordarbeit; tempoabhängige Arbeiten

(1) Jugendliche dürfen nicht beschäftigt werden

1. mit Akkordarbeit und sonstigen Arbeiten, bei denen durch ein gesteigertes Arbeitstempo ein höheres Entgelt erzielt werden kann,
2. in einer Arbeitsgruppe mit erwachsenen Arbeitnehmern, die mit Arbeiten nach Nummer 1 beschäftigt werden,
3. mit Arbeiten, bei denen ihr Arbeitstempo nicht nur gelegentlich vorgeschrieben, vorgegeben oder auf andere Weise erzwungen wird.

(2) Absatz 1 Nr. 2 gilt nicht für die Beschäftigung Jugendlicher,

1. soweit dies zur Erreichung ihres Ausbildungszieles erforderlich ist oder
2. wenn sie eine Berufsausbildung für diese Beschäftigung abgeschlossen haben

und ihr Schutz durch die Aufsicht eines Fachkundigen gewährleistet ist.

(…)

## JArbSchG § 32 Erstuntersuchung

(1) Ein Jugendlicher, der in das Berufsleben eintritt, darf nur beschäftigt werden, wenn

1. er innerhalb der letzten vierzehn Monate von einem Arzt untersucht worden ist (Erstuntersuchung) und
2. dem Arbeitgeber eine von diesem Arzt ausgestellte Bescheinigung vorliegt.

(2) Absatz 1 gilt nicht für eine nur geringfügige oder eine nicht länger als zwei Monate dauernde Beschäftigung mit leichten Arbeiten, von denen keine gesundheitlichen Nachteile für den Jugendlichen zu befürchten sind.

(…)

# Bürgerliches Gesetzbuch (BGB) – *Auswahl*

## Buch 1 Allgemeiner Teil

### Abschnitt 1 Personen

#### Titel 1 Natürliche Personen, Verbraucher, Unternehmer

### BGB § 1 Beginn der Rechtsfähigkeit

Die Rechtsfähigkeit des Menschen beginnt mit der Vollendung der Geburt.

### BGB § 2 Eintritt der Volljährigkeit

Die Volljährigkeit tritt mit der Vollendung des 18. Lebensjahres ein.

(…)

### BGB § 13 Verbraucher

Verbraucher ist jede natürliche Person, die ein Rechtsgeschäft zu einem Zwecke abschließt, der weder ihrer gewerblichen noch ihrer selbstständigen beruflichen Tätigkeit zugerechnet werden kann.

### BGB § 14 Unternehmer

(1) Unternehmer ist eine natürliche oder juristische Person oder eine rechtsfähige Personengesellschaft, die bei Abschluss eines Rechtsgeschäfts in Ausübung ihrer gewerblichen oder selbstständigen beruflichen Tätigkeit handelt.

3525410

(2) eine rechtsfähige Personengesellschaft ist eine Personengesellschaft, die mit der Fähigkeit ausgestattet ist, Rechte zu erwerben und Verbindlichkeiten einzugehen.

(…)

## Abschnitt 2 Sachen und Tiere

### BGB § 90 Begriff der Sache

Sachen im Sinne des Gesetzes sind nur körperliche Gegenstände.

### BGB § 90a Tiere

Tiere sind keine Sachen. Sie werden durch besondere Gesetze geschützt. Auf sie sind die für Sachen geltenden Vorschriften entsprechend anzuwenden, soweit nicht etwas anderes bestimmt ist.

### BGB § 91 Vertretbare Sachen

Vertretbare Sachen im Sinne des Gesetzes sind bewegliche Sachen, die im Verkehre nach Zahl, Maß oder Gewicht bestimmt zu werden pflegen.

(…)

## Abschnitt 3 Rechtsgeschäfte

### *Titel 1 Geschäftsfähigkeit*

### BGB § 104 Geschäftsunfähigkeit

Geschäftsunfähig ist:

1. wer nicht das siebente Lebensjahr vollendet hat;
2. wer sich in einem die freie Willensbestimmung ausschließenden Zustande krankhafter Störung der Geistestätigkeit befindet, sofern nicht der Zustand seiner Natur nach ein vorübergehender ist.

### BGB § 105 Nichtigkeit der Willenserklärung

(1) Die Willenserklärung eines Geschäftsunfähigen ist nichtig.

(2) Nichtig ist auch eine Willenserklärung, die im Zustande der Bewusstlosigkeit oder vorübergehender Störung der Geistestätigkeit abgegeben wird.

### BGB § 106 Beschränkte Geschäftsfähigkeit Minderjähriger

Ein Minderjähriger, der das siebente Lebensjahr vollendet hat, ist nach Maßgabe der §§ 107 bis 113 in der Geschäftsfähigkeit beschränkt.

### BGB § 107 Einwilligung des gesetzlichen Vertreters

Der Minderjährige bedarf zu einer Willenserklärung, durch die er nicht lediglich einen rechtlichen Vorteil erlangt, der Einwilligung seines gesetzlichen Vertreters.

### BGB § 108 Vertragsschluss ohne Einwilligung

(1) Schließt der Minderjährige einen Vertrag ohne die erforderliche Einwilligung des gesetzlichen Vertreters, so hängt die Wirksamkeit des Vertrags von der Genehmigung des Vertreters ab.

(2) Fordert der andere Teil den Vertreter zur Erklärung über die Genehmigung auf, so kann die Erklärung nur ihm gegenüber erfolgen; eine vor der Aufforderung dem Minderjährigen gegenüber erklärte Genehmigung oder Verweigerung der Genehmigung wird unwirksam. Die Genehmigung kann nur bis zum Ablauf von zwei Wochen nach dem Empfang der Aufforderung erklärt werden; wird sie nicht erklärt, so gilt sie als verweigert.

(3) Ist der Minderjährige unbeschränkt geschäftsfähig geworden, so tritt seine Genehmigung an die Stelle der Genehmigung des Vertreters.

### BGB § 109 Widerrufsrecht des anderen Teils

(1) Bis zur Genehmigung des Vertrags ist der andere Teil zum Widerruf berechtigt. Der Widerruf kann auch dem Minderjährigen gegenüber erklärt werden.

(2) Hat der andere Teil die Minderjährigkeit gekannt, so kann er nur widerrufen, wenn der Minderjährige der Wahrheit zuwider die Einwilligung des Vertreters behauptet hat; er kann auch in diesem Falle nicht widerrufen, wenn ihm das Fehlen der Einwilligung bei dem Abschlusse des Vertrags bekannt war.

### BGB § 110 Bewirken der Leistung mit eigenen Mitteln

Ein von dem Minderjährigen ohne Zustimmung des gesetzlichen Vertreters geschlossener Vertrag gilt als von Anfang an wirksam, wenn der Minderjährige die vertragsmäßige Leistung mit Mitteln bewirkt, die ihm zu diesem Zwecke oder zu freier Verfügung von dem Vertreter oder mit dessen Zustimmung von einem Dritten überlassen worden sind.

### BGB § 111 Einseitige Rechtsgeschäfte

Ein einseitiges Rechtsgeschäft, das der Minderjährige ohne die erforderliche Einwilligung des gesetzlichen Vertreters vornimmt, ist unwirksam. Nimmt der Minderjährige mit dieser Einwilligung ein solches Rechtsgeschäft einem anderen gegenüber vor, so ist das Rechtsgeschäft unwirksam, wenn der Minderjährige die Einwilligung nicht in schriftlicher Form vorlegt und der andere das Rechtsgeschäft aus diesem Grunde unverzüglich zurückweist. Die Zurückweisung ist ausgeschlossen, wenn der Vertreter den anderen von der Einwilligung in Kenntnis gesetzt hatte.

### BGB § 112 Selbstständiger Betrieb eines Erwerbsgeschäfts

(1) Ermächtigt der gesetzliche Vertreter mit Genehmigung des Vormundschaftsgerichts den Minderjährigen zum selbstständigen Betrieb eines Erwerbsgeschäfts, so ist der Minderjährige für solche Rechtsgeschäfte unbeschränkt geschäftsfähig, welche der Geschäftsbetrieb mit sich bringt. Ausgenommen sind Rechtsgeschäfte, zu denen der Vertreter der Genehmigung des Vormundschaftsgerichts bedarf.

(2) Die Ermächtigung kann von dem Vertreter nur mit Genehmigung des Vormundschaftsgerichts zurückgenommen werden.

### BGB § 113 Dienst- oder Arbeitsverhältnis

(1) Ermächtigt der gesetzliche Vertreter den Minderjährigen, in Dienst oder in Arbeit zu treten, so ist der Minderjährige für solche Rechtsgeschäfte unbeschränkt geschäftsfähig, welche die Eingehung oder Aufhebung eines Dienst- oder Arbeitsverhältnisses der gestatteten Art oder die Erfüllung der sich aus einem solchen Verhältnis ergebenden Verpflichtungen betreffen. Ausgenommen sind Verträge, zu denen der Vertreter der Genehmigung des Vormundschaftsgerichts bedarf.

(2) Die Ermächtigung kann von dem Vertreter zurückgenommen oder eingeschränkt werden.

(3) Ist der gesetzliche Vertreter ein Vormund, so kann die Ermächtigung, wenn sie von ihm verweigert wird, auf Antrag des Minderjährigen durch das Vormundschaftsgericht ersetzt werden. Das Vormundschaftsgericht hat die Ermächtigung zu ersetzen, wenn sie im Interesse des Mündels liegt.

(4) Die für einen einzelnen Fall erteilte Ermächtigung gilt im Zweifel als allgemeine Ermächtigung zur Eingehung von Verhältnissen derselben Art.

(…)

# Bürgerliches Gesetzbuch (BGB) – *Auswahl*

## *Titel 2 Willenserklärung*

### BGB § 117 Scheingeschäft

(1) Wird eine Willenserklärung, die einem anderen gegenüber abzugeben ist, mit dessen Einverständniss nur zum Schein abgegeben, so ist sie nichtig.

(2) Wird durch ein Scheingeschäft ein anderes Rechtsgeschäft verdeckt, so finden die für das verdeckte Rechtsgeschäft geltenden Vorschriften Anwendung.

### BGB § 118 Mangel der Ernstlichkeit

Eine nicht ernstlich gemeinte Willenserklärung, die in der Erwartung abgegeben wird, der Mangel der Ernstlichkeit werde nicht verkannt werden, ist nichtig.

### BGB § 119 Anfechtbarkeit wegen Irrtums

(1) Wer bei der Abgabe einer Willenserklärung über deren Inhalt im Irrtum war oder eine Erklärung dieses Inhalts überhaupt nicht abgeben wollte, kann die Erklärung anfechten, wenn anzunehmen ist, dass er sie bei Kenntnis der Sachlage und bei verständiger Würdigung des Falles nicht abgegeben haben würde.

(2) Als Irrtum über den Inhalt der Erklärung gilt auch der Irrtum über solche Eigenschaften der Person oder der Sache, die im Verkehr als wesentlich angesehen werden.

### BGB § 120 Anfechtbarkeit wegen falscher Übermittlung

Eine Willenserklärung, welche durch die zur Übermittlung verwendete Person oder Einrichtung unrichtig übermittelt worden ist, kann unter der gleichen Voraussetzung angefochten werden wie nach § 119 eine irrtümlich abgegebene Willenserklärung.

### BGB § 121 Anfechtungsfrist

(1) Die Anfechtung muss in den Fällen der §§ 119, 120 ohne schuldhaftes Zögern (unverzüglich) erfolgen, nachdem der Anfechtungsberechtigte von dem Anfechtungsgrund Kenntnis erlangt hat. Die einem Abwesenden gegenüber erfolgte Anfechtung gilt als rechtzeitig erfolgt, wenn die Anfechtungserklärung unverzüglich abgesendet worden ist.

(2) Die Anfechtung ist ausgeschlossen, wenn seit der Abgabe der Willenserklärung zehn Jahre verstrichen sind.

### BGB § 122 Schadensersatzpflicht des Anfechtenden

(1) Ist eine Willenserklärung nach § 118 nichtig oder auf Grund der §§ 119, 120 angefochten, so hat der Erklärende, wenn die Erklärung einem anderen gegenüber abzugeben war, diesem, andernfalls jedem Dritten den Schaden zu ersetzen, den der andere oder der Dritte dadurch erleidet, dass er auf die Gültigkeit der Erklärung vertraut, jedoch nicht über den Betrag des Interesses hinaus, welches der andere oder der Dritte an der Gültigkeit der Erklärung hat.

(2) Die Schadensersatzpflicht tritt nicht ein, wenn der Beschädigte den Grund der Nichtigkeit oder der Anfechtbarkeit kannte oder infolge von Fahrlässigkeit nicht kannte (kennen musste).

### BGB § 123 Anfechtbarkeit wegen Täuschung oder Drohung

(1) Wer zur Abgabe einer Willenserklärung durch arglistige Täuschung oder widerrechtlich durch Drohung bestimmt worden ist, kann die Erklärung anfechten.

(2) Hat ein Dritter die Täuschung verübt, so ist eine Erklärung, die einem anderen gegenüber abzugeben war, nur dann anfechtbar, wenn dieser die Täuschung kannte oder kennen musste. Soweit ein anderer als derjenige, welchem gegenüber die Erklärung abzugeben war, aus der Erklärung unmittelbar ein Recht erworben hat, ist die Erklärung ihm gegenüber anfechtbar, wenn er die Täuschung kannte oder kennen musste.

### BGB § 124 Anfechtungsfrist

(1) Die Anfechtung einer nach § 123 anfechtbaren Willenserklärung kann nur binnen Jahresfrist erfolgen.

(2) Die Frist beginnt im Falle der arglistigen Täuschung mit dem Zeitpunkt, in welchem der Anfechtungsberechtigte die Täuschung entdeckt, im Falle der Drohung mit dem Zeitpunkt, in welchem die Zwangslage aufhört. Auf den Lauf der Frist finden die für die Verjährung geltenden Vorschriften der §§ 206, 210 und 211 entsprechende Anwendung.

(3) Die Anfechtung ist ausgeschlossen, wenn seit der Abgabe der Willenserklärung zehn Jahre verstrichen sind.

### BGB § 125 Nichtigkeit wegen Formmangels

Ein Rechtsgeschäft, welches der durch Gesetz vorgeschriebenen Form ermangelt, ist nichtig. Der Mangel der durch Rechtsgeschäft bestimmten Form hat im Zweifel gleichfalls Nichtigkeit zur Folge.

(…)

### BGB § 128 Notarielle Beurkundung

Ist durch Gesetz notarielle Beurkundung eines Vertrags vorgeschrieben, so genügt es, wenn zunächst der Antrag und sodann die Annahme des Antrags von einem Notar beurkundet wird.

### BGB § 129 Öffentliche Beglaubigung

(1) Ist durch Gesetz für eine Erklärung öffentliche Beglaubigung vorgeschrieben, so muss die Erklärung schriftlich abgefasst und die Unterschrift des Erklärenden von einem Notar beglaubigt werden. Wird die Erklärung von dem Aussteller mittels Handzeichens unterzeichnet, so ist die im § 126 Abs. 1 vorgeschriebene Beglaubigung des Handzeichens erforderlich und genügend.

(2) Die öffentliche Beglaubigung wird durch die notarielle Beurkundung der Erklärung ersetzt.

(…)

### BGB § 134 Gesetzliches Verbot

Ein Rechtsgeschäft, das gegen ein gesetzliches Verbot verstößt, ist nichtig, wenn sich nicht aus dem Gesetz ein anderes ergibt.

(…)

### BGB § 138 Sittenwidriges Rechtsgeschäft; Wucher

(1) Ein Rechtsgeschäft, das gegen die guten Sitten verstößt, ist nichtig.

(2) Nichtig ist insbesondere ein Rechtsgeschäft, durch das jemand unter Ausbeutung der Zwangslage, der Unerfahrenheit, des Mangels an Urteilsvermögen oder der erheblichen Willensschwäche eines anderen sich oder einem Dritten für eine Leistung Vermögensvorteile versprechen oder gewähren lässt, die in einem auffälligen Missverhältnis zu der Leistung stehen.

(…)

## *Titel 3 Vertrag*

### BGB § 145 Bindung an den Antrag

Wer einem anderen die Schließung eines Vertrags anträgt, ist an den Antrag gebunden, es sei denn, dass er die Gebundenheit ausgeschlossen hat.

### BGB § 146 Erlöschen des Antrags

Der Antrag erlischt, wenn er dem Antragenden gegenüber abgelehnt oder wenn er nicht diesem gegenüber nach den §§ 147 bis 149 rechtzeitig angenommen wird.

# Bürgerliches Gesetzbuch (BGB) – *Auswahl*

## BGB § 147 Annahmefrist
(1) Der einem Anwesenden gemachte Antrag kann nur sofort angenommen werden. Dies gilt auch von einem mittels Fernsprechers oder einer sonstigen technischen Einrichtung von Person zu Person gemachten Antrag.

(2) Der einem Abwesenden gemachte Antrag kann nur bis zu dem Zeitpunkt angenommen werden, in welchem der Antragende den Eingang der Antwort unter regelmäßigen Umständen erwarten darf.

## BGB § 148 Bestimmung einer Annahmefrist
Hat der Antragende für die Annahme des Antrags eine Frist bestimmt, so kann die Annahme nur innerhalb der Frist erfolgen.

## BGB § 149 Verspätet zugegangene Annahmeerklärung
Ist eine dem Antragenden verspätet zugegangene Annahmeerklärung dergestalt abgesendet worden, dass sie bei regelmäßiger Beförderung ihm rechtzeitig zugegangen sein würde, und musste der Antragende dies erkennen, so hat er die Verspätung dem Annehmenden unverzüglich nach dem Empfang der Erklärung anzuzeigen, sofern es nicht schon vorher geschehen ist. Verzögert er die Absendung der Anzeige, so gilt die Annahme als nicht verspätet.

## BGB § 150 Verspätete und abändernde Annahme
(1) Die verspätete Annahme eines Antrags gilt als neuer Antrag.

(2) Eine Annahme unter Erweiterungen, Einschränkungen oder sonstigen Änderungen gilt als Ablehnung verbunden mit einem neuen Antrag.

## BGB § 151 Annahme ohne Erklärung gegenüber dem Antragenden
Der Vertrag kommt durch die Annahme des Antrags zustande, ohne dass die Annahme dem Antragenden gegenüber erklärt zu werden braucht, wenn eine solche Erklärung nach der Verkehrssitte nicht zu erwarten ist oder der Antragende auf sie verzichtet hat. Der Zeitpunkt, in welchem der Antrag erlischt, bestimmt sich nach dem aus dem Antrag oder den Umständen zu entnehmenden Willen des Antragenden.

(…)

### Abschnitt 5 Verjährung

#### Titel 1 Gegenstand und Dauer der Verjährung

## BGB § 194 Gegenstand der Verjährung
(1) Das Recht, von einem anderen ein Tun oder ein Unterlassen zu verlangen (Anspruch), unterliegt der Verjährung.

(2) Ansprüche aus einem familienrechtlichen Verhältnis unterliegen der Verjährung nicht, soweit sie auf die Herstellung des dem Verhältnis entsprechenden Zustandes für die Zukunft gerichtet ist.

## BGB § 195 Regelmäßige Verjährungsfrist
Die regelmäßige Verjährungsfrist beträgt drei Jahre.

## BGB § 196 Verjährungsfrist bei Rechten an einem Grundstück
Ansprüche auf Übertragung des Eigentums an einem Grundstück sowie auf Begründung, Übertragung oder Aufhebung eines Rechts an einem Grundstück oder auf Änderung des Inhalts eines solchen Rechts sowie die Ansprüche auf die Gegenleistung verjähren in zehn Jahren.

## BGB § 197 Dreißigjährige Verjährungsfrist
(1) In 30 Jahren verjähren, soweit nicht ein anderes bestimmt ist,

1. Herausgabeansprüche aus Eigentum und anderen dinglichen Rechten,
2. familien- und erbrechtliche Ansprüche,
3. rechtskräftig festgestellte Ansprüche,
4. Ansprüche aus vollstreckbaren Vergleichen oder vollstreckbaren Urkunden und
5. Ansprüche, die durch die im Insolvenzverfahren erfolgte Feststellung vollstreckbar geworden sind.

(2) Soweit Ansprüche nach Absatz 1 Nr. 2 regelmäßig wiederkehrende Leistungen oder Unterhaltsleistungen und Ansprüche nach Absatz 1 Nr. 3 bis 5 künftig fällig werdende regelmäßig wiederkehrende Leistungen zum Inhalt haben, tritt an die Stelle der Verjährungsfrist von 30 Jahren die regelmäßige Verjährungsfrist.

## BGB § 198 Verjährung bei Rechtsnachfolge
Gelangt eine Sache, hinsichtlich derer ein dinglicher Anspruch besteht, durch Rechtsnachfolge in den Besitz eines Dritten, so kommt die während des Besitzes des Rechtsvorgängers verstrichene Verjährungszeit dem Rechtsnachfolger zugute.

## BGB § 199 Beginn der regelmäßigen Verjährungsfrist und Höchstfristen
(1) Die regelmäßige Verjährungsfrist beginnt mit dem Schluss des Jahres, in dem

1. der Anspruch entstanden ist und
2. der Gläubiger von den den Anspruch begründenden Umständen und der Person des Schuldners Kenntnis erlangt oder ohne grobe Fahrlässigkeit erlangen müsste.

(2) Schadensersatzansprüche, die auf der Verletzung des Lebens, des Körpers, der Gesundheit oder der Freiheit beruhen, verjähren ohne Rücksicht auf ihre Entstehung und die Kenntnis oder grob fahrlässige Unkenntnis in 30 Jahren von der Begehung der Handlung, der Pflichtverletzung oder dem sonstigen, den Schaden auslösenden Ereignis an.

(3) Sonstige Schadensersatzansprüche verjähren

1. ohne Rücksicht auf die Kenntnis oder grob fahrlässige Unkenntnis in zehn Jahren von ihrer Entstehung an und
2. ohne Rücksicht auf ihre Entstehung und die Kenntnis oder grob fahrlässige Unkenntnis in 30 Jahren von der Begehung der Handlung, der Pflichtverletzung oder dem sonstigen, den Schaden auslösenden Ereignis an.

Maßgeblich ist die früher endende Frist.

(4) Andere Ansprüche als Schadensersatzansprüche verjähren ohne Rücksicht auf die Kenntnis oder grob fahrlässige Unkenntnis in zehn Jahren von ihrer Entstehung an.

(5) Geht der Anspruch auf ein Unterlassen, so tritt an die Stelle der Entstehung die Zuwiderhandlung.

## BGB § 200 Beginn anderer Verjährungsfristen
Die Verjährungsfrist von Ansprüchen, die nicht der regelmäßigen Verjährungsfrist unterliegen, beginnt mit der Entstehung des Anspruchs, soweit nicht ein anderer Verjährungsbeginn bestimmt ist. § 199 Abs. 5 findet entsprechende Anwendung.

## BGB § 201 Beginn der Verjährungsfrist von festgestellten Ansprüchen
Die Verjährung von Ansprüchen der in § 197 Abs. 1 Nr. 3 bis 5 bezeichneten Art beginnt mit der Rechtskraft der Entscheidung, der Errichtung des vollstreckbaren Titels oder der Feststellung im Insolvenzverfahren, nicht jedoch vor der Entstehung des Anspruchs. § 199 Abs. 5 findet entsprechende Anwendung.

# Bürgerliches Gesetzbuch (BGB) – *Auswahl*

**BGB § 202 Unzulässigkeit von Vereinbarungen über die Verjährung**

(1) Die Verjährung kann bei Haftung wegen Vorsatzes nicht im Voraus durch Rechtsgeschäft erleichtert werden.

(2) Die Verjährung kann durch Rechtsgeschäft nicht über eine Verjährungsfrist von 30 Jahren ab dem gesetzlichen Verjährungsbeginn hinaus erschwert werden.

*Titel 2 Hemmung, Ablaufhemmung und Neubeginn der Verjährung*

**BGB § 203 Hemmung der Verjährung bei Verhandlungen**

Schweben zwischen dem Schuldner und dem Gläubiger Verhandlungen über den Anspruch oder die den Anspruch begründenden Umstände, so ist die Verjährung gehemmt, bis der eine oder der andere Teil die Fortsetzung der Verhandlungen verweigert. Die Verjährung tritt frühestens drei Monate nach dem Ende der Hemmung ein.

**BGB § 204 Hemmung der Verjährung durch Rechtsverfolgung**

(1) Die Verjährung wird gehemmt durch

1. die Erhebung der Klage auf Leistung oder auf Feststellung des Anspruchs, auf Erteilung der Vollstreckungsklausel oder auf Erlass des Vollstreckungsurteils.

2. die Zustellung des Antrags im vereinfachten Verfahren über den Unterhalt Minderjähriger,

3. die Zustellung des Mahnbescheids im Mahnverfahren,

4. die Veranlassung der Bekanntgabe des Güteantrags, der bei einer durch die Landesjustizverwaltung eingerichteten oder anerkannten Gütestelle oder, wenn die Parteien den Einigungsversuch einvernehmlich unternehmen, bei einer sonstigen Gütestelle, die Streitbeilegungen betreibt, eingereicht ist; wird die Bekanntgabe demnächst nach der Einreichung des Antrags veranlasst, so tritt die Hemmung der Verjährung bereits mit der Einreichung ein,

5. die Geltendmachung der Aufrechnung des Anspruchs im Prozess,

6. die Zustellung der Streitverkündung,

7. die Zustellung des Antrags auf Durchführung eines selbstständigen Beweisverfahrens,

8. den Beginn eines vereinbarten Begutachtungsverfahrens oder die Beauftragung des Gutachters in dem Verfahren nach § 641a,

9. die Zustellung des Antrags auf Erlass eines Arrests, einer einstweiligen Verfügung oder einer einstweiligen Anordnung, oder, wenn der Antrag nicht zugestellt wird, dessen Einreichung, wenn der Arrestbefehl, die einstweilige Verfügung oder die einstweilige Anordnung innerhalb eines Monats seit Verkündung oder Zustellung an den Gläubiger dem Schuldner zugestellt wird,

10. die Anmeldung des Anspruchs im Insolvenzverfahren oder im Schifffahrtsrechtlichen Verteilungsverfahren,

11. den Beginn des schiedsrichterlichen Verfahrens,

12. die Einreichung des Antrags bei einer Behörde, wenn die Zulässigkeit der Klage von der Vorentscheidung dieser Behörde abhängt und innerhalb von drei Monaten nach Erledigung des Gesuchs die Klage erhoben wird; dies gilt entsprechend für bei einem Gericht oder bei einer in Nummer 4 bezeichneten Gütestelle zu stellende Anträge, deren Zulässigkeit von der Vorentscheidung einer Behörde abhängt,

13. die Einreichung des Antrags bei dem höheren Gericht, wenn dieses das zuständige Gericht zu bestimmen hat und innerhalb von drei Monaten nach Erledigung des Gesuchs die Klage erhoben oder der Antrag, für den die Gerichtsstandsbestimmung zu erfolgen hat, gestellt wird, und

14. die Veranlassung der Bekanntgabe des erstmaligen Antrags auf Gewährung von Prozesskostenhilfe; wird die Bekanntgabe demnächst nach der Einreichung des Antrags veranlasst, so tritt die Hemmung der Verjährung bereits mit der Einreichung ein.

(2) Die Hemmung nach Absatz 1 endet sechs Monate nach der rechtskräftigen Entscheidung oder anderweitigen Beendigung des eingeleiteten Verfahrens. Gerät das Verfahren dadurch in Stillstand, dass die Parteien es nicht betreiben, so tritt an die Stelle der Beendigung des Verfahrens die letzte Verfahrenshandlung der Parteien, des Gerichts oder der sonst mit dem Verfahren befassten Stelle. Die Hemmung beginnt erneut, wenn eine der Parteien das Verfahren weiter betreibt.

(3) Auf die Frist nach Absatz 1 Nr. 9, 12 und 13 finden die §§ 206, 210 und 211 entsprechende Anwendung.

**BGB § 205 Hemmung der Verjährung bei Leistungsverweigerungsrecht**

Die Verjährung ist gehemmt, solange der Schuldner auf Grund einer Vereinbarung mit dem Gläubiger vorübergehend zur Verweigerung der Leistung berechtigt ist.

**BGB § 206 Hemmung der Verjährung bei höherer Gewalt**

Die Verjährung ist gehemmt, solange der Gläubiger innerhalb der letzten sechs Monate der Verjährungsfrist durch höhere Gewalt an der Rechtsverfolgung gehindert ist.
(…)

**BGB § 209 Wirkung der Hemmung**

Der Zeitraum, während dessen die Verjährung gehemmt ist, wird in die Verjährungsfrist nicht eingerechnet.
(…)

**BGB § 212 Neubeginn der Verjährung**

(1) Die Verjährung beginnt erneut, wenn

1. der Schuldner dem Gläubiger gegenüber den Anspruch durch Abschlagszahlung, Zinszahlung, Sicherheitsleistung oder in anderer Weise anerkennt oder

2. eine gerichtliche oder behördliche Vollstreckungshandlung vorgenommen oder beantragt wird.

(2) Der erneute Beginn der Verjährung infolge einer Vollstreckungshandlung gilt als nicht eingetreten, wenn die Vollstreckungshandlung auf Antrag des Gläubigers oder wegen Mangels der gesetzlichen Voraussetzungen aufgehoben wird.

(3) Der erneute Beginn der Verjährung durch den Antrag auf Vornahme einer Vollstreckungshandlung gilt als nicht eingetreten, wenn dem Antrag nicht stattgegeben oder der Antrag vor der Vollstreckungshandlung zurückgenommen oder die erwirkte Vollstreckungshandlung nach Absatz 2 aufgehoben wird.
(…)

*Titel 3 Rechtsfolgen der Verjährung*

**BGB § 214 Wirkung der Verjährung**

(1) Nach Eintritt der Verjährung ist der Schuldner berechtigt, die Leistung zu verweigern.

(2) Das zur Befriedigung eines verjährten Anspruchs Geleistete kann nicht zurückgefordert werden, auch wenn in Unkenntnis der Verjährung geleistet worden ist. Das Gleiche gilt von einem vertragsmäßigen Anerkenntnis sowie einer Sicherheitsleistung des Schuldners.
(…)

## Buch 2 Recht der Schuldverhältnisse

## Abschnitt 1 Inhalt der Schuldverhältnisse

### Titel 1 Verpflichtung zur Leistung

### BGB § 241 Pflichten aus dem Schuldverhältnis

(1) Kraft des Schuldverhältnisses ist der Gläubiger berechtigt, von dem Schuldner eine Leistung zu fordern. Die Leistung kann auch in einem Unterlassen bestehen.

(2) Das Schuldverhältnis kann nach seinem Inhalt jeden Teil zur Rücksicht auf die Rechte, Rechtsgüter und Interessen des anderen Teils verpflichten.

### BGB § 241a Unbestellte Leistungen

(1) Durch die Lieferung unbestellter Sachen oder durch die Erbringung unbestellter sonstiger Leistungen durch einen Unternehmer an einen Verbraucher wird ein Anspruch gegen diesen nicht begründet.

(2) Gesetzliche Ansprüche sind nicht ausgeschlossen, wenn die Leistung nicht für den Empfänger bestimmt war oder in der irrigen Vorstellung einer Bestellung erfolgte und der Empfänger dies erkannt hat oder bei Anwendung der im Verkehr erforderlichen Sorgfalt hätte erkennen können.

(3) Eine unbestellte Leistung liegt nicht vor, wenn dem Verbraucher statt der bestellten eine nach Qualität und Preis gleichwertige Leistung angeboten und er darauf hingewiesen wird, dass er zur Annahme nicht verpflichtet ist und die Kosten der Rücksendung nicht zu tragen hat.

### BGB § 242 Leistung nach Treu und Glauben

Der Schuldner ist verpflichtet, die Leistung so zu bewirken, wie Treu und Glauben mit Rücksicht auf die Verkehrssitte es erfordern.

### BGB § 243 Gattungsschuld

(1) Wer eine nur der Gattung nach bestimmte Sache schuldet, hat eine Sache von mittlerer Art und Güte zu leisten.

(2) Hat der Schuldner das zur Leistung einer solchen Sache seinerseits Erforderliche getan, so beschränkt sich das Schuldverhältnis auf diese Sache.

### BGB § 244 Fremdwährungsschuld

(1) Ist eine in einer anderen Währung als Euro ausgedrückte Geldschuld im Inland zu zahlen, so kann die Zahlung in Euro erfolgen, es sei denn, dass Zahlung in der anderen Währung ausdrücklich vereinbart ist.

(2) Die Umrechnung erfolgt nach dem Kurswert, der zur Zeit der Zahlung für den Zahlungsort maßgebend ist.

### BGB § 245 Geldsortenschuld

Ist eine Geldschuld in einer bestimmten Münzsorte zu zahlen, die sich zur Zeit der Zahlung nicht mehr im Umlauf befindet, so ist die Zahlung so zu leisten, wie wenn die Münzsorte nicht bestimmt wäre.

### BGB § 246 Gesetzlicher Zinssatz

Ist eine Schuld nach Gesetz oder Rechtsgeschäft zu verzinsen, so sind vier vom Hundert für das Jahr zu entrichten, sofern nicht ein anderes bestimmt ist.

(...)

### BGB § 249 Art und Umfang des Schadensersatzes

Wer zum Schadensersatz verpflichtet ist, hat den Zustand herzustellen, der bestehen würde, wenn der zum Ersatz verpflichtende Umstand nicht eingetreten wäre. Ist wegen Verletzung einer Person oder wegen Beschädigung einer Sache Schadensersatz zu leisten, so kann der Gläubiger statt der Herstellung den dazu erforderlichen Geldbetrag verlangen.

(...)

### BGB § 252 Entgangener Gewinn

Der zu ersetzende Schaden umfasst auch den entgangenen Gewinn. Als entgangen gilt der Gewinn, welcher nach dem gewöhnlichen Lauf der Dinge oder nach den besonderen Umständen, insbesondere nach den getroffenen Anstalten und Vorkehrungen, mit Wahrscheinlichkeit erwartet werden konnte.

### BGB § 253 Immaterieller Schaden

Wegen eines Schadens, der nicht Vermögensschaden ist, kann Entschädigung in Geld nur in den durch das Gesetz bestimmten Fällen gefordert werden.

(...)

### BGB § 269 Leistungsort

(1) Ist ein Ort für die Leistung weder bestimmt noch aus den Umständen, insbesondere aus der Natur des Schuldverhältnisses, zu entnehmen, so hat die Leistung an dem Ort zu erfolgen, an welchem der Schuldner zur Zeit der Entstehung des Schuldverhältnisses seinen Wohnsitz hatte.

(2) Ist die Verbindlichkeit im Gewerbebetrieb des Schuldners entstanden, so tritt, wenn der Schuldner seine gewerbliche Niederlassung an einem anderen Ort hatte, der Ort der Niederlassung an die Stelle des Wohnsitzes.

(3) Aus dem Umstand allein, dass der Schuldner die Kosten der Versendung übernommen hat, ist nicht zu entnehmen, dass der Ort, nach welchem die Versendung zu erfolgen hat, der Leistungsort sein soll.

### BGB § 270 Zahlungsort

(1) Geld hat der Schuldner im Zweifel auf seine Gefahr und seine Kosten dem Gläubiger an dessen Wohnsitz zu übermitteln.

(2) Ist die Forderung im Gewerbebetrieb des Gläubigers entstanden, so tritt, wenn der Gläubiger seine gewerbliche Niederlassung an einem anderen Ort hat, der Ort der Niederlassung an die Stelle des Wohnsitzes.

(3) Erhöhen sich infolge einer nach der Entstehung des Schuldverhältnisses eintretenden Änderung des Wohnsitzes oder der gewerblichen Niederlassung des Gläubigers die Kosten oder die Gefahr der Übermittelung, so hat der Gläubiger im ersteren Falle die Mehrkosten, im letzteren Falle die Gefahr zu tragen.

(4) Die Vorschriften über den Leistungsort bleiben unberührt.

### BGB § 271 Leistungszeit

(1) Ist eine Zeit für die Leistung weder bestimmt noch aus den Umständen zu entnehmen, so kann der Gläubiger die Leistung sofort verlangen, der Schuldner sie sofort bewirken.

(2) Ist eine Zeit bestimmt, so ist im Zweifel anzunehmen, dass der Gläubiger die Leistung nicht vor dieser Zeit verlangen, der Schuldner aber sie vorher bewirken kann.

(...)

### BGB § 286 Verzug des Schuldners

(1) Leistet der Schuldner auf eine Mahnung des Gläubigers nicht, die nach dem Eintritt der Fälligkeit erfolgt, so kommt er durch die Mahnung in Verzug. Der Mahnung stehen die Erhebung der Klage auf die Leistung sowie die Zustellung eines Mahnbescheids im Mahnverfahren gleich.

(2) Der Mahnung bedarf es nicht, wenn

1. für die Leistung eine Zeit nach dem Kalender bestimmt ist,

2. der Leistung ein Ereignis vorauszugehen hat und eine angemessene Zeit für die Leistung in der Weise bestimmt ist, dass sie sich von dem Ereignis an nach dem Kalender berechnen lässt,

**23**

# Bürgerliches Gesetzbuch (BGB) – *Auswahl*

3. der Schuldner die Leistung ernsthaft und endgültig verweigert,

4. aus besonderen Gründen unter Abwägung der beiderseitigen Interessen der sofortige Eintritt des Verzugs gerechtfertigt ist.

(3) Der Schuldner einer Entgeltforderung kommt spätestens in Verzug, wenn er nicht innerhalb von 30 Tagen nach Fälligkeit und Zugang einer Rechnung oder gleichwertigen Zahlungsaufstellung leistet; dies gilt gegenüber einem Schuldner, der Verbraucher ist, nur, wenn auf diese Folgen in der Rechnung oder Zahlungsaufstellung besonders hingewiesen worden ist. Wenn der Zeitpunkt des Zugangs der Rechnung oder Zahlungsaufstellung unsicher ist, kommt der Schuldner, der nicht Verbraucher ist, spätestens 30 Tage nach Fälligkeit und Empfang der Gegenleistung in Verzug.

(4) Der Schuldner kommt nicht in Verzug, solange die Leistung infolge eines Umstands unterbleibt, den er nicht zu vertreten hat.

## BGB § 287 Verantwortlichkeit während des Verzugs

Der Schuldner hat während des Verzugs jede Fahrlässigkeit zu vertreten. Er haftet wegen der Leistung auch für Zufall, es sei denn, dass der Schaden auch bei rechtzeitiger Leistung eingetreten sein würde.

## BGB § 288 Verzugszinsen

(1) Eine Geldschuld ist während des Verzugs zu verzinsen. Der Verzugszinssatz beträgt für das Jahr fünf Prozentpunkte über dem Basiszinssatz.

(2) Bei Rechtsgeschäften, an denen ein Verbraucher nicht beteiligt ist, beträgt der Zinssatz für Entgeltforderungen acht Prozentpunkte über dem Basiszinssatz.

(3) Der Gläubiger kann aus einem anderen Rechtsgrund höhere Zinsen verlangen.

(4) Die Geltendmachung eines weiteren Schadens ist nicht ausgeschlossen.

(…)

### *Titel 2 Verzug des Gläubigers*

## BGB § 293 Annahmeverzug

Der Gläubiger kommt in Verzug, wenn er die ihm angebotene Leistung nicht annimmt.

(…)

## BGB § 300 Wirkungen des Gläubigerverzugs

(1) Der Schuldner hat während des Verzugs des Gläubigers nur Vorsatz und grobe Fahrlässigkeit zu vertreten.

(2) Wird eine nur der Gattung nach bestimmte Sache geschuldet, so geht die Gefahr mit dem Zeitpunkt auf den Gläubiger über, in welchem er dadurch in Verzug kommt, dass er die angebotene Sache nicht annimmt.

(…)

### Abschnitt 2 Gestaltung rechtsgeschäftlicher Schuldverhältnisse durch Allgemeine Geschäftsbedingungen

## BGB § 305 Einbeziehung Allgemeiner Geschäftsbedingungen in den Vertrag

(1) Allgemeine Geschäftsbedingungen sind alle für eine Vielzahl von Verträgen vorformulierten Vertragsbedingungen, die eine Vertragspartei (Verwender) der anderen Vertragspartei bei Abschluss eines Vertrags stellt. Gleichgültig ist, ob die Bestimmungen einen äußerlich gesonderten Bestandteil des Vertrags bilden oder in die Vertragsurkunde selbst aufgenommen werden, welchen Umfang sie haben, in welcher Schriftart sie verfasst sind und welche Form der Vertrag hat. Allgemeine Geschäftsbedingungen liegen nicht vor, soweit die Vertragsbedingungen zwischen den Vertragsparteien im Einzelnen ausgehandelt sind.

(2) Allgemeine Geschäftsbedingungen werden nur dann Bestandteil eines Vertrags, wenn der Verwender bei Vertragsschluss

1. die andere Vertragspartei ausdrücklich oder, wenn ein ausdrücklicher Hinweis wegen der Art des Vertragsschlusses nur unter unverhältnismäßigen Schwierigkeiten möglich ist, durch deutlich sichtbaren Aushang am Ort des Vertragsschlusses auf sie hinweist und

2. der anderen Vertragspartei die Möglichkeit verschafft, in zumutbarer Weise, die auch eine für den Verwender erkennbare körperliche Behinderung der anderen Vertragspartei angemessen berücksichtigt, von ihrem Inhalt Kenntnis zu nehmen,

und wenn die andere Vertragspartei mit ihrer Geltung einverstanden ist.

(3) Die Vertragsparteien können für eine bestimmte Art von Rechtsgeschäften die Geltung bestimmter Allgemeiner Geschäftsbedingungen unter Beachtung der in Absatz 2 bezeichneten Erfordernisse im Voraus vereinbaren.

(…)

## BGB § 305b Vorgang der Individualabrede

Individuelle Vertragsabreden haben Vorrang vor Allgemeinen Geschäftsbedingungen.

(…)

### Abschnitt 4 Erlöschen der Schuldverhältnisse

### *Titel 2 Hinterlegung*

## BGB § 372 Voraussetzungen

Geld, Wertpapiere und sonstige Urkunden sowie Kostbarkeiten kann der Schuldner bei einer dazu bestimmten öffentlichen Stelle für den Gläubiger hinterlegen, wenn der Gläubiger im Verzug der Annahme ist. Das Gleiche gilt, wenn der Schuldner aus einem anderen in der Person des Gläubigers liegenden Grund oder infolge einer nicht auf Fahrlässigkeit beruhenden Ungewissheit über die Person des Gläubigers seine Verbindlichkeit nicht oder nicht mit Sicherheit erfüllen kann.

(…)

## BGB § 374 Hinterlegungsort; Anzeigepflicht

(1) Die Hinterlegung hat bei der Hinterlegungsstelle des Leistungsorts zu erfolgen; hinterlegt der Schuldner bei einer anderen Stelle, so hat er dem Gläubiger den daraus entstehenden Schaden zu ersetzen.

(2) Der Schuldner hat dem Gläubiger die Hinterlegung unverzüglich anzuzeigen; im Falle der Unterlassung ist er zum Schadensersatz verpflichtet. Die Anzeige darf unterbleiben, wenn sie untunlich ist.

(…)

## BGB § 381 Kosten der Hinterlegung

Die Kosten der Hinterlegung fallen dem Gläubiger zur Last, sofern nicht der Schuldner die hinterlegte Sache zurücknimmt.

(…)

## BGB § 383 Versteigerung hinterlegungsunfähiger Sachen

(1) Ist die geschuldete bewegliche Sache zur Hinterlegung nicht geeignet, so kann der Schuldner sie im Falle des Verzugs des Gläubigers am Leistungsort versteigern lassen und den Erlös hinterlegen. Das Gleiche gilt in den Fällen des § 372 Satz 2, wenn der Verderb der Sache zu besorgen oder die Aufbewahrung mit unverhältnismäßigen Kosten verbunden ist.

(2) Ist von der Versteigerung am Leistungsort ein angemessener Erfolg nicht zu erwarten, so ist die Sache an einem geeigneten anderen Ort zu versteigern.

(3) Die Versteigerung hat durch einen für den Versteigerungsort bestellten Gerichtsvollzieher oder zu Versteigerungen befugten anderen Beamten oder öffentlich angestellten Versteigerer öffentlich zu erfolgen (öffentliche Versteigerung). Zeit und Ort der Versteigerung sind unter allgemeiner Bezeichnung der Sache öffentlich bekanntzumachen.

(4) Die Vorschriften der Absätze 1 bis 3 gelten nicht für eingetragene Schiffe und Schiffsbauwerke.

## BGB § 384 Androhung der Versteigerung

(1) Die Versteigerung ist erst zulässig, nachdem sie dem Gläubiger angedroht worden ist; die Androhung darf unterbleiben, wenn die Sache dem Verderb ausgesetzt und mit dem Aufschub der Versteigerung Gefahr verbunden ist.

(2) Der Schuldner hat den Gläubiger von der Versteigerung unverzüglich zu benachrichtigen; im Falle der Unterlassung ist er zum Schadensersatz verpflichtet.

(3) Die Androhung und die Benachrichtigung dürfen unterbleiben, wenn sie untunlich sind.

## BGB § 385 Freihändiger Verkauf

Hat die Sache einen Börsen- oder Marktpreis, so kann der Schuldner den Verkauf aus freier Hand durch einen zu solchen Verkäufen öffentlich ermächtigten Handelsmäkler oder durch eine zur öffentlichen Versteigerung befugte Person zum laufenden Preis bewirken.

## BGB § 386 Kosten der Versteigerung

Die Kosten der Versteigerung oder des nach § 385 erfolgten Verkaufs fallen dem Gläubiger zur Last, sofern nicht der Schuldner den hinterlegten Erlös zurücknimmt.

(…)

### Abschnitt 8 Einzelne Schuldverhältnisse

*Titel 1 Kauf, Tausch*

*Untertitel 1 Allgemeine Vorschriften*

## BGB § 433 Vertragstypische Pflichten beim Kaufvertrag

(1) Durch den Kaufvertrag wird der Verkäufer einer Sache verpflichtet, dem Käufer die Sache zu übergeben und das Eigentum an der Sache zu verschaffen. Der Verkäufer hat dem Käufer die Sache frei von Sach- und Rechtsmängeln zu verschaffen.

(2) Der Käufer ist verpflichtet, dem Verkäufer den vereinbarten Kaufpreis zu zahlen und die gekaufte Sache abzunehmen.

## BGB § 434 Sachmangel

(1) Die Sache ist frei von Sachmängeln, wenn sie bei Gefahrübergang die vereinbarte Beschaffenheit hat. Soweit die Beschaffenheit nicht vereinbart ist, ist die Sache frei von Sachmängeln,

1. wenn sie sich für die nach dem Vertrag vorausgesetzte Verwendung eignet,
2. wenn sie sich für die gewöhnliche Verwendung eignet und eine Beschaffenheit aufweist, die bei Sachen der gleichen Art üblich ist und die der Käufer nach der Art der Sache erwarten kann.

Zu der Beschaffenheit nach Satz 2 Nr. 2 gehören auch Eigenschaften, die der Käufer nach den öffentlichen Äußerungen des Verkäufers, des Herstellers (§ 4 Abs. 1 und 2 des Produkthaftungsgesetzes) oder seines Gehilfen insbesondere in der Werbung oder bei der Kennzeichnung über bestimmte Eigenschaften der Sache erwarten kann, es sei denn, dass der Verkäufer die Äußerung nicht kannte und auch nicht kennen musste, dass sie im Zeitpunkt des Vertragsschlusses in gleichwertiger Weise

berichtigt war oder dass sie die Kaufentscheidung nicht beeinflussen konnte.

(2) ein Sachmangel ist auch dann gegeben, wenn die vereinbarte Montage durch den Verkäufer oder dessen Erfüllungsgehilfen unsachgemäß durchgeführt worden ist. Ein Sachmangel liegt bei einer zur Montage bestimmten Sache ferner vor, wenn die Montageanleitung mangelhaft ist, es sei denn, die Sache ist fehlerfrei montiert worden.

(3) Einem Sachmangel steht es gleich, wenn der Verkäufer eine andere Sache oder eine zu geringe Menge liefert.

## BGB § 435 Rechtsmangel

Die Sache ist frei von Rechtsmängeln, wenn Dritte in Bezug auf die Sache keine oder nur die im Kaufvertrag übernommenen Rechte gegen den Käufer geltend machen können. Einem Rechtsmangel steht es gleich, wenn im Grundbuch ein Recht eingetragen ist, das nicht besteht.

(…)

## BGB § 437 Rechte des Käufers bei Mängeln

Ist die Sache mangelhaft, kann der Käufer, wenn die Voraussetzungen der folgenden Vorschriften vorliegen und soweit nicht ein anderes bestimmt ist,

1. nach § 439 Nacherfüllung verlangen,
2. nach den §§ 440, 323 und 326 Abs. 5 von dem Vertrag zurücktreten oder nach § 441 den Kaufpreis mindern und
3. nach den §§ 440, 280, 281, 283 und 311a Schadensersatz oder nach § 284 Ersatz vergeblicher Aufwendungen verlangen.

## BGB § 438 Verjährung der Mängelansprüche

(1) Die in § 437 Nr. 1 und 3 bezeichneten Ansprüche verjähren

1. in 30 Jahren, wenn der Mangel
   a) in einem dinglichen Recht eines Dritten, auf Grund dessen Herausgabe der Kaufsache verlangt werden kann, oder
   b) in einem sonstigen Recht, das im Grundbuch eingetragen ist,
   besteht,
2. in fünf Jahren
   a) bei einem Bauwerk und
   b) bei einer Sache, die entsprechend ihrer üblichen Verwendungsweise für ein Bauwerk verwendet worden ist und dessen Mangelhaftigkeit verursacht hat, und
3. im Übrigen in zwei Jahren.

(2) Die Verjährung beginnt bei Grundstücken mit der Übergabe, im Übrigen mit der Ablieferung der Sache.

(3) Abweichend von Absatz 1 Nr. 2 und 3 und Absatz 2 verjähren die Ansprüche in der regelmäßigen Verjährungsfrist, wenn der Verkäufer den Mangel arglistig verschwiegen hat. Im Falle des Absatzes 1 Nr. 2 tritt die Verjährung jedoch nicht vor Ablauf der dort bestimmten Frist ein.

(4) Für das in § 437 bezeichnete Rücktrittsrecht gilt § 218. Der Käufer kann trotz einer Unwirksamkeit des Rücktritts nach § 218 Abs. 1 die Zahlung des Kaufpreises insoweit verweigern, als er auf Grund des Rücktritts dazu berechtigt sein würde. Macht er von diesem Recht Gebrauch, kann der Verkäufer vom Vertrag zurücktreten.

(5) Auf das in § 437 bezeichnete Minderungsrecht finden § 218 und Absatz 4 Satz 2 entsprechende Anwendung.

## BGB § 439 Nacherfüllung

(1) Der Käufer kann als Nacherfüllung nach seiner Wahl die Beseitigung des Mangels oder die Lieferung einer mangelfreien Sache verlangen.

(2) Der Verkäufer hat die zum Zwecke der Nacherfüllung erforderlichen Aufwendungen, insbesondere Transport-,

Wege-, Arbeits- und Materialkosten zu tragen.

(3) Der Verkäufer kann die vom Käufer gewählte Art der Nacherfüllung unbeschadet des § 275 Abs. 2 und 3 verweigern, wenn sie nur mit unverhältnismäßigen Kosten möglich ist. Dabei sind insbesondere der Wert der Sache in mangelfreiem Zustand, die Bedeutung des Mangels und die Frage zu berücksichtigen, ob auf die andere Art der Nacherfüllung ohne erhebliche Nachteile für den Käufer zurückgegriffen werden könnte. Der Anspruch des Käufers beschränkt sich in diesem Fall auf die andere Art der Nacherfüllung; das Recht des Verkäufers, auch diese unter den Voraussetzungen des Satzes 1 zu verweigern, bleibt unberührt.

(4) Liefert der Verkäufer zum Zwecke der Nacherfüllung eine mangelfreie Sache, so kann er vom Käufer Rückgewähr der mangelhaften Sache nach Maßgabe der §§ 346 bis 348 verlangen.

## BGB § 440 Besondere Bestimmungen für Rücktritt und Schadensersatz

Außer in den Fällen des § 281 Abs. 2 und des § 323 Abs. 2 bedarf es der Fristsetzung auch dann nicht, wenn der Verkäufer beide Arten der Nacherfüllung gemäß § 439 Abs. 3 verweigert oder wenn die dem Käufer zustehende Art der Nacherfüllung fehlgeschlagen oder ihm unzumutbar ist. Eine Nachbesserung gilt nach dem erfolglosen zweiten Versuch als fehlgeschlagen, wenn sich nicht insbesondere aus der Art der Sache oder des Mangels oder den sonstigen Umständen etwas anderes ergibt.

## BGB § 441 Minderung

(1) Statt zurückzutreten, kann der Käufer den Kaufpreis durch Erklärung gegenüber dem Verkäufer mindern. Der Ausschlußgrund des § 323 Abs. 5 Satz 2 findet keine Anwendung.

(2) Sind auf der Seite des Käufers oder auf der Seite des Verkäufers mehrere beteiligt, so kann die Minderung nur von allen oder gegen alle erklärt werden.

(3) Bei der Minderung ist der Kaufpreis in dem Verhältnis herabzusetzen, in welchem zur Zeit des Vertragsschlusses der Wert der Sache in mangelfreiem Zustand zu dem wirklichen Wert gestanden haben würde. Die Minderung ist, soweit erforderlich, durch Schätzung zu ermitteln.

(4) Hat der Käufer mehr als den geminderten Kaufpreis gezahlt, so ist der Mehrbetrag vom Verkäufer zu erstatten. § 346 Abs 1 und § 347 Abs. 1 finden entsprechende Anwendung.

## BGB § 442 Kenntnis des Käufers

(1) Die Rechte des Käufers wegen eines Mangels sind ausgeschlossen, wenn er bei Vertragsschluss den Mangel kennt. Ist dem Käufer ein Mangel infolge grober Fahrlässigkeit unbekannt geblieben, kann der Käufer Rechte wegen dieses Mangels nur geltend machen, wenn der Verkäufer den Mangel arglistig verschwiegen oder eine Garantie für die Beschaffenheit der Sache übernommen hat.

(2) Ein im Grundbuch eingetragenes Recht hat der Verkäufer zu beseitigen, auch wenn es der Käufer kennt.

## BGB § 443 Beschaffenheits- und Haltbarkeitsgarantie

(1) Übernimmt der Verkäufer oder ein Dritter eine Garantie für die Beschaffenheit der Sache oder dafür, dass die Sache für eine bestimmte Dauer eine bestimmte Beschaffenheit behält (Haltbarkeitsgarantie), so stehen dem Käufer im Garantiefall unbeschadet der gesetzlichen Ansprüche die Rechte aus der Garantie zu den in der Garantieerklärung und der einschlägigen Werbung angegebenen Bedingungen gegenüber demjenigen zu, der die Garantie eingeräumt hat.

(2) Soweit eine Haltbarkeitsgarantie übernommen worden ist, wird vermutet, dass ein während ihrer Geltungsdauer auftretender Sachmangel die Rechte aus der Garantie begründet.

(...)

## BGB § 446 Gefahr- und Lastenübergang

Mit der Übergabe der verkauften Sache geht die Gefahr des zufälligen Untergangs und der zufälligen Verschlechterung auf den Käufer über. Von der Übergabe an gebühren dem Käufer die Nutzungen und trägt er die Lasten der Sache. Der Übergabe steht es gleich, wenn der Käufer im Verzug der Annahme ist.

## BGB § 447 Gefahrübergang beim Versendungskauf

(1) Versendet der Verkäufer auf Verlangen des Käufers die verkaufte Sache nach einem anderen Ort als dem Erfüllungsort, so geht die Gefahr auf den Käufer über, sobald der Verkäufer die Sache dem Spediteur, dem Frachtführer oder der sonst zur Ausführung der Versendung bestimmten Person oder Anstalt ausgeliefert hat.

(2) Hat der Käufer eine besondere Anweisung über die Art der Versendung erteilt und weicht der Verkäufer ohne dringenden Grund von der Anweisung ab, so ist der Verkäufer dem Käufer für den daraus entstehenden Schaden verantwortlich.

## BGB § 448 Kosten der Übergabe und vergleichbare Kosten

(1) Der Verkäufer trägt die Kosten der Übergabe der Sache, der Käufer die Kosten der Abnahme und der Versendung der Sache nach einem anderen Ort als dem Erfüllungsort.

(2) Der Käufer eines Grundstücks trägt die Kosten der Beurkundung des Kaufvertrags und der Auflassung, der Eintragung ins Grundbuch und der zu der Eintragung erforderlichen Erklärungen.

## BGB § 449 Eigentumsvorbehalt

(1) Hat sich der Verkäufer einer beweglichen Sache das Eigentum bis zur Zahlung des Kaufpreises vorbehalten, so ist im Zweifel anzunehmen, dass das Eigentum unter der aufschiebenden Bedingung vollständiger Zahlung des Kaufpreises übertragen wird (Eigentumsvorbehalt).

(2) Auf Grund des Eigentumsvorbehalts kann der Verkäufer die Sache nur herausverlangen, wenn er vom Vertrag zurückgetreten ist.

(3) Die Vereinbarung eines Eigentumsvorbehalts ist nichtig, soweit der Eigentumsübergang davon abhängig gemacht wird, dass der Käufer Forderungen eines Dritten, insbesondere eines mit dem Verkäufer verbundenen Unternehmens, erfüllt.

(...)

## BGB § 453 Rechtskauf

(1) Die Vorschriften über den Kauf von Sachen finden auf den Kauf von Rechten und sonstigen Gegenständen entsprechende Anwendung.

(2) Der Verkäufer trägt die Kosten der Begründung und Übertragung des Rechts.

(3) Ist ein Recht verkauft, das zum Besitz einer Sache berechtigt, so ist der Verkäufer verpflichtet, dem Käufer die Sache frei von Sach- und Rechtsmängeln zu übergeben.

### *Untertitel 2 Besondere Arten des Kaufs*

### *Kapitel 1 Kauf auf Probe*

## BGB § 454 Zustandekommen des Kaufvertrags

(1) Bei einem Kauf auf Probe oder auf Besichtigung steht die Billigung des gekauften Gegenstandes im Belieben des Käufers. Der Kauf ist im Zweifel unter der aufschie-

benden Bedingung der Billigung geschlossen.

(2) Der Verkäufer ist verpflichtet, dem Käufer die Untersuchung des Gegenstandes zu gestatten.

(…)

### *Untertitel 3 Verbrauchsgüterkauf*

### BGB § 474 Begriff des Verbrauchsgüterkaufs

(1) Kauft ein Verbraucher von einem Unternehmer eine bewegliche Sache (Verbrauchsgüterkauf), gelten ergänzend die folgenden Vorschriften. Dies gilt nicht für gebrauchte Sachen, die in einer öffentlichen Versteigerung verkauft werden, an der der Verbraucher persönlich teilnehmen kann.

(2) Die §§ 445 und 447 finden auf die in diesem Untertitel geregelten Kaufverträge keine Anwendung.

### BGB § 475 Abweichende Vereinbarungen

(1) Auf eine vor Mitteilung eines Mangels an den Unternehmer getroffene Vereinbarung, die zum Nachteil des Verbrauchers von den §§ 433 bis 435, 437, 439 bis 443 sowie von den Vorschriften dieses Untertitels abweicht, kann der Unternehmer sich nicht berufen. Die in Satz 1 bezeichneten Vorschriften finden auch Anwendung, wenn sie durch anderweitige Gestaltungen umgangen werden.

(2) Die Verjährung der in § 437 bezeichneten Ansprüche kann vor Mitteilung eines Mangels an den Unternehmer nicht durch Rechtsgeschäft erleichtert werden, wenn die Vereinbarung zu einer Verjährungsfrist ab dem gesetzlichen Verjährungsbeginn von weniger als zwei Jahren, bei gebrauchten Sachen von weniger als einem Jahr führt.

(3) Die Absätze 1 und 2 gelten unbeschadet der §§ 307 bis 309 nicht für den Ausschluss oder die Beschränkung des Anspruchs auf Schadensersatz.

### BGB § 476 Beweislastumkehr

Zeigt sich innerhalb von sechs Monaten seit Gefahrübergang ein Sachmangel, so wird vermutet, dass die Sache bereits bei Gefahrübergang mangelhaft war, es sei denn, diese Vermutung ist mit der Art der Sache oder des Mangels unvereinbar.

### BGB § 477 Sonderbestimmungen für Garantien

(1) Eine Garantieerklärung (§ 443) muss einfach und verständlich abgefasst sein. Sie muss enthalten

1. den Hinweis auf die gesetzlichen Rechte des Verbrauchers sowie darauf, dass sie duch die Garantie nicht eingeschränkt werden und

2. den Inhalt der Garantie und alle wesentlichen Angaben, die für die Geltendmachung der Garantie erforderlich sind, insbesondere die Dauer und den räumlichen Geltungsbereich des Garantieschutzes sowie Namen und Anschrift des Garantiegebers.

(2) Der Verbraucher kann verlangen, dass ihm die Garantieerklärung in Textform mitgeteilt wird.

(3) Die Wirksamkeit der Garantieverpflichtung wird nicht dadurch berührt, dass eine der vorstehenden Anforderungen nicht erfüllt wird.

### BGB § 478 Rückgriff des Unternehmers

(1) Wenn der Unternehmer die verkaufte neu hergestellte Sache als Folge ihrer Mangelhaftigkeit zurücknehmen musste oder der Verbraucher den Kaufpreis gemindert hat, bedarf es für die in § 437 bezeichneten Rechte des Unternehmers gegen den Unternehmer, der ihm die Sache verkauft hatte (Lieferant), wegen des vom Verbraucher geltend gemachten Mangels einer sonst erforderlichen Fristsetzung nicht.

(2) Der Unternehmer kann beim Verkauf einer neu hergestellten Sache von seinem Lieferanten Ersatz der Aufwendungen verlangen, die der Unternehmer im Verhältnis

zum Verbraucher nach § 439 Abs. 2 zu tragen hatte, wenn der vom Verbraucher geltend gemachte Mangel bereits beim Übergang der Gefahr auf den Unternehmer vorhanden war.

(3) In den Fällen der Absätze 1 und 2 findet § 476 mit der Maßgabe Anwendung, dass die Frist mit dem Übergang der Gefahr auf den Verbraucher beginnt.

(4) Auf eine vor Mitteilung eines Mangels an den Lieferanten getroffene Vereinbarung, die zum Nachteil des Unternehmers von den §§ 433 bis 435, 437, 439 bis 443 sowie von den Absätzen 1 bis 3 und von § 479 abweicht, kann sich der Lieferant nicht berufen, wenn dem Rückgriffsgläubiger kein gleichwertiger Ausgleich eingeräumt wird. Satz 1 gilt unbeschadet des § 307 nicht für den Ausschluss oder die Beschränkung des Anspruchs auf Schadensersatz. Die in Satz 1 bezeichneten Vorschriften finden auch Anwendung, wenn sie durch anderweitige Gestaltungen umgangen werden.

(5) Die Absätze 1 bis 4 finden auf die Ansprüche des Lieferanten und der übrigen Käufer in der Lieferkette gegen die jeweiligen Verkäufer entsprechende Anwendung, wenn die Schuldner Unternehmer sind.

(6) § 377 des Handelsgesetzbuchs bleibt unberührt.

### BGB § 479 Verjährung von Rückgriffsansprüchen

(1) Die in § 478 Abs. 2 bestimmten Aufwendungsersatzansprüche verjähren in zwei Jahren ab Ablieferung der Sache.

(2) Die Verjährung der in den §§ 437 und 478 Abs. 2 bestimmten Ansprüche des Unternehmers gegen seinen Lieferanten wegen des Mangels einer an einen Verbraucher verkauften neu hergestellten Sache tritt frühestens zwei Monate nach dem Zeitpunkt ein, in dem der Unternehmer die Ansprüche des Verbrauchers erfüllt hat. Diese Ablaufhemmung endet spätestens fünf Jahre nach dem Zeitpunkt, in dem der Lieferant die Sache dem Unternehmer abgeliefert hat.

(3) Die vorstehenden Absätzen finden auf die Ansprüche des Lieferanten und der übrigen Käufer in der Lieferkette gegen die jeweiligen Verkäufer entsprechende Anwendung, wenn die Schuldner Unternehmer sind.

(…)

### *Titel 5 Mietvertrag, Pachtvertrag*

### *Untertitel 1 Allgemeine Vorschriften für Mietverhältnisse*

### BGB § 535 Inhalt und Hauptpflichten des Mietvertrags

(1) Durch den Mietvertrag wird der Vermieter verpflichtet, dem Mieter den Gebrauch der Mietsache während der Mietzeit zu gewähren. Der Vermieter hat die Mietsache dem Mieter in einem zum vertragsgemäßen Gebrauch geeigneten Zustand zu überlassen und sie während der Mietzeit in diesem Zustand zu erhalten. Er hat die auf der Mietsache ruhenden Lasten zu tragen.

(2) Der Mieter ist verpflichtet, dem Vermieter die vereinbarte Miete zu entrichten.

(…)

### BGB § 542 Ende des Mietverhältnisses

(1) Ist die Mietzeit nicht bestimmt, so kann jede Vertragspartei das Mietverhältnis nach den gesetzlichen Vorschriften kündigen.

(2) Ein Mietverhältnis, das auf bestimmte Zeit eingegangen ist, endet mit dem Ablauf dieser Zeit, sofern es nicht

1. in den gesetzlich zugelassenen Fällen außerordentlich gekündigt oder

2. verlängert wird.

(…)

# Bürgerliches Gesetzbuch (BGB) – *Auswahl*

## *Titel 6 Leihe*

### BGB § 598 Vertragstypische Pflichten bei der Leihe

Durch den Leihvertrag wird der Verleiher einer Sache verpflichtet, dem Entleiher den Gebrauch der Sache unentgeltlich zu gestatten.

### BGB § 599 Haftung des Verleihers

Der Verleiher hat nur Vorsatz und grobe Fahrlässigkeit zu vertreten.

(…)

### BGB § 604 Rückgabepflicht

(1) Der Entleiher ist verpflichtet, die geliehene Sache nach dem Ablauf der für die Leihe bestimmten Zeit zurückzugeben.

(…)

## *Titel 7 Sachdarlehensvertrag*

### BGB § 607 Vertragstypische Pflichten beim Sachdarlehensvertrag

(1) Durch den Sachdarlehensvertrag wird der Darlehensgeber verpflichtet, dem Darlehensnehmer eine vereinbarte vertretbare Sache zu überlassen. Der Darlehensnehmer ist zur Zahlung eines Darlehensentgelts und bei Fälligkeit zur Rückerstattung von Sachen gleicher Art, Güte und Menge verpflichtet.

(2) Die Vorschriften dieses Titels finden keine Anwendung auf die Überlassung von Geld.

### BGB § 608 Kündigung

(1) Ist für die Rückerstattung der überlassenen Sache eine Zeit nicht bestimmt, hängt die Fälligkeit davon ab, dass der Darlehensgeber oder der Darlehensnehmer kündigt.

(2) Ein auf unbestimmte Zeit abgeschlossener Sachdarlehensvertrag kann, soweit nicht ein anderes vereinbart ist, jederzeit vom Darlehensgeber oder Darlehensnehmer ganz oder teilweise gekündigt werden.

### BGB § 609 Entgelt

Ein Entgelt hat der Darlehensnehmer spätestens bei Rückerstattung der überlassenen Sache zu bezahlen.

(…)

## *Titel 8 Dienstvertrag*

### BGB § 611 Vertragstypische Pflichten beim Dienstvertrag

(1) Durch den Dienstvertrag wird derjenige, welcher Dienste zusagt, zur Leistung der versprochenen Dienste, der andere Teil zur Gewährung der vereinbarten Vergütung verpflichtet.

(2) Gegenstand des Dienstvertrags können Dienste jeder Art sein.

### BGB § 611a Geschlechtsbezogene Benachteiligung

(1) Der Arbeitgeber darf einen Arbeitnehmer bei einer Vereinbarung oder einer Maßnahme, insbesondere bei der Begründung des Arbeitsverhältnisses, beim beruflichen Aufstieg, bei einer Weisung oder einer Kündigung, nicht wegen seines Geschlechts benachteiligen. Eine unterschiedliche Behandlung wegen des Geschlechts ist jedoch zulässig, soweit eine Vereinbarung oder eine Maßnahme die Art der vom Arbeitnehmer auszuübenden Tätigkeit zum Gegenstand hat und ein bestimmtes Geschlecht unverzichtbare Voraussetzung für diese Tätigkeit ist. Wenn im Streitfall der Arbeitnehmer Tatsachen glaubhaft macht, die eine Benachteiligung wegen des Geschlechts vermuten lassen, trägt der Arbeitgeber die Beweislast dafür, dass nicht auf das Geschlecht bezogene, sachliche Gründe eine unterschiedliche Behandlung rechtfertigen oder das Geschlecht unverzichtbare Voraussetzung für die auszuübende Tätigkeit ist.

(2) Verstößt der Arbeitgeber gegen das in Absatz 1 geregelt Benachteiligungsverbot bei der Begründung eines Arbeitsverhältnisses, so kann der hierdurch benachteiligte Bewerber eine angemessene Entschädigung in Geld verlangen; ein Anspruch auf Begründung eines Arbeitsverhältnisses besteht nicht.

(3) Wäre der Bewerber auch bei benachteiligungsfreier Auswahl nicht eingestellt worden, so hat der Arbeitgeber eine angemessene Entschädigung in Höhe von höchstens drei Monatsverdiensten zu leisten. Als Monatsverdienst gilt, was dem Bewerber bei regelmäßiger Arbeitszeit in dem Monat, in dem das Arbeitsverhältnis hätte begründet werden sollen, an Geld- und Sachbezügen zugestanden hätte.

(4) Ein Anspruch nach den Absätzen 2 und 3 muss innerhalb einer Frist, die mit Zugang der Ablehnung der Bewertung beginnt, schriftlich geltend gemacht werden. Die Länge der Frist bemisst sich nach einer für die Geltendmachung von Schadenersatzansprüchen im angestrebten Arbeitsverhältnis vorgesehenen Ausschlussfrist; sie beträgt mindestens zwei Monate. Ist eine solche Frist für das angestrebte Arbeitsverhältnis nicht bestimmt, so beträgt die Frist sechs Monate.

(5) Die Absätze 2 und 4 gelten beim beruflichen Aufstieg entsprechend, wenn auf den Aufstieg kein Anspruch besteht.

### BGB § 611b Arbeitsplatzausschreibung

Der Arbeitgeber darf einen Arbeitsplatz weder öffentlich noch innerhalb des Betriebs nur für Männer oder nur für Frauen ausschreiben, es sei denn, dass ein Fall des § 611a Abs. 1 Satz 2 vorliegt.

### BGB § 612 Vergütung

(1) Eine Vergütung gilt als stillschweigend vereinbart, wenn die Dienstleistung den Umständen nach nur gegen eine Vergütung zu erwarten ist.

(2) Ist die Höhe der Vergütung nicht bestimmt, so ist bei dem Bestehen einer Taxe die taxmäßige Vergütung, in Ermangelung einer Taxe die übliche Vergütung als vereinbart anzusehen.

(3) Bei einem Arbeitsverhältnis darf für gleiche oder für gleichwertige Arbeit nicht wegen des Geschlechts des Arbeitnehmers eine geringere Vergütung vereinbart werden als bei einem Arbeitnehmer des anderen Geschlechts. Die Vereinbarung einer geringeren Vergütung wird nicht dadurch gerechtfertigt, dass wegen des Geschlechts des Arbeitnehmers besondere Schutzvorschriften gelten. § 611a Abs. 1 Satz 3 ist entsprechend anzuwenden.

(…)

### BGB § 614 Fälligkeit der Vergütung

Die Vergütung ist nach der Leistung der Dienste zu entrichten. Ist die Vergütung nach Zeitabschnitten bemessen, so ist sie nach dem Ablauf der einzelnen Zeitabschnitte zu entrichten.

(…)

### BGB § 623 Schriftform der Kündigung

Die Beendigung von Arbeitsverhältnissen durch Kündigung oder Auflösungsvertrag bedürfen zu ihrer Wirksamkeit der Schriftform; die elektronische Form ist ausgeschlossen.

(…)

## BGB § 630 Pflicht zur Zeugniserteilung

Bei der Beendigung eines dauernden Dienstverhältnisses kann der Verpflichtete von dem anderen Teile ein schriftliches Zeugnis über das Dienstverhältnis und dessen Dauer fordern. Das Zeugnis ist auf Verlangen auf die Leistungen und die Führung im Dienste zu erstrecken. Die Erteilung des Zeugnisses in elektronischer Form ist ausgeschlossen.

### *Titel 9 Werkvertrag und ähnliche Verträge*

### *Untertitel 1 Werkvertrag*

## BGB § 631 Vertragstypische Pflichten beim Werkvertrag

(1) Durch den Werkvertrag wird der Unternehmer zur Herstellung des versprochenen Werkes, der Besteller zur Entrichtung der vereinbarten Vergütung verpflichtet.

(2) Gegenstand des Werkvertrags kann sowohl die Herstellung oder Veränderung einer Sache als auch ein anderer durch Arbeit oder Dienstleistung herbeizuführender Erfolg sein.

(...)

## BGB § 632a Abschlagszahlungen

Der Unternehmer kann von dem Besteller für in sich abgeschlossene Teile des Werkes Abschlagszahlungen für die erbrachten vertragsmäßigen Leistungen verlangen. Dies gilt auch für erforderliche Stoffe oder Bauteile, die eigens angefertigt oder angeliefert sind. Der Anspruch besteht nur, wenn dem Besteller Eigentum an den Teilen des Werkes, an den Stoffen oder Bauteilen übertragen oder Sicherheit hierfür geleistet wird.

## BGB § 633 Sach- und Rechtsmangel

(1) Der Unternehmer hat dem Besteller das Werk frei von Sach- und Rechtsmängeln zu verschaffen.

(2) Das Werk ist frei von Sachmängeln, wenn es die vereinbarte Beschaffenheit hat. Soweit die Beschaffenheit nicht vereinbart ist, ist das Werk frei von Sachmängeln,

1. wenn es sich für die nach dem Vertrag vorausgesetzte, sonst
2. für die gewöhnliche Verwendung eignet und eine Beschaffenheit aufweist, die bei Werken der gleichen Art üblich ist und die der Besteller nach der Art des Werks erwarten kann.

Einem Sachmangel steht es gleich, wenn der Unternehmer ein anderes als das bestellte Werk oder das Werk in zu geringer Menge herstellt.

(3) Das Werk ist frei von Rechtsmängeln, wenn Dritte in Bezug auf das Werk keine oder nur die im Vertrag übernommenen Rechte gegen den Besteller geltend machen können.

## BGB § 634 Rechte des Bestellers bei Mängeln

Ist das Werk mangelhaft, kann der Besteller, wenn die Voraussetzungen der folgenden Vorschriften vorliegen und soweit nicht ein anderes bestimmt ist,

1. nach § 635 Nacherfüllung verlangen,
2. nach § 637 den Mangel selbst beseitigen und Ersatz der erforderlichen Aufwendungen verlangen,
3. nach den §§ 636, 323 und 326 Abs. 5 von dem Vertrag zurücktreten oder nach § 638 die Vergütung mindern und
4. nach den §§ 636, 280, 281, 283 und 311a Schadensersatz oder nach § 284 Ersatz vergeblicher Aufwendungen verlangen.

## BGB § 634a Verjährung der Mängelansprüche

(1) Die in § 634 Nr. 1, 2 und 4 bezeichneten Ansprüche verjähren

1. vorbehaltlich der Nummer 2 in zwei Jahren bei einem Werk, dessen Erfolg in der Herstellung, Wartung oder Veränderung einer Sache oder in der Erbringung von Planungs- oder Überwachungsleistungen hierfür besteht,
2. in fünf Jahren bei einem Bauwerk und einem Werk, dessen Erfolg in der Erbringung von Planungs- oder Überwachungsleistungen hierfür besteht, und
3. im Übrigen in der regelmäßigen Verjährungsfrist.

(2) Die Verjährung beginnt in den Fällen des Absatzes 1 Nr. 1 und 2 mit der Abnahme.

(3) Abweichend von Absatz 1 Nr. 1 und 2 und Absatz 2 verjähren die Ansprüche in der regelmäßigen Verjährungsfrist, wenn der Unternehmer den Mangel arglistig verschwiegen hat. Im Fall des Absatzes 1 Nr. 2 tritt die Verjährung jedoch nicht vor Ablauf der dort bestimmten Frist ein.

(4) Für das in § 634 bezeichnete Rücktrittsrecht gilt § 218. Der Besteller kann trotz einer Unwirksamkeit des Rücktritts nach § 218 Abs. 1 die Zahlung der Vergütung insoweit verweigern, als er auf Grund des Rücktritts dazu berechtigt sein würde. Macht er von diesem Recht Gebrauch, kann der Unternehmer vom Vertrag zurücktreten.

(5) Auf das in § 634 bezeichnete Minderungsrecht finden § 218 und Absatz 4 Satz 2 entsprechende Anwendung.

(...)

## BGB § 651 Anwendung des Kaufrechts

Auf einen Vertrag, der die Lieferung herzustellender oder zu erzeugender beweglicher Sachen zum Gegenstand hat, finden die Vorschriften über den Kauf Anwendung. § 442 Abs. 1 Satz 1 findet bei diesen Verträgen auch Anwendung, wenn der Mangel auf dem vom Besteller gelieferten Stoff zurückzuführen ist. Soweit es sich bei den herzustellenden oder zu erzeugenden beweglichen Sachen um nicht vertretbare Sachen handelt, sind auch die §§ 642, 643, 645, 649 und 650 mit der Maßgabe anzuwenden, dass an die Stelle der Abnahme der nach den §§ 446 und 447 maßgebliche Zeitpunkt tritt.

(...)

## Buch 3 Sachenrecht

### Abschnitt 2 Allgemeine Vorschriften über Rechte an Grundstücken

## BGB § 873 Erwerb durch Einigung und Eintragung

(1) Zur Übertragung des Eigentums an einem Grundstück, zur Belastung eines Grundstücks mit einem Recht sowie zur Übertragung oder Belastung eines solchen Rechtes ist die Einigung des Berechtigten und des anderen Teiles über den Eintritt der Rechtsänderung und die Eintragung der Rechtsänderung in das Grundbuch erforderlich, soweit nicht das Gesetz ein anderes vorschreibt.

(2) Vor der Eintragung sind die Beteiligten an die Einigung nur gebunden, wenn die Erklärungen notariell beurkundet oder vor dem Grundbuchamt abgegeben oder bei diesem eingereicht sind oder wenn der Berechtigte dem anderen Teil eine den Vorschriften der Grundbuchordnung entsprechende Eintragungsbewilligung ausgehändigt hat.

(...)

### Abschnitt 3 Eigentum

### *Titel 2 Erwerb und Verlust des Eigentums an Grundstücken*

## BGB § 925 Auflassung

(1) Die zur Übertragung des Eigentums an einem Grundstück nach § 873 erforderliche Einigung des Veräußerers und des Erwerbers (Auflassung) muss bei gleichzeitiger Anwesenheit beider Teile vor einer zuständigen Stelle erklärt werden. Zur Entgegennahme der Auflassung ist,

unbeschadet der Zuständigkeit weiterer Stellen, jeder Notar zuständig. Eine Auflassung kann auch in einem gerichtlichen Vergleich erklärt werden.

(2) Eine Auflassung, die unter einer Bedingung oder einer Zeitbestimmung erfolgt, ist unwirksam.

(…)

### *Titel 3 Erwerb und Verlust des Eigentums an beweglichen Sachen*

### *Untertitel 1 Übertragung*

### BGB § 929 Einigung und Übergabe

Zur Übertragung des Eigentums an einer beweglichen Sache ist erforderlich, dass der Eigentümer die Sache dem Erwerber übergibt und beide darüber einig sind, dass das Eigentum übergehen soll. Ist der Erwerber im Besitz der Sache, so genügt die Einigung über den Übergang des Eigentums.

(…)

### BGB § 930 Besitzkonstitut

Ist der Eigentümer im Besitz der Sache, so kann die Übergabe dadurch ersetzt werden, dass zwischen ihm und dem Erwerber ein Rechtsverhältnis vereinbart wird, vermöge dessen der Erwerber den mittelbaren Besitz erlangt.

### BGB § 931 Abtretung des Herausgabeanspruchs

Ist ein Dritter im Besitze der Sache, so kann die Übergabe dadurch ersetzt werden, dass der Eigentümer dem Erwerber den Anspruch auf Herausgabe der Sache abtritt.

### BGB § 932 Gutgläubiger Erwerb vom Nichtberechtigten

(1) Durch eine nach § 929 erfolgte Veräußerung wird der Erwerber auch dann Eigentümer, wenn die Sache nicht dem Veräußerer gehört, es sei denn, dass er zu der Zeit, zu der er nach diesen Vorschriften das Eigentum erwerben würde, nicht in gutem Glauben ist. In dem Falle des § 929 Satz 2 gilt dies jedoch nur dann, wenn der Erwerber den Besitz von dem Veräußerer erlangt hatte.

(2) Der Erwerber ist nicht in gutem Glauben, wenn ihm bekannt oder infolge grober Fahrlässigkeit unbekannt ist, dass die Sache nicht dem Veräußerer gehört.

(…)

### BGB § 935 Kein gutgläubiger Erwerb von abhanden gekommenen Sachen

(1) Der Erwerb des Eigentums auf Grund der §§ 932 bis 934 tritt nicht ein, wenn die Sache dem Eigentümer gestohlen worden, verloren gegangen oder sonst abhanden gekommen war. Das Gleiche gilt, falls der Eigentümer nur mittelbarer Besitzer war, dann, wenn die Sache dem Besitzer abhanden gekommen war.

(2) Diese Vorschriften finden keine Anwendung auf Geld oder Inhaberpapiere sowie auf Sachen, die im Wege öffentlicher Versteigerung veräußert werden.

(…)

# Handelsgesetzbuch (HGB) – *Auswahl*

### Erstes Buch Handelsstand

### Erster Abschnitt Kaufleute

### HGB § 1

(1) Kaufmann im Sinne dieses Gesetzbuchs ist, wer ein Handelsgewerbe betreibt.

(2) Handelsgewerbe ist jeder Gewerbebetrieb, es sei denn, dass das Unternehmen nach Art oder Umfang einen in kaufmännischer Weise eingerichteten Geschäftsbetrieb nicht erfordert.

### HGB § 2

Ein gewerbliches Unternehmen, dessen Gewerbebetrieb nicht schon nach § 1 Abs. 2 Handelsgewerbe ist, gilt als Handelsgewerbe im Sinne dieses Gesetzbuchs, wenn die Firma des Unternehmens in das Handelsregister eingetragen ist. Der Unternehmer ist berechtigt, aber nicht verpflichtet, die Eintragung nach den für die Eintragung kaufmännischer Firmen geltenden Vorschriften herbeizuführen. Ist die Eintragung erfolgt, so findet eine Löschung der Firma auch auf Antrag des Unternehmers statt, sofern nicht die Voraussetzung des § 1 Abs. 2 eingetreten ist.

(…)

### Zweiter Abschnitt Handelsregister

### HGB § 8

Das Handelsregister wird von den Gerichten geführt.

### HGB § 8a

(1) Die Landesregierungen können durch Rechtsverordnung bestimmen, dass und in welchem Umfang das Handelsregister einschließlich der zu seiner Führung erforderlichen Verzeichnisse in maschineller Form als automatisierte Datei geführt wird. Hierbei muss gewährleistet sein, dass

1. die Grundsätze einer ordnungsgemäßen Datenverarbeitung eingehalten, insbesondere Vorkehrungen gegen einen Datenverlust getroffen sowie die erforderlichen Kopien der Datenbestände mindestens tagesaktuell gehalten und die originären Datenbestände sowie deren Kopien sicher aufbewahrt werden,

2. die vorzunehmenden Eintragungen alsbald in einen Datenspeicher aufgenommen und auf Dauer inhaltlich unverändert in lesbarer Form wiedergegeben werden können,

3. die nach der Anlage zu § 126 Abs. 1 Satz 2 Nr. 3 der Grundbuchordnung erforderlichen Maßnahmen getroffen werden.

Die Landesregierungen können ferner durch Rechtsverordnung bestimmen, dass die Einreichung von Jahres- und Konzernabschlüssen, von Lageberichten sowie sonstiger einzureichender Schriftstücke in einer maschinell lesbaren und zugleich für die maschinelle Bearbeitung durch das Registergericht geeigneten Form zu erfolgen hat; die Bestimmung kann auch für einzelne Handelsregister getroffen werden. Die Landesregierungen können durch Rechtsverordnung die Ermächtigung nach den Sätzen 1 oder 3 auf die Landesjustizverwaltungen übertragen.

(2) Eine Eintragung wird wirksam, sobald sie in den für die Handelsregistereintragungen bestimmten Datenspeicher aufgenommen ist und auf Dauer inhaltlich unverändert in lesbarer Form wiedergegeben werden kann.

(3) Die zum Handelsregister eingereichten Schriftstücke können zur Ersetzung der Urschrift auch als Wiedergabe auf einem Bildträger oder auf anderen Datenträgern aufbewahrt werden, wenn sichergestellt ist, dass die Wiedergaben oder die Daten innerhalb angemessener Zeit lesbar gemacht werden können. Bei der Herstellung der Bild- oder Datenträger ist ein schriftlicher Nachweis über ihre inhaltliche Übereinstimmung mit der Urschrift anzufertigen.

(4) Das Gericht kann gestatten, dass die zum Handelsregister einzureichenden Jahresabschlüsse und Konzernabschlüsse und die dazugehörigen Unterlagen sowie sonstige einzureichende Schriftstücke in der in Absatz 3 Satz 1 bezeichneten Form eingereicht werden.

(5) Die näheren Anordnungen über die maschinelle Führung des Handelsregisters, die Aufbewahrung von Schriftstücken nach Absatz 3 und die Einreichung von Abschlüssen und Schriftstücken nach Absatz 1 Satz 3 und Absatz 4 sowie deren Aufbewahrung trifft die Landesjustizverwaltung, soweit nicht durch Rechtsverordnung nach § 125 Abs. 3 des Gesetzes über die Angelegenheiten der freiwilligen Gerichtsbarkeit Vorschriften erlassen werden.

## HGB § 9

(1) Die Einsicht des Handelsregisters sowie der zum Handelsregister eingereichten Schriftstücke ist jedem gestattet.

(2) Von den Eintragungen und den zum Handelsregister eingereichten Schriftstücken kann eine Abschrift gefordert werden. Werden die Schriftstücke nach § 8a Abs. 3 aufbewahrt, so kann eine Abschrift nur von der Wiedergabe gefordert werden. Die Abschrift ist von der Geschäftsstelle zu beglaubigen, sofern nicht auf die Beglaubigung verzichtet wird. Wird das Handelsregister in maschineller Form als automatisierte Datei geführt, so tritt an die Stelle der Abschrift der Ausdruck und an die Stelle der beglaubigten Abschrift der amtliche Ausdruck.

(3) Der Nachweis, wer der Inhaber einer in das Handelsregister eingetragenen Firma eines Einzelkaufmanns ist, kann Behörden gegenüber durch ein Zeugnis des Gerichts über die Eintragung geführt werden. Das Gleiche gilt von dem Nachweis der Befugnis zur Vertretung eines Einzelkaufmanns oder einer Handelsgesellschaft.

(4) Das Gericht hat auf Verlangen eine Bescheinigung darüber zu erteilen, dass bezüglich des Gegenstandes einer Eintragung weitere Eintragungen nicht vorhanden sind oder dass eine bestimmte Eintragung nicht erfolgt ist.

(…)

## HGB § 10

(1) Das Gericht hat die Eintragungen in das Handelsregister durch den Bundesanzeiger und durch mindestens ein anderes Blatt bekannt zu machen. Soweit nicht das Gesetz ein anderes vorschreibt, werden die Eintragungen ihrem ganzen Inhalt nach veröffentlicht.

(2) Mit dem Ablauf des Tages, an welchem das letzte der die Bekanntmachung enthaltenden Blätter erschienen ist, gilt die Bekanntmachung als erfolgt.

## Dritter Abschnitt Handelsfirma

## HGB § 17

(1) Die Firma eines Kaufmanns ist der Name, unter dem er seine Geschäfte betreibt und die Unterschrift abgibt.

(2) Ein Kaufmann kann unter seiner Firma klagen und verklagt werden.

## HGB § 18

(1) Die Firma muss zur Kennzeichnung des Kaufmanns geeignet sein und Unterscheidungskraft besitzen.

(2) Der Firma darf keine Angaben enthalten, die geeignet sind, über geschäftliche Verhältnisse, die für die angesprochenen Verkehrskreise wesentlich sind, irrezuführen. Im Verfahren vor dem Registergericht wird die Eignung zur Irreführung nur berücksichtigt, wenn sie ersichtlich ist.

## HGB § 19

(1) Die Firma muss, auch wenn sie nach den §§ 21, 22, 24 oder nach anderen gesetzlichen Vorschriften fortgeführt wird, enthalten:

1. bei Einzelkaufleuten die Bezeichnung „eingetragener Kaufmann", „eingetragene Kauffrau" oder eine allgemein verständliche Abkürzung dieser Bezeichnung, insbesondere „e. K.", „e. Kfm." oder „e. Kfr";

2. bei einer offenen Handelsgesellschaft die Bezeichnung „offene Handelsgesellschaft" oder eine allgemein verständliche Abkürzung dieser Bezeichnung;

3. bei einer Kommanditgesellschaft die Bezeichnung „Kommanditgesellschaft" oder eine allgemein verständliche Abkürzung dieser Bezeichnung.

(2) Wenn in einer offenen Handelsgesellschaft oder Kommanditgesellschaft keine natürliche Person persönlich haftet, muss die Firma, auch wenn sie nach den §§ 21, 22, 24 oder nach anderen gesetzlichen Vorschriften fortgeführt wird, eine Bezeichnung enthalten, welche die Haftungsbeschränkung kennzeichnet.

(…)

## HGB § 29

Jeder Kaufmann ist verpflichtet, seine Firma und den Ort seiner Handelsniederlassung bei dem Gericht, in dessen Bezirke sich die Niederlassung befindet, zur Eintragung in das Handelsregister anzumelden; er hat seine Namensunterschrift unter Angabe der Firma zur Aufbewahrung bei dem Gericht zu zeichnen.

(…)

## HGB § 37a

(1) Auf allen Geschäftsbriefen des Kaufmanns, die an einen bestimmten Empfänger gerichtet werden, müssen seine Firma, die Bezeichnung nach § 19 Abs. 1 Nr. 1, der Ort seiner Handelsniederlassung, das Registergericht und die Nummer, unter der die Firma in das Handelsregister eingetragen ist, angegeben werden.

(2) Der Angaben nach Absatz 1 bedarf es nicht bei Mitteilungen oder Berichten, die im Rahmen einer bestehenden Geschäftsverbindung ergehen und für die üblicherweise Vordrucke verwendet werden, in denen lediglich die im Einzelfall erforderlichen besonderen Angaben eingefügt zu werden brauchen.

(3) Bestellscheine gelten als Geschäftsbriefe im Sinne des Absatzes 1. Absatz 2 ist auf sie nicht anzuwenden.

(4) Wer seiner Pflicht nach Absatz 1 nicht nachkommt, ist hierzu von dem Registergericht durch Festsetzung von Zwangsgeld anzuhalten. § 14 Satz 2 gilt entsprechend.

(…)

## Zweites Buch Handelsgesellschaften und stille Gesellschaft

## Erster Abschnitt Offene Handelsgesellschaft

### Erster Titel Errichtung der Gesellschaft

## HGB § 105

(1) Eine Gesellschaft, deren Zweck auf den Betrieb eines Handelsgewerbes unter gemeinschaftlicher Firma gerichtet ist, ist eine offene Handelsgesellschaft, wenn bei keinem der Gesellschafter die Haftung gegenüber den Gesellschaftsgläubigern beschränkt ist.

(…)

### Dritter Titel Rechtsverhältnis der Gesellschafter zu Dritten

## HGB § 125a

(1) Auf allen Geschäftsbriefen der Gesellschaft, die an einen bestimmten Empfänger gerichtet werden, müssen die Rechtsform und der Sitz der Gesellschaft, das Registergericht und die Nummer, unter der die Gesellschaft in das Handelsregister eingetragen ist, angegeben werden. Bei einer Gesellschaft, bei der kein Gesellschafter eine natürliche Person ist, sind auf den Geschäftsbriefen der

# Handelsgesetzbuch (HGB) – *Auswahl*

Gesellschaft ferner die Firmen der Gesellschafter anzugeben, sowie für die Gesellschafter die nach § 35a des Gesetzes betreffend die Gesellschaften mit beschränkter Haftung oder § 80 des Aktiengesetzes für Geschäftsbriefe vorgeschriebenen Angaben zu machen. Die Angaben nach Satz 2 sind nicht erforderlich, wenn zu den Gesellschaftern der Gesellschaft eine offene Handelsgesellschaft oder Kommanditgesellschaft gehört, bei der ein persönlich haftender Gesellschafter eine natürliche Person ist.

(2) Für Vordrucke und Bestellscheine ist § 37a Abs. 2 und 3, für Zwangsgelder gegen die zur Vertretung der Gesellschaft ermächtigten Gesellschafter oder deren organschaftliche Vertreter und die Liquidatoren ist § 37a Abs. 4 entsprechend anzuwenden.

(…)

### Sechster Titel Verjährung. Zeitliche Begrenzung der Haftung

### Zweiter Abschnitt Kommanditgesellschaft

### HGB § 161

(1) Eine Gesellschaft, deren Zweck auf den Betrieb eines Handelsgewerbes unter gemeinschaftlicher Firma gerichtet ist, ist eine Kommanditgesellschaft, wenn bei einem oder einigen von den Gesellschaftern die Haftung gegenüber den Gesellschaftsgläubigern auf den Betrag einer bestimmten Vermögenseinlage beschränkt ist (Kommanditisten), während bei dem anderen Teil der Gesellschafter eine Beschränkung der Haftung nicht stattfindet (persönlich haftende Gesellschafter).

(2) Soweit nicht in diesem Abschnitt ein anderes vorgeschrieben ist, finden auf die Kommanditgesellschaft die für die offene Handelsgesellschaft geltenden Vorschriften Anwendung.

(…)

### Viertes Buch Handelsgeschäfte

### Erster Abschnitt Allgemeine Vorschriften

### HGB § 343

(1) Handelsgeschäfte sind alle Geschäfte eines Kaufmanns, die zum Betrieb seines Handelsgewerbes gehören.

(…)

### HGB § 345

Auf ein Rechtsgeschäft, das für einen der beiden Teile ein Handelsgeschäft ist, kommen die Vorschriften über Handelsgeschäfte für beide Teile gleichmäßig zur Anwendung, soweit nicht aus diesen Vorschriften sich ein anderes ergibt.

(…)

### Zweiter Abschnitt Handelskauf

### HGB § 373

(1) Ist der Käufer mit der Annahme der Ware im Verzug, so kann der Verkäufer die Ware auf Gefahr und Kosten des Käufers in einem öffentlichen Lagerhaus oder sonst in sicherer Weise hinterlegen.

(2) Er ist ferner befugt, nach vorgängiger Androhung die Ware öffentlich versteigern zu lassen; er kann, wenn die Ware einen Börsen- oder Marktpreis hat, nach vorgängiger Androhung den Verkauf auch aus freier Hand durch einen zu solchen Verkäufen öffentlich ermächtigten Handelsmakler oder durch eine zur öffentlichen Versteigerung befugte Person zum laufenden Preise bewirken. Ist die Ware dem Verderb ausgesetzt und Gefahr im Verzuge, so bedarf es der vorgängigen Androhung nicht; dasselbe gilt, wenn die Androhung aus anderen Gründen untunlich ist.

(3) Der Selbsthilfeverkauf erfolgt für Rechnung des säumigen Käufers.

(4) Der Verkäufer und der Käufer können bei der öffentlichen Versteigerung mitbieten.

(5) Im Falle der öffentlichen Versteigerung hat der Verkäufer den Käufer von der Zeit und dem Ort der Versteigerung vorher zu benachrichtigen; von dem vollzogenen Verkauf hat er bei jeder Art des Verkaufs dem Käufer unverzüglich Nachricht zu geben. Im Falle der Unterlassung ist er zum Schadensersatz verpflichtet. Die Benachrichtigungen dürfen unterbleiben, wenn sie untunlich sind.

(…)

### HGB § 376

(1) Ist bedungen, dass die Leistung des einen Teiles genau zu einer festbestimmten Zeit oder innerhalb einer festbestimmten Frist bewirkt werden soll, so kann der andere Teil, wenn die Leistung nicht zu der bestimmten Zeit oder nicht innerhalb der bestimmten Frist erfolgt, von dem Vertrag zurücktreten oder, falls der Schuldner im Verzug ist, statt der Erfüllung Schadensersatz wegen Nichterfüllung verlangen. Erfüllung kann er nur beanspruchen, wenn er sofort nach dem Ablauf der Zeit oder der Frist dem Gegner anzeigt, dass er auf Erfüllung bestehe.

(2) Wird Schadensersatz wegen Nichterfüllung verlangt und hat die Ware einen Börsen- oder Marktpreis, so kann der Unterschied des Kaufpreises und des Börsen- oder Marktpreises zur Zeit und am Orte der geschuldeten Leistung gefordert werden.

(3) Das Ergebnis eines anderweit vorgenommenen Verkaufs oder Kaufes kann, falls die Ware einen Börsen- oder Marktpreis hat, dem Ersatzanspruch nur zugrunde gelegt werden, wenn der Verkauf oder Kauf sofort nach dem Ablaufe der bedungenen Leistungszeit oder Leistungsfrist bewirkt ist. Der Verkauf oder Kauf muss, wenn er nicht in öffentlicher Versteigerung geschieht, durch einen zu solchen Verkäufen oder Käufen öffentlich ermächtigten Handelsmakler oder eine zur öffentlichen Versteigerung befugte Person zum laufenden Preise erfolgen.

(4) Auf den Verkauf mittels öffentlicher Versteigerung findet die Vorschrift des § 373 Abs. 4 Anwendung. Von dem Verkauf oder Kauf hat der Gläubiger den Schuldner unverzüglich zu benachrichtigen; im Falle der Unterlassung ist er zum Schadensersatz verpflichtet.

### HGB § 377

(1) Ist der Kauf für beide Teile ein Handelsgeschäft, so hat der Käufer die Ware unverzüglich nach der Ablieferung durch den Verkäufer, soweit dies nach ordnungsmäßigem Geschäftsgange tunlich ist, zu untersuchen und, wenn sich ein Mangel zeigt, dem Verkäufer unverzüglich Anzeige zu machen.

(2) Unterlässt der Käufer die Anzeige, so gilt die Ware als genehmigt, es sei denn, dass es sich um einen Mangel handelt, der bei der Untersuchung nicht erkennbar war.

(3) Zeigt sich später ein solcher Mangel, so muss die Anzeige unverzüglich nach der Entdeckung gemacht werden; anderenfalls gilt die Ware auch in Ansehung dieses Mangels als genehmigt.

(4) Zur Erhaltung der Rechte des Käufers genügt die rechtzeitige Absendung der Anzeige.

(5) Hat der Verkäufer den Mangel arglistig verschwiegen, so kann er sich auf diese Vorschriften nicht berufen.

(…)

# Stichwortverzeichnis

3525430

# Die 2-Euro-Münze und 15 Rückseiten

Während alle Münzwerte einheitliche Vorderseiten aufweisen, hat jedes Euro-Teilnehmerland seine Rückseiten mit eigenen Motiven ausgestattet; hier dargestellt am Beispiel der 2-Euro-Münze.

In **Deutschland** zeigt die 2-Euro-Münze den Bundesadler.

Die **Belgier** haben sich für das Porträt ihres Königs Albert II. entschieden.

Die **Griechen** wählten die Sage von Zeus, der in Gestalt eines weißen Stiers Europa entführt.

Die **Spanier** ehren ihren König Juan Carlos I. auf der 2-Euro-Münze.

In **Frankreich** hat man sich für einen Lebensbaum und den Schriftzug Liberté, Egalité, Fraternité entschieden.

Die **Iren** haben ihr nationales Symbol, die Harfe, auf die Münzrückseiten prägen lassen.

In **Italien** ist auf der 2-Euro-Münze Dante, einer der größten Dichter Italiens, abgebildet.

Auf den **luxemburgischen** Münzen ist das Konterfei des Großherzogs Henri abgebildet, der am 7. Oktober 2000 das Amt von seinem Vater übernommen hat.

Die **Niederländer** haben sich für das Bildnis ihrer Königin Beatrix entschieden.

Die **österreichischen** Münzen zeigen die Friedenskämpferin Bertha von Suttner.

Die **Portugiesen** bilden auf ihren Münzen historische Siegel vom Gründer des portugiesischen Reiches, König Alfonso Henriques, aus dem 12. Jahrhundert ab.

**Finnland** prägt auf die 2-Euro-Münze die dort weit verbreitete Moltebeere.

In **Monaco** ist auf der 2-Euro-Münze das Porträt von Fürst Rainier III.

In **San Marino** ist der Regierungspalast abgebildet.

Der **Vatikan** zeigt das Porträt Seiner Heiligkeit Johannes Paul II., Oberhaupt des Staats Vatikanstadt, aus dem Profil von links.

Quelle: www.bundesbank.de